Medizinisches und naturwissenschaftliches Latein

Gerhard Ahrens

Medizinisches und naturwissenschaftliches Latein

mit latinisiertem griechischem Wortschatz

LANGENSCHEIDT · VERLAG ENZYKLOPÄDIE

Leipzig · Berlin · München · Wien · Zürich · New York

2., durchgesehene Auflage
© 1988 Verlag Enzyklopädie Leipzig
© 1992 Langenscheidt · Verlag Enzyklopädie Leipzig, Berlin, München
Druck: Druckerei »G. W. Leibniz« GmbH Gräfenhainichen
Printed in Germany
ISBN 3-324-00338-5

Vorwort

Das vorliegende Werk richtet sich an Berufsangehörige und Studierende der Medizin und der naturwissenschaftlichen Fachrichtungen; es ist als Lehr- und Nachschlagewerk für die lateinische Fachsprache konzipiert.

Auf sprachlichem Gebiet hat sich in der Medizin und in den Naturwissenschaften allmählich folgende Situation ergeben: Die Fachsprache ist von jeher lateinisch-griechisch; die Kenntnis der alten Sprachen kann aber heute nicht mehr als selbstverständlich vorausgesetzt werden. Man kann beobachten, daß auch fachlich sehr gut ausgebildete Ärzte und Naturwissenschaftler trotz vorhandener altsprachlicher Kenntnisse bei der Verwendung lateinischer Wörter in Verlegenheit geraten.

Hier können die herkömmlichen Lexika kaum Hilfe bieten; sie sind auf andere Zielrichtungen hin konzipiert, wie z. B. die (schulische) Lektüre lateinischer und griechischer Autoren, und können daher die für Medizin und Naturwissenschaften relevanten Bedeutungen nicht in der erforderlichen Breite darstellen. Vor allem Vokabeln mittel- und neulateinischer Prägung finden sich deswegen in den Lexika nur wenige, und ihre grammatikalischen Eigenheiten sind selten erklärt. Auch werden mitunter gleichlautende Vokabeln mit verschiedener Bedeutung in den einzelnen Wissenschaften angewandt.

Dieser Situation soll „Medizinisches und naturwissenschaftliches Latein" als Lehr- und Nachschlagewerk abhelfen.

Die Anlage des Buches erfolgte ausschließlich nach praktischen Gesichtspunkten:

- Der erste Teil gibt eine Einführung in die lateinische Formenlehre sowie die wichtigsten Kapitel der Satzlehre. Die Beispiele sind, nach Fachgebieten getrennt, den Fachsprachen der Medizin, Pharmazie, Botanik und Zoologie entnommen und berücksichtigen lateinische Begriffe ebenso wie aus dem Griechischen entlehnte, latinisierte. Da in diesen Fachsprachen Substantiva und Adjektiva den bedeutendsten Teil der Nomenklatur bilden, ist ihnen der breiteste Raum gewidmet. Nach einer ausführlichen grammatikalischen Erläuterung folgen in jeder Deklination die entsprechenden Vokabeln. Bei der dritten Deklination, die aus grammatikalischen Gründen bereits eine tiefgreifende Gliederung aufweist, wird jedoch nach einzelnen Fachgebieten nicht weiter unterteilt. (Als Vorbild für die Darstellung der dritten Deklination diente das Schema von Th. Bögel aus dessen Lehrbuch des klassischen Lateins.) Die Erklärungen zu den übrigen Wortarten beschränken sich auf das für das medizinische und naturwissenschaftliche Latein Wesentliche. Dies gilt vor allem für die Präpositionen, Numeralia und Adverbia.
  Auch bei den Verben ist eine Auswahl der Formen unter praktischen Gesichtspunkten getroffen und eine auf das naturwissenschaftliche und medizinische Latein bezogene Darstellungsweise gewählt worden.
  Einzelne Kapitel der Syntax sind im Anschluß an die Formenlehre behandelt und beschränken sich auf die richtige Übersetzung und das Verhältnis zwischen den lateinischen und entsprechenden deutschen Formen. Gründlichere Kenntnisse, insbesondere der unregelmäßigen Verben, muß ein spezielles Lehrbuch vermitteln.
- Im zweiten Teil ist die moderne Anwendung der lateinischen und latinisierten griechischen Begriffe in Medizin, Pharmazie, Botanik und Zoologie dargelegt. Eingehend erläutert werden die für pharmazeutische Chemikalien geltenden beiden Nomenklaturen, die klassisch-grammatikalischer Prägung ebenso wie die anglistisch-romanischer Prägung. Des weiteren werden die Drogen und ein wesentlicher Teil pharmazeutischer und galenischer Zubereitungen, die lateinische Fassung bei Rezeptverschreibungen, die lateinisch benannten Arzneimittelgruppen sowie die internationale medizinisch-anatomische, die botanische und die zoologische Nomenklatur beschrieben. Ein Kapitel über Wortneubildungen, dargelegt an Beispielen aus dem Gebiet der Medizin und der sozio-

logischen Pflanzengesellschaften, sowie eine Darstellung der lateinischen akademischen Bezeichnungen schließen den zweiten Teil ab.

– Ein lateinischer und ein deutscher Vokabelindex erleichtern das Nachschlagen. Die im Index angegebenen Zahlen verweisen auf die Paragraphen, in denen die entsprechende Vokabel mit Erläuterungen zu Übersetzung, Grammatik, Betonung und auch Aussprache zu finden ist. Zahlreiche Betonungshinweise und, falls nötig, auch Angaben von Längen und Kürzen erleichtern die richtige Aussprache der Vokabeln.

„Medizinisches und naturwissenschaftliches Latein" orientiert sich streng an den Erfordernissen der Praxis. Der Philologe wird daher vergeblich Hinweise auf etymologische Abwandlungen, z. B. die Entstehung von millefolium aus dem ursprünglichen griechischen Wort mellophyllon, suchen. „Medizinisches und naturwissenschaftliches Latein" ist in Inhalt und Aufbau auf die Bedürfnisse des Mediziners und des Naturwissenschaftlers zugeschnitten, der in diesem Werk eine Hilfe zum Verständnis und für die Anwendung fachsprachlicher Termini finden wird.

Dr. Gerhard Ahrens

Inhaltsverzeichnis

Verzeichnis der Abkürzungen

Abl.	Ablativ
Adj.	Adjektiv
Akk.	Akkusativ
Artn.	Artname

Arzneibücher:

CM–RGW	Compendium medicamentorum (RGW)
DAB 6	Deutsches Arzneibuch 6. Ausgabe 1926
DAB 7	Deutsches Arzneibuch 7. Ausgabe DDR
DAB 8	Deutsches Arzneibuch 8. Ausgabe Stuttgart
ÖAB	Österreichisches Arzneibuch (Pharmacopoea Austriaca)
Ph. Eur.	Pharmacopoea Europaea
Ph. Gall.	Pharmacopoea Gallica (Pharmacopée française)
Ph. Helv.	Pharmacopoea Helvetica

bot.	botanisch
cf.	confer: vergleiche
chem.	chemisch
Dat.	Dativ
f.	Femininum
Gen.	Genitiv
gr.	griechisch
lat.	lateinisch
Lit.	in der Literatur/vorwiegend literarisch
m.	Maskulinum
med.	medizinisch; med.-hist. = histologisch; med. embr. = embryologisch
n.	Neutrum

Nomina anatomica:

BNA	Baseler Nomina anatomica (1895)
JNA	Jenenser Nomina anatomica (1935)
PNA	Pariser Nomina anatomica (1955)
NA	Nomina anatomica seit 1975. Vierte ff. Ausgabe des International anatomical Nomenclatur Committee (IANC)

obs.	obsolete Bezeichnung
Pl., Plur.	Plural
Sing.	Singular
Subst.	Substantiv
Syn.	Synonym
Syn. (f. ...)	Synonym (für ...)
syst.	systematisch

Tierbezeichnungen in den Nomina anatomica veterinaria:

(Car)	Carnivora, Raubtiere, Fleischfresser
(Ru)	Ruminantia, Wiederkäuer
(Un)	Ungulata, Huftiere
(bo)	Bos tauri, Hausrind
(ca)	Canis familiaris, Haushund
(cap)	Capra hircus (Syn. Capra domestica), Hausziege
(eq)	Equus caballus, Hauspferd
(fe)	Felis catus (Syn. Felis domestica), Hauskatze
(ov)	Ovis aries, Hausschaf
(su)	Sus scrofa domestica, Hausschwein
Verb.	Verbum
zool.	zoologisch

Geschichtliche Entwicklung

Herkunft der lateinischen Fachsprache

Der Gebrauch der lateinischen Sprache in den Naturwissenschaften und der Medizin beruht nicht auf der Willkür oder dem Dünkel Gelehrter, sondern auf einem ganz realen geschichtlichen Vorgang. Alle Wissenschaften, die im westlichen Teil des Römischen Reiches gepflegt wurden, gingen in den Zeiten seines Unterganges (im 4. und 5. Jahrhundert) in lateinischer Fassung an die Nachfolgevölker über und von diesen an das ganze Abendland. Sie wurden von den neuen Völkern nicht nur in lateinischer Sprache sorgfältig bewahrt, sondern noch durch Jahrhunderte in lateinischer Sprache weiterentwickelt. Als die Leistungsfähigkeit der europäischen Volkssprachen wuchs, Medizin und Naturwissenschaften nicht mehr auf humanistisch Geschulte beschränkt waren und außereuropäische Völker diese Wissenszweige zu pflegen begannen, sank der Gebrauch des Lateins in dem Bereich dieser Wissenschaften meist bis auf die Anwendung einiger Formeln herab, behauptete sich aber aus praktischen oder wissenschaftstechnischen Gründen in den Wörtern für die fachlichen Dinge und Vorgänge bis heute. Die einzelnen Stufen dieses Entwicklungsganges zeigt der folgende Abriß aus der Geschichte der medizinisch-naturwissenschaftlichen lateinischen Literatur.

An naturwissenschaftlichen und medizinischen Schriften oder solchen über verwandte Gebiete, z. B. über die Landwirtschaft, fehlte es den Römern nicht. Ihre Verfasser stützten sich auf eigene Erfahrungen und auf Erkenntnisse der entsprechenden griechischen Fachliteratur. Erhalten sind nur wenige dieser Bücher, weil sie sich immer nur an einen kleinen Leserkreis von Fachleuten richteten, zum Teil aber auch deshalb, weil sie in Sprache und Stil, abgesehen von Dichtungen, niemals das Niveau der lateinischen Hochsprache erreichten. Die Fachschriftsteller mußten tiefer und reichlicher aus dem Wortschatz ihrer dem täglichen Leben dienenden Berufe schöpfen, der dem Geschmack der rhetorisch gebildeten Leser nicht entsprach. Die verfeinerte und wählerische Rhetorik, in der Redner, Historiker, Philosophen, Dichter und Politiker ausgebildet waren, hatte eine Abneigung gegen die Aufnahme von Fachwörtern, die sie voreilig und übertrieben als grob oder „vulgär" empfanden und bezeichneten. Kunstvolle Sätze und Gedankengänge konnte das fachliche Schrifttum meist nicht gebrauchen, sondern beschränkte sich auf kunstlose und einfache Beschreibungen und Vorschriften. Infolge dieser Eigenschaften wurden Fachbücher nicht von dem Schul- und rhetorischen Unterricht erfaßt, der schon im Altertum einsetzte, und ihre Überlieferung vollzog sich nur an Stätten, die ihnen aus fachlichen Bedürfnissen Beachtung schenkten. Aus diesem literargeschichtlichen Verlauf, zu dem noch das Veralten und der Ersatz durch neue Bücher kommt, erklärt sich der Verlust von vielen medizinisch-naturwissenschaftlichen Schriften der Römer. Die erhaltenen Werke entstammen allen Perioden der lateinischen Sprachgeschichte. Daher enthält das heutige Fachlatein der Naturwissenschaften und Medizin Wörter und Ausdrücke der verschiedensten Zeiten. Da es hier darauf ankommt, den Weg der lateinischen Fachsprache dieser Wissenschaften zu zeichnen, werden im folgenden nur erhaltene Schriften genannt.

Periode des klassischen Lateins (das letzte Jahrhundert der Römischen Republik, das Jahrhundert v. d. Z.): Schon von dieser Zeit wird das über die Fachsprache Gesagte bestätigt. Die Sprache des alten Cato (234–149 v. d. Z.) in seinem Buch über die Landwirtschaft, De re rustica, das sich mit den naturwissenschaftlich-medizinischen Schriften im Inhalt berührt, unterschied sich erheblich von der Sprache seiner Reden und seines Geschichtswerkes in Richtung auf das Volkstümliche. Ebenso verhielt sich Varros Buch über die Landwirtschaft zu den wohlgeschliffenen Schriften Caesars und Ciceros, mit denen er als Freund engen Umgang pflegte. Man darf aber nicht sagen, daß man über Landwirtschaft nur so wie Cato und Varro schreiben konnte. Vergil (70 bis 19 v. d. Z.) verfaßte ein vornehmes und schönes Gedichtwerk über die Landwirtschaft mit dem griechischen Titel Georgica. Seitdem blieb es Brauch, wenigstens einen Teil der landwirtschaftlichen Werke in Versen abzufassen. So verfuhren im 1. Jahrhundert n. d. Z. Columella und später im 4. Jahrhundert Palladius.

Periode des nachklassischen oder *silbernen Lateins* (Latein der Kaiserzeit im 1. und 2. Jahrhundert n. d. Z.): Durch das Beiwort „silbern", das man aber nicht zu wichtig nehmen darf, soll ausgedrückt werden, daß dieses Latein dem der klassischen Zeit nicht mehr ganz gleichwertig war, weil in ihm die Strenge des Sprachgebrauchs, die einst zur Schaffung der Hoch- oder Schriftsprache geführt hatte, gemildert war. Die Schriftsteller ließen, meist bewußt, Freiheiten zu, die die Sprache zwar auch schon vorher gestattete, die aber früher abseits von der hohen Literatur in Briefen oder Fachschriften ein eingeschränktes Dasein führten. Man muß, um der neuen Sprachperiode gerecht zu werden, die Tatsache beachten, daß sie einen kunst- und wirkungsvollen Stil entwickelte, der unserem heutigen Geschmack wahrscheinlich näher liegt als der Stil der klassischen Meister. Als Anfang und Vollendung dieser Periode kann man die Historiker Livius und Tacitus ansehen. Für die Fachsprache war diese Entwicklung günstig, da dadurch deren Neigung zur Umgangssprache zu ihrem Recht kam. Aus dieser Periode stammt das erste erhaltene wirklich medizinische Buch, die Schrift des Celsus De medicina. Er schrieb (etwa um 30 n. d. Z.) unter dem Kaiser Tiberius (14–37) eine Enzyklopädie, von der die acht Bücher De medicina erhalten sind. Es ist, abgesehen von dem Werk des griechischen Arztes Galen (131–201), die wichtigste Darstellung der nachhippokratischen Medizin und wohl das bedeutendste römische Werk über dieses Gebiet. Der wichtigste Naturwissenschaftler war Plinius, der Verfasser der Naturalis historia (23–79). Er bekleidete hohe politische und militärische Ämter. Im Jahre 79 erlebte er als Präfekt einer im Golf von Neapel stationierten Flotte den Ausbruch des Vesuvs und kam ums Leben, als er bedrohten Orten Hilfe bringen und zugleich das Phänomen beobachten wollte. Seinem unermüdlichen Fleiß verdanken wir die durch ihre Stofffülle unschätzbare Beschreibung der gesamten Natur. Durch diese lernen wir viele uns verlorengegangene Schriften des Altertums kennen, die Plinius als ein sehr belesener Autor zitiert. Von den 37 Büchern behandelt eins Anthropologie und Physiologie des Menschen, acht behandeln Botanik, acht medizinische Botanik, fünf medizinische Zoologie, fünf Mineralogie, vier Zoologie. Seine Bücher stellen eine ungeheure Anhäufung von Stoff dar; sie zeigen aber kein inneres Verhältnis zur Materie, sondern sammeln viele wichtige und interessante Tatsachen.

Die Naturwissenschaftlichen Untersuchungen (Naturales quaestiones) des Philosophen und Dichters Seneca (4 v. d. Z. bis 65 n. d. Z.) sind, da sie kosmische Fragen behandeln, für den Bereich der hier untersuchten Fachsprache weniger von Belang, ebenso das Gedicht über den Ätna (vielleicht von seinem Freunde Lucilius verfaßt).

Die genannten Schriftsteller dieser Periode, auch Scribonius Largus in seiner Sammlung von Heilmitteln (Compositiones medicamentorum), sind bestrebt, ihre Sprache auf einer gewissen Höhe zu halten; Seneca ist sogar ein mit Recht bewunderter Stilkünstler.

Spätlatein (3. bis 6. Jahrhundert): Für das literarische Spätlatein ist die Christianisierung der Sprache bezeichnend, die eine Bereicherung durch geistige und reale Begriffe, aber auch eine Beeinflussung durch Griechisch und Hebräisch bedeutet, außerdem das Vordringen des inzwischen stark entwickelten Volks- und Vulgärlateins, gegen dessen Einfluß sich die Schriftsteller mit verschiedenem Eifer und Erfolg wehren, wenn sie ihn nicht gar bewußt zulassen.

Dafür liefern auf medizinischem Gebiet zwei Bücher der Tierheilkunde ein gutes Beispiel: das des Chiron, nach einer griechischen Vorlage so benannt, und das des Vegetius. Die Tierheilkunde Chirons (Mulomedicina Chironis, gegen 400) ist eine umfangreiche

Sammlung von tierärztlichen Rezepten. Sie trägt alle Merkmale des vulgären Lateins: lautliche Veränderungen, die auf dem Wege zu den romanischen Sprachen entstanden, Wörter, die vorher gar nicht vorhanden zu sein scheinen, Auflösung oder Nichtachtung des Satzbaus. Dieser Umformung der Sprache sucht Vegetius entgegenzutreten, indem er einen Teil des Inhalts des Chiron in möglichst korrekter Schriftsprache in seiner Tierheilkunde behandelt.

Trotz dieses Versuchs zeigen auch die andern spätlateinischen Bücher naturwissenschaftlichen, medizinischen und pharmazeutischen Inhalts schon durch ihre vulgärlateinische, d. h. gesprochene und halb romanische Sprache an, daß sie für die Praxis von Leuten geschrieben wurden, die zwar lesen konnten, aber keine Ansprüche an Sprachrichtigkeit im Sinne des klassischen Lateins stellten. Von dieser Art ist die Rezeptsammlung des Marcellus Empiricus (nach 400), der Schriften wie die Medicina Plinii (Auszüge aus Plinius) und volkstümliche Überlieferungen benutzte, was sich aus gallischen Wörtern seiner Heimat ergibt. Der griechische Arzt Anthimus (Anfang des 6. Jahrhunderts n. d. Z.), der bei den Ostgoten in Italien lebte, schrieb im Auftrag seines Königs ein Diätbuch (De observatione ciborum) für den damaligen Frankenkönig, in dem germanische Wörter vorkommen. Die Namen von arzneilich gebrauchten Pflanzen werden durch den lateinischen Dioscurides (6. Jahrhundert n. d. Z.) überliefert, die Übersetzung eines weit zurückliegenden griechischen Buches. Ähnlich liegt es bei dem medizinischen Handbuch, das unter dem Namen des Oribasius lief, weil seine lateinische Fassung (6. Jahrhundert n. d. Z.) auf den griechischen Arzt dieses Namens zurückging, der einst der Leibarzt des Kaisers Julian (361–363) war. Den erhaltenden und überliefernden Abschluß bildet für Medizin und Naturwissenschaften sowie für andere Gebiete das enzyklopädische Werk Etymologiae oder Origines des Bischofs Isidorus von Sevilla (gest. 636), das schon in einer Art von mittelalterlichem Latein geschrieben ist.

Das *mittelalterliche Latein*, das auch Mittellatein genannt wird, entstand aus dem Spätlatein und Vulgärlatein. Es verbreitete sich fast über ganz Europa und findet sich in allen Zweigen der Praxis sowohl des weltlichen als auch kirchlichen Lebens. Eine große Anzahl naturwissenschaftlicher und medizinischer Schriften ist unter starken Abweichungen vom klassischen Latein in Wortschatz, Grammatik und Syntax in diesem Mittellatein geschrieben. Bekannt ist, daß Karl der Große (768–814) durch Schulen und Textstudien, die er veranlaßte, dieses Latein vor einer drohenden sprachlichen Verwilderung bewahrte. In den Kasseler Glossen (8. oder 9. Jahrhundert) erläutert ein Mönch in acht sachlich geordneten Kapiteln lateinische Wörter durch deutsche Bezeichnungen (z. B. tibia = Pein = Bein; umbilico = Napulo = Nabel; uncla = Nagal = Nagel).

In der *Renaissance* erfuhr infolge gesteigerter Verehrung und Pflege der Antike das Latein einen neuen Aufschwung. Die heute in den Schulen geübte Aussprache der altgriechischen Vokale wurde in dieser Form von Erasmus von Rotterdam (1467–1536) restauriert. Das wirkte sich auch auf die Aussprache der ins Lateinische übergegangenen griechischen Wörter aus. Im Latein bemühte man sich, die wohlgeschliffene Sprache Caesars und Ciceros zum Vorbild zu nehmen. Der kaiserliche Leibarzt und Professor der Anatomie, Andreas Vesalius, veröffentlichte in dieser Form sein epochales Werk „De Humani corporis fabrica libri septem" in Basel (1543).

In der *Neuzeit* drangen die einzelnen Landessprachen immer mehr in die Naturwissenschaft und Medizin ein. Im 18. Jahrhundert sind die bedeutenden naturwissenschaftlichen und medizinischen Schriften jedoch in lateinischer Sprache geschrieben. Linné (1707–1778), latinisiert Linnaeus, schrieb seine Bücher lateinisch: „Systema naturae sive regna tria naturae systematice proposita (1735); Genera plantarum (1737); Philosophia botanica, in qua explicantur fundamenta botanica (1751); Species plantarum (1753).

Alexander von Humboldt verfaßte sein erstes Werk Freiberger Flora (1793), in der er als Bergassessor eine Beschreibung der um Freiberg wachsenden Kryptogamen gab und physiologisch-chemische Betrachtungen anstellte, ebenfalls noch völlig in lateinischer Sprache. Im Anfang des 19. Jahrhunderts wurden die naturwissenschaftlichen Schriften, insbesondere solche, die die damals neu erwachten physikalisch-chemischen und mineralogischen Disziplinen behandelten, in der Muttersprache verfaßt. Eine Ausnahme machten lediglich medizinische Schriften. Ein anschauliches Abbild dieser Entwicklung geben die amtlichen Arzneibücher. Noch das erste Arzneibuch des Deutschen Reiches, das im Jahre 1872 erschien, war völlig lateinisch abgefaßt, ebenso wie seine Vorgänger, die Arzneibücher der einzelnen deutschen Länder. Die zweite Ausgabe (1882) des Deutschen Arzneibuches wurde ebenfalls in lateinischer Sprache herausgegeben. Immerhin erschien hierzu eine amtliche Ausgabe in deutscher Fassung. Erst der Text des dritten Deutschen Arzneibuches (1890) war völlig in deutscher Sprache gehalten, während die Überschriften bei den einzelnen Arzneimitteln weiterhin lateinisch erschienen. Auch das heute gültige Arzneibuch ist noch in der gleichen Art mit lateinischen Überschriften versehen, wie es auch in den meisten Arzneibüchern anderer Länder Sitte ist.

In der Botanik sind nicht nur Arten, Gattungen und Familien lateinisch benannt. Neubenennungen einer systematischen Einheit können nur wirksam und gültig veröffentlicht werden, indem eine Beschreibung in lateinischer Sprache beigegeben ist. Die Botanik bedient sich also des Lateins als eines internationalen Verständigungsmittels. Auch Schriften der Gegenwart sind, soweit es sich um den fachlich-botanischen Inhalt handelt, teilweise abgefaßt oder stark mit lateinischen Beschreibungen durchsetzt (z. B. „Regni vegetabilis conspectus"). Dies gilt auch für die Abfassung der Samenkataloge, die die internationalen botanischen Gärten herausgeben.

In der zoologischen Systematik sind die wissenschaftlichen Namen der Tiere lateinische oder latinisierte Wörter. Die Beschreibung einer neuen, der zoologischen Wissenschaft bis dahin nicht bekannten Art, Gattung oder Familie kann in lateinischer, aber auch in einer zugelassenen neuzeitlichen Sprache erfolgen.

In der Medizin sind die anatomischen Bezeichnungen lateinisch. Da sie eine wenig wissenschaftliche Namengebung darstellten, wurde im Jahre 1895 von der Anatomischen Gesellschaft, die in Basel tagte, ein berichtigtes Verzeichnis der anatomischen lateinischen Namen herausgegeben. Dieses Verzeichnis wurde noch einmal überarbeitet und in der neuen Fassung von der Anatomischen Versammlung in Jena 1935 angenommen, eine nochmalige Neufassung erfolgte 1955 in Paris (PNA). Nach weiteren Überarbeitungen auf den anatomischen Kongressen in New York und Wiesbaden wurden die Nomina anatomica nicht mehr nach der Kongreßstadt benannt, sondern erhielten ihre internationale Anerkennung unter der Bezeichnung NOMINA ANATOMICA (NA). Auf dem Kongreß in Leningrad wurden die histologischen Bezeichnungen (NOMINA HISTOLOGICA) und auf dem in Tokio die embryologischen Bezeichnungen (NOMINA EMBRYOLOGICA) beschlossen. Auf diesen Kongressen wurden auch die NOMINA ANATOMICA VETERINARIA beraten und angenommen. Für die Vögel wurde separat eine umfangreiche lateinische Nomenklatur (NOMINA ANATOMICA AVIUM) erstellt.

In der Gegenwart wird zur Erarbeitung und Aufbereitung des lateinischen und griechischen medizinischen Wortmaterials auch die Hilfe der elektronischen Datenverarbeitung eingesetzt. Die medizinisch-physiologischen Bezeichnungen sind seit altersher dem Griechischen entnommen. Neuere Namengebungen physiologisch-chemischer Prozesse werden oft lateinisch vorgenommen (z. B. donator, receptor, acceptor, in statu nascendi u. a.).

Die im Arzneibuch aufgeführten Mittel sind, wie oben bereits erwähnt, lateinisch benannt. Deshalb müssen medizinisch zur Verwendung kommende Chemikalien und Drogen auf den Standgefäßen in den Apotheken lateinisch bezeichnet werden. Ebenso werden einzelne Bestandteile einer Medizin auf ärztlichen Verordnungen lateinisch ordiniert.

Auch der internationale Drogenhandel bedient sich der lateinischen Nomenklatur.

Die Weltgesundheitsorganisation verwendet in ihrem Verzeichnis der Krankheiten neben Bezeichnungen in englischer Sprache auch lateinische Fachausdrücke.

Das Lateinische ist auf dem geschilderten Wege zur internationalen Gelehrtensprache geworden. Auch in unserer Zeit bedient man sich in Naturwissenschaften und Medizin lateinischer oder latinisierter Fachausdrücke. Latein hat, wie der vorstehende Überblick zeigt, von jeher ohne Unterbrechung den Wissenschaften gedient und dadurch eine besondere innere Eignung zur Darstellung wissenschaftlicher Begriffe erlangt.

Lautlehre

Schrift, Aussprache, Betonung, Silbentrennung, Wortabkürzungen, Kompositionsvokale in zusammengesetzten Wörtern

Schrift

Das moderne naturwissenschaftlich-medizinische Latein verwendet große und kleine „lateinische" Buchstaben, wie sie jedem geläufig sind: § 1

| ABCDE | FGHIJK | LMNOP | QRSTUV | XYZ |
| abcde | fghijk | lmnop | qrstuv | xyz |

Im klassischen Latein war das ursprüngliche k allmählich durch c verdrängt worden. Durch meist griechische Einflüsse ist beim naturwissenschaftlich-medizinischen Latein k zu finden, ebenfalls die Buchstaben j, y und z.

In lateinischen Schriften ist bis in die Neuzeit hinein zwischen den Schriftzeichen u und v meist kein Unterschied gemacht worden. Am Wortanfang wurde oft der Buchstabe v im Sinne von u gebraucht, während in der Mitte und am Ende eines Wortes der Buchstabe u im Sinne von v = w verwandt wurde. Als Beispiel diene das Wort ūva *Traube*, das demnach folgendes Aussehen zeigt: vua.

Bei modernen Eigennamen erscheint auch der Buchstabe w.

In der Regel werden alle Wörter klein geschrieben. Große Buchstaben werden nach Interpunktionen, wie es im Deutschen üblich ist, gebraucht: also nach einem Punkt, Fragezeichen, Ausrufungszeichen. Auch Titel und ähnliche Bezeichnungen werden groß geschrieben. Mit großen Buchstaben werden Eigennamen und deren Ableitungen geschrieben. Hiervon abweichend werden in der Botanik die Epithĕta einer Pflanze auch in diesen Fällen klein geschrieben. In der Zoologie und Anatomie werden die Hauptwörter groß geschrieben, klein aber Hauptwörter und Adjektiva in der Verwendung als Beifügungen. § 2

Weiterhin werden im medizinisch-pharmazeutischen Latein alle Hauptwörter (Substantiva) groß geschrieben, wenn sie als termini technici (Fachausdrücke) verwendet werden (Olĕum Jecŏris; Unguentum contrā Scabĭem; Olĕum Olīvārum; Tinctūra Valerĭānae composĭta; Infūsum Sennae composĭtum). Substantiva, die nur als Hinweise dienen, werden klein geschrieben (prō analȳsi; Calcĭum carbōnĭcum prō ūsū externo; prō ūsū veterinārĭō; ana partēs; Specĭēs ad longăm vītam). Adjektive, die sich von Ländern oder Städten ableiten, können entgegen dem klassischen Brauch klein geschrieben werden (Spirĭtus russĭcus; Spirĭtus Vīni gallĭcī; Species laxantēs hamburgensēs).

In manchen Arzneibüchern (Ph. Helv., Ph. Eur., DAB 8) wird wie bei den Nomina anatomica nur das erste Wort eines Terminus groß geschrieben. Alle anderen folgenden lateinischen Wörter, also auch die Substantiva, werden aber klein geschrieben (Ph. Helv.: Oleum iecoris, Oleum olivae, Tinctura valerianae; Ph. Eur.: Olivae oleum; DAB 8: Hippoglossi jecoris oleum, Valerianae tinctura).

Aussprache

Übersicht über die Laute § 3

1. Vokale: a, e, i, o, u, y

Jeder Vokal kann kurz oder lang sein. Die langen und kurzen Vokale sind in der Aussprache genau zu unterscheiden. Deshalb werden in diesem Leitfaden die langen Vokale durch ā, ē, ī, ō, ū, ȳ kenntlich gemacht, wo es für die Betonung oder für die Aussprache wichtig ist. In besonderen Fällen wird ein kurzer Vokal durch ˘ bezeichnet.

2. Diphthonge: ae, oe, au, eu

Sie sind immer lang. In international vereinbarten Vokabeln wird statt ae und oe mitunter e, das dann lang ist, gebraucht. Vgl. §§ 580, 595, Ziff. 8, 598 e, 601 e.

3. Konsonanten

Halbvokale i (= j), j, u (= w)
Hauchlaut h
Fließlaute (liquidae) l, r
Reibelaute (spirantes) f, s
Nasenlaute (nasales) m, n

Verschlußlaute (mutae):	Stimmhafte (mediae)	Stimmlose (tenues)	Stimmlose, gehauchte (tenues aspiratae)
Lippenlaute (labiales)	b	p	ph
Zahnlaute (dentales)	d	t	th
Gaumenlaute (gutturales)	g	k, c, q	ch

§ 4 Die Aussprache der Buchstaben erfolgt wie im Deutschen. In der Neuzeit wird das Lateinische in allen Ländern, in denen es gelehrt wird, verschieden ausgesprochen; meistens spricht man es so aus, wie man entsprechende Schriftbilder der eigenen Sprache auszusprechen pflegt.

Im Altertum war i nicht nur Vokal, sondern stand im Silbenanlaut als Halbvokal unserem j nahe (Iūlĭus, Pompē-ius). V war nicht nur Vokal (u), sondern stand als Halbvokal unserem w nahe (vĭnŭm), ebenso in den heute mit u geschriebenen Wörtern (aqua, lĭngŭa). Es wurden u und v ebensowenig unterschieden wie i und j. C war durchweg = k (carcĕr gesprochen karker). H klang schwach und wurde nicht als Konsonant empfunden. R wurde an der Zungenspitze gesprochen, so daß stimmhaftes s zwischen Vokalen zu r werden konnte. S klang, soweit es nicht von der Verwandlung zu r betroffen wurde, stimmlos (= ß): silva, causa. T wurde auch vor i wie t, nicht wie z gesprochen (essentĭa, nātĭo, lōtĭo).

§ 5 Im frühen Mittelalter änderte sich unter dem Einfluß der sich entwickelnden neuen Volkssprachen auch die Aussprache des Schriftlateins, vor allem in folgenden Fällen: C vor hellen Vokalen (e, i, y) und Diphthongen (ae, oe) wurde zu z. So erklärt sich unsere Aussprache später übernommener lateinischer Lehn- und Fremdwörter: Zirkus, Zelle, Karzer. Ti vor Vokal wurde zu zi (z. B. essentĭa, nātĭo, lōtĭo, gentĭāna, liquiritĭa), aber nicht nach s (z. B. combustĭo).

§ 6 Im modernen naturwissenschaftlich-medizinischen Latein wird nun nicht streng nach der Weise des Altertums verfahren. Der Buchstabe c wird wie k gesprochen; aber abweichend vom klassischen Gebrauch vor den hellen Vokalen e, i, y, ae, oe wie z. Ti vor einem Vokal wird wie zi gesprochen, ausgenommen nach s. Qu wird wie kw; ch, th, ph werden wie deutsches ch, t, f gesprochen. V entspricht dem deutschen w. Ferner wird ngu vor einem Vokal ngw (unguentum) und i zwischen Vokalen wie j gesprochen, ebenso im Anlaut vor Vokalen (māior, mājor; iēcŭr, jēcŭr).

Betonung

§ 7 Die Betonung in einer Sprache ist entweder vorwiegend musikalisch (Tonhöhe) oder vorwiegend exspiratorisch (Tonstärke). Bei exspiratorischer Betonung wird die betonte Silbe mit stärkerem Tone ausgezeichnet. Das Lateinische hat von Haus aus einen exspiratorischen Akzent.

§ 8 Im naturwissenschaftlich-medizinischen Latein wird, wie im klassischen, niemals die letzte Silbe betont. Bei zweisilbigen Wörtern liegt mithin die Betonung auf der vorletzten Silbe.

§ 9 Der lateinische Wortakzent eines mehrsilbigen Wortes geht nicht über die drittletzte

Silbe zurück; er liegt auf der drittletzten Silbe, wenn die vorletzte Silbe kurz ist (pŏpŭlus).

Dagegen liegt er auf der vorletzten Silbe, wenn diese lang ist (bōlētus, umbilīcus). In besonderen Fällen wird in diesem Buch eine betonte Silbe durch einen Akzent bezeichnet. § 10

Eine Silbe ist lang, wenn sie einen Diphthong (ae, oe, au, eu) oder einen langen Vokal (ā, ē, ī, ō, ū, ȳ) hat. Die Kennzeichnung der Länge durch ein Längezeichen erfolgt hier nicht. Ein Vokal vor i im Sinne von j ist immer lang (maior, cuius, eius). Im Wortinnern gilt auch eine Silbe mit kurzem Vokal als lang, wenn auf diesen wenigstens zwei Konsonanten folgen (sagĭtta, capĭllus, amĕntum, magĭster, exĕmplŭm), hierbei ist aber zu beachten, daß die Silbe kurz bleibt, wenn muta (b, p, d, t, g, k, c, q, ph, th, ch) vor liquida (l, r) steht. Denn muta cum liquida kann zur folgenden Silbe gerechnet werden (múltĭplex). X und z rechnen als Doppelkonsonanten. § 11

Die Wirkung der Doppelkonsonanz auf kurze Vokale heißt Stellungslänge (Positionslänge), was besagt, daß diese Silben als lang gelten, während die mit langen Vokalen von Natur aus lang sind (Natürliche Länge).

Im Lateinischen gilt vielfach das Gesetz: vocalis ante vocalem brevis est (ein Vokal vor einem Vokal ist kurz). Dieses Lautgesetz, das sich besonders in Konjugationsformen auswirkt (delēbam, aber déléam) spielt auch im naturwissenschaftlich-medizinischen Latein eine Rolle. Die Adjektiv-Endung acĕus muß danach auf der drittletzten Silbe betont werden. Das gleiche gilt für die Familienbezeichnungen (Rosácĕae, Ranunculácĕae usw.). Im Deutschen wird aber betont Rosazéen, Ranunkulazéen usw. Es ist zu erwarten, daß infolge mangelhafter Lateinkenntnisse die klassische Betonungsweise bei derartigen, auch volkstümlich gebrauchten Bezeichnungen allmählich vernachlässigt wird. § 12

In griechischen Wörtern ist diese Betonungsregel (vocalis ante vocalem brevis est) aber ungültig. Denn im Griechischen werden die Buchstaben Eta (langes e) und Epsilon (kurzes e), ebenso die Buchstaben Omega (langes o) und Omikron (kurzes o) scharf unterschieden. Die griechische Silbenlänge erhielt sich in griechischen Fremdwörtern wie trachēa, spermatozōon, gigantēus, epigēus, und es erfolgt daher Betonung auf der vorletzten Silbe. Im übrigen kann in Wörtern aus dem Griechischen, die latinisiert sind, entweder nach griechischer oder lateinischer Weise betont werden. Vorzuziehen wäre die lateinische Betonung. (Uragōga und nicht Urágoga; Sināpis und nicht Sínapis; Caryophȳllus und nicht Caryóphȳllus). § 13

Silbentrennung

Die Silbentrennung folgt der Aussprache und geschieht wie im Deutschen; nur muta (b, p, d, t, c, g) cum liquida (r, l) oder nasalis (m, n) gehören geschlossen zur folgenden Silbe (ma-gnus, Ma-gnesium); st wird nach deutscher Silbentrennungsregel behandelt (magĭster). § 14
Zusammengesetzte Wörter werden nach ihren Bestandteilen getrennt (per-ennis, ex-itus, ad-itus, inter-esse).

Wortabkürzungen

Im naturwissenschaftlich-medizinischen Latein werden auch gern Worte abgekürzt geschrieben, die aber selbstverständlich voll ausgesprochen werden müssen. Eine Unterlassungssünde in einem solchen Falle zeugt von Unkenntnis. In Texten sind Abkürzungen tunlichst zu vermeiden. Auch dürfen durch Abkürzungen keine Mißverständnisse hervorgerufen werden. Die richtige Abkürzung erfolgt in der Weise, daß das Wort bis zum Anfang der zweiten oder dritten Silbe geschrieben wird und die Abkürzung nicht auf einen Vokal endet. § 15

Wort	Silbentrennung	Abkürzung
rādix	ra-dix	rad.
cortex	cor-tex	cort.
rhizōma	rhi-zo-ma	rhiz. oder rhizom.
specĭēs	spe-ci-es	spec.
varĭĕtās	va-ri-e-tas	var.
Natrĭum	Na-tri-um	Natr.
Kalĭum	Ka-li-um	Kal.

In den ärztlichen Ordinationen werden gewisse immer wiederkehrende Ausdrücke abweichend abgekürzt. In der „Invocatio" des Rezeptes bedeutet Rp. das Wort recĭpe, in der „Subscriptio" MDS miscē dā sìgnā (vgl. §§ 585, 586).

Auf Grund der internationalen nōmĭna anatōmĭca sollen in der Medizin folgende Abkürzungen benutzt werden:

A. = Artērĭa, Aa. = Artērĭae; B = Bursa; Gl. = Glandŭla oder Glandŭlae; Lig. = Ligāmĕntum, Ligg. = Ligāmĕnta; M. = Muscŭlŭs, Mm = Muscŭli; N. = Nervŭs, Nn. = Nervī; Tr. = Tractŭs (Sing.), Trr. = Tractŭs (Plur.); Vag. = Vāgīna; V. = Vēna, Vv. = Vēnae.

In der Systematik werden Abkürzungen gebraucht, wie

n. sp. aff. = nova specĭēs affīnis
sp. inc. = specĭēs incerta.

Als Abkürzung für einen Hinweis gilt

cf. = confĕr = trage zusammen, vergleiche.

Die Kompositionsvokale in zusammengesetzten Wörtern

§ 16 1. Echt lateinische, aus zwei lateinischen Wortstämmen gebildete Komposita haben als Bindevokal ein kurzes i (somnĭfĕr, lactĭfĕr, sūdōrĭfĕr, crucĭformis).

2. Echt griechisch gebildete Komposita haben als Bindevokal ein kurzes o (hippŏpotămus, dolichŏcephălus, sternŏcleidŏmastŏīdĕus).

3. Bei hybriden Bildungen aus einem griechischen und einem lateinischen oder einem lateinischen und einem griechischen Wort ist der Bindevokal ebenfalls kurzes o, weil diese Komposita gelehrte Wörter sind, die unter dem Einfluß des Griechischen entstanden (pharyngŏbasilāris).

4. Nach diesen unter 3. genannten Mustern wurden auch Komposita aus zwei lateinischen Wörtern mit dem Bindevokal kurzes o gebildet, ebenfalls späte gelehrte Wörter (nāsŏpalātinus, ūtricŭlŏampullāris, lumbŏcostālis, fibrŏcartilāgo, anterŏlatĕrālis, muscŭlŏcutanĕus).

Anmerkung: Vereinzelt kommen Komposita ohne Bindevokal o oder i vor. Diese bedürfen keiner Erläuterung (multangŭlus).

Bei der Zusammensetzung wird der Wortstamm der ersten Vokabel mittels des Bindevokals mit dem zweiten Wort verknüpft.

Den Wortstamm findet man mit Sicherheit, indem vom Genitiv Singular die Kasusendung abgestrichen wird. Bei griechischen Wörtern erfordert dies allerdings besondere Kenntnisse.

Wortklassen

Die im naturwissenschaftlich-medizinischen Fachlatein vornehmlich vorkommenden §17
Wortklassen sind: Substantiv, Adjektiv einschließlich der Komparation, Präposition, Konjunktion, Pronomen, Numerale, Adverb, Verbum. Zwar werden die letzteren Wortklassen in der lateinischen Fachsprache weniger angewandt, zum Lesen von lateinischen Texten naturwissenschaftlich-medizinischer Literatur sind sie aber unentbehrlich. Das gleiche gilt für die Satzlehre, deren Beherrschung erst die Feinheiten der lateinischen Logik verständlich macht.

In den folgenden Kapiteln sollen die für die naturwissenschaftlich-medizinische Fachsprache, einschließlich des Diagnoselateins, wesentlichen Wortklassen besprochen werden

1. Substantiva und Adjektiva   5. Numeralia
2. Präpositionen   6. Pronomina
3. Konjunktionen   7. Verba
4. Adverbia

1.   Substantiva und Adjektiva

Geschlecht der Substantiva

Das Latein kennt keinen bestimmten (der, die, das), noch einen unbestimmten (ein, eine, §18
ein) Artikel, womit der ursprüngliche indogermanische Sprachzustand zum Ausdruck kommt, etwa wie heute noch in der russischen Sprache. Wegen dieses Fehlens der Artikel sind die Endungen der Substantive besonders bedeutungsvoll.

Die Substantiva können maskulin (männlich), feminin (weiblich) oder neutral (sächlich) sein.

Im Lateinischen ist jedes Wort, das eine männliche Person bezeichnet, männlich (masculinum), jedes Wort, das eine weibliche Person bezeichnet, weiblich (femininum). Solche §19
Wörter haben also das natürliche Geschlecht. Als weiblich gelten immer die Bäume als Behausung der Nymphen.

Alle anderen Wörter haben grammatisches Geschlecht; sie sind entweder männlich oder §20
weiblich; schließlich können sie „keins von beiden" sein, also neutral, ein Neutrum. Meist erkennt man das grammatische Geschlecht an der Zugehörigkeit zu einer der fünf Deklinationen und am Wortausgang.

Deklination der Substantiva und Adjektiva

Die Kasusformen der Substantiva bestehen in der Regel aus Wortstamm und Endung. §21
Während der Stamm die Bedeutung des Wortes anzeigt, erkennt man aus der Endung Kasus (Nominativ, Genitiv, Dativ, Akkusativ, Ablativ) und Numerus (Singular, Plural). Der Stamm eines Wortes ergibt sich am besten, wenn man vom Genitiv des Plurals die Endung abstreicht.

§ 22 Die Deklination wird durch Änderung der Endsilben ausgedrückt. Die Substantiva werden fünf verschiedenen Deklinationen eingeordnet, nämlich der

ersten oder a-Deklination,
zweiten oder o-Deklination,
dritten oder konsonantischen, gemischten und i-Deklination,
vierten oder u-Deklination,
fünften oder e-Deklination.

Die Adjektiva formen sich entweder nach der a- oder o-Deklination oder nach der dritten (i- oder konsonantischen) Deklination.

1.1. Die erste oder a-Deklination

Deklinationsschema; Aussprache, Betonung, Trennung der Kasussilben; Geschlecht

§ 23 Deklinationsschema:

	Singular		Plural	
Nominativ	herbă	das Kraut	herbae	die Kräuter
Genitiv	herbae	des Krautes	herbārum	der Kräuter
Dativ	herbae	dem Kraut	herbīs	den Kräutern
Akkusativ	herbăm	das Kraut	herbās	die Kräuter
Ablativ	herbā	durch das Kraut	herbīs	durch die Kräuter

§ 24 Der Ablativ, der im Deutschen unbekannt ist, steht nach manchen Präpositionen; ferner spielt er in der lateinischen Satzkontruktion eine Rolle. Der Anredefall, Vokativ, den das Latein ebenfalls noch kennt, ist für das naturwissenschaftlich-medizinische Latein unwesentlich und in diesem Buch bei allen Deklinationen unberücksichtigt geblieben.

§ 25 Aussprache, Betonung und Trennung der Kasussilben:
hér-ba, hér-bae, hér-bam, hér-bā, her-bá-rum, hér-bīs, hér-bās. Aussprache und Betonung gehen aus den angegebenen Vokallängen hervor. Beim Genitiv Plural muß die vorletzte Silbe betont werden.

§ 26 Geschlecht:
Die Substantiva der a-Deklination sind fast ausnahmslos weiblich, ausgenommen sind nur Wörter mit natürlichem Geschlecht, die männliche Personen bezeichnen (vgl. § 32).

1.1.1. Vokabeln der a-Deklination

Vokabeln allgemein wissenswerter Art

§ 27 Die zweisilbigen Wörter werden auf der vorletzten Silbe betont, gleichgültig ob sie lang oder kurz ist (vgl. § 8):

cēna, -ae f.	die Mahlzeit
culpa f.	die Schuld
cūra f.	die Sorge
fāma f.	das Gerücht
fŭga f.	die Flucht
hasta f.	die Lanze, der Spieß
īra f.	der Zorn
lingŭa (Aussprache vgl. § 6) f.	die Sprache, die Zunge

nŏta f.	das Kennzeichen		
pāla f.	der Spaten		
porta f.	die Tür, Eintrittstelle		
pugna f.	der Kampf		
unda f.	die Welle		

Bei den drei- oder mehrsilbigen Wörtern ist entweder die vorletzte oder drittletzte Silbe **§ 28** zu betonen.

In den folgenden Wörtern ist der Vokal der vorletzten Silbe lang, so daß diese Silbe zu betonen ist (vgl. § 10):

agricultūra, -ae f.	der Ackerbau	disciplīna f.	die Lehre, Kenntnis
		dolābra f.	die Axt
amīca f.	die Freundin	figūra f.	die Figur
catēna f.	die Kette	fortūna f.	das Glück

Die vorletzte Silbe wird durch zwei oder mehr folgende Konsonanten lang (vgl. § 11), so **§ 29** daß sie zu betonen ist:

pŭella, -ae f.	das Mädchen	fĕnestra f.	das Fenster
ancilla f.	die Magd		

Bei den folgenden Wörtern ist der Vokal der vorletzten Silbe kurz, da er vor einem Vokal **§ 30** steht, so daß die Betonung auf der drittletzten Silbe liegt (vgl. § 12):

amīcitĭa, -ae f.	die Freundschaft	patientĭa f.	die Geduld
arrŏgantĭa f.	die Anmaßung	potentĭa f.	die Macht
dīligentĭa f.	die Umsicht, Genauigkeit	sapĭentĭa f.	die Weisheit
		sententĭa f.	die Meinung
iustitĭa f.	die Gerechtigkeit	sollertĭa f.	die Kunstfertigkeit, Emsigkeit
laetitĭa f.	die Freude	temperantĭa f.	die Mäßigkeit
nōtitĭa f.	die Kenntnis	intempĕrantĭa f.	die Unmäßigkeit

cōpĭa, -ae f.	die Menge	memorĭa f.	die Erinnerung	**§ 30 a**
inopĭa f.	der Mangel	miserĭa f.	das Unglück	
familĭa f.	die Familie	miserĭcordĭa f.	das Mitleid	
fīlĭa f.	die Tochter	patrĭa f.	das Vaterland	
glōrĭa f.	der Ruhm	pecūnĭa f.	das Geld	
ignāvĭa f.	die Untätigkeit, Faulheit	statŭa f.	das Standbild	
		venĭa f.	die Erlaubnis	
industrĭa f.	der Fleiß	victōrĭa f.	der Sieg	

Der Vokal der vorletzten Silbe ist kurz, so daß die drittletzte Silbe betont werden muß **§ 31** (vgl. § 9):

ănĭma, -ae f.	die Seele, das Gemüt	ŏpĕra f.	die Mühe
fābŭla f.	die Fabel, Erzählung	tŭnĭca f.	das Gewand, der Bast, die umkleidende Gewebeschicht
insŭla f.	die Insel		
littĕra f.	der Buchstabe		
māchĭna f.	die Maschine		

Männlich sind: **§ 32**

agrĭcŏla, -ae m.	der Bauer	incŏla m.	der Einwohner
collēga m.	der Kollege	nauta m.	der Seemann
convīva m.	der Gast	poëta m.	der Dichter

Dieselben Vokabeln sind weiblich, wenn es sich um weibliche Wesen handelt z. B. Kollegin usw.

§ 33 Die zweisilbigen Wörter werden auf der vorletzten Silbe betont, gleichgültig ob diese lang oder kurz ist (vgl. § 8):

aqua, -ae f.	das Wasser	gemma f.	die Knospe, kostbarer Stein
brūma f.	der Winter	gutta f.	der Tropfen
bursa f.	die Börse, der Beutel	herba f.	das Kraut
causa f.	der Grund, die Ursache	hōra f.	die Stunde
		jūba f.	die Mähne
cēpa f.	die Zwiebel	lāna f.	die Wolle
cēra f.	das Wachs	lūna f.	der Mond
clāva f.	der knotige Ast, Stab, die Keule	massa f.	die Masse
		planta f.	die Pflanze
colla f.	der Leim (colla piscium, die Fischblase)	pulpa f.	das Mark, Organparenchym
		serra f.	die Säge
concha f.	die Muschel	silva f.	der Wald
crēta f.	die Kreide	stella f.	der Stern
crusta f.	die Rinde, Schale	terra f.	die Erde
faba f.	die Bohne	theca f.	das Behältnis, med. anat. vgl. § 63
fibra f.	die Faser		
flamma f.	die Flamme	umbra f.	der Schatten
flōra f.	die Pflanzenwelt	ūva f.	die Traube
forma f.	die Form, Gestalt	via f.	der Weg
fossa f.	der Graben	vīta f.	das Leben

§ 34 Alte Maßeinheiten sind:

uncĭa, -ae f.	zwei Lot	drachma, -ae f.	das Quentchen

§ 35 In den folgenden Wörtern ist der Vokal der vorletzten Silbe lang, so daß diese zu betonen ist (vgl. § 10):

ălūta, -ae f.	das Leder	nātūra f.	die Natur
ărēna f.	der Sand	prŭīna f.	der Reif (meteorol.)
cărīna f.	der Kiel	rēsīna f.	das Harz
cŏrōna f.	der Kranz	stătūra f.	die Statur, der Wuchs
curvātūra f.	der Bogen		
lăgēna (besser lagoena, laguna) f.	die Flasche	structūra f.	die Bauart
		vacuōla f.	der kleine Hohlraum
mĕdīcīna f.	die Medizin, das Heilkraut	vāgīna f.	die Scheide
		verrūca f.	die Warze
membrāna f.	die Membran		

§ 36 Die vorletzte Silbe wird durch zwei folgende Konsonanten lang, so daß sie zu betonen ist (vgl. § 11):

căverna, -ae f.	der Hohlraum	păpilla f.	die Warze
cŏlumna f.	die Säule	plăcenta f.	der Kuchen, der Preßrückstand
mĕdulla f.	das Mark, Knochenmark	săgitta f.	der Pfeil
organella f.	die Organteile in der Zelle		

§ 37 Bei den folgenden Wörtern ist der Vokal der vorletzten Silbe kurz, da er vor einem Vokal steht, so daß die Betonung auf der drittletzten Silbe liegt (vgl. § 12):

ārĕa, -ae f.	die Fläche	mātĕrĭa f.	die Materie, der Stoff	
cĕrevisĭa f.	das Bier	pălĕa f.	die Spreu	
glārĕa f.	der Kies	pŭĕrĭtĭa f.	die Kindheit	
linĕa f.	die Linie	spongĭa f.	der Schwamm	

abundantĭa, -ae, f.	der Überfluß	osteologĭa f.	die Lehre von den Knochen	§ 37 a
bivalentĭa f.	die Zweiwertigkeit	pregnantĭa f.	die Schwangerschaft	
convergentĭa f.	die Annäherung	redundantĭa f.	der Überfluß	
cytologĭa f.	die Lehre von den Zellen	scientĭa f.	die Wissenschaft	
		topĭa f.	die Lage	
excrescentĭa f.	der Auswuchs			
myologĭa f.	die Lehre von den Muskeln			

Der Vokal der vorletzten Silbe ist kurz, so daß die drittletzte Silbe betont werden muß: § 38

capsŭla, -ae f.	die Kapsel	glandŭla f.	die Eichel, die Drüse	
cellŭla f.	die Zelle	lăcrĭma f.	die Träne	
cupŭla f.	das Becherchen, Fruchtbecher	măcŭla f.	der Fleck	
		păgĭna f.	die Seite	
cŭticŭla f.	das Häutchen	radicŭla f.	das Würzelchen	
fistŭla f.	die Röhre	tăbŭla f.	die Tafel, die Tabelle	
formŭla f.	die Formel	unguicŭla f.	die Kralle	
gemmŭla f.	das Knöspchen			

Vokabeln aus dem pharmazeutischen Gebiet

Die Betonung ist aus § 8 zu ersehen: § 39

charta, -ae f.	das Papier, die Tüte	pasta f.	die Paste	
lacca f.	der Lack	pulpa f.	das Mus	
colla f.	die Kruke	tēla f.	das Gewebe, der Mull	

Die Betonung liegt auf der vorletzten Silbe, da sie einen langen Vokal besitzt oder durch § 40
zwei folgende Konsonanten lang wird:

fărīna, -ae f.	das Mehl	rĕceptūra f.	die Rezeptur	
gĕlatīna f.	der Leim	sīgnātūra f.	die Signatur, Beschriftung	
mixtūra f.	die flüssige Mischung			
offĭcīna f.	die Offizin	tinctūra f.	die Tinktur	
pharmăcopōēa f.	das Arzneibuch			

ampulla, -ae f.	die Ampulle	tabuletta f.	die Tablette	§ 41
argilla f.	der Ton (mineralogisch)	trăgăcantha f.	der Tragant	
cērussa f.	das Bleiweiß	ŏcŭlŏguttae, -ārum f.	die Augentropfen	
coccĭonella f.	die Kochenille			
		otŏguttae, -ārum f.	die Ohrentropfen	

Bei den folgenden Wörtern liegt die Betonung auf der drittletzten Silbe, der Vokal der § 42
vorletzten Silbe ist kurz, da er entweder vor einem Vokal steht oder es von Natur aus
ist:

ammonĭa, -ae f.	das Ammoniakgas	magnēsĭa f.	die Magnesia	
calcarĭa f.	der Kalk	urēa f.	der Harnstoff	
essentĭa f.	die Essenz			
camphŏra, -ae f.	der Kampfer	scatŭla. f.	die Schachtel	§ 43
pĭlŭla f.	die Pille	tĕrĕbinthĭna f.	der Terpentin	
rŏtŭla f.	das Plätzchen			

Vokabeln aus dem Gebiet der Botanik

§ 44 Die zweisilbigen Wörter werden auf der vorletzten Silbe betont:

bacca, -ae f.	die Beere	spătha f.	die Blütenscheide (cf.
bēta f.	die Rübe		§ 692)
drupa f.	die Steinfrucht	spīca f.	die Ähre
		testa f.	die Samenschale

§ 45 Die Betonung liegt auf der vorletzten Silbe, da sie einen langen Vokal besitzt oder durch zwei folgende Konsonanten lang wird:

anthēra, -ae f.	der Staubbeutel	vāgīna f.	die Blattscheide

§ 46

calyptra, -ae f.	die Haube	mĕdulla f.	das Mark
chalāza f.	der Hagelfleck, Kno-spengrund	placenta f.	die Samenanlage, -lei-ste
cŏlŭmĕlla f.	das Säulchen	umbella f.	die Dolde
cŏrolla f.	die Blumenkrone		

§ 47 Bei den folgenden Wörtern liegt die Betonung auf der drittletzten Silbe, denn der Vokal der vorletzten Silbe ist kurz, da er entweder vor einem Vokal steht oder es von Natur aus ist:

bractĕa, -ae f.	das Hochblatt, Deck blatt	ochrĕa f.	die Blatt-tute, -man-schette
capsŭla f.	die Kapsel	pānĭcŭla f.	die Rispe
dehiscentĭa f.	das Aufspringen	sīlĭqua f.	die Schote
lāmĭna f.	die Blattspreite	stīpŭla f.	das Nebenblatt

Pflanzennamen, vornehmlich aus dem Gebiet der Pharmakognosie

§ 48 Die folgenden Pflanzennamen, die sich nach dem Deklinationsschema der a-Deklination § 23 richten, werden hier nur im Nominativ aufgeführt. In der Pharmakognosie und damit in der Medizin wird oft der Pflanzenname im Genitiv angewandt, dessen Ableitung leicht zu gestalten ist. Sämtliche folgenden Wörter sind Feminina.

Die zweisilbigen Namen werden auf der vorletzten Silbe betont:

Asa f.	Asant	Mentha f.	Minze
Chīna f.	Chinabaum	Myrrha f.	Myrrhe
Cīna f.	Wurmsamenpflanze	Rāpa f.	Raps
Coca f.	Kokastrauch	Rosa f.	Rose
Cōla f.	Kolabaum	Rūta f.	Raute
Galla f.	Gallapfel	Scilla f.	Meerzwiebel
Iva f.	Iva	Senna f.	Senna
Malva f.	Malve	Thuja f.	Lebensbaum
Manna f.	Manna		

§ 49 Die Betonung liegt auf der vorletzten Silbe, da diese einen langen Vokal besitzt oder durch zwei folgende Konsonanten lang ist:

Achillēa f.	Schafgarbe	Carlīna f.	Eberwurzel
Aethūsa f.	Hundspetersilie	Cinchōna f.	Chinabaum
Althaea f.	Eibisch	Copaiva f.	Kopaia
Andīra f.	Andirabaum	Cubēbe f.	Kubebe
Angostūra f.	Angostura	Datūra f.	Stechapfel
Arēca f.	Areka	Dulcamāra f.	Bittersüß
Avēna f.	Hafer	Erica f. (gr. ereike)	Heidekraut
Callūna f.	Heidekraut	Erūca f.	Weißer Senf

Fabiāna f.	Fabiana (Pichi-Pichi)	Quillaia f.	Quillajabaum
Galēga f.	Geißraute	Resēda f.	Reseda
Gentiāna f.	Enzian	Sabīna f.	Sadebaum
Hevēa f.	Heveabaum	Saturēja f.	Bohnenkraut
Jambōsa f.	Nelkenbaum	Simarūba f.	Simarubabaum
Lactūca f.	Lattich	Spiraea f.	Mädesüß
Majorāna f.	Majoran	Uragōga	Brechwurzelpflanze
Nicotiāna f.	Tabakpflanze	Urtīca f.	Brennessel
Olīva f.	Olive	Valeriāna f.	Baldrian
Orȳza f.	Reis	Verbēna f.	Eisenkraut
Passiflōra f.	Passionsblume		

Alcanna f.	Alkanna	Nigella f.	Schwarzkümmel	§ 50
Alchemilla f.	Frauenmantel	Nucista f.	Muskat	
Anamirta f.	Kokkelskörnerpflanze	Phytolacca	Kermesbeere	
Belladonna f.	Tollkirsche	Pimenta f.	Piment	
Bergamotta f.	Bergamotte	Pimpinella f.	Bibernell	
Calcatrippa f.	Rittersporn	Potentilla f.	Fingerkraut	
Cascarilla f.	Kaskarilla	Pulsatilla f.	Küchenschelle	
Chamomilla f.	Kamille	Rocella f.	Rozelle	
Galanga f.	Galgant	Sabadilla f.	Sabadille	
Genista f.	Ginster	Sarsaparilla f.	Sarsaparille	
Ipecacuanha f.	Brechwurz	Tormentilla f.	Tormentill	
Maranta f.	Pfeilwurz	Vanilla f.	Vanille	
Melissa f.	Melisse			

Betone: Glycyrrhíza Süßholz, Jatrorrhíza Colombopflanze

Die drittletzte Silbe muß betont werden, weil der Vokal der vorletzten Silbe kurz ist: § 51

Acacĭa f.	Akazie	Kickxĭa f.	Kautschukbaum
Agrimonĭa f.	Odermennig	Kramerĭa f.	Ratanhia
Artemisĭa f.	Beifuß	Laminarĭa	Laminaria
Baptisĭa f.	Färberhülse	Linarĭa f.	Leinkraut
Boswelĭa f.	Bosweliabaum	Liquiritĭa f.	Süßholz
Bryonĭa f.	Zaunrübe	Lobelĭa f.	Lobelie
Camelĭa f.	Kamelie	Matricarĭa f.	Kamille
Cassĭa f.	Zimt	Matrĭsilvĭa f.	Waldmeister
Castanĕa f.	Kastanie	Ourouparĭa f.	Gambirstrauch
Ceratonĭa f.	Johannisbrotbaum	Paeōnĭa f.	Pfingstrose
Coffĕa f.	Kaffeebaum	Picĕa f.	Fichte
Collinsonĭa f.	Grießwurzel	Piscidĭa f.	Piszidiabaum
Convallarĭa f.	Maiglöckchen	Pistacĭa f.	Pistazie
Cydonĭa f.	Quitte	Pulmōnarĭa f.	Lungenkraut
Echinacĕa f.	Echinazee	Quassĭa f.	Bitterholzbaum
Euphorbĭa f.	Wolfsmilch	Ratanhĭa f.	Ratanhia
Euphrasĭa f.	Augentrost	Sanguinarĭa f.	Kanadische Blutwur-
Fragarĭa f.	Erdbeere		zel
Fumarĭa f.	Erdrauch	Sapōnarĭa f.	Seifenkraut
Garcinĭa f.	Garciniabaum	Scammonĭa f.	Skammonia
Gaultherĭa f.	Wintergrün	Shorĕa f.	Dammarbaum
Grindelĭa f.	Grindelie	Spigelĭa f.	Maryland-Nelken-
Hagenĭa f.	Kosobaum		wurz
Hancornĭa f.	Kautschuk	Tilĭa, f.	Linde
Herniarĭa f.	Bruchkraut	Virgaurĕa f.	Goldrute
Ignatĭa f.	Ignatiusbohne	Zedoarĭa f.	Zitwer
Imperatorĭa f.	Meisterwurz		

Amygdăla f.	Mandel	Farfăra f.	Huflattich
Angelĭca f.	Angelika	Frangŭla f.	Faulbaum
Arnĭca f.	Wohlverleih	Gratiŏla f.	Gottesgnadenkraut
Asperŭla f.	Waldmeister	Hedĕra f.	Efeu
Atrŏpa f.	Tollkirsche	Hepatĭca f.	Leberkraut
Bardăna f.	Klette	Jalăpa f.	Jalape
Betŭla f.	Birke	Lavendŭla f.	Lavendel
Brassĭca f.	Kohl	Myristĭca f.	Muskat
Calendŭla f.	Ringelblume	Olĕa f.	Ölbaum
Camphŏra f.	Kampfer	Persĭca f.	Pfirsich
Carĭca f.	Feige	Polygăla f.	Kreuzblume
Cimicifŭga f.	Wanzenkraut	Primŭla f.	Schlüsselblume
Consolĭda f.	Schwarzwurz	Punĭca f.	Granatbaum
Cucurbĭta f.	Kürbis	Senĕga f.	Senega
Curcŭma f.	Gelbwurz	Veronĭca f.	Ehrenpreis
Drosĕra f.	Sonnentau	Viŏla f.	Veilchen
Ephĕdra f.	Ephedra		

Vokabeln aus dem Gebiet der Zoologie

§ 53 Zweisilbige Wörter mit Betonung auf der vorletzten Silbe:

ambra, -ae f.	der Amber	phōca f.	der Seehund
capra f.	die Ziege	pīca f.	die Elster
lutra f.	der Fischotter	rāna f.	der Frosch
musca f.	die Fliege	talpa f.	der Maulwurf
pĕrca f.	der Barsch	vacca f. (Lit.)	die Kuh

§ 54 Drei- und mehrsilbige Wörter, die auf der vorletzten Silbe betont werden:

alauda, -ae f.	die Lerche	gallīna f.	das Huhn
amoeba f.	die Amoebe	hyaena f.	die Hyäne
balaena f.	der Wal	mustēla f.	der Iltis, das Wiesel
formīca f.	die Ameise		

§ 55

anguilla, -ae f.	der Aal	lăcerta f.	die Eidechse
columba f.	die Taube	sălămandra f.	der Salamander
giraffa f.	die Giraffe		

§ 56 Drei- und mehrsilbige Wörter, die auf der drittletzten Silbe betont werden:

ardĕa, -ae f.	der Reiher	luscĭnĭa f.	die Nachtigall
ciconĭa f.	der Storch	noctŭa f.	die Nachteule
cochlĕa f.	die Schnecke	sēpĭa f.	der Tintenfisch
filarĭa f.	Gattung der Nemato-den	taenĭa f.	der Bandwurm
		tĭnĕa f.	die Motte

§ 57

aquĭla, -ae f.	der Adler	rūpicăpra f.	die Gemse
lullŭla f.	die Lerche	upŭpa f.	der Wiedehopf
merŭla f. (Artn.)	die Amsel	vipĕra f.	die Schlange, Viper
monēdŭla. f. (Artn.)	die Dohle		

Vokabeln aus dem Gebiet der Medizin

allgemein medizinisch

§ 58 Zweisilbige Wörter mit Betonung auf der vorletzten Silbe:

aura, -ae f.	der Verbote, das Vorgefühl

funda f.	die Schleuderbinde
lepra f.	der Aussatz
lyssa f.	die Wutkrankheit
mitra f.	der Kopfverband
noxa f.	die Schädlichkeit, krankheitserregende Ursache
pīca f.	Gelüst nach ungewöhnlichen Dingen
plāga f.	der Schlag, Hieb, Unfall
strūma f.	der Kropf

Drei- und mehrsilbige Wörter, die auf der vorletzten Silbe betont werden: §59

angīna, -ae f.	die Enge, Halsentzündung;
~pectoris	Engbrüstigkeit
diaeta f.	die Kostanordnung
dolābra f.	die Hobelspanbinde
fractūra f.	der Bruch, Knochenbruch
lochīa (gr. locheia) f.	der Wochenfluß
pītŭīta f.	der Schleim
ruptūra f.	der Riß
vaccīna f.	die Kuhpocke

| influenza, -ae f. | epid. akute Infektionskrankheit | §60 |
| mitella f. | das Armtragetuch | |

Drei- und mehrsilbige Wörter, die auf der drittletzten Silbe betont werden: §61

dementĭa, -ae f.	der Blödsinn, Geistesschwäche
hernĭa f.	der Eingeweidebruch
inedĭa f.	der Hunger, Fasten
inertĭa f.	die Untätigkeit (inertia uteri)
insānĭa f.	die Geistesgestörtheit
nausĕa f.	die Übelkeit, Ekel
pestilentĭa f.	die Seuche
rupĭa f.	der Schmutz, schmutzkrustenähnliche Borkenbildung
tinĕa f.	die Motte, mottenfraßähnlicher Hautausschlag
urticarĭa f.	der Nesselausschlag

cholĕra, -ae f.	die Cholerakrankheit	§62
colĭca f.	die Kolik, Leibschneiden
fistŭla f.	die Fistel
omăgra f.	die Schultergicht
papŭla f.	Papel, Bläschen
puerpĕra f.	die Wöchnerin
purpŭra f.	die Blutfleckenkrankheit
pustŭla f.	Pustel, mit Eiter gefüllte Blase
rănŭla f.	die Fröschleingeschwulst (Zystenbildung)
rubĕŏla f.	die Röteln
terĕbra f.	der Bohrer
ungŭla f.	die Klaue
vomĭca f.	die Eiterbeule

medizinisch-anatomisch
Zweisilbige Wörter mit Betonung auf der vorletzten Silbe: §63

| āla, -ae f. | der Flügel |

ansa f.	der Henkel, die Öse, Schlinge
barba f.	der Bart
bucca f.	die Backe
bulla f.	die Blase, Kapsel, der Buckel
bursa f.	die Tasche, der Beutel
cauda f.	der Schwanz
cella f.	die Zelle, abgeschlossener Hohlraum
chorda f.	der Strang, die Saite
cŏma (obs.) f.	das Haar
costa f.	die Rippe
coxa f.	die Hüfte
crena f.	die Spalte, Kerbe
crista f.	die Leiste, Kamm bei Vögeln
crypta f.	die Gruft, der unterirdische Gang
cymba f.	der Nachen, Kahn
fibra f.	die Faser
lympha f.	die Lymphe, in der antiken Literatur klares Quellwasser
māla f.	die Wange
mamma f.	die Brustdrüse
nucha f.	der Nacken
ōra f.	der Rand, Saum
palma f.	die flache Hand, Handfläche
planta f.	die Fußsohle
pleura f.	das Brustfell (nur mittel- und neulat.), klass. die Rippe
plica f.	die Falte
rīma f.	der Spalt, die Ritze
ruga f.	die Runzel, Falte
scāla f.	die Treppe, in der antiken Literatur als Plurale tantum
scapha f.	Nachen, Furche der Ohrmuschel
sclēra f.	feste Hülle des Augapfels
sella f.	der Sattel, Sessel
spīna f.	der Dorn, das Rückgrat, die Wirbelsäule
squāma f.	die Schuppe
strĭa f.	der Streifen
sūra f.	die Wade
thēca f.	das Behältnis, die Hülle, Bindegewebshülle
tuba f.	die Trompete, Tube. In der Antike ein gerades Blasinstrument, das sich am Ende trichterförmig erweiterte
ūlna f.	die Elle (Unterarmknochen)
vēna f.	die Vene, Blutader
vola (obs.) f.	die Hohlhand, in der Literatur auch Hohlfuß, ferner Mittelteil des Vogelflügels (in NA durch palma ersetzt)
vulva f.	der Türflügel, die äußeren weiblichen Schamteile
zōna f.	der Gürtel, anatom. auch ringförmige bindegewebige Schicht

§ 64 Drei- und mehrsilbige Wörter, die auf der vorletzten Silbe betont werden:

apertūra, -ae f.	die Öffnung
cloāca f.	die Schleuse, Kloake

commissūra f.	die Verbindung	
conjunctīva f.	die Augenbindehaut	
fissūra f.	die Spalte	
flexūra f.	die Beugung, Biegung	
gingīva f.	das Zahnfleisch (in NA als Plural gebraucht)	
incīsūra f.	der Einschnitt	
junctūra f.	die Verbindung	
lacūna f.	die Vertiefung, Lücke	
retīna (früher retĭna) f.	die Netzhaut	
salīva f.	der Speichel	
sūtūra f.	die Naht	
trachēa f. (vgl. § 13)	die Luftröhre	
ūrēthra f.	die Harnröhre	
ūrīna f.	der Harn	
vēsīca f.	die Blase	
columella, -ae f.	das Säulchen	§ 65
fabella f.	das Böhnchen (wurde für Sesambein gebraucht)	
glabella f.	unbehaarte Stelle zwischen den Augenbrauen	
lāmella f.	Lamelle, dünnes Blättchen	
patella f.	die Kniescheibe	
salvatella f.	Hautvene am Handrücken (veraltete Bezeichnung)	
axilla, -ae f.	die Achselhöhle	§ 65 a
fibrilla f.	das Fäserchen, die Fibrille	
mamilla f.	die Brustwarze	
maxilla f.	der Oberkiefer	
papilla f.	ursprünglich Brustwarze, im übertragenen Sinn warzenähnliche Erhebung	
pūpilla f.	das Sehloch, die Pupille	
tonsilla f.	die Mandel, mandelförmiger Lappen	
ampulla, -ae f.	kolbenförmiges Gefäß, bauchiger Krug, bauchige Erweiterung	§ 65 b
aŏrta f.	die Hauptschlagader	
cisterna f.	die Zisterne, der Wasserbehälter	
endŏlympha f.	die Innenlymphe, im Ohrlabyrinth eingeschlossene Flüssigkeit	
mĕdulla f.	das Mark, Knochenmark	
placenta f.	der Mutterkuchen, die Nachgeburt	

Drei- und mehrsilbige Wörter, die auf der drittletzten Silbe betont werden: § 66

arterĭa, -ae f.	die Arterie, Schlagader	
arthrodĭa (obs.) f.	freies Gelenk, dreiachsiges Gelenk	
calvarĭa f.	das Schädeldach	
cardĭa f.	der Magenmund (in NA durch ostium cardiacum ersetzt); cf. cardiacus	
fascĭa f.	die Binde, die breit ausgedehnte, bindegewebige Hülle auf Muskeln	
fimbrĭa f.	die Franse, bandartiger Besatz	
lacinĭa f.	der Zipfel	

synovĭa f.	die Gelenkschmiere
taenĭa (tēnia) f.	der Streifen, schmales Band, Bandwurm
tībĭa f.	das Schienbein

§ 66 a

eminentĭa, -ae f.	die Erhebung, Vorwölbung
prōminentĭa f.	die Hervorragung
prōtūberantĭa f.	die Hervorragung, der Vorsprung
substantĭa f.	die Substanz, Beschaffenheit, der Bestand
cochlĕa, -ae f.	die Schnecke
cornĕa f.	die Hornhaut des Auges
fovĕa f.	die kleine rundliche Grube
trochlĕa f.	die Rolle

§ 67 Die Betonung liegt auf der drittletzten Silbe, da der Vokal der vorletzten Silbe kurz ist (vgl. § 12):

auricŭla, -ae f.	das Öhrchen, die Ohrmuschel
caruncŭla f.	fleischige Hervorragung
clāvicŭla f.	das Schlüsselbein
fibŭla f.	die Klammer, das Wadenbein
fossŭla f.	die kleine Grube
habēnŭla f.	das Zügelchen, der Epiphysenstiel
lingŭla f.	zungenartiges Gebilde, Zünglein, Bändchen
mandibŭla f.	der Unterkiefer
mentŭla (obs.) f.	das männliche Glied
nūbēcŭla f.	das Wölkchen, weiche Substanz
scapŭla f.	das Schulterblatt
trabēcŭla f.	das Bälkchen (Bindegewebsstränge)
uvŭla f.	das Zäpfchen
vallecŭla f.	das Tälchen, Einsenkung
valvŭla f.	die kleine Klappe
vēnŭla f.	die kleine Vene
vēsĭcŭla f.	das Bläschen
zōnŭla f.	das Gürtelchen

§ 67 a

ămygdăla, -ae f.	die Mandel
arĕŏla f.	der kleine Hof
artērĭŏla f.	die Arteriole
camĕra f.	die Kammer
chŏăna f.	der Trichter, die hintere Nasenhöhlenöffnung
fovĕŏla f.	das Grübchen
orbĭta f.	die Augenhöhle
palpĕbra f.	das Augenlid
prostăta f.	die Vorsteherdrüse
tūnĭca f.	die Hülle, Haut, umkleidende Gewebeschicht
vertĕbra f.	der Wirbel, in der Literatur auch Gelenk

Griechische Formenbildungen auf -e; -as; -es; -ia

§ 68 Nicht wenige der bisher aufgezählten Wörter sind griechischer Herkunft, aber ganz in die lateinische a-Deklination aufgenommen. Eine Anzahl Vokabeln des naturwissenschaftlich-medizinischen Lateins, die im Nominativ Singular auf -e, -as, -es enden und sich nach der lateinischen a-Deklination richten, sind griechischer Herkunft. Sie werden im Singular nach griechischer Weise, im Plural dagegen nach lateinischer Art dekliniert.

-e	Singular (nach gr. Art, Dat. lat.)		Plural
Nominativ	alŏē	sprich: alŏ-ē	Pluralbildung wie üblich lateinisch: -ae,
Genitiv	alŏēs	alŏ-ēs	-ārum, -īs, -ās, īs
Dativ	alŏae	alŏ-ae	
Akkusativ	alŏēn	alŏ-ēn	
Ablativ	alŏē	alŏ-ē	

pharmazeutisch

alŏē, alŏēs f.	die Aloepflanze
benzŏē, benzŏēs f.	das Benzoeharz

medizinisch:

diplŏē, diplŏēs f.	spongiöse Substanz des Schädeldaches
dyspnŏē, dyspnŏēs f.	die Kurzatmigkeit
perŏnē, perŏnēs f.	das Wadenbein
systŏlē, systŏlēs f.	das Zusammenziehen, rhythmisches Zusammenziehen
diastŏle, diastŏles f.	die Ausdehnung, rhythmische Erweiterung
acnē, acnēs f.	die Akne, Hautfinne
răphē (rhăphē), răphēs f.	die Naht
architěctŏnīcē, architěctŏnīcēs f.	die räumliche Anordnung

Alle Wörter dieser Deklination auf -e sind weiblich; ihre Betonung liegt bei dreisilbigen Wörtern auf der drittletzten Silbe.

Wörter auf -as und -es im Nominativ Singular

Diese Wörter sind nach der a-Deklination latinisiert; im Geschlecht sind sie aber Maskulina.

-as	Singular	Plural	§ 70
Nominativ	bŏrěās	Pluralbildung wie üblich	
Genitiv	bŏrěae	lateinisch: -ae, -ārum, -īs, ās, -īs	
Dativ	bŏrěae		
Akkusativ	bŏrěăm		
Ablativ	bŏrěā		

Betonung auf der drittletzten Silbe:
bŏrěās, bŏrěae m.   der Nordwind

Von psŏa, Genitiv psŏas, f. *die Lendengegend*, leitet sich ab musculus psoas, *Muskel der Lendengegend*. Es findet sich aber auch unkorrekt die Deutung psoas, m. als Nominativ.

Wörter im Nominativ Singular auf -es

-es	Singular	Plural	§ 71
Nominativ	sōrītēs	Pluralbildung wie üblich	
Genitiv	sōrītae	lateinisch: -ae, -ārum, -īs, -ās, -īs	
Dativ	sōrītae		
Akkusativ	sōrītăm (oder gr. sōrītēn)		
Ablativ	sōrītā (oder gr. sōrītē)		

Die Betonung liegt auf der vorletzten Silbe, die lang ist.

sōrītēs, sōrītae m.	der mathematische Trugschluß
diabētēs, diabētae m.	der Durchgang, Durchfluß, Harnruhr
ascītēs, ascītae m.	die Bauchwassersucht
tympanītēs, tympanītae m.	die Trommelsucht
pyrītēs, pyrītae m.	der Feuerstein, Schwefelkies

Wörter im Nominativ Singular auf -ia

§ 72 Zahlreiche Wörter griechischer Herkunft, die im Deutschen auf die betonte Endung -ie ausgehen, enden im Latein auf -ia. Sie deklinieren streng nach der lateinischen a-Deklination.

Melodie	mĕlōdĭa	Pharmazie	pharmăcĭa
Philosophie	phĭlŏsŏphĭa	Chirurgie	chirurgĭa
Anatomie	ănătŏmĭa	Therapie	thĕrăpĭa

Ferner gehören hierher die zahlreichen Zusammensetzungen mit -graphia – -beschreibung (Geographia, Kardiographia, Photographia usw.) und -logia – -lehre (Physiologia, Neurologia, Pharmakologia u. a.). Diese werden wie im klassischen Latein auf der drittletzten Silbe betont.

Die Betonung erfolgt:

im Deutschen	im Griechischen	im Lateinischen
Melodíe	melodía	melódia
Philosophíe	philosophía	philosóphĭa
Anatomíe	anatomía	anatómĭa

Besonders zahlreich sind derartige Wörter auf -ia in der Medizin. In Wortzusammensetzungen finden wir sich wiederholende Ausdrücke wie -aemia – -blut, -aesthesia – -empfindlichkeit, -algia – -schmerz, -dynia – -schmerz, -mania – -wahn, -opsia – -sehen, -phobia – -angst, -scheu, -rhagia – -blutung, -skopia – -sehen, -tomia – -abtrennung, -tonia – -spannung.

§ 72 a Im übrigen seien aus der großen Anzahl dieser Wortgruppen folgende spezielle medizinische Vokabeln genannt:

achylĭa f.	das Fehlen des Magensaftes
agoraphobĭa f.	die Platzangst
akrodynĭa f.	der Gliedendenschmerz
alopecĭa f.	der Haarschwund
anaemĭa f.	die Blutarmut
anorexĭa (sprich an-orexia) f.	die Appetitlosigkeit
aphonĭa f.	die Stimmlosigkeit
apoplexĭa f.	schlagartige Funktionslosigkeit, der Hirnschlag
arrhythmĭa (arhythmĭa) f.	zeitl. Unregelmäßigkeit der Herztätigkeit
arthrodynĭa f.	der Gelenkschmerz
arthropathĭa f.	das Gelenkleiden
asphyxĭa f.	schwere Atemstörung
asthenĭa f.	die Kraftlosigkeit, Schwäche
dysbasĭa f.	die Gehstörung
dyskinesĭa f.	motorische Fehlfunktion
dysphagĭa f.	Schluckbeschwerde
dysphrenĭa f.	Seelenstörung

dystrophĭa f.	die Ernährungsstörung und ihr Folgezustand
dysurĭa f.	Harnbeschwerde
epilēpsĭa f.	Fallsucht
geriatrĭa f.	die Lehre von den Alterserkrankungen
hēpēphrenĭa f.	das Jugendirresein
hēmicrānĭa f.	die Migräne
hypŏchylĭa f.	verminderte Magensaftsekretion
hypŏsmĭa f.	Herabsetzung des Geruchsvermögens
lēthargĭa f.	die Schlafsucht
manĭa f.	der Wahnsinn
mĕgalopsĭa f.	das Größersehen
pneumonĭa f.	die Lungenentzündung
potomanĭa f.	die Trunksucht
urophŏbĭa f.	nervöse Angst vor Harndrang

1.2. Die zweite oder o-Deklination

Daß die zweite Deklination zu Recht o-Deklination heißt, kann man aus dem Ablativ §73
Singular und dem Genitiv Plural ersehen. Der Nominativ Singular lautete im vorklassischen Latein auf -os.

1.2.1. Wörter auf -us

Deklinationsschema; Aussprache, Betonung, Trennung der Kasussilben; Geschlecht §74

Deklinationsschema:

	Singular		Plural	
Nominativ	morbus	die Krankheit	morbī	die Krankheiten
Genitiv	morbī	der Krankheit	morbōrum	der Krankheiten
Dativ	morbō	der Krankheit	morbīs	den Krankheiten
Akkusativ	morbum	die Krankheit	morbōs	die Krankheiten
Ablativ	morbō	durch die Krankheit	morbīs	durch die Krankheiten

Der Genitiv Singular von Wörtern auf -ius kann statt -ii eine kontrahierte Endung -i auf- §75
weisen (Beispiel: filius *der Sohn*, filii oder fili *des Sohnes*).
Im Plural finden wir bei diesen Wörtern auf -ius dagegen keine Kontraktion, also -ii, -iō-
rum, -iis, -iōs, -iis.

In der Literatur finden sich mitunter Zusammenstellungen von männlichen und weibli- §76
chen gleichen Wörtern. Die männlichen richten sich nach der o-Deklination, die weiblichen nach der a-Deklination.

filĭus	der Sohn	filĭa	die Tochter
equus	das Pferd	equa	die Stute
asĭnus	der Esel	asĭna	die Eselin

Dativ und Ablativ Plural werden dann bei diesen Zusammenstellungen gern gebildet: fi-
liis – filiābus; equīs – equābus; asĭnīs – asĭnābus.

Zu erwähnen ist, daß Ortsnamen und Inselbezeichnungen auf -us der o-Deklination §77
einen Lokativ (Ortskasus) auf -ī bilden: Tarentī zu Tarent; Rhodī auf Rhodus.

Ähnliche Bildung:

domĭ	zu Hause (vgl. § 79)	rurĭ	auf dem Lande (vgl.
humĭ	auf dem Boden (vgl.		§ 302)
	§ 79)	vesperĭ	am Abend (vgl. § 97)

§ 78 Aussprache, Betonung und Trennung der Kasussilben:

mór-bus, mór-bī, mór-bō, mor-bō-rum, mórbīs, mórbōs.
Im Genitiv Plural liegt die Betonung immer auf der vorletzten Silbe.

§ 79 Geschlecht:

Die Wörter auf -us besitzen grammatisches männliches Geschlecht, soweit sie nicht schon von Natur Maskulina sind. Natürliches weibliches Geschlecht haben aber Bäume sowie Länder, Inseln und Städte. Als Bestandteile der Erde haben auch weibliches Geschlecht humus, humi *der Boden* und bolus, boli *der Ton, Lehm.*

„Land, Insel, Stadt und Baum auf -us als weiblich man sich merken muß."
Außerdem ist weiblich periŏdus, periŏdi *die regelmäßige Wiederkehr.*

Vokabeln allgemein wissenswerter Art auf -us

§ 80 Betonung liegt auf der vorletzten Silbe (vgl. §§ 8, 10, 11):

amĭcus, -i m.	der Freund	palus m.	der Pfahl
cibus m.	die Speise	philus m.	der Freund
dolus m.	die List	servus m.	der Sklave
ludus m.	das Spiel	typus m.	das Urbild, Muster
mundus m.	die Welt	vicus m.	das Dorf
pagus m.	der Gau		

§ 81 Betonung liegt auf der drittletzten Silbe (vgl. §§ 9 und 12):

anĭmus, -i m.	das Gemüt, die Seele,	gladĭus m.	das Schwert
	der Geist, Sinn	pŏpŭlus m.,	das Volk
calcĕus m.	der Schuh	subtȳpus m.	untergeordneter Typ
discipŭlus m.	der Schüler	tumŭlus m.	der Hügel

Grundlegende Vokabeln für Naturwissenschaft und Medizin auf -us

§ 82 Betonung liegt auf der vorletzten Silbe (vgl. §§ 8, 10, 11):

annus, -i m.	das Jahr	hortus m.	der Garten
cladus m.	die Nachkommen-	lectus m.	das Bett
	schaft, Kreis (syste-	modus m.	Maß, Art und Weise
	matische Einheit)	morbus m.	die Krankheit
cyclus m.	der Kreis, Umlauf	taurus m.	der Stier, das Rind
discus m.	die Scheibe	ursus m.	der Bär
fumus m.	der Rauch	ventus m.	der Wind

§ 82 a

autumnus, -i m.	der Herbst	crystallus m., f.	der Kristall
capillus m.	das Haar	pampĭnus m.	die (Wein-) Ranke
chirurgus m.	der Wundarzt		

§ 83 Betonung liegt auf der drittletzten Silbe (vgl. §§ 9 und 12):

botŭlus, i- m.	die Wurst	mallĕus m.	der Hammer
cunĕus m.	der Keil	medĭcus m.	der Arzt
empirĭcus m.	der Arzt aus Erfah-	numĕrus m.	die Zahl, Anzahl
	rung	termĭnus m.	die Grenze; spätlat.:
famŭlus m.	der Diener		Ausdruck, Wort,
globŭlus m.	das Kügelchen		Begriff

Vokabeln aus dem pharmazeutischen Gebiet auf -us

Betonung liegt auf der vorletzten Silbe (vgl. §§ 8, 10, 11): § 84

asellus, -i m.	der Dorsch (seit Linné gadus)	moschus m.	der Moschus
		pastillus m.	die Pastille
bacillus m.	das Stäbchen	stylus m. (vgl.	der Stift
bolus m. (vgl. § 134)	der Bissen, große Pille	§ 134)	
		succus m.	der Saft
aber: bolus f. (vgl. § 79)	der Ton (mineralisch)	trochiscus m. (vgl. § 134)	das Plätzchen
bulbus m. (vgl. § 134)	die Zwiebel		

Betonung liegt auf der drittletzten Silbe (vgl. §§ 9 und 12): § 85

cerĕŏlus, -i m.	das Wundstäbchen	phosphŏrus m.	der Phosphor
mercurĭus m.	das Quecksilber (alte Bezeichnung vgl. § 114)	sirŭpus m.	der Sirup
		tartărus m.	der Weinstein

Vokabeln aus dem Gebiet der Botanik auf -us

Betonung liegt auf der vorletzten Silbe (vgl. §§ 8, 10, 11): § 86

conus, i- m.	der Zapfen	ramus m.	der Ast
cormus m. (vgl. § 134)	der Stamm	scapus m.	der Schaft
		stylus m. (vgl. § 134)	der Griffel
fungus m.	der Pilz	thallus m. (vgl. § 134)	das Trieblager
limbus m.	der Saum		
napus m.	die Rübe		
nervus m.	der Blattnerv	truncus m.	der Holzstamm
pappus m.	die Federkrone	tubus m.	die Röhre

arillus, -i m.	der Samenmantel	racēmus m.	die Traube	§ 86 a
nucellus m.	der Eikern			

Betonung liegt auf der drittletzten Silbe (vgl. §§ 9, 12): § 87

cicĭnus, -i m.	der Wickel⁻	petĭŏlus m.	der Blattstiel
follicŭlus m.	die Balgfrucht	strobĭlus/strobŭlus m.	der Zapfen (vgl. § 576 b)
funicŭlus m.	der Nabelstrang	surcŭlus m.	der kleine Zweig, Pfropf, Reis
glomerŭlus m.	Knäuel als Dichasium		
peduncŭlus m.	der Blütenstiel		

Pflanzennamen, vornehmlich aus dem Gebiet der Pharmakognosie auf -us

männlich

Betonung liegt auf der vorletzten Silbe (vgl. §§ 8, 10, 11): § 88

Chŏndrus m.	Rotalgenart	Rubus m.	Brombeere, Himbeere
Cnĭcus m.	Benedikte	Strychnŏs(-nus) m.	Brechnuß
Crocus m.	Safran	Thymus m.	Thymian

Hyssōpus m.	Ysop	Melĭlōtus m.	Steinklee	§ 88 a
Leonūrus m.	Löwenschwanz	Rosmărinus m.	Rosmarin	

Helĭanthus m.	Sonnenblume	Sarothamnus m.	Besenginster	§ 88 b
Myrtillus m.	Heidelbeere			

§ 88c Betonung liegt auf der drittletzten Silbe (vgl. §§ 9 und 12):

Acŏrus m.	Kalmus	Ebŭlus m.	Zwergholunder
Călmus m.	Kalmus	Hellebŏrus m.	Nieswurz
Cardŭus m.	Distel	Hyoscyămus m.	Bilsenkraut
Cyănus m.	Kornblume	Phasĕŏlus m.	Bohne
Drăcuncŭlus m.	Estragon	Pŏlypŏrus m.	Lärchenschwamm

weiblich

§ 89 Betonung liegt auf der vorletzten Silbe (vgl. §§ 8, 10, 11):

Alnus f.	Erle	Pīnus f.	Kiefer
Cītrus f.	Zitronenbaum	Prūnus f.	Kirsche, Mandel,
Fāgus f.	Buche		Pflaume
Fīcus f.	Feigenbaum	Rhamnus f.	Kreuzdorn
Laurus f.	Lorbeerbaum	Sŏrbus f.	Eberesche
Mālus f.	Apfelbaum	Tăxus f.	Eibe
Myrtus f.	Myrte		

§ 89a

Carpīnus f.	Hainbuche	Gymnŏclădus f.	Geweihbaum
Crătaegus f.	Weißdorn	Sambūcus f.	Holunder

§ 89b

Ailanthus f.	Götterbaum	Elaeagnus f.	Ölweide
Artŏcarpus f.	Brotfruchtbaum	Eucalyptus f.	Eukalyptusbaum
Cărўŏphyllus f.	Nelkenbaum	Strophanthus f.	Strophanthus
Celastrus f.	Baumwürger	Tamarindus f.	Tamarindenbaum
Cypressus f.	Zypresse		

§ 89c Betonung liegt auf der drittletzten Silbe (vgl. §§ 9, 12):

Amygdălus f.	Mandel	Junipĕrus f.	Wacholder
Cerăsus f.	Kirschbaum	Lupŭlus f.	Hopfen
Corўlus f.	Hasel	Pōpŭlus f.	Pappel
Cotīnus f.	Perückenstrauch	Rīcĭnus f.	Rizinusstrauch
Fraxīnus f.	Esche		

Vokabeln aus dem Gebiet der Zoologie auf -us

§ 90 Betonung liegt auf der vorletzten Silbe (vgl. §§ 8, 10, 11):

berus, beri m. (Artn.)	Schlangenart	gallus m.	der Hahn
		lupus m. (Artn.)	der Wolf
bombus m.	die Hummel	mīlvus m.	die Weihe (Vogelart)
cervus m.	der Hirsch	pardus m.	der Panther, Leopard
corvus m.	der Rabe	părus m.	die Meise
cygnus (auch cycnus) m.	der Schwan	phthīrus m.	die Filzlaus
		sprattus m.	die Sprotte
		sturnus m.	der Star
gadus (vgl. § 84) m.	der Dorsch (seit Linné)	turdus m.	die Drossel
		ursus m.	der Bär

§ 90a

aeglefīnus, aeglefīni m. (Artn.)	der Schellfisch	ceropithēcus m.	die Meerkatze
		chrysaetus m. (Artn.)	der Steinadler, Gold-adler
anthonōmus m.	der Apfelblütenste-cher	chrysolŏphus m.	der Goldschopf, Gold-fasan
botaurus m.	die Rohrdommel	coloeus m. (Syn. corvus)	die Dohle
cămēlus m.	das Kamel		

cricētus m.	der Hamster	muscardīnus m.	die Haselmaus	
crŏcŏdīlus m.	das Krokodil	mystacocētus m.	der Bartenwal	
cŭcūlus m.	der Kuckuck	oryctolăgus m.	das Kaninchen	
cyprīnus m.	der Karpfen	pĕlĕcānus m.	der Pelikan	
gecīnus m. (Syn. picus)	der Specht	phāsīānus m.	der Fasan	
		phoenicūrus m.	der Rotschwanz	
haematopīnus m.	der Bluttrinker, die Tierlaus	scĭūrus m.	das Eichhörnchen	
		tropidonōtus m. (Syn. natrix)	die Natter	
lucānus m.	der Hirschkäfer			
lyūrus m.	das Birkhuhn			

äsellus, äselli m.	die Assel	porcellus m.	das Ferkel	§ 90 b
palumbus m. (Artn.)	der Holztauber	vanellus m.	der Kiebitz	

Betonung liegt auf der drittletzten Silbe (vgl. §§ 9, 12): § 91

arānĕus, arānĕi m.	die Spinne	lŭcĭus m. (Artn.)	der Hecht	
carassĭus m.	die Karausche	potamobius m. (Syn. astacus)	der Flußkrebs	
erinacĕus m.	der Igel			
gasterostĕus m.	der Stichling	strŭthĕus m.	der Straußvogel	

astăcus, astăci m.	der Flußkrebs	hippopotămus m.	das Flußpferd	§ 91 a
caprĕŏlus m.	der Rehbock	lanĭus m.	der Würger (Vogelart)	
cunīculus m. (Artn.)	das Kaninchen	pedicŭlus m.	die Laus	
		phoenicoptĕrus m.	der Flamingo	
cypsĕlus m. (Syn. apus)	die Mauerschwalbe	rēgŭlus m.	der Häuptling, das Goldhähnchen	
elăphus m. (Artn.)	der Hirsch	tinnuncŭlus m. (Artn.)	der Turmfalk	
encrasicŏlus m.	die Sardelle			
erithăcus m. (Syn. luscinia)	das Rotkehlchen	typogrăphus m.	der Buchdrucker, Borkenkäfer	

Vokabeln aus dem Gebiet der Medizin auf -us

allgemein-medizinisch

Betonung liegt auf der vorletzten Silbe (vgl. §§ 8, 10, 11): § 92

bombus, -i m.	der dumpfe Ton, Darmkollern, Ohrensausen
callus m.	die Schwiele, Knochenschwiele
clāvus m.	der Nagel, das Hühnerauge
crampus m.	der Krampf
favus m.	die Honigwabe, med. Erbgrind
focus m.	der Herd, Brennpunkt
hippus m.	Blinzeln, Iriszittern, springende Pupille
lupus m.	die fressende Flechte
naevus m.	das Muttermal
oestrus m.	die Brunst
pannus m.	der Lappen, krankhaft mit Blutgefäßen durchsetzte Hornschicht
ptarmus m.	der Nieskrampf
scirrhus m.	verhärtete Geschwulst, Faserkrebs
spasmus m.	der Krampf
thrŏmbus m.	der Blutpfropf, Pfropf aus Blutbestandteilen

tŏnus m.	die Spannung
tŏphus m.	entzündlicher Knoten
trismus m.	tonischer Krampf
typhus m.	Typhus

§ 92 a

aspergĭllus, -i m.	der Schimmelpilz
bacĭllus m.	das Stäbchen
bolētus m. (vgl. § 134)	der Pilz
haemophthalmus m.	Bluterguß im Auge
metĕōrismus m.	die Aufblähung

§ 93 Betonung liegt auf der drittletzten Silbe (vgl. §§ 9, 12):

bubonŭlus, -i m.	das Knötchen
carbuncŭlus m.	kleine Kohle, Brandschär, Karbunkel
embŏlus m.	der Pfropf in der Gefäßbahn, losgelöster Thrombus in der Blutbahn
furuncŭlus m.	klass. Lat.: Dieb; med. akut-eitrige Entzündung
ictĕrus m.	die Gelbsucht

medizinisch-anatomisch

§ 94 Betonung liegt auf der vorletzten Silbe (vgl. §§ 8, 10, 11):

ānus, -i m.	der Ring, After
brŏnchus m.	der Haupt- und Nebenast der Luftröhre
canthus m.	der Augenwinkel
carpus m.	die Handwurzel
chylus m.	die Darmlymphe
chȳmus m.	der Speisebrei
clĭvus m.	der Hügel, Abhang
cōnus m. (vgl. § 134)	der Kegel
cubus m.	der Würfel
fundus m.	der Boden, Grund
gallus m.	der Hahn
globus m.	die Kugel
gȳrus m.	die Windung
isthmus m.	schmale Verbindung, ursprüngl. Landenge
lobus m.	der Lappen
lŏcus m.	der Ort, die Stelle
lumbus m.	die Lende
mūcus m.	der Schleim
nāsus m.	die Nase
nervus m.	der Nerv
nīdus m.	das Nest
nōdus m.	Knoten, knotenförmige Anschwellung
phallus m.	das männliche Glied
pilus m.	das einzelne Haar
polus m.	der Pol, eigentlich Achse, auch Himmelsgewölbe, Sonnenuhr
porus m.	der Durchgang, die Öffnung, bot. Loch
rĭvus m.	der Bach, die Bewässerungsrinne
saccus m.	der Sack
scāpus m.	der Stock, Schaft
sulcus m.	die Furche, Rinne
tālus m.	das Sprungbein

tarsus m.	1. die Fußwurzel
	2. die bindegewebige Platte des Augenlids
thymus m.	der Thymus
torus m.	der Wulst
trăgus m.	der Bock, die vor der Öffnung des äußeren Gehörganges liegende Erhebung
truncus m.	der Stamm, Rumpf
tŭbus m.	die Röhre
uncus m.	der Haken
villus m.	das zottige Haar, die Zotte
hippocampus, hippocampi m.	Wulst im Temporallappenhorn des Seiten- §94a ventrikels, eingerollte Rindenformation ähnlich dem Schwanz des Seepferdchens (zool. Hippocampus, ein antikes Fabel- tier)
labўrinthus m.	das Labyrinth des Ohres
lacertus m.	der sehnige Faserzug (in der Literatur Muskel, muskulöser Arm)
lēmniscus m.	die Schleife
lymphŏnōdus m.	der Lymphknoten (Synonym für nodus lymphaticus)
mēniscus m.	der Halbmond, halbmondförmiger Zwi- schenknorpel im Kniegelenk
metacarpus m.	die Mittelhand
metatarsus m.	der Mittelfuß
pēnicillus m.	der Pinsel, das Büschel
pylŏrus m.	der Pförtner, Magenausgang, die enge Übergangsstelle zwischen Magen und Darm
umbĭlicus m.	der Nabel
vitellus m.	der Eidotter

Betonung liegt auf der drittletzten Silbe (vgl. §§ 9, 12): §95
Das Suffix -ŭlus oder -ŏlus kann eine Verkleinerungsform anzeigen.

acervŭlus, -i m.	das Häufchen, acervulus cerebri Hirnsand
angŭlus m.	der Winkel
anŭlus (med. auch annulus) m.	das Ringlein
articŭlus (obsolet) m.	das Gelenk
calicŭlus m.	die (kleine) Knospe, der kleine Kelch
canalicŭlus m.	kleiner Kanal
circŭlus m.	der Kreis
collicŭlus m.	der Hügel
cumŭlus m.	der Haufen
denticŭlus m.	das Zähnchen
ductŭlus m.	die kleine Leitung, der kleine Gang, Kanäl- chen
fascicŭlus m.	das Bündel, ein Bündel von Nerven- oder Muskelfasern
floccŭlus m.	die (kleine) Flocke
follicŭlus m.	der kleine Schlauch, Beutel, Bläschen
fonticŭlus m.	die kleine Quelle, gebraucht für Fontanelle
fūnicŭlus m.	der (kleine) Strang
hāmŭlus m.	der kleine Haken
lobŭlus m.	das Läppchen

lymphŏnōdŭlus m.	das Lymphknötchen (in den NA folliculus lymphaticus; lymphonodulus der JNA und lymphoglandula der BNA entfallen)
modŭlus m.	das Maß, der Maßstab
monticŭlus m.	kleiner Berg
muscŭlus m.	der Muskel, eigentlich das Mäuschen
nōdŭlus m.	das Knötchen
ocŭlus m.	das Auge
peduncŭlus m.	der Stiel
proventricŭlus m. (vgl. § 604)	der Vormagen
rēncŭlus m.	die kleine Niere, fötaler Nierenlappen
saccŭlus m.	das Säckchen
testicŭlus m.	der Hoden
ūtricŭlus m.	der kleine Schlauch
ventricŭlus m.	1. der Magen (Synonym für gaster) 2. die Kammer
alvĕŏlus m.	die kleine Aushöhlung (Zahnfach, Lungenbläschen, bläschenförmiges Drüsenendstück)
mallĕŏlus m.	das Hämmerchen, gebraucht für Fußknöchel
modĭŏlus m.	das kleine Hohlmaß, die an der Basis ausgehöhlte Schneckenachse
petĭŏlus m.	der Stiel

§ 95 a

calcānĕus, -i m.	das Fersenbein
laquĕus (obs.) m.	die Schlinge, Schleife
mallĕus m.	der Hammer, Schläger, Gehörknöchelchen
nuclĕus m.	der Kern
praecunĕus (prēcunĕus) m.	der Vorkeil, vor dem Keil liegender Abschnitt der Gehirnoberfläche
radĭus m.	der Stab, Speiche (Unterarmknochen)

§ 95 b

acĭnus, -i m.	die kleine Beere, med. beerenförmiges Drüsenendstück
antitrăgus m.	der Gegenbock, die Erhebung an der Ohrmuschel gegenüber dem Tragus
brachycĕphălus m.	der Kurzköpfige
calămus m.	das Rohr, die Schreibfeder
condŷlus m.	der Gelenkfortsatz, der Knöchel
cubĭtus m.	der Ellenbogen
digĭtus m.	der Finger, die Zehe
dŏlĭchŏcĕphălus m.	der Langköpfige
ginglŷmus m.	das Scharniergelenk
humĕrus (auch umĕrus) m.	der Oberarmknochen, in der Literatur auch Oberarm, Schulter
hypŏthălămus m.	Gehirnteil unter dem Thalamus
oesophăgus (ēsophăgus) m.	die Speiseröhre
stŏmăchus (obsolet) m.	der Magen
thălămus m.	das Gemach, med. der Sehhügel, bot. Blütenboden
urăchus m.	der Harngang
utĕrus m.	die Gebärmutter

1.2.2. Wörter auf -er

§ 96

Die Wörter auf -er im Nominativ Singular sind folgendermaßen entstanden: -eros→ -ers→ -er. Wir unterscheiden zwei Reihen der Wörter auf -er: Während der Nominativ Singular immer auf -er endet, wird in den anderen Kasus entweder das e beibehalten oder ausgestoßen.

Deklinationsschema; Aussprache, Betonung, Trennung der Kasussilben; Geschlecht

	Singular		Plural		§ 97
Nominativ	puĕr	der Knabe	puĕrī	die Knaben	
Genitiv	puĕrī	des Knaben	puĕrōrum	der Knaben	
Dativ	puĕrō	dem Knaben	puĕrīs	den Knaben	
Akkusativ	puĕrŭm	den Knaben	puĕrōs	die Knaben	
Ablativ	a puĕrō	von dem Knaben	a puĕrīs	von den Knaben	

Der ersten Reihe mit beibehaltenem e gehören an:

pŭĕr, puĕri m.	der Knabe
adultĕr, adultĕrī m.	der Ehebrecher
genĕr, genĕrī m.	der Schwiegersohn
socĕr, socĕrī m.	der Schwiegervater
vespĕr, vespĕrī m.	der Abend
libĕrī, libĕrōrum m. (Pl. vgl. § 139)	die Kinder

	Singular		Plural		§ 98
Nominativ	fabĕr	der Handwerker	fabrī	die Handwerker	
Genitiv	fabrī	des Handwerkers	fabrōrum	der Handwerker	
Dativ	fabrō	dem Handwerker	fabrīs	den Handwerkern	
Akkusativ	fabrŭm	den Handwerker	fabrōs	die Handwerker	
Ablativ	a fabrō	von dem Handwerker	a fabrīs	von den Handwerkern	

Der zweiten Reihe mit ausgestoßenem e gehören an:

fabĕr, fabrī m.	der Handwerker
agĕr, agrī m.	der Acker
apĕr, aprī m.	der Eber
cancĕr, cancrī m.	der Krebs
cultĕr, cultrī m.	das Messer
fibĕr, fibrī m.	der Biber
histĕr, histrī m.	der Schauspieler, zool. der Stutzkäfer
libĕr, librī m.	das Buch
magistĕr, magistrī m.	der Lehrer
ministĕr, ministrī m.	der Diener
archiätĕr, archiätrī m.	der Leibarzt, Oberarzt
diamĕtĕr (vgl. § 100)	

Zur Aussprache und Betonung wäre zu erwähnen: § 99
Bei der ersten Gruppe ist das beibehaltene e kurz, so daß die drittletzte Silbe zu betonen ist. Lediglich im Plural Genitiv wird, wie nach § 78 gewohnt, die vorletzte Silbe infolge des langen o betont.

§ 100 Die Wörter auf -er besitzen grammatisches männliches Geschlecht, soweit sie nicht schon von Natur Maskulina sind.

Natürliches weibliches Geschlecht besitzt Cotoneaster *die Steinmistel*, ferner ist weiblich: diamĕtĕr, diamĕtrī f. (vgl. § 598 d) der Durchmesser

§ 101 Ähnlich dem Lokativ lautet vesperī am Abend (vgl. § 77).

1.2.3. Neutra der o-Deklination; Wörter auf -um

Deklinationsschema; Aussprache, Betonung, Trennung der Kasussilben

§ 102 Außer den Wörtern auf -us und -er bildet die o-Deklination noch Neutra auf -um.

	Singular		Plural	
Nominativ	lignŭm	das Holz	lignă	die Hölzer
Genitiv	lignī	des Holzes	lignōrum	der Hölzer
Dativ	lignō	dem Holz	lignīs	den Hölzern
Akkusativ	lignŭm	das Holz	lignă	die Hölzer
Ablativ	lignō	durch das Holz	lignīs	durch die Hölzer

§ 103 Sämtliche Neutra in allen Deklinationen haben gemeinsam, daß der Akkusativ immer gleich dem Nominativ lautet. Dies gilt für den Singular wie für den Plural.

§ 104 Aussprache, Betonung und Trennung der Kasussilben ist die gleiche wie bei den Wörtern auf -us (vgl. § 78).

Vokabeln allgemein wissenswerter Art

§ 105 Betonung liegt auf der vorletzten Silbe (vgl. §§ 8, 10, 11):

bellum, -i n.	der Krieg	exemplum n.	das Beispiel
caelum n.	der Himmel	flābellum n.	der Fächer
scūtum n.	der Schild	fōmentum n.	der Umschlag
signum n.	das Zeichen	fragmentum n.	das Bruchstück
tēlum n.	das Wurfgeschoß	thĕātrum n.	das Theater
templum n.	der Tempel	tormentum n.	die Qual
vallum n.	der Wall	tribūtum n.	die Abgabe
verbum n.	das Wort	vestīmentum n.	das Kleid

§ 106 Betonung liegt auf der drittletzten Silbe (vgl. §§ 9, 12):

aedifĭcĭum, -ī n.	das Gebäude	gaudĭum n.	die Freude
arbitrĭum n.	die Entscheidung	negōtĭum n.	das Geschäft
auxilĭum n.	die Hilfe	offĭcĭum n.	die Pflicht
bĕnefĭcĭum n.	die Wohltat	praemĭum n.	der Lohn
biennĭum n.	Zeitraum von zwei Jahren	praesidĭum n.	der Schutz, die Rettung, der Vorsitz
collŏquĭum n.	die Unterhaltung, Gespräch	studĭum n.	der Eifer
		testĭmōnĭum n.	das Zeichen
consilĭum n.	der Rat, Plan, Entschluß		

§ 106 a

cymbălum, -i n.	die Zimbel, Becken	vocābŭlum n.	das Wort
pābŭlum n.	das Futter		

Grundlegende Vokabeln für Naturwissenschaft und Medizin

Betonung liegt auf der vorletzten Silbe (vgl. §§ 8, 10, 11): § 107

filŭm, -i n.	der Faden	regnum n.	die Herrschaft, der
foenum (auch fē-	das Heu		Bereich (syst. Ein-
num) n.			heit)
frustum n.	das Stückchen, der	septum (auch saep-	die Querwand
	Brocken	tum) n.	
lignum n.	das Holz	saxum n.	der Felsen
lōrum n.	der Lederriemen	sĕrum n.	das Serum
phylum n.	der Stamm (systemati-	tectum n.	das Dach
	sche Einheit)	tergum n.	der Rücken
pōmum n.	das Obst	vīnum n.	der Wein
prātum n.	die Wiese		

ethanōlŭm, -i n.	E(Ä)thanol, Ethylal-	dūmētum n.	das Gebüsch	§ 107a
	kohol, Spiritus	vĕnēnum n.	das Gift
arcānum n.	das Geheimnis		

alĭmentŭm, -i n.	das Nahrungsmittel	pavīmentum n.	der Boden	§ 107b
elementum n.	der Urstoff, Pl. die	praeceptum n.	die Vorschrift
	Bausteine	relictum n.	das Überbleibsel
expĕrīmentum n.	der Versuch	scalpellum n.	das chirurg. Messer,
flagellum n.	die Peitsche, Geißel		die Lanzette
impedimentum n.	die Behinderung	sedĭmentum n.	der Bodensatz
intervallum n.	die Zwischenzeit	segmentum n.	der Abschnitt
nūtrĭmentum n.	die Nahrung		

Betonung liegt auf der drittletzten Silbe (vgl. §§ 9, 12): § 108

balnĕŭm, -i n.	das Bad	indūsĭum n.	der Schleier
dēlirĭum n.	der Wahnsinn, das Ir-	ĭnĭtĭum n.	der Anfang
	resein	olĕum n.	das Öl
folĭum n.	das Blatt	primordĭum n.	die erste Anlage
indĭcĭum n.	das Anzeichen	somnĭum n.	der Traum
indĭvidŭum n.	das Einzelwesen	vitĭum n.	der Fehler

Vokabeln aus dem pharmazeutischen Gebiet

Pharmazeutische Bezeichnungen

Betonung liegt auf der vorletzten Silbe (vgl. §§ 8, 10, 11): § 109

maltŭm, -i n.	das Malz	sēbum n.	der Talg
mixtum n.	das Gemisch		

acētŭm, -i n.	der Essig			§ 109a
cērātum n.	die Wachssalbe	lanōlīnum n.	das wasserhaltige
gelātum n.	das Gel		Wollfett
infūsum n.	der Aufguß	vaselīnum n.	die Vaseline

collĕmplastrŭm,	das Kautschukpflaster	linĭmentum n.	das Liniment	§ 109b
-i n.		ocŭlentum n.	die Augensalbe
decoctum n.	die Abkochung	pistillum n.	das Pistill, bot. der
ĕmplastrum n.	das Pflaster		Stempel
extractum n.	der Extrakt	unguĕntum n.	die Salbe

§ 110 Betonung liegt auf der drittletzten Silbe (vgl. §§ 9, 12):

ammonĭum, -ī n.	das Ammoniak	electŭārĭum n.	die Latwerge
castorĕum n.	das Bibergeil	gossypĭum n.	die Watte
cētacĕum n.	das Walrat	mĭnīum n.	die Mennige,
colātorĭum n.	das Seihtuch		Blei(II)-orthoplum-
cŏllōdĭum n.	das Kollodium		bat
collȳrĭum n.	das Augenwasser	pĕricarpĭum n.	die Fruchtschale
colophōnĭum n.	das Kolophonium	suppositōrĭum n.	das Zäpfchen
dēpilātōrĭum n.	das Enthaarungsmit-tel		

§ 110 a

acĭdŭm, -ī n.	die Säure	nĭhĭlum n.	das Nichts, Zinkoxid
amȳlum n.	die Stärke	sacchărum (obs.) n.	der Zucker
balsămum n.	der Balsam		
butȳrum n.	fettes Öl in fester Form	succĭnum n.	der Bernstein
		vehicŭlum n.	das Vehikel, die Trä-gersubstanz
grānŭlum n.	das Körnchen		
lĭthargȳrum n.	die Bleiglätte, Blei(II)-oxid		

Chemische Bezeichnungen

Neutra der o-Deklination auf -um sind ferner die meisten chemischen Elemente.

Nichtmetalle:

§ 111 Betonung liegt auf der vorletzten Silbe (vgl. §§ 8, 10, 11):

Arsēnum, Arsēni n.	Arsen	Brōmum, Brōmi n.	Brom
		Iōdum, Iōdi n.	Iod
Bōrum, Bōri n.	Bor		

§ 112 Betonung liegt auf der drittletzten Silbe (vgl. §§ 9, 12):

Carbōnĕum, Carbōnĕi n.	Kohlenstoff	Oxygenĭum, Oxygenĭi n.	Sauerstoff
Hydrogenĭum, Hydrogenĭi n.	Wasserstoff	Silicĭum, Silicĭi n.	Silicium
Nitrogenĭum, Nitrogenĭi n.	Stickstoff	Stibĭum, Stibĭi n.	Antimon

Metalle:

§ 113 Betonung liegt auf der vorletzten Silbe (vgl. §§ 8, 10, 11)

Aurum, Auri n.	Gold	Bismūtum, Bismūti n.	Bismut
Cuprum, Cupri n.	Kupfer		
Ferrum, Ferri n.	Eisen	Ferrōsum, Ferrōsi n.	zweiwertiges Eisen
Plumbum, Plumbi n.	Blei		
Stannum, Stanni n.	Zinn	Mangānum, Mangāni n.	Mangan
Zincum, Zinci n.	Zink	Platīnum, Platīni n.	Platin
Argentum, Argenti n.	Silber		

§ 114 Betonung liegt auf der drittletzten Silbe (vgl. §§ 9, 12):

Aluminĭum, Aluminĭi n.	Aluminium	Cadmĭum, Cadmĭi n.	Cadmium
Barĭum, Barĭi n.	Barium	Calcĭum, Calcĭi n.	Calcium

Chrōmĭum, Chromĭi n.	Chromium	Titānĭum, Titānĭi n.	Titanium
Kalĭum, Kalĭi n.	Kalium	Hydrargȳrum, Hydrargȳri n.	Quecksilber (mercurius, vgl. § 85)
Lĭthĭum, Lĭthĭi n.	Lithium		
Magnēsium, Magnēsĭi n.	Magnesium	Nicŏlum, Nicŏli n.	Nickel
Natrĭum, Natrĭi n.	Natrium	Uranĭum, Uranĭi n.	Uran
Strontĭum, Strontĭi n.	Strontium	Vanadĭum, Vanadĭi n.	Vanadium

Organische Stoffe:

Auch deren latinisierte Bezeichnungen sind meist Neutra auf -um, dabei ist es gleichgül- § 115
tig, ob diese Stoffe synthetisch gewonnen oder aus Drogen isoliert werden. Folgende Beispiele seien hier angeführt:

Betonung liegt auf der vorletzten Silbe (vgl. §§ 8, 10, 11):

Talcum, Talci n.	Talkum	Glycerōlum n.	Glycerol (Glycerin)
Atrŏpīnum, Atrŏpīni n.	Atropin	Menthōlum n.	Menthol
		Morphīnum n.	Morphin
Benzīnum n.	Benzin	Pepsīnum n.	Pepsin
Carbamīdum n.	Kohlensäurediamid, Harnstoff (Synonym Urea)	Phenacetīnum n.	Phenacetin
		Phenolphthaleīnum n.	Phenolphthalein
Chīnīnum n.	Chinin	Phenōlum n.	Phenol
Chrysărobīnum n.	Chrysarobin	Pilocarpīnum n.	Pilocarpin
Cocaīnum n.	Cocain	Physostigmīnum n.	Physostigmin
Coffeīnum n.	Coffein	Resorcīnōlum n.	Resorcinol
Dextrīnum n.	Dextrin	Sacchārīnum n.	Süßstoff
Eserīnum n.	Eserin	Thymōlum n.	Thymol

Betonung liegt auf der drittletzten Silbe (vgl. §§ 9, 12): § 116

Chloroformĭum, Chloroformĭi n.	Chloroform	Olibănum n.	Weihrauch
		Opĭum n.	Opium
Iodoformĭum n.	Iodoform	Petrolĕum n.	Petroleum, Steinöl

Moderne Kurzbezeichnungen komplizierter chemischer Verbindungen werden ebenfalls § 117
als Neutra auf -um gebildet.

		Aminophenazōnum n.	Aminophenazon
Barbitālum, Barbitāli n.	Barbital		

Die lateinischen Bezeichnungen für Säuren, Salze, Oxide, Peroxide, Hydroxide sowie or- § 118
ganische Substanzen sind nach der lateinischen Nomenklatur klassisch-grammatikalischer und anglistisch-romanischer Prägung in den §§ 550–556 und 581–583f behandelt.

Vokabeln aus dem Gebiet der Botanik

Betonung liegt auf der vorletzten Silbe (vgl. §§ 8, 10, 11): § 119

hīlum, -i n.	der Nabel	sēptum (klass.-lat. saeptum) n.	die Querscheidewand
mālum n.	der Apfel		

āmentum, -i n.	das Kätzchen	intĕgŭmentum n.	die Eihaut
dissēpimentum n.	die Scheidewand (Längs-)	invŏlucrum n.	der Hüllkelch
		tĕgmentum n.	die Knospendecke
fīlāmentum n.	der Staubfaden	vexillum n.	die Fahne

§ 119a

§ 120 Betonung liegt auf der drittletzten Silbe (vgl. §§ 9, 12):

endocarpĭum, -i n.	innere Fruchtschicht	ōvārĭum n.	der Fruchtknoten
epicarpĭum n.	äußere Fruchtschicht	pĕricarpĭum n.	die Fruchtschale
folĭum n.	das Blatt	stāminōdĭum n.	verkümmertes Staub-
haustorĭum n.	die Saugwurzel		blatt
mesocarpĭum n.	mittlere Fruchtschicht	stāmĭum n.	das Staubblatt

§ 120 a

căpitŭlum, -i n.	das Köpfchen	sēpălum n.	das Kelchblatt
ōvŭlum n.	die Samenanlage	tĕpălum n.	das Perigonblatt
pĕtălum n.	das Blumenblatt		

Pflanzennamen, vornehmlich aus dem Gebiet der Pharmakognosie

§ 121 Betonung liegt auf der vorletzten Silbe (vgl. §§ 8, 10, 11):

Cārum, -i n.	Kümmel	Līnum n.	Lein
Carvum, -i n.		Rheum n.	Rhabarber
Lēdum n.	Sumpfporst	Viscum n.	Mistel

§ 121 a

Acōnĭtum, -i n.	Eisenhut	Equisētum n.	Schachtelhalm
Agropȳrum n.	Quecke	Granātum n.	Granatbaum
Anēthum n.	Dill	Helichrȳsum n.	Strohblume
Anīsum n.	Anis	Hyperīcum n.	Johanniskraut
Cardămōmum n.	Kardamom	Mezerēum n.	Seidelbast
Cărȳŏphyllum n.	Nelke	Petroselīnum n.	Petersilie
Cinnămōmum n.	Zimtbaum	Podŏphyllum n.	Fußblatt
Cōnĭum n. (ent-	Schierling	Serpyllum n.	Quendel
standen aus gr.		Solānum n.	Kartoffel
koneion), auch		Tanacētum n.	Rainfarn
Betonung co-		Vērātrum n.	Germer
nĭum ist ge-		Verbascum n.	Königskerze, Woll-
bräuchlich			blume
Corĭandrum n.	Koriander	Vīburnum n.	Schneeball

§ 122 Betonung liegt auf der drittletzten Silbe (vgl. §§ 9, 12):

Absinthĭum, -i n.	Wermut	Helenĭum n.	Alant
Allĭum n.	Lauch	Hordĕum n.	Gerste
Anacardĭum n.	Elefantenlausbaum	Illicĭum n.	Sternanis
Anacardĭa (Pl.)	Früchte des Elefan-	Lamĭum n.	Taubnessel
	tenlausbaumes	Lilĭum n.	Lilie
Apĭum n.	Sellerie	Lycŏpodĭum n.	Bärlapp
Aurantĭum n.	Pomeranze	Marrubĭum n.	Andorn
Centaurĭum n.	Tausendgüldenkraut	Milĭum n.	Hirse
Chĕlidonĭum n.	Schöllkraut	Millĕfolĭum n.	Schafgarbe
Chenŏpodĭum n.	Gänsefuß	Nasturtĭum n.	Brunnenkresse
Cĭchōrĭum n.	Zichorie	Palaquĭum n.	Guttaperchabaum
Eupătorĭum n.	Wasserdost	Phellandrĭum n.	Wasserfenchel
Exogonĭum n.	Jalape	Pŏlȳpodĭum n.	Engelsüß
Gelidĭum n.	rote Meeresalge	Psyllĭum n.	Flohsame
Gelsemĭum n.	Jasmin	Stramonĭum n.	Stechapfel
Geranĭum n.	Storchschnabel	Teucrĭum n.	Gamander
Gossypĭum n.	Baumwollpflanze	Trifolĭum n.	Klee

§ 122 a

Abrōtănum, -i n.	Eberraute	Chrysanthĕmum n.	Wucherblume
Asărum n.	Haselwurz	Colchĭcum n.	Herbstzeitlose
Capsĭcum n.	spanischer Pfeffer	Erythroxȳlon n.	Koka

Foenicŭlum n.	Fenchel	Sacchărum n.	Zuckerrohr
Guajăcum n.	Guajakbaum	Santălum n.	Sandelholz
Helianthĕmum n.	Sonnenröschen	Sesămum n.	Sesam
Levistĭcum n.	Liebstöckel	Sily̆bum n.	Mariendistel
Origănum n.	Dost	Symphy̆tum n.	Schwarzwurz
Polygŏnum n.	Knöterich	Taraxăcum n.	Löwenzahn
Pyrĕthrum n.	Bertramwurz	Trītĭcum n.	Weizen

Vokabeln aus dem Gebiet der Zoologie

Betonung liegt auf der vorletzten Silbe (vgl. §§ 8, 10, 11): **§ 123**

lābrum, -i n.	Oberlippe der Insekten
rostrum n.	Schnabel der Vögel, Saugrüssel bei Stechfliegen, Schnauzenfortsatz bei Haien
vēlum n.	das Segel, Mundsegel bei Muscheln, Randsaum bei Quallen
abomāsum, -i n.	der Labmagen
omāsum n.	der Blättermagen
tapētum n.	die Schicht
flābellum n.	die Fächerkoralle
scūtellum n.	Schildchen, Chitinblättchen bei Insekten

Betonung liegt auf der drittletzten Silbe (vgl. §§ 9, 12): § 124

antistŏmĭum, -i n.	die aborale Fläche des Tierkörpers
carchesĭum n.	das Glockentierchen
ceratĭum n.	gepanzertes Geißeltierchen
coenobĭum n.	die Zellkolonie
cŏrallĭum n.	die Edelkoralle
glaucidĭum n.	der Zwergkauz
lābĭum n.	Unterlippe der Insekten
marsūpĭum n.	der Beutel
mīrăcīdĭum n.	Larvenform der Trematoden
nettĭum n. (Syn. anas)	die Ente
ommatidĭum n.	einfaches Auge
pallĭum n.	der Mantel
paramaecĭum n.	das Pantoffeltierchen
patăgĭum n.	die Flughaut der Fledermäuse; Plural Haarschöpfe bei Schmetterlingen
pĕridinĭum n.	gepanzertes Geißeltierchen
pīlidĭum n.	Larve der Nemertini
pŏdarĭum n.	der Fuß der Mollusken
prōpŏdĭum n.	erster Abschnitt des Molluskenfußes
psaltērĭum n.	der dritte Abschnitt des Wiederkäuermagens
rhagĭum n.	der Zangenbock
sensōrĭum n.	der Sinnesapparat
syrnĭum n. Syn. strix u. scotiaptex	der Waldkauz

§ 124 a

mŏnostŏmum, -i n.	Das Einmaul
oscŭlum n.	Öffnung bei Spongia
rĕceptacŭlum n.	das Behältnis, blasen- oder sackförmiges Organ
rētĭcŭlum n.	der Netzmagen bei Wiederkäuern
spīrăcŭlum n.	das Atemloch bei Kaulquappen und Schnecken, das Spritzloch bei Haien

Vokabeln aus dem Gebiet der Medizin

allgemein-medizinisch

§ 125 Betonung liegt auf der vorletzten Silbe (vgl. §§ 8, 10, 11):

mălum, -i n.	das Übel
monstrum n.	die Mißbildung, Mißgeburt
spūtum n.	der Auswurf
stŭprum n.	die Schändung, Notzucht, Hurerei

§ 125 a

antidōtum, -i (oft antidŏtum) n.	das Gegengift
capistrum n.	die Halfterbinde
fīlamentum n.	fadenförmiges histologisches Bauelement
hormōnum n.	das Hormon
incrementum n.	der Zuwachs, das Anwachsen
molluscum n.	die weiche Geschwulst
sternūmentum n.	das Niesen

§ 126 Betonung liegt auf der drittletzten Silbe (vgl. §§ 9, 12):

contāgĭum, -i n.	die Ansteckung
critērĭum n.	entscheidendes Kennzeichen
dēfluvĭum n.	das Verschwinden
ectropĭum n.	Umwendung des Augenlides
fastidĭum n.	der Ekel
hypoglondrĭum n.	der Grind
indĭcĭum n.	das Anzeichen
klimakterĭum (climacterĭum) n.	die Wechseljahre
milĭum n.	der Hautgrieß
nosocomĭum (auch nosocomīum) n.	das Krankenhaus
panarĭtĭum n.	eitrige Entzündung
ptĕrygĭum n.	Flügel, Hautfalte
pŭerpĕrĭum n.	Kindbett, Wochenbett
refūgĭum (ultimum) n.	die Zuflucht (letzte)
rĕmedĭum n.	das Heilmittel, Hilfsmittel
sĕnĭum n.	die Altersschwäche
sensōrĭum n.	das Empfindungsvermögen
stillīcĭdĭum n.	das Tröpfeln
sŭicīdĭum n.	der Selbstmord
suspensōrĭum n.	beutelartige Tragevorrichtung
taedĭum n.	Ekel, Überdruß
rĕsĭdŭum, residui n.	der Rückstand

§ 126 a

coāgŭlum, -i n.	das Gerinnsel
cŭcurbĭtŭlum n.	der Schröpfkopf
hordĕŏlum n.	das Gerstenkorn
receptācŭlum n.	der Behälter

medizinisch-anatomisch

§ 127 Betonung liegt auf der vorletzten Silbe (vgl. §§ 8, 10, 11):

antrum, -i n.	die Grotte, Höhle
callum n.	die Schwiele, dicke Haut, Gefühllosigkeit
cavum, n.	die Höhlung, Höhle, der Hohlraum
centrum n.	der Mittelpunkt
claustrum n.	der Verschluß, die Schranke
collum n.	der Hals
crībrum n.	das Sieb

dorsum n.	der Rücken	
frēnum n.	der Zaum, Zügel, Band	
haustrum n.	das Schöpfrad, der Schöpfeimer, die Ausbuchtung	
jugum n.	das Joch	
membrum n.	das Glied, die Extremität	
mentum n.	das Kinn	
ōvum n.	das Ei	
philtrum n.	die Rinne in der Mitte der Oberlippe	
punctum n.	der Punkt, Stich	
rectum n.	der Mastdarm, der Enddarm	
scrōtum n.	der Hodensack	
serum n.	die Blutflüssigkeit ohne Faserstoff	
solum n.	der Boden, der Grund	
sternum n.	das Brustbein	
strātum n.	das Ausgebreitete, die Schicht	
vitrum n.	das Glas	
dentīnum, -i n.	das Zahnbein	§ 127a
duodēnum, n.	das Zwölffache, der sog. Zwölffingerdarm	
enamēlum n.	der Zahnschmelz	
excrētum n.	die Absonderung, nach außen abgegebenes Endprodukt	
incrētum n.	Absonderung einer Drüse oder eines anderen Organes des Körpers, die unmittelbar in die Blutbahn gelangt	
intestinum n.	das Eingeweide, der Darm	
mediastīnum n.	die trennende Wand	
palātum n.	der Gaumen	
perinēum n.	der Damm, das Mittelfleisch	
peritonēum n.	das Bauchfell	
secrētum n.	die Absonderung mit funktioneller Bedeutung	
trigōnum n.	das Dreieck	
tetragōnum n.	das Viereck	
cementum, -i n.	das Zement des Zahnes	§ 127b
cěrebellum n.	das Kleinhirn	
cŏlostrum n.	die Vormilch	
ligāmentum n.	das Band	
ōmentum n.	das Netz	
pigmentum n.	der Farbstoff, mittel-lat. Gewürz	
rudīmentum n.	verkümmertes Organ, der Überrest	
segmentum n.	der Abschnitt	
tegmentum n.	die Decke	

Die Betonung liegt auf der drittletzten Silbe (vgl. §§ 9, 12): § 128

ātrĭum, -i n.	der Vorhof	
antebrāchĭum n.	der Vorderarm	
brāchĭum n.	der Arm	
cilĭum n.	die Wimper	
cŏrĭum n.	die Haut, Lederhaut	
cranĭum n.	der Schädel	
endocardĭum n.	die Innenwand, Innenhaut des Herzens	
endometrĭum n.	die Gebärmutterschleimhaut	

emissarĭum n.	der Abzugskanal (ein Ausdruck der JNA)
endoneurĭum n.	das in einem Nervenfaserbündel liegende Bindegewebe
endothelĭum n.	das Endothel, zelluläre Auskleidung der Gefäße
epicardĭum n.	die seröse Außenhaut des Herzens
epigastrĭum n.	der Oberbauch, die Magengrube
epineurĭum n.	die bindegewebige Hülle eines peripheren Nervs
epithelĭum n.	die oberflächliche Zellschicht
eponychĭum n.	der Oberhautüberzug der Nagelwurzeloberseite
fastigĭum n.	der Gipfel, Höhepunkt
hemisphaerĭum n.	die Halbkugel
hypochondrĭum n.	der seitlich von der Magengrube liegende Teil der Oberbauchgegend
hypogastrĭum n.	die Unterbauchgegend
hyponychĭum n.	das Nagelbett
interstitĭum n.	der Zwischenraum
ischĭum n.	das Gesäß
manūbrĭum n.	der Handgriff
mēcōnĭum n.	das Kindspech, der Darminhalt der Neugeborenen
mēsenterĭum n.	das Gekröse
mēsogastrĭum n.	die Mittelbauchgegend
mēsothēlĭum n.	das Mesothel, zelluläre Auskleidung der serösen Höhlen
myocardĭum n.	die Herzmuskulatur
myomētrĭum n.	die Muskulatur der Gebärmutterwand
ōrificĭum n.	die Mündung, Öffnung
ostĭum n.	die Mündung, Eingang
ōvārĭum n.	der Eierstock
paracolpĭum n.	das die Scheide umgebende Bindegewebe
paracystĭum n.	das die Harnblase umgebende Bindegewebe
paramētrĭum n.	das neben dem Uterus liegende Gewebe
paraproctĭum n.	das den Mastdarm umgebende Bindegewebe
paronychĭum n.	das um den Nagel herum gelegene Gewebe
pĕricardĭum n.	der Herzbeutel
pĕrichondrĭum n.	die Knorpelhaut
pĕricrānĭum n.	das Periost des Schädeldaches
pĕrimētrĭum n.	der peritoneale Überzug der Gebärmutter
pĕrimysĭum n.	die Hülle des Muskelfaserbündels
pĕrineurĭum n.	die Umhüllung des Nervenfaserbündels
pĕriodontĭum n.	die Wurzelhaut der Zähne (in BNA + JNA periosteum alveolare)
pĕriostĕum n.	die Knochenhaut, Beinhaut
praepūtĭum (prēpūtĭum) n.	die Vorhaut
prīmordĭum n.	der Anfang, Uranfang
spatĭum n.	der Raum, Zwischenraum
spermĭum n.	der Samenfaden
splēnĭum n.	der Wulst
supercilĭum n.	die Augenbraue
vestigĭum n.	die Spur (in BNA + JNA rudimentum)

īlĕum, -i n.	der Krummdarm	§ 128a
mĕsotendinĕum n.	das gekröseähnliche Haftband der Sehnen in der Sehnenscheide	
pĕritendinĕum n.	die Sehnenhaut; die bindegewebige Hülle, die eine Sehne umgibt	
acētābŭlum n.	die Schale, eigentlich das Essigschälchen, anatom.: Pfanne des Hüftbeins	
cingŭlum n.	der Gürtel	
cornĭcŭlum n.	das Hörnchen	
corpuscŭlum n.	das Körperchen	
dīvertĭcŭlum n.	der Seitenweg, die Abzweigung, seitliche Ausstülpung	
frēnŭlum n.	der kleine Zügel	
genĭcŭlum n.	die knotenförmige Anschwellung, das kleine Knie	
glomerŭlum n.	das Gefäßknäuel	
grānŭlum n.	das Körnchen	
gubernācŭlum n.	das Steuerruder, das Leitende, Leitband	
infundibŭlum n.	der Trichter	
jugŭlum n.	die Kehle, Drosselgrube	
opercŭlum n.	der Deckel	
ossicŭlum n.	das Knöchelchen	
rēticŭlum n.	das kleine Netz, netzförmige Verbindung	
retinācŭlum n.	zum Halten dienendes Band, Leine	
sabŭlum n.	der Sand	
sustentācŭlum n.	die Stütze	
triangŭlum n.	das Dreieck	
tūbercŭlum n.	der kleine Höcker	
vestibŭlum n.	der Vorplatz, Vorhof, Vorraum	
vincŭlum n.	das Band, die Fessel	
cĕrĕbrum, -i n.	das Gehirn, Großhirn	§ 128b
orgănum n.	das Organ, Werkzeug	
scĕlĕtum n.	das Skelett	
tympănum n.	die Trommel, Handpauke, med.: Paukenhöhle	

Besondere Formenbildungen

Vom Nominativ Singular vir, *der Mann*, bilden sich virī, virō, virŭm, virō, und der Plural §129 virī, virōrum, virīs, virōs, virīs. Eine eigenartige Bildung weist lŏcus *der Ort* auf. Der Plural kann neben der normalen Bildung lŏcī, lŏcōrum auch die neutrale Form haben: lŏca, lŏcōrum, neutrum die *Örtlichkeiten, das Gelände*. Ausnahmen sind ferner vīrus, *das Gift*, und vulgus *die Volksmenge*, die beide Neutra sind. Von der Vokabel virus, *das Gift*, sind aber nur der Nominativ und Akkusativ gebräuchlich.

Griechische Formenbildungen

Ebenso wie die erste weist auch die zweite Deklination griechische Formenbildungen auf, §130 nämlich Wörter mit der Endung auf -eus und -os, sowie Neutra auf -on.

Griechische Wörter auf -eus
§131
Griechische Wörter mit der Nominativendung -eus (einsilbig -eus oder zweisilbig -ĕus gesprochen) kommen im naturwissenschaftlich-medizinischen Latein auch vor. Sie richten sich im Genitiv und den folgenden Kasus latinisiert streng nach der o-Deklination und

sind Maskulina, ausgenommen da, wo das natürliche weibliche Geschlecht angewandt werden müßte.

epistrŏpheus, epistrŏphĕi m.   der zweite Halswirbel, der Umdreher, der
                                      Epistropheus, nach NA axis

prōteus, prōtĕi m.   der Olm
(nach der griechischen Sagenfigur benannt).

§ 132 Griechische Wörter mit der Endung -os

Die Zahl dieser griechischen Formenbildungen ist im naturwissenschaftlich-medizinischen Latein gering. Der Genitiv und die folgenden Kasus sind nach der lateinischen o-Deklination zu bilden.

cŏlpŏs, cŏlpī, cŏlpō, cŏlpŭm, cŏlpŏ
cŏlpī, cŏlpōrum, cŏlpīs, cŏlpŏs, cŏlpīs

Die griechische Bildung des Akkusativ Singular colpŏn kommt in der Literatur vor, die Wörter sind Maskulina.

Beispiele sind aus dem Gebiet der medizinischen Anatomie:

cŏlpŏs, cŏlpī m.   die Scheide
cytŏs (-us), cytī m.   die Zelle
histŏs, histī m.   das Gewebe
mĕsonĕphrŏs, mĕsonĕphrī m.   die im mittleren (zweiten) Entwicklungs-
                                      stadium gebildete Niere, Urniere

nĕphrŏs, nĕphrī m.   die Niere
prōctŏs, prōctī m.   der Mastdarm
pronĕphrŏs, pronĕphrī m.   die Vorniere

§ 133 Aus dem botanischen und zoologischen Gebiet lassen sich noch weitere Beispiele bringen:

arctŏs, arctī m.   der Bär
strychnŏs, strychnī m. + f.   die Brechnuß

§ 134 Alle diese Wörter lassen sich aber in die lateinische o-Deklination einreihen. Bei vielen lateinischen Lehnwörtern ist uns die griechische Herkunft bereits nicht mehr bewußt (discus, bolus, boletus, bulbus, stylus, conus, cormus, trochiscus, thallus, chirurgus).

diamĕtrŏs, diamĕtrī f.   der Durchmesser

Dieses Wort wird auch im Nominativ Singular auf -er gebildet (vgl. § 100).

Griechische Wörter auf -on

§ 135 Umfangreicher als die beiden vorigen Gruppen sind die griechischen Wörter im Nominativ Singular auf -on. Sie sind sämtlich Neutra und deklinieren:

	Singular		Plural	
Nominativ	orgănŏn	das Organ	orgănă	die Organe
Genitiv	orgănī	des Organes	orgănōrum	der Organe
Dativ	orgănō	dem Organ	orgănīs	den Organen
Akkusativ	orgănŏn	das Organ	orgănă	die Organe
Ablativ	orgănō	durch das Organ	orgănīs	durch die Organe

orgănŏn, orgănī n.   das Werkzeug, das Organ
carўŏn, carўī n.   der Kern
cynosbătŏn, cynosbătī n.   die Hagebutte
dendrŏn, dendrī n.   der Baum

epithĕtŏn, epithĕtī n.	das Beiwort
phaenomĕnŏn, phaenomĕnī n.	die (außergewöhnliche) Erscheinungsform
toxĭcŏdendrŏn, toxĭcŏdendrī n.	der Giftsumach
zōŏn, zōī n.	das Tier

Aus dem Gebiet der medizinischen Anatomie: § 135 a

acrōmĭŏn, acrōmĭī n.	die Schulterhöhe (anatom. das äußerste Ende der spina scapulae)
amnĭŏn, amnĭī n.	die Schafhaut
blĕphărŏn, blĕphări n.	das Augenlid
chŏrĭŏn, chŏrĭī n.	die äußerste Haut des Keimlings, das Chorion
cōlŏn, cōli n.	der Dickdarm
encephălŏn, encephăli n.	das Gehirn
so auch:	
mĕsencephălŏn	das Mittelhirn
mĕtencephălŏn	das Hinterhirn
myelencephălŏn	das Markhirn, das Nachhirn
prosencephălŏn	das Vorderhirn
rhinencephălŏn	das Riechhirn
rhombencephălŏn	das Rautenhirn
telencephălŏn	das Endhirn
diencephălŏn	das Zwischenhirn
epiplŏŏn, epiplŏī n.	das große Netz
ganglĭŏn, ganglĭī n.	der Nervenknoten, das Ganglion (in der Literatur auch das Überbein)
ōlĕcrānŏn, ōlĕcrānī n.	der Ellenbogenhöcker, Fortsatz der ulna
ōŏphŏrŏn, Gen. ōŏphŏrī oder ōŏphŏrŏntĭs n.	der Eierstock, das Ovarium
parōŏphŏrŏn, parōŏphŏri n.	der Beieierstock
spermatŏzōŏn, spermatŏzōī n. (Syn. spermium)	der Samenfaden
inĭŏn, inĭī n.	die vorspringende Stelle am Hinterkopf
skĕlĕtŏn, skĕlĕtī n.	das Skelett

Daß diese Neutra sich leicht in die lateinische o-Deklination einreihen lassen, zeigt die § 136
Bildung organum statt organon in den Nomina anatomica seit 1955 (PNA).

1.3. Pluralia tantum der a- und o-Deklination

Manche Substantive werden nur (lateinisch: tantum) oder überwiegend im Plural ange- § 137
wendet; hierzu gehören auch die Wörter, deren Plural eine andere Bedeutung als der Singular hat.

Pluralia tantum der **a-Deklination**

allgemein-wissenswert § 138

chēlae, chēlārum f.	die Scheren (des Skorpions)
dīvitĭae, dīvitĭārum f.	der Reichtum
epŭlae, epŭlārum f.	das Essen, die Mahlzeit
inimīcĭtĭae, inimīcĭtĭārum f.	die Feindschaft
insidĭae, insidĭārum f.	der Hinterhalt
minae, minārum f.	die Drohung

nuptĭae, nuptĭārum f.	die Hochzeit
relĭquĭae, relĭquĭārum f.	der Rest, das Überbleibsel
tĕnĕbrae, tĕnĕbrārum f.	die Finsternis
Kălendae, Kălendārum f.	der Monatserste
Nōnae, Nōnārum f.	die Nonen

§ 138 a medizinisch

aphthae, aphthārum f.	die Schwämmchen, Sauggeschwüre bei Säuglingen
lenticŭlae, lenticŭlārum f.	die Linsenflecke
ŏculŏguttae, ŏculŏgattārum f.	die Augentropfen
scălae, scălārum f. (med. Sing.)	die Treppe
secundae, secundārum f.	die Nachgeburt
thermae, thermārum f.	das warme Bad
varĭŏlae, varĭŏlārum f.	die Blattern, Pocken
vibrissae, vibrissārum f.	die Nasenhaare

Pluralia tantum der **o-Deklination**

§ 139 Die o-Deklination ist an Pluralia tantum arm; jedoch sind einige medizinische Ausdrücke wichtig:

cancellī, cancellōrum m.	die Schranken
hircī, hircōrum m.	die Achselhaare
incisīvī, incisīvōrum m.	die Schneidezähne
libĕrī, libĕrōrum m. (vgl. § 97)	die Kinder
rhonchī, rhonchōrum m.	die Rasselgeräusche
tragī, tragōrum m.	die Haare im äußeren Gehörgang

§ 140 anacardĭă, anacardĭōrum n.	Früchte des Anacardiumbaumes = Elefantenläuse
extă, extōrum n.	die Eingeweide von Tieren
patagĭă, patagĭōrum n.	Haarschöpfe bei Schmetterlingen
statoconĭă, statoconĭōrum n.	die Gallertschicht mit eingelagerten Statolithen

Pluralia tantum als **Städtenamen**

§ 141 Manche Städtenamen erscheinen als Plurale tantum, z. B. Aquae Suebĭcae Baden-Baden, Athēnae Athen, Bruxellae Brüssel, Thermae Carolīnae Karlsbad, Venetĭae Venedig u. a.

1.4.   Begriff des Genitivus qualitatis und des Genitivus partitivus

§ 142 Außer dem Nominativ wird in der naturwissenschaftlich-medizinischen Fachsprache häufig der Genitiv gebraucht. Hierbei handelt es sich um zwei Formen, die in der lateinischen Syntax als Genitivus qualitatis und Genitivus partitivus bezeichnet werden.

§ 143 Genitivus qualitatis
Er tritt nicht in klassischer Weise auf, indem ein Substantiv mit einem adjektivischen Attribut gebildet wird. Es handelt sich im naturwissenschaftlich-medizinischen Latein um einen spätlateinischen Genitiv, der den Stoff angibt, französisch „de". Im Deutschen wird er am besten durch ein Kompositum (Baldriantinktur, Salbeiblätter usw.) wiedergegeben; die Übersetzung könnte auch durch einen präpositionalen Ausdruck erfolgen (Tinktur aus Baldrian, Blätter von Salbei usw.). Während im klassischen Latein an die Stelle des

Genitivus qualitatis auch ein Ablativus qualitatis treten kann, ist dies in den erwähnten Wendungen der Fachsprache nicht üblich.

Tinctura Valerianae – Tinktur von Baldrian – Baldriantinktur
Aqua Amygdalarum – Wasser von Mandeln – Mandelwasser
Aqua Menthae – Wasser von Minzen – Minzenwasser
Tinctura Aloes – Tinktur von Aloe – Aloetinktur
Tinctura Benzoes – Tinktur von Benzoe – Benzoetinktur
Folia Menthae – Minzenblätter
Folia Salviae – Salbeiblätter
Herba Equiseti – Schachtelhalmkraut
Fructus Carvi – Kümmel

Genitivus partitivus § 144

Der Genitivus partitivus bezeichnet eine vorhandene oder gedachte Menge, von der nur ein Teil in Betracht kommt. Er kommt besonders in ärztlichen Verordnungen und pharmazeutischen Vorschriften vor. In der Fachsprache hängt er in der Regel von einem Substantiv ab, und zwar von einer zahlenmäßigen Menge (Gramm, Gewichtsteil, Stückzahl).

1.5.   Adjektiva nach der a- und o-Deklination

1.5.1.   *Beziehung und Stellung des Adjektivs zum Substantiv*

Zahlreiche Adjektiva gehören zur a- und o-Deklination. Im Lateinischen richtet sich das § 145
Adjektiv im Genus, Numerus und Kasus nach dem Substantiv, zu dem es gehört (Attribut) oder auf das es sich bezieht. Diese grammatische Übereinstimmung bedeutet aber nicht, daß das Adjektiv immer die gleiche Endung hat wie das Substantiv.

Die Stellung des Adjektivs zum Substantiv § 146
Während im Deutschen das Adjektiv vor dem dazugehörigen Substantiv zu stehen pflegt, steht es im Lateinischen meist hinter dem dazugehörigen Substantiv.

1.5.2.   *Deklinationsschemata*

Adjektiva mit der Endung auf -us, -a, -um

magnŭs, magnă, magnŭm *groß* § 147

Singular		Plural	
hortŭs magnŭs	der große Garten	hortī magnī	die großen Gärten
hortī magnī	des großen Gartens	hortōrum magnō-rum	der großen Gärten
hortō magnō	dem großen Garten	hortīs magnīs	den großen Gärten
hortŭm magnŭm	den großen Garten	hortōs magnōs	die großen Gärten
in hortō magnō	in dem großen Garten	in hortīs magnīs	in den großen Gärten
	in (mit Ablativ)		
	in		

Singular		Plural	
herbă magnă	das große Kraut	herbae magnae	die großen Kräuter
herbae magnae	des großen Krautes	herbārum magnā-rum	der großen Kräuter
herbae magnae	dem großen Kraut	herbīs magnīs	den großen Kräutern
herbăm magnăm	das große Kraut	herbās magnās	die großen Kräuter
ex herbā magnā	aus großem Kraut ex (mit Ablativ) *aus*	ex herbīs magnīs	aus den großen Kräutern

Singular		Plural	
folĭum magnŭm	das große Blatt	folĭă magnă	die großen Blätter
folĭī magnī	des großen Blattes	folĭōrum magnō-rum	der großen Blätter
folĭō magnō	dem großen Blatt	folĭīs magnīs	den großen Blättern
folĭum magnŭm	das große Blatt	folĭă magnă	die großen Blätter
in folĭō magnō	in dem großen Blatt in (mit Ablativ) *in*	in folĭīs magnīs	in den großen Blättern

Die männliche Endung ist -ŭs und bildet die Kasus wie die Maskulina der o-Deklination, die weibliche ist entsprechend -ă und richtet sich in den Kasus nach der a-Deklination. Die neutrale Endung schließlich läuft auf -ŭm aus und richtet sich nach den Neutra der o-Deklination. Weitere Beispiele:

agrĭcŏlă bonŭs	der gute Landmann
pīnŭs montānă	die Bergkiefer
pīnŭs nigră	die Schwarzkiefer

Da pinus als Baum weiblich ist, muß das beigefügte Adjektiv (= Attribut) die weibliche Form haben, die nach der a-Deklination geht.

Adjektiva mit der Endung auf -er, -a, -um

§ 148 Einige wenige Adjektive bilden die männliche Form statt auf -ŭs auf -ĕr. Wie bei den Substantiva der o-Deklination müssen wir eine Reihe mit beibehaltenem ĕ und eine Reihe mit ausgestoßenem e unterscheiden:

§ 149

Singular	m.	f.	n.
Nominativ	aspĕr	aspĕră	aspĕrŭm
Genitiv	aspĕrī	aspĕrae	aspĕrī
Dativ	aspĕrō	aspĕrae	aspĕrō
Akkusativ	aspĕrŭm	aspĕrăm	aspĕrŭm
Ablativ	aspĕrō	aspĕrā	aspĕrō

Plural	m.	f.	n.
Nominativ	aspĕrī	aspĕrae	aspĕră
Genitiv	aspĕrōrum	aspĕrārum	aspĕrōrum
Dativ	aspĕrīs	aspĕrīs	aspĕrīs
Akkusativ	aspĕrōs	aspĕrās	aspĕră
Ablativ	aspĕrīs	aspĕrīs	aspĕrīs

Zur Betonung: Das beibehaltene e ist kurz, worauf das Bogenzeichen hinweist, folglich liegt die Betonung auf der drittletzten Silbe, ausgenommen im Genitiv Plural:

aspĕr, aspĕră, aspĕrŭm	rauh
lacĕr, lacĕră, lacĕrŭm	zerrissen
libĕr, libĕră, libĕrŭm	frei
misĕr, misĕră, misĕrŭm	elend
prospĕr, prospĕră, prospĕrŭm	glücklich, günstig
tenĕr, tenĕră, tenĕrŭm	zart
lactĭfĕr, lactĭfĕră, lactĭfĕrŭm (vgl. § 599)	milchführend
semĭnĭfĕr, semĭnĭfĕră, semĭnĭfĕrŭm	samentragend
somnĭfĕr, somnĭfĕră, somnĭfĕrŭm	schlafbringend
sūdōrĭfĕr, sūdōrĭfĕră, sūdōrĭfĕrŭm (vgl. § 599)	schweißbringend

Dagegen sieht das Deklinationsschema der Wörter mit ausgestoßenem e folgendermaßen § 150
aus:

Singular	m.	f.	n.
Nominativ	pulchĕr	pulchră	pulchrŭm
Genitiv	pulchrī	pulchrae	pulchrī
Dativ	pulchrō	pulchrae	pulchrō
Akkusativ	pulchrŭm	pulchrăm	pulchrŭm
Ablativ	pulchrō	pulchră	pulchrō

Plural	m.	f.	n.
Nominativ	pulchrī	pulchrae	pulchră
Genitiv	pulchrōrum	pulchrārum	pulchrōrum
Dativ	pulchrīs	pulchrīs	pulchrīs
Akkusativ	pulchrōs	pulchrās	pulchră
Ablativ	pulchrīs	pulchrīs	pulchrīs

pulchĕr, pulchră, pulchrŭm	schön
aegĕr, aegră, aegrŭm	krank
ātĕr, ātră, ātrŭm	schwarz
caniātĕr, caniātră, caniātrum	grauschwarz

dextĕr bildet beide Formen:

dext(ĕ)ră, dext(ĕ)rŭm	rechts
glabĕr, glabră, glabrŭm	kahl
impĭgĕr, impĭgră, impĭgrŭm	fleißig
intĕgĕr, intĕgră, intĕgrŭm	unberührt (bot. aus einem Stück beste- hend, unzerteilt)
macĕr, macră, macrŭm	dünn, mager
nigĕr, nigră, nigrŭm	schwarz
rubĕr, rubră, rubrŭm	rot
sacĕr, sacră, sacrŭm	heilig
scabĕr, scabră, scabrŭm	rauh
sinistĕr, sinistră, sinistrŭm	links
taetĕr, taetră, taetrŭm	häßlich

Pronominaladjektiva

Fürwörter mit Eigenschaftsbegriff formen sich nach der a- und o-Deklination. Einige bil- § 151
den den Nominativ Singular auf -us, andere auf -er. Abweichend formen sie aber den Ge-

nitiv Singular maskulin, feminin, neutral auf -īus und den Dativ ebenfalls in allen drei Geschlechtern auf -ī.

ūnŭs, ūnă, ūnŭm	einzig
nullŭs, nullă, nullŭm	keiner
ullŭs, ullă, ullŭm	irgendeiner
sōlŭs, sōlă, sōlŭm	allein
tōtŭs, tōtă, tōtŭm	ganz (ungeteilt)
utĕr, utră, utrŭm	wer, welche, welches (von beiden)
utérquĕ, utráquĕ, utrúmquĕ	jeder, jede, jedes (von beiden)
neutĕr, neutră, neutrŭm	keiner (von beiden)
altĕr, altĕră, altĕrŭm	der eine, der andere (von zweien)

abweichende Bildung weist auf:

alĭŭs, alĭă, alĭŭd	ein anderer, eine andere, ein anderes

Singular neutrum wird nicht auf -ŭm, sondern auf -ŭd geformt. Da es ohne eigenen Genitiv ist, nimmt es den von alter, altĕrīus. Der Dativ Singular wird alīi gebildet.

Vers:

> unus, solus, totus, ullus
> uter, alter, neuter, nullus,
> diese Wörter haben alle
> -íus in dem zweiten Falle,
> und im Dativ enden sie
> wie alius mit langem ī.

Singular		Plural	
hortŭs totŭs	der ganze Garten	hortī totī	die ganzen Gärten
hortī totīus	des ganzen Gartens	hortōrum totōrum	der ganzen Gärten
hortō totī	dem ganzen Garten	hortīs totīs	den ganzen Gärten
hortŭm totŭm	den ganzen Garten	hortōs totōs	die ganzen Gärten
in hortō totō	im ganzen Garten	in hortīs totīs	in den ganzen Gärten
herbă totă	das ganze Kraut	herbae totae	die ganzen Kräuter
herbae totīus	des ganzen Krautes	herbārum totārum	der ganzen Kräuter
herbae totī	dem ganzen Kraut	herbīs totīs	den ganzen Kräutern
herbăm totăm	das ganze Kraut	herbās totās	die ganzen Kräuter
ex herbă totă	aus ganzem Kraut	ex herbīs totīs	aus den ganzen Kräutern
foliŭm totŭm	das ganze Blatt	foliă totă	die ganzen Blätter
folii totīus	des ganzen Blattes	foliōrum totōrum	der ganzen Blätter
foliō totī	dem ganzen Blatt	foliis totīs	den ganzen Blättern
foliŭm totŭm	das ganze Blatt	foliă totă	die ganzen Blätter
in foliō totō	in dem ganzen Blatt	in foliis totīs	in den ganzen Blättern

1.5.3.   Bedeutung bestimmter Wortendungen

§ 152 Die Adjektive auf -us, -a, -um weisen Wortendungen auf, die sich wiederholen und denen mitunter eine charakteristische Bedeutung zukommt. Solche Endungen sind -ācus oder -ācĕus, -ānus oder -ānĕus, -ārĭus, -bundus, -cŭlōsus, -cŭlus, -cundus, -dus, -ellus, -ĕus, -ĭcus oder -ĭcĭus, -īcus oder -īcĭus, -illus, -īnus, -ĭnus, -ĭus, -īvus, -lentus, -mus, -nus oder -nĕus, -ōlus oder nach einem Vokal -ŭlus, -ōsus, -rus, -timus, -tus, -ŭlus, -us oder -ŭus, wobei der Vokal vor -us immer getrennt zu sprechen ist.

So bedeuten die Nachsilben -ānus, -ārĭus, -ĭcus, -īnus, -ĭus, īvus und -nus die Zugehörigkeit, den Stoff oder die Art (gehörend zu, dienend zu, -artig),
-cundus, -bundus und -ŭlus bedeutet die Tätigkeit,
-lentus und -ōsus bedeutet die Fülle,
-ellus, -cŭlus, -illus, -ŏlus und -ŭlus eine Verkleinerung,
-ĕus bedeutet die stoffliche Zugehörigkeit,
-fĕr oder -fĕrŭs bedeutet -tragend, -bringend,
-ĭdus bedeutet eine Eigenschaft.

Der Superlativ wird in den §§ 432–438 besprochen.

Die Nachsilben -ātus, -ētus, -ĭtus, -ītus, schließlich meist -tus und -sus, kennzeichnen ein Partizipium Passiv, z. B. cruciātus *gekreuzigt*. Derartige Partizipien werden zum Adjektiv und heißen dann Partizipial-Adjektive. Im naturwissenschaftlich-medizinischen Latein wird hierdurch vielfach die Ähnlichkeit oder die Eigenschaft „versehen mit" ausgedrückt, so daß cruciātus auch bedeuten kann: mit einem kreuzförmigen Organ versehen, kreuzförmig oder kreuzähnlich.
Das wären die wichtigsten lateinischen Adjektiv-Suffixe.

Davon sind ihrer Herkunft nach die aus dem Griechischen stammenden adjektivischen § 153
Suffixe zu unterscheiden. Sie werden meist in latinisierter Form gebraucht und stimmen in ihrer Bedeutung oft mit den echt lateinischen überein.

Latinisiert -ĭus oder -ĭcus, entstanden aus -ios und -ikos, drückt eine allgemeine Bezie- § 154
hung, eingedeutscht -isch, aus und die Zugehörigkeit zu einem griechischen Hauptwort. So leitet sich von dem griechischen Wort gaster *der Magen*, das Adjektiv gastrĭcus *zum Magen gehörend* ab.
Das Suffix-ĭcus wandelt sich zu der Nachsilbe -ĭus, wenn dem ursprünglichen Adjektiv eine griechische Präposition vorgesetzt wird. Aus gastricus wird epigastrĭus *sich auf dem Magen befindend*. Freilich wird auch die sprachlich schlechtere Bildung epigastrĭcus gebraucht.
-ĭacus, ein griechisches Suffix, das auch an lateinische und spätere Bildungen angehängt wird, gilt für allgemeine Beziehungen.
Sofern die Endung -īnus griechischen Ursprungs ist, bezeichnet sie den Stoff.
Latinisiert -aͤus und -ēus, entstanden aus -aͤos und -ēos, bezeichnen die Herkunft.

Das künstlich gebildete Suffix -ĭdeus bringt die Ähnlichkeit zum Ausdruck; es ist noch § 155
der Bindevokal ŏ eingeschoben, so daß das Suffix -ŏĭdeus lautet. Ob das in diesen beiden Suffixen enthaltene e lang oder kurz ist, darüber gibt es unterschiedliche Auffassungen. Die Nomina anatomica 1955 lassen bewußt beide Auslegungen zu. Da kein zwingender Grund vorliegt, in diesen Suffixen aus dem Griechischen ein langes e abzuleiten, kann das lateinische Sprachgesetz „vocalis ante vocalem brevis est" angewandt werden (-ĭdĕus und -ŏĭdĕus).

1.5.4.   *Vokabeln der Adjektiva auf -us, -a, -um*

Die üblichen Betonungsregeln sind zu beachten, wie sie in §§ 7–13 dargestellt sind.

Vokabeln allgemein wissenswerter Art

Auf -us und -ius endende Adjektive: § 156

antīquus, -a, -um	alt	paucus	gering
firmus	sicher, fest	pauci (Pl.)	wenige
infirmus	schwach, kraftlos	sēdŭlus	fleißig
mălus	schlecht	superbus	übermütig
novus	neu	ēgregĭus	vortrefflich

necessărĭus	notwendig	proprĭus	eigen
ordinărĭus	gewöhnlich	rēgĭus	königlich

§ 157 Auf -dus und -cundus endende Adjektive:

cupĭdus, -a, -um	begierig	intrĕpĭdus	unerschrocken
commŏdus	zweckmäßig, bequem	īrācundus	jähzornig
incommŏdus	unzweckmäßig,	iucundus	angenehm
	unbequem	secundus	glücklich

§ 158 Auf -tus und -sus endende Adjektive:

Betonung liegt auf der vorletzten Silbe außer bei implicĭtus und emerĭtus

aptus, -a, -um	geeignet	grātus	dankbar
cautus	vorsichtig	laetus	froh
certus	sicher	nōtus	bekannt
incertus	unsicher	ignōtus	unbekannt
doctus	gelehrt	promptus	bereit
indoctus	ungebildet	sanctus	heilig
falsus	lügnerisch, falsch	stultus	töricht
faustus	glücklich, günstig	tūtus	sicher
infaustus	ungünstig		

§ 158a

aegrōtus, -a, -um	krank	implĭcĭtus	verwickelt
attentus	aufmerksam	perĭtus	erfahren
beātus	glückselig	imperĭtus	unerfahren
contentus	zufrieden		
emerĭtus	verdienstvoll ent- pflichtet		

§ 159 Auf -nus (-inus, -anus) endende Adjektive:

bĕnignus, -a, -um	gütig	opportūnus	günstig
bonus	gut	hūmānus	menschlich
dignus	würdig	Romānus/romānus	römisch
indignus	unwürdig	(s. § 2)	

§ 160 Auf -rus endende Adjektive:

barbărus, -a, um	roh, ausländisch	pūrus	rein
cārus	lieb, teuer	impūrus	unrein
cētĕrus	übrig	rārus	selten
clārus	berühmt		

§ 161 Suffix -osus:

dubĭōsus, -a, -um	zweifelhaft	otĭōsus	müßig
ingenĭōsus	geistreich	studĭōsus	eifrig

§ 162 Suffix -illus:

imbēcillus, -a, -um	schwach	tranquillus	ruhig

§ 163 Suffix -ĕus:

idōnĕus, -a, -um	geeignet

Grundlegende Vokabeln für Naturwissenschaft und Medizin

§ 164 Farben:

Betonung liegt auf der vorletzten Silbe (vgl. §§ 8, 10, 11):

albus, -a, -um	weiß	cānus	grau

flāvus	gelb	glaucus	blaugrün, blau schillernd	
fuscus	braun	rūfus	lichtrot, rotköpfig	
argentīnus, -a, -um	silbern			§ 164a
aurātus	vergoldet, golden	incānus	grau, ergraut	
viridīaurātus	gelbgrün	incarnātus	fleischrot	
aurōsus	goldig	ochroleucus	gelbweiß	
citrīnus	blaßgelb	albellus	weißlich	

Betonung liegt auf der drittletzten Silbe (vgl. §§ 9, 12) § 164b

caesĭus, -a, -um	bläulich, blaugrau	candĭdus	glänzend, weiß	
livĭus	blaugrau	livĭdus	bleifarbig	
albĭdus	weißlich	pallĭdus	blaß, bleich	

argillacĕus, -a, -um	gelblich weiß			§ 164c
aurĕus	goldgelb	lūtĕus	gelb	
cinerĕus	aschgrau	purpŭrĕus	purpurrot	
coccinĕus	scharlachrot	rosĕus	rosenrot	
coerulĕus (caerulĕus, cerulĕus)	blau	sanguĭnĕus	blutrot, anat. blutig	
		violācĕus	violett	
		albŭlus	weißlich, nicht rein weiß	
ferruginĕus	braunrot/eisengrau, dunkelfarbig	aurantĭacus	orangerot	
grisĕus	grau			

Jahres- und Tageszeiten § 165

annŭus, -a, -um	jährlich, einjährig	nocturnus	nächtlich	
aestīvus	sommerlich	mātūtīnus	morgendlich	
hībernus	winterlich	merīdĭānus	mittäglich	
dĭurnus	täglich			

Auf -us, -ĭus endende Adjektive: § 166

aequus, -a, -um	eben, gleichmäßig	salvus	gesund	
amplus	umfangreich	siccus	trocken	
caecus	blind	tortus	gedreht	
căvus	hohl	vīvus	lebend	
crassus	dick	condensus	dicht	
gibbus	gewölbt	inversus	umgekehrt	
laevus	links	oblīquus	schräg	
lātus	breit	oblongus	länglich	
longus	lang	parallēlus	gleichlaufend	
parvus	klein	resīmus	aufgestülpt	
salsus	salzig			

medĭus, -a, -um	mittlere, in der Mitte gelegen	noxĭus	schädlich	§ 166a
		sōlitārĭus	alleinstehend, abgesondert, einsam	
intermedĭus	mittelständig, med. hist. mittelgroß	varĭus	verschiedenartig	

Auf -dus, -ĭdus endende Adjektive: § 167

claudus, -a, -um	lahm, hinkend	surdus	taub	
nūdus	nackt	bifĭdus	zweispaltig, gespalten	
profundus	tief	calĭdus	warm	
rotundus	rund	frigĭdus	kalt	

humĭdus	feucht	splendĭdus	angesehen, glänzend
pellūcĭdus	durchsichtig		

§ 168 Auf -nus endende Adjektive:

amoenus, -a, -um	lieblich	magnus	groß
externus	äußerlich, äußerster, außen liegend	malignus	bösartig
		plēnus	voll
internus	innerlich, innen liegend	sānus	gesund

§ 169 Suffix -īnus (langes i):

fēmĭnīnus	weiblich	repentīnus	plötzlich
intestīnus	innerlich	supīnus	rückwärts liegend
mascŭlīnus	männlich		

§ 170 Suffix -ĭnus (kurzes i) gibt eine Zeitangabe wieder:

sērōtĭnus, -a, -um   spät auftretend

§ 171 Suffix -ānus:

arcānus, -a, -um	geheim	mexicānus	mexikanisch
americānus	amerikanisch	peruviānus	peruanisch

(Bemerkung: Kleinschreibung möglich nach § 2)

§ 172 Auf -rus endende Adjektive:

amārus, -a, -um	bitter	mātūrus	reif
dūrus	hart	pūrus	rein
immātūrus	unreif	vērus	wahr, echt

§ 173 Auf -ŭus endende Adjektive:

ardŭus, -a, -um	steil	exigŭus	eng, klein
continŭus	zusammenhängend, ununterbrochen	strēnŭus	wacker, streng
		vacŭus	leer

§ 174 Suffix -ōsus:

globōsus, -a, -um	kugelförmig	spīnōsus	dornig, stachelig
mūcōsus	schleimig	spongĭōsus	schwammig
perĭcŭlōsus	gefährlich	vesĭcŭlōsus	reich an Bläschen, blasenförmig
petrōsus	felsig		
spatĭōsus	geräumig, weit		

§ 175 Suffix -ĕus (kurzes e):

ossĕus, -a, -um	knochig, knöchern		Talg bereitend
sēbācĕus	aus Talg bestehend,	vitrĕus	gläsern, glasartig

§ 176 Suffix -ĭcus (mit kurzem i):

Mit diesem Suffix werden viele adjektivische Ableitungen von Ländern versehen. Im Gegensatz zu der klassischen Regel können im naturwissenschaftlich-medizinischen Latein diese Adjektive klein geschrieben werden (vgl. § 2).

arăbĭcus, -a, -um	arabisch	helvētĭcus	schweizerisch
asiātĭcus	asiatisch	hispānĭcus	spanisch
britannĭcus	britisch	indĭcus	indisch
dannĭcus	dänisch	islandĭcus	isländisch
gallĭcus	französisch	russĭcus	russisch
germānĭcus	deutsch	turcĭcus	türkisch

Auf -tus (-lentus) endende Adjektive: §177

altus, -a, -um	hoch	subĭtus	plötzlich
angustus	eng, schmal	tōtus (vgl. § 151)	ganz, ungeteilt
escŭlentus	eßbar	tantus	so groß
multus	viel	quantus	wie groß
mūtus	stumm		

Partizipial-Adjektive auf -tus: §178

arcŭātus,	bogenförmig, ge-krümmt	perfōrātus	durchbohrt
		recurvātus	nach außen gekrümmt
curvātus	gebogen	resupīnātus	nach hinten gebogen
decussātus	gekreuzt	serrātus	gesägt, gezähnt
folĭātus	mit Blättern versehen, beblättert	spīnātus	mit einem Dorn oder Grat versehen
inclīnātus	geneigt	stellātus	mit Sternen besetzt, sternförmig
lūnātus	mondförmig ge-krümmt		
		strĭātus	gestreift
pennātus (auch pinnātus)	beflügelt, gefiedert		

apertus, -a, -um	geöffnet	nātus	geboren	§178a
artĕfactus	künstlich	obsolētus	veraltet, unmodern	
fractus	gebrochen	perfectus	vollkommen	
imperfectus	unvollkommen	rectus	gerade	

Partizipial-Adjektive auf -sus: §179

diffŭsus, -a, -um	ausgedehnt, zerstreut	obtūsus	stumpf
compressus	zusammengedrückt, eng	transversus	querverlaufend

Vokabeln aus dem pharmazeutischen Gebiet

Auf -us und -ius endende Adjektive: §180

crudus, -a, -um	roh	explōratōrĭus	zur Erforschung be-stimmt, zum Aus-kundschaften dien-lich
chŏlagōgus	Galle treibend		
flāvus	gelb		
grossus	grob		
ionŏgēnus, auch ionŏgēnus	ionogen	factītĭus	künstlich
		inspersōrĭus	zum Bestreuen be-stimmt
sŭillus	vom Schwein stam-mend		
		veterinārĭus	tierärztlich
dentĭfricĭus, -a, -um	für die Zähne be-stimmt		

Suffix -ĭdus: §181

acĭdus, -a, -um	sauer	perliquĭdus	dünnflüssig
flŭĭdus	flüssig	subliquĭdus	dickflüssig
liquĭdus	flüssig	solĭdus	fest

Von den auf die Endungen -us, -a, -um lautenden Adjektiven chloridus – *chlorid*, bromi-dus – *bromid*, iodidus – *iodid*, hydrochloridus – *hydrochlorid*, hydrobromidus – *hydrobro-mid*, hydroiodidus – *hydroiodid* wird in der lateinischen Nomenklatur anglistisch-romani-scher Prägung das Neutrum nach Art des klassischen Lateins zur Bezeichnung eines Begriffes substantivisch gebraucht (vgl. § 555 c). Beispiele wären: §181a

Kalii chloridum   Kaliumchlorid

Kalii bromidum	Kaliumbromid
Kalii iodidum	Kaliumiodid
Pilocarpini. hydrochloridum	Pilocarpinhydrochlorid
Scopolamini hydrobromidum	Scopolaminhydrobromid

Das substantivisch gebrauchte Adjektiv perchloridum kommt nur in dem Terminus Hydrargyri perchloridum *Quecksilber(II)-chlorid* vor.

Werden zusätzlich Adjektive hinzugefügt, erscheinen sie in Abhängigkeit vom Substantiv im Nominativ neutrum singulare, z. B. Kalii chloridum pulveratum, Hydrargyri perchloridum corrosivum.

Solche substantivischen Neutra der o-Deklination sind auch oxidum, peroxidum, hydroxidum (vgl. § 555 h–j). Dazugehörige Adjektive richten sich nach diesen Substantiven. Das dazugehörige Metall (Kation) erscheint im Genitiv: Magnesii oxidum leve *leichtes Magnesiumoxid*, Hydrogenii peroxidum dilutum *verdünntes Wasserstoffperoxid*, Natrii hydroxidum fusum gegossenes Natriumhydroxid.

§ 182 Suffix -īnus:

bētulīnus, -a, -um	birkenartig, von der Birke stammend	cristallīnus (auch griechisch mit kurzem i möglich)	kristallin
carolīnus	aus Karlsbad, nach Karlsbader Art		
cervīnus	zum Hirsch gehörig	fibrīnus	fiebersenkend
		kalīnus	kalihaltig
		nervīnus	beruhigend

§ 183 Auf -rus endende Adjektive:

amārus, -a, -um	bitter	sudōrīfĕrus	schweißtreibend
āĕrŏphŏrus	brausend		

§ 184 Auf -ŭus endende Adjektive:

perpetŭus, -a, -um   dauernd

§ 185 Suffix -ōsus:

aquōsus, -a, -um	wäßrig	ponderōsus	schwer, gewichtig
gelatīnōsus	gelatinehaltig	pyrŏlignōsus	holzteerhaltig
gummōsus	gummihaltig	spīritŭōsus	alkoholhaltig, alkoholisch, weingeistig
olĕōsus	ölhaltig, ölig		
plūmōsus	federig	vīnōsus	weinhaltig

§ 185a Die chemische Bedeutung der folgenden Adjektive mit dem Suffix -ōsus ist in § 550 c aufgeführt.

arsenicōsus, -a, -um	arsenigsauer	bisulfurōsus	doppelschwefligsauer
		metabisulfurōsus	pyroschwefligsauer
nitrōsus	salpetrigsauer	subsulfurōsus (obs. für thiosulfurīcus)	
phosphŏrōsus	phosphorigsauer		
hypophosphŏrōsus	unterphosphorigsauer		
sulfurōsus	schwefligsauer		

§ 186 Suffix -ĕus:

ethereus, -a, -um	e(ä)therhaltig, e(ä)therisch	cērĕus	aus Wachs bestehend
		oxycrocĕus	scharf-safranhaltig
amylacĕus	stärkehaltig		

§ 187 Suffix -īcus (mit kurzem i):

Die auf das Suffix -īcus endenden Adjektive als Ableitungen von Ländern sind im § 176 aufgeführt, z. B. arabicus, gallicus, germanicus, islandicus, russicus u. a.:

alŏētĭcus, -a, -um	aloehaltig	gynaecŏlogĭcus	Frauenleiden betreffend
analgētĭcus	schmerzstillend		
angiōtĭcus	Gefäß betreffend	hēpatĭcus	zur Leber gehörend, die Leber betreffend
anhydrĭcus	wasserfrei		
anthelminthĭcus	wurmwidrig		
antiarthritĭcus	Arthritis lindernd	hypertonĭcus	überhöhten Blutdruck betreffend
antiasthmatĭcus	Asthma lindernd		
antihidrōtĭcus	schweißhemmend	hypnotĭcus	zum Schlaf gehörend
antiphlogistĭcus	entzündungswidrig	ōtologĭcus	zur Ohrenheilkunde gehörend
antirheumatĭcus	Rheuma lindernd		
antispasmodĭcus	krampflösend	physiŏlogĭcus	physiologisch
aromatĭcus	aromatisch	proteīnĭcus	proteinhaltig
bēchĭcus	Husten bewirkend	rhinologĭcus	zur Nasenheilkunde gehörend
cardiŏtonĭcus	Myocard kräftigend		
cathartĭcus	blutreinigend	stŏmachĭcus	den Magen betreffend
cresolĭcus	kresolhaltig	synthetĭcus	synthetisch, künstlich
dermatĭcus	zur Haut gehörend	technĭcus	technisch
diabētĭcus	Diabetes betreffend	tribasĭcus	dreibasisch
diaphorētĭcus	schweißtreibend	ūrologĭcus	die Harnwege betreffend
diurētĭcus	harntreibend		
elastĭcus	elastisch		
embryologĭcus	den Embryo betreffend		

Die chemische Bedeutung der folgenden Adjektive mit dem Suffix -ĭcus ist in §§ 550a–i, 552b, 555 eingehend besprochen: **§ 187a**

acetĭcus, -a, -um	essigsauer	iodĭcus	iodsauer
subacetĭcus	basisch essigsauer	lactĭcus	milchsauer
ascorbŏĭcus	ascorbinsauer	mŏnŏoleīnĭcus	monoölsauer
benzoĭcus	benzoesauer	mŏnŏsteārinĭcus	monostearinsauer
borĭcus	borsauer	nicotīnĭcus	nicotinsauer
bromĭcus	bromsauer	nitrĭcus	salpetersauer
carbōnĭcus	kohlensauer	subnitrĭcus	basisch salpetersauer
bicarbōnĭcus	doppeltkohlensauer, hydrogenkohlensauer	permanganĭcus	übermangansauer
		phosphorĭcus	phosphorsauer
		salicylĭcus	salicylsauer
chlōrĭcus	chlorsauer	silicĭcus	kieselsauer
chrōmĭcus	chromsauer	sulfoguajacōlĭcus	guajakolsulfosauer
dichrōmĭcus	überchromsauer	sulfurĭcus	schwefelsauer
citrĭcus	citronensauer	bĭsulfurĭcus	doppeltschwefelsauer, hydrogenschwefelsauer
diethylbarbiturĭcus	diethylbarbitursauer		
formĭcĭcus	ameisensauer		
gallĭcus	gerbsauer	thiosulfurĭcus	thioschwefelsauer
hydrochlōrĭcus	salzsauer	tannĭcus	gerbsauer
muriatĭcus (obs.)	salzsauer	tartatĭcus	weinsauer

Suffix -ātus: **§ 188**

albūmĭnātus, -a, -um	eiweißhaltig	camphŏrātus	campferhaltig
		cantharĭdātus	cantharidenhaltig
alcohōlisātus	alkoholhaltig	carbolisātus	phenolhaltig
ammonĭātus	ammoniakhaltig	cērātus	mit Wachs versehen
anīsātus	anishaltig	concentrātus	konzentriert
benzŏātus	benzoehaltig	cristallisātus	kristallisiert
bidestillātus	doppelt destilliert	denatūrātus	vergällt
boraxātus	boraxhaltig	depūrātus	gereinigt

deresīnātus	entharzt	parātus	bereitet
destillātus	destilliert	phenōlātus	phenolhaltig
dialysātus	dialysiert	polyethylātus	polyethylenhaltig
examārātus	entbittert	praecipitātus	gefällt, chem. gefällt,
excorticātus	geschält		kopfüber gestürzt
exōleātus	entölt	praeparātus	präpariert
exsiccātus	getrocknet	pulvĕrātus	pulverisiert
ferrātus	eisenhaltig	raffīnātus	raffiniert
grānŭlātus	gekörnt	raspātus	geraspelt
hydrātus	wasserhaltig	recristallisātus	umkristallisiert
hydrogenātus	hydriert	rectīficātus	gereinigt
inspissātus	eingedickt	resublīmātus	doppelt sublimiert
libĕrātus	befreit	rosātus	rosendufthaltig
medicātus	arzneilich	sacchărātus	gezuckert
moschātus	moschushaltig	salicylātus	salicylhaltig
mundātus	geschält	saponātus	seifenhaltig
natrōnātus	natriumhaltig	sināpisātus	senfhaltig
nitrātus	salpeterhaltig	sublīmātus	sublimiert
odōrātus	wohlriechend	tĕrĕbinthinātus	terpentinhaltig
opïātus	opiumhaltig		

§ 188 a Die chemische Bedeutung der folgenden Adjektive mit dem Suffix -atus ist in den
§§ 550 c, e–i eingehend besprochen. Die Wörter haben außer der chemischen auch noch
die Bedeutung -haltig:

brōmātus, -a, -um	bromhaltig, bromwas-serstoffsauer	cyanātus	cyanidhaltig
		iodātus	iodwasserstoffsauer
chlorātus	chlorhaltig, chlorwas-serstoffsauer	oxycyanātus	oxidcyanidhaltig
		pōmātus	apfelsauer
bichlorātus	hydrogenchlorwasser-stoffsauer, doppelt-chlorhaltig	sesquichlorātus	eineinhalbchlorhaltig
		sulfurātus	schwefelhaltig, schwe-felwasserstoffsauer

§ 188 b Partizipial-Adjektive auf -tus sind:

absōlūtus, -a, -um	absolut, völlig	lōtus	gewaschen
composĭtus	zusammengesetzt	mixtus	gemischt
cornūtus	gehörnt, hornförmig	obductus	überzogen
dilūtus	verdünnt	reductus	reduziert
electus	ausgelesen, ausge-sucht	tectus	bedeckt
		tostus	geröstet, gedörrt
extractus	ausgezogen	ustus	gebrannt
liquefactus	verflüssigt		

§ 189 Partizipial-Adjektive auf -sus:

concīsus, -a, -um	geschnitten	fūsus	gegossen
contūsus	zerstoßen	spissus	eingedickt
expressus	ausgedrückt		

§ 190 Adjektive auf -ivus:

adhaesīvus, -a, um	haftend	corrosīvus	scharf, ätzend
aperitīvus	leicht abführend	sēdātīvus	beruhigend
carminātivus	blähungtreibend		

Vokabeln aus dem Gebiet der Botanik

Auf -us und -ius endende Adjektive: § 191

almus, -a, -um	labend, nährend	crispus	kraus
amplus	groß, ansehnlich	densus	dicht
bellus	schön, hübsch	graecus (s. § 2)	griechisch
calvus	kahl	laxus	locker

§ 191 a

aestīvus, -a, -um	sommerlich, im Sommer blühend	satīvus	angepflanzt
		mŏnoicus – mŏnoecus	einhäusig
opācus	matt, glanzlos, schattig		
		dioicus – dioecus	zweihäusig

§ 191 b

aduncus, -a, -um	hakenförmig, krumm	aphyllus	blattlos
aganŏphyllus	schönblättrig	oxyacanthus	spitzdornig
agathŏphyllus	reichblättrig		

§ 191 c

asepălus, -a, -um	kelchblattlos	cinerārĭifolĭus	aschgraublättrig
dĭchŏtŏmus	gabelästig	endemius	einheimisch, bodenständig
acutifolĭus (cf. § 563 b)	spitzblättrig		
		insitĭcĭus	veredelt
agrārĭus, agrārĭa, agrārĭum	auf Äckern wachsend	intermedius	mittelständig
		prunĭfolĭus	pflaumenblättrig
angustifolĭus (cf. § 563 b)	engblättrig	tinctōrĭus	zum Färben dienend
		varĭus	mannigfaltig, bunt
arēnārĭus	auf Sandboden vorkommend	scōpārĭus	zum Besen geeignet, zum Fegen dienend
aucupārĭus	dem Vogelfang dienend		

Auf -dus und -ĭdus endende Adjektive: § 192

ārĭdus, -a, -um	dürr, trocken	hispĭdus	steifhaarig, borstenhaarig
blandus	reizend, angenehm		
flōrĭdus	blütenreich	insipĭdus	fad, geschmacklos
foetidus	stinkend	nitĭdus	glänzend
hibrĭdus (hybrĭdus)	aus Kreuzungen stammend	nūdus	nackt

Auf -nus und īnus endende Adjektive: § 193

adulterīnus, -a, -um	unecht, gefälscht	diclīnus	eingeschlechtlich
		genŭīnus	angeboren, echt
alĭēnus	fremd	hyalīnus, auch hyalĭnus	durchscheinend
calycīnus, auch calycĭnus	kelchartig		
		mātūtīnus	morgendlich, in der Frühe geschehend, vormittags blühend
canīnus	hundsgemein, gemein		
corollīnus	kronblattartig	plānus	flach

Auf -rus endende Adjektive: § 194

dulcamārus, -a, -um	bittersüß	mirus	selten, wundersam
		noctiflōrus	nachts blühend
ephēmĕrus	eintägig	supĕrus	oberständig
futūrus	zukünftig	verticillastrus	scheinwirtelig
infĕrus	unterständig		

---

§ 195 Suffix -ŭus:

ambiguus, -a, -um	zweifelhaft, unbe- stimmt, nach zwei Seiten strebend	annuus continuus	einjährig fortlaufend

§ 196 Suffix -ōsus:

acerōsus, -a, -um	nadelig	frutĭcōsus	strauchartig, buschig
acētōsus	sauer	gelātinōsus	gallertartig
anfract(ŭ)ōsus	gewunden, gekrümmt	glandŭlōsus	drüsenreich
aquōsus	wäßrig	pilōsus	behaart
arēnōsus	sandig	plūmōsus	federig
bulbōsus	knollig, zwiebelartig	rāmōsus	astreich
bulbulōsus	kleinknollig	rūgōsus	runzelig
bullōsus	aufgetrieben	scariōsus	trockenhäutig
butўrōsus	fettreich	squarrōsus	sparrig
callōsus	schwielig, dickhäutig	tōmentōsus	filzig
cirrhōsus (cirrōsus)	rankig	tūberōsus	knollig
floccōsus	flockig	tubulōsus	röhrig, hohl

§ 197 Suffix -ĕus (kurzes e), -ācĕus, -icĕus:

alūtācĕus, -a, -um	lederfarben, ledrig	foliācĕus	blattartig, laubartig
amylācĕus	stärkehaltig	herbācĕus	krautartig
arbŏrĕus	baumartig	holosēricĕus	samthaarig
arundinācĕus	schilfartig	lapĭdĕus	steinern, Steine be- wohnend
butўrācĕus	butterartig		
calcarĕus	auf Kalkboden gedei- hend	olerācĕus	als Gemüse benutzt
		sēricĕus	seidenhaarig
cērĕus	wachsartig	stāmĭnĕus	staubblattartig
coriācĕus	lederartig, ledern		

§ 198 Suffix -oideus (sprich -o-i-de-us):

Zahlreiche Adjektive, die auf eine Ähnlichkeit hinweisen, werden als Epitheta verwendet. Ihr Suffix ist -ideus; es ist noch als Bindevokal o eingefügt, so daß das Suffix -oideus entsteht.

§ 199

arachnoīdĕus, -a, -um	spinnenähnlich	ellipsoīdĕus	länglichrund, ellipsen- ähnlich
aroīdĕus	zehrwurzähnlich	emeroīdĕus	kronwickeähnlich
cephaloīdĕus	kopfähnlich	ōvoīdĕus	eiähnlich
daphnoīdĕus	seidelbastähnlich	petaloīdĕus	blattartig
dianthoīdĕus	nelkenähnlich	rhomboīdĕus	rautenähnlich
discoīdĕus	scheibenartig		

§ 199a Einige wenige Adjektive als Epitheta enden auf -ideus. Dies kann das Suffix -ideus ohne Bindevokal sein. Es kann aber auch ein d-Stamm mit dem Suffix -eus vorliegen. Jedenfalls bedeutet das Suffix -artig, -ähnlich und nicht die Zugehörigkeit oder die Herkunft (vgl. § 154).

agrōstidĕus, -a, -um	straußgrasartig	īsatidĕus	waidartig
		lychnidĕus	lichtnelkenartig
cassidĕus	helmartig	orchidĕus	knabenkrautartig
clematidĕus	waldrebenartig	proboscidĕus	rüsselartig

§ 200 Suffix -ēus (sprich -ē-us mit langem e, aus dem Griechischen stammend vgl. § 154)

epigēus (epigaeus), epigēa, epigēum	oberirdisch	gigantēus	riesig

hypogēus (hypoga-eus)	unterirdisch	idaeus sprich i-dä-us	idäisch, bereits bei Plinius Beiwort für Himbeere	

Suffix -ĭcus: § 201

aquatĭcus, -a, -um	wasserliebend	ēlastĭcus	Gummi liefernd
arōmatĭcus	würzig	exōtĭcus	ausländisch
balsamĭcus	balsamisch	geōmetrĭcus	regelmäßig
basilĭcus	königlich	hēpatĭcus	lederbraun
caustĭcus	ätzend		(med. anderer Sinn)
diurētĭcus	harntreibend	metallĭcus	metallisch glänzend
domestĭcus	häuslich, heimisch, als Nutzpflanze angebaut	narcotĭcus	betäubend

Suffix -éllus: § 202

acētosellus, -a, -um	säuerlich	amārellus	bitterlich

Auf -tus endende Adjektive: § 203

apertus, -a, -um	offenstehend	hirsūtus	steifhaarig, rauh, zottig
arbustus	strauchartig	hirtus	kurzhaarig
běnědictus	heilkräftig, segensreich	lentus	langsam, zäh, klebrig
		piperitus	pfefferartig
curtus	kurz		

Suffix -léntus: § 204

esculentus, -a, -um	eßbar	succulentus	fleischig, saftig
pulvěrulentus	bestäubt		

Partizipial-Adjektive auf -tus und -sus: § 205

agglomerātus, -a, -um	zusammengedrängt	dēsōlātus	einsam, wüst
		folĭātus	beblättert
aggregātus	gehäuft, gedrängt	glochidĭātus	widerhakig
agnātus	verwandt	imbricātus	dachziegelartig
alātus	geflügelt	labĭātus	lippig, lippenartig
ānulātus	geringelt	lānātus	wollig
apiculātus	fein gespitzt	lancěōlātus	lanzettlich
aristātus	begrannt	macŭlātus	gefleckt
baccātus	mit Beeren versehen	odōrātus	wohlriechend
barbātus	bärtig	ōvātus	eiförmig
camphŏrātus	wie Kampfer duftend	peltātus	schildförmig
cancellātus	gitterförmig	pēnicillātus	pinselartig
capĭtātus	kopfförmig	petĭŏlātus	gestielt
caudātus	geschwänzt	plicātus	gefaltet
cilĭātus	mit Wimpern versehen	prostrātus	niederliegend
		rostrātus	geschnäbelt
clāvātus	keulenförmig	scrobicŭlātus	feingrubig
connātus	verwachsen	squāmātus	schuppig
dēclīnātus	niedergebogen, zur Erde geneigt	sulcātus	gefurcht
		umbellātus	doldenartig
dēcolōrātus	entfärbt, verblichen	verticillātus	wirtelig

abruptus, -a, -um	abgebrochen	adultus	herangewachsen	§ 206
accrētus	angewachsen	adūstus	versengt, brandig	

allŏplectus	umflochten, umwun-den	erectus	aufrecht
		hermaphrodītus	zwitterig
amplectus	umfassend	insertus	eingefügt
contortus	gedreht	obductus	überzogen
cultus	angebaut	rectus	gerade
desertus	verlassen, öde	strictus	aufrecht
discrētus	getrennt		

§ 206 a

appositus, -a, -um	nebenstehend	insĭtus	gepfropft
composĭtus	zusammengesetzt	opposĭtus	gegenüberstehend
decomposĭtus	doppelt zusammenge-setzt		

§ 207

aversus, -a, -um	abgewendet	extrorsus	auswärts gerichtet
excelsus	hoch, erhaben	inclūsus	eingeschlossen
extensus	ausgedehnt	introrsus	einwärts gerichtet

Vokabeln aus dem Gebiet der Zoologie

§ 208 Auf -us und -ius endende Adjektive:

atrĭcapillus, -a, -um	schwarzhaarig	molluscus	weich
		pellionellus	zum Pelz gehörend
frugĭlĕgus	Früchte sammelnd	pilĭfĕrus	haartragend
garrŭlus	geschwätzig	ridĭbundus	mit lachender Stimme
margaritĭfĕrus	Perlen tragend	tardus	bedächtig, schwerfäl-lig
mărĭtĭmus	im oder am Meer le-bend		

§ 208 a

amphibĭus, -a, -um	auf dem Lande und im Wasser lebend	pōmātĭus	zum Obstwein gehö-rend
carnārĭus	sich in der Fleisch-kammer aufhaltend	pūtōrĭus	mit Geruch behaftet, stinkend
glandārĭus	Eicheln sammelnd	tempŏrārĭus	wetterwendisch
lectulārĭus	zum Bett gehörend	vomitōrĭus	speiend, absondernd

§ 209 Suffix -inus:

anguĭnus, -a, -um	schlangenartig	perĕgrīnus	fremd, pilgernd
cannabīnus	von Hanf lebend	vitulīnus	kalbsartig
mărīnus	im Meer lebend		

§ 210 Auf -rus endende Adjektive:

apivŏrus, -a, -um	bienenfressend	viscŏvŏrus	mistelfressend
canōrus	wohlklingend	vivipărus	lebend gebärend

§ 211 Suffix -ōsus:

maculōsus, -a, -um	fleckenreich, gefleckt

§ 212 Suffix -ĕus:

arborĕus, -a, -um	zum Baum gehörig, baumartig	flammĕus	glänzend, feurig

§ 213 Suffix -ēus (langes e; sprich ē-us):

gigantēus, -a, -um	gigantisch, riesengroß

Suffix -ĭcus: § 214

domestĭcus, -a, -um	häuslich, zum Hause gehörend	nilotĭcus	zum Nil gehörend
mellifĭcus	Honig erzeugend	rustĭcus	zum Land, zum Feld gehörend
musĭcus	musikalisch	urbĭcus	zur Stadt gehörend

Auf -tus endendes Adjektiv: § 215

calamĭtus, -a, -um   Unheil bringend

Partizipial-Adjektive auf -tus und -sus: § 216

aculĕātus, -a, -um	stachlig	mitrātus	eine Mitra (Haube) tragend
barbātus	bärtig		
cristātus	Kamm tragend	ocrĕātus	mit Beinschienen gekleidet
dĕcĕmlĭnĕātus	zehnlinig		
diadēmātus	geschmückt	palmātus	palmenartig gemustert
ēdentātus	zahnlos, zahnarm	rētĭcŭlātus	netzartig
glomerātus	geknäult, knäulartig	sagīnātus	gemästet
jubātus	mit einer Mähne versehen	sēricātus	in Seide gekleidet
		suppūrātus	eitrig
marsūpĭātus	mit einem Beutel versehen		

| adultus, -a, -um | ausgewachsen | nīsus | sich stemmend, sich stützend | § 216a |
| galērĭtus | mit einer behaarten Kappe bedeckt | pictus | bemalt | |

Vokabeln aus dem Gebiet der Medizin

Auf -us endende Adjektive: § 217

bifurcus, bifurca, bifurcum	zweizackig
caecus	blind, blindendend
multĭfĭdus	vielfach gespalten
pĭus	zart, fein
văgus	weit umherschweifend

Suffix -ĭus: § 218

adventitĭus, adventitĭa, adventitĭum	hinzukommend
epicranĭus	auf dem Schädel gelegen
nūtrītĭus und nūtrĭcĭus	ernährend, der Ernährung dienend
obstetrĭcĭus	geburtshilflich
parūrētērĭus	neben dem Harnleiter liegend
splēnĭus	zur Schönheitsbinde geeignet, umwickelnd
spurĭus	falsch, unecht
stapedĭus	zum Steigbügel gehörend
subclāvĭus	unter dem Schlüsselbein liegend
trapecĭus	trapezförmig

Suffix -ārĭus: § 218a

alimentārĭus, alimentārĭa, alimentārĭum	zur Ernährung gehörend
corōnārĭus	zum Kranz gehörend, ringförmig
ēmissārĭus	zum Abzugskanal, Abzugsgraben gehörend
hērēditārĭus	erblich
prīmārĭus	hauptsächlich, wichtig, erstrangig
transversārĭus	querverlaufend, zum Querfortsatz gehörend

tubārĭus	zur Tube gehörend
ūrinārĭus	zum Harn gehörend

§ 218b Suffix -ōrĭus:

accessōrĭus, accessōrĭa, accessōrĭum	hinzukommend
adolfactōrĭus	zum Riechhirn gehörend
digestōrĭus	der Verdauung dienend
ējaculātorĭus	zum Herausschleudern dienend
extensōrĭus	zum Streckmuskel gehörend
gustātōrĭus	dem Geschmack dienend
levātōrĭus	zum Heber gehörend
masticatōrĭus	dem Kauen dienend
oculŏmōtōrĭus	zu den das Auge bewegenden Muskeln gehörend
olfactōrĭus	dem Riechen dienend
risōrĭus	dem Lachen dienend
salĭvātōrĭus	zum Speichel gehörend
sartōrĭus	zum Schneidersitz dienlich
sensōrĭus	der Sinnesempfindung dienend
tectōrĭus	zum Bedecken dienlich

§ 219 Suffix -ĭdus, -bundus:

gravĭdus, gravĭda, gravĭdum	schwanger
flaccĭdus	schlaff
lucĭdus	hell, vielgefiedert, schimmernd, glänzend
tumĭdus	geschwollen
mŏrĭbundus, mŏrĭbunda, mŏrĭbundum	im Sterben liegend
fŭrĭbundus	wuterfüllt

§ 220 Auf -nus endende Adjektive:

jējūnus, jējūna, jējūnum	nüchtern, leer (jejunum *Leer-Dünndarm*)
maternus	zur Mutter gehörend
scalēnus	schief, ungleichseitig
trigōnus	dreieckig

§ 221 Suffix -īnus:

anserīnus, anserīna, anserīnum	zur Gans gehörend
calcarīnus	zum Sporn gehörend
cristallīnus (vgl. § 222)	kristallklar
equīnus	pferdartig
intrapelvīnus	innerhalb des Beckens liegend
palātīnus	zum Gaumen gehörend
pelvīnus	zum Becken gehörend
pontīnus	zur Brücke gehörend
rectoūtērīnus	vom Mastdarm zur Gebärmutter ziehend
saturnīnus	Blei betreffend
ŭtĕrīnus	zur Gebärmutter gehörend

§ 222 Suffix -ĭnus (kurzes i) besitzen einige wenige lateinische Adjektĭva, ferner aus dem Griechischen kommende Wörter:

bĭgĕmĭnus, bĭgĕmĭna, bĭgĕmĭnum	zweimal, doppelt
trigĕmĭnus	dreimal vorhanden, in drei Teile zerlegt
adamantĭnus	stählern, stahlhart, sehr hart
amygdalĭnus, auch amygdalīnus	zur Mandel gehörend, mandelähnlich

crystallīnus, auch cristallīnus (vgl. §221)	kristallklar
helicīnus, auch helicīnus	schneckenförmig gewunden

Bei folgenden künstlich gebildeten Wörtern gehört die Endung -inus zum Wortstamm (krino *ich trenne*) und stellt kein Suffix dar:

apocrīnus	von der Zellspitze aus absondernd
eccrīnus	absondernd, ausscheidend
holocrīnus	ganz abscheidend
merocrīnus (obs.)	teilweise absondernd

Suffix -ānus: §223

mediānus, mediāna, mediānum	in der Mitte gelegen

Auf -rus endende Adjektive: §224

sonōrus, sonōra, sonōrum	schallend, rauschend
triquĕtrus (auch triquĕtrus)	dreieckig
ōŏphŏrus	eitragend
procērus	schlank

Auf -ŭus endende Adjektive: §225

vacŭus, vacŭa, vacŭum	leer
decidŭus	hinfällig

Suffix -ōsus: §226

adipōsus, adipōsa, adipōsum	fettreich
arteriōsus	arterienreich, arterienähnlich
artēriŏvēnŏsus	zu Arterien und Venen gehörend
bilĭōsus	gallereich
bullōsus	blasig, blasenförmig
callōsus	schwielig
cartilāginōsus	knorpelreich
cāsĕōsus	käsig
cavernōsus	höhlenreich
contāgiōsus	durch Berührung übertragbar
fibrōsus	faserreich
forāminōsus	löchereich
frondōsus	laubreich, zottenreich
gangliōsus	ganglienreich
glomerulōsus	reich an Gefäßknäueln
grānulōsus	körnerreich
infectĭōsus	ansteckend
intercavernōsus	zwischen den sinus cavernosi liegend
lamellōsus	plättchenreich
maculōsus	fleckenreich
membrānōsus	membranreich
nervōsus	nervenreich
nōdōsus	knotig
parenchymātōsus	parenchymreich
perniciōsus	gefährlich
pulpōsus	aus weicher Substanz bestehend
sēmimembrānōsus	halbhäutig, halbmembranhaltig
sēmitendinōsus	halbsehnig
serōsus	serumreich, dünnflüssig
squāmōsus	schuppenreich, zur Schuppe gehörend
subcallōsus	unter dem Balken des Endhirns liegend
submūcōsus	unter der Schleimhaut liegend

subserōsus	unter der tunica serosa liegend
tūberōsus	reich an Höckern
ulcĕrōsus	geschwürig
vāsculōsus	gefäßreich
vēnōsus	venenreich, venenähnlich
villōsus	zottenreich, zottig
vorticōsus	strudelartig, wirbelartig

§ 227 Suffix -ĕus mit kurzem e (sprich e-us):

aquĕus, aquĕa, aquĕum (obs.)	aus Wasser bestehend
cartilaginĕus	knorpelig
cornĕus	hörnern, verhornt
curvĭlinĕus	krummlinig
cutānĕus	zur Haut gehörend
eburnĕus	elfenbeinern
fellĕus	gallig, zur Galle gehörend
ilĕus	krumm, verschlungen
interossĕus	zwischen Knochen liegend
lymphācĕus	zur Lymphe gehörend
membrānācĕus	häutig, zur Membran gehörend
pectinĕus	zum Kamm, zur Leiste gehörend
pŏplitĕus	zur Kniekehle gehörend
pūtĕus	faulig
rectĭlinĕus	geradlinig
subcutanĕus	unter der Haut liegend
subtendĭnĕus	unter der Sehne liegend
tendĭnĕus	sehnig
trītĭcĕus	weizenkornähnlich

§ 228 Suffix -ŏĭdĕus (sprich -o-i-de-us):

Zahlreiche Adjektiva, die auf eine Ähnlichkeit hinweisen, werden im medizinischen Latein verwandt. Das Suffix -ideus *-ähnlich, -artig* ist durch den Bindevokal ŏ mit dem Wortstamm verbunden. Hinsichtlich der unterschiedlichen Anwendung in den Baseler und Pariser nomina anatomica einerseits und den Jenenser andererseits verweise ich auf § 397.

amygdalŏĭdĕus, amygdalŏĭdĕa, amygdalŏĭdĕum	mandelartig, mandelähnlich
arytenŏĭdĕus	gießbeckenähnlich
bulbŏĭdĕus	zwiebelförmig, zwiebelähnlich
chorŏĭdĕus (früher chorĭŏĭdĕus)	zur Aderhaut gehörend
clinŏĭdĕus	lagerähnlich, bettähnlich
condylŏĭdĕus	dem Knöchel ähnlich
conŏĭdĕus	kegelförmig
coracŏĭdĕus	rabenähnlich, rabenschnabelähnlich, hakenförmig gekrümmt
cŏrōnŏĭdĕus	hakenähnlich, gekrümmt (nicht kronen- oder kranzähnlich)
cricŏĭdĕus	ringförmig
cubŏĭdĕus	würfelförmig, würfelähnlich
deltŏĭdĕus	deltaförmig, dreieckig
ellipsŏĭdĕus	ellipsenähnlich
hyalŏĭdĕus	glasartig
hyŏĭdĕus	dem Schweinsrüssel oder dem kleinen griechischen Buchstaben Ypsilon ähnlich
lambdŏĭdĕus	dem Buchstaben Lambda ähnlich, zweischenklig

mastŏīdĕus	brustwarzenförmig
pterygŏīdĕus	flügelförmig
rhombŏīdĕus	rautenförmig
scaphŏīdĕus	kahnförmig
sesamŏīdĕus	sesamschotenfruchtähnlich
sigmŏīdĕus	sigmaähnlich
sphaerŏīdĕus	kugelförmig
sphenŏīdĕus	keilförmig, keilähnlich
stylŏīdĕus	griffelförmig
thyrŏīdĕus (früher thyrĕŏīdĕus)	schildförmig
trapezŏīdĕus	kleintrapezförmig, trapezähnlich
trochŏīdĕus	radförmig, zu einem radförmigen Organ gehörend
xiphŏīdĕus	schwertförmig

Suffix -ēus mit langem e (sprich e-us) oder -aeus (sprich ae-us): § 229

ancōnēus (ancona̅e̅us), -ēa, -ēum	zum Ellenbogen gehörend
carpēus	zur Handwurzel gehörend
coccygēus	zum Steißbein gehörend
glossopharyngēus	zur Zunge und zum Rachen gehörend
glūtēus (glūta̅e̅us)	zum Gesäßmuskel gehörend
interphǎlangēus	zwischen den Finger- oder Zehengliedern liegend
intertarsēus	zwischen den Knochen der Fußwurzel liegend
laryngēus	zum Kehlkopf gehörend
mēningēus	zur Hirnhaut gehörend
metacarpēus	zur Mittelhand gehörend
metatarsēus	zum Mittelfuß gehörend
oesophagēus (ēsophagēus)	zur Speiseröhre gehörend
parotidēus	zur Ohrspeicheldrüse gehörend
peronēus (peronaeus)	zum Wadenbein gehörend
phalangeus	zum Finger- oder Zehenglied gehörend
pharyngēus	zum Rachen, zum Schlund gehörend
tarsēus	zur Fußwurzel gehörend

Suffix -īcus: § 230

Diejenigen Adjektiva, die aus dem Griechischen stammen und auf -ikos enden, wurden in den JNA zu -īcus latinisiert. Die NA haben bei diesen Wörtern die Endung -ēus der BNA beibehalten, z. B.: coccygeus (BNA, PNA und NA), coccygīcus (JNA).

acūstĭcus, acūstĭca, acūstĭcum	das Hören betreffend
antitragĭcus (vgl. § 95 b)	zum Antitragus gehörend
ăŏrtĭcus	zur Aorta gehörend
anastŏmōtĭcus	zur Anastomose gehörend
autŏnŏmĭcus	unabhängig, eigenen Gesetzen unterworfen
ataractĭcus	unverwirrt machend
carōtĭcus	zur Karotis gehörend
cōlĭcus	zum Kolon gehörend
cōnĭcus	kegelförmig
cŏtȳlĭcus	becherförmig
cylindrĭcus	walzenförmig, zylinderförmig
cystĭcus	zu einer Blase gehörend, blasenartig
diaphragmătĭcus	zum Zwerchfell gehörend
diploĭcus	zur Diploe gehörend
elliptĭcus	elliptisch

encēphalĭcus	zum Gehirn gehörend
endothōrācĭcus	die Brusthöhle auskleidend
ĕntĕrĭcus	zu den Eingeweiden gehörend
epigastrĭcus (vgl. § 154)	auf dem Bauch oder dem Magen liegend
epiglottĭcus	zum Kehldeckel gehörend
epiploĭcus	zum großen Netz bzw. Bauchfell gehörend appendices epiploicae = Fettanhängsel an der Außenwand des Kolons
gastrĭcus	zum Magen gehörend
glottĭcus	zur Zunge gehörend
hypogastrĭcus	unter bzw. hinter dem Magen liegend
hypothalamĭcus	unter dem Sehhügel liegend
interpūbĭcus	zwischen den Schambeinen liegend
interthalamĭcus	zwischen den beiden Sehhügeln gelegen
intertragĭcus	am Eingang des äußeren Gehörganges liegend (zwischen tragus und antitragus)
iridĭcus	zur Regenbogenhaut des Auges gehörend
ischiădĭcus	zum Sitzbein gehörend
isthmĭcus	zum Isthmus, zur Enge gehörend
lăbўrinthĭcus	zum Labyrinth gehörend
lymphātĭcus	lymphatisch
massētĕrĭcus	zum Kaumuskel gehörend
mesentĕrĭcus	zum Gekröse gehörend
mesonephrĭcus	zur Urniere gehörend
myentĕrĭcus	zur Darmmuskulatur gehörend
ontogenetĭcus	zur Keimentwicklung des Einzelwesens gehörend
ophthalmĭcus	zum Auge gehörend
optĭcus	zum Sehen gehörend
ōtĭcus	zum Ohr gehörend
ōvārĭcus	zum Eierstock gehörend
pancreatĭcus	zur Bauchspeicheldrüse gehörend
paracōlĭcus	neben dem Kolon liegend
parasympāthĭcus	parasympathisch
pēriphērĭcus	peripher (Gegensatz centralis)
phallĭcus	zum Geschlechtshöcker gehörend
prēpylōrĭcus (vgl. § 3)	vor dem Magenpförtner liegend
prostatĭcus	zur Vorsteherdrüse gehörend
pūbĭcus	zur Schamgegend gehörend
spermātĭcus	zum Samen, zum Samenstrang gehörend
sphaerĭcus (sphērĭcus)	kugelrund
splanchnĭcus	zu den Eingeweiden gehörend
statŏacūstĭcus (obsolet)	das Gleichgewicht und das Hören betreffend (in NA durch vestibulocochlearis ersetzt)
supratragĭcus	über dem Bock der Ohrmuschel liegend
sympāthĭcus	sympathisch; zu ergänzen ist nervus, das Adjektiv ist zum Substantiv geworden
teratologĭcus	die Mißbildungslehre betreffend
thalamĭcus	zum Sehhügel gehörend
thōracĭcus	zum Brustkorb gehörend
thymĭcus	zum Thymus gehörend
tragĭcus	zum Bock, zur Ohrmuschel gehörend
trŏchantĕrĭcus	zum Rollhügel gehörend
tympanĭcus	zur Trommel, zur Paukenhöhle gehörend

ūropoētĭcus	Harn bereitend
ūrētērĭcus	zum Harnleiter gehörend
zygŏmătĭcus	zum Jochbein gehörend

Suffix -ăcus (mit kurzem a): §231

cardĭăcus, cardĭăca, cardĭăcum	zum Herzen gehörend, zum Magenmund gehörend, dem Herzen benachbart
coelĭăcus (celĭăcus)	zur Bauchhöhle gehörend
hypochondrĭăcus	zum seitlichen Oberbauch gehörend
ilĭăcus	zum Darmbein gehörend
pĕricardĭăcus	zum Herzbeutel gehörend

Suffix -éllus: §232

gĕmellus, gĕmella, gĕmellum	doppelt, einer von Zwillingen

Suffix -ŭlus: §233

pinguicŭlus, pinguicŭla, pinguicŭlum	hübsch fett
multangŭlus	vielwinkelig, vieleckig

Suffix -tus: §234

acūtus, acūta, acūtum	akut, scharf
compactus	zusammengedrängt
composĭtus	zusammengesetzt
contactus	berührt, unmittelbar anliegend
contractus	zusammengezogen, gekrümmt
contortus	gewunden
convolūtus	zusammengerollt
ēgestus	entleert
ingestus	eingeführt, eingenommen
mellītus	honigsüß, süß
occultus	verborgen
raptus	geraubt, genommen
suspectus	verdächtig
vastus	ungeheuer, groß, öde, wüst

Suffix -sus: §235

affixus, affixa, affixum	angeheftet
circumflexus	umgebogen, gekrümmt, umflochten
complexus	umfassend
conexus (connexus)	verbunden, verknüpft
convexus	nach oben oder außen gewölbt
laesus	gestört
retrōflexus	zurückgebogen
tensus	gespannt

Suffix -ātus: §236

aggregātus, aggregāta, aggregātum	gehäuft, gedrängt
abbreviātus	verkürzt
acuminātus	lang zugespitzt
bĭfurcātus	zweizackig, zweizinkig, zweiästig
bĭpennātus (auch bipinnātus)	doppelt gefiedert
conjugātus	verbunden
cruciātus	gekreuzt, gekreuzigt, kreuzförmig
cunĕātus	mit einem Keil versehen, keilförmig
dentātus	gezähnt

denticŭlātus	kleingezähnt
dēprāvātus	verdorben
dĭgĭtātus	fingerartig
dissēmĭnātus	verstreut, weit verbreitet
fornĭcātus	gewölbeartig
genicŭlātus	knieartig
hāmātus	hakenförmig, mit einem Haken versehen
lacinĭātus	in Zipfel auslaufend
lūnātus	halbmondförmig gekrümmt
nĕŏnātus	neugeboren
obtūrātus	verstopft
pectĭnātus	kammähnlich, leistenähnlich
plictātus	gefaltet
quădrātus	rechteckig, viereckig
rădiātus	strahlenförmig
squāmātus	schuppenartig
subarcŭātus	unter einem Bogengang liegend
ternātus	dreizählig
turbĭnātus	gewunden, kreiselförmig
uncīnātus	mit einem Haken versehen
ūnĭpennātus	einfach gefiedert
vallātus	mit einem Wall umgeben
vulnĕrātus	verwundet

§ 237 Suffix -īvus (mit langem i):

germinatīvus, germinatīva, germinatīvum	zum Keimen geeignet
incīsīvus	zum Schneiden geeignet
lascīvus	geil, zügellos
sensitīvus	der Empfindung dienend
transitīvus	den Übergang vermittelnd

Griechische Formenbildungen

§ 237a Griechische Adjektive sind azўgos *unpaarig*; hemiazўgos *halb unpaarig*. Beide Vokabeln kommen nur in der Verbindung mit vena vor. Die Endung -os ist sowohl maskulin als auch feminin. Dasselbe gilt für dartos *fleischig*. Eine weitere dem Griechischen entnommene Vokabel ist diachўlōn in dem Ausdruck Unguentum diachўlōn. Das latinisierte griechische Adjektivum bedeutet *durch und durch saftig* und steht in der griechischen neutralen Form.

Die Bedeutung der Vorsilben bei Adjektiven

§ 238 Durch die Vorsilben in-, an- und a-, dem aus dem Griechischen stammenden Alpha privativum, wird eine Verneinung ausgedrückt. Sie entsprechen also der deutschen Vorsilbe un-.

§ 239 Während die Vorsilbe sub- die Eigenschaft beeinträchtigt, wird durch die Vorsilbe per- die Eigenschaft erhöht (liquidus *flüssig*; subliquidus *weniger flüssig*, also *dickflüssig*; perliquidus *sehr flüssig*, also *dünnflüssig*).

§ 240 Im naturwissenschaftlich-medizinischen Latein begegnen wir oft als Vorsilben den griechischen Präpositionen hypŏ – *unter* und hypĕr – *über*. Bei Eigenschaftswörtern wird hierdurch eine Minderung oder Erhöhung des Gehaltes oder der Eigenschaft ausgedrückt.

§ 241 Im übrigen sind fast alle in den §§ 442–472 aufgeführten Präpositionen als Vorsilben bei Adjektiven zu finden.

Ursprünglich lateinische Präpositionen:

ăd-	1. hinein-, hinzu- 2. aufwärts-
antĕ-	vor-, vorne-
circum-	um-, herum-
com-, co-, con-	zusammen-, mit-
conträ-	gegen-, gegenüber-
dē-	1. herab- 2. ent- 3. von-, weg-
dis-	ver-, zer-, auseinander-
ē-, ex-	aus-, heraus-, hinaus-
ĕxträ-	außerhalb-, außen-
in-	1. hinein- 2. un-
infrä-	unterhalb-
intĕr-	zwischen-
inträ-	innerhalb-, innen-
intro-	hinein-
iuxtä-	neben-, daneben-
ŏb-	gegen-, wider-
pĕr-	1. durch-, hindurch- 2. verstärkende Bedeutung
post-	nach-, hinter-
prae-	vor-, vorher-, voraus-
pro-	vor-, hervor-
rĕ-	zurück-, entgegen-
rĕtro-	rückwärts-, hinter-
sŭb-	1. unter- 2. wenig-
sŭper-	über-, ober-
sŭprä-	über- (räumlich), oberhalb-
trans-	über-, hinüber-, quer durch-

Aus dem Griechischen stammende Präpositionen: § 242

amphi-	um-, herum-, beidseitig-
ana-	1. aufwärts-, nach oben – 2. zurück
anti-	1. gegen-, wider-, entgegen(-wirkend) 2. gegenüber-
apŏ-	1. neben-, beiseite- 2. von-, weg-, ent-
dïa-	1. durch-, hindurch-, hinüber- 2. zwischen- 3. ver-, zer-, auseinander-
ĕktŏ-	außen-, nach außen gelagert –
ektro-	fehl-
ĕm-, ĕn-	in-, darin-
ĕndŏ-, ĕntŏ-	innen-, innerhalb-
ĕpi-	1. darauf-, ober- 2. dazu- 3. gegen-
ĕxŏ-	außerhalb-, aus-
hypĕr-	1. über-, hinüber- 2. verstärkende Bedeutung
hypŏ-	1. unter- 2. wenig-
kätä- = cätä-	1. abwärts-, herab- 2. hinterher-, nach-
mĕsŏ-	mittel-, innerhalb, zwischen-
mĕtä-	1. zwischen-, mitten- 2. folgend nach (dem ersten) 3. um- (verändernd) 4. mit- (Anteil)
părä-	1. neben-, bei- 2. gegen- 3. entlang-
pĕri-	1. um-, herum-, rings- 2. über-
prŏ-	1. vor-, voraus-, vorher- 2. für-, anstatt-
prŏs-	seiten-, (hin)zu-, bei-, hinter-
sўm-, sўn-	zusammen-, mit-

Folgende Vorsilben bezeichnen quantitative Angaben: § 243

hēmi- oder sēmi-	halb-	sesqui-	eineinhalb-
hēn-, mŏnŏ-, ūnĭ-	einfach-	bi-, bis-, di-	doppelt-

trĭ-, trī-	dreifach-	dĕka-	zehnfach-
tĕtra-	vierfach-	hĕndĕka-	elffach-
pĕnta-	fünffach-	dōdĕka-	zwölffach-
hĕxa-	sechsfach-	eikŏsa-	zwanzigfach-
hĕpta-	siebenfach-	hĕktŏ-	hundertfach-
ŏcta-	achtfach-	kīlŏ-	tausendfach-
nŏna-, ĕna-	neunfach-	pŏly-, multĭ-	vielfach-

§ 243 a Oft vorkommende Vorsilben im naturwissenschaftlich-medizinischen Latein sind (vgl. auch §§ 596, 613):

allŏ-	anders-	mikrŏ-	klein-
autŏ-	selbst-	nĕŏ-	neu-, neu gebildet-
brachў-	kurz-	ŏlīgŏ-	wenig-
bradў-	langsam-	ŏxў-	scharf-, stechend-,
crypto-	verborgen-, fehlend-		spitz-
dĭs-, di-	zer-	pachў-	dick-
dўs-	miß-	palāĕŏ-	alt-
ĕntĕrŏ-	innen-	pān-	ganz-
eu-	wohl-	pŏllakis-	häufig-
hĕtĕrŏ-	verschieden	pseudŏ-	falsch-
hŏlŏ-	ganz-	somatŏ-	körper-
hŏmŏ-, hŏmōĕŏ-	gleich-, -ähnlich	spermatŏ-	samen-, zum Samen
hydrŏ-	wasser-		gehörend
hygrŏ-	feucht-	tachў-	schnell-
idĭŏ-	eigen-	telŏ-	endständig-, am Ende
īsŏ-	gleich-		befindlich
makrŏ-	groß-	trichŏ-	haar-
mĕga-	groß-	xĕrŏ- und xĕro-	trocken-

1.6. Die dritte oder die konsonantische und i-Deklination

§ 244 In der dritten Deklination sind die konsonantischen, gemischten und i-Stämme vereinigt.

1.6.1. Die konsonantischen Stämme

§ 245 Auffindung des Stammes

Den Stamm findet man, indem vom Genitiv Singular die Kasusendung -is abgestrichen wird. Während man bei der a- und o-Deklination den Stamm und die Wurzel auch aus dem Nominativ erkennen kann, geht dies bei der konsonantischen Deklination nicht. Man muß vom Genitiv Singular ausgehen und an den so gefundenen Stamm die Kasusendungen hängen.

§ 246 Deklinationsschema

	Singular			Plural		
	m.	f.	n.	m.	f.	n.
Nominativ	unterschiedlich			-ēs	-ēs	-ă
Genitiv	-ĭs	-ĭs	-ĭs	-ŭm	-ŭm	-ŭm
Dativ	-ī	-ī	-ī	-ĭbus	-ĭbus	ĭbus
Akkusativ	-ĕm	-ĕm	wie Nominativ	-ēs	-ēs	-ă
Ablativ	-ĕ	-ĕ	-ĕ	-ĭbus	-ĭbus	-ĭbus

Unter bestimmten Umständen kann der Genitiv Plural -ĭŭm statt -ŭm lauten, ferner bei §247
einigen Neutra Ablativ -ī statt -ĕ, sowie Plural Nominativ und Akkusativ -ĭă statt -ă (vgl.
§§ 316–327).

Aussehen des Stammes
§248

Gebildet wird der Auslaut des Wortstammes außer bei den i-Stämmen durch einen Konsonanten, weshalb diese Deklination als „konsonantische" bezeichnet wird, in der „gemischten Deklination" durch mehrere Konsonanten (oder Konsonantengruppen).
Als Stammauslaut kommen die Konsonanten f, h, k, qu, x, z nicht in Betracht.

Nominativ des Singulars
§249

Der Nominativ Singular ist bei den Maskulina und Feminina im allgemeinen endungslos.
Er hat aber meist lautliche Veränderung erfahren und ist nicht ohne weiteres dem Stamm
gleich. Die Stämme auf p, t, c und b, d, g fügen gern ein s im Nominativ an. Da s zwischen Vokalen im Genitiv zu r umwandelt, wird eine Ableitung noch schwieriger. Manch-
mal liegt dem Nominativ Singular eine andere Form des Stammes zugrunde als den übrigen Kasus. Der Nominativ der Neutra schließt mitunter mit einem s ab, das aber dann
immer zum Stamm gehört.

Geschlecht
§250

Das Geschlecht ist entweder natürlich oder grammatisch und kann maskulin, feminin
oder neutral sein. Es ist nicht ohne weiteres aus Nominativ und Stamm erkennbar. Jedoch merkt man bald, daß gewisse Endungen oder Bildungen männliche, andere weibliche oder sächliche Wörter bezeichnen. Unter Berücksichtigung der vorigen Punkte ist es
notwendig, daß sämtliche Vokabeln unter Nennung des Nominativs, Genitivs und des
Geschlechts gelernt werden. Reimverse zum leichteren Einprägen des grammatischen Geschlechts sind für das naturwissenschaftlich-medizinische Latein nicht ausreichend.

1.6.2. Schematischer Überblick

Einen einprägsamen schematischen Überblick gibt folgende Einteilung:
§251

1.6.2.1. Maskulina und Feminina
Wörter ohne s im Nominativ Singular
Maskulina ohne s im Nominativ Singular
Liquidastämme auf r und l:

Nominativ	Genitiv		
-ŏr, -tŏr, -sŏr	-ōris, -tōris, -sōris	colŏr, colŏr-is	kolor-ieren
-er	-eris	ansĕr, ansĕr-is	anser-inus
-ur	-uris	furfŭr, furfŭr-is	Furfur-al
-ol	-olis	sōl, sōl-is	Sol-stitium
-al	-alis	sāl, sāl-is	Sal-ine

Nasalstämme auf n:

Nominativ	Genitiv		
-o	-ōnis	pulmo, pulmōn-is	pulmōn-āl
-o	-linis	margo, margĭn-is	margĭn-āl
-en	-enis	rēn, rēn-is	rēn-āl

Feminina ohne s im Nominativ

Liquidastämme auf **r**

Nominativ	Genitiv		
-ŏr	-ōris und -ŏris	arbŏr, arbŏr-is	arbŏr-ētum
-er	-(ĕ)ris	gastēr, gastr-is	gastr-āl

Nasalstämme auf **n** sind in Naturwissenschaften und in der Medizin sehr zahlreich, außer caro, carnis noch folgende:

Nominativ	Genitiv		
-do	-dĭnis	longitūdo, longitūdĭ-nis	longitūdĭn-āl
-go	-gĭnis	orĭgo, orĭgĭn-is	origin-al
-io	-iōnis	ratio, ratiōn-is	ration-al
-sio	-siōnis	erosio, erosiōn-is	Erosion

Wörter mit s im Nominativ Singular
Maskulina mit s im Nominativ

Labialstämme auf **p**:

Nominativ	Genitiv		
-ps	-ĭp-is	adeps, adĭp-is	adĭp-ōsus

Gutturalstämme auf **c** und **g**, mit denen sich das s des Nominativs zu x vereinigt:

Nominativ	Genitiv		
-ex	-ĭcis	vertex, vertĭc-is	vertĭk-al
-x	-g-is	larynx, laryng-is	Laryng-o-skopie

Dentalstämme auf **d** und **t**:

Nominativ	Genitiv		
-s	-dis	pēs, pĕd-is	Pĕd-āl
-s	-tis	paries, pariĕt-is	pariĕt-āl

Nasalstämme auf **n**:

Nominativ	Genitiv		
-s	-ĭnis	sanguis, sanguĭn-is	Sanguĭn-iker

Ferner gibt es Wörter im Nominativ Singular zwar mit s, das aber zum Wortstamm gehört und kein an den Stamm angehängtes s darstellt. Im Genitiv verwandelt sich dieses Stamm-s zwischen zwei Vokalen zu r (Rhotazismus).

Nominativ	Genitiv		
-s	-ris	flōs, flōr-is	Flōr-a

Feminina mit s im Nominativ

Labialstämme auf **b** und **p**:

Nominativ	Genitiv		
-bs	-bis	plebs, pleb-is	Pleb-iszit

Gutturalstämme auf **c** und **g**, mit denen sich das s des Nominativs zu x vereinigt:

Nominativ	Genitiv		
-ix und -ex	-ĭcis	varix, varĭc-is	Variz-en
-ix	-īcis	rādix, radīc-is	radīk-āl
-x	-cis	vox, vōc-is	Vōk-āl
-x	-gis	lex, lēg-is	lēg-āl

Dentalstämme auf **d** und **t**:

Nominativ	Genitiv		
-s	-dis	laus, laud-is	Laud-atio
-s	-tis	salūs, salūt-is	salūt-ieren
-tas	-tātis	facultās, facultāt-is	Fakultät

Nasalstämme auf **m**:

Nominativ	Genitiv		
-ms	-ĕmis	hiems, hiĕm-is	hiĕm-āl

Ferner gibt es auch feminine Wörter im Nominativ Singular mit s, das aber zum Wortstamm gehört und kein an den Stamm angehängtes s darstellt. Im Genitiv wandelt sich dieses Stamm-s zwischen zwei Vokalen zu r (Rhotazismus): z. B. -s, -ris, tellūs, tellūr-is Tellur.

1.6.2.2. Neutra

Liquidastämme auf **r** und **l**:

Nominativ	Genitiv		
-er	-ēris und -ĕris	tūbĕr, tubĕr-is	tubĕr-ōsus
-us	-ĕris	lătŭs, latĕr-is	latĕr-āl
-us	-ŏris	tēmpŭs, tempŏr-is	tempŏr-ālis
-ur	-ŭris	sulfŭr, sulfŭr-is	sulfŭr-icus
-ur	-ŏris	femŭr, femŏr-is	femŏr-ālis
-us	-ūris	iūs-is	jūr-istisch

Die l-Stämme fehlen, da sie zur gemischten Deklination gehören, wie mel, mell-is; mell-ītus.

Nasalstämme auf **n**:

Nominativ	Genitiv		
-men	-mĭnis	nōmĕn, nōmĭn-is	nomin-al

Dentalstämme auf **t**:

Nominativ	Genitiv		
-ut	-ĭtis	capŭt, capĭt-is	capĭt-ālis
-as	-atis	pancrĕas, pancreăt-is	Pankreăt-itis

1.6.3. Einzelheiten der konsonantischen Deklination

1.6.3.1. Maskulina und Feminina

Wörter ohne s im Nominativ Singular
Maskulina ohne s im Nominativ

Liquidastämme auf **r** und **l**

Stämme auf **r**
auf -ŏr, -ōris:

§ 252 Im Nominativ ist das o kurz; im Genitiv und den anderen Kasus dagegen lang, woraus sich, abgesehen vom Dativ und Ablativ Plural, Betonung auf der vorletzten Silbe ergibt (pater vgl. § 254).

	Singular		Plural	
Nominativ	dolŏr	patĕr	dolōrēs	patrēs
Genitiv	dolōrĭs	patrĭs	dolōrŭm	patrŭm
Dativ	dolōrī	patrī	dolōrĭbus	patrĭbus
Akkusativ	delōrĕm	patrĕm	dolōrēs	patrēs
Ablativ	dolōrĕ	patrĕ	dolōrĭbus	patrĭbus

algŏr, algōris m.	die Kälte, das Kältegefühl
ardŏr, ardōris m.	die Hitze
calŏr, calōris m.	die Wärme
castŏr, castōris m.	der Biber
clāmŏr, clāmōris m.	der Lärm, das Geschrei
colŏr, colōris m.	die Farbe
cremŏr, cremōris m.	der aus animalischen und vegetabilischen Stoffen gewonnene Brei
cruŏr, cruōris m.	dickes, rohes Blut
decŏr, decōris m.	der Schmuck, der Anstand
dolŏr, dolōris m.	der Schmerz
fluŏr, fluōris m.	der Fluß (als Krankheit)
fŭrŏr, fŭrōris m.	der Wutanfall, die Raserei

hŏnŏr, hŏnōris m.	die Ehre
(h)ūmŏr, (h)ūmōris m.	die Flüssigkeit, der Saft
lăbŏr, lăbōris m.	die Arbeit
languŏr, languōris m.	die Erschöpfung
lĭquŏr, lĭquōris m.	die Flüssigkeit
livŏr, livōris m.	bleiartige Farbe einer Körperstelle
mūcŏr, mūcōris m.	der Schleim
odŏr, odōris m.	der Geruch
olŏr, olōris m.	der Schwan
pallŏr, pallōris m.	die Blässe
pavŏr, pavōris m.	die Furcht (z. B. nocturnus)
pudŏr, pudōris m.	die Scham (und Schamgegend)
rigŏr, rigōris m.	die Steifheit, Erstarrung
rubŏr, rubōris m.	die Röte
sapŏr, sapōris m.	der Geschmack
sonŏr, sonōris m.	der Klang
sopŏr, sopōris m.	fester Schlaf
stridŏr, stridōris m.	das Zischen, Knarren, pfeifendes Atemge-räusch, stridor dentium Zähneknirschen
stupŏr, stupōris m.	die Verdutztheit, Hemmung geistiger und körperlicher Regungen
sūdŏr, sūdōris m.	der Schweiß
timŏr, timōris m.	die Furcht
torpŏr, torpōris m.	die Regungslosigkeit, Betäubung
tremŏr, tremōris m.	das Zittern
tumŏr, tumōris m.	die Anschwellung, Geschwulst
vapŏr, vapōris m.	der Dampf

Wörter auf -tŏr, -tōris und -sŏr, -sōris: § 253

Eine große Anzahl r-Stämme lautet im Nominativ auf -tŏr oder -sŏr, im Genitiv auf -tōris oder -sōris aus. Für Vokallänge und Betonung gilt das im § 252 Gesagte. Meistens leiten sie sich von Verben, Partizip Perfekt Passiv (III. Stammform § 549), ab. Entsprechende Wörter im Deutschen sind: Direktor, Detektor und viele andere. Diese Wörter bezeichnen im klassischen Latein Männer, die eine Tätigkeit ausüben:

orāre – reden:	orătŏr, oratōris m.	der Redner
mercāri – kaufen:	mercătŏr, mercatōris m.	der Kaufmann
potāre – trinken:	potătŏr, potatōris m.	der Trinker
scibĕre – schreiben:	scriptŏr, scriptōris m.	der Schriftsteller
currĕre – laufen:	cursŏr, cursōris m.	der Läufer
	pastŏr, pastōris m.	der Hirt
	tinctŏr, tinctōris m.	der Färber

Im naturwissenschaftlich-medizinischen Latein bezeichnen diese Wörter Geräte, Organe § 253 a
oder physikalische und chemische Faktoren, die eine Wirkung ausüben:

levāre – heben:	levătŏr, levatōris m.	der Heber
aequāre – gleichmachen:	aequătŏr, aequatōris m.	der Äquator, Gleichma-cher
efficĕre – bewirken:	effectŏr, effectōris m.	das Erfolgsorgan
recipĕre – nehmen:	receptŏr, receptōris m.	der Reizempfänger
donāre – schenken, spen-den:	donătŏr, donatōris m.	der Spender
accipĕre – aufnehmen:	acceptŏr, acceptōris m.	der Aufnehmer

In der Physiologischen Chemie sind die Begriffe Wasserstoff-Donator und -Akzeptor ge-bräuchlich.

motŏr, motōris m.	der Beweger
compressŏr, compressōris m.	der Zusammendrücker
bombinātŏr, bombinatōris m.	dumpfen-Ton-Macher
foetŏr, foetōris m.	übler Geruch, Gestank
obturātŏr, obturātōris m.	der Verstopfer, Verschluß
stertŏr, stertōris m.	röchelnde Atmung, Schnarchen

§ 253b Für die Bezeichnung als Muskeln kommen in den NA vor:

abductŏr, abductōris m.	der Abzieher
adductŏr, adductōris m.	der Heranführer
arrectŏr, arrectōris m.	der Aufrichter
buccinātŏr, buccinātōris m.	der Hornbläser, Wangenmuskel
constrictŏr, constrictōris m.	der Zusammenzieher
corrugātŏr, corrugātōris m.	der Stirnrunzler
depressŏr, depressōris m.	der Herabdrücker
dilatātŏr, dilatātōris m. auch dilātŏr, dilātō-ris	der Auseinanderzieher, Erweiterer
erectŏr, erectōris m.	der Aufrichter
extensŏr, extensōris m.	der Strecker
flexŏr, flexōris m.	der Beuger
levātŏr, levātōris m.	der Heber
pronātŏr, pronātōris m.	der Einwärtsdreher
rotātŏr, rotātōris m.	der Dreher
supinātŏr, supinātōris m.	der Auswärtsdreher
tensŏr, tensōris m.	der Spanner

§ 254 Einige r-Stämme bilden den Nominativ auf -ĕr, den Genitiv auf -ris oder -ĕris (Deklinationsbeispiel vgl. § 252):

patĕr, patris m.	⎱ Genitiv Plural normal	der Vater
frātĕr, frātris m.	⎰ auf -um vgl. § 327	der Bruder
accipĭtĕr, accipĭtris m.		der Habicht
acipensĕr, acipensĕris m.		der Stör
aggĕr, aggĕris m.		Schutzwall, Damm
ansĕr, ansĕris m., f.		die Gans
carcĕr, carcĕris m.		der Kerker
latĕr, latĕris m.		der Ziegelstein
vōmĕr, vōmĕris m.		Pflugschar, anat. Nasenscheidewandknochen

§ 255 Nominativ auf -ur, Genitiv auf -uris bilden:

fūr, fūris m.	der Dieb
furfūr, furfūris m.	die Kleie

§ 256 Stämme auf l:
Die Zahl der l-Stämme ist klein:

sōl, sōlis m.	die Sonne
sāl, sālis (im klass. Latein maskulin; im med. Latein aber neutrum)	das Salz
consŭl, consŭlis m.	der Konsul (römischer Staatsbeamter)

Nasalstämme auf n

§ 257 Die meisten n-Stämme enden auf o im Nominativ und bilden den Genitiv -ōnis oder -ĭnis. Während der Vokal o in -onis lang ist, ist i in -inis kurz. Hierzu gehören im klassischen Latein zahlreiche Berufsbezeichnungen, z.B. centurio, centurionis *der Hauptmann*, latro, latronis *der Räuber* und ähnliche.

	Singular		Plural	
Nominativ	sapo	homo	sapōnēs	homĭnēs
Genitiv	sapōnĭs	homĭnĭs	sapōnŭm	homĭnŭm
Dativ	sapōnī	homĭnī	sapōnĭbus	homĭnĭbus
Akkusativ	sapōněm	homĭněm	sapōnēs	homĭnēs
Ablativ	sapōně	homĭně	sapōnĭbus	homĭnĭbus

būbo, būbōnis m.	der Uhu
būfo, būfōnis m.	die Kröte
carbo, carbōnis m.	die Kohle
commīlĭto, commīlĭtōnis m.	der Genosse
draco, dracōnis m.	der Drache
embryo, embryōnis m.	der Keim, ungeborene Leibesfrucht
falco, falcōnis m.	der Falke
leo, leōnis m.	der Löwe
pāpilĭo, pāpilĭōnis m.	der Schmetterling
pulmo, pulmōnis m.	die Lunge
salmo, salmōnis m.	der Lachs
sāpo, sāpōnis m.	die Seife
sermo, sermōnis m.	die Rede
stolo, stolōnis m.	der Ausläufer von Pflanzen
sturĭo, sturĭōnis m.	der Stör
tetrăo, tetrăōnis m.	der Auerhahn
turĭo, turĭōnis m.	der Sproß, junger Trieb
umbo, umbōnis m.	der Nabel, Buckel am Schild
cardo, cardĭnis m.	der Zapfen
hŏmo, homĭnis m.	der Mensch
margo, margĭnis m.	der Rand
ordo, ordĭnis m.	die Reihe (systemat. Einheit)
tendo, tendĭnis m.	die Sehne
turbo, turbĭnis m.	der Wirbelwind

n-Stämme im Nominativ auf -en und im Genitiv auf -ēnis, -ĕnis oder -inis sind (die grie- § 258
chischen n-Stämme sind hier eingereiht):

lichēn, lichēnis m.	die Flechte
liēn, liēnis m.	die Milz
splēn, splēnis m.	die Milz
rēn, rēnis, meist wird der Plural gebraucht: rēnes, rēnŭm m.	die Niere
hўmēn, hўmĕnis m.	das Jungfernhäutchen
pectēn, pectĭnis m.	der Kamm, der Grat, Lit. auch Schambein

Feminina ohne s im Nominativ

Liquidastämme auf **r**: § 259

	Singular			Plural		
Nominativ	uxŏr	arbŏr	mulĭĕr	uxōrēs	arbŏrēs	mulĭĕrēs
Genitiv	uxōris	arbŏris	mulĭĕrĭs	uxōrŭm	arbŏrŭm	mulĭĕrŭm
Dativ	uxōrī	arbŏrī	mulĭĕrī	uxōrĭbus	arbŏrĭbus	mulĭĕrĭbus
Akkusativ	uxōrĕm	arbŏrĕm	mulĭĕrĕm	uxōrēs	arbŏrēs	mulĭĕrēs
Ablativ	uxōrě	arbŏrě	mulĭĕrě	uxōrĭbus	arbŏrĭbus	mulĭĕrĭbus

auf -or:

uxŏr, uxōris f.	die Gattin	mit kurzem o der Endung:
sorŏr, sorōris f.	die Schwester	arbŏr, arbŏris f. der Baum

§ 260 auf -er:

māter, mātris f. (Genitiv Plural normal auf -um: mātrum vgl. § 327) — die Mutter, med. anatomisch auch Umhüllung, z. B. Hirnhaut: pia mater, dura mater

gastēr, gastris f. — der Magen, Bauch

mulĭer, mulĭeris f. (mit beibehaltenem e) — das Weib, die Frau

Nasalstämme auf **n**

§ 261 Die weiblichen n-Stämme sind ungeheuer zahlreich. Außer caro, carnis f. *das Fleisch* (in der Literatur auch für musculus gebraucht) unterscheiden wir fünf Gruppen dieser n-Stämme. Im Genitiv ist die vorletzte Silbe kurz. (§§ 262–263 b)

	Singular		Plural	
Nominativ	hirūdo	regĭo	hirūdĭnēs	regĭōnēs
Genitiv	hirudĭnĭs	regĭōnis	hirūdĭnŭm	regĭōnŭm
Dativ	hirudĭnī	regĭōnī	hirūdĭnĭbus	regĭōnĭbus
Akkusativ	hirudĭnĕm	regĭōnĕm	hirūdĭnēs	regĭōnēs
Ablativ	hirudĭnĕ	regĭŏnĕ	hirūdĭnĭbus	regĭōnĭbus

§ 262 -do, -dĭnis

consuētūdo, consuetūdĭnis f.	die Gewohnheit, Erfahrung
crassitūdo, crassitūdĭnis f.	die Dicke
fortitūdo, fortitūdĭnis f.	die Tapferkeit
hebetūdo, hebetūdĭnis f.	die Stumpfheit der Sinne
lassitūdo, lassitūdĭnis f.	die Erschöpfung
lippitūdo, lippitūdĭnis f.	die Lidranderkrankung
longitūdo, longitūdĭnis f.	die Länge
magnitūdo, magnitūdĭnis f.	die Größe
multitūdo, multitūdĭnis f.	die Menge
pulchritūdo, pulchritūdĭnis f.	die Schönheit
similitūdo, similitūdĭnis f.	die Ähnlichkeit
sollicitūdo, sollicitūdĭnis f.	der Kummer, die Unruhe
testūdo, testūdĭnis f.	die Schildkröte
valetūdo, valetūdĭnis f.	die Gesundheit

§ 262 a

alcēdo, alcēdĭnis f.	der Eisvogel
(h)arundo, arundĭnis f.	das Schilf
dulcēdo, dulcēdĭnis f.	die Süßigkeit, der Reiz
flavēdo, flavēdĭnis f.	die Gelbschicht
gravēdo, gravēdĭnis f.	der Schnupfen
hirūdo, hirūdĭnis f.	der Blutegel
hirundo, hirundĭnis f.	die Schwalbe
libīdo, libĭdĭnis f.	die Begierde
raucēdo, raucēdĭnis f.	die Heiserkeit
ūrēdo, ūrēdĭnis f.	der Brand

§ 263 -go, -gĭnis

Während im Nominativ der Vokal der vorletzten Silbe lang ist, so daß sie betont wird, ist im Genitiv und den übrigen Kasus das i der vorletzten Silbe kurz.

fūlīgo, fūlīgĭnis f.	der Ruß, med. dunkler Belag der Mund- höhle	
impĕtīgo, impĕtīgĭnis f.	Eitergrind, Hautausschlag mit Pustelbil- dung	
intertrīgo, intertrīgĭnis f.	Wundsein durch Reibung, Wolfbildung	
lentīgo, lentīgĭnis f.	der Linsenfleck	
orīgo, orīgĭnis f.	der Ursprung	
prurīgo, prurīgĭnis f.	die Juckflechte	
robīgo, robīgĭnis f.	der Getreiderost, die Fäulnis	
vertīgo, vertīgĭnis f.	das Schwindelgefühl	
virgo, virgĭnis f.	die Jungfrau	
vitilīgo, vitilīgĭnis f.	scharf umgrenzte Hautstelle mit Pigment- schwund	

borāgo, borāgĭnis (auch borrago) f.	der Boretsch	§ 263 a
cartilāgo, cartilāgĭnis f.	der Knorpel	
gallināgo, gallināgĭnis f.	die Schnepfe	
imāgo, imāgĭnis f.	das Bild, das fertig ausgebildete Insekt	
lumbāgo, lumbāgĭnis f.	der Hexenschuß	
mucilāgo, mucilāgĭnis f.	die Schleimzubereitung	
plantāgo, plantāgĭnis f.	der Wegerich	
plumbāgo, plumbāgĭnis f.	1. Graphit, 2. Grasnelke	
virāgo, virāgĭnis f.	das Mannweib	

aerūgo, aerūgĭnis f.	der Grünspan	§ 263 b
albūgo, albūgĭnis f.	der weiße Fleck, weißl. Färbung der Horn- haut des Auges	
ferrūgo, ferrūgĭnis f.	der Eisenrost	
lānūgo, lānūgĭnis f.	das Wollhaar, Haarkleid, embryonaler Flaum, auch die Watte	

Die Betonung bei den folgenden Gruppen (§§ 264–269) liegt im Nominativ auf der drittletzten Silbe, dagegen im Genitiv und den übrigen Kasus, ausgenommen im Dativ/Abla-
tiv Plural, auf der vorletzten Silbe.

-ĭo, -ĭōnis: § 264

condicĭo, condicĭōnis f.	die Bedingung	
opinĭo, opinĭōnis f.	die Meinung	
pernĭo, pernĭōnis f.	die Frostbeule	
pūmilĭo, pūmilĭōnis f.	die Zwergin	
regĭo, regĭōnis f.	die Lage, Gegend, Richtung	

Die nun folgenden n-Stämme sind ungeheuer zahlreich. Die Endung -tio oder -sio ist im
Deutschen mit der Endung -ung zu vergleichen. Ebenso wie in der deutschen Sprache ist
diese Endung auch im späteren Latein immer stärker gebraucht worden. Die Wörter bezeichnen eine Handlung oder einen Vorgang, aber auch die damit in Zusammenhang ste-
hende Sache.

-tĭo, -tĭōnis:

actĭo, actĭōnis f.	die Tätigkeit	§ 265
cessātĭo, cessātĭōnis f.	der Müßiggang, Untätigkeit	
cōgitātĭo, cōgitātĭōnis f.	der Gedanke	
cognitĭo, cognitĭōnis f.	die Kenntnis	
coniurātĭo, coniurātĭōnis f.	die Verschwörung	
constitūtĭo, constitūtĭōnis f.	die Einrichtung, Feststellung, Bau, Verfas- sung	
deditĭo, deditĭōnis f.	die Übergabe	

editĭo, editĭōnis f.	die Ausgabe
exercitātĭo, exercitātĭōnis f.	die Übung
nātĭo, nātĭōnis f.	die Abstammung, Volk
orātĭo, orātĭōnis f.	die Rede
stătĭo, stătĭōnis f.	der Standort, die Station

§ 266 Naturwissenschaftlich-medizinische Wörter:

aberrātĭo, aberrātĭōnis f.	die Abweichung, Verlagerung, Spielart als systematische Einheit
ablātĭo, ablātĭōnis f.	die Abtragung, Ablösung
accelerātĭo, accelerātĭōnis f.	die Beschleunigung
aestivātĭo, aestivātĭōnis f.	die Knospenlage
bifurcātĭo, bifurcātĭōnis f.	die Gabelung
condītĭo, condītĭōnis f.	das Einmachen, das Würzen
confectĭo, confectĭōnis f.	die verzuckerte Zubereitung
congelātĭo, congelātĭōnis f.	das Erfrieren, Gefrieren
decapsulātĭo, decapsulātĭōnis f.	die Abkapselung
decussātĭo, decussātĭōnis f.	die Kreuzung (in Form eines X)
degenerātĭo, degenerātĭonis f.	die Entartung
derivātĭo, derivātĭōnis f.	die Ableitung
directĭo, directĭōnis f.	die Richtung
formātĭo, formātĭōnis f.	die Bildung
frictĭo, frictĭōnis f.	die Reibung
fumigātĭo, fumigātĭōnis f.	die Räucherung
functĭo, functĭōnis f.	die Verrichtung, die Funktion
granulātĭo, granulātĭōnis f.	die Körnelung
inhibitĭo, inhibitĭōnis f.	die Hemmung
inscriptĭo, inscriptĭōnis f.	die Einzeichnung
insertĭo, insertĭōnis f.	die Einfügung, der Ansatz
inspectĭo, inspectĭōnis f.	die Betrachtung, Untersuchung
inspissātĭo, inspissātĭōnis f.	die Eindickung

§ 266a

lōtĭo, lōtĭōnis f.	die Waschung
mācerātĭo, mācerātĭōnis f.	die Schwächung, pharm.: Auszug
mixtĭo, mixtĭōnis f.	die Mischung
observātĭo, observātĭōnis f.	die Beobachtung, Rücksicht, Vorsichtsmaßnahme
potĭo, potĭōnis f.	der Trank
praeceptĭo, praeceptĭōnis f.	die Vorschrift
projectĭo, projectĭōnis f.	das Vorwerfen, die Projektion
proportĭo, proportĭōnis f.	das Verhältnis
ratĭo, ratĭōnis f.	die Vernunft, Berechnung, Überlegung (z.B. ultima)
refractĭo, refractĭōnis f.	die Lichtbrechung
resolūtĭo, resolūtĭōnis f.	die Lösung
saturātĭo, saturātĭōnis f.	die Sättigung
sectĭo, sectĭōnis f.	die Absonderung, Trennung, Schnitt, system. Einheit
sēlectĭo, sēlectĭōnis f.	die Auswahl
solūtĭo, solūtĭōnis f.	die Lösung
terminātĭo, terminātĭōnis f.	das Ende
trībūrātĭo, trībūrātĭōnis f.	die Verreibung

§ 267 Medizinische Wörter:

accrētĭo, accrētĭōnis f.	das Anwachsen, Verwachsung

āmōtĭo, āmōtĭōnis f.	das Wegschaffen, Entfernung, Ablösung (z.B. retinae)
amputātĭo, amputātĭōnis f.	das Abschneiden, Abnehmen
articulātĭo, articulātĭōnis f.	das Gelenk
combustĭo, combustĭōnis f.	die Verbrennung
commōtĭo, commōtĭōnis f.	das Erregtsein, Aufregung, Erschütterung (z.B. cerebri)
concoctĭo, concoctĭōnis f.	die Verdauung
constipātĭo, constipātĭōnis f.	die Zusammendrängung, Stuhlverstopfung
constrictĭo, constrictĭōnis f.	die Zusammenschnürung
consumptĭo, consumptĭōnis f.	der Aufwand, Aufzehrung
crepitātĭo, crepitātĭōnis f.	das Knarren, Knistern
decapitātĭo, decapitātĭōnis f.	die Enthauptung
deiectĭo, deiectĭōnis f.	die Abkapselung
dentitĭo, dentitĭōnis f.	das Zahnen
dilatātĭo, dilatātĭōnis f.	die Erweiterung, Ausdehnung
distentĭo, distentĭōnis f.	der Krampf, Nervenkrampf
distortĭo, distortĭōnis f.	die Verzerrung, Verdrehung, Verstauchung
eburnĕātĭo, eburnĕātĭōnis f.	die Verdickung des Knochengewebes § 267 a
ejaculātĭo, ejaculātĭōnis f.	der Samenerguß
emacĭātĭo, emacĭātĭōnis f.	die Abmagerung
emōtĭo, emōtĭōnis f.	die starke Gemütserregung
enuclĕātĭo, enuclĕātĭōnis f.	die Entkernung, Ausschälung
eructātĭo, eructātĭōnis f.	das Aufstoßen, Rülpsen
eventrātĭo, eventrātĭōnis f.	der ausgedehnte Bauchbruch
exacerbātĭo, exacerbātĭōnis f.	die vorübergehende Steigerung von Krankheitserscheinungen
exarticulātĭo, exarticulātĭōnis f.	die Absetzung eines Gliedes im Gelenk
excavātĭo, excavātĭōnis f.	die Aushöhlung, Ausbuchtung
exenterātĭo, exenterātĭōnis f.	die Ausweidung
exfoliātĭo, exfoliātĭōnis f.	die Abblätterung
expectorātĭo, expectorātĭōnis f.	die Heraufbeförderung von Auswurf aus den Lungen
extractĭo, extractĭōnis f.	das Ausziehen
exulcerātĭo, exulcerātĭōnis f.	die Geschwürbildung
fomentātĭo, fomentātĭōnis f.	die Blähung
formicātĭo, formicātĭōnis f.	das Ameisenlaufen, Kribbeln
incarcerātĭo, incarcerātĭōnis f.	die Einklemmung § 267 b
inclinātĭo, inclinātĭōnis f.	die Neigung, Beugung
indicātĭo, indicātĭōnis f.	die Heilanzeige, Heilaufgabe
infectĭo, infectĭōnis f.	die Ansteckung
inflammātĭo, inflammātĭōnis f.	die Entzündung
inhalātĭo, inhalātĭōnis f.	die Einatmung von Dämpfen
injectĭo, injectĭōnis f.	die Einspritzung
inspirātĭo, inspirātĭōnis f.	die Einatmung
intentĭo, intentĭōnis f.	die Anstrengung, Vorhaben, Wundheilung
intersectĭo, intersectĭōnis f.	der Einschnitt
lactātĭo, lactātĭōnis f.	die Milchabsonderung, Milchsekretion
lallātĭo, lallātĭōnis f.	das Lallen
luxātĭo, luxātĭōnis f.	die Verrenkung
mictĭo, mictĭōnis f.	das Harnlassen
mitigātĭo, mitigātĭōnis f.	die Linderung
modificātĭo, modificātĭōnis f.	die Abmesseung, Abwandlung

mussitătĭo, mussitătĭōnis f.	das leise Murmeln
mutătĭo, mutătĭōnis f.	die Veränderung, med. der Stimmbruch, die Erbänderung
mutilătĭo, mutilătĭōnis f.	die Verstümmelung

§ 267 c

obliterătĭo, obliterătĭōnis f.	die Verwachsung
obstipătĭo, obstipătĭōnis f.	die Verstopfung
operătĭo, operătĭōnis f.	die Operation, der Eingriff
ordinătĭo, ordinătĭōnis f.	die Rezeptvorschrift
paedicătĭo, paedicătĭōnis f. = pēdicătĭo	die Knabenliebe
palpitătĭo, palpitătĭōnis f.	das Zucken, palpitationes cordis Herzklopfen
perforătĭo, perforătĭōnis f.	die Durchlöcherung
portĭo, portĭōnis f.	der Teil, der Anteil
praescriptĭo, praescriptĭōnis f.	die Rezeptvorschrift
purgătĭo, purgătĭōnis f.	die Reinigung
radiătĭo, radiătĭōnis f.	die Ausstrahlung
rareficătĭo, rareficătĭōnis f.	die Verdünnung, der Schwund
rĕinfectĭo, rĕinfectĭōnis f.	die erneute Ansteckung
relaxătĭo, relaxătĭōnis f.	die Erschlaffung
retentĭo, retentĭōnis f.	die Verhaltung, das Zurückhalten

§ 267 d

salivătĭo, salivătĭōnis f.	der Speichelfluß
sanătĭo, sanătĭōnis f.	die Heilung
sternătĭo, sternătĭōnis f.	das Niesen
subinvolūtĭo, subinvolūtĭōnis f.	die mangelhafte Rückbildung
subscriptĭo, subscriptĭōnis f.	die Nachschrift zur Rezeptvorschrift
sudătĭo, sudătĭōnis f.	das Schwitzmittel
suffocătĭo, suffocătĭōnis f.	die Erstickung
sugillătĭo, sugillătĭōnis f.	das Verbläuen, stark blutunterlaufene Hautstelle
supinătĭo, supinătĭōnis f.	die Auswärtsdrehung
suppurătĭo, suppurătĭōnis f.	die Eiterung
titubătĭo, titubătĭōnis f.	das Schwanken
transposĭtĭo, transposĭtĭōnis f.	die Verlagerung (T. viscerum)
tussiculătĭo, tussiculătĭōnis f.	das Hüsteln
ulcerătĭo, ulcerătĭōnis f.	das Geschwür
unctĭo, unctĭōnis f.	das Salben

§ 267 e

absorptĭo, absorptĭōnis f.	das völlige Aufsaugen
aggregatĭo, aggregatĭōnis f.	die Vereinigung, Verklebung
defectĭo, defectĭōnis f.	die Fehlleistung
definitĭo, definitĭōnis f.	die Abgrenzung
delaminatĭo, delaminatĭōnis f.	das Abspalten einer Schicht
desquaminatĭo, desquaminatĭōnis f.	die Abschilferung
distributĭo, distributĭōnis f.	die Verteilung
dysfunctĭo, dysfunctĭōnis f.	die Fehlfunktion
elongatĭo, elongatĭōnis f.	die Verlängerung
evolutĭo, evolutĭōnis f.	die Entwicklung
fecundatĭo, fecundatĭōnis f.	die Fruchtbarkeit, die Befruchtung der Eizellen
fixatĭo, fixatĭōnis f.	die Verfestigung, die Anheftung
gemmatĭo, gemmatĭōnis f.	die Knospung, das Ausknospen
immigratĭo, immigratĭōnis f.	die Einwanderung
implantatĭo, implantatĭōnis f.	die Einbettung

impregnatĭo, impregnatĭōnis f.	die Befruchtung
inductĭo, inductĭōnis f.	die Anregung
inseminatĭo, inseminatĭōnis f.	die Besamung
invaginatĭo, invaginatĭōnis f.	die Einstülpung
involutĭo, involutĭōnis f.	die Rückbildung
maturatĭo, maturatĭōnis f.	die Reifung
orientatĭo, orientatĭōnis f.	die Ortsbestimmung
ossificatĭo, ossificatĭōnis f.	die Verknöcherung
parturitĭo, parturitĭōnis f.	der Gesamtablauf des Geburtsvorgangs
penetratĭo, penetratĭōnis f.	das Eindringen, der Durchbruch
plicatĭo, plicatĭōnis f.	die Faltung
positĭo, positĭōnis f.	die Lage
processificatĭo, processificatĭōnis f.	die Bildung von Fortsätzen
reproductĭo, reproductĭōnis f.	die Zeugung
resorptĭo, resorptĭōnis f.	die Wiederaufnahme, Stoffaufnahme
stratificatĭo, stratificatĭōnis f.	die Schichtenbildung
strobilatĭo, strobilatĭōnis f.	die Bildung von Verbuckelungen
variatĭo, variatĭōnis f.	die Veränderung

-sĭo, -sĭōnis:

Naturwissenschaftlich-medizinische Wörter: §268

accessĭo, accessĭōnis f.	das Herannahen, der Anfall
confessĭo, confessĭōnis f.	das Eingeständnis
dispersĭo, dispersĭōnis f.	die Zerstreuung der Farben
divisĭo, divisĭōnis f.	die Teilung, die Abteilung (syst. Einheit)
emulsĭo, emulsĭōnis f.	die feindisperse Verteilung zweier un-mischbarer Flüssigkeiten
incisĭo, incisĭōnis f.	der Einschnitt, die Einkerbung
inclusĭo, inclusĭōnis f.	der Einschluß
ingressĭo, ingressĭōnis f.	der Eintritt
invasĭo, invasĭōnis f.	der Einbruch, das Eindringen
occasĭo, occasĭōnis f.	die Gelegenheit
passĭo, passĭōnis f.	das Leiden
possessĭo, possessĭōnis f.	die Besitzung
affixĭo, affixĭōnis f.	die Befestigung, die Einbettung

Medizinische Wörter: §269

abrasĭo, abrasĭōnis f.	die Abschabung
adhaesĭo, adhaesĭōnis f.	das Anhaften
anteversĭo, anteversĭōnis f.	Neigung der Gebärmutter nach vorn
compressĭo, compressĭōnis f.	der Druck (z.B. cerebri)
contusĭo, contusĭōnis f.	die Quetschung
depressĭo, depressĭōnis f.	das Herabdrücken, die Vertiefung, seeli-sche Niedergeschlagenheit, Abspannung
discissĭo, discissĭōnis f.	die Spaltung
divulsĭo, divulsĭōnis f.	die Zerreißung
emansĭo, emansĭōnis f.	das Ausbleiben
erosĭo, erosĭōnis f.	oberflächlicher Hautdefekt, Abschürfung
evulsĭo, evulsĭōnis f.	das Herausreißen
illusĭo, illusĭōnis f.	die Verspottung, Sinnestäuschung
impressĭo, impressĭōnis f.	der Eindruck
intromissĭo, intromissĭōnis f.	die Einführung
inversĭo, inversĭōnis f.	die Umdrehung, Umkehrung, Umstülpung
laesĭo, laesĭōnis f.	die Verletzung, Störung

missĭo, missĭōnis f.	die Entsendung (med. missio sanguinis, der Aderlaß)
occlūsĭo, occlūsĭōnis f.	der Verschluß
protrūsĭo, protrūsĭōnis f.	die Vortreibung
remissĭo, remissĭōnis f.	die Erholung
suffusĭo, suffusĭōnis f.	die blutunterlaufene Hautstelle
suppressĭo, suppressĭōnis f.	die Unterbrechung (z.B. mensium)
tensĭo, tensĭōnis f.	die Spannung
torsĭo, torsĭōnis f.	die Drehung
transfūsĭo, transfūsĭōnis f.	die Blutübertragung

Wörter mit s im Nominativ Singular
Maskulina mit s im Nominativ

§ 270 Labialstämme auf **p** (b-Stämme fehlen)

Zur Betonung: Im Genitiv und den folgenden Kasus ist das i der vorletzten Silbe kurz.

princeps, princĭpis m.	der Führer
forceps, forcĭpis m.	die Zange
adeps, adĭpis m. (im pharmazeutischen Latein wird es männlich gebraucht, im klassischen Latein war es weiblich)	das Fett

§ 271 Gutturalstämme auf **c** und **g**:

Das auslautende c oder g wird im Nominativ Singular mit dem zugefügten s zu x.

c-Stämme:

Im Genitiv und in den folgenden Kasus ist in der vorletzten Silbe der Vokal kurz.

	Singular		Plural	
Nominativ	index	grex	indĭcēs	grĕgēs
Genitiv	indĭcĭs	grĕgĭs	indĭcŭm	grĕgŭm
Dativ	indĭcī	grĕgī	indĭcĭbus	grĕgĭbus
Akkusativ	indĭcĕm	grĕgĕm	indĭcēs	grĕgēs
Ablativ	indĭcĕ	grĕgĕ	indĭcĭbus	grĕgĭbus

index, indĭcis m.	das Verzeichnis, der Anzeiger, Zeigefinger
vertex, vertĭcis; vortex, vortĭcis m.	der Scheitel
hallex, hallĭcis m. oder anatom.	große Zehe
hallux, hallŭcis m.	(als neulateinische Bildung in den Nomina anatomica aufgenommen)
apex, apĭcis m.	die Spitze
calix, calĭcis m.	der Kelch, Becher, Nierenkelch
calyx, calўcis m.	der Blumenkelch
cīmex, cīmĭcis m.	die Wanze
cortex, cortĭcis m.	die Rinde
culex, culĭcis m.	die Mücke, Schnake
fornix, fornĭcis m.	das Gewölbe, bot. die Deckklappe
frutex, frutĭcis m.	der Strauch
larix, larĭcis m. + f.	die Lärche
obex, obĭcis m.	der Riegel
pollex, pollĭcis m.	der Daumen
pūlex, pūlĭcis m.	der Floh
pūmex, pūmĭcis m.	der Bimsstein
silex, silĭcis m.	der Kieselstein

sōrex, sōrĭcis m.	die Spitzmaus
suffrūtex, suffrutĭcis m.	der Halbstrauch
varix, varĭcis m. + f.	die Krampfader
borax, borăcis m.	der Borax
corax, corăcis m. (Artn.)	der Rabe
esox, esŏcis m.	der Hecht
lynx, lyncis m. (Artn.)	der Luchs

g-Stämme: §272

grex, grĕgis m.	die Herde
rex, rēgis m.	der König
larynx, laryngis m.	der Kehlkopf
pharynx, pharyngis m.	der Rachen
(auch f., z.B. bei Homer)	

Dentalstämme auf d und t: §273

Das auslautende d oder t verschwindet im Nominativ Singular in dem angefügten s.

d-Stämme: (Beachte die Betonung!)

pēs, pĕdis m.	der Fuß
stapes, stapĕdis (auch stapĭdis und	der Steigbügel
stapēdis) m.	
custōs, custōdis m.	der Wächter
lăpis, lăpĭdis m.	der Stein

t-Stämme: §274

Im Genitiv und den folgenden Kasus ist der Vokal der vorletzten Silbe kurz, so daß die drittletzte Silbe betont wird.

caespēs, caespĭtis m.	der Rasen
comēs, comĭtis m.	der Begleiter
fōmēs, fōmĭtis m.	der Zunder
limēs, limĭtis m.	die Grenze, Grenzwert
pŏplĕs, pŏplĭtis m.	die Kniekehle
stīpĕs, stīpĭtis m.	der Stengel
arĭēs, arĭĕtis m. (Artn.)	der Widder
părĭēs, părĭĕtis m.	die Wand

Maskuline t-Stämme sind auch die in der lateinischen Nomenklatur anglistisch-romani- §274a
scher Prägung benutzten Bezeichnungen der Anionen. Im Nominativ enden sie in der Regel auf -as. Bei der Möglichkeit verschiedener Wertigkeitsstufen erhält die höhere die Endung -as, die niedrigere die Endung -is (vgl. §555b, d−g).

	Singular	Plural
Nominativ	phosphas	phosphātes
Genitiv	phosphātis	phosphātum
Dativ	phosphāti	phosphātĭbus
Akkusativ	phosphātem	phosphātes
Ablativ	phosphāte	phosphatĭbus

phosphas, phosphātis m.	das Phosphat
carbonas, carbonātis m.	das Carbonat
chromas, chromātis m.	das Chromat
nitras, nitrātis m.	das Nitrat
permanganas, permanganātis m.	das Permanganat

sulfas, sulfātis m.	das Sulfat
subcarbonas, subcarbonātis m.	das basische Carbonat
subnitras, subnitrātis m.	das basische Nitrat
thiosulfas, thiosulfātis m.	das Thiosulfat
trisilicas, trisilicātis m.	das Trisilicat
nitris, nitritis m.	das Nitrit
phosphis, phosphitis m.	das Phosphit
sulfis, sulfitis m.	das Sulfit

Die Hydrogenionen werden analog gekennzeichnet hydrogenophosphas, hydrogenocarbonas, hydrogenosulfas. Der Bindevokal ŏ wird in einigen Arzneibüchern nicht eingesetzt.

Die organischen Anionen werden ebenso bezeichnet acetas, aminosalicylas, citras, gluconas, lactas, pantothenas, salicylas, stearas, subgallas.

Eine ähnliche Stellung hat die Vokabel hydras, hydrātis m. das Hydrat in dem Terminus Chlorāli hydras Chloralhydrat.

Werden zusätzlich Adjektiva hinzugefügt, erscheinen sie in Abhängigkeit vom Substantiv im Nominativ als Maskulinum singulare, wie Ferrōsi sulfas exsiccātus, Magnesīi subcarbonas lĕvis, Magnesīi subcarbonas ponderōsus, Natrīi carbonas decahydrĭcus, Natrīi carbonas monohydrĭcus, Natrīi sulfas decahydrĭcus, Natrīi sulfas anhydrĭcus.

§ 275 Eine Anzahl t-Stämme gehört zur gemischten Deklination, da der Stammauslaut auf eine Konsonantengruppe (z. B. -nt) endet, vgl. § 325. Der Genitiv Plural wird richtiger auf -um gebildet bei den aus dem Griechischen stammenden Wörtern:

atlās, atlāntis m.	der Träger, anat. erster Halswirbel
ĕlĕphās, ĕlĕphāntis m.	der Elefant

§ 276 Nasalstämme auf n:

sánguis, sánguĭnis m.	das Blut
sĕnex, sĕnis m.	der Greis

§ 277 Es gibt Maskulina auf s, das zum Stamm gehört und daher auch in die anderen Kasus übergeht, in denen es aber nach lateinischem Sprachgesetz zwischen den Vokalen zu r wurde (Rhotazismus).

flōs, flōris m.	die Blüte
mōs, mōris m.	die Sitte
lepus, lepŏris m.	der Hase
pulvis, pulvĕris m.	das Pulver
cinis, cinĕris m.	die Asche
mās, măris m.	das Männchen

Feminina *mit s im Nominativ*

§ 278 Labialstämme auf b:

plebs, plēbis f.	die Volksmenge
trabs, trăbis f.	der Balken

§ 279 Labialstämme auf p:

adeps, adĭpis f. (auch m., vgl. § 270)	das Fett
ops, opis f.	die Hilfe

Gutturalstämme auf c und g:

§ 280 Das auslautende c oder g wird im Nominativ Singular mit dem zugefügten s zu x.

c-Stämme:

Bei diesen ist zu beachten, daß im Genitiv und den folgenden Kasus die vorletzte Silbe entweder kurz oder lang ist, woraus eine verschiedene Betonung resultiert.

	Singular		Plural	
Nominativ	varix	radix	várĭcēs	radīcēs
Genitiv	varĭcĭs	radīcĭs	varĭcŭm	radīcŭm
Dativ	varĭcī	radīcī	varĭcĭbus	radīcĭbus
Akkusativ	varĭcĕm	radīcĕm	varĭcēs	radīcēs
Ablativ	varĭcĕ	radīcĕ	varĭcĭbus	radīcĭbus

Der Vokal der vorletzten Silbe im Genitiv ist kurz:

anthelix, anthelĭcis f.	die Gegenwindung (anat. an der Ohrmuschel)
carex, carĭcis f.	das Riedgras, die Segge
filix, filĭcis f.	das Farnkraut
helix, helĭcis f.	die Windung (med.-anat. die äußerste Windung der Ohrmuschel)
imbrex, imbrĭcis f.	der Ziegel, Hohlziegel
natrix, natrĭcis f.	die Natter
pix, pĭcis f.	das Pech, der Teer
salix, salĭcis f.	die Weide
varix, varĭcis f.	die Krampfader
vernix, vernĭcis f.	der Firnis (anat. Hautbelag der Neugeborenen)
crux, crŭcis f.	das Marterholz, Kreuz, Plage
nux, nŭcis f.	die Nuß

Dagegen ist der Vokal der vorletzten Silbe im Genitiv lang: § 281

rādix, rādīcis f.	die Wurzel
appendix, appendīcis f.	der Anhang, das Anhängsel
cervix, cervīcis f. (vgl. § 332)	der Hals, Nacken
cicātrix, cicātrīcis f.	die Narbe
cornix, cornīcis f. (Artn.)	die Krähe
coturnix, coturnīcis f.	die Wachtel
mātrix, mātrīcis f.	das Muttertier, Gebärmutter (nat. Mutterboden)
obstētrix, obstētrīcis f.	die Hebamme
perdix, perdīcis f.	das Rebhuhn
spadix, spadīcis f.	der Blütenkolben

vox, vōcis f.	die Stimme	§ 282
pax, pācis f.	der Friede	
plax, plācis f.	das Plättchen	
lux, lūcis f.	das Licht	
faex, faecis f.	die Hefe	

g-Stämme: § 283

lex, lēgis f.	das Gesetz
nix, nĭvis f. (eigentlich niguis)	der Schnee
strix, strĭgis f.	die Eule, der Kauz
coniu(n)x, cóniŭgis f.	die Gattin

medizinisch (§ 327):

mēninx, mēningis f. (vgl. § 598 m)	die Hirnhaut
lĕptŏmēninx, lĕptŏmēningis f.	die zarte Hirnhaut (= mater pia)
pachymēninx, pachymēningis f.	die derbe Hirnhaut (= mater dura)

| phalanx, phalangis f. (vgl. § 598 p) | die dichtgedrängte Schar, med.-anat. Finger- und Zehenglied |
| salpinx, salpingis f. | die Trompete (med. gleichbedeutend mit tuba) |

Dentalstämme auf d und t:

Das auslautende d oder t verschwindet im Nominativ Singular in dem angefügten s.

§ 284 d-Stämme:

incus, incūdis f.	der Amboß, med.-anat. Gehörknöchelchen
palus, palūdis f.	der Sumpf
cuspis, cuspĭdis f.	die Spitze
laus, laudis f.	das Lob
trias, triădis f.	die Dreizahl

§ 285 t-Stämme:

salus, salūtis f.	das Heil, die Rettung
quĭes, quĭētis f.	die Ruhe
anas, anătis f.	die Ente
abĭēs, abĭĕtis f.	die Tanne

§ 286 Eine große Anzahl Wörter sind t-Stämme, die im Nominativ auf -tās und im Genitiv auf -tātis enden. Diese Endung ist im Deutschen mit der Endung -heit zu vergleichen. Aus der großen Anzahl ist eine Auswahl angeführt. Im Nominativ ist stets die letzte Silbe, im Genitiv die vorletzte Silbe lang.

§ 287

abnormalĭtās, abnormalitātis f.	die Regelwidrigkeit
acrĭtās, acritātis f.	die Schärfe
alacrĭtās, alacritātis f.	der Eifer, die Fröhlichkeit
aspĕrĭtās, aspĕritātis f.	die Rauheit
auctōrĭtās, auctōritātis f.	das Ansehen
calamĭtās, calamitātis f.	der Unglücksfall
cavĭtās, cavitātis f.	die Höhlung, Wölbung, Hohlraum
cīvĭtās, cīvitātis f.	die Bürgerschaft
cupidĭtās, cupiditātis f.	die Begierde
garrulĭtās, garrulitātis f.	die Schwatzhaftigkeit, Geräusch
gravĭtās, gravitātis f.	die Schwere
infirmĭtās, infirmitātis f.	die Schwachheit
lĕvĭtās, lĕvitātis f.	die Leichtigkeit
mātūrĭtās, mātūritātis f.	die Reife
sānĭtās, sānitātis f.	die Gesundheit
satiĕtās, satietātis f.	die Sattheit
sociĕtās, societātis f.	das Bündnis
ūtilĭtās, ūtilitātis f.	der Nutzen
variĕtās, variĕtātis f.	die Verschiedenheit, Varietät

§ 288 medizinisch:

adipōsĭtās, adipōsitātis f.	die Fettsucht
callōsĭtās, callōsitātis f.	die Hautschwiele
debilĭtās, debilitātis f.	die Schwäche, Gebrechlichkeit, der Schwachsinn
extrēmĭtās, extrēmitātis f.	der äußere Umkreis, das Äußerste, Ende eines Organs
gravidĭtās, graviditātis f.	die Schwangerschaft
jējūnĭtās, jējūnitātis f.	die Trockenheit, die Nüchternheit

obēsĭtās, obēsitātis f.	die Fettigkeit, Fettsucht
parĭtās, paritātis f.	die Reihenfolge der Geburten
raucĭtās, raucitātis f.	die Heiserkeit
salacĭtās, salacitātis f.	die Geilheit
senīlĭtās, senīlitātis f.	die Greisenhaftigkeit
sterīlĭtās, sterīlitātis f.	die Unfruchtbarkeit
supīnĭtās, supīnitātis f.	die zurückgebogene Stellung
surdĭtās, surditātis f.	die Taubheit
tuberōsĭtās, tuberōsitātis f.	die Rauhigkeit, höckerreiche Stelle

aēstas, aēstātis f.	der Sommer	§ 289
aētas, aētātis f.	das Zeitalter	
facultās, facultātis f.	die Gelegenheit, Eigenschaft; Plural: Hilfs- mittel	
potestās, potestātis f.	die Gewalt, die Möglichkeit	
tempestās, tempestātis f.	der Sturm, das Wetter	
voluptās, voluptātis f.	das Vergnügen	

Weitere t-Stämme sind Wörter auf -tus, -tūtis, die aber an Zahl gering sind: § 290

juventūs, juventūtis f.	die Jugendzeit
senectūs, senectūtis f.	das Greisenalter
servitūs, servitūtis f.	die Knechtschaft
virtūs, virtūtis f.	die Tapferkeit, die Tugend

Nasalstamm auf **m**: § 290 a

hĭems, hĭĕmis f.	der Winter

Es gibt auch Feminina auf s, das zum Stamm gehört und daher auch in die anderen Ka- § 291
sus übergeht, in denen es aber nach lateinischem Sprachgesetz zwischen den Vokalen zu
r wurde (Rhotazismus).

tellūs, tellūris f.	die Erde
mūs, mūris f. (im medizinischen Latein ist	die Maus
der Genitiv Plural murium gebräuchlich)	

1.6.3.2. Neutra der konsonantischen Deklination

Deklinationsschema § 292

	Singular	Plural	Singular	Plural
Nominativ	tubĕr	tubĕră	tempŭs	témpŏră
Genitiv	tubĕrĭs	tubĕrŭm	tempŏrĭs	tempŏrŭm
Dativ	tubĕrĭ	tubĕrĭbus	tempŏri	tempŏrĭbus
Akkusativ	tubĕr	tubĕră	tempŭs	tempŏră
Ablativ	tubĕrĕ	tubĕrĭbus	tempŏrĕ	tempŏrĭbus

Wir finden Übereinstimmung mit dem Deklinationsschema (§ 246) der Maskulina und
Feminina. Wie bereits im § 103 hingewiesen, ist auch bei diesen Neutra der Akkusativ
gleich dem Nominativ.

Einige Neutra, die Liquida- oder Dentalstämme sind und im Nominativ Singular auf -e, § 293
-al und -ar enden, gehören zur i-Deklination und werden an späterer Stelle besprochen
(§§ 316 ff.).
Wir unterscheiden Liquidastämme auf r, n-Stämme und Dentalstämme auf t.

Liquidastämme auf **r**:

1. Echte r-Stämme

§ 294 Diese Gruppe ist zahlenmäßig gering:

tūbĕr, tūbĕris n.	die Knolle, der Höcker
cadāvĕr, cadāvĕris n.	der Leichnam
sūbĕr, sūbĕris n.	der Kork
ubĕr, ubĕris n.	das Euter
verbĕr, verbĕris n.	der Schlag
itĕr, itinĕris n.	die Reise, der Weg, die Bahn
vēr, vēris n.	der Frühling

§ 295 Hierzu gehören einige Pflanzennamen:

ăcĕr, ăcĕris n.	der Ahorn
păpāvĕr, păpāvĕris n.	der Mohn
pīpĕr, pīpĕris n.	der Pfeffer
zingĭbĕr, zingĭbĕris n.	der Ingwer

§ 296 Ferner Wörter auf -ŏr, Genitiv -ŏris:

aequŏr, aequŏris n.	die Fläche, das Meer
marmŏr, marmŏris n.	der Marmor

2. Unechte r-Stämme

§ 297 Folgende Neutra sind scheinbar r-Stämme. Ihr Nominativ Singular endet auf s, das zum Stamm gehört und sich im Genitiv Singular zwischen zwei Vokalen zu r wandelt (Rhotazismus). Es gibt fünf Typen. Typ V besteht aus im Nominativ einsilbigen Wörtern.

	I	II	III	IV	V
Nominativ Singular	-ŭs	-ŭs	-ŭr	-ŭr	-ūs
Genitiv Singular	-ĕris	-ŏris	-ŭris	-ŏris	-ūris

§ 298 Typ I -ŭs, Genitiv -ĕris:

fūnŭs, fūnĕris n.	das Leichenbegängnis
gĕnŭs, gĕnĕris n.	das Geschlecht, die Art
glŏmŭs, glŏmĕris n.	der Knäuel
lătŭs, lătĕris n.	die Seite
olŭs, olĕris n.	das Küchenkraut, das Gemüse
ŏnŭs, ŏnĕris n.	die Last
ŏpŭs, ŏpĕris n.	das Werk
pondŭs, pondĕris n.	das Gewicht
ulcŭs, ulcĕris n.	das Geschwür
vellus, vellĕris n.	die behaarte Haut
viscŭs, viscĕris n. (meist Plural)	das Eingeweide
vulnŭs, vulnĕris n.	die Wunde

§ 299 Typ II -ŭs, -ŏris:

tempŭs, tempŏris (vgl. § 292) n.	die Zeit (Plural tempora, med. Schläfe)
corpŭs, corpŏris n.	der Körper
decŭs, decŏris n.	die Zierde
frīgus, frīgŏris n.	die Kälte
lĭtŭs, lĭtŏris n.	das Gestade, der Meeresstrand
nemŭs, nemŏris n.	der Hain
pectŭs, pectŏris n.	die Brust
tergŭs, tergŏris n.	der Rücken

Typ III -ŭr, -ŭris:

fulgŭr, fulgŭris n.	der Blitz	§ 300
guttŭr, guttŭris n.	die Kehle	
sulfŭr, sulfŭris n.	der Schwefel	

Typ IV -ŭr, -ŏris: § 301

ebŭr, ebŏris n.	das Elfenbein
femŭr, femŏris n.	der Oberschenkel
rōbŭr, rōbŏris n.	die Kraft, die Stärke
jecŭr, jecŏris oder in der Literatur jecĭnŏris und jocĭnĕris n.	die Leber (Nur in der pharmazeutischen Nomenklatur gebräuchlich! Medizinisch heute stets hepar, cf. aber Vesalius)

Typ V:

crūs, crūris n.	der Schenkel	§ 302
iūs, iūris (jus, juris) n.	das Recht	
pūs, pūris n.	der Eiter	
rūs, rūris n.	das Land, Landgut (hiervon gibt es einen Lokativ: ruri auf dem Lande vgl. § 77)	
tūs, tūris n.	der Weihrauch	

āes, āeris n.	das Erz	§ 303
ōs, ōris n.	der Mund, das Gesicht	

Nasalstämme auf n:

Zahlreiche Neutra sind n-Stämme und deklinieren -měn, -mĭnis: § 304

carměn, carmĭnis n.	das Lied, das Gedicht
culměn, culmĭnis n.	der Gipfelpunkt
flūměn, flūmĭnis n.	die Flut, Strömung, der Fluß
fulměn, fulmĭnis n.	der Blitz
germěn, germĭnis n.	der Keim
graměn, gramĭnis n.	das Gras
līměn, līmĭnis n.	die Schwelle, der Grenzwall
lūměn, lūmĭnis n.	das Licht, lichte Weite von Hohlräumen
nōměn, nōmĭnis n.	der Name
sēměn, sēmĭnis n.	der Samen
stāměn, stāmĭnis n.	der Hoden, das Staubblatt
tegměn, tegmĭnis n.	die Decke, Bedeckung
torměn, tormĭnis n.	die Beschwerde (Plural: tormina Leibschmerzen)

Dreisilbige Wörter, deren vorletzte Silbe im Nominativ Singular einen langen Vokal hat: § 305

acūměn, acūmĭnis n.	die Spitze, der Stachel
albūměn, albūmĭnis n.	das Eiweiß
alūměn, alūmĭnis n.	der Alaun
cacūměn, cacūmĭnis n.	die auslaufende Spitze, Bergspitze, Baumspitze
cerūměn, cerūmĭnis n.	das Ohrenschmalz
legūměn, legūmĭnis n.	die Hülsenfrucht
volūměn, volūmĭnis n.	der Inhalt
conāměn, conāmĭnis n.	der Versuch (conamen suicidii Selbstmordversuch)
forāměn, forāmĭnis n.	das Loch
liquāměn, liquāmĭnis n.	das Ausgeschmolzene

putāmĕn, putāmĭnis n.		die Schale
tentāmen, tentāmĭnis n.		der Versuch
abdōmĕn, abdōmĭnis n.		der Bauch
mōlĭmĕn, mōlĭmĭnis n. (meist im Plural ge-braucht)		die Beschwerde

§ 306 Weitere n-Stämme:

glūtĕn, glūtĭnis n.	der Leim
inguĕn, inguĭnis n.	die Leistengegend

Dentalstämme auf t:

§ 307 Eine geringe Anzahl Neutra sind Dentalstämme:

capŭt, capĭtis n.	der Kopf
sincĭpŭt, sincĭpĭtis n.	der Vorderkopf
occĭpŭt, occĭpĭtis n.	der Hinterkopf

§ 308 pancreas, pancreătis n. (gr. Nominativ s)   die Bauchspeicheldrüse

§ 309 Der gemischten Deklination, vgl. § 327 a, gehören die neutralen l-Stämme sowie cor, lac und os an.

1.6.4.   Die i-Stämme (reine i-Deklination)

1.6.4.1.   Feminina

§ 310 Die vorklassische i-Deklination war ursprünglich umfangreicher. Aus ihr wird sich die konsonantische Deklination entwickelt haben. Ein Teil der Wörter ist auf diesem Entwicklungsprozeß unter Beibehaltung der Genitivendung Plural stehengeblieben

§ 311 Deklinationsschema

	Singular		Plural	
Nominativ	sitĭs	pelvĭs	–	pelvēs
Genitiv	sitĭs	pelvĭs	–	pelvĭŭm
Dativ	sitī	pelvī	–	pelvĭbus
Akkusativ	sitĭm	pelvĭm oder pelvĕm	–	pelvĭs oder pelvēs
Ablativ	sitī	pelvī oder pelvĕ	–	pelvĭbus

sitĭs sitĭs f.	der Durst
pelvĭs, pelvĭs f.	das Becken, die Schüssel

§ 312 Weitere Beispiele für die i-Deklination sind folgende Wörter, die sämtlich Feminina sind:

clāvis, clāvis f.	der Schlüssel
cŭtis, cŭtis f.	die Haut
febris, febris f.	das Fieber
restis, restis f.	der Strick, das Seil
secūris, secūris f.	das Beil
turris, turris f.	der Turm
tussis, tussis f.	der Husten

§ 313 Das Charakteristikum der i-Deklination, nämlich den Ablativ auf -i und den Genitiv Plural auf -ium, entstanden aus -irum, zu bilden, ist bei diesen Wörtern vorhanden. Der Akkusativ Singular kann statt -im auch -em lauten. Der Akkusativ Plural lautet meist auf -es.

Teilweise finden sich i-Formen in einigen Wörtern, so imber, imbris m. *der Regen*. Der **§ 314** Ablativ Singular kann imbri und imbre heißen; der Genitiv Plural lautet immer imbrium.

Von vis f. *Kraft, Gewalt* werden im Singular nur der Akkusativ vim und der Ablativ vī ge- **§ 315** braucht. Der Plural lautet: vīrēs, vīrĭum, vīrĭbus, vīrēs, vīrĭbus.

1.6.4.2. Neutra auf -e, -al, -ar

Einige wenige Neutra, die auf -e, -al und -ar im Nominativ Singular enden, sind **§ 316** i-Stämme und haben im Ablativ Singular-ī, ferner im Nominativ und Akkusativ Plural -ĭa, sowie im Genitiv Plural -ĭum (statt -um).

	Singular		Plural	
Nominativ	marĕ	retĕ	marĭă	retĭă
Genitiv	marĭs	retĭs	marĭŭm	retĭŭm
Dativ	marī	retī	marĭbus	retĭbus
Akkusativ	marĕ	retĕ	marĭă	retĭă
Ablativ	marī	retī	marĭbus	retĭbus

	Singular		Plural	
Nominativ	calcăr	animăl	calcărĭă	animālĭă
Genitiv	calcārĭs	animālĭs	calcārĭŭm	animālĭŭm
Dativ	calcārī	animālī	calcārĭbus	animālĭbus
Akkusativ	calcăr	animăl	calcārĭă	animālĭa
Ablativ	calcārī	animālī	calcārĭbus	animālĭbus

marĕ, marĭs n.	das Meer	**§ 317**
rēte, rētĭs n.	das Netz	
īlĕ, īlĭs n. (in der Literatur meist Plural)	die Weiche	
declīvĕ, declīvĭs n.	der Abhang	
cubīlĕ, cubīlĭs n.	das Bett	
sedīlĕ, sedīlĭs n.	der Stuhl	
tibĭālĕ, tibĭālĭs n.	der Strumpf	
secālĕ, secālĭs n.	der Roggen	
anĭmăl, anĭmālĭs n.	das Tier	**§ 318**
sāl, sălĭs n. (vgl. § 256)	das Salz	
vectīgăl, vectīgālĭs n.	der Zoll	
calcăr, calcārĭs n.	der Sporn	**§ 319**
cochlĕăr, cochlĕārĭs n.	der Löffel	
pulvīnăr, pulvīnārĭs. n.	der Polstersitz, das Kissen	

Dagegen haben folgende Neutra, die auf -ar enden, als griechische Wörter im Ablativ Singular -e, ferner im Nominativ und Akkusativ Plural -a, sowie im Genitiv Plural -um. Sie unterliegen als griechische Wörter nicht dem Einfluß der i-Deklination.

hēpăr, hēpătĭs n. (auch heparis)	die Leber
nectăr, nectărĭs n.	der Nektar, der Honigsaft
thĕnăr, thĕnărĭs n.	die Handfläche, anat. Daumenballen
hypŏthĕnăr, hypŏthĕnārĭs n.	der Kleinfingerballen

1.6.5. Die gemischte Deklination

1.6.5.1. Gleichsilbige Wörter auf -is und -es

§ 320 Eine Vermischung von i- und konsonantischer Deklination finden wir bei den sogenannten „gleichsilbigen" Wörtern auf -is und -es. Sie haben im Singular in allen Kasus die gleiche Silbenzahl wie auch im Plural Nominativ und Akkusativ. Sie richten sich nach der konsonantischen Deklination, haben aber im Genitiv Plural -ium (statt -um).

§ 321 Dazu gehören folgende Maskulina:

anguis, anguis m. + f.	die Schlange
axis, axis m.	die Achse
caulis, caulis m.	der Stengel (zool. Legeröhre der Insekten)
cīvis, cīvis m.	der Bürger
collis, collis m.	der Hügel
crīnis, crīnis m.	das Haar
ensis, ensis m.	das Schwert
fascis, fascis m.	das Bündel
fīnis, fīnis m.	das Ende
hostis, hostis m.	der Feind
ignis, ignis m.	das Feuer
orbis, orbis m.	der Kreis
pānis, pānis m.	das Brot
pēnis, pēnis m.	der Schwanz (med. männl. Glied)
piscis, piscis m.	der Fisch
postis, postis m.	der Pfosten
testis, testis m. (vgl. § 331)	der Hoden
torquis, torquis m.	der Halsring
unguis, unguis m.	der Nagel, Klaue, Kralle, Huf
vermis, vermis m.	der Wurm
canālis, canālis m.	die Röhre, der Kanal, die Rinne
sēmicanālis, sēmicanālis m.	der Halbkanal, Rinne

§ 322 Derartige Feminina sind:

alcis, alcis f.	der Elch
apis, apis f.	die Biene
auris, auris f.	das Ohr
avis, avis f.	der Vogel
bīlis, bīlis f.	die Galle
cardŭēlis, cardŭēlis f.	die Distel
classis, classis f.	die Abteilung, Klasse (syst. Einheit)
clūnis, clūnis f.	die Hinterbacke (meist Plural = Gesäß)
fēlis, fēlis f.	die Katze
messis, messis f.	die Ernte
natis, natis f.	die Hinterbacke (Plural = Gesäß)
nāvis, nāvis f.	das Schiff
pestis, pestis f.	die Pest
sēmentis, sēmentis f.	die Aussaat
sināpis, sināpis f.	der Senf
vallis, vallis f.	das Tal
vestis, vestis f.	die Kleidung
vītis, vītis f.	der Weinstock

§ 322 a

caedēs, caedĭs f.	das Gemetzel, Mord
clādēs, clādĭs f.	die Niederlage
famēs, famĭs f.	der Hunger

indŏlēs, indŏlĭs f.	die Anlage, Begabung
mōlēs, mōlĭs f.	die Masse
nūbēs, nūbĭs f.	die Wolke
pūbēs, pŭbĭs f.	die Schamgegend
sordēs, sordĭs f. (meist Plural)	der Schmutz
strāgēs, strāgĭs f.	die Katastrophe, der Wirrwarr
tābēs, tābĭs f.	die Abzehrung, Schwindsucht des Rücken-markes
vulpēs, vulpĭs f.	der Fuchs

Hiervon sind folgende Ausnahmen zu merken, die immer -um im Genitiv Plural haben. **§ 323** Sie unterliegen also nicht dem Einfluß der i-Deklination und richten sich völlig nach der konsonantischen Deklination, obwohl sie „gleichsilbige" Wörter auf -is oder -es sind.

canis, canis m.	der Hund
iŭvĕnis, iŭvĕnis m.	der Jüngling
vatēs, vatĭs m.	der Sänger, Wahrsager
sēdēs, sēdĭs f.	der Wohnsitz, Sitz
mensis, mensis m. (Genitiv Plural kann auch mensĭum lauten)	der Monat

1.6.5.2.   Stammausgang auf zwei Konsonanten

Ebenfalls zur gemischten Deklination gehören die Wörter der konsonantischen Deklina- **§ 324** tion, deren Stamm auf zwei Konsonanten ausgeht. Auch sie haben im Genitiv Plural -ĭum statt -um.

Maskulina: **§ 325**

dens, dentis m.	der Zahn
fons, fontis m.	die Quelle
mons, montis m.	der Berg
pons, pontis m.	die Brücke
rudens, rudentis m.	das Seil
torrens, torrentis m.	der Gießbach, Wildbach, Wortschwall
venter, ventris m.	der Bauch

Feminina: **§ 326**

ars, artis f.	die Kunst
arx, arcis f.	die Burg
calx, calcis f. (kommt im Plural kaum vor)	die Ferse
calx, calcis f.	der Kalk
cohors, cohortis f.	die Reihengruppe (systematische Einheit)
falx, falcis f.	die Sichel
frons, frondis f.	das Laub
frons, frontis f.	die Stirn
gens, gentis f.	der Stamm, das Geschlecht
glans, glandis f.	die Eichel, Ecker
infans, infantis m. + f.	das Kind
jŭglans, jŭglandis f.	die Walnuß
lens, lentis f.	die Linse
mens, mentis f.	der Sinn, Verstand
mors, mortis f.	der Tod
nox, noctis f.	die Nacht
pars, partis f. (auch Akk. Sing. partim statt partem)	der Teil
urbs, urbis f.	die Stadt

§ 327 Entgegen der Regel haben den Genitiv Plural -um:

pater, patris m.   Vater   frater, fratris, m.   Bruder
mater, matris f.   Mutter   parentes,   Eltern
                                         parentum m.

Ferner die aus dem Griechischen übernommenen Wörter (vgl. §§ 272, 283):

larynx, laryngis m.   der Kehlkopf
pharynx, pharyngis m.   der Rachen
mēninx, mēningis f.   die Hirnhaut
phalanx, phalangis f.   die dichtgedrängte Schar, med.-anat. Fin-
                                         ger- und Zehenglied

atlas und elephas (vgl. § 275)

§ 327 a Neutra:

calŏmel, calŏmellis n.   Quecksilber(I)-chlorid
cŏr, cordis n.   das Herz
fēl, fellis n.   die Galle; in der Lit. auch Gallenblase
lāc, lactis n.   die Milch
mĕl, mellis n.   der Honig
ŏs, ossis n. (Genitiv Plural auch ossuum) der Knochen
oxȳmĕl, oxȳmellis n.   der Sauerhonig

§ 327 b Im klassischen und mehr noch im mittelalterlichen Latein sind starke Schwankungen
zwischen konsonantischer und i-Deklination zu verzeichnen. Dies gilt besonders für das
medizinische Schrifttum. Auch das männliche und weibliche Geschlecht werden mitunter unterschiedlich angewendet.

1.6.6.   Besondere Arten der Stammbildung

§ 328 Folgende Wörter weisen eine besondere Formenbildung auf:

sūs, sŭis m., f.   das Schwein, die Sau
grūs, grŭis m., f.   der Kranich
bōs, bŏvis m., f.   der Ochse, die Kuh
sŭpellex, sŭpellectĭlis f.   das Hausgerät

	Singular		Plural	
Nominativ	sūs	bōs	sŭēs	bŏvēs
Genitiv	sŭīs	bŏvĭs	sŭŭm	bŏvŭm (und bŏŭm)
Dativ	sŭī	bŏvī	sŭĭbus (und subus)	bŏvĭbus (und bōbus, būbus)
Akkusativ	sŭĕm	bŏvĕm	sŭēs	bŏvēs
Ablativ	sŭĕ	bŏvĕ	sŭĭbus	bŏvĭbus (vgl. Dativ)

vās, vāsis n. *das Gefäß* zeigt eine auffallende Bildung, indem es sich im Singular nach der
konsonantischen Deklination und im Plural nach der o-Deklination richtet.

	Singular	Plural
Nominativ	vās	vāsă
Genitiv	vāsĭs	vāsōrum
Dativ	vāsī	vāsīs
Akkusativ	vās	vāsă
Ablativ	vāsĕ	vāsīs

1.6.7. Pluralia tantum der dritten Deklination

Wie wir es bereits bei der a- und o-Deklination kennengelernt haben, finden wir bei der §329
dritten Deklination auch Vokabeln, die nur im Plural vorkommen oder deren Plural eine
spezielle Bedeutung hat. Es gibt Maskulina, Feminina und Neutra; der Genitiv kann -um
oder -ĭum lauten.

părentēs, părentŭm m.	die Eltern	§330
finēs, finĭŭm m.	das Gebiet	§331
mānēs, mānĭŭm m.	die Seelen der Toten	
testēs, testĭŭm m. (med. Singular §321)	der Hoden	
ambāges, ambāgŭm f.	der Umweg, Umschweifen	§332
cervĭces, cervĭcŭm f. (med. Singular §281)	der Nacken, der Hals	
phrĕnēs, phrĕnŭm f. (in der Lit.)	das Zwerchfell	
prĕcēs, prĕcŭm f.	die Bitten	
summitātēs, summitātŭm f.	die Zweigspitzen	
aedēs, aedĭŭm f.	das Haus	§333
faucēs, faucĭŭm f.	der Schlund	
mensēs, mensĭŭm f.	die Monatsregel	
narēs, narĭŭm f.	die Nasenlöcher	
natēs, natĭŭm f.	das Gesäß	
partēs, partĭŭm f.	die Rolle, die Partei	
sordēs, sordĭŭm f.	der Schmutz (aurium: das Ohrenschmalz)	
mōlĭmĭnă, mōlĭmĭnŭm n.	die Beschwerden	§334
tempŏră, tempŏrŭm n.	med. die Schläfe, die Schläfen	
tormĭnă, tormĭnŭm n.	die Leibschmerzen	
viscĕră, viscĕrŭm n.	die Eingeweide	
ilĭă, ilĭŭm n.	die Weichen	§335

1.6.8. Griechische Formenbildung der dritten Deklination

Bereits im klassischen Latein sind griechische Formen bei der dritten Deklination zu finden. Im naturwissenschaftlich-medizinischen Latein ist dieser Einfluß des Griechischen
vermehrt.

1.6.8.1. Wörter auf -er, Genitiv -eris

Diese Wörter richten sich nach der lateinischen konsonantischen Deklination und bilden §336
im Singular Genitiv -is, Dativ -i, Akkusativ -em, Ablativ -e; im Plural Nominativ -es, Genitiv -um, Dativ -ibus, Akkusativ -es, Ablativ -ibus. Der Akkusativ Singular kann auch
nach dem Griechischen auf -a, also aera, aethera, lauten.

āēr, āĕris m.	die Luft
aethēr, aethĕris m.	der Äther
cathētēr, cathētĕris m.	der Katheter
crĕmastēr, crĕmastĕris m.	der Aufhänger (Muskel am Samenstrang)
massētēr, massētĕris m.	der Kaumuskel
sphinctēr, sphinctĕris m.	der Schnürer, der Schnürmuskel
trochantēr, trochantĕris m.	der Rollhügel des Oberschenkelbeins
urētēr, urētĕris m.	der Harnleiter
zōstēr, zōstĕris m.	der Gürtel

1.6.8.2. Wörter auf -is, Genitiv -is oder -ios oder -eos

§ 337 Eine Anzahl Wörter mit dem Nominativ Singular auf -is gehen auf griechische Wortbildung zurück. Diese Vokabeln ähneln in der Deklinationsweise der lateinischen i-Deklination:

	Singular		Plural (nach lateinischer Weise)	
Nominativ	-ĭs	diagnōsĭs	-ēs	diagnōsēs
Genitiv	-ĭs, (oder gr. -ĭŏs und -ĕŏs)	diagnōsĭs (gr. dia- gnōsĭos oder diagnōsĕŏs)	-ĭŭm	diagnōsĭŭm
Dativ	-ī	diagnōsī	-ĭbus	diagnōsĭbus
Akkusativ	-ĭm (auch ĭn)	diagnōsĭm	-ēs	diagnōsēs
Ablativ	-ī (auch -ĕ)	diagnōsī	-ĭbus	diagnōsĭbus

Wortstamm: diagnos- oder diagnosi-

Allgemein naturwissenschaftlich-medizinische Vokabeln

§ 338
analȳsis, analȳsis f. die Zerlegung, Aufgliederung
cinnabăris, cinnabăris f. der Zinnober
crisis, crisis f. die entscheidende Wendung
cystis, cystis f. die Blase
diagnōsis, diagnōsis f. die Erkennung einer Krankheit
dosis, dosis f. die Menge der Arzneigabe
oxyūris, oxyūris f. der Madenwurm
poēsis, poēsis f. die Entwicklung, Bildung, Bereitung
synŏpsis, synŏpsis f. (beachte § 11) die zusammenfassende Übersicht
taxis, taxis f. die Herstellung der richtigen Lage

Pflanzennamen:
cannăbis, cannăbis f. der Hanf
cappăris, cappăris f. (spätere Genitivbildung capparidis analog § 347) der Kapernstrauch
hydrastis, hydrastis f. die.kanadische Gelbwurzel

Medizinisch-anatomische Vokabeln

§ 339 Betonung liegt auf der vorletzten Silbe (vgl. §§ 8, 10, 11):
basis, basis f. der Untergrund
dermis, dermis f. (Ausdruck der NA) die Haut, Lederhaut Syn.: corium
phasis, phasis f. die Phase, der Entwicklungsabschnitt
metaphāsis, metaphāsis f. die Zwischenphase
synthēsis, synthēsis f. die Zusammensetzung
synapsis, synapsis f. übertragendes Endorgan einer Nervenzelle
amphiarthrōsis, amphiarthrōsis f. (Ausdruck der JNA) das straffe Gelenk
anastŏmōsis, anastŏmōsis f. die Vereinigung von zwei Kanälen, die netzartige Verknüpfung von Gefäßen oder von Nerven oder von Sehnen
apŏneurōsis, apŏneurōsis f. die flach ausgebreitete Sehne
diarthrōsis, diarthrōsis f. das Gelenk (Ausdruck der BNA + JNA, in NA Junctura synovialis (articulatio))
ĕnarthrōsis, ĕnarthrōsis f. das Nußgelenk, Kugelgelenk (Ausdruck der BNA + JNA, in NA Articulatio cotylica)

gŏmphōsis, gŏmphōsis f.	die Einkeilung, Befestigung des Zahnes im Kiefer
synarthrōsis, synarthrōsis f.	die Knochenverbindung ohne Gelenk (Ausdruck der BNA + JNA, in NA Junctura fibrosa; bzw. cartilaginea)

Betonung liegt auf der drittletzten Silbe (vgl. § 9):   § 339 a

apophўsis, apophўsis f.	der Knochenvorsprung
diaphўsis, diaphўsis f.	der Schaft der Röhrenknochen
epiphўsis, epiphўsis f.	das Endstück langer Knochen
hypophўsis, hypophўsis f.	der Hirnanhang
metaphўsis, metaphўsis f.	die Epiphysenfuge
symphўsis, symphўsis f.	die faserknorplige Verwachsung oder Vereinigung zweier Knochen
genĕsis, genĕsis f.	die Entstehung
morphogenĕsis, morphogenĕsis f.	die Gestaltbildung
ŏntŏgĕnĕsis, ŏntŏgĕnĕsis f.	die Keimentwicklung
ōŏgĕnĕsis, ōŏgĕnĕsis f.	die Bildung und Entwicklung des Eies
spermătŏgĕnĕsis, spermătŏgĕnĕsis f.	die Bildung und Entwicklung der Samenzellen, Samenreifung

Medizinisch-physiologisch-pathologische Vokabeln

Betonung liegt auf der vorletzten Silbe (vgl. §§ 8, 10, 11): Deklination nach Beispiel § 337   § 340

acidōsis, acidōsis f.	der Anstieg saurer Bestandteile im Blut
anchylōsis, anchylōsis f.	die Steifheit der Gelenke
anhidrōsis, anhidrōsis f.	die verminderte Schweißabsonderung
calcinōsis, calcinōsis f.	die verbreitete Kalkablagerung
chlōrōsis, chlōrōsis f.	die Bleichsucht
cirrhōsis, cirrhōsis f.	das schrumpfende Narbengewebe
mīōsis, mīōsis f.	die Verengung der Pupille
narcōsis, narcōsis f.	die Betäubung
poliōsis, poliōsis f.	das Ergrauen der Haare
ptōsis, ptōsis f.	die Oberlidlähmung
pyrōsis, pyrōsis f.	das Sodbrennen
synostōsis, synostōsis f.	die Knochenhaft, Verknöcherung
trichĭnōsis, trichĭnōsis f.	die Trichinenkrankheit
tylōsis, tylōsis f.	die Schwielenbildung
asepsis, asepsis f.	die Keimfreiheit
diaphŏrēsis, diaphŏrēsis f.	die Schweißsekretion
diurēsis, diurēsis f.	die Harnausscheidung
enūrēsis, enūrēsis f.	das Bettnässen
phthisis, phthisis f. (Akkusativ -im)	die Schwindsucht

Wird die griechische Endung -ōsis an den Namen eines Organs (Wortstamm) gehängt, be-   § 340 a
deutet sie dessen chronische Erkrankung (z. B. Dermatosis). Als Deklinationsschema ist
das des § 337 zu nehmen. Die Endung -osis wird auch zur modernen Bezeichnung allge-
meiner Krankheitszustände benutzt, wie acidōsis, kinetōsis, allergōsis u. a.

Betonung liegt auf der drittletzten Silbe (vgl. § 9):   § 340 b

hĕlminthĭāsis, hĕlminthĭāsis f.	die Wurmkrankheit
mydrĭāsis, mydrĭāsis f.	die Pupillenerweiterung
taenĭāsis, taenĭāsis f.	die Bandwurmkrankheit
trĭchĭāsis, trĭchĭāsis f.	die Einwärtskehrung der Wimpern

| ĕmĕsis, ĕmĕsis f. | das Erbrechen |
| hypĕrĕmĕsis, hypĕrĕmĕsis f. | die Vermehrung des Erbrechens, sehr starkes Erbrechen |

1.6.8.3. Wörter auf -is, Genitiv -idis

Wörter auf -ītis, Genitiv -ītĭdis als **Krankheitsbezeichnungen**

§ 341 In der Medizin werden akute entzündliche Krankheitserscheinungen eines Organs dadurch bezeichnet, daß dem Namen des Organs (Wortstamm) die Endung -ītis angehängt wird (z. B. dermatitis). Derartige Krankheitsbezeichnungen finden sich teilweise bereits im Altertum. Sie sind griechischer Herkunft; die latinisierten griechischen Vokabeln deklinieren nach der konsonantischen Deklination:

	Singular	Plural
Nominativ	dermatītis	dermatītĭdēs
Genitiv	dermatītĭdĭs	dermatītĭdŭm
Dativ	dermatītĭdī	dermatītĭdĭbus
Akkusativ	dermatītĭdĕm	dermatītĭdēs
	(seltener gr. dermatītĭda)	
Ablativ	dermatītĭdĕ	dermatītĭdĭbus

Es findet sich auch, z. B. in den Rezeptformeln, der Akkusativ auf -tim (contra gingivitim). Hier liegt eine sprachlich unrichtige Analogiebildung nach der lateinischen i-Deklination vor.

aŏrtītis, aŏrtītĭdis f.	die Entzündung der Aorta
appendicītis, appendicītĭdis f.	die Wurmfortsatzentzündung
artērīītis, artērīītĭdis f.	die Entzündung der Schlagadern
arthrītis, arthrītĭdis f.	die Gelenkentzündung
balanītis, balanītĭdis f.	die Entzündung der Eichelschleimhaut
blĕpharītis, blĕpharītĭdis f.	die Lidentzündung
bronchītis, bronchītĭdis f.	die Entzündung der Bronchialschleimhaut
bursītis, bursītĭdis f.	die Schleimbeutelentzündung
cholangītis, cholangītĭdis f.	die Entzündung der Gallenwege
chondrītis, chondrītĭdis f.	die Knorpelentzündung
chordītis, chordītĭdis f.	die Entzündung der Stimmbänder
cōlītis, cōlītĭdis f.	die Dickdarmentzündung
conjunctīvītis, conjunctīvītĭdis f.	die Bindehautentzündung
coxītis, coxītĭdis f.	die Hüftgelenkentzündung
cystītis, cystītĭdis f.	die Blasenschleimhautentzündung
daktўlītis, daktўlītĭdis f.	die Fingerentzündung
dermătītis, dermătītĭdis f.	die Hautentzündung
endocardītis, endocardītĭdis f.	die Entzündung der Herzinnenhaut
ĕntĕrītis, ĕntĕrītĭdis f.	die Darmentzündung
follicŭlītis, follicŭlītĭdis f.	die Entzündung der Hautfollikel
gastrītis, gastrītĭdis f.	die Magenschleimhautentzündung
gingīvītis, gingīvītĭdis f.	die Entzündung des Zahnfleisches
hĕpatītis, hĕpatītĭdis f.	die Leberentzündung
irītis, irītĭdis f.	die Entzündung der Regenbogenhaut
jējūnītis, jējūnītĭdis f.	die Entzündung des Leerdarms
kĕrătītis, kĕrătītĭdis f.	die Hornhautentzündung des Auges
kōlpītis, kōlpītĭdis f.	die Entzündung der Scheide
laryngītis, laryngītĭdis f.	die Kehlkopfentzündung
mastītis, mastītĭdis f.	die Brustdrüsenentzündung

mēningītis, mēningītĭdis f.	die Entzündung der Hirnhaut und Rücken-markshüllen
mētrītis, mētrītĭdis f.	die Entzündung der Gebärmutterwand
my̆elītis, my̆elītĭdis f.	die Rückenmarksentzündung
myocardītis, myocardītĭdis f.	die Entzündung des Herzmuskels
myosītis, myosītĭdis f.	die Muskelentzündung
nĕphrītis, nĕphrītĭdis f.	die Nierenentzündung
neurītis, neurītĭdis f.	die Nervenentzündung
ŏrchītis, ŏrchītĭdis f.	die Hodenentzündung
ŏstītis, ŏstīdĭdis f.	die Knochenentzündung
ōtītis, ōtītĭdis f.	die Ohrenentzündung
parōtītis, parōtītĭdis f.	die Entzündung der Ohrspeicheldrüse
pĕricardītis, pĕricardītĭdis f.	die Herzbeutelentzündung
pharyngītis, pharyngītĭdis f.	die Entzündung der Rachenschleimhaut
phlĕbītis, phlĕbītĭdis f.	die Venenentzündung
pleurītis, pleurītĭdis f.	die Brustfellentzündung
prōktītis, prōktītĭdis f.	die Entzündung des Mastdarmes
prŏstătītis, prŏstătītĭdis f.	die Entzündung der Prostata
pulpītis, pulpītĭdis f.	die Entzündung des Zahnmarks
py̆elītis, py̆elītĭdis f.	bakterielle Entzündung des Nierenbeckens
retīnītis, retīnītĭdis f.	die Netzhautentzündung
rhinītis, rhinītĭdis f.	der Schnupfen, Nasenkatarrh
salpingītis, salpingītĭdis f.	die Entzündung eines Eileiters
sinusītis, sinusītĭdis f., sprachlich richtiger sinuītis, sinuītĭdis (vgl. § 401 a)	die Entzündung einer Nasennebenhöhle
spermătītis, spermătītĭdis f.	die Samenstrangentzündung (besser funiculitis)
spondylītis, spondylītĭdis f.	die Wirbelentzündung
stŏmătītis, stŏmătītĭdis f.	die Entzündung der Mundschleimhaut
strumītis, strumītĭdis f.	die Entzündung des Kropfes
synovītis, synovītĭdis f.	die Gelenkschleimhautentzündung
tendŏvaginītis, tendŏvaginītĭdis f.	die Sehnenscheidenentzündung
urēthrītis, urēthrītĭdis f.	die Harnröhrenentzündung

Allgemein naturwissenschaftlich-medizinische Wörter auf -is, -idis

carōtis, carōtĭdis f.	die Kopfschlagader, Halsschlagader	§ 342
parōtis, parōtĭdis f. (vgl. § 347 a)	die Ohrspeicheldrüse	
glōttis, glōttĭdis f.	der Stimmapparat	
ĕpiglōttis, ĕpiglōttĭdis f.	der Kehldeckel	

	Singular	Plural	§ 343
Nominativ	canthărĭs	canthărĭdēs	
Genitiv	canthărĭdĭs	canthărĭdŭm	
Dativ	canthărĭdī	canthărĭdĭbus	
Akkusativ	canthărĭdĕm (gr. canthărĭda)	canthărĭdēs	
Ablativ	canthărĭde	canthărĭdĭbus	

canthărĭs, canthărĭdis f.	die spanische „Fliege"	§ 344
tĭgris, tĭgrĭdis m. + f.	der Tiger	
hippŏtĭgris, hippŏtĭgrĭdis m. + f.	das Zebra	
clītŏris, clītŏrĭdis f.	der Kitzler	
iris, īrĭdis f.	die Regenbogenhaut des Auges	

§ 345 pȳrămĭs, pȳrămĭdis f.   die Pyramide
      ĕpidermis, ĕpidermĭdis f. (vgl. § 598 e)   die Oberhaut
      ĕpididȳmis, ĕpididȳmĭdis f.   der Nebenhoden
      paradidȳmis, paradidȳmĭdis f.   rudimentäres Organ am Hoden

§ 346 parūlis, parūlĭdis f.   das Zahngeschwür
      epūlis, epūlĭdis f.   das Zahnfleischgeschwür
      ephēlis, ephēlĭdis f.   die Sommersprosse

Pflanzenbezeichnungen auf -is, -idis

§ 347 Folgende Pflanzen- und Drogenbezeichnungen deklinieren in dieser Weise:

      adōnis, adōnĭdis m. + f.   das Teufelsauge
      arāchis, arāchĭdis f.   die Erdnuß
      berbĕris, berbĕrĭdis f.   die Berberitze
      colocynthis, colocynthĭdis f.   die Koloquinte
      galĕŏpsis, galĕŏpsĭdis f.   der Hohlzahn
      hamamēlis, hamamēlĭdis f.   die Hamamelispflanze
      īris, īrĭdis f.   die Schwertlilie
      macis, macĭdis f.   die Muskatblüte, Arillus des Muskatsa-
                                                     mens
      maȳs, maȳdis (auch mit ī) f.   der Mais
      ŏnōnis, ŏnōnĭdis f.   die Hauhechel
      ŏxālis, oxālĭdis f.   der Sauerklee

§ 347 a Bereits im altgriechischen, aber besonders im lateinischen, mittelalterlichen und neuzeit-
        lichen Schrifttum ist der Unterschied bei der Genitivbildung von Wörtern, die i- oder
        Dentalstämme sind, verwischt worden. Hierauf beruht, daß beide Genitivformen vorkom-
        men. Dies gilt besonders für botanische und pharmakognostische Bezeichnungen (z. B.
        die Genitive agrostis und agrostidis, berberis und berberidis, capparis und capparidis, hy-
        drastis und hydrastidis usw.). Hieraus resultieren verschiedenartige Wortstämme und da-
        von gebildete Ableitungen.
        Das gleiche gilt auch für einige medizinische Wörter, wie cystis, oxyuris, parotis u. a.

1.6.8.4.   Wörter auf -ps, -pis und -bs, -bis

§ 348 Die Wörter auf -ps und -bs im Nominativ deklinieren nach der lateinischen konsonanti-
      schen Deklination. Länge oder Kürze des Vokals in der vorletzten Silbe richtet sich nach
      dem Griechischen.

	Singular	Plural
Nominativ	·hydrōps	hydrōpēs
Genitiv	hydrōpĭs	hydrōpŭm
Dativ	hydrōpī	hydrōpĭbus
Akkusativ	hydrōpĕm (gr. hydropa)	hydrōpēs
Ablativ	hydrōpĕ	hydrōpĭbus

      hydrōps, hydrōpis m.   die Wassersucht
      myōps, myōpis m.   der Stachel, Sporn
      gryps, grȳpis m.   der Greif
      epŏps, epŏpis m.   der Wiedehopf
      chălybs, chălȳbis m.   der Stahl

1.6.8.5.   Neutra auf -ma, Genitiv -matis

Im naturwissenschaftlich-medizinischen Latein sind zahlreiche Neutra, aus dem Griechi- §349
schen stammend, auf -ma, -matis vertreten.

Deklinationsschema

	Singular	Plural	gr.
Nominativ	rhizōma	rhizōmătă	
Genitiv	rhizōmătĭs	rhizōmătŭm	rhizomátōn
Dativ	rhizōmătī	rhizōmătĭbus	rhizōmătīs
Akkusativ	rhizōma	rhizōmătă	
Ablativ	rhizōmătĕ	rhizōmătĭbus	rhizōmătīs

Im Genitiv Plural wird oft die griechische Form angewendet, wobei zu beachten ist, daß
-matōn auf der vorletzten Silbe zu betonen ist. Der Dativ und Ablativ Plural -īs sind der
lateinischen o-Deklination nachgebildet.

Allgemein naturwissenschaftlich-medizinische Vokabeln

rhizōma, rhizōmătĭs n.	der Wurzelstock	§350
cȳma, cȳmătĭs n.	die Trugdolde	
dŏgma, dŏgmătĭs n.	die Lehre	
gargarisma, gargarismătĭs n.	das Gurgelwasser, Gurgelmittel	
gramma, grammătĭs n.	das Gramm	
parenchȳma, parenchȳmătĭs n.	das Grundgewebe, funkt. Organgewebe	
plasma, plasmătĭs n.	das Plasma, Blutplasma	
prisma, prismătĭs n.	das Prisma (Pl. prismata, Lit. Sägespäne)	
sōma, sōmătĭs n.	der Körper	
sperma, spermătĭs n.	der Samen	
stigma, stigmătĭs n.	das Mal, die Narbe	
stŏma, stŏmătĭs n.	der Mund	
strōma, strōmătĭs n.	die Grundlage, das Stützgewebe eines Organs	
systēma, systēmătĭs n.	das System, die Gruppe	
trauma, traumătĭs n.	die Wunde	

Medizinisch-anatomische Vokabeln

brĕgma, brĕgmătĭs n.	der Vorderkopf, der Scheitel	§351
chiasma, chiasmătĭs n.	die Kreuzung	
derma, dermătĭs n.	die Haut	
diaphragma, diaphragmătĭs n.	die Scheidewand	
ependȳma, ependȳmătĭs n. sprich: ep-éndyma	der Überzug, Auskleidung der Gehirnhöhlen	
helicotrēma, helicotrēmătĭs n.	das Schneckenloch	
lemma, lemmătĭs n.	die Hülle, Scheide	
neurolemma, neurolemmătĭs n.	die röhrenförmige Gliazellscheide des Achsenzylinders	
ōŏlemma, ōŏlemmătĭs n.	die Eihülle	
sarcŏlemma, sarcŏlemmătĭs n.	die Hülle der Muskelfaser	
platysma, palatysmătĭs n.	der Hautmuskel des Halses	

Medizinisch-physiologisch-pathologische Vokabeln

§ 352 Die Endung -ōma, an einen Wortstamm gehängt dient auch zur Benennung von Geschwülsten oder von krankhaften, geschwulstähnlichen Vorgängen.

angiōma, angiōmătis n.	die Gefäßgeschwulst
aneurysma, aneurysmătis n.	die Arterienerweiterung
sprich: an-eurýs-ma	
ankylŏstŏma, ankylŏstŏmătis n.	der Hakenwurm
asthma, asthmătis n.	das Asthma, die Kurzatmigkeit
apostēma, apostēmătis n.	der Abszeß
carcinōma, carcinōmătis n.	der Krebs, die Epithelgeschwulst
chlŏasma, chlŏasmătis n.	Grüngelbpigmentierung der Haut
condylōma, condylōmătis n.	die Hautgeschwulst, Papel
cōma, cōmătis n.	das Koma
cystōma, cystōmătis n.	die Zystengeschwulst
ekzēma, ekzēmătis n.	die allergische Hauterkrankung
erythēma, erythēmătis n.	diffuse Rötung der Haut
empyēma, empyēmătis n.	die Eiteransammlung im Brustfellraum
exanthēma, exanthēmătis n.	ausgebreiteter Hautausschlag
grănulōma, grănulōmătis n.	die Granulationsgeschwulst
glaukōma, glaukōmătis n.	der grüne Star
haematōma, haematōmătis n.	der Bluterguß
kĕratōma, kĕratōmătis n.	die Horngeschwulst
klysma, klysmătis n.	der Einlauf
oedēma, oedēmătis n.	die Flüssigkeitsanschwellung
phlĕgma, phlĕgmătis n.	die geistige Gleichgültigkeit
rheuma, rheumătis n.	das Fließen, der Muskelschmerz (früher Lit. auch Schnupfen)
smēgma, smēgmătis n.	die Schmiere (anatom. der Vorhaut)
sarkōma, sarkōmătis n.	die bösartige Bindegewebsgeschwulst
staphylōma, staphylōmătis n.	die Vorwölbung am Augapfel

Botanische Pflanzenbezeichnungen

§ 353 Ebenfalls gibt es in der Botanik Pflanzenbezeichnungen, die als Neutra auf -ma aus dem Griechischen übernommen sind: Aethionēma, Alisma, Calostemma, Ceratostigma, Chaenostŏma, Coleonēma, Heliosperma, Iochrōma, Melastŏma, Phyteuma, Ptychosperma. Der Genitiv dieser Wörter lautet -mătis, und der Wortstamm endet auf -mat.

Verschiedene griechische Formenbildungen

§ 354 būbō(n), būbōnis m.	die Entzündung der Leistengegend, auch die Leistengegend
cŏtylēdō(n), cotylēdŏnis f.	med.: Lappen der Placenta oder Zottenbüschel des Chorions; bot.: Keimblatt des Samenkeimlings
tĕnōn, tenōntis (obs.) m.	die Sehne
mĕsŏtĕnōn, mĕsŏtĕnōntis m.	das Sehnenhaftband in Sehnenscheiden
klīmax, klīmăcis m.	die Leiter
lithanthrax, lithanthrăcis m.	die Steinkohle
onyx, onўchis m.	der Nagel
thōrax, thōrăcis m.	der Brustkorb
hēpar, hēpătis n.	die Leber
hĕrpes, hĕrpētis m.	die kriechende Flechte

Zahlreiche Vokabeln aus dem **zoologischen Gebiet** wären hier anzuführen, unter ande- §354a
rem:

bombyx, bombȳcis m. + f.	die Seidenraupe, die Seide
coccyx, coccȳgis m.	der Kuckuck
dromas, dromădis m.	das Dromedar
helmins, helminthis f.	der Madenwurm
rhīnŏcĕrōs, rhīnŏcerōtis m.	das Nashorn
Akk.: rhinocerōtem oder rhinocerōta	

Pflanzennamen: §354b

crotōn, crotōnis n.	die Krotonpflanze
eriodictȳōn, eriodictȳōnis n.	das Santakraut
orthosīphōn, orthosīphōnis m.	die Orthosiphonpflanze
rhŏeăs, rhŏeădos f. (und rhŏeădis)	die Klatschrose (-mohn)
rhūs, rhŏīs f.	der Gewürzsumach
stŏechas, stŏechădos f. (und stŏechădis)	das Ruhrkraut

1.6.9. *Undeklinierbare Wörter exotischer Herkunft*

Im naturwissenschaftlich-medizinischen Latein finden sich Wörter meist arabischer oder §355
exotischer Herkunft, die als undeklinierbare Vokabeln behandelt werden. Sie haben neu-
trales Geschlecht nach der lateinischen Regel: Was man nicht deklinieren kann, das sieht
man als ein Neutrum an. Ein Beispiel ist das Wort Kali. Ätzkali hieß im DAB 6 Kali
(nicht Kalium) causticum. Die Adjektivendung -um beweist das neutrale Geschlecht des
Substantivs. Kalilauge hieß daher im DAB 6 Liquor Kali caustici. Das AB-DDR gebraucht die moderne Wendung Kalium hydroxidatum für *Ätzkali*, woraus sich der Ausdruck Solutio Kalii hydroxidati für *Kalilauge* ableitet.
Unter den medizinisch-anatomischen Ausdrücken sind derartige undeklinierbare Vokabeln nicht vorhanden. Sie kommen aber häufig in der Pharmakognosie und Botanik vor
(z. B. Bael, Boldo, Bucco, Cacao, Calabar, Colombo, Condurango, Coto, Djamboe, Elemi,
Gummi, Kawa-Kawa, Koso, Maté, Matico, Quebracho, Sabal, Salep, Sassafras, Tonco,
Yohimbe u. a.).

1.6.10. *Latinisierte Wörter aus anderen Sprachen*

Es gibt im naturwissenschaftlich-medizinischen Latein auch latinisierte Fremdwörter aus §356
anderen Sprachen. Nach der dritten Deklination sind die aus dem Arabischen stammenden Wörter elixir, elixiris n. *das Elixier, der Sud* und ribes, ribis n. *die Stachel-* und *Johannisbeere*, latinisiert. Ribes wird aber auch als undeklinierbares Neutrum gebraucht. Ferner
ist zu erwähnen das aus dem Arabischen stammende Wort alcohol, das in unserer heutigen Bedeutung erst im 17. Jahrhundert in den Sprachschatz eingeführt wurde und in den
Schriften des Leidener Arztes Boerhaave (1668–1738) erscheint. Es ist als Maskulinum
der konsonantischen Deklination latinisiert und somit zu den l-Stämmen zu rechnen; al-
cŏhol, alcohōlis m. *der Alkohol*. Die Pluralbildung ist vorzunehmen alcohōles, alcohōlum
usw. Ein Einfluß der i-Deklination kann bei diesem neulateinischen Wort nicht vorliegen, so daß die heute in der Literatur mitunter vorgenommene Bildung des Genitivs Plural alcohōlĭum als falsch abgelehnt werden muß. Das anglistische Latein verwendet das
Wort alcohol auch als neutralen l-Stamm. Es formt den Plural alcohōlĭä, alcohōlĭum, eine
abzulehnende Bildung. Freilich können auch andere Deklinationen zur Latinisierung
derartiger Wörter herangezogen werden (z. B. thea aus dem Chinesischen).
Ginkgo wird weiblich gebraucht mit dem dazugehörenden Genitiv Ginkgōnis.

1.7. Adjektiva der dritten Deklination

§ 357 Deklinationsschema

Wir haben bereits zahlreiche Adjektive, die sich nach der a- und o-Deklination richten, kennengelernt. Nach der dritten Deklination gehen ebenfalls viele Adjektive. Auch sie richten sich im Genus, Numerus und Kasus nach dem Substantiv, zu dem sie gehören (Attribut) oder auf das sie sich beziehen. Die Adjektive der dritten Deklination weisen nur in geringer Anzahl konsonantische Stämme auf, vielmehr haben sie i-Stämme oder sind jedenfalls dem Einfluß der i-Deklination unterworfen.

Das allgemeine Deklinationsschema ist demnach:

	m.	m.	f.	n.	m.	f.	n.
Nominativ	*	*	*		ēs	ēs	iă
Genitiv	ĭs	ĭs	ĭs		iŭm	iŭm	iŭm
Dativ	ī	ī	ī		ĭbus	ĭbus	ĭbus
Akkusativ	ĕm	ĕm	wie Nom.		ēs	ēs	iă
Ablativ	ī	ī	ī		ĭbus	ĭbus	ĭbus

* Die Endung des Nominativs Singular ist bei den einzelnen Gruppen verschieden, wie wir es von den Substantiven der dritten Deklination gewohnt sind. Auch für die Adjektive gilt, daß bei den neutralen Formen der Akkusativ gleich dem Nominativ ist. Aus dem obigen Schema sehen wir, daß der Einfluß der i-Deklination im Singular sich auf den Ablativ (-i) und im Plural auf den Genitiv (-ium) sowie bei den Neutra auf den Nominativ und Akkusativ (-ia) erstreckt. Dagegen wird im Singular der Akkusativ bei der maskulinen und femininen Form auf -em gebildet.

§ 358 Einteilung der Adjektiva der dritten Deklination

Die gesamten Adjektive der dritten Deklination können wir in drei große Gruppen einteilen.

a) Die sogenannten Adjektiva mit „drei Endungen" haben im Nominativ Singular für jedes Geschlecht eine besondere Form (-er, -is, -e).

b) Die Adjektiva mit „zwei Endungen" haben eine Form für maskulines und feminines Geschlecht (-is) und eine andere für das neutrale Geschlecht (-e).

c) Die Adjektiva mit „einer Endung" haben im Nominativ Singular nur ein und dieselbe Form für das maskuline, feminine und neutrale Geschlecht.

1.7.1. Adjektiva mit drei Endungen

§ 359 Diese zahlenmäßig kleinste Gruppe bildet den Nominativ auf -ĕr, -ĭs, -ĕ. Beim Genitiv und den übrigen Kasus wird das e meist ausgestoßen.

	Singular			Plural		
	m.	f.	n.	m.	f.	n.
Nominativ	acĕr	acrĭs	acrĕ	acrēs	acrēs	acrĭă
Genitiv	acrĭs	acrĭs	acrĭs	acrĭŭm	acrĭŭm	acrĭŭm
Dativ	acrī	acrī	acrī	acrĭbus	acrĭbus	acrĭbus
Akkusativ	acrĕm	acrĕm	acrĕ	acrēs	acrēs	acrĭă
Ablativ	acrī	acrī	acrī	acrĭbus	acrĭbus	acrĭbus

ācĕr, ācrĭs, ācrĕ	spitz, scharf, heftig	§ 360
campéstĕr, campéstrĭs, campéstrĕ	auf Äckern wachsend	
cĕlĕbĕr, cĕlĕbrĭs, cĕlĕbrĕ	festlich, besucht	
pălustĕr, pălustrĭs, pălustrĕ	sumpfig, auf Sümpfen wachsend	
silvestĕr, silvestrĭs, silvestrĕ	im Walde wachsend	

Eine Ausnahme macht celĕr, celĕrĭs, celĕrĕ *schnell*. Es behält das e vor r und unterliegt im § 361
Plural nicht dem Einfluß der i-Deklination; es bildet also die Kasus vom Stamm celer –
Genitiv celeris usw. – und im Plural Genitiv auf -um sowie den neutralen Nominativ und
Akkusativ auf -a.

	Singular			Plural		
	m.	f.	n.	m.	f.	n.
Nominativ	celĕr	celĕrĭs	celĕrĕ	celĕrēs	celĕrēs	celĕră
Genitiv	celĕrĭs	celĕrĭs	celĕrĭs	celĕrŭm	celĕrŭm	celĕrŭm
Dativ	celĕrī	celĕrī	celĕrī	cerlĕrĭbus	celĕrĭbus	celĕrĭbus
Akkusativ	celĕrĕm	celĕrĕm	celĕrĕ	celĕrēs	celĕrēs	celĕră
Ablativ	celĕrī	celĕrī	celĕrī	celĕrĭbus	celĕrĭbus	celĕrĭbus

1.7.2.   Adjektiva mit zwei Endungen

Deklinationsschema und Suffixe

Zahlreich sind die Adjektive des zweiten Typus mit zwei Endungen. Hierbei ist männli- § 362
che und weibliche Bildung in allen Fällen einschließlich des Nominativs gleichlautend.
Lediglich die Neutralform des Nominativs und Akkusativs sowohl im Singular (-ĕ) als
auch im Plural (-iă) ist von den Kasus des Maskulinums und Femininums verschieden.
Es ergibt sich folgendes Deklinationsschema:

	Singular			Plural		
	m.	f.	n.	m.	f.	n.
Nominativ	gravĭs	gravĭs	gravĕ	gravēs	gravēs	graviă
Genitiv	gravĭs	gravĭs	gravĭs	graviŭm	graviŭm	graviŭm
Dativ	gravi	gravi	gravi	gravĭbus	gravĭbus	gravĭbus
Akkusativ	gravĕm	gravĕm	gravĕ	gravēs	gravēs	graviă
Ablativ	gravī	gravī	gravī	gravĭbus	gravĭbus	gravĭbus

Neben Vokabeln ohne ausgeprägtes Suffix umfaßt diese Gruppe Wörter mit bestimmten § 363
Suffixen, die als Ableitungssilben Form, Zugehörigkeit und Beschaffenheit zum Ausdruck bringen. Derartige Suffixe sind -énsis, -īlis, -ĭlis, -ālis, -āris, -éstris, -bĭlis, -fórmis.
Das Suffix -ensis weist auf eine räumliche Zugehörigkeit hin (z. B. sinensis *chinesisch*),
während das Suffix -estris die räumliche Herkunft ausdrückt, daher enden viele adjektivische Epitheta von Pflanzen auf -ensis und -estris. Auch die von Städtenamen abgeleiteten
Adjektiva haben vielfach die Endung -ensis (z. B. berolinensis *berlinisch*). Sie werden im
naturwissenschaftlich-medizinischen Latein entgegen der klassischen Regel mitunter mit
kleinen Anfangsbuchstaben geschrieben. Die Suffixe -ĭlis und -bĭlis drücken besonders
die Fähigkeit und Möglichkeit aus. Die Suffixe -ālis und -āris, die am meisten vertreten
sind, weisen auf die Zugehörigkeit hin. Das Suffix -āris stellt nur eine Abart von dem Suffix -ālis dar, es kommt dann zur Anwendung, wenn in dem Ableitungswort schon ein l

vorhanden ist. Das Suffix -fórmis stellt einen Formvergleich dar. Dieses Suffix wird mittels des Bindevokals ĭ (vgl. § 16) an den Wortstamm der dazugehörigen Vokabeln angehängt.

Es ist verständlich, daß diese Suffixe besonders zahlreich in der Naturwissenschaft und Medizin vertreten sind.

Grundlegende Vokabeln für Naturwissenschaft und Medizin

§ 364 ohne ausgeprägtes Suffix:

brĕvis, brĕvis, brĕve	kurz	lēvis, auch laevis	glatt
		mitis	mild
dulcis	süß	mollis	weich
fortis	stark, kräftig	omnis	ganz, jeder;
grandis	groß		Pl. alle, alles
grăvis	schwer	tristis	traurig
lēnis	sanft, mild		
lĕvis	leicht		

§ 364 a

affĭnis, affĭnis, affĭne	verwandt	perennis	das ganze Jahr hindurch beständig, dauernd beständig
bipennis	doppelt gefiedert		
commūnis	gemeinsam, gewöhnlich, häufig	pingŭis	fett
		sublīmis	erhaben
illustris	hell	tenŭis	zart, fein, dünn
muliĕbris	weiblich	virĭdis	grün

§ 365 Suffix -ĭlis drückt die Fähigkeit oder Möglichkeit aus:

altĭlis, altĭlis, altĭle	üppig, entwickelt, gemästet	mobĭlis	beweglich
		immobĭlis	unbeweglich
difficĭlis	schwierig	nobĭlis	vornehm
dissimĭlis	unähnlich	sessĭlis	sitzend
facĭlis	leicht	simĭlis	ähnlich
fertĭlis	fruchtbar	stabĭlis	feststehend
fluviatĭlis	im Fluß lebend	sterĭlis	steril, unfruchtbar, taub
gracĭlis	schlank, dünn		
humĭlis	niedrig	utĭlis	nützlich
insanabĭlis	unheilbar	verisimĭlis	wahrscheinlich
mirabĭlis	wunderbar	volatĭlis	flüchtig

§ 366 Das seltene Suffix -īlis (mit langem i) finden wir angehängt an Personen- und Tierbezeichnungen:

vir	der Mann	virīlis, virīlis, virīle	männlich
puer	das Kind	puĕrīlis, puĕrīlis, puĕrīle	kindisch
juvenis	der Jüngling	juvenīlis, juvenīlis, juvenīle	jugendlich
senex	der Greis	senīlis, senīlis, senīle	greisenhaft
hostis	der Feind	hostīlis, hostīlis, hostīle	feindlich
ovis	der Hammel	ovīlis, ovīlis, ovīle	vom Hammel stammend

§ 367 Suffix -ālis

aequālis, aequālis, aequāle	gleich, gleichartig, gleichförmig	autumnālis	herbstlich
		borĕālis	zum Boreas gehörend, nördlich
abnormālis	regelwidrig		
animālis	tierisch	congenitālis	angeboren
artificĭalis	künstlich hergestellt	coniugālis	ehelich

crinālis	zum Haar gehörend	officīnālis	in Apotheken benutzt
internationālis	international	orïentālis	morgenländisch, öst-
letālis	tödlich		lich
medicīnālis	heilkräftig, medizi-	ovālis	eiähnlich, oval
	nisch	pectorālis	zur Brust gehörig
merīdiōnālis	südlich	quālis	wie beschaffen
mortālis	sterblich	tālis	so beschaffen
immortālis	unsterblich	venālis	handelsüblich
nātūrālis	natürlich		
occidentālis	abendländisch, west-		
	lich		

Suffix -i-fórmis bezeichnet die Form, Gestalt oder Ähnlichkeit §367a

multĭformis, multĭ-	vielgestaltig	renĭformis	nierenförmig
formis, multĭ-			
forme			

Vokabeln aus dem Gebiet der Botanik

Suffix -ālis: §368

adversālis, adversā-	gegenständig	hiĕmālis	winterlich
lis, adversāle		horizontālis	waagerecht
aestīvālis	im Sommer blühend	labĭālis	lippenartig
apicālis	spitzenständig	medicīnālis	heilkräftig
basālis	grundständig	normālis	regelmäßig
brachĭālis	armlang	parĭĕtālis	wandständig (im
brumālis	winterlich		morphologischen /
cardinālis	wichtig, auch kardi-		örtlichen Sinn)
	nalrot (scharlach-	radĭālis	strahlig
	rot)	ruderālis	auf Schutt wachsend
cerĕālis	Getreide liefernd	terminālis	am Ende (Gipfel) ste-
crinālis	haarartig		hend
dentālis	gezähnt	trivĭālis	gemein, gewöhnlich
digitālis	zum Finger gehörend,	unĭlătĕrālis	einseitig
	bot. wegen der	unĭversālis	allgemein, umfassend
	Blütenform	vernālis	im Frühling blühend
	Subst. Fingerhut		

Suffix -āris (Abart von -ālis vgl. § 363): §369

aciculāris, aiculā-	nadelspitz	candelāris	kerzenartig
ris, aiculāre		singulāris	einzeln, vereinzelt
alāris	astwinklig	solāris	Sonne liebend
anulāris	ringförmig	stellāris	sternartig
aviculāris	als Vogelfutter die-	umbellāris	doldenartig
	nend	valvāris	klappig
axillāris	blattwinkelständig	vermiculāris	wurmartig
bacillāris	stäbchenförmig	vulgāris	gemein, gewöhnlich
basilāris	grundständig		

Suffix -bĭlis: §370

amabĭlis, amabĭlis,	lieblich	mīrābĭlis	wunderbar
amabĭle		vegetābĭlis	pflanzlich
admirabĭlis	bewunderungswert	volūbĭlis	sich windend
debĭlis	schwächlich		

§ 371 Suffix -énsis:

arvensis, arvensis, arvense	auf Äckern wachsend	hortensis	im Garten wachsend
		pratensis	auf Wiesen wachsend

§ 372 Suffix -éstris, -estis:

agrestis, agrestis, agreste	auf Äckern wachsend	caelestis	himmlisch, himmelblau
alpestris	auf den Alpen wachsend	silvestris	im Walde wachsend
		terrestris	Erde bewohnend

§ 373 Ohne ausgeprägtes Suffix:

declīvis, declīvis, declīve	schräg	enormis	ungeheuer groß
edŭlis	eßbar	erostris	ungeschnäbelt

Vokabeln aus dem pharmazeutischen Gebiet

§ 374 Suffix -ālis, -āris:

colloidālis, colloidālis, colloidāle	kolloid
fumālis	räuchernd
glaciālis	eisartig
officīnālis	in der Apotheke (Offizin) gebräuchlich, arzneibuchüblich
tālis	so beschaffen, solch
tussiculāris, tussiculāris, tussiculāre	zum Husten gehörend

§ 375 Suffix -fórmis:

pultĭformis, pultĭformis, pultĭforme	breiförmig

§ 376 Suffix -īlis:

solūbĭlis, solūbĭlis, solūbĭle	löslich

§ 377 Suffix -īlis:

ovīlis, ovīlis, ovīle	vom Hammel stammend (vgl. § 366)
fēbrīlis, fēbrīlis, fēbrīle (auch fēbrĭlis)	fiebernd, fieberhaft

§ 378 Ohne ausgeprägtes Suffix:

subtīlis, subtīlis, subtīle	fein

Die Betonung erfolgt auf der vorletzten Silbe, da diese lang ist. Subtīlis leitet sich von subtel *fein gewebt* ab und steht in keinem Zusammenhang mit dem Suffix -īlis.

§ 379 Vergleiche: Injectio Auri colloidalis, Saccharinum solubile, Paraffinum molle, Pasta Zinci oxidati mollis, Talcum venale, pulvis subtilis, partes aequales, tales doses (Plural!), pulvis fortis.

Medizinische Vokabeln

§ 380 Bei den medizinischen Adjektiva der dritten Deklination ist das Suffix -ālis, das die Zugehörigkeit zu einem Körperteil ausdrückt und das infolge der Länge des a auf der vorletzten Silbe betont wird, vorherrschend. Vgl. § 363, 601.

abdominālis, –, abdomināle	zum Bauche gehörend
acromiālis, –, acromiāle	zum Acromion gehörend
anālis, –, anāle	zum After gehörend
anterŏlaterālis, –, anterŏlaterāle	vorne und seitlich liegend
apicālis, –, apicāle	zur Spitze gehörend

atriālis, –, atriāle	zum Vorhof gehörend
axiālis, –, axiāle	zur axis gehörend
basālis, –, basāle	zur Basis gehörend
bicipitālis, –, bicipitāle	zum zweiköpfigen (Muskel) gehörend
bicuspidālis, –, bicuspidāle	zweispitzig, zweizipflig
brachiālis, –, brachiāle	zum Oberarm gehörend
bronchiālis, –, bronchiale	zum Bronchus gehörend
buccālis, –, buccāle	zur Backe gehörend
caecālis, –, caecāle	zum Blinddarm gehörend
caudālis, –, caudāle	schwanzwärts gelegen
centrālis, –, centrāle	zum Mittelpunkt gehörend
cerebrālis, –, cerebrāle	zum Großhirn gehörend
cervīcālis, –, cervīcāle	zum Hals gehörend
circumanālis, –, circumanāle	um den After herum liegend
collaterālis, –, collaterāle	seitlich mit anderen Organen zusammen verlaufend
commissūrālis, –, commissūrāle	den Commissuren des Gehirns zugehörig
conchālis, –, conchāle	zur Muschel gehörend, muschelförmig
conjunctīvālis, –, conjunctīvāle	zur Bindehaut gehörend
cornĕālis, –, cornĕāle	zur Hornhaut des Auges gehörend
coronālis, –, coronāle	zum Kranz gehörend
corticālis, –, corticāle	zur Rinde gehörend
costālis, –, costāle	zur Rippe gehörend
craniālis, –, craniāle	kopfwärts gelegen
crurālis, –, crurāle	zum Schenkel gehörend
cubitālis, –, cubitāle	zum Ellenbogen gehörend
deferentiālis, –, deferentiāle	zum ductus deferens gehörend
dentālis, –, dentāle	zum Zahn gehörend
distālis, –, distāle	an Gliedmaßen der von zwei Punkten dem Rumpf entferntere
dorsālis, –, dorsāle	zum Rücken oder zur Rückseite gehörend
duodēnālis, –, duodēnāle	zum Zwölffingerdarm gehörend
epidurālis, –, epidurāle	auf der dura mater liegend
epiphysiālis, –, epiphysiāle	zur Epiphyse gehörend
ethmŏĭdālis, –, ethmŏĭdāle	siebähnlich

faciālis, –, faciāle	zum Gesicht gehörend
femorālis, –, femorāle	zum Oberschenkel gehörend
fetālis, –, fetāle	zur Leibesfrucht gehörend
frontālis, –, frontāle	zur Stirn gehörend
gastrocnemiālis, –, gastrocnemiāle	zum Wadenmuskel gehörend
generālis, –, generāle	allgemein
genitālis, –, genitāle	zu den Geschlechtsorganen gehörend
genitŏfemorālis, –, genitŏfemorāle	zu den Geschlechtsorganen und dem Oberschenkel gehörend
genitŏinguīnālis, –, genitŏinguīnāle	zu den Geschlechtsorganen und der Leistengegend gehörend
gingivālis, –, gingivāle	zum Zahnfleisch gehörend
glenŏĭdālis, –, glenŏĭdāle	zur Gelenkpfanne gehörend
haemorrhŏĭdālis, –, haemorrhŏĭdāle	zum Mastdarm oder After gehörend
horizontālis, –, horizontāle	waagerecht
humerālis, –, humerāle	zum Oberarmknochen gehörend
hymenālis, –, hymenāle	zum Jungfernhäutchen gehörend
inguīnālis, –, inguīnāle	zur Leistengegend gehörend
interatriālis, –, interatriāle	zwischen den Vorhöfen liegend

intercapitālis, –, intercapitāle	zwischen den Köpfchen gelegen
intestīnālis, –, intestīnāle	zum Darm gehörend
jejūnālis, –, jejūnāle	zum Leerdarm gehörend
lacrimālis, –, lacrimāle	zu den Tränen / Tränenorganen gehörend
laterālis, –, laterāle	seitlich
liēnālis, –, liēnāle (sprich li-e-nális)	zur Milz gehörend
linguālis, –, linguāle	zur Zunge gehörend
longitūdinālis, –, longitūdināle	längs gerichtet
lumbālis, –, lumbāle	zur Lende gehörend
lumbricālis, –, lumbricāle	regenwurmähnlich

§ 380 b

marginālis, –, margināle	zum Rande gehörend
mediālis, –, mediāle	nach der Mittelebene des Körpers zu gelegen
mentālis, –, mentāle	zum Kinn gehörend
meridĭōnālis, –, meridĭōnāle	wie ein Meridian verlaufend
metacarpālis, –, metacarpāle	zur Mittelhand gehörend
metatarsālis, –, metatarsāle	zum Mittelfuß gehörend
mitrālis, –, mitrāle	einer Mitra ähnlich, zweizipflig
nasālis, –, nasāle	zur Nase gehörend
nuchālis, –, nuchāle	zum Nacken gehörend
occipitālis, –, occipitāle	zum Hinterhaupt gehörend
omentālis, –, omentāle	zum Netz gehörend
orālis, –, orāle	zum Mund gehörend
orbitālis, –, orbitāle	zur Augenhöhle gehörend
palpebrālis, –, palpebrāle	zum Augenlid gehörend
perinĕālis, –, perinĕāle	zum Damm gehörend
pleurālis, –, pleurāle	zum Brustfell gehörend
postcentrālis, –, postcentrāle	hinter der Zentralfurche des Großhirns liegend
posterolatĕrālis, –, posterolatĕrāle	hinten und seitlich gelegen
praeternaturālis, –, praeternaturāle	außernatürlich, künstlich
prēperitonēālis, –, prēperitonēāle	vor dem Bauchfell liegend
prēputĭālis, –, prēputĭāle	zur Vorhaut gehörend
proximālis, –, proximāle	an Gliedmaßen der von zwei Punkten dem Rumpf nähere
pudendālis, –, pudendāle	zur Schamgegend gehörend
pulmōnālis, –, pulmōnāle	zur Lunge gehörend
pyramidālis, –, pyramidāle	pyramidenförmig, zur Pyramide gehörend

§ 380 c

radiālis, –, radiāle	zum Radius des Unterarmes gehörend
rectālis, –, rectāle	zum Mastdarm gehörend
renālis, –, renāle	zur Niere gehörend
rhinālis, –, rhināle	zur Nase gehörend
sacrālis, –, sacrāle	zum Kreuzbein gehörend
sagittālis, –, sagittāle	die Richtung des abgeschossenen Pfeiles besitzend
scrotālis, –, scrotāle	zum Hodensack gehörend
segmentālis, –, segmentāle	zum Abschnitt gehörend
seminālis, –, semināle	zum Samen gehörend
septālis, –, septāle	zur Scheidewand gehörend, bei der Scheidewand gelegen
sphenŏĭdālis, –, sphenŏĭdāle	keilförmig
spinālis, –, spināle	zum Dorn, Grat, Rückgrat, Dornfortsatz gehörend

sternālis, –, sternāle	zum Brustbein gehörend
subapicālis, –, subapicāle	unter der Spitze gelegen
subdurālis, –, subdurāle	unter der harten Hirnhaut liegend
superficiālis, –, superficiāle	an der Oberfläche liegend
supramarginālis, –, supramargināle	über dem Rande liegend
surālis, –, surāle	zur Wade gehörend
symphysiālis, –, symphysiāle	zur Schamfuge gehörend
synoviālis, –, synoviāle	zur Gelenkschmiere gehörend
tarsālis, –, tarsāle	zum Augenlid gehörend
tegmentālis, –, tegmentāle	zur Decke gehörend
temporālis, –, temporāle	zur Schläfe gehörend
terminālis, –, termināle	zur Grenze gehörend, zum Ende gehörend, am Ende gelegen
tibiālis, –, tibiāle	zum Schienbein gehörend
trachēālis, –, trachēāle	zur Luftröhre gehörend
tricuspidālis, –, tricuspidāle	mit drei Spitzen versehen
tuberālis, –, tuberāle	zum Höcker gehörend
umbilicālis, –, umbilicāle	zum Nabel gehörend
urēthrālis, –, urēthrāle	zur Harnröhre gehörend
vagālis, –, vagāle	zum nervus vagus gehörend
vaginālis, –, vagināle	zur Scheide gehörend
ventrālis, –, ventrāle	zum Bauche gehörend, bauchwärts
vertebrālis, –, vertebrāle	zum Wirbel gehörend
verticālis, –, verticāle	senkrecht
vesicālis, –, vesicāle	zur Blase gehörend
viscerālis, –, viscerāle	zu den Eingeweiden gehörend
zonālis, –, zonāle	gürtelförmig, zum Gürtel gehörend

Bei Wörtern, die schon ein l enthalten, lautet das Suffix -āris (vgl. § 363): § 381

acetabulāris, –, acetabulāre	zur Pfanne gehörend
alvĕolāris, –, alvĕolāre	zum Alveolus gehörend
ampullāris, –, ampullāre	zur Ampulla gehörend
angulāris, –, angulāre	zum Winkel gehörend, winkelig
anulāris, –, anulāre	zum Ring gehörend
arĕolāris, –, arĕolāre	zum Hof gehörend
articulāris, –, articulāre	zum Gelenk gehörend
auriculāris, –, auriculāre	zum Ohr gehörend
axillāris, –, axillāre	zur Achselhöhle gehörend
calcanĕāris, –, calcanĕāre	das Fersenbein betreffend
capillāris, –, capillāre	haarartig
capsulāris, –, capsulāre	zur Kapsel gehörend
cerebellāris, –, cerebellāre	zum Kleinhirn gehörend
ciliāris, –, ciliāre	den Wimpern ähnlich
circulāris, –, circulāre	kreisförmig
claviculāris, –, claviculāre	zum Schlüsselbein gehörend
cochlĕāris, –, cochlĕāre (von cochlĕa)	zur Schnecke/zum Hören gehörend
condylāris, –, condylāre	höckerig
cupulāris, –, cupulāre	zur Kuppel gehörend
fasciolāris, –, fasciolāre	zum Band gehörend
fibulāris, –, fibulāre	zum Wadenbein gehörend
glandulāris, –, glandulāre	zur Drüse gehörend
granulāris, –, granulāre	körnig
interscapulāris, –, interscapulāre	zwischen den Schulterblättern liegend
intertuberculāris, –, intertuberculāre	zwischen den beiden tubercula des humerus liegend

interventriculāris, –, interventriculāre	zwischen den Kammern gelegen
intraalvĕolāris, –, intraalvĕolāre	innerhalb der Alveolen gelegen
intraarticulāris, –, intraarticulāre	innerhalb des Gelenks gelegen
intrajugulāris, –, intrajugulāre	innerhalb des foramen jugulare liegend
jugulāris, –, jugulāre	zur Drosselgrube oder Vorderseite des Halses gehörend

§ 381 a

lacunāris, –, lacunāre	zur Lücke gehörend
lingulāris, –, lingulāre	zur lingula gehörend
lobāris, –, lobāre	zum Lappen gehörend, lappenartig
maculāris, –, maculāre	zum Fleck gehörend
malāris, –, malāre	zur Wange gehörend
mallĕāris, –, mallĕāre	zum Hammer gehörend
mallĕŏlāris, –, mallĕŏlāre	zum Knöchel gehörend
mandibulāris, –, mandibulāre	zum Unterkiefer gehörend
maxillāris, –, maxillāre	zum Oberkiefer gehörend
moleculāris, –, moleculāre	sehr fein verteilt
musculāris, –, musculāre	zum Muskel gehörend
naviculāris, – naviculāre	kahnförmig
nuclĕāris, –, nuclĕāre	zum Kern gehörend
olīvāris, –, olīvāre	zur Olive gehörend
operculāris, –, operculāre	zum Deckel gehörend
palmāris, –, palmāre	zur Handfläche gehörend
papillāris, –, papillāre	warzenartig
patellāris, –, patellāre	zur Kniescheibe gehörend
pedunculāris, –, pedunculāre	zum Stiel gehörend
plantāris, –, plantāre	zur Fußsohle gehörend
pupillāris, –, pupillāre	zur Pupille gehörend
quadrangulāris, –, quadrangulāre	vierwinklig, viereckig

§ 381 b

radiculāris, –, radiculāre	zur Wurzel gehörend
reticulāris, –, reticulāre	netzförmig
retromallĕŏlāris, –, retromallĕŏlāre	hinter dem Knöchel liegend
retromaxillāris, –, retromaxillāre	hinter dem Oberkiefer liegend
sacculāris, –, sacculāre	zum Säckchen gehörend
salīvāris, –, salīvāre	zum Speichel gehörend
scapulāris, –, scapulāre	zum Schulterblatt gehörend
sellāris, –, sellāre	zum Sessel gehörend
semicirculāris, –, sēmicirculāre	halbkreisförmig
sēmilūnāris, –, sēmilūnāre	halbmondförmig
solāris, –, solāre	zur Sonne gehörend, sonnenförmig
superciliāris, –, superciliāre	zur Augenbraue gehörend
supraarticulāris, –, supraarticulāre	über der Gelenkpfanne liegend
talāris, –, talāre	zum Sprungbein gehörend
testiculāris, –, testiculāre	zum Hoden gehörend
tonsillāris, –, tonsillāre	zur Mandel gehörend
triangulāris, –, triangulāre	dreieckig
trochlĕāris, –, trochlĕāre	zur Rolle gehörend
ulnāris, –, ulnāre	zur Elle gehörend
vasculāris, –, vasculāre	zum Gefäß gehörend

§ 382 Suffix -formis, das die Formähnlichkeit mit einem Gegenstand ausdrückt und dessen vorletzte Silbe durch Position nach § 11 lang ist. Der Wortstamm wird mittels des Bindevokals ĭ mit dem Suffix verknüpft.

cochlĕarĭformis, –, cochlĕarĭforme	löffelartig	§ 383
crucĭformis, –, crucĭforme	kreuzförmig	
cunĕĭformis, –, cunĕĭforme	keilförmig	
embŏlĭformis, –, embŏlĭforme	pfropfenförmig	
falcĭformis, –, falcĭforme	sichelförmig	
filĭformis, –, filĭforme	fadenförmig	
fundĭformis, –, fundĭforme	schleuderförmig	
fungĭformis, –, fungĭforme	pilzförmig	
füsĭformis, –, füsĭforme	spindelförmig	
glomĭformis, –, glomĭforme	knäuelförmig	
lentĭformis, –, lentĭforme	linsenförmig	
pampinĭformis, –, pampinĭforme	rankenförmig	
pirĭformis, –, pirĭforme	birnenförmig	
pīsĭformis, –, pīsĭforme	erbsenförmig	
saccĭformis, –, saccĭforme	sackförmig	
vermĭformis, –, vermĭforme	wurmförmig	

Infolge Wortneubildung durch Vorsetzung einer Präposition ändert sich der Sinn des ursprünglichen Wortes, so daß das Suffix -formis mißbräuchlich verwendet erscheint:

intercunĕĭformis, –, intercunĕĭforme	zwischen den Keilbeinen des Fußes liegend
retrolentĭformis, –, retrolentĭforme	hinter dem nucleus lentiformis liegend

1.7.3. Adjektiva mit einer Endung

Schließlich gibt es Adjektiva, die im Nominativ Singular in allen Genera gleichlautend sind.

m.	f.	n.	
simplex	simplex	simplex	einfach
sapĭens	sapĭens	sapĭens	weise
dīvĕs	dīvĕs	dīvĕs	reich

Sie haben lediglich bei der neutralen Form im Akkusativ Singular sowie im Nominativ und Akkusativ Plural anderslautende Endungen als die maskulinen und femininen Formen. Der größte Teil auch dieser Adjektiva steht unter dem Einfluß der i-Deklination, während nur ein kleiner Teil sich streng nach der konsonantischen Deklination richtet.

1.7.3.1. Unter dem Einfluß der i-Deklination

Eine Gruppe umfaßt vor allem Wörter auf x; es handelt sich um c-Stämme mit angehängtem s (c + s = x),. Genitiv -cis.

Singular	m.	f.	n.
Nominativ	simplex	simplex	simplex
Genitiv	simplĭcĭs	simplĭcĭs	simplĭcĭs
Dativ	simplĭcī	simplĭcī	simplĭcī
Akkusativ	simplĭcĕm	simplĭcĕm	simplex
Ablativ	simplĭcī	simplĭcī	simplĭcī

Plural	m.	f.	n.
Nominativ	simplĭcēs	simplĭcēs	simplĭcĭă
Genitiv	simplĭcĭŭm	simplĭcĭŭm	simplĭcĭŭm
Dativ	simplĭcĭbus	simplĭcĭbus	simplĭcĭbus
Akkusativ	simplĭcēs	simplĭcēs	simplĭcĭă
Ablativ	simplĭcĭbus	simplĭcĭbus	simplĭcĭbus

§ 386

simplex, simplĭcis	einfach	căpax, căpācis	geräumig
dŭplex, duplĭcis	doppelt	fallax, fallācis	trügerisch
trĭplex, trĭplĭcis	dreifach	fēlix, fēlĭcis	glücklich
multĭplex, multĭplĭcis	vielfach	hĕlix, hĕlĭcis	windend
		praecox, praecŏcis	frühzeitig
audax, audācis	kühn	tĕnax, tĕnācis	zäh

§ 387 Eine weitere Gruppe umfaßt Adjektiva, die im Nominativ auf -ens enden und den Genitiv -entis bilden.

Singular	m.	f.	n.
Nominativ	sapĭens	sapĭens	sapĭens
Genitiv	sapĭentĭs	sapĭentĭs	sapĭentĭs
Dativ	sapĭentī	sapĭentī	sapĭentī
Akkusativ	sapĭentĕm	sapĭentĕm	sapĭens
Ablativ	sapĭentī	sapĭentī	sapĭentī

Plural			
Nominativ	sapĭentēs	sapĭentēs	sapientĭă
Genitiv	sapĭentĭŭm	sapĭentĭŭm	sapĭentĭŭm
Dativ	sapĭentĭbus	sapĭentĭbus	sapĭentĭbus
Akkusativ	sapĭentēs	sapĭentēs	sapientĭă
Ablativ	sapĭentĭbus	sapĭentĭbus	sapĭentĭbus

Wenn diese Adjektiva als Substantiva gebraucht werden, z. B. sapiens *der Weise*, so richten sie sich meist nicht nach der i-Deklination und haben im Ablativ Singular -ĕ und im Genitiv Plural -um.

Zur Betonung: Im Genitiv ist die vorletzte Silbe durch Position lang.

sapĭens, sapĭéntis	weise	pŏtens, pŏtentis	mächtig
cānescens, cānescentis	grau, weißgrau	prūdens, prūdentis	klug
		pūbēscens, pūbēscentis	flaumhaarig
dīlĭgens, dīlĭgentis	sorgfältig		
flāvescens, flāvescentis	gelblich	rĕcens, rĕcentis	frisch
		rūfescens, rūfescentis	rötlich
frĕquens, frĕquentis	häufig		
		splendens, splendentis	glänzend
ingens, ingentis	ungeheuer		
lēnĭens, lēnĭentis	mildernd	vălens, vălentis	kräftig
lūtescens, lūtescentis	gelblich	vĕhĕmens, vĕhĕmentis	heftig
mădescens, mădescentis	triefend	vĭrescens, vĭrescentis	grünlich

Einige dieser Adjektiva sind ursprünglich Partizipien. Hierbei müssen auch die zahlreichen Partizipien des Präsens von Verben vgl. § 542 aufgeführt werden. Alle Partizipien, wenn sie als solche gebraucht werden, haben die Endung -ĕ im Ablativ Singular, dagegen im Plural -ĭa, -ĭum. Erfolgt die Anwendung als Adjektiv, so wird der Ablativ auf -ī gebildet. § 388

Die Betonung liegt im Nominativ auf der vorletzten Silbe (vgl. §§ 8, 10, 11), ebenfalls im Genitiv (vgl. § 11):

ardens, ardéntis	feurig, glutrot, leuchtend	scandens, scandentis	kletternd	§ 388 a
candens, candentis	weiß glänzend	serpens, serpentis	schlängelnd	
nĭtens, nĭtentis	glänzend	trĕmens, trĕmentis	zitternd	
rēpens, rēpentis	kriechend	ūrens, ūrentis	brennend	
rōdens, rōdentis	nagend			

abdūcens, abdūcéntis	wegführend	§ 388 b
adhaerens, adhaerentis	haftend	
adstringens, adstringentis	zusammenziehend	
adsurgens, adsurgentis	sich aufrichtend	
albescens, albescentis	weiß werdend	
arbŏrescens, arbŏrescentis	baumartig werdend	
ascendens, ascendentis	aufsteigend	
dēcumbens, dēcumbentis	niederliegend	
dēscendens, dēscendentis	absteigend	
dētergens, dētergentis	hautreinigend	
intermittens, intermittentis	vorübergehend, aussetzend, unterbrechend	
occlūdens, occlūdentis	verschließend	
oppōnens, oppōnentis	gegenüberstellend	
prōcumbens, prōcumbentis	niederliegend	
recurrens, recurrentis	zurücklaufend	

Die Betonung liegt im Nominativ auf der drittletzten Silbe (vgl. §§ 9, 12), dagegen im Genitiv auf der vorletzten Silbe (vgl. § 11):

conflŭens, conflŭéntis	zusammenfließend, Subst.: der Zusammenfluß	§ 388 c
constitŭens, constitŭentis	feststellend	
corrĭgens, corrĭgentis	verbessernd	
ēmĭnens, ēmĭnentis	stattlich, hervorragend	
dēflatŭlĕns, dēflatŭlentis	entblähend	
gravĕŏlens, gravĕŏlentis	stark duftend	
immĭnens, immĭnentis	drohend, lauernd	
permănens, permănentis	bleibend, dauernd	
prōmĭnens, prōmĭnentis	vorragend	
affĕrens, affĕrentis	hintragend, hinführend	
dēfĕrens, dēfĕrentis	herabführend	
effĕrens, effĕrentis	abführend, herausführend, herausragend	

ēmollĭens, ēmollĭentis	erweichend	§ 388 d
desinfĭcĭens, desinfĭcĭentis	keimtötend	
nūtrĭens, nūtrĭentis	ernährend	
rĕūnĭens, rĕūnĭentis	verbindend	

Die Betonung liegt im Nominativ auf der vorletzten Silbe (vgl. §§ 8, 10, 11), ebenfalls im Genitiv (vgl. § 11):

curvans, curvantis	sich krümmend	§ 389

frágrans, frágrantis	wohlriechend
fúmans, fúmantis	rauchend
iuvans, iuvantis	helfend, unterstützend
laxans, laxantis,	abführend
migrans, migrantis	wandernd
natans, natantis	schwimmend
purgans, purgantis	abführend
reptans, reptantis	kriechend
spectans, spectantis	hinzielend

§ 389 a

abérrans, aberrántis	abirrend
altérnans, alternántis	abwechselnd
dēfórmans, dēformántis	formabweichend, verunstaltend
exsíccans, exsiccántis	austrocknend
susténtans, sustentántis	unterstützend

§ 389 b Die Betonung liegt im Nominativ auf der drittletzten Silbe (vgl. §§ 9, 12), dagegen im Genitiv auf der vorletzten Silbe (vgl. § 11):

ágĭtans, agĭtántis	heftig bewegend, schüttelnd
albĭcans, albĭcantis	weiß erscheinend
atrophĭcans, atrophĭcantis	mit Atrophie einhergehend, schwindend
candĭcans, candĭcantis	weiß werdend, verbleichend
comĭtans, comĭtantis	begleitend
concomĭtans, concomĭtantis	begleitend
dissĕcans, dissĕcantis	abtrennend
elĕgans, elĕgantis	ansehnlich
emulsifĭcans, emulsifĭcantis	emulsionsbildend
expectŏrans, expectŏrantis	Auswurf fördernd
flŭĭtans, flŭĭtantis	flutend
limĭtans, limĭtantis	begrenzend
lŭbrĭfĭcans, lŭbrĭfĭcantis	gleitend machend
nictĭtans, nictĭtantis	nickend
nigrĭcans, nigrĭcantis	schwärzlich
oblitĕrans, oblitĕrantis	verengend, verschließend, verödend
perfŏrans, perfŏrantis	durchbohrend
rādĭans, rādĭantis	strahlig, strahlend
rōbŏrans, rōbŏrantis	stärkend, kräftigend
sībĭlans, sībĭlantis	zischend, pfeifend
vegĕtans, vegĕtantis	wuchernd

§ 390 Ohne ausgeprägtes Suffix:

impār, impăris	ungleich
pār, păris	gleich

1.7.3.2. Konsonantische Stämme

§ 391 Zur konsonantischen Gruppe gehört eine zahlenmäßig geringfügige Reihe von Adjektiven. Diese bilden also Ablativ Singular -ĕ, Plural Nominativ und Akkusativ Neutrum -ă und Genitiv Plural -ŭm. Bei dem Überwiegen der Adjektiva, die nach der i-Deklination gehen, ist es nicht verwunderlich, daß auch die konsonantischen Adjektiva oft unter den Einfluß der i-Deklination geraten, also -ī, -ĭă, -ĭŭm haben. Dies ist im naturwissenschaftlichen und im besonderen Maß im medizinischen Latein der Fall.

Singular	m.	f.	n.	Plural	m.	f.	n.
Nominativ	dĭvĕs	dĭvĕs	dĭvĕs		dĭvĭtēs	dĭvĭtēs	dĭvĭtă
Genitiv	dĭvĭtĭs	dĭvĭtĭs	dĭvĭtĭs		dĭvĭtŭm	dĭvĭtŭm	dĭvĭtŭm
Dativ	dĭvĭtī	dĭvĭtī	dĭvĭtī		dĭvĭtĭbus	dĭvĭtĭbus	dĭvĭtĭbus
Akkusativ	dĭvĭtĕm	dĭvĭtĕm	dĭvĕs		dĭvĭtēs	dĭvĭtēs	dĭvĭtă
Ablativ	dĭvĭtĕ	dĭvĭtĕ	dĭvĭtĕ		dĭvĭtĭbus	dĭvĭtĭbus	dĭvĭtĭbus

dĭvĕs, dĭvĭtis	reich	paupĕr, paupĕris	arm
caelebs, caelĭbis	ehelos	princeps, princĭpis	an erster Stelle
compŏs, compŏtis	mächtig	pūbēs, pūbĕris	mannbar
dēgĕnĕr, dēgĕnĕris	entartet	sospĕs, sospĭtis	wohlbehalten
dēsĕs, dēsĭdis	untätig	sŭperstĕs, sŭperstĭ-	überlebend
hĕbĕs, hĕbĕtis	stumpf	tis	
mĕmŏr, mĕmŏris	eingedenk	tĕrĕs, tĕrĕtis	stielrund
immĕmŏr, immĕ-	uneingedenk	vĕtŭs, vĕtĕris	alt
mŏris		vĭgĭl, vĭgĭlis	wachsam
partĭceps, partĭcĭ-	teilnehmend, teilhaf-		
pis	tig		

1.7.3.3.   Adjektiva als Komposita konsonantischer Substantiva

Zu bemerken ist ferner, daß die Adjektiva mit einer Endung, die als Zusammensetzung   § 392
konsonantischer Substantiva mit einem anderen Wort gebildet sind, im Genitiv Plural gewöhnlich -um statt -ium haben. Derartige konsonantische Substantiva sind z. B. caput,
cor, pes, ops.

anceps, ancĭpĭtis	schwankend, doppelköpfig, zweiteilig
bĭceps, bĭcĭpĭtis	zweiköpfig
concors, concordis	einträchtig
expers, expertis (mit Gen.)	frei von
ĭnops, ĭnŏpis	mittellos, unansehnlich
quădrŭpēs, quădrŭpĕdis	vierfüßig
trĭceps, trĭcĭpĭtis	dreiköpfig
tricŏlŏr, tricŏlōris	dreifarbig

1.7.3.4.   Griechische Formenbildungen

Hierzu gehören Adjektiva mit der Endung -oides und -odes. Sie deklinieren wie Adjektiva   § 393
mit einer Endung nach der konsonantischen Deklination.
Im Griechischen unterscheidet sich eigentlich im Nominativ Singular die maskuline und
feminine Endung durch ein langes ē (Eta) von der neutralen, die ein kurzes ĕ (Epsilon)
besitzt. Da aber im lateinischen Schriftbild sich die neutrale Endung nicht von den beiden anderen Geschlechtern abhebt, werden aus praktischer Erwägung die latinisierten
Wörter als Adjektive mit einer Endung behandelt.

Adjektiva mit dem Suffix -ŏĭdes

Das Suffix -ŏĭdes und dessen Deklinationsschema

Ein Suffix, das im naturwissenschaftlich-medizinischen Latein vorkommt, ist die latini-   § 394
sierte Endung -oides (sprich: ŏ-ides). Der zweite Bestandteil -ides entspricht einer gleich-
lautenden griechischen Endung -ides, ursprünglich -eides, und bedeutet: *aussehend wie,
-artig, -ähnlich.* Das vorhergehende o ist der Bindevokal zwischen dieser Endung und dem
Substantiv, an das sie tritt.

§ 395 Die Adjektiva mit dem Suffix -ŏīdes unterliegen nicht dem Einfluß der lateinischen i-Deklination. Sie bilden also im Singular den Ablativ auf -ĕ und im Plural Nominativ und Akkusativ des Neutrums auf -ă und den Genitiv Plural auf -ŭm. Ihr Deklinationsschema ist demnach:

Singular	m.	f.	n.
Nominativ	sigmŏīdēs	sigmŏīdēs	sigmŏīdēs
Genitiv	sigmŏīdĭs	sigmŏīdĭs	sigmŏīdĭs
Dativ	sigmŏīdī	sigmŏīdī	sigmŏīdī
Akkusativ	sigmŏīdĕm	sigmŏīdĕm	sigmŏīdēs
Ablativ	sigmŏīdĕ	sigmŏīdĕ	sigmŏīdĕ

Plural			
Nominativ	sigmŏīdēs	sigmŏīdēs	sigmŏīdă
Genitiv	sigmŏīdŭm	sigmŏīdŭm	sigmŏīdŭm
Dativ	sigmŏīdĭbus	sigmŏīdĭbus	sigmŏīdĭbus
Akkusativ	sigmŏīdēs	sigmŏīdēs	sigmŏīdă
Ablativ	sigmŏīdĭbus	sigmŏīdĭbus	sigmŏīdĭbus

§ 396 Wörter aus dem **botanischen** Gebiet

abrotanŏīdēs, –, abrotanŏīdēs	eberrautenähnlich	daucŏīdes	möhrenartig
		deltŏīdes	deltaähnlich, dreieckig
agavŏīdes	agavenähnlich		
agrostiŏīdes	straußgrasartig	dicranŏīdes	gabelzahnmoosähnlich
alnŏīdes	erlenähnlich		
alŏīdes	aloeähnlich	ericŏīdes	heidekrautähnlich
alopecurŏīdes	fuchsschwanzartig	genistŏīdes	ginsterähnlich
apocynŏīdes	hundswürgerähnlich	geratŏīdes	leberbalsamähnlich
aquilegiŏīdes	akeleiähnlich	helichrysŏīdes	strohblumenähnlich
araucarŏīdes	schmucktannenartig	lumbricŏīdes	regenwurmähnlich
armoracŏīdes	meerrettichähnlich	ocymŏīdes	basilikumähnlich
calthŏīdes	dotterblumenähnlich	pinŏīdes	kiefernähnlich
cannŏīdes	blumenrohrähnlich	ptarmicŏīdes	der Bertram-Schafgarbe ähnlich
crambŏīdes	meerkohlähnlich		
daphnŏīdes	seidelbastähnlich	scutellarŏīdes	helmkrautähnlich

§ 397 Wörter aus dem **medizinischen** Gebiet:

Im medizinischen Latein hat die Jenenser Anatomische Nomenklatur von 1935 eine Anzahl griechischer Wörter mit dieser Endung -oides versehen; jedoch hat die Pariser Anatomische Nomenklatur von 1955 meist statt dieser Endung das Suffix -ideus (Adjektiv der a- und o-Deklination) der BNA wieder eingeführt (vgl. § 228).

deltŏīdes	dem großen Delta ähnlich, dreieckig	sigmŏīdes	dem großen Sigma in älterer Form (C) ähnlich, s-förmig, halbmondförmig
lambdŏīdes	dem großen Lambda ähnlich, gleichschenkelig		

Adjektiva mit dem Suffix -ōdes

§ 398 Sie leiten sich meist von Substantiva auf -ia oder -ium ab, die mit der Endung -odes versehen werden. Auch an den Wortstamm der griechischen Neutra auf -ma (vgl. § 349) wird die Endung -odes angehängt. Das griechische Suffix -ódes bedeutet *-artig, -ähnlich*. Durch

Zusammenziehung von ŏ (Omikron) mit ei oder i (-eides, -īdes) wurde ō (Omega). Das Deklinationsschema ist dem der Wörter auf -ōīdes gleich.

Wörter aus dem **botanischen** Gebiet:

aspidīōdēs, –, aspidīōdēs	schildfarnähnlich	nasturtīōdes	brunnenkresseähnlich
asplenīōdes	asplenumähnlich	oncidīōdes	onzidiumähnlich
batrachīōdes	froschkrautähnlich	orchīōdes	knabenkrautartig
calystegīōdes	schönwindeähnlich	persicarīōdes	flohknöterichähnlich
celosīōdes	zellenförmig	phacelīōdes	phazeliaähnlich
cerastīōdes	hornkrautähnlich	phrynīōdes	marantenähnlich
convallarīōdes	maiglöckchenähnlich	pistīōdes	pistiaähnlich
cornucopīōdes	füllhornähnlich	pulegīōdes	poleiminzenartig
dacrydīōdes	träneneibenähnlich	pulmonarīōdes	lungenkrautähnlich
echīōdes	natterkopfartig	quassīōdes	bitterrindenbaumähnlich
eryngīōdes	mannstreuähnlich	ramondīōdes	ramondiaähnlich
euphorbīōdes	wolfsmilchähnlich	restīōdes	strichgrasähnlich
euphrasīōdes	augentrostähnlich	ribesīōdes	johannisbeerstrauchähnlich
ficarīōdes	feigwurzähnlich		
fragarīōdes	erdbeerähnlich	rubīōdes	krappähnlich
fumarīōdes	erdrauchähnlich	saponarīōdes	seifenkrautähnlich
galīōdes	labkrautähnlich	scorpīōdes	gliederförmig, skorpionähnlich
gardenīōdes	der Gardenia ähnlich		
geranīōdes	storchschnabelähnlich	scrophularīōdes	braunwurzähnlich
gnaphalīōdes	ruhrkrautähnlich	scutellarīōdes	helmkrautähnlich
grossularīōdes	stachelbeerähnlich	sisymbrīōdes	raukenähnlich
helenīōdes	sonnenkrautähnlich	spartīōdes	pfriemenstrauchähnlich
heliotropīōdes	heliotropähnlich		
hieracīōdes	habichtskrautähnlich	stapelīōdes	aasblumenähnlich
iridīōdes	schwertlilienähnlich	taxodīōdes	sumpfzypressenähnlich
kerrīōdes	kerriaähnlich		
laserpitīōdes	laserkrautähnlich	telephīōdes	fetthennenartig
leontopodīōdes	edelweißähnlich	teucrīōdes	gamanderähnlich
lepidīōdes	kresseähnlich	thesīōdes	vermeinkrautähnlich
linarīōdes	leinkrautähnlich	trollīōdes	trollblumenähnlich
lobelīōdes	lobelienähnlich	ulmīōdes	ulmenähnlich
lomarīōdes	rippenfarnähnlich	utricularīōdes	wasserschlauchähnlich
lunarīōdes	silberlingähnlich		
lycīōdes	bocksdornähnlich	vaccinīōdes	heidelbeerähnlich
lycopodīōdes	bärlappähnlich	vicīōdes	wickenähnlich
lysimachīōdes	goldweidrichähnlich	vulnerarīōdes	wundkleeähnlich
marrubīōdes	andornähnlich	wigandīōdes	wigandiaähnlich
matricarīōdes	matricariaartig	xanthīōdes	spitzklettenähnlich
muscarīōdes	moschushyazinthenähnlich	xiphīōdes	schwertlilienähnlich
		xyridīōdes	degenkrautähnlich
myīōdes	fliegenähnlich	zamīōdes	zamiaähnlich

Wörter aus dem **medizinischen** Gebiet:

erythematōdes	erythemähnlich	rheumatōdes	rheumaähnlich

1.8. Die vierte oder u-Deklination

§ 400 Ihr Vokabelumfang ist zahlenmäßig nicht allzu groß; sie beherbergt aber eine Anzahl vorwiegend naturwissenschaftlich-medizinischer Vokabeln. Ihr gehören hauptsächlich Maskulina an, ferner einige wenige Feminina und Neutra. Die Maskulina und Feminina haben gleichlautende Endungen.

§ 401 Deklinationsschema

	Singular		Plural	
Nominativ	fructŭs	die Frucht	fructūs	die Früchte
Genitiv	fructūs	der Frucht	fructŭŭm	der Früchte
Dativ	fructŭī	der Frucht	fructĭbus	den Früchten
Akkusativ	fructŭm	die Frucht	fructūs	die Früchte
Ablativ	fructū	durch die Frucht	fructĭbus	durch die Früchte

Als Nebenform erscheint in der Literatur mitunter der Dativ Singular auf ū, besonders bei den Neutra vgl. § 414. Ferner lauten mitunter Dativ und Ablativ Plural auf -ŭbus, immer bei lacus und tribus.

§ 401 a Wortstamm

Wortstamm ist fructu, da der Genitiv aus fructuus zu fructūs kontrahiert ist. Daher wird z. B. spiritu-osus, sinu-itis (in der Medizin meist falsch sinusitis) gebildet.

§ 402 Aussprache

Es ist zu beachten, daß im Genitiv und Ablativ Singular u lang ist, ebenso im Nominativ und Akkusativ Plural. Das u im Dativ Singular und im Genitiv Plural ist kurz, ebenso wie das i im Dativ, Ablativ Plural.

§ 403 Betonung

frúc-tus, frúc-tūs, frúc-tŭi, frúc-tum, frúc-tū, frúc-tūs, frúc-tŭum, frúc-tĭ-bus.

§ 404 Geschlecht

Viele maskuline Wörter, besonders auf -tus und -sus, leiten sich von Verben ab. Einige wenige Wörter haben natürliches oder grammatisch weibliches Geschlecht. Ihr Deklinationsschema ist dem oben angeführten gleich. Die wenigen Neutra auf -u werden gesondert behandelt.

1.8.1. Maskulina auf -us

Vokabeln allgemein wissenswerter Art

§ 405 Betonung liegt auf der vorletzten Silbe:

arcus, -us m.	der Bogen	nātus, -us m.	die Geburt
currus, -us m.	der Wagen	sinus, -us m.	die Vertiefung, Bucht,
lacus, -us m.	der See		Höhle, der Busen
metus, -us m.	die Furcht	victus, -us m.	die Lebensweise
mōtus, -us m.	die Bewegung		

§ 405 a

conventus, -us m.	die Zusammenkunft,	ēventus, -us m.	der Ausgang
	Versammlung	magistrātus, -us m.	die Behörde
convictus, us m.	die Gesellschaft	tumultus, -us m.	die Unruhe

Betonung liegt auf der drittletzten Silbe: §406

exercĭtus, -us m.   das Heer   intĕrĭtus, -us m.   der Untergang
impĕtus, -us m.   der Angriff

Vokabeln für Naturwissenschaft und Medizin

Verbalsubstantiva auf -tus, -tūs, abgeleitet aus der dritten Stammform der Verben.

Betonung liegt auf der vorletzten Silbe: §407

artus, -us (obs.) m.	das Gelenk	ructus, -us m.	das Rülpsen
fētus, -us m.	die Leibesfrucht	situs, -us m.	die Lage
fructus, -us m.	die Frucht	status, -us m.	der Zustand, Gleichgewicht, Lage
gustus, -us m.	der Geschmack	tactus, -us m.	das Befühlen, Betasten
ictus, -us m.	der Schlag, Stoß, Wurf	textus, -us m.	das Gewebe
linctus, -us m.	der Labetrunk	tractus, -us m.	der Zugstrang, die Leitungsbahn
partus, -us m.	die Geburt	vultus, -us m.	die Miene
pōtus, -us m.	das Getränk		

§408

apparātus, -us m.	die Vorrichtung, Apparat	mĕātus, -us m.	der Gang, Kanal
		olfactus, -us m.	der Geruchssinn
cōnātus, -us m.	der Versuch	perflātus, -us m.	der Luftzug
hĭātus, -us m.	der Spalt, Öffnung	volātus, -us m.	der Flug

§408a

abortus, -us m.	die Fehlgeburt, lit. auch Frühgeburt	contactus, -us m.	die Berührung, der Kontakt
aquaeductus, -us m.	die Wasserleitung	egustus, -us m.	das Ausleeren des Körpers
audītus, -us m.	das Gehör	prūrītus, -us m.	das Jucken
conspectus, -us m.	der Anblick	singultus, -us m.	der Schluckauf

Betonung liegt auf der drittletzten Silbe, da der Vokal der vorletzten Silbe kurz ist: §409

adĭtus, -us m.	der Zugang, Zutritt, Eingang	intrŏĭtus, -us m.	der Eingang
		pŏsĭtus, -us m.	die Lage
cŏĭtus, -us m.	der Beischlaf	sonĭtus, -us m.	der Schall, Geräusch
decubĭtus, -us m.	das Wundliegen	spīrĭtus, -us m.	der Geist, Lebenshauch, im DAB 6 Äthanol 90 %
exĭtus, -us m.	der Ausgang, Tod		
fremĭtus, -us m.	das Rasselgeräusch		
habĭtus, -us m.	die äußere Körperbeschaffenheit	strepĭtus, -us m.	der Lärm
		vomĭtus, -us m.	das Erbrechen

Verbalsubstantiva auf -sus, -sūs, abgeleitet aus der dritten Stammform der Verben.

Betonung liegt auf der vorletzten Silbe: §410

adnexus, -us m.	der Anhang	nexus, -us m.	die Verbindung
amplexus, -us m.	die Umarmung	plexus, -us m.	das Geflecht
cāsus, -us m.	der Fall	pulsus, -us m.	der Pulsschlag
cursus, -us m.	der Lauf, Ablauf	rīsus, -us m.	das Lachen
flexus, -us m.	die Biegung, Krümmung	sensus, -us m.	das Fühlen, der Sinn
		ūsus, -us m.	der Brauch, Sitte, Gebrauch
lapsus, -us m.	der Fehltritt, Fehler		
lūsus, -us m.	das Spiel, die Spielart (syst. Einheit)	vīsus, -us m.	das Sehen, das Sehvermögen

abscessus, -us m.	der Weggang, med.: die Eiteransammlung	descensus, -us m.	das Herabsteigen
		impulsus, -us m.	der Antrieb, Anstoß
abūsus, -us m.	der Verbrauch, Mißbrauch	processus, -us m.	der Vorgang, der Fortsatz
		prolapsus, -us m.	der Vorfall
complexus, -us m.	die Zusammenfassung, der Verband	recessus, -us m.	der Rückgang, die Ausbuchtung, die Vertiefung
congressus, -us m.	die Zusammenkunft		
consensus, -us m.	die Übereinstimmung, Einstimmigkeit	relapsus, -us m.	der Rückfall
		secessus, -us m.	das Fortgehen
		successus, -us m.	der Erfolg
decursus, -us m.	der Verlauf		

1.8.2. Feminina auf -us

§ 411 mit natürlichem weiblichem Geschlecht:

ănus, -ūs f.	die alte Frau	sŏcrus, -ūs f.	die Schwiegermutter
nŭrus, -ūs f.	die Schwiegertochter		

§ 412 mit grammatischem weiblichem Geschlecht:

acus, -us f.	die Nadel	pīnus, -us f.	die Kiefer
dŏmus, -us f.	das Haus	(pharmazeutisch-medizinisch nach der o-Deklination)	
mănus, -us f.	die Hand		
trĭbus, -us f.	der Gau, die Tribus (syst. Einheit)		
		quercus, -us f.	die Eiche

§ 413 Es muß darauf aufmerksam gemacht werden, daß in der Literatur die Abgrenzung gegenüber der o-Deklination nicht scharf durchgeführt ist, so daß dieselben Wörter mitunter der o- oder u-Deklination angehören (z. B. pinus, domus). Der Ablativ Singular lautet immer domo, vgl. § 468, domi (Gen. Sing.) *zu Hause* vgl. § 77.

1.8.3. Neutra auf -us

§ 414 Die wenigen Neutra dieser Deklination enden auf -u; **Deklinationsschema**

	Singular		Plural	
Nominativ	cornū	das Horn	cornŭa	die Hörner
Genitiv	cornūs	des Hornes	cornŭum	der Hörner
Dativ	cornū	dem Horne	cornĭbus	den Hörnern
Akkusativ	cornū	das Horn	cornŭa	die Hörner
Ablativ	cornū	durch das Horn	cornĭbus	durch die Hörner

§ 415 Nominativ und Akkusativ sind wie gewohnt gleich. Der Dativ Singular wird mitunter auf -ŭī gebildet. Der Genitiv ist seit der silbernen Latinität im medizinischen Latein auf -ū gebräuchlich. Daher ist diese auffallende Form des Genitivs in den Nomina anatomica erklärlich, ebenfalls in dem pharmazeutischen Ausdruck Sal cornū cervi.

§ 416	cornū, -ūs n.	das Horn	pĕcū, -ūs n.	das Vieh
	gĕnū, -ūs n.	das Knie	vĕrū, -ūs n.	der Bratspieß
	gĕlū, -ūs n.	die Kälte		

1.9. Die fünfte oder e-Deklination

Sie ist an Vokabeln die zahlenmäßig geringste Deklination. Ihr gehören nur Feminina an, **§ 417**
ausgenommen: dĭēs *der Tag* und mĕrĭdĭēs *der Mittag*, die beide in dieser Bedeutung
männlich sind.

Deklinationsschema; Aussprache und Betonung   **§ 418**

	Singular		Aussprache
Nominativ	specĭēs	die Art	spé-ci-es
Genitiv	specĭēī	der Art	spe-ci-é-i
Dativ	specĭēī	der Art	spe-ci-é-i
Akkusativ	specĭĕm	die Art	spé-ci-em
Ablativ	specĭē	durch die Art	spé-ci-e

	Plural		Aussprache
Nominativ	spécĭēs	die Arten	spé-ci-es
Genitiv	specĭērum	der Arten	spe-ci-érum
Dativ	specĭēbus	den Arten	spe-ci-ébus
Akkusativ	specĭēs	die Arten	spé-ci-es
Ablativ	specĭēbus	durch die Arten	spe-ci-ébus

Das e ist in allen Kasus, ausgenommen im Singular Akkusativ, lang. Daran ändert auch **§ 419**
nichts das Prinzip: vocalis ante vocalem brevis est (Vokal vor Vokal ist kurz). Dieses Gesetz wird hier durchbrochen. Diese Deklination soll dem sprachlichen Feingefühl Ciceros
so zuwider gewesen sein, daß er das Wort species mied. Im naturwissenschaftlich-medizinischen Latein spielt aber gerade diese Vokabel eine überragende Rolle.
Specĭēs bedeutet in der Biologie die Art bei Pflanzen und Tieren. Pharmazeutisch-medi-
zinisch bedeutet die Mehrzahl als Plurale tantum
specĭēs *das Teegemisch.*

Vokabeln im Nominativ Singular auf -ĭēs

specĭēs, specĭēī f.	die Art	**§ 420**
acĭēs, acĭēī f.	die Schärfe	
cānĭtĭēs, cānĭtĭēī f.	graue Farbe, Ergrauen der Haare	
carĭēs, carĭēī f.	die Fäulnis	
dūrĭtĭēs, dūrĭtĭēī f.	die Härte	
ēsurĭēs, ēsurĭēī f.	der Appetit	
facĭēs, facĭēī f.	das Gesicht, äußeres Erscheinungsbild, Außenfläche	
glacĭēs, glacĭēī f.	das Eis	
macĭēs, macĭēī f.	die Magerkeit	
mātĕrĭēs, mātĕrĭēī f.	die Materie, der Stoff	
mundĭtĭēs, mundĭtĭēī f.	die Reinlichkeit	
pernĭcĭēs, pernĭcĭēī f.	das Verderben	
rabĭēs, rabĭēī f.	die Wutkrankheit, Tollwut	
sanĭēs, sanĭēī f.	der jauchende Eiter	
scabĭēs, scabĭēī f.	die Krätze	
serĭēs, serĭēī f.	die Reihe	
superfĭcĭēs, superfĭcĭēī f.	die Oberfläche	

Vokabeln im Nominativ Singular auf -ēs

§ 421 Folgende drei Wörter, die nicht auf -iēs, sondern -ēs im Nominativ Singular ausgehen, haben im Singular Genitiv, Dativ und Akkusativ ein kurzes ĕ:

rēs, rĕī f.   die Sache   spēs, spĕī f.   die Hoffnung
fidēs, fidĕī f.   die Treue

§ 422 **Deklinationsschema**

	Singular		Aussprache
Nominativ	rēs	die Sache	rēs
Genitiv	rĕī	der Sache	re-i
Dativ	rĕī	der Sache	re-i
Akkusativ	rĕm	die Sache	rem
Ablativ	rē	durch die Sache	rē
	(e lang durch Ablativ-Endung)		

	Plural		
Nominativ	rēs	die Sachen	rēs
Genitiv	rērum	der Sachen	rē-rum
Dativ	rēbus	den Sachen	rē-bus
Akkusativ	rēs	die Sachen	rēs
Ablativ	rēbus	durch die Sachen	rē-bus

Beim Genitiv und Dativ Singular fidĕī sprich fí-dĕ-ī.

Pluralia tantum

§ 423 Pluralia tantum sind rēs secundae f. *das Glück* und rēs adversae f. *das Unglück*. Auf die Plural-Bedeutung von species im Sinne von *Teemischung* war schon aufmerksam gemacht worden (vgl. § 419).

speciēs nervīnae   Nerventee   speciēs tussiculā-   Hustentee
speciēs pectorālēs   Brusttee   rēs

Es ist auf die Adjektivendung -ae und -es des Plurals zu achten.

1.10.   Komparation

§ 424 Die Komparation stellt keine Wortklasse für sich dar, sondern ist eine Formbildung der Adjektiva.

1.10.1.   *Komparativ*

Bildung, Deklinationsschema und Bedeutung des Komparativs

§ 425 Der Komparativ wird dadurch gebildet, daß man -iŏr für das Maskulinum und Femininum und -iŭs für das Neutrum statt der Genitivendung an den Stamm des Adjektivs hängt.

rarus	selten	rarĭŏr, rarĭŏr, rarĭŭs	seltener
gravis	schwer	gravĭŏr, gravĭŏr, gravĭŭs	schwerer
simplex	einfach	simplĭcĭŏr, simplĭcĭŏr, simplĭcĭŭs	einfacher
frequens	häufig	frequentĭŏr, frequentĭŏr, frequentĭŭs	häufiger

pulcher	schön	pulchrĭŏr, pulchrĭŏr, pulchrĭŭs	schöner
asper	rauh	aspĕrĭŏr, aspĕrĭŏr, aspĕrĭŭs	rauher
acer	scharf	acrĭŏr, acrĭŏr, acrĭŭs	schärfer
celer	schnell	celĕrĭŏr, celĕrĭŏr, celĕrĭŭs	schneller

Der Komparativ dekliniert wie ein Adjektiv der konsonantischen (dritten) Deklination § 426 mit zwei Endungen. Ein Einfluß der i-Deklination ist beim Komparativ nicht vorhanden. Mithin wird der Ablativ Singular auf -ĕ, Nominativ und Akkusativ Plural vom Neutrum auf -ă und der Genitiv Plural auf -ŭm gebildet.

Singular	m.	f.	n.
Nominativ	rarĭŏr	rarĭŏr	rarĭŭs
Genitiv	rarĭōrĭs	rarĭōrĭs	rarĭōrĭs
Dativ	rarĭōrī	rarĭōrī	rarĭōrī
Akkusativ	rarĭōrĕm	rarĭōrĕm	rarĭŭs
Ablativ	rarĭōrĕ	rarĭōrĕ	rarĭōrĕ

Plural	m.	f.	n.
Nominativ	rarĭōrēs	rarĭōrēs	rarĭōră
Genitiv	rarĭōrŭm	rarĭōrŭm	rarĭōrŭm
Dativ	rarĭōrĭbus	rarĭōrĭbus	rarĭōrĭbus
Akkusativ	rarĭōrēs	rarĭōrēs	rarĭōră
Ablativ	rarĭōrĭbus	rarĭōrĭbus	rarĭōrĭbus

Komparativ mit nachfolgendem quam ist gleich der deutschen Wendung Komparativ mit § 427 nachfolgendem *als*: gravĭŏr quam, gravĭŭs quam *schwerer als*.

Der Komparativ kann auch ohne Zusatz von ētĭăm der deutschen Wendung *noch* mit § 428 nachfolgendem Komparativ entsprechen: gravĭŏr oder ētĭăm gravĭŏr *noch schwerer*.

Abweichende Bildung des Komparativs

Adjektive mit einem Vokal vor der Endung -us bilden den Komparativ nur durch Um- § 429 schreibung mit măgis *mehr*, das unveränderlich (undeklinierbar) ist.

| lutĕus | gelb | măgis lutĕus, măgis lutĕa, măgis lutĕum | gelber |

Die Adjektive mit den Endungen auf -dĭcus, -fĭcus und -vŏlus bilden die Steigerung von § 430 den Stämmen -dicent, -ficent und -volent. Derartige Vokabeln sind im naturwissenschaft-lich-medizinischen Latein selten. Allgemeine Beispiele wären:

maledĭcus	schmähend	maledicentĭŏr, maledicentĭŏr, maledicentĭŭs	schmähender
magnifĭcus	großartig	magnificentĭŏr, magnificentĭŏr, magnificentĭŭs	großartiger
benevŏlus	wohlwollend	benevolentĭŏr, benevolentĭŏr, benevolentĭŭs	wohlwollender

Einige Adjektive, die eine außergewöhnliche Steigerungsform aufweisen, werden im § 439 § 431 besprochen.

1.10.2. *Superlativ*

Bildung, Deklinationsschema und Bedeutung des Superlativs

§ 432 Der Superlativ wird dadurch gebildet, daß man -íssĭmus statt der Genitivendung an den Stamm hängt.

rarus	selten	rarissĭmus, rarissĭma, rarissĭmum	der, die, das seltenste
gravis	schwer	gravissĭmus, gravissĭma, gravissĭmum	der, die, das schwerste
simplex	einfach	simplicissĭmus, simplicissĭma, simplicissĭmum	der, die, das einfachste
frequens	häufig	frequentissĭmus, frequentissĭma, frequentissĭmum	der, die, das häufigste

§ 433 Das **Deklinationsschema** folgt der a- und o-Deklination:

Singular	m.	f.	n.
Nominativ	rarissĭmuŭs	rarissĭma	rarissĭmŭm
Genitiv	rarissĭmī	rarissĭmae	rarissĭmī
Dativ	rarissĭmō	rarissĭmae	rarissĭmō
Akkusativ	rarissĭmŭm	rarissĭmăm	rarissĭmŭm
Ablativ	rarissĭmō	rarissĭmā	rarissĭmō

Plural	m.	f.	n.
Nominativ	rarissĭmī	rarissĭmae	rarissĭmă
Genitiv	rarissĭmōrŭm	rarissĭmārŭm	rarissĭmōrŭm
Dativ	rarissĭmīs	rarissĭmīs	rarissĭmīs
Akkusativ	rarissĭmōs	rarissĭmās	rarissĭmă
Ablativ	rarissĭmīs	rarissĭmīs	rarissĭmīs

§ 434 Der Superlativ bedeutet im Lateinischen nicht nur den *höchsten*, sondern auch einen *sehr hohen Grad* (Elativ).

rarissĭmŭs, rarissĭmă, rarissĭmŭm   der, die, das seltenste oder sehr selten

Der Superlativ kann noch gesteigert werden durch den Zusatz von „longē", das mit *bei weitem* zu übersetzen ist (longē minimus *bei weitem der kleinste*).

Abweichende Bildung des Superlativs

§ 435 Die Adjektive auf -r im Nominativ Singular sowohl der o- (zweiten) Deklination als auch der i- (dritten) Deklination bilden den Superlativ abweichend durch Anhängung der Endung -rĭmus an den Nominativ des Maskulinums.

pulcher	schön	pulcherrĭmus, pulcherrĭma, pulcherrĭmum	der, die, das schönste
asper	rauh	asperrĭmus, asperrĭma, asperrĭmum	der, die, das rauheste
acer	scharf	acerrĭmus, acerrĭma, acerrĭmum	der, die, das schärfste
celer	schnell	celerrĭmus, celerrĭma, celerrĭmum	der, die, das schnellste

§ 436 Adjektive mit einem Vokal vor der Endung -us bilden den Superlativ nur durch Umschreibung mit maxĭmē *am meisten*, das unveränderlich (undeklinierbar) ist.

lutĕus	gelb	maxĭmē lutĕus, maxĭmē lutĕa, maxĭmē lutĕum	der, die, das gelbeste

Eine Ausnahme bildet:

pius	fromm	piissĭmus, piissĭma, piissĭmum	der, die, das frömmste

Die Adjektive mit den Endungen auf -dicus, -ficus und -volus bilden auch den Superlativ §437
von den Stämmen -dicent, -ficent und -volent. Derartige Vokabeln sind im naturwissenschaftlich-medizinischen Latein selten. Allgemeine Beispiele wären:

maledĭcus schmähend maledicentissĭmus, maledicentis- der, die, das schmä-
                        sĭma, maledicentissĭmum   hendste
magnifĭcus großartig magnificentissĭmus, magnificentis- der, die, das großartig-
                        sĭma, magnificentissĭmum   ste
benevŏlus wohlwollend benevolentissĭmus, benevolentis- der, die, das wohlwol-
                        sĭma, benevolentissĭmum   lendste

Sechs Adjektive auf -ilis bilden den Superlativ auf -illimus: §438

facĭlis leicht facillĭmus, facillĭma, facillĭmum der, die, das leichteste
difficĭlis schwierig difficillĭmus, difficillĭma, difficillĭ- der, die, das schwie-
                    mum   rigste
simĭlis ähnlich simillĭmus, simillĭma, simillĭmum der, die, das ähnlich-
                                   ste
dissimĭlis unähnlich dissimillĭmus, dissimillĭma, dissi- der, die, das unähn-
                    millĭum   lichste
gracĭlis schlank gracillĭmus, gracillĭma, graccillĭ- der, die, das schlank-
                    mum   ste
humĭlis niedrig humillĭmus, humillĭma, humillĭ- der, die, das niedrig-
                    mum   ste

1.10.3.   *Außergewöhnliche Steigerungsformen*

bŏnus gut mĕlĭŏr, mĕlĭŏr, mĕlĭŭs besser §439
               optĭmus, optĭma, optĭmum der, die, das beste
                               oder sehr gut
mălus schlecht pēiŏr, pēiŏr, pēiŭs (sprich pe-jor) schlechter
               pessĭmus, pessĭma, pessĭmum der, die, das schlech-
                               teste oder sehr
                               schlecht
magnus groß māiŏr, māiŏr, māiŭs (sprich ma-jor) größer
             maxĭmus, maxĭma, maxĭmum der, die, das größte
                               oder sehr groß
parvus klein mĭnŏr, mĭnŏr, mĭnŭs kleiner
             minĭmus, minĭma, minĭmum der, die, das kleinste
                               oder sehr klein
vĕtŭs alt vĕtustĭor, vetustĭor, vĕtustĭus älter
          veterrĭmus, vĕterrĭma, vĕterrĭmum der, die, das älteste
                               oder sehr alt
multum viel plūs, Genitiv plūris, mehr
             plūrĭmum das meiste
multi viele plūrēs, plūrēs, plūra, Genitiv plūrĭum mehr (Leute, Sachen)

1.10.4.   *Unvollständige Steigerungsreihen*

Einige Steigerungsarten zeigen neben besonderer Formbildung auch eine unterschiedli- §440
che Bedeutung. Da sie im naturwissenschaftlich-medizinischen Latein für eine Lagebe-
schreibung oder eine zeitliche Unterscheidung eine Rolle spielen, seien sie ausführlich
aufgeführt. Die Bedeutung im klassischen Latein kann sich mitunter von der im naturwissenschaftlich-medizinischen Latein unterscheiden. Es finden nur der Komperativ oder
Superlativ Anwendung, denen Präpositionen zugrunde liegen.

antĕrĭŏr, antĕrĭŏr, antĕrĭŭs	der (zeitlich) frühere; im nat.-med. Latein örtlich der vordere
cĭtĕrĭŏr, cĭtĕrĭŏr, cĭtĕrĭŭs	diesseits
dētĕrĭŏr, dētĕrĭŏr, dētĕrĭŭs	geringwertiger
deterrĭmus, deterrĭma, deterrĭmum	der, die, das geringwertigste oder sehr geringwertig
infĕrĭŏr, infĕrĭŏr, infĕrĭŭs	tiefer gelegen
infĭmus, infĭma, infĭmum auch īmus, īma, īmum	zuunterst, der unterste
intĕrĭŏr, intĕrĭŏr, intĕrĭŭs	der innere
intĭmus, intĭma, intĭmum	der innerste
postĕrĭŏr, postĕrĭŏr, postĕrĭŭs	der (zeitlich) spätere; im nat.-med. Latein örtlich der hintere
postrēmus, postrēma, postrēmum	der letzte
prĭŏr, prĭŏr, prĭŭs	früher
prīmus, prīma, prīmum	der erste
prŏpĭŏr, prŏpĭŏr, prŏpĭŭs	näher
proxĭmus, proxĭma, proxĭmum	der nächste
ultĕrĭŏr, ultĕrĭŏr, ultĕrĭŭs	weiter draußen, jenseitig (örtlich)
ultĭmus, ultĭma, ultĭmum	der letzte (zeitlich)
supĕrĭŏr, supĕrĭŏr, supĕrĭŭs	höher gelegen
summus, summa, summum	der höchste
suprēmus, suprēma, suprēmum	der letzte, der oberste

2. Präpositionen (Verhältniswörter)

§ 441 Bei der Wortklasse der Präpositionen handelt es sich um unveränderliche (unflektierbare) Wörter. Ihre Bedeutung und Rolle ist im Lateinischen die gleiche wie im Deutschen. Die Präpositionen sind in der Regel mit einem Substantiv zu einer Einheit verbunden. Der Einfluß der Präpositionen auf das Substantiv kommt dadurch zum Ausdruck, daß dieses in einem bestimmten Kasus auftritt. Man sagt: die Präposition regiert den Akkusativ oder Ablativ. Niemals wird – im Gegensatz zum Deutschen – der Dativ von einer Präposition regiert. Es entspricht den klaren, logischen Verhältnissen, die im Lateinischen herrschen, daß jede Präposition einen für sich charakteristischen Kasus regiert. Die Präpositionen in, sub und super können allerdings sowohl den Akkusativ als auch den Ablativ regieren. In diesen Fällen haben sie aber keine gemeinsame Bedeutung, sondern auch einen unterschiedlichen Sinn. Außer den drei genannten haben alle Präpositionen nur einen für sie charakteristischen Kasus zur Folge; freilich können sie dabei sowohl örtliche als auch zeitliche oder übertragene Bedeutung haben. Die strengen Verwendungsregeln sind im naturwissenschaftlich-medizinischen Latein im Laufe der Zeit, vor allem unter dem Einfluß des mittelalterlichen Lateins und durch den Gebrauch des Lateins als gelehrter Umgangssprache aufgelockert worden. Die Stellung der Präpositionen ist, wie ihr Name **prae** erwarten läßt, in der Regel vor dem dazugehörigen Substantiv. Gehört hierzu noch ein Adjektiv, so ist die Reihenfolge gern Adjektiv – Präposition – Substantiv. Auf Besonderheiten wird bei der Durchsprache der einzelnen Präpositionen hingewiesen.

Präpositionen, auch griechische, die als Vorsilben bei Adjektiven oder Substantiven auftreten, vgl. §§ 238–243.

Präpositionen, die den Akkusativ regieren

§ 442 ăd – an, zu

örtlich:	ad oculos	an die Augen
	ad antrum	zu der Höhle

zeitlich:	ad tempus	zur rechten Zeit
	ad senectutem	bis zum hohen Greisenalter
	ad exitum venire	zum Tode kommen
	ad fines vitae	zum Lebensende
übertragen:	ad usum medicinalem	zum medizinischen Gebrauch
	ad usum veterinarium	zum tierärztlichen Gebrauch
	ad libitum	nach Belieben
	ad manus medici	zu Händen des Arztes
	ad hoc	hierzu

In ärztlichen Rezepten in der Bedeutung *bis zu*, eigentlich usque ad. Das Wort usque entfällt aber. Aqua destillata ad 200,0 *destilliertes Wasser bis zum Gesamtgewicht von 200 Gewichtsteilen.*

antĕ – vor §443

örtlich:	ante hortum	vor dem Garten
zeitlich:	ante bellum	vor dem Kriege
	ante Christum natum	vor Christi Geburt (d. h. vor unserer Zeitrechnung)

ăpŭd – bei §444

örtlich:	apud hortum	bei dem Garten
übertragen:	bei Temperaturangaben	
	apud 100 °C	bei 100 Grad Celsius
	(Faex medicinalis siccata	
	apud 105°C)	

circŭm, circā-ringsherum §445

örtlich:	circum hortum	rings um den Garten
zeitlich:	(nur) circa	
	circa primam horam	um die erste Stunde, gegen 1 Uhr
übertragen:	mit Zahlenangaben „ungefähr"	
	circum centum flores	ungefähr 100 Blüten

cĭs, citrā – diesseits §446

| örtlich: | cis hortum | diesseits des Gartens |

contrā – gegenüber, gegen §447

örtlich:	contra hortum	gegenüber dem Garten
übertragen:	„gegen" im feindlichen Sinn	
	contra hostem	gegen den Feind
	contra ius	gegen das Recht
	Remedium contra Gingivitidem	Mittel gegen Zahnfleischentzündung
	Remedium contra Oxyures	Mittel gegen Würmer
	Spiritus contra Perniones	Spiritus gegen Frostschäden
	Spiritus contra Pruritum	Spiritus gegen Juckreiz
	Unguentum contra Combustiones	Salbe gegen Verbrennung (Brandsalbe)

extrā – außerhalb §448

| örtlich: | extra hortum | außerhalb des Gartens |
| übertragen: | extra modum | außerhalb des Maßes – über das rechte Maß hinaus |

§ 449 infrā – unterhalb

örtlich:	infra hortum	unterhalb des Gartens
übertragen:	geringer als	

§ 450 intĕr – zwischen

örtlich:	inter hortos	zwischen den Gärten
zeitlich:	inter bella	zwischen den Kriegen

§ 451 intrā – innerhalb

örtlich:	intra hortum	innerhalb des Gartens
zeitlich:	intra centum annos	innerhalb von 100 Jahren
	intra operationem	innerhalb der Operation
übertragen:	intra leges	innerhalb der Gesetze
	intra vitam	während des Lebens
	intra partum	während der Geburt

§ 452 iūxtā – neben

örtlich:	iuxta hortum	neben dem Garten
zeitlich:	iuxta finem vitae	gegen Lebensende

§ 453 ŏb – gegen, wegen

örtlich	ob oculos	vor den Augen
übertragen:	ob iram	wegen des Zorns

§ 454 pĕr – durch

örtlich:	per hortum	durch den Garten
zeitlich:	per annos	Jahre hindurch
übertragen:	per pedes	zu Fuß
	per litteras	durch Buchstaben, schriftlich
	per ministrum	durch einen Boten
	per primam intentionem	durch die erste Wundheilung
	per secundam intentionem	durch die zweite Wundheilung

§ 455 post – nach, hinter

örtlich:	post tergum	hinter dem Rücken
zeitlich:	post mortem	nach dem Tode
	post extractionem et operatio-nem	nach der Extraktion und Operation

§ 456 praetĕr – außer

örtlich:	praeter montem	am Berge vorbei
übertragen:	praeter naturam	wider die Natur

§ 457 prŏpĕ – nahe

örtlich:	prope hortum	nahe dem Garten
zeitlich:	prope maturitatem	nahe der Reife

§ 457a quŏăd – hinsichtlich, bezüglich

übertragen:	quoad vitam	hinsichtlich der Erhaltung des Lebens
	quoad sanationem	hinsichtlich der Heilung
	quoad tempus	hinsichtlich der Zeit

sĕcundŭm – längs			§ 458
örtlich:	secundum hortum	längs des Gartens	
	secundum oram	längs der Küste	
übertragen:	gemäß		
	secundum naturam	naturgemäß	
	secundum artem	kunstgerecht	

sŭprā – über, oberhalb			§ 459
örtlich:	supra terram	über der Erde	
übertragen:	supra modum	über das richtige Maß hinaus	

trans – jenseits, über … hin			§ 460
örtlich:	trans montes	jenseits der Berge, über die Berge hinweg	
	trans mare	jenseits des Meeres, über das Meer	

ultrā – jenseits			§ 461
örtlich:	ultra fines	jenseits der Grenzen	
zeitlich:	ultra biennium	mehr als 2 Jahre	
übertragen:	ultra vires	über die Kräfte	

ănă – je § 461 a

Diese aus dem Griechischen stammende Präposition wird in Rezepten und pharmazeutischen Vorschriften verwendet (siehe § 589 a).

	ana partes	zu gleichen Teilen	

Präpositionen, die den Ablativ regieren

ā, ăb (auch abs) – von § 462

Vor Vokalen und dem Halbvokal h wird niemals a, sondern ab gebraucht. Ab kann immer angewandt werden; jedoch vor b, f, m, p, v wird es möglichst vermieden, sondern a genommen.

örtlich:	ab horto venire	vom Garten kommen
	ab altera parte	auf der anderen Seite
	ab Roma abesse	von Rom fern sein
	ab laevo cornu	auf dem linken Flügel
zeitlich:	a temporibus regum	von der Zeit der Könige ab
	a pueritia	von Kindheit an
übertragen:	a priori	von vornherein
	(gegen die Regel i statt e im Ablativ des Komparativs)	

cōrăm – in Gegenwart von § 463

	coram publico	öffentlich

cŭm – mit § 464

	Infusio Fructosi cum Ethanolo	Fructose-Infusionslösung mit Ethanol
	Hydrargyrum oxycyanatum cum Hydrargyro cyanato	cyanidhaltiges Quecksilberoxid-cyanid
	Radix Taraxaci cum Herba	Löwenzahnwurzel und -kraut
	cum grano salis	mit einem Körnchen Salz (= Verstand), vernünftig

ferner vgl. §§ 754, 755

§ 465 dē – herab von, über

örtlich:	de saxo	vom Felsen herab
zeitlich:	de tertia hora	um die dritte Stunde
übertragen:	betreffs	
	Cicero, De re publica	Cicero, Über den Staat
	Cato, De re rustica	Cato, Über die Landwirtschaft
	Celsus, De medicina	Celsus, Über die Medizin

§ 466 ē, ex – aus

Vor allen Lauten kann ex angewandt werden, e dagegen nur vor Konsonanten.

örtlich:	ex horto	aus dem Garten
	e silva	aus dem Walde
zeitlich:	ex tempore	aus der Zeit, aus dem Stegreif
übertragen:	ex auro	aus Gold
	ex iuvantibus (ergänze reme- diis)	diagnostischer Rückschluß aus hel- fenden Mitteln

§ 467 prae – vor

örtlich:	prae horto	vor dem Garten

§ 468 prō – für, vor

örtlich:	pro horto	vor dem Garten, den Garten im Rücken
zeitlich:	pro die	für den Tag, je Tag
übertragen:	pro patre	in Vertretung des Vaters
	pro numero	im Verhältnis zur Zahl
	pro domo (vgl. § 413)	für das (eigene) Haus, für sich
	pro usu medicinali	zum medizinischen Gebrauch
	pro usu veterinario	zum tierärztlichen Gebrauch
	pro analysi	zum Analysengebrauch
	pro dosi	für (jede) Gabe
	pro balneo	für das Bad

§ 469 sinĕ – ohne

	sine tempore (vgl. § 755)	pünktlich
	sine dolo	ohne böse Absicht
	sine vitro	ohne Gefäß
	Fructus Phaseoli sine Semine	Bohnenhülsen
	Flores Primulae sine Calicibus	Schlüsselblumenblüten ohne Kelch

Präpositionen, die den Akkusativ und Ablativ regieren
(mit unterschiedlicher Bedeutung)

§ 470 in

1) in mit dem Akkusativ – hinein

örtlich:	in hortum	in den Garten hinein
	in silvam	in den Wald hinein
	in montem	auf den Berg hinauf
	in oram	an die Küste
zeitlich:	in proximum annum	in das nächste Jahr hinein
	in dies	von Tag zu Tag
übertragen:	in medias res	zum Thema

2) in mit dem Ablativ – in, auf (wo)

örtlich:	in horto	in dem Garten
	in silva	in dem Wald
	in monte	auf dem Berge
	in ora	an der Küste
zeitlich:	in bello	im Kriege, während des Krieges
übertragen:	in rebus secundis et adversis	im Glück und Unglück
	in extenso	ausführlich
	in vivo	im lebenden Zustand
	in vitro	im Glase; im unbelebten Zustand

sŭb   § 471

1) sub mit dem Akkusativ – unter (wohin?)

örtlich:	sub arborem	unter den Baum
zeitlich:	sub solis occasum	gegen Sonnenuntergang

2) sub mit dem Ablativ – unter (wo?)

örtlich:	sub arbore	unter dem Baum
zeitlich:	sub bruma	zur Zeit der Wintersonnenwende
	sub regno	unter der Herrschaft

sŭpĕr   § 472

1) super mit dem Akkusativ – oberhalb von

örtlich:	super vallem	über das Tal hin
zeitlich:	super cenam	während der Mahlzeit

2) super mit dem Ablativ – über (wo?)

örtlich:	super capite	über dem Haupt
zeitlich:	super nocte	über Nacht, bei Nacht

Präpositionen (Postpositionen), die den Genitiv regieren

causā – wegen, halber   § 473
Das Wort stellt den Ablativ von causa *Ursache* dar. Eigentlich ist es keine Präposition,
sondern eine Postposition, da es hinter das Substantiv gestellt wird.

honoris causa	der Ehre halber
timoris causa	aus Furcht

ergō – wegen (im Sinne eines Zweckes oder eines Grundes)   § 474

auxilii ergo	der Hilfe wegen
victoriae ergo	wegen des Sieges

instăr – gleichwie   § 475

instar montis	so groß wie der Berg

3.   Konjunktionen

Die Konjunktionen sind unveränderliche Wörter. Die beiordnenden Konjunktionen ver-   § 476
binden Wörter, Satzteile oder Sätze. Die unterordnenden Konjunktionen stehen an der
Spitze von Nebensätzen und kommen daher nur im zusammenhängenden Text vor. Aus
der Zahl der Konjunktionen sind folgende im naturwissenschaftlich-medizinischen Latein wichtig:

§ 477 ĕt oder -quĕ – und

-que wird mit dem verbundenen Wort durch Anhängung vereinigt, woraus eine neuartige Betonung resultieren kann.

ĕtĭăm oder quŏquĕ	auch (Das Wort quoque wird nachgestellt.)
nĕquĕ oder nĕc	und nicht
autĕm oder sĕd	aber
tămĕn	dennoch
vĕl, sīvĕ und seu	oder
aut	oder (im ausschließenden Sinn)

§ 478 Im Lateinischen sind mehrwortige gliedernde Konjunktionen beliebt: et – et *sowohl – als auch*; neque – neque *weder – noch*; vel – vel *entweder – oder*; sive – sive *sei es – sei es*; cŭm – tŭm *sowohl – als auch besonders*; nōn sōlum – sed etiam *nicht nur – sondern auch*; quidĕm – sed *zwar – aber*.

§ 478 a Unterordnende Konjunktionen sind:

dōnec	mit Indikativ	solange, bis
sī	mit Indikativ	wenn
ŭt	mit Konjunktiv	damit, so daß
nē	mit Konjunktiv	damit nicht

§ 478 b Vergleichende Konjunktionen:

ut so	zum Beispiel, wie
sicut	wie, wie wenn
sic!	so! so steht es wörtlich da!

4.   Adverbia

§ 479 Die Adverbien sind unveränderliche Wörter. Sie werden nur gebraucht, wenn sie eine Handlung oder einen Vorgang besonders kennzeichnen, und gehören zu einem Verbum; sie können mit einem Hilfsverbum allein nicht verwendet werden. Die Adverbien kommen im naturwissenschaftlich-medizinischen Latein meist nur in zusammenhängenden Texten vor. Im Diagnoselatein benutzt man sie mitunter fälschlich, anstatt richtigerweise das Adjektiv anzuwenden.

Überwiegend leiten sich die Adverbien von **Adjektiven** ab:

§ 480 a) Von den Adjektiven der a- und o-Deklination wird das Adverb auf -ē oder mitunter auf -ō gebildet. Im Mittelalter ist die Bildung auf ō häufiger, und es wird kein strenger Unterschied zwischen der Verwendung dieser beiden Vokale gemacht!
Spätlateinische Bildungen enden auch auf -im.

superbē	auf übermütige Weise
pulchrē	auf schöne Weise, schön
rītĕ (vgl. § 754)	in gehöriger Weise, genügend
falsē oder falsō	auf fälschliche Weise, fälschlich
rarō	auf seltene Weise, selten
sŭbĭtō	plötzlich
citō	auf schnelle, rasche Weise

§ 481 b) Von den Adjektiven der dritten Deklination werden die Adverbien auf -tĕr oder -ĭtĕr gebildet.

acrĭtĕr	auf scharfe Weise, scharf
celĕrĭtĕr	auf schnelle Weise, schnell

graviter	auf schwere Weise, schwer
simpliciter	auf einfache Weise, einfach
frequenter	auf häufige Weise, häufig

§ 482
c) Wird von einem Komparativ ein Adverb gebildet, so wird in der Regel einfach das Neutrum Singular genommen. Vom Superlativ wird das Adverb auf -e gebildet wie von einem Adjektiv der a- und o-Deklination.

rarius	auf seltenere Weise
rarissime	auf sehr seltene Weise
subtilissime	auf sehr feine Weise

Einige Adverbien leiten sich von **Substantiven** ab:

§ 483

satis	genügend, genug
gratis	unentgeltlich, umsonst
partim (vgl. § 480)	teils
minutim (vgl. § 480)	stückweise, in Stücken
transversim (vgl. § 480)	quer, der Quere nach
statim	sogleich
noctu	nachts
sponte	aus Antrieb
sponte sua	aus eigenem Antrieb, freiwillig
plerumque	meist, meistens

Ohne besondere Ableitung sind folgende adverbiell gebrauchte Wörter:

§ 484
cras *morgen*; postea *nachher*; antea *vorher*; saepe *oft*; saepius *öfter*; diu *lange*; diutius *länger*; semper *immer*; ita *so*; interdum *bisweilen*; plane *deutlich*; quotienscumque *sooft nur*; non *nicht*; sicut *sowie*; quantum *wieviel*; nihil *nichts, gar nichts*.

5.   Numeralia

Wir unterscheiden:

§ 485

Grundzahlen (Cardinalia): eins, zwei, drei usw.
Ordnungszahlen (Ordinalia): der, die, das erste, zweite, dritte.
Verteilungszahlen (Distributiva): je ein, je zwei, je drei usw.
Vervielfältigungszahlen (Multiplikativa): einfach, zweifach, dreifach usw.
Zahladverbia: einmal, zweimal, dreimal usw.

Übersicht

§ 486

		Cardinalia	Ordinalia	Distributiva
1	I	ūnus, -a, -um	prīmus, -a, -um	singŭlī, -ae, -ă je einer
2	II	dŭo, dŭae, dŭŏ	secundus	bīnī, -ae, -ă je zwei
3	III	trēs, trĭă	tertĭus	ternī (trīnī)
4	IV	quattŭor	quartus	quaternī
5	V	quīnque	quintus	quīnī
6	VI	sex	sextus	sēnī
7	VII	septem	septĭmus	septēnī
8	VIII	octo	octāvus	octōnī

		Cardinalia	Ordinalia	Distributiva
9	IX	novem	nōnus	novēnī
10	X	decem	decĭmus	dēnī
11	XI	ūndĕcim	ūndecĭmus	ūndēnī
12	XII	dŭodĕcim	dŭodecĭmus	dŭodēnī
13	XIII	trēdĕcim	tertĭus decĭmus	ternī dēnī
14	XIV	quattuordĕcim	quartus decĭmus	quaternī dēnī
15	XV	quindĕcim	quintus decĭmus	quīnī dēnī
16	XVI	sedĕcim	sextus decĭmus	sēnī dēnī
17	XVII	septendĕcim	septĭmus decĭmus	septēnī dēnī
18	XVIII	dŭodēvīgintī	dŭodēvīcēsĭmus	dŭodēvīcēnī
19	XIX	ūndēvīgintī	ūndēvīcēsĭmus	ūndēvīcēnī
20	XX	vīgintī	vīcēsĭmus	vīcēnī
21	XXI	vīgintī ūnus	vīcēsĭmus prīmus	singŭlī vīcēnī
22	XXII	vīgintī dŭo	vīcēsĭmus secundus	bīnī vīcēnī
23	XXIII	vīgintī trēs	vīcēsĭmus tertĭus	ternī vīcēnī
24	XXIV	vīgintī quattŭor	vīcēsĭmus quartus	quaternī vīcēnī
25	XXV	vīgintī quīnque	vīcēsĭmus quīntus	quīnī vīcēnī
26	XXVI	vīgintī sex	vīcēsĭmus sextus	sēnī vīcēnī
27	XXVII	vīgintī septem	vīcēsĭmus septĭmus	septēnī vīcēnī
28	XXVIII	dŭodētrīgintā	dŭōdētrīcēsĭmus	dŭodētrīcēnī
29	XXIX	ūndētrīgintā	ūndētrīcēsĭmus	ūndētrīcēnī
30	XXX	trīgintā	trīcēsĭmus	trīcēnī
40	XL	quadrāgintā	quadrāgēsĭmus	quadrāgēnī
50	L	quīnquāgintā	quīnquāgēsĭmus	quīnquāgēnī
60	LX	sexāgintā	sexāgēsĭmus	sexāgēnī
70	LXX	septŭāgintā	septŭagēsĭmus	septŭāgēnī
80	LXXX	octōgintā	octōgēsĭmus	octōgēnī
90	XC	nonāgintā	nōnāgēsĭmus	nōnāgēnī
100	C	centum	centēsĭmus	centēnī
200	CC	ducentī, -ae, -ă	ducentēsĭmus	ducēnī
300	CCC	trecentī, -ae, -ă	trecentēsĭmus	trecēnī
400	CCCC	quadringentī, -ae, ă	quadringentēsĭmus	quadringēnī
500	D	quīngentī, -ae, -ă	quīngentēsĭmus	quīngēnī
600	DC	sescentī, -ae, -ă	sescentēsĭmus	sescēnī
700	DCC	septingentī, -ae, -ă	septingentēsĭmus	septingēnī
800	DCCC	octingentī, -ae, -ă	octingentēsĭmus	octingēnī
900	DCCCC	nōngentī, -ae, -ă	nōngentēsĭmus	nōngēnī
1000	M	millĕ	millēsĭmus	singŭlă mīlĭă, millēnī
2000	MM/IIM	dŭo mīlĭa	bis millēsĭmus	bīnă mīlĭă
3000	IIIM	trĭa mīlĭa	tĕr millēsĭmus	trīnă mīlĭă
4000	IVM	quattŭor mīlĭa	quătĕr millēsĭmus	quaternă mīlĭă

§ 486 a Zeichen für Zahlen ab tausend: 1 000 = M oder CIↃ; 5 000 = IↃↃ; 10 000 = CCIↃↃ; 50 000 = IↃↃↃ; 100 000 = CCCIↃↃↃ; 500 000 = IↃↃↃↃ; 1 000 000 = CCCCIↃↃↃↃ.

Cardinalia

§ 487 Die Cardinalia sind zum größten Teil undeklinierbar. Dekliniert werden nur die Grundzahlen eins, zwei, drei und die vollen Hunderter von Zweihundert bis Neunhundert, ferner Tausender, ausgenommen mille selbst. Die deklinierbaren und undeklinierbaren Grundzahlen werden wie Adjektive behandelt. Die deklinierbaren richten sich also im Kasus und Genus nach dem Substantiv, auf das sie sich beziehen; die undeklinierbaren bleiben in adjektivischer Bedeutung unverändert stehen.

Die Deklination von unus, una, unum richtet sich nach § 151. Duo und tres deklinieren §488 folgendermaßen:

	m.	f.	n.	m.	f.	n.
Nominativ	dŭŏ	dŭae	dŭŏ	trēs	trēs	trĭă
Genitiv	dŭōrum	dŭārum	dŭōrum	trĭum	trĭum	trĭum
Dativ	dŭōbus	dŭābus	dŭōbus	trĭbus	trĭbus	trĭbus
Akkusativ	dŭōs	dŭās	dŭŏ	trēs	trēs	trĭă
Ablativ	dŭōbus	dŭābus	dŭōbus	trĭbus	trĭbus	trĭbus

Die vollen Hunderter von 200 bis 900 deklinieren wie Adjektiva der o- und a-Deklination §489 im Plural, während centum undeklinierbar bleibt.

	m.	f.	n.
Nominativ	ducentī	ducentae	ducentă
Genitiv	ducentōrum	ducentārum	ducentōrum
Dativ	ducentīs	ducentīs	ducentīs
Akkusativ	ducentōs	ducentās	ducentă
Ablativ	ducentīs	ducentīs	ducentīs

Mille *tausend* bleibt wieder undeklinierbar; aber von *zweitausend* an wird die neutrale Plu- §490 ralform gebraucht, die als Substantiv unter dem Einfluß der i-Deklination steht:

Nominativ	mīlĭă
Genitiv	mīlĭum
Dativ	mīlĭbus
Akkusativ	mīlĭă
Ablativ	mīlĭbus

Eine völlige Ausnahme macht milia (von 2 000 ab). Es ist ein Substantiv und hat das Substantiv, auf das es sich bezieht, im Genitiv Plural nach sich.

Die Zusammenstellung der Zahlen: §491

Zwischen Einer und Zehner kann immer et *und* stehen. Das et kann wegfallen, wenn zuerst die Zehner und dann die Einer genannt sind. Von der Zahl 18 ab werden für die Einer 8 und 9 besser zwei oder eins von folgenden Zehner abgezogen, unter Verwendung der Verbindungssilbe de.

Ordinalia

Sämtliche Ordinalia deklinieren wie Adjektive nach der o- und a-Deklination (vgl. § 147). §492

Distributiva

Die Distributiva deklinieren ebenfalls wie Adjektive nach der o- und a-Deklination, aber §493 nur im Plural.

Multiplikativa

Die Multiplikativa sind Adjektiva mit einer Endung nach der dritten Deklination, die im §494 Nominativ das Suffix -plex haben und den Genitiv auf -icis bilden (vgl. § 386).

simplex, simplĭcis	einfach	quincŭplex	fünffach
duplex	zweifach, doppelt	decemplex	zehnfach
triplex	dreifach	centumplex	hundertfach
quadrŭplex	vierfach		

Zahladverbia

§ 495

sĕmĕl	einmal	quinquīēs	fünfmal
bĭs	zweimal	decīēs	zehnmal
tĕr	dreimal	centīēs	hundertmal
quătĕr	viermal		

6. Pronomina

§ 496 Das Pronomen richtet sich ähnlich wie ein Adjektiv im Genus, Numerus und Kasus nach
dem Substantiv, zu dem es gehört oder auf das es sich bezieht.

6.1. Demonstrativ-Pronomina: hic, ille, iste, is

§ 497 hic, haec, hoc – dieser, diese, dieses

	Singular			Plural		
	m.	f.	n.	m.	f.	n.
Nominativ	hīc	haec	hoc	hi	hae	haec
Genitiv	huius	huius	huius	hōrum	hārum	hōrum
Dativ	huic	huic	huic	hīs	hīs	hīs
Akkusativ	hunc	hanc	hoc	hōs	hās	haec
Ablativ	hōc	hāc	hōc	hīs	hīs	hīs

§ 498 ille, illa, illud – jener, jene, jenes

	Singular			Plural		
	m.	f.	n.	m.	f.	n.
Nominativ	ille	illa	illud	illī	illae	illa
Genitiv	illīus	illīus	illīus	illōrum	illārum	illōrum
Dativ	illī	illī	illī	illīs	illīs	illīs
Akkusativ	illum	illam	illud	illōs	illās	illa
Ablativ	illō	illā	illō	illīs	illīs	illīs

iste, ista, istud *der da, die da, das da* dekliniert wie ille.

ipse, ipsa, ipsum *selbst* dekliniert ebenfalls wie ille, außer im Nominativ und Akkusativ,
Neutrum Singular: ipsum.

§ 499 is, eă, id – derjenige, diejenige, dasjenige

	Singular			Plural		
	m.	f.	n.	m.	f.	n.
Nominativ	is	eă	id	eī (ii)	eae	eă
Genitiv	eius	eius	eius	eōrum	eārum	eōrum
Dativ	eī	eī	eī	eīs	eīs	eīs (oder iis)
Akkusativ	eum	eam	id	eos	eas	eă
Ablativ	eō	eā	eō	eīs	eīs	eīs (oder iis)

eo ipso *selbstverständlich*

6.2. Relativ-Pronomina

qui, quae, quod = der, die, das; welcher, welche, welches   § 500

	Singular			Plural		
	m.	f.	n.	m.	f.	n.
Nominativ	quī	quae	quod	quī	quae	quae
Genitiv	cuius	cuius	cuius	quōrum	quārum	quōrum
Dativ	cuī	cuī	cuī	quibus	quibus	quibus
Akkusativ	quem	quam	quod	quōs	quās	quae
Ablativ	quō	quā	quō	quibus	quibus	quibus

6.3. Korrespondierende Pronomina

tantus, -a, -um quantus, -a, -um *so groß – wie (groß)*   § 501
Es dekliniert wie ein Adjektiv der a- und o-Deklination.
tālis, -is, -e – quālis, -is, -e *so beschaffen – wie (beschaffen)*
Es dekliniert wie ein Adjektiv der dritten Deklination mit zwei Endungen.
tŏt-quŏt *so viele – wie (viele)*

7. Verba

7.1. Allgemeiner Teil

7.1.1. Die Endungen

Wie in der Deklination, so wird in der lateinischen Konjugation die Bedeutung einer § 502
Form durch die Endung bestimmt.

Der letzte Teil der Endungen, das Personalsuffix, bestimmt die Person (ich, du, er – sie – § 503
es, wir, ihr, sie).

Vor dem Personalsuffix stehen Vokale oder Konsonanten, auch ganze Lautgruppen oder § 504
Silben, durch die bestimmt wird, in welche Zeit (Tempus) die Handlung oder der Vorgang
verlegt wird. Auch andere Unterschiede werden dadurch ausgedrückt, z. B. ob jemand die
Handlung ausübt (Aktiv) oder an sich erfährt (Passiv).

Erschwerend ist im Lateinischen, daß es vier Konjugationen gibt. Wie im Französischen, § 505
Italienischen, Spanischen liegt deren Verschiedenheit in den Lauten, die vor den Perso-
nalsuffixen stehen, z. B. -et, -eat, -at (einige mit i-Erweiterung), -iat. Erleichternd wirkt,
daß die Personalsuffixe der entsprechenden Formen in allen Konjugationen übereinstimmen und daß manche Unterschiede der Konjugationen nur für einen Teil des Verbalsy-
stems gelten.

Es gibt im lateinischen Verbalsystem auch zusammengesetzte Formen, ähnlich wie in § 506
den genannten romanischen Sprachen und im Deutschen, z. B. mixtum est *(es) ist gemischt (worden).*

Das lateinische Verbal- oder Konjugationssystem ist sehr formenreich, sehr klar gegliedert § 507
und wird nach strengen Regeln angewendet. Im naturwissenschaftlich-medizinischen Latein wird nur ein geringer Teil der Formen verwendet. Über diese gibt der folgende spezielle Teil Auskunft.

7.1.2.   Die vier Konjugationen

§ 508 Die lateinischen Verben verteilen sich in der Hauptsache auf vier Konjugationen, deren gesamter Formenbestand hier aber nicht dargestellt zu werden braucht.

Die Unterschiede der vier Konjugationen zeigen sich an den Infinitiven des Praesens (Nennformen der Gegenwart), die durch folgende Beispiele veranschaulicht werden:

1. Konjugation	amāre	lieben
2. Konjugation	delēre	zerstören
3. Konjugation	legĕre	lesen
	recipĕre	nehmen
4. Konjugation	audīre	hören

Nicht so deutlich ersichtlich werden die Unterschiede in den Formen, die die Wörterbücher zumeist bieten, nämlich in der ersten Person Einzahl der Gegenwart (einfache Aussage) = erste Person Singular des Indikativs des Praesens – amo *ich liebe.*

Deshalb zeigen manche Wörterbücher die zutreffende Konjugation als Zahl in Klammern an: amo (1), deleo (2), lego (3), recipio (3), audio (4).

1. amo	ich liebe
2. delĕo	ich zerstöre
3. lego	ich lese
recipĭo (i-Erweiterung)	ich nehme
4. audĭo	ich höre

In diesen Formen ist das Merkmal der ersten Konjugation, das a, verschwunden, ebenso das der dritten Konjugation, das kurze e. Geblieben ist das Merkmal der zweiten Konjugation (langes e) und das der vierten Konjugation (langes i), nur daß sie hier als kurzes e und i erscheinen, weil sie vor Vokalen stehen. In der dritten Konjugation gibt es noch eine Nebenbildung mit kurzem i, für die das Wort recipio *nehme* als Beispiel aus dem medizinischen Latein gelte (Infinitiv: recipere).

Man sieht, daß die deutschen Personalpronomina (ich, du usw.) im Lateinischen nicht zugesetzt zu werden brauchen, sondern in den Verbalformen enthalten sind als Suffix im letzten Teil der Endungen.

7.1.3.   Konjugationsschemen (Paradigmen)

§ 509 **Aktiv**

Präsens Indikativ

---

amo		ich liebe	delĕo	ich zerstöre
amas		du liebst	deles	du zerstörst
amat		er, sie, es liebt	delet	er, sie, es zerstört
amāmus		wir lieben	delēmus	wir zerstören
amātis		ihr liebt	delētis	ihr zerstört
amant		sie lieben	delent	sie zerstören
lego	recipĭo	ich lese, nehme	audĭo	ich höre
legis	recipis	du liest, nimmst	audis	du hörst
legit	recipit	er, sie, es liest, nimmt	audit	er, sie, es hört
legĭmus	recipĭmus	wir lesen, nehmen	audīmus	wir hören
legĭtis	recipĭtis	ihr lest, nehmt	audītis	ihr hört
legunt	recipĭunt	sie lesen, nehmen	audĭunt	sie hören

Präsens Konjunktiv

amem	delĕam	legam	recipĭam	audĭam	ich möge lieben, ...
ames	delĕas	legas	recipĭas	audĭas	du mögest ...
amet	delĕat	legat	recipĭat	audĭat	er, sie, es möge ...
amēmus	delĕāmus	legāmus	recipĭāmus	audĭāmus	wir mögen ...
amētis	delĕātis	legātis	recipĭātis	audĭātis	ihr möget ...
ament	delĕant	legant	recipĭānt	audĭant	sie mögen ...

Präsens Partizip

amans – liebend; delens – zerstörend; legens – lesend; recipĭens – nehmend; audĭens – hörend

Imperativ

amā! liebe!   delē! zerstöre!   legĕ! lies!   recĭpe! nimm!   audī! höre!

Infinitiv

amāre	lieben	delēre	zerstören		
legĕre	lesen	recipĕre	nehmen	audīre	hören

Passiv   § 510

Präsens Indikativ

amor		ich werde geliebt	delĕor	ich werde zerstört
amāris		du wirst geliebt	delēris	du wirst zerstört
amātur		er, sie, es wird geliebt	delētur	er, sie, es wird zerstört
amāmur		wir werden geliebt	delēmur	wir werden zerstört
amāmĭni		ihr werdet geliebt	delēmĭni	ihr werdet zerstört
amantur		sie werden geliebt	delentur	sie werden zerstört
legor	recipĭor	ich werde gelesen, genommen	audĭor	ich werde gehört
legĕris	recipĕris	du wirst gelesen, genommen	audīris	du wirst gehört
legĭtur	recipĭtur	er, sie, es wird gelesen, genommen	audītur	er, sie, es wird gehört
legĭmur	recipĭmur	wir werden gelesen, genommen	audīmur	wir werden gehört
legimĭni	recipĭmĭni	ihr werdet gelesen, genommen	audīmini	ihr werdet gehört
leguntur	recipĭuntur	sie werden gelesen, genommen	audĭuntur	sie werden gehört

Präsens Konjunktiv

amēr	delĕar	legār	recipĭar	audĭar	ich möge ... werden
amēris	delĕāris	legāris	recipĭāris	audĭāris	du mögest ...
amētur	delĕātur	legātur	recipĭātur	audĭātur	er, sie, es mögen ...
amēmur	delĕāmur	legāmur	recipĭāmur	audĭāmur	wir mögen ...
amēmĭni	delĕāmĭni	legāmĭni	recipĭāmĭni	audĭāmĭni	ihr mögt ...
amentur	delĕantur	legantur	recipĭantur	audĭantur	sie mögen ...

Infinitiv

amāri	geliebt werden	legī, recĭpī	gelesen, genommen werden
delēri	zerstört werden	audīrī	gehört werden

Gerundiv

amandus, -a, -um	er, sie, es soll oder muß geliebt werden, liebenswert
delendus, -a, -um	er, sie, es soll oder muß zerstört werden, zerstörenswert
legendus, -a, -um	er, sie, es soll oder muß gelesen werden, lesenswert
recipĭendus, -a, -um	er, sie, es soll oder muß genommen werden, nehmenswert
audĭendus, -a, -um	er, sie es soll oder muß gehört werden, hörenswert

Perfekt Partizip

amātus, -a, -um	geliebt
delētus, -a, -um	zerstört
lectus, -a, -um	gelesen
receptus, -a, -um	genommen
audītus, -a, -um	gehört

§ 510a Stammform (vgl. § 549)

amo (1)	amāvi	amātus	amāre
ich liebe	ich habe geliebt	geliebt	lieben
delĕo (2)	delēvi	delētus	delēre
ich zerstöre	ich habe zerstört	zerstört	zerstören
legŏ (3)	lēgi	lectus	legĕre
ich lese	ich habe gelesen	gelesen	lesen
recipĭo (3)	recēpi	receptus	recipĕre
ich nehme	ich habe genommen	genommen	nehmen
audĭo (4)	audīvi	audītus	audire
ich höre	ich habe gehört	gehört	hören

7.2.   Spezieller Teil

7.2.1.   Der Indikativ

§ 511 Die Formen des Indikativs geben die Tatsächlichkeit eines Zustandes oder Vorganges an und kommen hauptsächlich in naturwissenschaftlich-medizinischen Beschreibungen und in der Schilderung chemischer Vorgänge vor. Daher werden fast nur Formen der Gegenwart (Präsens) und diese nur in der dritten Person des Singulars und Plurals benötigt; das Passivum (Leideform) fehlt nicht. Diese passiven Formen unterscheiden sich durch ein angehängtes -ur von den aktiven.

Aktive Form – Dritte Person des Indikativs Präsens

	1. Konjugation	2. Konjugation	3. Konjugation	4. Konjugation
Singular	-at	-et	-it	-it
Plural	-ant	-ent	-unt (-ĭunt)	-ĭunt

Die Musterformen lauten also:

1. āmat   er, sie, es liebt   2. delet   er, sie, es zerstört
      amant   sie lieben   delent   sie zerstören
3. legit   er, sie es liest   4. audit   er, sie, es hört
      legunt   sie lesen   audĭunt   sie hören
      recipit   er, sie, es nimmt
      recipĭunt   sie nehmen

Passive Form – Dritte Person des Indikativs Präsens

	1. Konjugation	2. Konjugation	3. Konjugation	4. Konjugation
Singular	-ātur	-ētur	-ītur	-ītur
Plural	-antur	-entur	-untur (ĭuntur)	-ĭuntur

Die Musterformen lauten:

1. amātur   er, sie, es wird geliebt   2. delētur   er, sie, es wird zerstört
      amantur   sie werden geliebt   delentur   sie werden zerstört
3. legītur   er sie, es wird gelesen   4. audītur   er, sie, es wird gehört
      leguntur   sie werden gelesen   audĭúntur   sie werden gehört
      recipītur   er, sie, es wird genommen
      recipĭúntur   sie werden genommen

Der Indikativ in Hauptsätzen

Erste Konjugation   § 512

Aktiv	dat	gibt	dăre (Ausnahme kurzes a)	
	deflagrat	brennt nieder	deflagrāre	
	constat	besteht aus	constāre	
	exhālat	strömt aus	exhalāre	aushauchen, z. B. Duft
	aequant	gleichen, machen ... gleich	aequāre	
	astant	stehen dabei	astāre/adstāre	
Passiv	colorātur	wird gefärbt, färbt sich	colorāre	
	indicātur	wird angezeigt	indicāre	
	indicantur	werden angezeigt		
	turbātur	wird getrübt	turbāre	verwirren
	praecipitantur	werden gefällt	praecipitāre	stürzen
	sublimantur	werden sublimiert	sublimāre	verfeinern

Zweite Konjugation   § 512 a

Aktiv	habet	hat	habēre
	habent	sie haben	

	licet	es ist erlaubt, man darf, kann	licēre	gestattet sein
	oportet	es ist erforderlich	oportēre	nötig sein
	praebet	gewährt	praebēre	
	respondet	entspricht	respondēre	antworten, entsprechen

§ 512 b Dritte Konjugation

Aktiv	consūmit	verbraucht	consumĕre	
	ducit	führt, zieht	ducĕre	
	demittit	läßt herab	demittĕre	
	emittit	läßt heraus	emittĕre	entsenden
	redūcit	reduziert	reducĕre	zurückführen, einschränken
	secēdit	sondert sich ab	secedĕre	beiseite gehen
	trahit	zieht	trahĕre	
	carbonescit	verkohlt	carbonescĕre	
	liquescit	wird flüssig	liquescĕre	
	mollescit	wird weich	mollescĕre	
	infĭcit	färbt, steckt an, vergiftet	inficĕre	
	offert (mit Wegfall des i der Endung -it)	bietet dar, weist auf	offĕrre	anbieten
	concrescunt	wachsen zusammen, vereinigen sich	concrescĕre	
	relinquunt	lassen zurück	relinquĕre	
	liquescunt	werden flüssig	liquescĕre	
	aufugĭunt	entweichen	aufugĕre	
	efficĭunt	bewirken	efficĕre	
Passiv	claudĭtur	wird geschlossen, schließt sich	claudĕre	
	solvĭtur	wird gelöst, löst sich	solvĕre	
	dissolvĭtur	löst sich auf	dissolvĕre	
	resolvĭtur	löst sich auf	resolvĕre	
	adduntur	werden zugefügt	addĕre	
	convertuntur	werden verwandelt, verwandeln sich	convertĕre	
	solvuntur	werden aufgelöst	solvĕre	

§ 512 c Vierte Konjugation

Aktiv	ebullit	sprudelt, treibt Blasen	ebullīre	
	abit in colerem	(es) geht über in eine Farbe	abīre	weggehen

§ 513 Hilfsverb esse *sein*

Von dem Hilfsverb esse sind anders gebildete, aber häufige und leicht zu merkende, mit den entsprechenden deutschen Formen zum Teil verwandte und fast gleichlautende Indikative der Gegenwart:

est er, sie, es ist ⎫
sunt sie sind ⎭ beide vom Hilfsverbum esse

Zusammengesetzt mit diesem ist posse *können* zu:

pŏtest er, sie, es kann, eigentlich: ist imstande   possunt sie können

Der Indikativ in Nebensätzen

§ 514

Dieselben oder gleichartig gebildete Indikative finden sich ohne Unterschied der Bedeutung auch in Nebensätzen. Beispiele:

sal si colorem praebet	wenn das Salz seine Farbe zeigt	praebēre	gewähren
id, quod respondet	das, was entspricht	respondēre	entsprechen
quod continet	was enthält	continēre	enthalten

Zweite Person Präsens Singular

Außer der dritten Person findet sich in Nebensätzen auch die zweite Person Singular. Sie geht auf s aus (vgl. auch Konjunktiv § 517).

1. amas	du liebst	2. deles	du zerstörst
3. legis	du liest	4. audis	du hörst
recĭpis	du nimmst		

Beispiel:

solutiones, quas dispensare paras	Lösungen, die du zu dispensieren dich anschickst (parāre *vorbereiten*)

Zweite Person Singular des zweiten Futurs

§ 515

In Rezepten und chemischen Vorschriften findet sich in Nebensätzen auch der Indikativ des zweiten Futurs. Er findet gewöhnlich nur in der zweiten Person und meist in der aktiven Form Anwendung. Diese Form hat die Endung -eris, die stets unbetont an den Perfektstamm gehängt wird. Dieser Perfektstamm ist verändert und aus dem Infinitiv nicht abzuleiten. Die Formen der Musterverben lauten:

amāvĕris	du wirst geliebt haben	lēgĕris/recēpĕris	du wirst gelesen/genommen haben
delēvĕris	du wirst zerstört haben	audīveris	du wirst gehört haben

Im Deutschen vermeidet man gewöhnlich diese umständliche, dem Lateinischen nachgebildete Form der Übersetzung und verwendet statt ihrer das Perfektum *du hast geliebt* oder sogar das Präsens *du liebst*. Die Übersetzung mit *man* statt *du* ist gestattet. Die Bedeutung des zweiten Futurs wird an den Beispielen klar.

Beispiele:

si conquassavĕris	wenn du geschüttelt haben wirst, wenn du geschüttelt hast	conquassāre
si filtravĕris	wenn du filtriert hast	filtrāre
si neutralisavĕris	wenn du neutralisiert hast	neutralisāre
si refrigeravĕris	wenn du erkalten lassen hast	refrigerāre
si saturavĕris	wenn du gesättigt hast	saturāre
si temperavĕris	wenn du temperiert hast	temperāre
quod adhibŭĕris	was du verwendet hast	adhibēre
si admiscŭĕris	wenn du beigemischt hast	admiscēre
bacillum si admōvĕris	wenn du ein Stäbchen daran gebracht hast	admovēre *heranbewegen*
si addidĕris	wenn du beigegeben hast	addĕre
si adiecĕris	wenn du zugefügt hast	adicĕre (sprich: adjicĕre)
sedimentum, quod effecĕris	der Niederschlag, den du hervorgerufen hast	efficĕre *bewirken*
si fervefecĕris	wenn du erhitzt hast	fervefacĕre
si infundĕris	wenn du hineingegossen hast	infundĕre

7.2.2. Der Konjunktiv

Der Konjunktiv in Hauptsätzen

§ 516 Neben dem Imperativ erscheint als Form des Gebotes in Hauptsätzen der Konjunktiv des Präsens (der Gegenwart), allerdings etwas anders gebraucht als der Imperativ. Dieser Konjunktiv des Gebotes steht in der dritten Person Singular oder Plural und ist nicht an eine Person gerichtet, wenigstens nicht direkt, sondern schreibt gewisse Erfordernisse des Zustandes, des Verhaltens und der Veränderung von Chemikalien vor, er findet sich daher in Gehaltsbestimmungen, Identitätsforderungen und Reinheitsprüfungen. Ins Deutsche ist er mit „soll, muß, möge" oder der entsprechenden Mehrzahl zu übersetzen.

§ 517 Die Endungen dieser Formen in den vier Konjugationen lauten:

Aktive Form – Dritte Person des Konjunktivs Präsens

	1. Konjugation	2. Konjugation	3. Konjugation	4. Konjugation
Singular	-et	-ĕat	-at (-ĭat)	-ĭat
Plural	-ent	-ĕant	-ant (-ĭant)	-ĭant

Die Musterformen lauten also:

1. amet	er, sie, es möge lieben	2. delĕat	er, sie, es möge zerstören
ament	sie mögen lieben	delĕant	sie mögen zerstören
3. legat	er, sie, es möge lesen	4. audĭat	er, sie, es möge hören
legant	sie mögen lesen	audĭant	sie mögen hören
recipĭat	er, sie, es möge nehmen		
recipĭant	sie mögen nehmen		

Man sieht, daß die kennzeichnenden Vokale der vier Konjugationen nur teilweise gewahrt sind.

Zweite Person des Konjunktiv Präsens

Außer der dritten Person wird noch die zweite Person des Singulars, aber verhältnismäßig selten, angewandt. In den Hauptsätzen drückt auch diese Form eine Aufforderung aus. Statt der zweiten Person der Einzahl (du) wird die Übersetzung am geeignetsten in Rezeptvorschriften durch das deutsche *man* wiedergegeben.

In diesen Fällen wird der lateinische durch den deutschen Konjunktiv übersetzt.

Die Endung der zweiten Person des Singulars ähnelt der der dritten Person Singular, nur daß sie anstatt auf t auf s ausgeht.

1. ames	du mögest lieben	3. legas/recipĭas	du mögest lesen/nehmen
2. delĕas	du mögest zerstören	4. audĭas	du mögest hören

Passive Form

Häufig finden sich passive Formen, die bedeuten, daß etwas getan werden soll oder geschehen soll; sie unterscheiden sich (in der dritten Person) von den aktiven nur durch das Suffix -ur, um das die aktiven Formen verlängert werden (vgl. § 511):

1. amētur	er, sie, es soll geliebt werden
amentur	sie sollen geliebt werden
2. delĕātur	er, sie, es soll zerstört werden
delĕantur	sie sollen zerstört werden
3. legātur	er, sie, es soll gelesen werden
legantur	sie sollen gelesen werden
recipĭātur	er, sie, es soll genommen werden
recipĭantur	sie sollen genommen werden

4. audiātur   er, sie, es soll gehört werden
    audiāntur   sie sollen gehört werden

Die *Verneinung* oder das Verbot wird durch Zusatz von ne *nicht* oder neve *und nicht* ausgedrückt. Entgegen dem klassischen Sprachgebrauch macht das naturwissenschaftlich-medizinische Latein keinen scharfen Unterschied von ne und non.

Beispiele

1. Konjugation – Aktive Form			§ 519

Dritte Person

ne odorem exhālet	soll keinen Geruch ausströmen	(exhalāre aushauchen)
satūrent	sollen sättigen	(saturāre)

Zweite Person

sicces	man trockne	(siccāre)
conquasses	man schüttle	(conquassāre)

1. Konjugation – Passive Form

Dritte Person

argento nitrico ne turbētur	darf durch Silbernitrat nicht getrübt werden	(turbāre verwirren)
mundētur	soll geschält werden	(mundāre)
neve mutētur	soll nicht verändert werden, sich nicht ändern	(mutāre)
caute servētur	soll vorsichtig (Adverb) aufbewahrt werden	(servāre *bewahren*)
rubicētur	soll gerötet werden, sich röten	(rubicāre)
evaporentur	sollen verdampft werden	(evaporāre)
iterētur	soll wiederholt werden	(iterāre)

2. Konjugation – Aktive Form			§ 520

Dritte Person

continĕat	soll enthalten	(continēre)
ne olĕat	soll nicht riechen	(olēre)
praebĕat	soll gewähren	(praebēre)
remanĕat	soll zurückbleiben	(remanēre)
continĕant	sollen enthalten	(continēre)

Zweite Person

miscĕas	man mische	(miscēre)

2. Konjugation – Passive Form

explĕantur	sollen ausgefüllt werden	(explēre)
explĕātur	werde ausgefüllt	
miscĕātur	werde gemischt	(miscēre)

3. Konjugation – Aktive Form			§ 521

Dritte Person

ducat	soll führen, ziehen	(ducĕre)
trahat	soll ziehen	(trahĕre)

ne excēdat	soll nicht hinausgehen, ein Maß nicht überschreiten	(excēdĕre)
opalescat	soll opalisieren	(opalescĕre)
efficĭat	soll bewirken	(efficĕre)
requīrant	sollen erfordern	(requīrĕre)
trahant	sollen ziehen	(trahĕre)

Zweite Person

exprĭmas	man presse aus	(exprĭmĕre)

3. Konjugation – Passive Form

redigātur	soll in den Zustand gebracht werden	(redigĕre)
adnectātur	soll chemisch gebunden werden	(adnectĕre)
repetātur	soll wiederholt werden	(repetĕre)
conspergantur	mögen bestreut werden	(conspergĕre)
obducantur	mögen überzogen werden	(obducĕre)

§ 522 4. Konjugation – Aktive Form

Dritte Person

nihil impertĭant	sollen nichts abgeben	(impertīre zuteilen)

Ausnahmeformen sind transĕat *soll übergehen* (es ist eine abweichende Konjugation vom Verbum transīre *übergehen*).

Eine weitere Besonderheit ist fiat Singular und fiant Plural *werde, soll werden* (von fĭĕrī *werden, gemacht werden, geschehen*).

4. Konjugation – Passive Form

An einem Verbum der vierten Konjugation soll auf folgende interessante Erscheinung hingewiesen werden. Es gibt im Lateinischen Verben, die in der passiven Form erscheinen, aber aktive Bedeutung haben. Derartige Deponentia gibt es auch in den anderen Konjugationen, z. B. mercāri *kaufen* von der ersten Konjugation, vgl. § 253.

orĭātur	soll entstehen	(orīri)

§ 523 Von dem Hilfsverb esse – sein lautet der Konjunktiv der dritten Person sit *sei* und sint *seien.*

Der Konjunktiv in Nebensätzen

§ 524 Dieselben Konjunktivformen finden sich auch in Nebensätzen. Für die Übersetzung macht dies aber einen Unterschied aus, da man oft derartige lateinische Konjunktive in Nebensätzen im Deutschen durch den Indikativ wiedergibt.

Einige Konjunktionen (wie z. B. ut *daß*, ne *daß nicht*, cum *da*) ziehen den Konjunktiv nach sich.

Beispiele

§ 525 Erste Konjugation

ut satūrent	damit (so daß) sie sättigen (saturāre)
ut siccētur	damit (so daß) es getrocknet wird/trocknet (siccāre)
sepōne, ut interdum conquasses	stelle (es) beiseite (unter Voraussetzung), daß man (es) zuweilen schüttelt (conquassare)
ita ut saepius agĭtes	mit der Weisung, daß man (es) öfter bewegt/umrührt, schüttelt (agĭtāre)

Zweite Konjugation		§ 526
quantum contĭnĕant	soviel sie enthalten	(continēre)

Dritte Konjugation		§ 527
ut requīrat	damit (so daß) es erfordert	(requīrĕre)
quantum suffícĭat	so viel, als genügt – genügend	(sufficĕre)
ut iodum expulsum adnectātur	damit das ausgeschiedene Iod gebunden wird	(adnectĕre)

Vierte Konjugation		§ 528
ut color flavus orĭātur	so daß eine gelbe Färbung entsteht	(orīrī)
ut aliquid fiat	damit (so daß) etwas geschieht	(fĭĕrī)

ita liquescat (Hauptsatz), ut fiat liquor coloris expers *es soll so (mit dem Ergebnis) flüssig werden, daß die Flüssigkeit frei von Färbung wird (farblos).*

In allen diesen Fällen gebrauchen wir im Deutschen den Indikativ *erfordert, genügt, ent-* § 529 *steht, geschieht*; also nicht die konjunktive Form *erfordere, genüge, entstehe, geschehe.*

7.2.3. Der Imperativ

Die Befehlsformen finden häufig Anwendung in den medizinisch-pharmazeutischen Vor- § 530 schriften. Sie werden darin im Singular angewendet und richten sich an den Ausführen- den des Rezeptes. Diese Formen enden auf die Vokale, die als Merkmal der jeweiligen Konjugation im § 509 angegeben sind. Das wäre für die erste Konjugation -ā, für die zweite -ē, für die dritte -ĕ und für die vierte -ī.

Beispiele

Erste Konjugation § 531
amā! *liebe!*

colā *seihe* (colāre); filtrā *filtriere* (filtrāre); macĕrā *mazeriere* (macerāre); parā *bereite* (pa- rāre); signā *bezeichne* (signāre); dā *gib* (dāre); sterilisā *sterilisiere* (sterilisāre); siccā *trockne* (siccāre).

Zweite Konjugation § 532
delē! *zerstöre!*
miscē *mische* (miscēre); cavē *hüte dich* (cavēre).

Dritte Konjugation § 533
legĕ! *lies!*

addĕ *füge hinzu* (addĕre); coquĕ *koche* (coquĕre); dīgĕrĕ *verteile* (dīgĕrĕre); dīvĭde *teile* (dī- vĭdĕre); solve *löse auf* (solvĕre); exprĭmĕ *presse aus* (exprĭmĕre); sepōnĕ *stelle beiseite* (sepō- nĕre); recĭpĕ *nimm* (recĭpĕre); confĕr (ohne e) *trage zusammen, vergleiche* (confĕrre).

Vierte Konjugation § 534
audī! *höre!*

Nach dem Muster der vierten Konjugation ist der Imperativ nōlī (von nolle *nicht wollen*) § 535 gebildet in nōlī (me) tangĕre *wolle mich nicht berühren, rühr (mich) nicht an.*
Die nun folgenden Verbalformen, Infinitiv, Gerundium, Gerundivum und Partizipium § 536 unterscheiden sich von den bisher behandelten, dem Indikativ, Konjunktiv und Imperativ, dadurch, daß sie wie die entsprechenden deutschen keine handelnde oder betroffene Person in sich enthalten.

7.2.4.   Der Infinitiv

§ 537   Der Infinitiv der aktiven Gegenwart bezeichnet je nach der Bedeutung des Verbums die Handlung oder den Vorgang an sich. Die Formen, die er in den vier Konjugationen hat, sind unter §§ 508, 509 angegeben. Der Übersetzung muß des öfteren das Wörtchen „zu" beigefügt werden.
Auch passive Formen kommen vor; diese haben die Endungen -ārī, -ērī, -ī, -īrī, von denen die der dritten Konjugation besonders zu beachten ist.

Beispiele

§ 538   ante usum conquassāre oportet

vor dem Gebrauch ist es erforderlich zu schütteln – man muß das Medikament vor dem Gebrauch schütteln

liberāre oportet

es ist nötig zu befreien – man muß befreien

dăre (mit kurzem a, Ausnahme!)

geben

habēre

haben

miscērī

gemischt (zu) werden (miscēre *mischen*)

ut perpellĕre possis

so daß, damit du vertreiben kannst (possis Konjunktiv des Hilfsverbs posse *können*; perpellere *austreiben*)

tangĕre

berühren

consūmī licet

ist erlaubt, gebraucht zu werden, darf verbraucht werden (consūmere)

§ 539   Auch der Infinitiv des Hilfszeitwortes esse *sein* findet sich, wie im Deutschen, in Verbindung mit einem Adjektiv:

ut pellucida esse dēsīnant

so daß, damit sie aufhören, durchsichtig zu sein (dēsīnĕre *aufhören*)

7.2.5.   Das Gerundium

§ 540   Eine andere derartige Form, die keine Person enthält und die wir im Deutschen auch durch unseren Infinitiv übersetzen, ist das Gerundium. Man kann sich denken, die Formen des Gerundiums seien Deklinationsformen des Infinitivs der Gegenwart. Die Formen der Musterverben lauten im Genitiv:

ars amandī

die Kunst des Liebens (zu lieben, Liebeskunst)

facultas docendī (vgl. § 755)

die Fähigkeit zum Lehren (docēre *lehren*)

furor delendī

die Zerstörungswut (Wut des Zerstörens)

venia legendī

die Erlaubnis, Vorlesungen zu halten

praeceptum recipĭendī

die Vorschrift zu nehmen (des Nehmens)

occasio audĭendī

die Gelegenheit zu hören (des Hörens)

potentia cŏēundī

die Fähigkeit des Zusammengehens (Geschlechtsverkehr)

Von den übrigen Kasus kommt selten der Dativ vor, der Akkusativ oft mit vorgesetztem ad und ferner der Ablativ.
Die Deklinationsweise ist die der zweiten Deklination, einen Plural gibt es nicht, ebensowenig wie beim deutschen substantivierten Infinitiv, der einfachsten, wenn auch nicht gefälligsten Übersetzung. Die Ableitung aus dem Verbalstamm erfolgt durch die Konsonantengruppe -nd-, vor der das Merkmal der betreffenden Konjugation steht.

Beispiele

ars vivendī   Kunst zu leben   vivĕre *leben*
ad saturandŭm   zum Sättigen   saturāre *sättigen*

ad rubefaciēndŭm	zum Röten	rubefacĕre *rot machen*
conservandō (Ablativ)	durch (das) Aufbewahren	conservāre
conquassandō (Ablativ)	durch Schütteln	conquassāre
in statu nascendī	im Entstehen	nascī *geboren werden*

7.2.6. Das Gerundivum

Das Gerundivum, eine Form, die das Deutsche nicht kennt, drückt kurz und bequem aus, § 541
daß etwas überhaupt oder mit einer Person oder Sache geschehen muß. Die betreffenden
Formen der Musterverben enden auf -ndus, -nda, -ndum, vor dieser Endung steht der charakteristische Vokal der Konjugationen.

amandus, -a, -um	zu lieben, was geliebt werden muß
delendus, -a, -um	zu zerstören, was zerstört werden muß
legendus, -a, -um	zu lesen, was gelesen werden muß
recipĭendus, -a, -um	zu nehmen, was genommen werden muß
audĭendus, -a, -um	zu hören, was gehört werden muß

Das Gerundivum ist also ein Adjektivum oder Partizipium mit passiver Bedeutung und
vollständiger Deklinationsweise. Es dekliniert wie die Adjektiva der a- und o-Deklination.
Von den beiden oben angegebenen Übersetzungen ist die erste *(ist zu lieben, ist zu zerstören, ist zu lesen, ist zu nehmen, ist zu hören)* nur anzuwenden, wenn das Gerundivum mit est
oder einer anderen Form von esse *sein* verbunden ist, z. B. aqua addenda est *Wasser ist zu-
zufügen.* Weitere Übersetzungen finden sich bei den folgenden Beispielen.

Erste Konjugation

nomina emendandă/nomina conservandă	zu verbessernde/zu bewah-rende (beizubehaltende) Be-nennungen	emendāre *verbessern* conservāre *bewahren*
remedia separandă separanda, auch selbständig als Substantiv (n. Pl.)	Heilmittel, die abgesondert aufbewahrt werden sollen was beiseite zu stellen ist	separāre *absondern*
mixturae agĭtandae	Mixturen, die geschüttelt werden müssen, Schüttel-mixturen	agitāre *heftig bewegen*
in acēto parandō	bei (dem zu bereitenden) der Zubereitung von Essig	parāre *bereiten*

Zweite Konjugation

pudendŭm femininŭm	subst. gebraucht die weibli-che Scham/das was man scheuen muß	pudēre *(sich) schämen*
filă resorbendă	Fäden, die resorbiert/ver-daut werden sollen	resorbēre *resorbieren, ver-dauen*

Dritte Konjugation

sal reicĭendum est addendum	Salz ist zu verwerfen was hinzugefügt werden muß, Nachtrag	reicĕre (sprich: rejicĕre) addere *hinzufügen*

7.2.7. Das Partizipium

7.2.7.1. Das Partizipium des aktiven Präsens

Die Partizipien des Präsens entsprechen formal und in der Bedeutung den deutschen § 542

Partizipien auf -end, z. B. blühend; sie enden im Nominativ Singular auf -ans (erste Konjugation), -ens (zweite Konjugation), -ens oder -iens (dritte Konjugation) und -iens (vierte Konjugation).

Musterformen:

Nominativ	Genitiv	
amans	amantĭs	liebend
delens	delentĭs	zerstörend
legens	legentĭs	lesend
recipiens	recipĭentĭs	nehmend
audiens	audĭentĭs	hörend

Sie gleichen also den in den §§ 388–389b behandelten Adjektiven der dritten Deklination und werden wie diese dekliniert. Verwendet werden sie im naturwissenschaftlich-medizinischen Latein meist wie diese, nämlich als Beiwörter (Attribute). Eine besondere Verwendung findet bei der Konstruktion des „Ablativus absolutus" statt (vgl. § 548). Der verbale oder partizipiale Gebrauch unterscheidet sich von dem rein adjektivischen in vielen Fällen kaum; in besonderen Fällen dadurch, daß das Partizipium ein Objekt, ein Adverb oder eine adverbiale Bestimmung bei sich hat. Manche der Adjektiva im § 387 sind Partizipien.

Beispiele
In der Botanik:

Trapa natans	Wassernuß	natāre schwimmen
Epilobium nūtans	Weiderich	nūtāre nicken
Ranunculus flŭĭtans	flutender Hahnenfuß	flŭĭtāre *fluten*
Salix nigrĭcans	Schwarzweide	nigrĭcāre *schwärzen (weil ihre Blätter beim Trocknen schwarz werden)*
Buxus sempĕrvĭrens	immergrüner Buchsbaum	vĭrēre *grünen*, mit Adverb semper *immer*
Asperugo procumbens	Scharfkraut	procumbĕre *sich neigen*
Triticum pungens	stechende Quecke	pungĕre *stechen*
Triticum rēpens	kriechende Quecke	rēpĕre *kriechen*
Saxifraga dēcĭpĭens	Steinbrech	dēcĭpĕrē *täuschen*
Impatĭens nōli tangĕre	Springkraut	patī *dulden*, mit verneinender Vorsilbe im- (vgl. § 238); tangĕre *berühren*

In der Medizin und Pharmazie:

termini situm et directionen partium corporis indicantēs – Fachwörter, die die Lage und Richtung der Körperteile angeben, *indicāre* anzeigen, hier mit Objekt situm et directionem

termini ad membra spectantes – Fachwörter, die sich auf die Gliedmaßen beziehen (von spectāre *blicken* mit adverbialer Bestimmung ad *auf ...zu*)

remedia laxantĭa – abführende Mittel (von laxāre *lockern*)

remedia expectorantĭa – Heilmittel, die etwas aus dem Innern vertreiben (von expectorāre *aus der Brust entfernen*)

saporis leviter ferrūgĭnantĭs (Genitiv) – leicht Eisen ähnlichen Geschmackes (von ferrūgĭnāre *eisenähnlich sein*)

ex iuvantĭbus (Diagnose) – aus dem Erfolg bestimmter Heilmittel (iuvantibus ist der Ablativ Plural von iuvantĭă, zu ergänzen remedia, *die helfenden Heilmittel*, dies von iuvāre *helfen*)

remedia adstringentĭă – zusammenziehende Mittel (von adstringĕre oder astringĕre *zusammenziehen*) remedia corrĭgentĭă – verbessernde Mittel (von corrĭgĕre *verbessern*)

remedia solventĭă – lösende Mittel (von solvĕre *lösen*)

gutta aquae ēbullĭentĭs (Genitiv) – ein Tropfen siedenden Wassers (von ēbullīre *brodeln*)

Rami communĭcantes cum nervo faciali – Äste, die sich mit dem Gesichts-Nerv verbinden (von communĭcāre *verbinden, vereinigen*)

Arteria recurrens ulnaris – zurücklaufende Arterie, die zur Elle gehört (von recurrĕre *zurücklaufen*)

7.2.7.2. Das Partizipium des passiven Perfekts

Das Partizip des passiven Perfekts hat die Endungen -tus und -sus. Sie können nicht ohne §543
weiteres aus den Infinitiven abgeleitet werden. Die Bedeutung entspricht der der deutschen Partizipien auf -t und -en *(gesagt, gesprochen)*. Die lateinischen Partizipien werden als Adjektive auf -us, -a, -um dekliniert und den Substantiven im Genus, Numerus und Kasus angepaßt, zu denen sie als Attribute oder Prädikatsteil gehören. Sind sie Attribute, so gleichen sie oft den in §§ 178, 178a, 179, 188, 188b, 189, 205, 206, 206a, 207, 216, 216a, 234, 235, 236 behandelten Adjektiven.

Abgesehen vom Typus amātus finden sich die Typen mit Vokal vor -tus, also delētus und audītus selten; häufiger ist der Typus auf -ĭtus (erste, zweite und dritte Konjugation), z. B. domĭtus (von domāre); monĭtus (von monēre); reddĭtus (von reddĕre); häufig auch der Typus mit Konsonant vor -tus, z. B. lectus (von legĕre).

Das Partizip als Beifügung (Attributiver Gebrauch) §544

Im Gegensatz zu Adjektiven nimmt es wie die Verben Adverbien und adverbiale Bestimmungen zu sich, worauf in den Beispielen aufmerksam gemacht ist.

Scirpus compressus	zusammengedrückte Binse, so benannt nach der Bildung ihrer Ähre (comprĭmĕre *zusammendrücken*)
nomina emendāta	verbesserte Namen (emendāre *verbessern*)
Phosphorus solūtus	Phosphor gelöst (solvĕre *lösen*)
recenter parātus	frisch zubereitet (parāre *bereiten*, mit Adverb)
viā humidā parātus	auf nassem Wege, nach nassem Verfahren zubereitet (im Lateinischen steht die adverbiale Bestimmung im Ablativ)
remedium a luce remōtum	ein vor Licht geschütztes Mittel (removēre *entfernen* mit adverbialer Bestimmung)
ferrum dĭutĭus sēposĭtum	Eisen, das längere Zeit beiseite lag (sēponĕre *beiseite legen* mit Adverb)
solutio cum carbone fervēfactă	eine mit Kohle erwärmte Lösung (fervēfacĕre *warm machen* mit adverbialer Bestimmung)

Das Partizip des Perfekts in passiven Verbalformen §545

Dieser Gebrauch des passiven Partizips des Perfekts entspricht im Deutschen den entsprechenden Partizipien: ist gesagt (gesprochen), nur daß man im Deutschen noch „worden" hinzufügt, wenn nicht der Zustand, sondern der Vorgang bezeichnet werden soll. Wie im Deutschen werden die Formen durch Verbindung der Partizipien mit Formen des Hilfszeitworts gebildet. Im naturwissenschaftlich-medizinischen Latein sind häufig vorkommende Fälle est *ist*, sunt *sind* im Perfekt, erit *wird sein*, erunt *werden sein* im zweiten Futurum.

Beispiele für das Perfekt §546

mixturae, quae parātae sunt	Mischungen, die zubereitet sind (parāre)

mixtura, quae composĭta est ex etc.	eine Mischung, die zusammengesetzt ist aus usw. (compōnĕre)
solutiones, quae composĭtae sunt ex etc.	Lösungen, die zusammengesetzt sind aus usw.
sīcŭt praescrīptum est	wie es vorgeschrieben ist (praescrībĕre)

§ 547 Beispiele für das zweite Futurum

liquor donec plane rigefactus erit – bis die Flüssigkeit völlig starr gemacht sein wird (= starr geworden ist) von rigefacĕre *starr machen.*

mixtura quotienscumque praescrīpta erit – so oft die Mischung vorgeschrieben sein wird (deutsch einfacher vorgeschrieben ist) von praescrībĕre *vorschreiben*

mixturae quotienscumque praescrīptae erunt – so oft die Mischungen vorgeschrieben sein werden (= vorgeschrieben sind)

7.2.7.3.   Ablativus absolutus

§ 548 Mit Hilfe der Partizipien kommt im klassischen wie im naturwissenschaftlich-medizinischen Latein häufig eine Wortgruppe zustande, die man Ablativus absolutus nennt. Diese Partizipialkonstruktion besteht meist aus einem Substantiv im Ablativ und einem Partizipium, das ebenfalls im Ablativ steht, aber keine Beifügung, sondern eine Aussage ist.

Beispiele

Romulo regnantĕ *als (während) Romulus regiert(e),* Troia deletā *als (nachdem) Troja zerstört worden war.*
Freie Übersetzung: *Unter der Regierung des Romulus* und *nach der Zerstörung Trojas.*
Noch freier: „*Romulus regiert(e) und Troja war zerstört worden und …*" (bei dieser Übersetzung muß man mit „und" fortfahren).

sedimento remanentĕ	indem ein Niederschlag zurückbleibt
sedimento non remanentĕ	ohne daß ein Niederschlag zurückbleibt
solutione adiectā	unter Beifügung einer Lösung, eine Lösung wird beigefügt und …
addĭtā una parte	nachdem ein Teil … zugegeben ist
Argento nitrico additō	indem Argentum nitricum zugefügt wird
addĭtis paucis guttis	nachdem wenige Tropfen beigegeben sind
oleis in spiritu solūtīs	nachdem die Öle in Spiritus aufgelöst sind
acido et aqua addĭtīs	Säure und Wasser werden zugegeben und …

7.3.   Zusammenstellung der Verbformen

Für die vier Konjugationen findet man Konjugationsschemen des Aktivs im § 509, des Passivs im § 510 und ein Schema der Stammformen im § 510 a.

§ 549 In der folgenden Tabelle sind die Verbalformen sämtlicher im Buch angeführten Verben in alphabetischer Reihenfolge wiedergegeben. Die erste Spalte gibt die Zugehörigkeit zur jeweiligen Konjugation an oder weist auf die Verwendung als Hilfsverbum hin. Anschließend folgt der Infinitiv, von dem Imperativ, Gerundium und Gerundivum abzuleiten sind. In der folgenden Spalte ist die erste Person des aktiven Präsens aufgeführt. Von dieser können alle aktiven und passiven Formen des Präsens, Imperfekts und Futurs I abgeleitet werden. Von der ersten Person des aktiven Perfekts können alle aktiven Formen des Perfekts, Plusquamperfekts und Futurs II gebildet werden. Vom Partizip des passiven Perfekts können in Verbindung mit dem Hilfszeitwort esse alle passiven Formen des Perfekts, Plusquamperfekts und Futurs II zusammengestellt werden.

Konjugation	Infinitiv	1. Person Präsens Aktiv	1. Person Perfekt Aktiv	Partizip Perfekt Passiv	Deutsche Übersetzung	§§
Hilfsverb	ābesse	absum	āfuī	–	fern sein	462
4.	abire	abēō (Ausnahme!)	abiī	abĭtus	weggehen, übergehen	512 c
3.	accipere	accipiō	accēpī	acceptus	aufnehmen	253 a
3.	addere	addō	addidī	additus	hinzufügen, beigeben	512 b, 515, 533, 541, 548
2.	adhibēre	adhibēō	adhibŭī	adhibĭtus	verwenden	515
3.	adicere	adiciō	adiēcī	adiectus	zufügen	515, 548
2.	admiscēre	admisceō	admiscŭī	admixtus	beimischen	515
2.	admovēre	admoveō	admōvī	admōtus	heranbewegen	515
3.	adnectere	adnectō	adnexŭī	adnexus	chemisch binden, sich vereinigen	521,527
3.	adstringere	adstringō	adstrinxī	adstrictus	zusammenziehen	542
1.	aequāre	aequō	aequāvī	aequātus	gleichen, gleichmachen	253 a, 512
3.	afferre	afferō	attŭlī	allātus	mitbringen	586
1.	agitāre	agitō	agitāvī	agitātus	umrühren, umschütteln	525,541
1.	amāre	amō	amāvī	amātus	lieben	508–511, 514, 515, 517, 531, 540–543
1.	adstāre oder astāre	adstō	adstitī	–	dabeistehen	512
4.	audire	audiō	audīvī	audītus	hören	508, 509, 510, 511, 514, 515, 517, 534, 540, 541, 542, 543
3.	aufugere	aufugiō	aufūgī	–	entweichen	512 b
3.	carbonescēre	carbonescō	carbonŭī	–	verkohlen	512 b
2.	cavēre	caveō	cāvī	cautus	in acht nehmen	532
3.	claudere	claudō	clausī	clausus	schließen	512 b
4.	coīre	coēō	coiī	coĭtus	zusammengehen	540
1.	colāre	colō	colāvī	colātus	seihen	531
1.	colōrāre	colōrō	colōrāvī	colōrātus	färben	512
1.	communicāre	communicō	communicāvī	communicātus	verbinden, vereinigen	542
3.	componere	compōnō	composŭī	compositus	zusammensetzen	546
3.	comprimere	comprimō	compressī	compressus	zusammendrücken	544
3.	concrēscere	concrēscō	concrēvī	concrētus	zusammenwachsen, sich vereinigen	512 b
3.	conferre	cōnferō	contŭlī	collātus	zusammentragen, vergleichen	15, 533

Konjugation	Infinitiv	1. Person Präsens Aktiv	1. Person Perfekt Aktiv	Partizip Perfekt Passiv	Deutsche Übersetzung	§§
1.	conquassāre	conquassō	conquassāvī	conquassātus	schütteln	515, 519, 525, 538, 540
1.	conservāre	conservō	conservāvī	conservātus	aufbewahren, konservieren	540, 541, 589 a
3.	conspergēre	conspergō	conspersī	conspersus	bestreuen	521
1.	cōnstāre	cōnstō	cōnstitī	–	bestehen aus	512
3.	cōnsumēre	cōnsūmō	cōnsūmpsī	cōnsūmptus	verbrauchen	512 b, 538
2.	cōntinēre	cōntineō	cōntinūī	cōntentus	enthalten	514, 520, 526
3.	cōnvertēre	cōnvertō	cōnvertī	cōnversus	verwandeln	512 b
3.	coquēre	coquō	coxī	coctus	kochen	533
3.	corrigēre	corrigō	corrēxī	corrēctus	verbessern	542
3.	currēre	currō	cucurrī	cursus	laufen	253
1.	dāre (Ausnahme!)	dō	dedī	datus	geben	512, 531, 538
3.	dēcipēre	dēcipiō	dēcēpī	dēceptus	täuschen	542
1.	dēflagrāre	dēflagrō	dēflagrāvī	dēflagrātus	verbrennen, niederbrennen	512
2.	dēlēre	dēlēō	dēlēvī	dēlētus	zerstören	508, 509, 510, 511, 514, 515, 517, 532, 540, 541, 542, 543, 548
3.	dēmittēre	dēmittō	dēmīsī	dēmissus	herablassen	512 b
3.	dēsinēre	dēsinō	dēsiī	dēsitus	aufhören	539
3.	digērēre	digērō	digessī	digestus	digerieren	533
1.	dispensāre	dispensō	dispensāvī	dispensātus	austeilen, dispensieren	514
3.	dissolvēre	dissolvō	dissolvī	dissolūtus	auflösen, trennen	512 b
3.	dividēre	dividō	divisī	divisus	teilen	533, 586
2.	docēre	doceō	docūī	doctus	lehren	540
1.	domāre	domō	domūī (Ausnahme!)	domitus	zähmen	543
1.	dōnāre	dōnō	dōnāvī	dōnātus	schenken, spenden	253 a
3.	dūcēre	dūcō	dūxī	ductus	führen	512 b, 521
4.	ebullire	ebulliō	ebullivī	ebullitus	kochend sprudeln, sieden	512 c, 542
3.	efficēre	efficiō	effēcī	effectus	bewirken, hervorrufen	253 a, 512 b, 515, 521
1.	emendāre	emendō	emendāvī	emendātus	vervollkommnen	541, 544
3.	ēmittēre	ēmittō	ēmīsī	ēmissus	aussenden, entsenden, herauslassen	512 b
Hilfsverb	esse	sum	fūī	–	sein	513, 523, 539, 541, 545
1.	evapōrāre	evapōrō	evapōrāvī	evapōrātus	verdampfen	519
3.	excēdēre	excēdō	excessī	excessus	ein Maß überschreiten	521

	Infinitiv	Präsens	Perfekt	PPP	Bedeutung	Seiten
1.	exhālāre	exhālō	exhālāvī	exhālātus	aushauchen, ausströmen	512, 519
1.	expectōrāre	expectōrō	expectōrāvī	expectōrātus	aus der Brust vertreiben	542
3.	expellēre	expellō	expulī	expulsus	ausscheiden	527
2.	explēre	explēō	explēvī	explētus	ausfüllen	520
3.	exprimēre	exprimō	expressi	expressus	auspressen, ausdrücken	521, 533
1.	ferrūgināre	ferrūginō	ferrūgināvī	ferrūginātus	eisenähnlich sein	542
3.	fervefacēre	fervefaciō	fervefēci	fervefactus	erwärmen, erhitzen	515, 544
3.	fiēri	fiō	factus sum	–	geschehen	522, 528
1.	filtrāre	filtrō	filtrāvī	filtrātus	filtrieren	515, 531
1.	fluitāre	fluitō	fluitāvī	fluitātus	fluten, auf dem Wasser treiben	542
2.	habēre	habēō	habuī	habitus	haben	512 a, 538
4.	impertire	impertiō	impertīvī	impertitus	abgeben	522
1.	indicāre	indicō	indicāvī	indicātus	anzeigen	512, 542
3.	inficēre	inficiō	infēci	infectus	chemisch verändern, vergiften, anstecken	512 b
3.	infundēre	infundō	infūdi	infūsus	hinein-, aufgießen	515
1.	iterāre	iterō	iterāvī	iterātus	wiederholen	519
1.	iuvāre	iuvō	iūvi	iūtus	helfen	542
1.	laxāre	laxō	laxāvī	laxātus	abführen	542
3.	legēre	legō	lēgi	lēctus	lesen, sammeln	508, 509, 510, 511, 514, 515, 517, 533, 540, 541, 542, 543
1.	levāre	levō	levāvī	levātus	heben	253 a
1.	libērāre	libērō	libērāvī	libērātus	befreien	538
2.	licēre	licet (3. Person)	licuit (3. Person)	–	erlaubt sein, dürfen	512 a, 538
3.	liquescēre	liquesco	liqui	–	flüssig werden	512 b, 528
1.	mācērāre	mācērō	mācērāvī	mācērātus	mazerieren	531
2.	mercāri	mercor	mercātus sum	–	kaufen	253 a, 522
3.	miscēre	miscēō	miscuī	mixtus	mischen	506, 520, 532, 538, 586
3.	mollescēre	mollescō	–	–	weich werden	512 b
2.	monēre	monēō	monuī	monitus	mahnen	543
1.	mundāre	mundō	mundāvī	mundātus	schälen	519
1.	mutāre	mutō	mutāvī	mutātus	verändern	519
3.	nāsci	nāscor	nātus sum	–	entstehen	540
1.	natāre	natō	natāvī	natātus	schwimmen	542

Konjugation	Infinitiv	1. Person Präsens Aktiv	1. Person Perfekt Aktiv	Partizip Perfekt Passiv	Deutsche Übersetzung	§§
1.	neutralisāre	neutralisō	neutralisāvi	neutralisātus	neutralisieren	515
1.	nigricāre	nigricō	nigricāvi	nigricātus	schwärzen	542
Hilfsverb	nōlle	nōlō	nōluī	–	nicht wollen	535
1.	nūtāre	nūtō	nūtāvi	nūtātus	nicken, auf und nieder schwanken	542
3.	obdūcēre	obdūcō	obdūxi	obductus	überziehen	521
3.	offerre	offerō	obtūli	oblātus	aufweisen, anbieten, darbieten	512 b
2.	olēre	oleō	oluī	–	riechen	520
3.	opalescēre	opalescō	–	–	opalisieren	521
2.	oportēre	oportet (3. Pers.)	oportuit (3. Pers.)	–	erforderlich sein, nötig sein	512 a, 538
1.	ōrāre	ōrō	ōrāvi	ōrātus	reden	253
4.	orīri	orior	ortus sum	–	entstehen	522, 528
1.	parāre	parō	parāvi	parātus	bereiten, vorbereiten, sich anschicken	514, 531, 541, 544, 546
3.	patī	patior	passus sum	–	erleiden	542
3.	perpellēre	perpellō	perpulī	perpulsus	vertreiben	538
Hilfsverb	posse	possum	potuī	–	können	513, 538
1.	pōtāre	pōtō	pōtāvi	pōtātus, pōtus	trinken	253
2.	praebēre	praebeō	praebuī	praebitus	gewähren, aufweisen	512 a, 514, 520
1.	praecipitāre	praecipitō	praecipitāvi	praecipitātus	fällen, stürzen	512
3.	praescribēre	praescribō	praescripsi	praescriptus	vorschreiben	546, 547
3.	prōcumbēre	prōcumbō	prōcubuī	prōcubitus	sich neigen	542
2.	pūdēre	pudeō	pudūi	puditus	sich schämen	541
3.	pungēre	pungō	pupūgi	punctus	stechen	542
3.	recipēre	recipiō	recēpi	receptus	nehmen	508, 509, 510, 511, 514, 515, 517, 533, 540, 541, 542, 585
3.	recurrēre	recurrō	recurrī	recursus	zurücklaufen	542
3.	reddēre	reddō	reddidi	redditus	wiedergeben	543
3.	redigēre	redigō	redēgi	redāctus	in einen Zustand versetzen	521
3.	redūcēre	redūcō	redūxi	reductus	zurückführen, chemisch reduzieren, einschränken	512 b
1.	refrigērāre	refrigērō	refrigērāvi	refrigērātus	erkalten lassen	515

1.	regnāre	regnō	regnāvī	regnātus	herrschen	548
3.	reicĕre	reiciō	reiēcī	reiectus	verwerfen	541
3.	relinquĕre	relinquō	reliquī	relictus	zurücklassen	512 b
2.	remanēre	remaneō	remānsī	remānsus	zurückbleiben	520, 548
2.	removēre	removeō	removī	remōtus	zurückbewegen, entfernen	544
3.	rēpĕre	rēpō	repsi	reptus	kriechen	542
3.	repetĕre	repetō	repetīvī	repetītus	wiederholen	521
3.	requirĕre	requirō	requisīvī	requisītus	untersuchen, erfordern	521, 527
3.	resolvĕre	resolvō	resolvī	resolūtus	auflösen	512 b
2.	resorbēre	resorbēō	resorbūi	resorptus	aufsaugen, resorbieren	541
2.	respondēre	respondēō	respondi	responsum	entsprechen, antworten	512 a, 514
3.	rigēfacĕre	rigēfaciō	rigēfēcī	rigēfactus	starr machen	547
3.	rubēfacĕre	rubēfaciō	rubēfēcī	rubēfactus	rot machen	540
1.	rubĭcāre	rubĭcō	rubĭcāvī	rubĭcātus	röten	519
1.	saturāre	saturō	saturāvī	saturātus	sättigen	515, 519, 525, 540
3.	scribĕre	scribō	scripsi	scriptus	schreiben	253
3.	sēcēdĕre	sēcēdō	sēcessī	sēcessus	sich absondern, beiseite gehen	512 b
1.	sēparāre	sēparō	sēparāvī	sēparātus	trennen, absondern	541
3.	sēpōnĕre	sēpōnō	sēposŭī	sēposĭtus	beiseite stellen	525, 533, 544
1.	servāre	servō	servāvī	servātus	aufbewahren	519
1.	siccāre	siccō	siccāvī	siccātus	trocknen	519, 525, 531
1.	signāre	signō	signāvī	signātus	kennzeichnen	531, 586
3.	solvĕre	solvō	solvī	solūtus	lösen	512 b, 533, 542, 544, 548
1.	spectāre	spectō	spectāvī	spectātus	beobachten	542
1.	sterilisāre	sterilisō	sterilisāvī	sterilisātus	sterilisieren	531
1.	sublimāre	sublimō	sublimāvī	sublimātus	sublimieren, verfeinern	512
3.	sufficĕre	sufficiō	suffēci	suffectus	genügen	527
3.	tangĕre	tangō	tetigī	tāctus	berühren	535, 538, 542
1.	tempĕrāre	tempĕrō	tempĕrāvī	tempĕrātus	temperieren	515
3.	trahĕre	trahō	traxī	tractus	ziehen	512 b, 521
4.	transīre	transēō (Ausnahme)	transīī	transĭtus	übergehen in	522
1.	turbāre	turbō	turbāvī	turbātus	trüben, ausscheiden	512, 519
4.	venire	vēniō	vēnī	ventus	kommen	442, 462
2.	virēre	virēō	—	—	grünen, grün sein	542
3.	vivĕre	vivō	vīxī	victus	leben	540

Anwendung und Vorkommen im modernen medizinischen und naturwissenschaftlichen Latein

1. Lateinische Arzneibuchnomenklaturen der Chemikalien

§ 550 In den Arzneibüchern sind zwei sprachlich verschiedene lateinische Nomenklaturen enthalten: Einmal eine Nomenklatur klassisch-grammatikalischer Prägung wie im früheren Deutschen Arzneibuch, sowie auch in dem der DDR, im Österreichischen Arzneibuch und im Schweizerischen Arzneibuch, zum anderen eine lateinische Nomenklatur anglistisch-romanischer Prägung wie im Internationalen Arzneibuch, im Compendium medicamentorum (CM), im Europäischen Arzneibuch u. a. Es ist in vielen Arzneibüchern ein Übergang zu dieser Nomenklatur festzustellen.

1.1. Nomenklatur klassisch-grammatikalischer Prägung

1.1.1. Die lateinische Bezeichnung der Säuren

§ 550 a Die lateinische Bezeichnung der Säuren beginnt mit Acidum als Substantiv; es folgt als Adjektiv auf -icus (vgl. § 187 a) das latinisierte Anion, das klein geschrieben wird.

Acidum boricum	Borsäure
Acidum hydrochloricum	Salzsäure
Acidum nitricum	Salpetersäure
Acidum phosphoricum	Phosphorsäure
Acidum sulfuricum	Schwefelsäure

In gleicher Weise werden die arzneilich gebrauchten organischen Säuren bezeichnet:

Acidum aceticum (glaciale)	Essigsäure
Acidum acetyl(o)salicylicum	Acetylsalicylsäure
Acidum agaricinicum	Agaricinsäure
Acidum aminoaceticum	Aminoessigsäure, Glykokoll
Acidum ascorbicum	Ascorbinsäure, Vitamin C
Acidum benzoicum (vgl. § 187 a)	Benzoesäure
Acidum citricum	Citronensäure
Acidum etacrynicum	Etacrynsäure
Acidum formicicum	Ameisensäure
Acidum lacticum	Milchsäure
Acidum nicotinicum	Nicotinsäure
Acidum oleinicum	Ölsäure
Acidum oxalicum	Oxalsäure
Acidum salicylicum	Salicylsäure
Acidum stearinicum	Stearinsäure
Acidum sulfosalicylicum	Sulfosalicylsäure
Acidum tannicum	Gerbsäure
Acidum tartaricum	Weinsäure
Acidum trichloraceticum	Trichloressigsäure
Acidum undecylicum	Undecylensäure

1.1.2.   Die lateinische Bezeichnung der Salze

Die binäre Bezeichnung der Salze

Die lateinische Bezeichnung der Salze wird binär entsprechend der beteiligten An- und Kationen vorgenommen. Das Kation wird als Substantiv gebraucht, ähnlich wie bei der Säurebezeichnung das Wort Acidum. Das Anion wird als Adjektiv hinzugefügt und klein geschrieben:

KNO_3 Kalium nitricum   Kaliumnitrat (salpetersaures Kalium)

Die lateinische Bezeichnung der Anionen

Zunächst seien die adjektivischen Anionen aufgeführt.   § 550 c

Salze, deren Anion Chlor, Brom, Jod, Fluor enthält:

Cl^-	chloratum	Chlorid, salzsaures Salz
ClO_3^-	chloricum	Chlorat, chlorsaures Salz
Br^-	bromatum	Bromid, bromwasserstoffsaures Salz
BrO_3^-	bromicum	Bromat, bromsaures Salz
I^-	iodatum	Iotid, iodwasserstoffsaures Salz
IO_3^-	iodicum	Iodat, iodsaures Salz
F^-	fluoratum	Fluorid, fluorwasserstoffsaures Salz

Salze, deren Anion Schwefel enthält:

S^{2-}	sulfuratum	Sulfid, schwefelwasserstoffsaures Salz
SO_3^{2-}	sulfurosum	Sulfit, schwefligsaures Salz
SO_4^{2-}	sulfuricum	Sulfat, schwefelsaures Salz
$S_2O_5^{2-}$	pyrosulfurosum	Pyrosulfit, Disulfit
	metabisulfurosum	als veraltete Bezeichnung
$S_2O_3^{2-}$	thiosulfuricum	Thiosulfat
	subsulfurosum	als veraltete Bezeichnung

Durch die Vorsilbe hydrogen (veraltet bi) werden die Hydrogenverbindungen gekennzeichnet:

$H^+SO_4^{2-}$	hydrogensulfuricum	Hydrogensulfat
$H^+SO_3^{2-}$	hydrogensulfurosum	Hydrogensulfit

bisulfuricum und bisulfurosum sind veraltete Bezeichnungen.

Salze, deren Anion Stickstoff enthält:

NO_2^-	nitrosum	Nitrit, salpetrigsaures Salz
NO_3^-	nitricum	Nitrat, salpetersaures Salz

Salze, deren Anion Phosphor enthält:

PO_4^{3-}	phosphoricum	Phosphat, phosphorsaurs Salz
$H_2PO_2^-$	hypophosphorosum	Hypophosphit, unterphosphorigsaures Salz

Als Phosphat kann das primäre, sekundäre oder tertiäre Salz vorliegen. Ohne einen weiteren Zusatz versteht man unter der Bezeichnung phosphoricum das sekundäre Salz. Das primäre Salz erhält das Präfix, dihydrogen (veraltet bi-), das tertiäre Salz den adjektiven Zusatz tribasicum.

Salze, deren Anion Kohlenstoff enthält:

CO_3^{2-}	carbonicum	Carbonat, kohlensaures Salz

Durch das Präfix hydrogen- (veraltet bi-) werden die Hydrogenverbindungen bezeichnet:

$H^+CO_3^{2-}$	hydrogencarbonicum	Hydrogencarbonat
	bicarbonicum (veraltet)	

Salze, deren Anion Arsen enthält:
Unter der Bezeichnung Solutio (veraltet Liquor) Kalii arsenicosi – Fowlersche Lösung – liegt eine Arsenlösung vor, die ein Prozent Arsentrioxid enthält.

Salze, deren Anion Chromium enthält:

CrO_4^{2-}	chromicum	Chromat, chromsaures Salz
$Cr_2O_7^{2-}$	dichromicum	Dichromat
	(auch in älterer Schreibweise bichromicum)	

Salze, deren Anion Mangan enthält:

MnO_4^-	permanganicum	Permanganat, übermangansaures Salz

Salze, deren Anion Silicium enthält:
Solutio (veraltet Liquor) Natrii silicici, Natronwasserglas-, Natriumsilicatlösung, ist eine etwa 35%ige Lösung von wechselnden Mengen Natriumsilicat und Natriumtetrasilicat.

Salze, deren Anion Bor enthält:

BO_3^{3-}	boricum	Borat

Die lateinische Kennzeichnung der Kationen

§ 550 d   Als Substantive zur Bezeichnung der Kationen kommen in Betracht Aluminium, Ammonium, Argentum, Aurum, Barium, Bismutum, Calcium, Cuprum, Ferrum, Hydrargyrum, Kalium, Lithium, Magnesium, Manganum, Natrium, Plumbum, Stannum, Stibium, Zincum u. a.
Kann das Kation nur in einer Wertigkeitsstufe vorliegen, so ist die Ausdrucksweise durch das Substantiv eindeutig. Da die Anzahl der medizinisch-pharmazeutisch gebräuchlichen anorganischen Salze stark zurückgegangen ist, kann man auf eine grundsätzliche Unterscheidung verzichten. Eine Unterscheidung der Wertigkeitsstufe des Kations durch adjektivischen Zusatz oxydatum (höhere Wertigkeitsstufe) und oxydulatum (niedrigere Wertigkeitsstufe) erfolgt nicht mehr:

Ferrum phosphoricum oxydatum	Eisen(III)-phosphat
Ferrum phosphoricum oxydulatum	Eisen(II)-phosphat

Bei den halogenwasserstoffsauren Quecksilbersalzen wird die höhere Wertigkeitsstufe des Kations durch die Vorsilbe bi- beim Adjektivum ausgedrückt.
Auch wird ein Hinweis auf die Farbe des Salzes vom Arzneibuch zur Kennzeichnung benutzt:

Hydrargyrum sulfuratum rubrum	Quecksilber(II)-sulfid

Beispiele

§ 550 e Aluminium chloratum	Aluminiumchlorid
Aluminium sulfuricum	Aluminiumsulfat
Aluminium Magnesium silicicum	Aluminiummagnesiumsilicat, Almasilat
Ammonium bromatum	Ammoniumbromid
Ammonium chloratum	Ammoniumchlorid
Ammonium thiocyanatum	Ammoniumthiocyanat
Argentum nitricum	Silbernitrat, Höllenstein
Argentum proteinicum	Protein-Silber
Barium sulfuricum	Bariumsulfat
Bismutum subcarbonicum	Basisches Bismutcarbonat
Bismutum subgallicum	Basisches Bismutgallat
Bismutum subsalicylicum	Basisches Bismutsalicylat
Bismutum tribromphenolicum	Bismuttribromphenolat
§ 550 f Calcium carbonicum	Calciumcarbonat, Schlämmkreide
Calcium chloratum	Calciumchlorid
Calcium citricum	Calciumcitrat
Calcium gluconicum	Calciumgluconat
Calcium Glycerolum phosphoricum	Calciumglycerolphosphat

Calcium lacticum	Calciumlactat	
Calcium pantothenicum	Calciumpantothenat	
Calcium phosphoricum	Calciumphosphat	
Calcium sulfuricum ustum	Gebranntes Calciumsulfat, Gips	
Calcaria chlorata	Chlorkalk	
Cuprum sulfuricum	Kupfer(II)-sulfat	
Ferrum sulfuricum	Eisen(II)-sulfat	
Ferrum gluconicum	Eisen(II)-gluconat	
Ferrum Ammonium sulfuricum	Ammoniumeisen(II)-sulfat	

Hydrargyrum bichloratum	Quecksilber(II)-chlorid, Sublimat	§ 550 g

Um seiner Giftigkeit wegen Verwechslungen auszuschließen, erhält es oft den Zusatz corrosivum – scharf.

Hydrargyrum chloratum	Quecksilber(I)-chlorid, Kalomel

Es erhält oft den Zusatz mite – mild.

Hydrargyrum biiodatum	Quecksilber(II)-iodid

Zur Unterscheidung erhält es oft den Zusatz rubrum.

Hydrargyrum oxycyanatum	Quecksilberoxidcyanid
Hydrargyrum sulfuratum rubrum	Rotes Quecksilber(II)-sulfid, Zinnober
Hydrargyrum praecipitatum album	Amidoquecksilber(II)-chlorid

Kalium aceticum	Kaliumacetat	§ 550 h
Kalium bromatum	Kaliumbromid	
Kalium carbonicum	Kaliumcarbonat, Pottasche	
Kalium chloratum	Kaliumchlorid	
Kalium citricum	Kaliumcitrat	
Kalium iodatum	Kaliumiodid	
Kalium nitricum	Kaliumnitrat, Salpeter	
Kalium permanganicum	Kaliumpermanganat	
Kalium phosphoricum	Dikaliumhydrogenphosphat	
Kalium pyrosulfurosum	Kaliumpyrosulfit	
Kalium sulfuricum	Kaliumsulfat	
Kalium Stibium tartaricum	Kaliumantimontartrat, Brechweinstein	
Lithium citricum	Lithiumcitrat	
Magnesium adipinicum	Magnesiumadipat	
Magnesium chloratum	Magnesiumchlorid	
Magnesium subcarbonicum	Basisches Magnesiumcarbonat	
Manganum chloratum	Mangan(II)-chlorid	

Natrium aceticum	Natriumacetat	§ 550 i
Natrium aminosalicylicum	Natriumaminosalicylat	
Natrium benzoicum (vgl. § 187 a)	Natriumbenzoat	
Natrium bromatum	Natriumbromid	
Natrium carbonicum	Natriumcarbonat, Soda	
Natrium chloratum	Natriumchlorid, Kochsalz	
Natrium citricum	Natriumcitrat	
Natrium dihydrogenphosphoricum	Natriumdihydrogenphosphat	
Natrium edeticum	Natriumedetat	
Natrium fluoratum	Natriumfluorid	
Natrium hydrogencarbonicum	Natriumhydrogencarbonat, Natron	
Natrium iodatum	Natriumiodid	
Natrium nicotinicum	Natriumnicotinat	
Natrium nitrosum	Natriumnitrit	
Natrium phosphoricum	Dinatriumhydrogenphosphat	
Natrium pyrosulfurosum	Natriumpyrosulfit	

Natrium salicylicum	Natriumsalicylat
Natrium sulfuricum	Natriumsulfat, Glaubersalz
Natrium tetraboricum	Dinatriumtetraborat, Borax
Natrium thiosulfuricum	Natriumthiosulfat, Fixiersalz
Plumbum aceticum	Blei(II)-acetat
Stannum chloratum	Zinn(II)-chlorid
Zincum chloratum	Zinkchlorid
Zincum sulfuricum	Zinksulfat

1.1.3. Die lateinische Bezeichnung der Oxide, der Peroxide und der Hydroxide

1.1.3.1. Oxide

§ 551 In der internationalen anorganisch-chemischen Nomenklatur wird statt -oxyd nun -oxid geschrieben.

Die Bezeichnung der Oxide beginnt mit dem jeweiligen Metall als Substantiv. Der adjektivische Zusatz lautet oxidatum, bisher oxydatum. Kann das Metall in zwei Wertigkeitsstufen vorliegen, so wurde die niedrigere durch das Adjektiv oxydulatum gekennzeichnet.

Arsenum trioxidatum	Arsen(III)-oxid
Acidum arsenicosum	veraltete Bezeichnung
Carboneum dioxidatum	Kohlendioxid
Chromium trioxidatum	Chromium(VI)-oxid
Acidum chromicum	veraltete Bezeichnung
Dinitrogenium oxidatum	Distickstoffoxid, Lachgas
Hydrargyrum oxidatum flavum	gelbes Quecksilber(II)-oxid
Hydrargrum oxidatum rubrum	rotes Quecksilber(II)-oxid
Magnesium oxidatum	Magnesiumoxid
Magnesia usta	veraltete Bezeichnung
Manganum dioxidatum	Mangan(IV)-oxid, Braunstein
peroxydatum (falsch und veraltet)	
Plumbum oxidatum	Blei(II)-oxid
Lithargyrum	veraltete Bezeichnung
Silicium dioxidatum	Siliciumdioxid
Silicium dioxidatum dispersum	hochdisperses Siliciumdioxid
Stannum dioxidatum	Zinn(IV)-oxid
Titanium dioxidatum	Titaniumdioxid, Titanium(IV)-oxid
Zincum oxidatum	Zinkoxid

Einige Oxide wurden abweichend latinisiert. Man ging von der wörtlichen Übersetzung aus und brachte zum Ausdruck, daß diese Oxide als gebrannte Metalle aufzufassen seien:

CaO	Calcaria usta	Gebrannter Kalk
MgO	Magnesia usta	Gebrannte Magnesia

Diese Substantiva sind nach der a-Deklination mit femininem Genus gebildet.

Unter der Bezeichnung Alumen ustum verstand das DAB6 kein Oxid, sondern entwässerten Alaun (Kalium-Aluminiumsulfat).

1.1.3.2. Peroxide

§ 551a Die Bezeichnung der Peroxide erfolgt in der gleichen Wiese wie die der Oxide, indem das Wort oxidatum mit der Vorsilbe per- versehen wird:

Carbamidum peroxidatum	Carbamidperoxid
Magnesium peroxidatum	Magnesiumperoxid
Natrium boricum peroxidatum	Natriumboratperoxid
Solutio Hydrogenii peroxidati concentrata	Konzentrierte Wasserstoffperoxidlösung
Solutio Hydrogenii peroxidati diluta	verdünnte Wasserstoffperoxidlösung

1.1.3.3. Hydroxide

Die Hydroxide erhalten den adjektivischen Zusatz hydroxidatum (veraltet hydroxydatum §551b
oder oxydatum hydricum):

Aluminium hydroxidatum	Aluminiumhydroxid
Alumina hydrate (Plural neutr.) Suspensio Aluminii hydroxidati	veraltete Bezeichnung Aluminiumhydroxidsuspension
Calcium hydroxidatum	Calciumhydroxid
Calcium hydroxidatum ad absorptionem	Calciumhydroxid zur Absorption
Kalium hydroxidatum	Kaliumhydroxid
Natrium hydroxidatum	Natriumhydroxid
Kali causticum und Natrium causticum	als veraltete Bezeichnungen

1.1.4. *Die lateinische Bezeichnung der organischen Substanzen*

Die organischen Chemikalien werden in latinisierter Form als Neutra der o-Deklination
(vgl. §§ 115–118) gebraucht. Es gibt mehrere Möglichkeiten:

1. Die latinisierte chemische Bezeichnung. Diese Form wählte das DAB6, z.B. Dimethyl- §552
aminophenyldimethylpyrazolonum.

2. Die latinisierte Kurzbezeichnung der Weltgesundheitsorganisation (WHO), z. B. Aminophenazonum. Diese Form bevorzugen die modernen Arzneibücher.

3. Andere konventionelle, oft gewachsene Bezeichnungen, z. B. Acetonum, Atropinum, Benzinum, Chloralum, Chloroformium, Cocainum, Codeinum, Coffeinum, Cresolum, Eugenolum, Iodoformium, Methioninum, Morphinum, Phenolum, Prednisolonum, Vanillinum u. a.

Anstelle bisher üblicher Endungen werden in Trivialnamen, deren Wortstamm in allen Sprachen einheitlich gebraucht wird, Suffixe mit systematischer Bedeutung verwendet, die die charakteristische Funktion der Verbindung bezeichnen.

Für alle aromatischen Kohlenwasserstoffe gilt die Endung -en: In latinisierter Form Benzenum statt Benzolum, Naphthalenum statt Naphthalinum, Xylenum statt Xylolum, Toluenum statt Toluolum, Cumenum statt Cumolum u. a.

Für alle Verbindungen mit -OH als charakteristischer Gruppe die Endung -ol und für alle Aldehyde die Endung -al:
Glycerolum statt Glycerinum, Cholesterolum statt Cholesterinum, Inositolum statt Inositum, Resorcinolum statt Resorcinum u. a. Furfuralum statt Furfurolum.

Für Äthanum wird die Bezeichnung Ethanum verwendet. Vom Ethan abgeleitete Be- §552a
zeichnungen werden entsprechend geändert: Ethenum, Ethyl. Daraus ergeben sich Ethanolum statt Aethanolum oder Spiritus, Ethanolum absolutum statt Alcohol absolutus. Es werden aber auch Bezeichnungen wie Alcohol benzylicus, Alcohol cetylicus, Alcohol polyvinylicus, Alcohol stearylicus u. a. verwendet.
Das Wort Äther im chemischen Sinn wird auch mit E also Ether geschrieben. Etherhaltige Lösungen werden ebenfalls als etherisch bezeichnet (Spiritus ethereus, Tinctura Valerianae etherea). Es bleibt aber sonst bei der im deutschen Wortschatz gebräuchlichen Schreibweise Äther und ätherisch (ein ätherisches Mädchen, die ätherischen Öle).
Die Zucker werden entsprechend ihrer chemischen Endung latinisiert: Glucosum (veraltet Saccharum amylaceum), Fructosum (veraltet Laevulosum), Saccharosum (veraltet Saccharum), Lactosum (veraltet Saccharum lactis).

WerdenRadikale als Substantiva gebraucht, werden sie als Neutra auf -ium gebildet, wie §552b
Methylium, Ehtylium (bisher Aethylium), Propylium, Cetylium, Phenylium.

Beispiele

Ethylium aceticum	Ethylacetat
Ethylium bromisovalerianicum	Ethylbromisovalerianat
Ethylium chloratum	Ethylchlorid
Ethylium oleinicum	Ethyloleat
Benzylium amygdalicum	Benzylmandelat
Benzylium benzoicum	Benzylbenzoat
Benzylium nicotinicum	Benzylnicotinat
Isoamylium nitrosum	Isoamylnitrit
Methylium hydroxybenzoicum	Methylhydroxybenzoat
Methylium salicylicum	Methylsalicylat
Phenylium salicylicum	Phenylsalicylat
Propylium gallicum	Propylgallat
Propylium hydroxybenzoicum	Propylhydroxybenzoat
Propylium nicotinicum	Propylnicotinat

§ 552 c Bildung und Schreibweise der Bezeichnungen für organische Substanzen sind entsprechend Beschlüssen und Festlegungen den Arzneibüchern der einzelnen Staaten zu entnehmen.

1.1.5. Lateinische Charakterisierung der Reinheitsgrade von Chemikalien

§ 553 Hierbei handelt es sich nicht um Bestimmungen des Arzneibuches

Langform	*Kurzform*	*Deutsch*
purum speciale	pur. spec.	spezialrein
purissimum	puriss.	reinst zur Analyse
pro analysi	p. a.	zur Analyse
purum	pur.	rein
technicum	techn.	technisch
crudum	crud.	roh

1.2. Nomenklatur anglistisch-romanischer Prägung

§ 554 Diese Nomenklatur unterscheidet sich in wesentlichen Punkten von der der klassisch-grammatikalischen Prägung. Ein Unterschied besteht darin, daß alle Wörter, ausgenommen das Anfangswort eines Terminus, kleingeschrieben werden, also auch die Substantiva. Hierin zeigt sich Übereinstimmung mit den medizinischen Nomina anatomica und auch mit dem Brauchtum der botanischen und zoologischen Nomenklatur. In anglistischen und romanischen Sprachen ebenso im klassischen Latein finden wir eine derartige Kleinschreibung. Diese Nomenklatur erfreut sich zunehmender Anwendung. Sie wird vom Internationalen Arzneibuch, vom Europäischen Arzneibuch, vom Compendium medicamentorum (CM-RGW) und vom Sowjetischen Arzneibuch bereits benutzt.

1.2.1. Die lateinische Bezeichnung der Säuren

§ 555 Sie beginnt mit dem Wort Acidum, das als erstes Wort des Terminus groß geschrieben wird. Klein geschrieben folgen darauf Adjektiva: Acidum aceticum, A. acetylosalicylicum, A. ascorbicum, A. benzoicum, A. boricum, A. citricum, A. etacrynicum, A. hydrochloricum, A. lacticum, A. nitricum, A. phosphoricum, A. salicylicum, A. sulfuricum, A. tartaricum, A. trichloraceticum, A. undecylenicum u. a. Es besteht Übereinstimmung mit der

Bezeichnung der Säuren nach der Nomenklatur klassisch-grammatikalischer Prägung (Abschnitt 1.1.1.).

1.2.2.   Die lateinische Bezeichnung der Salze

Die Bezeichnungen der Salze zeigen aber einen andersartigen Aufbau. Bei dem Terminus § 555 a
der Salze beginnt nämlich der lateinische Name mit dem der Base, der im Genitiv aufgeführt wird. Hierbei treten geläufige Ausdrücke auf, wie Ammonii, Argenti, Barii, Bismuthi (sic mit th!), Calcii, Hydrargyri, Kalii, Magnesii, Natrii, Zinci. Neuartig ist Ferrosi, der Genitiv von Ferrosum, das Ferrum in zweiwertiger Form ist. Die Alkaloidbasen werden in gewohnter Weise als Genitiv von Neutra der o-Deklination gebildet: Atropini, Emetini, Ergometrini, Homatropini, Lobelini, Quinini (= Chinini) u. a. (vergl. § 115).

Das Anion der Salze erscheint in dieser Nomenklatur nicht als Adjektiv, sondern als ein § 555 b
Substantiv, das im Nominativ Singular auf -as oder -is endet: carbonas, nitras, nitris, phosphas, sulfas, benzoas, citras, lactas, maleas, salicylas, tartras u. a.
Liegt das Salz in der höheren Oxydationsstufe vor, so wird die Endung -as, bei der niedrigeren Oxydationsstufe die Endung -is verwendet. Diese neulateinischen Bildungen müssen wie maskuline t-Stämme behandelt werden. Ihr Genitiv lautet -atis oder -itis, Calcii lactatis compressi. Der Plural wird nach der dritten Deklination auf -es gebildet (Natrii phosphates Ph. gall. VIII). Adjektivische Zusätze werden auf diese Substantive bezogen, z. B. Ferrosi sulfas exsiccatus, Natrii carbonas monohydricus, Natrii sulfas decahydricus, Magnesii subcarbonas ponderosus.
Die Bezeichnungen der Hydrogenverbindungen werden durch das Präfix hydrogen mit dem Bindevokal o gebildet: Calcii hydrogenophosphas, Kalii hydrogenocarbonas, Natrii dihydrogenophosphas, Natrii hydrogenocarbonas. CM-RGW meidet den Bindevokal o.

Die Halogene werden als neutrale Substantiva der o-Deklination gebildet: § 555 c
Ammonii chloridum, Ammoniumchlorid; Calcii chloridum Calciumchlorid; Kalii chloridum Kaliumchlorid; Kalii iodidum Kaliumiodid; Magnesii chloridum Magnesiumchlorid; Natrii bromidum Natriumbromid; Natrii chloridum Natriumchlorid; Natrii iodidum Natriumiodid; Zinci chloridum Zinkchlorid.
Auch bei diesen Termini wird ein adjektivischer Zusatz auf dieses Neutrum bezogen: Magnesii chloridum leve.
Eine Sonderstellung nimmt der Ausdruck Hydrargyri perchloridum, Quecksilber(II)-chlorid, Sublimat ein. Das Präfix per- (§ 239) bedeutet eine Verstärkung der Eigenschaft, in diesem Fall die höhere Wertigkeit. Hydrargyri chloridum würde Quecksilber(I)-chlorid, Calomel bedeuten.

Beispiele

Aluminii acetatis tartratis solutio (DAB8)	Aluminiumacetat-tartrat-lösung	§ 555 d
Argenti nitras (Ph. Eur.)	Silbernitrat, Höllenstein	
Atropini sulfas (CM-RGW + Ph. Eur.)	Atropinsulfat	
Barii sulfas (Ph. Eur.)	Bariumsulfat	
Bismuthi subcarbonas (Ph. Eur.)	basisches Bismutcarbonat	
Bismuthi subgallas (DAB8)	basisches Bismutgallat	
Bismuthi subnitras (DAB8)	basisches Bismutnitrat	
Calcii aminosalicylas (Ph. Eur.)	Calciumaminosalicylat	§ 555 e
Calcii carbonas (Ph. Eur.)	Calciumcarbonat	
Calcii gluconas (Ph. Eur.)	Calciumgluconat	
Calcii hydrogenophosphas (Ph. Eur.)	Calciumhydrogenphosphat	
Calcii lactas (Ph. Eur.)	Calciumlactat	
Calcii pantothenas (Ph. Eur.)	Calciumpantothenat	

Calcii sulfas hemihydricus (DAB8)	Calciumsulfat-Hemihydrat
Chloroquini diphosphas (CM-RGW)	Chloroquindiphosphat
Codeini phosphas (CM-RGW + Ph. Eur.)	Codeinphosphat
Ethacridini lactas (CM-RGW + DAB8)	Ethacridinlactat

§ 555 f Ferrosi gluconas (Ph. Eur.) — Eisen(II)-gluconat
Ferrosi sulfas (Ph. Eur.) — Eisen(II)-sulfat
Glyceroli monostearas (Ph. Eur.) — Glycerolmonostearat
Kalii citras (Ph. Eur.) — Kaliumcitrat
Kalii hydrogenocarbonas (DAB8) — Kaliumhydrogencarbonat
Kalii permanganas (Ph. Eur.) — Kaliumpermanganat
Lithii carbonas (DAB8) — Lithiumcarbonat
Magnesii stearas (Ph. Eur.) — Magnesiumstearat
Magnesii subcarbonas levis (Ph. Eur.) — leichtes basisches Magnesiumcarbonat
Magnesii subcarbonas ponderosus (Ph. Eur.) — schweres basisches Magnesiumcarbonat
Magnesii sulfas (Ph. Eur.) — Magnesiumsulfat
Magnesii trisilicas (Ph. Eur.) — Magnesiumtrisilicat

§ 555 g Natrii acetas (Ph. Eur.) — Natriumacetat
Natrii carbonas decahydricus (Ph. Eur.) — Natriumcarbonat-Dekahydrat
Natrii carbonas monohydricus (Ph. Eur.) — Natriumcarbonat-Monohydrat
Natrii citras (Ph. Eur.) — Natriumcitrat
Natrii dihydrogenophosphas (DAB8) — Natriumdihydrogenphosphat
Natrii hydrogenophosphas (Ph. Eur.) — Natriumhydrogenphosphat
Natrii lactatis solutio (DAB8) — Natriumlactatlösung
Natrii nitris (DAB8) — Natriumnitrit
Natrii phosphas (Ph. Eur.) — Natriumphosphat
Natrii salicylas (Ph. Eur.) — Natriumsalicylat
Natrii sulfas anhydricus (Ph. Eur.) — entwässertes Natriumsulfat
Natrii sulfas decahydricus (Ph. Eur.) — Natriumsulfat-Dekahydrat
Natrii thiosulfas (Ph. Eur.) — Natriumthiosulfat
Oxedrini tartras (Ph. Eur.) — Oxedrintartrat
Papaverini hydrochloridum (CM-RGW + Ph. Eur.) — Papaverinhydrochlorid
Zinci sulfas (Ph. Eur.) — Zinksulfat
Zinci undecylenas (Ph. Eur.) — Zinkundecylenat

1.2.3. Die lateinische Bezeichnung der Oxide, der Peroxide und der Hydroxide

1.2.3.1. Oxide

§ 555 h Die Oxide werden mit dem Kation im Genitiv und dem kleingeschriebenen Substantiv oxidum bezeichnet. Zusätzliche Adjektiva richten sich nach diesem Substantiv.

Arseni trioxidum — Arsen(III)-oxid
Carbonei dioxidum — Kohlendioxid
Magnesii oxidum leve — leichtes Magnesiumoxid
Nitrogenii oxidum — Distickstoffmonoxid, Lachgas
Zinci oxidum — Zinkoxid

1.2.3.2. Peroxide

§ 555 i Die Peroxide werden in der gleichen Weise gekennzeichnet. Dem Substantiv oxidum wird das Präfix per- hinzugefügt.

Hydrogenii peroxidum	Wasserstoffperoxid
Hydrogenii peroxidum dilutum	verdünnte Wasserstoffperoxidlösung (3 %)
Hydrogenii peroxidum 30 per centum	30%iges Wasserstoffperóxid
Hydrogenii peroxidum 27 per centum	27%iges Wasserstoffperoxid
Magnesii peroxidum	Magensiumperoxid

1.2.3.3. Hydroxide

Auch die Hydroxide beginnen mit dem Kation im Genitiv, dann folgt das kleingeschrie- § 555j
bene Substantiv hydroxidum.

Kalii hydroxidum	Kaliumhydroxid
Natrii hydroxidum	Natriumhydroxid

1.2.4. *Die lateinischen Bezeichnungen der organischen Substanzen*

Zwischen den beiden lateinischen Nomenklaturen bestehen bei den Bezeichnungen orga- § 556
nischer Substanzen keine grundlegenden Unterschiede. Es gilt das unter 1.1.4. Darge-
legte. Sie werden in latinisierter Form als Neutra der o-Deklination gebraucht.

Einige gleichlautende Beispiele aus den bisherigen Veröffentlichungen des Compendium,
medicamentorum (CM-RGW) und der Pharmacopoea Europaea (Ph. Eur.) sind:
Chloramphenicolum, Coffeinum, Dexamethasonum, Furosemidum, Isoniazidum, Methioninum, Oxytocinum (Oxytocini solutio iniectabilis – Ph. Eur. –, Oxytocini Injectio –
CM-RGW –), Propylenglycolum, Riboflavinum, Talcum, Tolbutamidum.

Die in der Pharmacopoea Europaea aufgeführten Bezeichnungen Methylis parahydroxybenzoas, Methylis salicylas und Propylis parahydroxybenzoas sind hinsichtlich des ersten
Wortes im Terminus rätselhaft. Die Radikale sollten nach den chemischen Regeln als
Substantive auf -ium gebildet werden. Danach wäre zu erwarten Methylii und Propylii
statt Methylis und Propylis.

Bildung und Schreibweise für organische Substanzen sind ebenfalls entsprechend Beschlüssen und Festlegungen den Arzneibüchern der einzelnen Staaten zu entnehmen.

2. Lateinische Nomenklaturen der pflanzlichen Drogen

Die im Handel befindlichen Drogen werden gern lateinisch bezeichnet. Bei den medizi- § 557
nisch verwendeten ist dies ohne weiteres erklärlich. Aber auch andere Drogen haben oft
eine international verständliche lateinische Benennung. Die lateinische Bezeichnung der
Drogen besteht in der Regel aus dem Grundwort, nämlich dem verwendeten Pflanzenteil,
und aus dem Bestimmungswort, nämlich einer Angabe der betreffenden Pflanze.
Das Grundwort wird heute vorzugsweise im Singluar Nominativ genannt, während früher
die Bezeichnungen Flores, Folĭa, Follicŭli, Furctūs, Gemmae, Glandŭlae, Stigmăta, Stipĭ-
tes, Strobŭli, Tubĕra, Turiōnes im Plural verwendet wurden.
Die Angabe des Bestimmungswortes erfolgt nicht nach einheitlicher Regelung. Meist wird
der Gattungsname der Pflanze genannt, aber auch alleinstehend das Epitheton specifi-
cum. Traditionell gewachsene Bezeichnungen sind ebenfalls zu finden. Bei den Drogenbezeichnungen sind auch zwei sich unterscheidende lateinische Nomenklaturen zu verzeichnen: eine lateinische Nomenklatur klassisch-grammatikalischer Prägung (A), eine
andere lateinische Nomenklatur anglistisch-romanischer Prägung (B).

In den Termini der Nomenklatur A steht als erstes Wort der verwendete Pflanzenteil im § 558
Nominativ, ihm folgt im Genitiv die Angabe der betreffenden Pflanze. In der Nomenkla-

tur B steht als erstes Wort im Genitiv der Name der betreffenden Pflanze, in der Regel der Gattungsname, dann folgt erst das Grundwort im Nominativ. In dieser Nomenklatur werden außer dem Anfangswort des Terminus alle Wörter, auch die Substantiva klein geschrieben.

Unabhängig von der Handhabung in den einzelnen Pharmakopöen wird in der folgenden Aufstellung das Grundwort im Singular aufgeführt.

1. Cortex – Rinde

Lateinische Nomenklatur klassisch-grammatikalischer Prägung (A):

§ 559	Cortex Chinae, Cortex Cinchonae (Ph. Helv.)	Chinarinde
	Cortex Cinnamomi	Zimtrinde
	Cortex Frangulae	Faulbaumrinde
	Cortex Quercus	Eichenrinde
	Cortex Quillaiae	Seifenrinde
§ 559a	Cortex Cascarillae	Cascarille
	Cortex Chinae calisayae	Calisaya-Chinarinde
	Cortex Gossypii Radicis	Baumwollwurzelrinde
	Cortex Hamamelidis	Hamamelisrinde
	Cortex Mezerei	Seidelbastrinde
	Cortex Piscidiae Radicis	Piscidiawurzelrinde
	Cortex Rhamni purshianae	Amerikanische Faulbaumrinde
	Cortex Rhois aromaticae Radicis	Gewürzsumachwurzelrinde
	Cortex Salicis	Weidenrinde
	Cortex Simarubae Radicis	Simarubawurzelrinde
	Cortex Viburni prunifolii	Schneeballrinde

Lateinische Nomenklatur anglistisch-romanischer Prägung (B):

§ 559b	Cinchonae succirubrae cortex (Ph. Eur.)	Chinarinde
	Frangulae cortex (Ph. Eur.)	Faulbaumrinde
	Rhamni purshianae cortex (Ph. Eur.)	Cascararinde, amerikanische Faulbaumrinde

§ 559c Bei den folgenden Drogen ist der Pflanzenname undeklinierbar, so daß kein Genitiv gebildet werden kann:

	Cortex Condurango	Condurangorinde
	Cortex Coto	Cotorinde
	Cortex Quebracho	Quebrachorinde
	Cortex Sassafras Radicis	Sassafraswurzelrinde
	Cortex Yohimbe	Yohimberinde

2. Flos – Blüte, Flores – Blüten

Lateinische Nomenklatur klassisch-grammatikalischer Prägung (A):

§ 560	Flos Arnicae	Arnikablüte
	Flos Caryophylli	Gewürznelke
	Flos Chamomillae	Kamillenblüte
	Flos Cinae	Zitwerblüte
	Flos Lavandulae	Lavendelblüte
	Flos Malvae	Malvenblüte
	Flos Sambuci	Holunderblüte
	Flos Tiliae	Lindenblüte
	Flos Verbasci	Wollblumenblüte

Flos Aurantii	Pomeranzenblüte	§ 560 a
Flos Calcatrippae	Ritterspornblüte	
Flos Calendulae	Ringelblumenblüte	
Flos Chamomillae Romanae	Römische Kamillenblüte	
Flos Chrysanthemi cinerariifolii	Wucherblumenblüte	
Flos Convallariae	Maiglöckchenblüte	
Flos Crataegi	Weißdornblüte	
Flos Cyani	Kornblumenblüte	
Flos Farfarae	Huflattichblüte	
Flos Hyperici recens	Frische Johanniskrautblüte	
Flos Koso (undeklinierbar)	Kosoblüte	
Flos Lamii albi	Weiße Taubnesselblüte	
Flos Malvae arboreae	Stockrosenblüte	
Flos Millefolii	Schafgarbenblüte	
Flos Paeoniae	Pfingstrosenblüte	
Flos Primulae cum Calice	Schlüsselblumenblüte	
Flos Pruni spinosae	Schlehdornblüte	
Flos Rhoeados	Klatschmohnblüte	
Flos Rosae	Rosenblütenblätter	
Flos Spiraeae	Spierblumenblüte	
Flos Stoechados	Ruhrkrautblüte	

Lateinische Nomenklatur anglistisch-romanischer Prägung (B):

Anthemidis flos (Ph. Eur.)	Römische Kamillenblüte	§ 560 b
Chamomillae flos (CM-RGW)	Kamillenblüte	
Matricariae flos (Ph. Eur.)	Kamillenblüte	
Tiliae flos (Ph. Eur.)	Lindenblüte	

3. Folium – Blatt, Folia – Blätter

Lateinische Nomenklatur klassisch-grammatikalischer Prägung (A):

Folium Althaeae	Eibischblatt	§ 561
Folium Belladonnae	Tollkirschenblatt	
Folium Betulae	Birkenblatt	
Folium Digitalis	Fingerhutblatt	
Folium Farfarae	Huflattichblatt	
Folium Hyoscyami	Bilsenkrautblatt	
Folium Juglandis	Walnußblatt	
Folium Malvae	Malvenblatt	
Folium Melissae	Melissenblatt	
Folium Menthae piperitae	Pfefferminzblatt	
Folium Rosmarini	Rosmarinblatt	
Folium Salviae	Salbeiblatt	
Folium Sennae	Sennesblatt	
Folium Stramonii	Stechapfelblatt	
Folium Thymi	Thymianblatt	
Folium Trifolii fibrini	Bitterkleeblatt	
Folium menyanthidis (Ph. Helv.)	Bitterkleeblatt	
Folium Menyanthis (ÖAB)	Bitterkleeblatt	
Folium Uvae Ursi	Bärentraubenblatt	

Folium Aurantii	Bitterorangenblatt	§ 561 a
Folium Castaneae	Kastanienblatt	
Folium Eriodictyonis	Eriodictyonblatt	
Folium Eucalypti	Eukalyptusblatt	

Folium Fragariae	Erdbeerblatt
Folium Fraxini	Eschenblatt
Folium Hamamelidis	Hamamelisblatt
Folium Hederae	Efeublatt
Folium Jaborandi	Jaborandiblatt
Folium Lauri	Lorbeerblatt
Folium Menthae crispae	Krauseminzblatt
Folium Myrtilli	Heidelbeerblatt
Folium Orthosiphonis staminei	Orthosiphonblatt
Folium Plantaginis	Spitzwegerichblatt
Folium Ribis nigri	schwarzes Johannisbeerblatt
Folium Rubi fruticosi	Brombeerblatt
Folium Rubi idaei	Himbeerblatt
Folium Rutae	Rautenblatt
Folium Toxicodendri	Giftsumachblatt
Folium Vitis idaeae	Weinblatt

Lateinische Nomenklatur anglistisch-romanischer Prägung (B):

§ 561 b

Belladonnae folium (Ph. Eur.)	Tollkirschenblatt
Betulae folium (Ph. Eur.)	Birkenblatt
Crataegi folium cum flore (DAB8)	Weißdornblatt mit Blüte
Digitalis lanatae folium (DAB8)	Digitalis-lanata-Blatt
Digitalis purpureae folium (Ph. Eur.)	Digitalis-purpurea-Blatt
Hyoscyami folium (Ph. Eur.)	Bilsenkrautblatt
Melissae folium (DAB8)	Melissenblatt
Manthae piperitae folium (Ph. Eur.)	Pfefferminzblatt
Orthosiphonis folium (DAB8)	Orthosiphonblatt
Salviae folium (DAB8)	Salbeiblatt
Salviae trilobae folium (DAB8)	Dreilappiges Salbeiblatt
Sennae folium (Ph. Eur.)	Sennesblatt
Stramonii folium (Ph. Eur.)	Stechapfelblatt
Uvae ursi folium (DAB8)	Bärentraubenblatt

§ 561 c Bei den folgenden Drogen ist der Pflanzenname undeklinierbar, so daß kein Genitiv gebildet werden kann:

Folium Boldo	Boldoblatt
Folium Bucco	Bukkoblatt
Folium Mate	Mateblatt
Folium Matico	Maticoblatt
Folium Djamboe	Djambublatt

§ 562 4. Folliculus – Balgfrucht, Folliculi – Balgfrüchte

Folliculus Sennae	Sennesbälglein, -„schote"

5. Fructus – Frucht, Fructūs – Früchte

Lateinische Nomenklatur klassisch-grammatikalischer Prägung (A):

§ 563

Fructus Anisi	Anisfrucht
Fructus Aurantii immaturus	unreife Pomeranze
Fructus Capsici	Spanisch-Pfefferfrucht
Fructus Cardamomi	Kardamom
Fructus Carvi	Kümmelfrucht
Fructus Colocynthidis	Koloquinte
Fructus Cubebae	Kubebenpfeffer

Fructus Foeniculi	Fenchelfrucht	
Fructus Juniperi, Pseudocarpus iuniperi (Ph. Helv.)	Wacholderbeere	
Fructus Lauri	Lorbeerfrucht	
Fructus Piperis nigri	Schwarzer Pfeffer	
Fructus Anethi	Dillfrucht	§ 563 a
Fructus Anisi stellati	Sternanisfrucht	
Fructus Berberidis	Sauerdornbeere	
Fructus Cannabis	Hanffrucht	
Fructus Cardui Mariae	Mariendistelfrucht	
Fructus Ceratoniae	Johannisbrot	
Fructus Coriandri	Korianderfrucht	
Fructus Crataegi oxyacanthae	Weißdornbeere	
Fructus Cynosbati cum Semine	Hagebutte	
Fructus Cynosbati sine Semine	entkernte Hagebutte	

Beide Ausdrücke sind botanisch nicht korrekt. Der Inhalt der Hagebutte sind Nüßchen, Nuces, also Früchte. Deshalb

Pseudofructus rosae (Ph. Helv.)	Hagebutte	
Fructus Myrtilli	Heidelbeere	
Fructus Papaveris immaturus	unreifer Mohnkopf	
Fructus Petroselini	Petersilienfrucht	
Fructus Phaseoli sine Semine	Bohnenhülse	
Fructus Phellandrii	Wasserfenchelfrucht	
Fructus Pimentae, Fructus Amomi	Piment	
Fructus Piperis albi	weißer Pfeffer	
Fructus Rhamni catharticae	Kreuzdornbeere	
Fructus Vanillae	Vanille	

Lateinische Nomenklatur anglistisch-romanischer Prägung (B):

Ammeos visnagae fructus (DAB8)	Ammi-Visnaga-Frucht	§ 563 b
Anisi fructus (Ph. Eur.)	Anis	
Cardui mariae fructus (DAB8)	Mariendistelfrucht	
Carvi fructus (DAB8)	Kümmel	
Foeniculi fructus (DAB8)	Fenchel	
Juniperi frutus (DAB8)	Wachholderbeere	
Sennae acutifoliae fructus (Ph. Eur.)	Alexandriner-Sennesfrucht	
Sennae angustifoliae fructus (Ph. Eur.)	Tinnevelly-Sennesfrucht	

6. Fucus – Tang		§ 564
Fucus serratus, Fucus vesiculosus	Sägetang, Blasentang	

7. Fungus – Pilz		§ 565
Fungus Chirurgorum	Wundschwamm	
Fungus Laricis	Lärchenschwamm	

8. Gemma – Knospe, Gemmae – Knospen		§ 566
Gemma Populi	Pappelknospe	

9. Glandula – Drüse, Glandulae – Drüsen		§ 567
Glandula Lupuli	Hopfendrüse	

10. Herba – Kraut

Lateinische Nomenklatur klassisch-grammatikalischer Prägung (A):

§ 568 Herba Absinthii	Wermutkraut
Herba Cardui benedicti	Kardobenediktenkraut
Herba Centaurii	Tausendgüldenkraut
Herba Lobeliae	Lobelienkraut
Herba Meliloti	Steinklee
Herba Serpylli	Quendel
Herba Thymi	Thymiankraut
Herba Violae tricoloris	Stiefmütterchenkraut
§ 568a Herba Adonidis vernalis	Adoniskraut
Herba Agrimoniae	Odermennigkraut
Herba Alchemillae	Frauenmantelkraut
Herba Anserinae	Gänsefingerkraut
Herba Artemisiae	Beifußkraut
Herba Asperulae	Waldmeisterkraut
Herba Bursae pastoris	Hirtentäschelkraut
Herba Callunae	Heidekraut
Herba Cannabis indicae	Indischer Hanf
Herba Capilli Veneris	Venushaar
Herba Chelidonii	Schöllkraut
Herba Chenopodii ambrosioidis	mexikanisches Traubenkraut
Herba Conii	Schierlingskraut
Herba Convallariae	Maiglöckchenkraut
§ 568b Herba Droserae	Sonnentaukraut
Herba Ephedrae	Ephedrakraut
Herba Equiseti	Schachtelhalmkraut
Herba Euphrasiae	Augentrostkraut
Herba Fumariae	Erdrauchkraut
Herba Galegae	Geißrautenkraut
Herba Galeopsidis	Hohlzahnkraut
Herba Geranii Robertiani	Ruprechtskraut
Herba Gratiolae	Gottesgnadenkraut
Herba Grindeliae	Grindelienkraut
Herba Hederae terrestris	Gundelrebenkraut
Herba Herniariae	Bruchkraut
Herba Hyperici	Johanniskraut
Herba Hyssopi	Ysopkraut
Herba Ivae moschatae	Moschusschafgarbenkraut
§ 568c Herba Linariae	Leinkraut
Herba Majoranae	Majorankraut
Herba Marrubii	Andornkraut
Herba Millefolii	Schafgarbenkraut
Herba Nasturtii	Brunnenkressenkraut
Herba Origani	Dostenkraut
Herba Passiflorae	Passionsblumenkraut
Herba Plantaginis lanceolatae	Spitzwegerichkraut
Herba Polygalae amarae cum Radice	bitteres Kreuzblumenkraut
Herba Polygoni avicularis	Vogelknöterichkraut
Herba Pulmonariae	Lungenkraut
Herba Pulsatillae	Küchenschellenkraut

Herba sabinae ad usum veterinarium (Ph. Helv.)	Sadebaum, Sevikraut für tierärztliche Zwecke	§ 568 d
Herba Sarothamni scoparii	Besenginsterkraut	
Herba Saturejae	Bohnenkraut	
Herba Stramonii	Stechapfelkraut	
Herba Tanaceti	Rainfarnkraut	
Herba Urticae	Brennesselkraut	
Herba Verbenae	Eisenkraut	
Herba Veronicae	Ehrenpreiskraut	
Herba Virgaureae	Goldrutenkraut	
Herba Visci albi	Mistelkraut	

Lateinische Nomenklatur anglistisch-romanischer Prägung (B):

Absinthii herba (DAB 8)	Wermutkraut	§ 568 e
Adonidis herba (DAB 8)	Adoniskraut	
Chelidonii herba (DAB 8)	Schöllkraut	
Equiseti herba (DAB 8)	Schachtelhalmkraut	
Thymi herba (DAB 8)	Thymian	

Lateinische Nomenklatur klassisch-grammatikalischer Prägung (A):

11. Lichen − Flechte		§ 569
Lichen irlandicus, Carrageen	Irländisch Moos	
Lichen islandicus	Isländisch Moos	

12. Lignum − Holz		§ 570
Lignum Guajaci	Guajakholz	
Lignum Quassiae	Quassiaholz	
Lignum Juniperi	Wacholderholz	
Lignum Santali albi	weißes Sandelholz	
Lignum Santali rubri	rotes Sandelholz	
Lignum Sassafras (undeklinierbar)	Sassafrasholz	

13. Pericarpium − Fruchtschale		§ 571
Pericarpium Aurantii (amari)	Pomeranzenschale	
Flavedo aurantii amari (Ph. Helv.)	bittere Pomeranzenschale	
Flavedo aurantii dulcis recens (Ph. Helv.)	frische Orangenschale	
Pericarpium Citri	Zitronenschale	
Flavedo citri recens (Ph. Helv.)	frische Zitronenschale	

Lateinische Nomenklatur anglistisch-romanischer Prägung (B):

Aurantii pericarpium (DAB 8)	Pomeranzenschale

14. Radix − Wurzel

Lateinische Nomenklatur klassisch-grammatikalischer Prägung (A):

Radix Althaeae	Eibischwurzel	§ 572
Radix Angelicae	Angelikawurzel	
Radix Gentianae	Enzianwurzel	
Radix Ipecacuanhae	Brechwurzel	
Radix Levistici	Liebstöckelwurzel	
Radix Liquiritiae	Süßholzwurzel	
Radix Ononidis	Hauhechelwurzel	
Radix Pimpinellae	Bibernellwurzel	
Radix Ratanhiae	Ratanhiawurzel	

Radix Rhei	Rhabarberwurzel
Radix Rubiae tinctorum	Krappwurzel
Radix Saponariae	Seifenwurzel
Radix Senegae	Senegawurzel
Radix Valerianae	Baldrianwurzel

§ 572 a
Radix Alkannae	Alkannawurzel
Radix Asari	Haselwurzwurzel
Radix Bardanae	Klettenwurzel
Radix Belladonnae	Tollkirschenwurzel
Radix Carlinae	Eberwurzel
Radix Ebuli	Attichwurzel
Radix Petroselini	Petersilienwurzel
Radix Primulae	Primelwurzel
Radix Pyrethri	Bertramwurzel
Radix Sarsaparillae	Sarsaparille
Radix Scammoniae	Skammoniawurzel
Radix Taraxaci cum Herba	Löwenzahnwurzel mit Kraut
Radix Colombo (undeklinierbar)	Kolombowurzel

Lateinische Nomenklatur anglistisch-romanischer Prägung (B):

§ 572 b
Althaeae radix (DAB 8)	Eibischwurzel
Gentianae radix (Ph. Eur.)	Enzianwurzel
Glycyrrhizae radix (CM-RGW)	Süßholzwurzel
Ipecacuanhae radix (Ph. Eur.)	Ipecacuanhawurzel
Liquiritiae radix (Ph. Eur.)	Süßholzwurzel
Liquiritiae radix sine cortice (DAB 8)	geschälte Süßholzwurzel
Primulae radix (DAB 8)	Primelwurzel
Ratanhiae radix (Ph. Eur.)	Ratanhiawurzel
Rauwolfiae radix (DAB 8)	Rauwolfiawurzel
Rhei radix (DAB 8)	Rhabarber
Valerianae radix (Ph. Eur.)	Baldrianwurzel

§ 573 15. Resina – Harz

Resina Jalapae	Jalapenharz
Resina Draconis	Drachenblut
Resina Guajaci	Guajakharz
Resina Pini	Fichtenharz
Resina Scammoniae	Skammoniaharz
Resina Elemi (undeklinierbar)	Elemi
Resina Lacca (undeklinierbar)	Schellack
Resina Sandaraca (undeklinierbar)	Sandarakharz

16. Rhizoma – Wurzelstock

Im ÖAB wird rhizoma als Terminus gemieden und durch radix ersetzt.

Lateinische Nomenklatur klassisch-grammatikalischer Prägung (A):

§ 574
Rhizoma Asari (Ph. Helv.)	Haselwurz
Rhizoma Calami	Kalmuswurzelstock
Rhizoma Galangae	Galgant
Rhizoma Hydrastis	Hydrastisrhizom
Rhizoma Iridis	Veilchenwurzel
Rhizoma Tormentillae	Tormentillwurzel
Rhizoma Veratri	weiße Nieswurz

Rhizoma Veratri ad usum veterinarium (Ph. Helv.)	Germerwurzel für tierarzneiliche Zwecke	
Rhizoma Zingiberis	Ingwer	
Rhizoma Caricis	Sandriedgraswurzelstock	§ 574a
Rhizoma Cimicifugae	Zimizifugawurzelstock	
Rhizoma Curcumae zanthorrhizae	Javanischer Gelbwurzwurzelstock	
Rhizoma Gelsemii	Gelsemiumwurzelstock	
Rhizoma Graminis	Queckenwurzel	
Rhizoma Helenii	Alantwurzelstock	
Rhizoma Hellebori	Nieswurzwurzelstock	
Rhizoma Imperatoriae	Meisterwurzwurzelstock	
Rhizoma Polypodii	Engelsüßwurzelstock	
Rhizoma Violae	Märzveilchenwurzelstock	
Rhizoma Kava-Kava (undeklinierbar)	Kavakavawurzelstock	

17. Semen – Samen

Lateinische Nomenklatur klassisch-grammatikalischer Prägung (A):

Semen Arecae	Arecasamen	§ 575
Semen Colchici	Zeitlosensamen	
Semen Foenugraeci	Bockshornsamen	
Semen Hippocastani	Roßkastaniensamen	
Semen Lini	Leinsamen	
Semen Papaveris	Mohnsamen	
Semen Sabadillae	Sabadillsamen	
Semen Sinapis (nigrae)	schwarzer Senf	
Semen Strophanthi	Strophanthussamen	
Semen Strychni	Brechnußsamen	
Semen Amygdalae amarae	bitterer Mandelsamen	§ 575a
Semen Colae	Kolasamen	
Semen Cucurbitae	Kürbissamen	
Semen Cydoniae	Quittensamen	
Semen Erucae	weißer Senfsamen	
Semen Myristicae	Muskatsamen	
Semen Nigellae	Schwarzkümmelsamen	
Semen Paeoniae	Pfingstrosensamen	
Semen Psyllii	Flohsamen	
Semen Quercus tostum	Eichelkaffee	
Semen Stramonii	Stechapfelsamen	
Semen Calabar (undeklinierbar)	Kalabarsamen	
Semen Tonco (undeklinierbar)	Tonkosamen, Tonkabohne	

18. Stigma – Griffel, Stigmata – Griffel § 576

Stigma Croci, Crocus, Croci stigma (Ph. Eur.)	Safran	
Stigma Maidis	Maisgriffel	

19. Stipes – Stengel, Stipites – Stengel § 576a

Stipes Dulcamarae	Bittersüßstengel

20. Strobulus – Zapfen, Strobuli – Zapfen § 576b

Strobulus Lupuli	Hopfenzapfen

§ 577 21. Summitates – Spitzen, Zweigspitzen

Summitates Sabinae   Sadebaumspitzen
Summitates Thujae   Lebensbaumspitzen

§ 578 22. Tuber – Knolle, Tubera – Knollen

Tuber Aconiti   Eisenhutknolle
Tuber Jalapae (ÖAB Radix J.)   Jalapenwurzel
Tuber Salep (ÖAB Radix S.) undeklinier-   Salepknolle
bar

§ 578 a 23. Turio – Sproß, Turiones – Sprosse

Turio Pini   Kiefernsproß

§ 578 b 24. Lycopodium

Unter der Bezeichnung Lycopodium versteht man Bärlappsporen.

§ 578 c 25. Drogenmischungen werden durch den Plural von Species (vgl. § 423) bezeichnet:

Species aperitivae	leicht abführender Tee
Species aromaticae	würzige Kräutermischung
Species carminativae	blähungtreibender Tee
Species cholagogae	galletreibender Tee
Species deflatulentes	blähungtreibender Tee
Species diaphoreticae	schweißtreibender Tee
Species diureticae	harntreibender Tee
Species emollientes	erweichende Kräutermischung
Species germanicae	deutscher Kräutertee
Species gynaecologicae	Frauentee
Species laxantes	abführender Tee
Species lignorum	Holztee
Species nervinae	beruhigender Tee
Species pectorales	Brusttee
Species sedativae	beruhigender Tee
Species stomachicae	Magentee
Species tussiculares	Hustentee
Species urologicae	Blasen- und Nierentee

3. Lateinische Bezeichnung von Pharmazeutika

3.1. Pflanzliche, tierische und mineralische Grundstoffe

§ 579 Adeps Cacao (undeklinierbar), Cacao oleum	Kakaofett, -butter
Adeps solidus	Hartfett
Adeps suillus	Schweinefett
Acaciae gummi (Ph. Eur.) = Gummi arabicum	
Agar	Agar
Aloe	Aloe
Amyla (CM-RGW und Ph. Eur.)	Stärken
Amylum Maidis	Maisstärke
Amylum Oryzae	Reisstärke
Amylum Solani	Kartoffelstärke

Amylum Tritici	Weizenstärke	
Balsamum Copaivae	Kopaivabalsam	
Balsamum peruvianum	Perubalsam	
Balsamum peruvianum artificiale	künstlicher Perubalsam	
Balsamum tolutanum	Tolubalsam	
Bentonitum	Bentonit	
Benzoe	Benzoeharz	
Bolus alba, Kaolinum ponderosum (Ph. Eur.)	weißer Ton	
Cacao s. bei Adeps		§ 579a
Camphora	Campher, Kampfer	
Cantharides	Canthariden	
Cera alba	gebleichtes Wachs	
Cera Carnaubae	Carnaubawachs	
Cera flava	gelbes Wachs	
Cera Lanae, Lanae cera (DAB 8), Adeps lanae (Ph. Helv.)	Wollwachs, Wollfett	
Cera perliquida	dünnflüssiges Wachs	
Cera subliquida	dickflüssiges Wachs	
Cetaceum	Walrat	
Gelatina	Gelatine, Leim	
Gummi arabicum	Arabisches Gummi	
Hirudo	Blutegel	§ 579b
Kaolinum s. Bolus		
Lanae cera s. Cera		
Mastix	Mastix	
Myrrha	Myrrhe	
Olibanum	Weihrauch	
Pix liquida	Holzteer	
Pix Lithanthracis	Steinkohlenteer	
Styrax depuratus	gereinigter Styrax	
Styrax liquidus	Styraxbalsam	
Talcum	Talk	
Talcum purificatum (Ph. Helv.)	gereinigter Talk	
Terebinthina communis	Terpentin	
Terebinthina laricina (veneta)	Lärchenterpentin	
Terra silicea	Kieselerde	
Tragacantha	Tragant	
Tragacantha ad emulsionem (Ph. Helv.)	Tragant zur Emulsion	

3.2. Olea aetherea – Aetherolea – Ätherische Öle

Der Terminus aetheroleum wird besonders im ÖAB und DAB 8 sowie in der Ph. Eur. be- § 580
nutzt; er wird sich aber allgemein für den Ausdruck Oleum aethereum, ätherisches Öl
durchsetzen.

Oleum Angelicae	Angelikaöl
Oleum Anisi, Anisi aetheroleum (DAB 8)	Anisöl
Oleum aurantii floris (Ph. Helv.), Oleum Neroli (obsolet)	Pomeranzenblütenöl
Oleum Calami	Kalmusöl
Oleum Carvi, Carvi aetheroleum (DAB 8)	Kümmelöl
Oleum Caryophylli, Caryophylli aethero- leum (DAB 8)	Nelkenöl

	Oleum Chamomillae	Kamillenöl
	Oleum Chenopodii anthelminthici	Wurmsamenöl
	Oleum Cinnamomi	Zimtöl
	Oleum Cinnamomi camphorae	Campherbaumöl
	Oleum Citri, Citri aetheroleum (DAB 8)	Zitronenöl
	Oleum Citronellae	Zitronellöl
	Oleum Eucalypti, Eucalypti aetheroleum (Ph. Eur.)	Eucalyptusöl
	Oleum Foeniculi, Foeniculi aetheroleum (DAB 8)	Fenchelöl
§ 580 a	Oleum Juniperi	Wacholderbeeröl
	Oleum Lavandulae	Lavendelöl
	Oleum Menthae	Minzenöl
	Menthae arvensis aetheroleum (DAB 8)	Minzöl
	Oleum Menthae piperitae	Pfefferminzöl
	Oleum Menthae (Ph. Helv.)	Pfefferminzöl
	Aetheroleum Menthae (ÖAB)	Ätherisches Pfefferminzöl
	Menthae piperitae aetheroleum (Ph. Eur.)	Pfefferminzöl
	Oleum niaouli (Ph. Helv.)	Niaouliöl
	Oleum Origani	Dostenöl
	Oleum Petroselini	Petersilienöl
	Oleum Pini pumilionis	Latschenkiefernöl
	Oleum Pini silvestris	Kiefernnadelöl
§ 580 b	Oleum Rosae	Rosenöl
	Oleum Rosmarini, Rosmarini aetheroleum (DAB 8)	Rosmarinöl
	Oleum Salviae	Salbeiöl
	Oleum Santali	Sandelöl
	Oleum Terebinthinae communis	Terpentinöl
	Oleum Terebinthinae rectificatum	gereinigtes Terpentinöl
	Oleum terebinthinae medicinale (Ph. Helv.)	Medizinal-Terpentinöl
	Aetheroleum Terebinthinae rectificatum (ÖAB)	gereinigtes ätherisches Terpentinöl
	Terebinthinae aetheroleum rectificatum (DAB 8)	gereinigtes Terpentinöl
	Oleum Thymi	Thymianöl
	Oleum Valerianae	Baldrianöl

3.3.   Pharmazeutische und galenische Zubereitungen

§ 581	Alcohol cetylicus et stearylicus emulsificans	emulgierender Cetylstearylalkohol
	Alcoholes emulsificantes	emulgierende Alkohole
	Alcoholes emulsificantes non ionogeni	nichtionogene emulgierende Alkohole
	Alcoholes Lanae	Wollwachsalkohole
	Aluminii acetatis tartratis solutio (DAB 8)	Aluminiumacetat-tartratlösung
	Aqua ad infundabilia (Ph. Helv.)	Wasser für Infusionen
	Aqua ad injectabilia (CM-RGW + Ph. Eur. + Ph. Helv.)	Wasser für Injektabilien
	Aqua ad injectabilia in ampullis (CM-RGW)	Wasser für Injektabilien in Ampullen

Aqua ad injectionem	Wasser zur Injektion	
Aqua destillata (CM-RGW + Ph. Helv.)	destilliertes Wasser	
Aqua purificata (Ph. Eur.)	gereinigtes Wasser	
Bacilli medicati	Arzneistäbchen	
Benzinum medicinale (Ph. Helv.)	Benzin für medizinische Zwecke	
Capsulae amylaceae (Ph. Helv.)	Stärkekapseln	
Capsulae gelatinosae (Ph. Helv.)	Gelatinekapseln	
Carbo activatus (Ph. Eur.)	medizinische Kohle	
Carbo adsorbens (Ph. Helv.)	adsorbierende Kohle	
Carbo adsorbens granulatus (Ph. Helv.)	granulierte adsorbierende Kohle	
Carbo medicinalis	medizinische Kohle	
Carboneum tetrachloratum	Tetrachlorkohlenstoff	
Compressi (Ph. Eur. + Ph. Helv.)	Tabletten	
Decocta	Abkochungen	§ 581 a
Dextrinum album	weißes Dextrin	
Dextrinum flavum	gelbes Dextrin	
Elaeosacchara	Ölzucker	
Emplastra	Pflaster	
Emulsio olei iecoris (Ph. Helv.)	Lebertranemulsion	
Emulsio paraffini (Ph. Helv.)	Paraffinemulsion	
Ethanolum, Aethanolum	Ethanol	
Ethanolum absolutum	absolutes Ethanol	
Ethanolum Benzino denaturatum	benzinvergälltes Ethanol	
Ethanolum Camphora denaturatum	kampfervergälltes Ethanol	
Ethanolum Thymolo denaturatum	thymolvergälltes Ethanol	
Ether, Aether	Ether	
Ether (Aether) pro narcosi (CM-RGW), – anaestheticum (Ph. Eur.), – ad narcosim (Ph. Helv.)	Narkose-Ether	
Extracta	Extrakte	§ 581 b
Extractum Belladonnae, Belladonnae extractum (DAB 8)	Tollkirschenextrakt	
Extractum Chamomillae fluidum	Kamillenfluidextrakt	
Extractum Chinae	Chinaextrakt	
Extractum Frangulae	Faulbaumextrakt	
Extractum Frangulae fluidum	Faulbaumfluidextrakt	
Extractum Liquiritiae	Süßholzextrakt	
Extractum Liquiritiae spissum, Glycyrrhizae extractum spissum (CM-RGW)	dickflüssiger Süßholzextrakt	
Extractum Opii, Opii extractum (DAB 8)	Opiumextrakt	
Extractum Rhei, Rhei extractum (DAB 8)	Rhabarberextrakt	
Extractum Salviae fluidum	Salbeifluidextrakt	
Extractum Thymi fluidum, Thymi extractum fluidum (DAB 8)	Thymianfluidextrakt	
Extractum Valerianae fluidum	Baldrianfluidextrakt	
Faex desenzymata siccata (Ph. Helv.)	enzymfreie Trockenhefe	§ 581 c
Faex medicinalis siccata (Ph. Helv.)	medizinische Trockenhefe	
Formaldehydi solutio (DAB 8)	Formaldehydlösung	
Fructosum (Ph. Helv.)	Fructose	
Fructosum depuratum	besonders gereinigte Fructose	
Galactosum	Galactose	
Gelatina Zinci oxidati, Zinci gelatina	Zinkoxidgelatine, Zinkleim	
Gelatum Aluminii hydroxidati	Aluminiumhydroxidgel	
Globuli vaginales	Vaginalkugeln	

	Glucosum	Glucose
	Glucosum depuratum	besonders gereinigte Glucose
	Glycerolum	Glycerol, früher Glyzerin
§ 581 d	Heparinum ad injectionem (CM-RGW)	Heparin zur Injektion
	Heparini injectio (CM-RGW)	Heparin-Injektionslösung
	Hippoglossi jecoris oleum (DAB 8)	Heilbuttleberöl
	Infundibilia (Ph. Eur.)	Infusionspräparate
	Infusa	Aufgüsse
	Infusiones	Infusionslösungen
	Infusio electrolytica	Elektrolytinfusionslösung
	Iniectabilia (Ph. Eur.)	Injektionspräparate
	Injectiones	Injektionslösungen
	Injectio Auri colloidalis	Goldcolloid-Injektionslösung
	Injectio Chromii trichlorati	Chrom-trichlorid-Injektionslösung
	Insulini Injectio (CM-RGW), Insulini solutio iniectabilis (Ph. Eur.)	Insulin-Injektionslösung
§ 581 e	Lactosum	Lactose
	Laevulosum (Ph. Eur.)	Lävulose
	Lanae alcoholes (DAB 8)	Wollwachsalkohole
	Lanae alcoholum unguentum (DAB 8)	Wollwachsalkoholsalbe
	Lanae alcoholum unguentum aquosum (DAB 8)	wasserhaltige Wollwachsalkoholsalbe
	Lanae cera (DAB 8)	Wollwachs
	Lanolinum	Lanolin
	Linimenta	Linimente
	Linimentum ammoniatum	Ammoniakliniment
	Linimentum ammoniatum camphoratum	Ammoniak-Campherliniment
	Lotio Zinci oxidati	Zinkoxidlotion
	Lotio Zinci oxidati ethanolica	ethanolhaltige Zinkoxidlotion
	Lypressini solutio iniectabilis (Ph. Eur.)	Lypressin-Injektionslösung
§ 581 f	Macerata	Mazerate
	Magnesia citrica effervescens (Ph. Helv.)	brausendes Magnesiumcitrat
	Mannitolum	Mannitol
	Massa ad suppositoria (Ph. Helv.), Massa suppositoriorum	Zäpfchenmasse
	Massa tabulettarum	Tablettenmasse
	Mucilago gummi arabici (Ph. Helv.)	Gummischleim
	Mucilago Hydroxyethylcellulosi	Hydroxyethylcelluloseschleim
	Naristillae (Ph. Helv.)	Nasentropfen
	Natrii chloridi Injectio (CM-RGW)	Natriumchlorid-Injektionslösung
	Natrii lactatis solutio (DAB 8)	Natriumlactatlösung
§ 582	Oculenta	Augensalben
	Oculentum simplex	einfache Augensalbe
	Oculoguttae	Augentropfen
	Olea	Öle, meist im Sinn von fetten Ölen gebraucht. Unterschied: Ätherolea
	Oleum Amygdalae	Mandelöl
	Oleum Arachadis	Erdnußöl
	Oleum Arachidis hydrogenatum	gehärtetes Erdnußöl
	Oleum Helianthi (CM-RGW)	Sonnenblumenöl
	Oleum Hippoglossi	Heilbuttöl
	Oleum Jecoris (Aselli)	Lebertran
	Oleum Lauri	Lorbeeröl

Oleum Lini	Leinöl	
Oleum Olivarum, Olivae Oleum (DAB 8)	Olivenöl	
Oleum Pedum Tauri (AB-DDR)	Rinderfußöl	
Oleum Rapae	Rapsöl	
Oleum Ricini, Ricini oleum (Ph. Eur.)	Rizinusöl	
Oleum Sesami, Sesami oleum (DAB 8)	Sesamöl	
Olea medicata	Arzneiöle	
Oleum ad injectabilia (CM-RGW)	Öl für Injektabilien	
Oleum Cantharidis	Cantharidenöl	
Oleum Zinci oxidati	Zinkoxidöl	
Otoguttae	Ohrentropfen	
Oxytocini Injectio (CM-RGW), Oxytocini solutio iniectabilis (Ph. Eur.)	Oxytocin-Injektionslösung	
Paraffinum durum	hartes Paraffin	§ 582 a
Paraffinum molle	weiches Paraffin	
Paraffinum perliquidum	dünnflüssiges Paraffin	
Paraffinum solidum	festes Paraffin, Ceresin	
Paraffinum subliquidum	dickflüssiges Paraffin	
Pastae	Pasten	
Pasta Zinci oxidati, Zinci pasta (DAB 8)	Zinkoxidpaste	
Pasta Zinci oxidati mollis	weiche Zinkoxidpaste	
Pilulae	Pillen	
Plax gelatinosa cum ...	das Gelatineplättchen mit ...	
Places gelatinosae cum ...	die Gelatineplättchen mit ...	
Polyethylenglycolum = Macrogolum	Macrogol	
Propanolum	Propanol	
Pulveres	Pulver	
Pulveres adspergendi (Ph. Helv.)	Streupuder	
Pulveres conspergendi (Ph. Helv.)	Streupuder	
Pulveres perorales (Ph. Helv.)	Pulver für perorale Anwendung	
Pyridoxini chloridi compressi (DAB 8)	Pyridoxinhydrochlorid-Tabletten	
Ricini oleum (Ph. Eur.)	Rizinusöl	§ 582 b
Ricini oleum raffinatum (DAB 8)	raffiniertes Rizinusöl	
Saccharinum Natrium, Saccharinum natricum (Ph. Eur. + Ph. Helv.)	Saccharin-Natrium, Süßstoff	
Saccharosum (Ph. Helv.)	Saccharose, Zucker	
Saccharum = Saccharosum		
Saccharum lactis = Lactosum	Milchzucker	
Sanguis humanus (Ph. Eur.)	menschliches Blut, Blutkonserve	
Sapo kalinus	Kaliseife	
Sapo kalinus crudus	rohe Kaliseife	
Sapo medicatus	medizinische Seife	
Scopolamini hydrobromidi Injectio (CM-RGW)	Scopolaminhydrobromid-Injektionslösung	
Sesami oleum (Ph. Eur.)	Sesamöl	
Silicii dioxidum colloidale (DAB 8)	hochdisperses Siliciumdioxid	
Silicium dioxidatum dispersum		
Sirupi	Sirupe	§ 582 c
Sirupus Althaeae	Eibischsirup	
Sirupus Aurantii, Sirupus aurantii flavedonis (Ph. Helv.)	Pomeranzensirup	
Sirupus Cerasi	Kirschsirup	
Sirupus Foeniculi	Fenchelsirup	

	Sirupus Rubi idaei	Himbeersirup
	Sirupus senegae (Ph. Helv.)	Senegasirup
	Sirupus simplex	einfacher Sirup
	Sirupus Thymi	Thymiansirup
	Sirupus Thymi compositus	zusammengesetzter Thymiansirup
§ 582 d	Solutiones	Lösungen
	Solutio acidi borici	Borsäurelösung
	Solutio Acidi tannici	Gerbsäurelösung
	Solutio Aluminii aceticotartarici	Aluminiumacetotartratlösung
	Solutio Ammoniae concentrata	konzentrierte Ammoniaklösung
	Solutio Ammoniae diluta	verdünnte Ammoniaklösung
	Solutio ammonii hydroxydati 10 % (Ph. Helv.)	Ammoniaklösung 10 %
	Solutio Ferri chlorati	Eisen(III)-chloridlösung
	Solutio Formaldehydi	Formaldehydlösung
	Solutio Methalkonii chlorati	Methalkoniumchloridlösung
	Solutio Natrii silicici	Natriumsilicatlösung
	Solutio Saccharosi inversi	Invertzuckerlösung
	Solutio Sorbitoli	Sorbitollösung
	Sorbitolum depuratum	besonders gereinigtes Sorbitol
§ 582 e	Spiritūs medicati	Arzneispirituszubereitungen
	Spiritus Anisi compositus	zusammengesetzter Anisspiritus
	Spiritus Camphorae, Spiritus camphoratus (DAB 8)	Campherspiritus
	Spiritus ethereus	Etherspiritus, Hoffmannstropfen
	Spiritus Glyceroli trinitrici	Glyceroltrinitratspiritus
	Spiritus Iodi concentratus	konzentrierter Iodspiritus
	Spiritus Iodi dilutus	verdünnter Iodspiritus
	Spiritus Menthae piperitae	Pfefferminzspiritus
	Spiritus Picis Lithanthracis	Steinkohlenteerspiritus
	Spiritus saponatus	Seifenspiritus
	Spiritus Vini gallici	Franzbranntwein
	Sulfur	Schwefel
	Sulfur colloidale	Kolloider Schwefel
	Sulfur depuratum	gereinigter Schwefel
	Sulfur praecipitatum	gefällter Schwefel
	Sulfur sublimatum	sublimierter Schwefel
	Suppositoria	Suppositorien, Zäpfchen
	Suspensiones	Suspensionen
	Suspensio Aluminii hydroxidati	Aluminiumhydroxidsuspension
§ 583	Tabulettae = Compressi	Tabletten
	Tabulettae obductae	Dragees
	Tincturae	Tinkturen
	Tinctura Absinthii	Wermuttinktur
	Tinctura Aloes	Aloetinktur
	Tinctura amara	bittere Tinktur
	Tinctura Arnicae	Arnikatinktur
	Tinctura Aurantii	Pomeranzentinktur
	Tinctura Belladonnae	Tollkirschentinktur
	Tinctura Benzoes	Benzoetinktur
	Tinctura Calami	Kalmustinktur
	Tinctura Capsici	Spanischpfeffertinktur
	Tinctura carminativa	blähungtreibende Tinktur

Tinctura Chinae	Chinatinktur	
Tinctura Chinae composita	zusammengesetzte Chinatinktur	
Tinctura Cinnamomi	Zimttinktur	
Tinctura Digitalis	Fingerhuttinktur	§ 583 a
Tinctura Foeniculi	Fencheltinktur	
Tinctura Gentianae	Enziantinktur	
Tinctura Ipecacuanhae	Brechwurzeltinktur	
Tinctura Menthae piperitae	Pfefferminztinktur	
Tinctura Myrrhae	Myrrhentinktur	
Tinctura Opii	Opiumtinktur	
Tinctura Ratanhiae	Ratanhiatinktur	
Tinctura Rhei composita	zusammengesetzte Rhabarbertinktur	
Tinctura Strychni	Brechnußtinktur	
Tinctura Valerianae	Baldriantinktur	
Tinctura Valerianae composita	zusammengesetzte Baldriantinktur	
Tinctura Valerianae etherea	etherische Baldriantinktur	

Bei der lateinischen Nomenklatur anglistisch-romanischer Prägung steht das Bestim- § 583 b
mungswort im Genitiv an erster Stelle. Ihm folgt im Nominativ das klein geschriebene
Wort tinctura: Arnicae tinctura (DAB 8), Chinae tinctura composita (DAB 8), Digitalis
tinctura (DAB 8), Ipecacuanhae tinctura (DAB 8), Myrrhae tinctura (DAB 8), Opii
tinctura (DAB 8), Ratanhiae tinctura (DAB 8), Valerianae tinctura (DAB 8).

Triglycerida mediocatenalia (DAB 8)	Mittelkettige Triglyceride	§ 583 c
Trituratio	die Verreibung	
Trituratio Paraoxoni	Paraoxonverreibung	
Trituratio Pentaerythrityli tetranitrici	Pentaerythrityltetranitratverreibung	
Trometamolum	Trometamol	
Unguenta	Salben	
Unguentum Acidi borici	Borsäuresalbe	
Unguentum Acidi lactici	Milchsäuresalbe	
Unguentum Acidi salicylici	Salicylsäuresalbe	
Unguentum Acidi salicylici cum spiritu Picis	Salicylsäuresalbe mit Steinkohlenteerspiritus	
Unguentum Acidi salicylici cum Sulfure	Salicylsäuresalbe mit Schwefel	
Unguentum Acidi tannici	Gerbsäuresalbe	
Unguentum Adipis suilli	Schweinefettsalbe	
Unguentum Alcoholum Lanae	Wollwachsalkoholsalbe	
Unguentum Alcoholum Lanae aquosum	wasserhaltige Wollwachsalkoholsalbe	
Unguentum Aluminii acetotartarici	Aluminiumacetotartratsalbe	
Unguentum Camphorae	Camphersalbe	§ 583 d
Unguentum Camphorae compositum	zusammengesetzte Camphersalbe	
Unguentum Dimeticoni	Methylsiliconölsalbe	
Unguentum Dithranoli	Dithranol(Cignolin)salbe	
Unguentum Emplastri Plumbi	Bleipflastersalbe	
Unguentum Emplastri Plumbi cum Acido salicylico	Bleipflastersalbe mit Salicylsäure	
Unguentum Emplastri Plumbi cum Acido salicylico et Pice	Bleipflastersalbe mit Salicylsäure und Steinkohlenteer	
Unguentum emulsificans	emulgierende Salbe	
Unguentum emulsificans aquosum	wasserhaltige emulgierende Salbe	
Unguentum Glyceroli	Glycerolsalbe	
Unguentum Hydrargyri cinereum	graue Quecksilbersalbe	
Unguentum Hydrargyri oxidati flavum	gelbe Quecksilberoxidsalbe	
Unguentum Hydrargyri praecipitati album	weiße Quecksilberpräcipitatsalbe	

§ 583 e	Unguentum Iodoformii	Iodoformsalbe

§ 583 e

Unguentum Iodoformii	Iodoformsalbe
Unguentum leniens	kühlende Salbe
Unguentum Macrogoli	Macrogol(Polyethylenglycol)salbe
Unguentum molle	weiche Salbe
Unguentum nasale	Nasensalbe
Unguentum nasale cum Mentholo	Nasensalbe mit Menthol
Unguentum Natrii chlorati 10 % cum Carbamido	Natriumchloridsalbe mit Carbamid (Harnstoff)
Unguentum Olei Jecoris	Lebertransalbe
Unguentum Picis Lithanthracis	Steinkohlenteersalbe
Unguentum Polyethylenglycoli = Unguentum Macrogoli	
Unguentum Spiritus Picis	Steinkohlenteerspiritussalbe
Unguentum Sulfuris	Schwefelsalbe
Unguentum Zinci oxidati, Zinci unguentum	Zinkoxidsalbe

§ 583 f Bei der lateinischen Nomenklatur anglistisch-romanischer Prägung steht das Bestimmungswort im Genitiv an erster Stelle. Ihm folgt im Nominativ das klein geschriebene Wort unguentum: Acidi borici unguentum (DAB 8), Lanae alcoholum unguentum, Lanae alcoholum unguentum aquosum. Eine Ausnahme bilden die Quecksilbersalben: Unguentum hydrargyri album (DAB 8) und Unguentum hydrargyri flavum (DAB 8). Tritt zu dem Ausdruck Unguentum nur ein Adjektiv, so steht es hinter dem Substantiv: Unguentum emulsificans, Unguentum emulsificans aquosum, Unguentum leniens (alle DAB 8).

§ 583 g

Vaselinum album	weißes Vaselin
Vaselinum flavum	gelbes Vaselin

4. Lateinische Bezeichnungen von Verbandstoffen

§ 584 Die in den Arzneibüchern aufgeführten Verbandstoffe werden teilweise lateinisch bezeichnet. Der Aufbau dieser Ausdrücke setzt sich aus folgenden Substantiven zusammen: Cellulosum *Zellulose*; Chorda *Strang*; Collagen *Kollagen*; Filum *Faden*; Gossypium *Baumwolle*; Lanugo *Watte*; Lignum *Holz*; Linum *Lein*; Tela *Mull*.

In den jeweiligen Nomenklaturen werden die Substantive entweder klein, ausgenommen das Anfangswort eines Ausdrucks, oder groß geschrieben. Aus didaktischer Erwägung ist die Großschreibung vorgezogen worden.

Zusätzlich werden die Eigenschaften durch folgende klein geschriebene Adjektive gekennzeichnet: absorbens, adsorbens adsorbierend, *aufsaugend*; asepticus *steril*; depuratus *gereinigt*; foliatus *blättrig*; impraegnatus *imprägniert, getränkt*; regeneratus *regeneriert*; resorbilis, resorbendus *resorbierbar*; tortus *geflochten*.

§ 584 a

Cellulosum acetylatum-phthalysatum, Cellulosi Acetasphthalas	Celluloseacetatphthalat, Cellulose-acetylphthalat
Cellulosum foliatum	Zellstoffverbandwatte
Cellulosum Ligni depuratum	hochgebleichter Verbandzellstoff
Cellulosum Ligni depuratum asepticum	steriler hochgebleichter Verbandzellstoff
Cellulosum Ligni regeneratum	Zellwolle
Chorda resorbillis aseptica	steriles Catgut
Filum Bombycis tortum asepticum	steriler geflochtener Seidenfaden
Fila chirurgica non resorbenda	nicht resorbierbares chirurgisches Näh- und Unterbindungsmaterial
Fila chirurgica resorbenda	resorbierbares chirurgisches Näh- und Unterbindungsmaterial

Fila collagenis non resorbilia aseptica	sterile nicht resorbierbare Kollagenfäden	
Fila collagenis resorbilia aseptica	sterile resorbierbare Kollagenfäden	
Filum Lini asepticum	steriler Leinenfaden	
Filum polyamidicum-6 asepticum	steriler Polyamid-6-Faden	
Filum polyestericum asepticum	steriler Polyesterfaden	
Gossypium depuratum	gereinigte Baumwolle, auch Verbandwatte	§ 584 b
Gossypium depuratum mixtum	Misch-Verbandwatte	
Lanugo Cellulosi absorbens	Verbandwatte aus Zellwolle	
Lanugo Cellulosi absorbens aseptica	sterile Verbandwatte aus Zellwolle	
Lanugo Gossypii absorbens	Verbandwatte aus Baumwolle	
Lanugo Gossypii absorbens aseptica	sterile Verbandwatte aus Baumwolle	
Lanugo Gossypii et Cellulosi adsorbens	Verbandwatte aus Baumwolle und Zellwolle	
Lanugo Gossypii et Cellulosi aseptica	sterile Verbandwatte aus Baumwolle und Zellwolle	
Suturamenta chirurgica irresorbilia (Ph. Helv.)	nicht resorbierbares chirurgisches Nahtmaterial	
Suturamenta chirurgica resorbilia (Ph. Helv.)	resorbierbares chirurgisches Nahtmaterial	
Tela depurata	Verbandmull	
Tela Gossypii absorbens	Verbandmull aus Baumwolle	
Tela Gossypii absorbens aseptica	steriler Verbandmull aus Baumwolle	
Telae impraegnatae (Ph. Helv.)	imprägnierte Gazen	

5.   Lateinische ärztliche Verordnungen

5.1.   Die individuelle ärztliche Ordination

Das „lege artis" (Ablativ von lex, Genitiv von ars), kunstgerecht ausgeschriebene ärztliche § 585
Rezept ist lateinisch abgefaßt. Es beginnt mit der Abkürzung **Rp.** Récĭpĕ! *Nimm!* (Imperativ von recĭpĕre). Nach dieser Einleitung kommt die eigentliche **ordinatĭo** oder **praescriptĭo**, anschließend folgt die **subscriptĭo**. Praescriptio und subscriptio sind in lateinischer Fassung zu halten. Die anschließende **signatūra** wird deutsch geschrieben.

Die subscriptio zeigt folgendes einheitliches Bild: **M. D. S.** oder **MDS** – misce, da, signa § 586
(Imperativ von miscēre, dăre, signāre § 530 ff) *mische, gib, bezeichne* oder miscěas, des, signes (zweite Person des Konjunktivs Präsens Aktiv § 517) *man möge mischen, geben, bezeichnen* oder misceātur, detur, signētur (dritte Person des Konjunktivs Präsens Passiv § 517) *soll gemischt, gegeben, bezeichnet werden.* Mitunter sind noch die Worte eingefügt **fiat dosis** *es soll eine Dosis werden* oder **fiant doses** Nr. 00 *es sollen Dosen Nr. 00 werden* (zu fiat, fiant vgl. § 522; zu dosis § 338).

Es folgen sodann eventuell notwendige Hinweise folgender Art:

Misce, fiant pulveres tales doses Nr. (Angabe in römischen Ziffern)	Mische, es sollen.... solche Pulver angefertigt werden
Divide in partes aequales Nr. (Angabe in römischen Ziffern)	Teile in ... gleiche Teile
Da ad vitrum allātum	Gib in ein mitgebrachtes Gefäß
Da ad scatŭlam	Gib in eine Schachtel
Da ad capsŭlas amylacĕas	Gib in Stärkekapseln
Da ad chartam	Gib in Papier (Tüte)
Da ad usum proprĭum	Gib zum eigenen Gebrauch

Da pro statiŏne   Gib für den Stations-(Praxis)bedarf
Da ad manus medĭci   Gib zu Händen des Arztes

Durch die Worte **repetătur** oder **iterētur** (dritte Person des Konjunktivs Präsens Passiv von repetĕre § 521 und iterāre § 519, soll wiederholt werden) wird das Gebot für die Wiederholung des Rezeptes ausgedrückt. Ein Verbot der Wiederholung wird durch den Zusatz **ne** zu den Verben (§ 518) ausgedrückt.

§ 587 Die in der ordinatio oder praescriptio aufgeführten Mittel werden im Genitiv (Genitivus partitivus) geschrieben. Die Mengenbezeichnung versteht sich bei uns stets in Gramm. Diese Bezeichnung wird weggelassen; sie müßte sonst im Akkusativ Plural (grammăta) erfolgen. Die Grammanzahl wird in arabischen Ziffern angegeben; Milligrammgrößen müssen also als Dezimalzahl von Gramm geschrieben werden. Auf diese konventionelle Form muß der ordinierende Arzt bei der Abfassung handschriftlicher Rezepte achten. Soll anstatt der Gewichtseinheit (Gramm) die Volumeneinheit genommen werden, so muß dies ausdrücklich hinter der Ziffer vermerkt werden (ml oder ccm). Alle anderen Zahlenangaben (Anzahl von Tropfen, Stückzahl von Pillen, Zäpfchen, Pulver) erfolgen in römischen Zahlen.

§ 588 Die nun folgende signatūra muß in deutscher Sprache angegeben werden. Die Angabe hat zweierlei Aufgaben. Einmal soll sie, vom Apotheker auf die Signatur des Arzneimittelgefäßes übertragen, dem Patienten anzeigen, wie oft und welche Menge er von der Arznei einzunehmen hat. Zum anderen ist es dem Apotheker bei Verarbeitung von stark wirkenden Arzneistoffen nur möglich, die Innehaltung der Maximaldosis nachzurechnen, wenn diese Angaben nicht fehlen. Um eine irrige Meinung, die der wirtschaftlichen Verordnungsweise entspringt, zu bekämpfen, sei betont, daß der Apotheker zwar zur Übertragung dieser Signatur auf das Arzneigefäß verpflichtet ist, dafür aber bei rezepturmäßigen Anfertigungen keine Gebühr erheben darf. Bei rezepturmäßigen Verordnungen stark wirkender Arzneistoffe hat das Weglassen der Signatur leider schon zu Zwischenfällen geführt.

An dieser Stelle der Signatur gehören auch Hinweise für den Patienten, wie „Nicht zum Einnehmen äußerlich!" „Beeinträchtigung der Fahrtauglichkeit!", „Achtung, Fahruntauglichkeit!" „Feuergefährlich!" „Vor Gebrauch umschütteln!" „Vor Lichteinwirkung geschützt aufbewahren!"

§ 589 Folgende Rezepturbeispiele sollen die sprachlich-nomenklaturmäßige Formulierung erläutern. Spalte A führt die Arzneistoffe in lateinischer klassisch-grammatikalischer Prägung, Spalte B in lateinischer anglistisch-romanischer Prägung auf.

Der Vokabelschatz der Arzneistoffe stammt hauptsächlich aus dem DAB, dem Compendium medicamentorum (CM-RGW), der Ph. Eur. sowie aus dem ÖAB und der Ph. Helv.

Die Rezepturbeispiele erheben keinen Anspruch, medizinisch unbedingt relevant zu sein; es sind sogar teilweise obsolet gewordene Zubereitungen, wie pilŭlae und infūsa, berücksichtigt.

§ 589 a   **A**   **B**

A	B
Rp.	Rp.
Ammonĭi chlorăti	Ammonĭi chloridi
Extracti Liquiritĭae spissi a͞a 5,0	Glycyrrhizae extracti spissi a͞a 5,0
Aquae conservātae ad 200,0	Aquae conservātae ad 200,0
MDS 5mal täglich 1 Esslöffel	MDS 5mal täglich einen Esslöffel

In der Vorschrift (praescriptio) wird der Arzneiträger (vehicŭlum constitŭens) gern mengenmäßig begrenzt durch den Zusatz ad bis zu.

In dem Beispiel ist Wasser hinzuzufügen bis zum Gesamtgewicht von 200 Gramm. Werden zwei oder mehrere Wirkstoffe in der gleichen Menge verordnet, wird die Zahlenangabe nur bei dem zuletzt aufgeführten Stoff angegeben. Der Zahlenangabe vorangestellt wird der Ausdruck ana partes aequāles *zu gleichen Teilen, je,* der abgekürzt a̅n̅ geschrieben wird.

Rp.			Rp.	
Tinctūrae Belladonnae	15,0		Belladonnae tinctūrae	15,0
Tinctūrae Valeriänae			Valeriänae tinctūrae	
Spirĭtūs Menthae piperĭtae a̅n̅ ad	30,0		Menthae piperĭtae spirĭtūs a̅n̅ ad	30,0
MDS 3mal täglich 30 Tropfen			MDS 3mal täglich 30 Tropfen	

Rp.

Extracti Belladonnae		0,5
Bismūti subnitrĭci		10,0
Olĕi Foenicŭli	guttas	X
Magnesĭi oxidāti		
Calcĭi carbonĭci	a̅n̅ ad	50,0

MDS 3mal täglich 1 Messerspitze (= ¼ Teelöffel)
Beeinträchtigt Fahrtauglichkeit!

Rp.

Belladonnae extracti		0,5
Bismūthi (sic!) subnitrātis		10,0
Foenicŭli aetherolĕi	guttas	X
Magnesĭi oxidi lĕvis		
Calcĭi carbonātis	a̅n̅ ad	50,0

MDS 3mal täglich 1 Messerspitze (= ¼ Teelöffel)
Beeinträchtigt Fahrtauglichkeit!

A   B   § 589 b

Rp.		Rp.	
Coffeïni	0,05	Coffeïni	0,05
Propyphenazōni	0,15	Propyphenazōni	0,15
Phenacetïni	0,3	Phenacetïni	0,3

M. fiant pulvĕres. Da tales doses Nr. XX
Signa: Bei Schmerzen ein Pulver

M. fiant pulvĕres. Da tales doses Nr. XX
Signa: Bei Schmerzen ein Pulver

Rp.		Rp.	
Codeïni phosphorĭci	0,02	Codeïni phosphātis	0,02
Barbitāli	0,1	Barbitāli	0,1

Massae suppositoriōrum quantum satis
Misce! fiant suppositorĭa.
Da tales doses Nr. X
Signa: Abends ein Zäpfchen einführen

Massae ad suppositorĭa. q. s.
M. fiant suppositorĭa. Da tales doses Nr. X
S. Abends ein Zäpfchen einführen

Rp.		Rp.	
Prednisolōni	0,25	Prednisolōni	0,25
Spirĭtūs Picis Lithanthrăcis	5,0	Picis lithanthrăcis spirĭtūs	5,0
Unguenti Alcohōlum Lanae ad	100,0	Lanae cerae alcohōlum unguenti	ad 100,0

Misce! Da unguentum. Signa Salbe. Äußerlich!

MD unguentum. S. Salbe Äußerlich!

Rp.		Rp.	
Infūsi Radĭcis Ipecacuanhae	0,5:175,0	Infūsi ipecacuanhae radĭcis	0,5:175,0
Acĭdi citrĭci	1,0	Acĭdi citrĭci	1,0
Spirĭtūs Anĭsi composĭti	5,0	Anĭsi spirĭtūs composĭti	5,0
Sirŭpi Althāēae	ad 200,0	Althāēae sirŭpi	ad 200,0

DS. Zweistündlich 1 Eßlöffel
Vor Gebrauch umschütteln!

Da! Signa! Zweistündlich 1 Eßlöffel
Vor Gebrauch umschütteln!

A   B   § 589 c

Rp.		Rp.	
Infūsi Radĭcis Althāēae	12,0:195,0	Infūsi althāēae radĭcis	12,0:195,0
Phenazōni	2,0	Phenazōni	2,0
Chlorāli hydrāti	3,0	Chlorāli hydrātis	3,0

MDS Klysma nach Vorschrift!
Nicht zum Einnehmen!

MDS Klysma nach Vorschrift!
Äußerlich!

Rp.			Rp.	
Atropīni sulfurĭci	0,1		Atropīni sulfātis	0,1
Thiomersāli	0,0002		Thiomersāli	0,0002
Natrĭi chlorāti	0,078		Natrĭi chloridi	0,078
Aquae destillātae	ad 10,0		Aquae destillātae	ad 10,0
MDS Augentropfen. Nicht			MDS Augentropfen. Äußerlich!	
zum Einnehmen!			Nicht zum Einnehmen! Achtung!	
Achtung! Fahruntauglich-			Fahruntauglichkeit	
keit!				

Rp.			Rp.	
Chloramphenicōli	0,1		Chloramphenicōli	0,1
Propylenglycōli	0,9		Propylenglycōli	0,9
Oculenti simplĭcis	ad 10,0		Oculenti simplĭcis	ad 10,0
MDS Augensalbe Äußerlich!			MDS Augensalbe Äußerlich!	

Rp			Rp.	
Atropīni sulfurĭci	0,0075		Atropīni sulfātis	0,0075
Papaverīni hydrochlorĭci	0,75		Papaverīni hydrochloridi	0,75
Massae pilulārum	quantum satis		Massae ad pilŭlas	q. s.
Fiant pilŭlae Nr. XXX			fiant pilŭlae Nr. XXX	
S. 3 mal täglich 1 Pille			S. 3mal täglich eine Pille	
Beeinträchtigt Fahrtaug-			Beeinträchtigt Fahrtauglichkeit!	
lichkeit!				

5.2. Standardrezepturen

§ 589 d Seit Jahrzehnten bestehen Standardrezepturen, die dem ordinierenden Arzt und dem an-
fertigenden Apotheker die Materie vereinfachen. Bekannt waren Formŭlae Magistrāles
Berolinenses (FMB), Formŭlae Magisträles Germanĭcae und andere regionale Vorschriften. Manche derartige Standardrezepturen sind zur Perfektion entwickelt worden. Auf
den gedruckten normierten Etiketten sind die festgelegten vollständigen oder gekürzten
Bezeichnungen außer für Elektrolytkonzentrate, Infusions- und Injektionslösungen lateinisch enthalten. In den Vorschriften selbst sind die Bestandteile lateinisch aufgeführt
auch wieder mit Ausnahme der Elektrolytkonzentrate, Infusions- und Injektionslösungen.
Statt des Genitīvus partitīvus (§ 144) wird der Nominativ benutzt. Dies beruht eben auf
konventioneller Übereinkunft, ist aber nicht durch Wegfall des Wortes recĭpĕ (Rp.) zu erreichen.

6. Lateinische Bezeichnungen der Arzneimittelgruppen

§ 590 Die lateinischen Bezeichnungen der Arzneimittelgruppen sind überwiegend Adjektiva
oder Verbaladjektiva. Unter dem Einfluß des hinzugehörigen, gedachten Ausdruckes remedia (Plural von remedium) stehen sie in der neutralen Form des Plurals, wie wir es von
Adjektiven gewohnt sind, daß sie sich im Numerus und Genus nach dem Substantiv richten, zu dem sie gehören. Man spricht von der Gruppe der Analgetica, Sedativa, Laxantia
usw. Handelt es sich um ein einziges Arzneimittel, das zu einer dieser Gruppen gehört, so
wird der Singular gebraucht. Nach dem beeinflussenden Substantiv remedium muß in
diesem Fall beim Adjektiv die neutrale Form im Singular benutzt werden. Man spricht
von einem Analgeticum, Sedativum, Laxans usw.

§ 591 Die Adjektiva gehören zum größten Teil der o- und a-Deklination auf -us, -a, -um an.
Überwiegend besitzen sie das Suffix (Nachsilbe) -ĭcus:
Anabolĭca   Eiweißaufbauende Mittel

Anaesthetĭca	Empfindungslosigkeit hervorrufende Mittel	
Analeptĭca	Weckmittel, anregende Mittel	
Analgetĭca	Schmerzstillende Mittel	
Angiotĭca	Gefäßmittel	
Anorexĭca	Appetitzügler	
Anthelmintĭca	Wurmmittel	
Antiallergĭca	Mittel gegen Allergien	
Antiarthritĭca	Mittel gegen Gelenkentzündung	
Antiasthmatĭca	Asthmaheilmittel	
Antibiotĭca	Kleinorganismen hemmende oder abtötende Mittel	
Antidiabetĭca	Mittel zur Behandlung des Diabetes	
Antidiarrhoĭca	Mittel gegen Durchfall	
Ant(i)emetĭca	Mittel gegen Erbrechen	
Antiepileptĭca	Mittel gegen Epilepsie	
Antifibrinolytĭca	Fibrinolyse hemmende Mittel	
Ant(i)hidrotĭca	Schweißwidrige Mittel	
Antihistaminĭca	Histaminwirkung bekämpfende Mittel	
Antihyperthyreotĭca	Schilddrüsentätigkeit dämpfende Mittel	
Antihypertonĭca	Blutdrucksenkende Mittel	
Antihypothyreotĭca	Schilddrüsentätigkeit erhöhende Mittel	
Antihypotonĭca	Blutdruckerhöhende Mittel	
Antimycotĭca	Mittel gegen Pilzbefall	§ 591a
Antineuralgĭca	Schmerzstillende Mittel	
Antiparasitĭca	Parasiten bekämpfende Mittel	
Antipertussĭca	Keuchhusten bekämpfende Mittel	
Antiphlogistĭca	Mittel gegen lokale Entzündungen	
Antipyretĭca	Fiebersenkende Mittel	
Antirheumatĭca	Rheumamittel	
Antispasmodĭca	Krampflösende Mittel	
Antitetanĭca	Gegen Tetanie wirkende Mittel	
Antithrombotĭca	Blutgerinnungshemmende Mittel	
Antitussĭca	Husten bekämpfende Mittel	
Antivenerĭca	Mittel gegen Geschlechtskrankheiten	
Ataractĭca	Psychische Entspannungsmittel	
Cytostatĭca	Zytostatische Mittel	
Dermatĭca	Hautheilmittel	
Diaetetĭca	Diätmittel	
Diagnostĭca	Krankheit erkennende, diagnostische Mittel	
Diuretĭca	Harntreibende Mittel	
Emetĭca	Brechmittel	
Fibrinolytĭca	Fibrinolyse erzeugende Mittel	
Geriatrĭca	Mittel gegen Alterserscheinungen	§ 591b
Gynaecologĭca	Mittel gegen Frauenkrankheiten	
Haemostyptĭca	Blutungsstillende Mittel	
Hepatĭca	Leberheilmittel	
Hypnotĭca	Schlafmittel	
Laryngologĭca	Kehlkopfheilmittel	
Miotĭca	Pupillenverengende Mittel	
Mydriatĭca	Pupillenerweiternde Mittel	
Neuroleptĭca	Mittel zur Ruhigstellung bei Erregungen	
Ophthalmĭca, Ophthalmologĭca	Augenheilmittel	
Otologĭca, Otalgĭca	Ohrenheilmittel	

| Parasympathicolytĭca | Parasympathisch abschwächende Mittel |
| Parasympathicomimetĭca | Parasympathisch erregende Mittel |

§ 591 c

Rhinologĭca	Nasenheilmittel
Spasmolytĭca	Krampflösende Mittel
Stomachĭca	Magenmittel
Stomatologĭca	Mittel gegen Mundkrankheiten
Sympathicolytĭca	Sympathikus hemmende Mittel
Sympathicomimetĭca	Sympathikus anregende Mittel
Thrombolytĭca	Thrombose bekämpfende, verhindernde Mittel
Thymoleptĭca	Mittel mit antidepressiver Wirkung
Tonĭca	Kräftigungsmittel
Tuberculostatĭca	Tuberkuloseheilmittel
Urologĭca	Mittel gegen Harnwegserkrankungen
Uterotonĭca	Uteruswirksame Mittel
Virostatĭca	Virenhemmende Mittel

§ 591 d Einige Adjektiva haben das Suffix -us, -ăcus, -ĭus, -ĭnus, -ĭvus

Abortīva	1. Abtreibungsmittel 2. Mittel zur Abkürzung eines Krankheitsverlaufes
Amāra	Bittermittel
Anaphrodisiăca	Geschlechtstrieb hemmende Mittel
Antacĭda	Mittel gegen Hyperazidität
Anticonvulsīva	Mittel gegen (klonischen) Krampf
Antidepressīva	Mittel gegen Depressionen
Antihypertensīva	Blutdrucksenkende Mittel
Antivaricōsa	Krampfadermittel
Aphrodisiăca	Geschlechtstrieb steigernde Mittel
Arcāna	Geheimmittel
Cardiăca (Cardiotonĭca)	Herzmittel
Carminatīva	Blähungtreibende Mittel
Cholagōga	Galletreibende Mittel
Contraceptīva	Empfängnis-Verhütungsmittel
Dentifricĭa	Zahnheilmittel
Externa	Mittel zum äußeren Gebrauch
Immunsuppresīva	Immunreaktion unterdrückende Mittel
Interna	Mittel zum inneren Gebrauch
Nervīna	Nervenheilmittel
Provocatorĭa	Reizmittel
Sedatīva	Beruhigungsmittel
Uterīna	Mittel gegen Uteruserkrankungen

§ 592 Auch nach der i-Deklination richten sich eine Anzahl derartig verwendeter Adjektiva.

Werden sie im Plural gebraucht, so haben sie die neutrale Endung auf -ĭa gemeinsam. Im Singular ist zu unterscheiden zwischen Adjektiven mit „zwei Endungen" (-ālis, -ālis, -āle) und solchen mit „einer Endung" (-ens, -ans, vgl. §§ 388–389 b), die Verbaladjektiva sind.

Antifebrilĭa	Fiebersenkende Mittel
Antihaemorrhoidalĭa	Hämorrhoidalmittel
Vaginalĭa	Vaginalmittel

Stärker vertreten sind die Verbaladjektiva auf -ans, -antis und -ens, -entis.

Adstringentĭa	Zusammenziehende Mittel
Anticoagulantĭa	Gerinnungshemmende Mittel
Corrigentĭa	Geschmackverbessernde Mittel
Desinficientĭa	Desinfektionsmittel

Expectorantĭa	Auswurffördernde Mittel
Laxantĭa	Abführmittel
Nutrientĭa	Mittel, die der Ernährung dienen
Purgantĭa	Abführmittel
Relaxantĭa	(Muskel-) Erschlaffungsmittel
Roborantĭa	Stärkungsmittel
Stimulantĭa	Anregende Mittel, Reizmittel
Vasoconstringentĭa	Gefäßverengende Mittel
Vasodilatantĭa	Gefäßerweiternde Mittel

Auch Substantiva werden zur Bezeichnung solcher Arzneimittelgruppen gebraucht: Anti- § 593
dŏtum (Plural Antidŏta) *Gegengift(e)*; Depilatorĭum (Plural Depilatorĭa) *Enthaarungsmittel*;
Gargarisma (Plural Gargarismăta) *Gurgelmittel*; Therapeutĭcum (Plural Therapeutĭca) *Heilmittel*, wie Balneotherapeuticum, Chemotherapeuticum, Dentaltherapeuticum.

7. Die internationale medizinisch-anatomische Nomenklatur

7.1. Entstehung der Nomina anatomica (NA)

Ende des vorigen Jahrhunderts drängte die Vielfalt der Synonyme zu einer Bereinigung § 594
der anatomischen Bezeichnungen. Stationen zu diesem Ziel waren die Baseler Nomina
Anatomica 1895 (BNA), die Jenenser 1935 (JNA), die Pariser 1955 (PNA), die schließlich
durch Nachträge, Änderungen und Korrekturen auf den Kongressen in New York und
Wiesbaden eine endgültige Form und ohne Nennung einer Kongreßstadt die Bezeichnung Nomina Anatomica (NA) erhielten. Auf den Kongressen in Wiesbaden, Leningrad
und Tokio wurden die Nomina Histologica, die auch die zytologischen Bezeichnungen
enthalten, sowie die Nomina Embryologica angenommen.

7.2. Lateinische Ausdrücke der Nomina anatomica (NA)

Grundsätzliches § 595

Für die Bearbeitung der Nomina Anatomica gelten folgende Grundsätze:

1. Jedes Organ soll nur durch einen Ausdruck bezeichnet werden;
2. Die Bezeichnung soll möglichst dem Lateinischen entnommen sein;
3. jeder Ausdruck soll kurz sein;
4. die Ausdrücke sollen einprägsam, belehrend und beschreibend sein;
5. Organe mit topographisch enger Beziehung sollen ähnliche Namen haben, z. B. Arteria femoralis, Vena femoralis;
6. unterscheidende Beiwörter sollen sich gegensätzlich verhalten, z. B. major und minor;
7. es erfolgt keine Benennung auf Grund von Eigennamen;
8. Veränderungen der Diphthonge ae und oe in e; jedoch können Länder, in denen die
   bisherige Anwendung dieser Diphthonge sprachüblich ist, weiterhin ae und oe benutzen;
9. Aufhebung aller Bindestriche innerhalb eines Wortes;
10. Margo und Paries werden als Maskulina gebraucht;
11. Verwendung des Vokals i in Calix;
12. Bildung des klassischen Genitivs genus und cornus statt genu und cornu.

Die anatomischen Bezeichnungen sind lateinische oder latinisierte Wörter, auf die die lateinischen Betonungsregeln (§§ 7–13) anzuwenden sind. Stets beginnen die anatomischen Ausdrücke mit einem Substantiv im Nominativ. Meist sind weitere Zusätze ein Adjektiv oder ein zweites Substantiv im Genitiv. Die anatomischen Namen bestehen überwiegend aus zwei bis drei Wörtern.

Bei den Bezeichnungen der Muskeln kann auf das Substantiv musculus auch ein zweites Substantiv im Nominativ folgen. Diese sind lateinische Wörter auf -tor oder -sor, wie adductor, levator, pronator u. a., vgl. § 253. Vier Substantive stammen aus dem Griechischen: cremaster, masseter, sphincter (vgl. § 336) und psoas (vgl. § 70).

§ 596 Sowohl die Substantiva als auch die Adjektiva weisen eine Anzahl sich oft wiederholender Präfixe (Vorsilben) auf. Meist sind sie ursprüngliche Präpositionen aus dem Lateinischen oder insbesondere Griechischen (vgl. §§ 238–243 a), aber sie können auch anderen Ursprungs sein. Die für den anatomischen Wortschatz wichtigsten seien hier aufgeführt:

endo-	innen-	peri-	um-, herum-
epi-	auf-, oberhalb-, neben-	post-	hinter-
		pre(prae)-	vor-
hypo-	unter-, unterhalb-	pro-	vor-
infra-	unterhalb-	pterygo-	flügel-
inter-	zwischen-	retro-	hinter-, zurück-
intra-	innerhalb-	rhino-	nase-
meso-	mitten-, zwischen-	sub-	unter-
meta-	nach-, zwischen-	supra-	oberhalb-
myo-	muskel-	super-	über-
omo-	schulter-	syn-	zusammen-
para-	neben-, bei-		

Substantiva

§ 597 Die Substantiva gehören allen lateinischen Deklinationen an. In der folgenden Aufstellung sind die Substantiva im Nominativ aufgeführt. Die jeweilige Genitivendung und das Geschlecht sind beigefügt. Bei den Vokabeln der konsonantischen, der gemischten, der i- und der e-Deklination sind die Genitive ausgeschrieben, ebenfalls bei den griechischen Neutra auf -on.

Bei den Substantiva finden sich oft Diminutiva (Verkleinerungsformen), wie wir es auch im Deutschen kennen. Diese Wörter haben die Suffixe (Nachsilben) -ula, -ola (a-Deklination), -ulus, -olus (Maskulina der o-Deklination), -ulum (Neutrum der o-Deklination) und können dadurch in eine andere Deklination kommen. Diese Suffixe können aber auch Werkzeuge (z. B. acetabulum, adminiculum, cingulum, fibula, gubernaculum, infundibulum, operculum, petiolus, retinaculum, sustentaculum, vinculum) oder Ortsangaben (z. B. angulus, diverticulum, macula, subiculum, vestibulum) bedeuten.

§ 598 Die bei den einzelnen Vokabeln angegebenen anatomischen Bezeichnungen stellen nur eine Auswahl von Beispielen dar.

§ 598a abdómen, abdóminis, n. der Bauch; regiones abdominis
abdúctor, abductóris m. der Abzieher von der Mittelachse fort; musculus abductor pollicis longus
acetábulum, -i n. die Pfanne des Hüftbeins
acrómion, acrómii n. die Schulterhöhe, das äußerste Ende der spina scapulae
addúctor, adductóris m. der Heranführer an die Mittelachse; musculus adductor longus
adenohypóphysis, adenohypóphysis f. eine weitere Bezeichnung für lobus anterior der Hypophysis
adhésio (adhaesio), adhesiónis f. die Anheftung; adhesio interthalamica
áditus, -us m. der Zugang; aditus ad antrum; aditus orbitae
admínículum, -i n. die Stütze, Sehnenverstärkung; adminiculum lineae albae
agger, ággeris m. der Schutzwall, Damm; agger nasi
ala, -ae f. der Flügel; ala ossis ilii

alvéolus, -i m. die kleine Aushöhlung, das bläschenförmige Drüsenendstück; alveoli dentales; alveoli pulmonis, auch alveoli glandulares

álveus, -i m. die Aushöhlung, das Muldenblatt; alveus hippocampi

ampúlla, -ae f. der bauchige Krug; ampulla ductus deferentis

anastomósis, anastomosis f. die Vereinigung zweier Kanäle, die netzartige Verknüpfung von Gefäßen, von Nerven oder Sehnen

ángulus, -i m. der Winkel; angulus mandibulae; angulus oculi medialis

ansa, -ae f. die Öse, Schlinge, der Henkel; ansa cervicalis

antebráchium, -i n. der Vorderarm

ánthelix, anthelicis f. die Gegenwindung, der der helix gegenüberliegende Wulst an der Ohrmuschel

antítragus, -i m. der Gegenbock, die Erhebung gegenüber dem Tragus an der Ohrmuschel

antrum, -i n. die Höhle; aditus ad antrum

ánulus, -i m. der Ring; anulus tympanicus

anus, -i m. der Ring, der After

aórta, -ae f. die Hauptschlagader

apertúra, -ae f. die Öffnung; apertura piriformis

apex, ápicis m. die Spitze; apex linguae

aponeurósis, aponeurósis f. die flachausgebreitete Sehne; aponeurosis musculi bicipitis brachii

apóphysis, apóphysis f. der Knochenvorsprung

apparátus, -us m. die Vorrichtung; apparatus digestorius; apparatus lacrimalis

appéndix, appendícis f. der Anhang, das Anhängsel; appendix vermiformis

aquedúctus (aquaeductus), -us m. die Wasserleitung, die Leitung für Flüssigkeit

arachnoídea, -ae f. die spinnengewebsähnliche Haut; arachnoidea encephali, arachnoidea spinalis

arbor, árboris f. der Baum; arbor vitae cerebelli

arcus, -us m. der Bogen; arcus aortae

área, -ae f. das Feld, der Platz; area subcallosa, areae gastricae

aréola, -ae f. der kleine Hof; areola mammae der Brustwarzenhof

arréctor, arrectoris m. der Aufrichter als Muskel; musculi arrectores pilorum

artéria, -ae f. die Arterie, Schlagader

arteríola, -ae f. die Arteriole

articulátio, articulationis f. das Gelenk; articulatio spheroidea (cotylica); articulationes interphalangeae

associátio, associationis f. die Verbindung; tractus nervosi associationis

atlas, atlántis m. der Träger, erster Halswirbel

átrium, -i n. der Vorhof; atrium cordis; atrium dextrum

audítus, -us m. das Gehör; ossicula auditus

aurícula, -ae f. das Öhrchen; die Ohrmuschel; auricula atrii Herzohr

auris, auris f. das Ohr

avis, avis f. der Vogel; calcar avis

axílla, -ae f. die Achselhöhle

axis, axis m. die Achse, zweiter Halswirbel

barba, -ae f. der Bart   § 598 b

basis, basis f. die Basis, der Untergrund; basis cranii

bifurcátio, bifurcatiónis f. die Gabelung; bifurcatio tracheae

bráchium, -i n. der Arm

bronchíolus, -i m. der kleine Bronchus, kleiner Ast eines Bronchus

bronchus, -i m. Haupt- und Nebenast der Luftröhre

bucca, -ae f. die Backe

buccinátor, buccinatóris m. der Bläser; musculus buccinator

bulbus, -i m. die Zwiebel; bulbus aortae, b. oculi, b. penis, b. pili

bulla, -ae f. die Blase, Kapsel; bulla ethmoidalis

bursa, -ae f. die Tasche, der Beutel; bursa omentalis

calcáneus, -i m. das Fersenbein; Synonym: os calcis   § 598 c

calcar, calcáris n. der Sporn; calcar avis

calículus, -i m. der kleine Kelch; caliculus gustatorius

calix, cálicis m. der Becherkelch, Nierenkelch

calvária, -ae f. das Schädeldach

calx, calcis f. die Ferse

cámera, -ae f. die Kammer; camera bulbi

canalículus, -i m. der kleine Kanal; canaliculus tympanicus
canális, canalis m. die Röhre, Rinne, der Kanal; canalis mandibulae
capíllus, -i m. das Kopfhaar
capítulum, -i n. das Köpfchen; nur noch in dem Ausdruck capitulum humeri
cápsula, -ae f. die Kapsel; capsula articularis
caput, cápitis n. der Kopf; u. a. verwendet als Bezeichnung für den Kopf eines jeden Knochens
carína, -ae f. der Schiffskiel; carina tracheae
carótis, carótidis f. die Kopfschlagader, Halsschlagader; arteria carotis
carpus, -i m. die Handwurzel
cartilágo, cartiláginis f. der Knorpel
carúncula, -ae f. die fleischige Hervorragung; caruncula lacrimalis, caruncula sublingualis
cauda, -ae f. der Schwanz; cauda equina
cavérna, -ae f. der Hohlraum; caverna corporis spongiosi
cávitas, cavitátis f. die Höhlung, Wölbung, der Hohlraum;
    cavitas glenoidalis, cavitas larýngis, cavitas nasi, cavitas oris, cavitas pharýngis, cavitas thorácis
cavum, -i n. der Hohlraum, das Adjektiv ist zum Substantiv geworden
cecum (caecum), -i n. das blinde Ende, das Adjektiv ist zum Substantiv geworden; cecum (intesti-
    num) der Blinddarm, cecum cupulare
céllula, -ae f. die Zelle; cellula mastoidea
ceméntum, -i n. (das) Zement des Zahnes
centrum, -i n. der Mittelpunkt; centrum semiovale, centrum tendineum
cerebéllum, -i n. das Kleinhirn
cérebrum, -i n. das Gehirn, das Großhirn
cervix, cervícis f. der Hals; cervix uteri
chiásma, chiásmatis n. die Kreuzung von Sehnen oder Bündeln, genannt nach dem griechischen
    Buchstaben Chi; chiasma opticum
chóana, -ae f. die hintere Öffnung der Nasenhöhle
chorda, -ae f. der Strang; chordae tendineae
choroídea, -ae f. die dem Chorion ähnliche Gewebeschicht, die Aderhaut des Auges (das Adjektiv ist
    zum Substantiv geworden)
chylus, -i m. die Darmlymphe; cisterna chyli
cílium, -i n. die Wimper
cíngulum, -i n. der Gürtel; gyrus cinguli
círculus, -i m. der Kreis; circulus arteriosus
circumferéntia, -ae f. der Umkreis; circumferentia articularis radii
cistérna f. der Wasserbehälter; cisterna chyli
claustrum, -i n. der Verschluß, die Schranke
clavícula, -ae f. das Schlüsselbein
clítoris, clitóridis f. der Kitzler
clivus, -i m. der Hügel; clivus ossis occipitalis
clunes, clúnium (Plur.) f. die Hinterbacken, das Gesäß; Synonym: nates
coccyx, coccýgis m. der Kuckuck; os coccygis das Steißbein, das einem Kuckucksschnabel ähn-
    lich ist
cóchlea, -ae f. die Schnecke
collículus, -i m. der kleine Hügel; colliculus seminalis
collum, -i n. der Hals; collum radii
colon, coli n. der Dickdarm
colúmna, -ae f. die Säule; columna anterior
commissúra, -ae f. die Verbindung; commissura posterior
concha, -ae f. die Muschel; concha nasalis Nasenmuschel, concha auriculae Ohrmuschel
cóndylus, -i m. der Gelenkfortsatz, der Knöchel; condylus medialis
cónfluens, confluéntis n. der Zusammenfluß, das Partizip wurde zum Substantiv; confluens sinuum
conjugáta, -ae f. der verbundene Durchmesser; das Adj. wurde zum Subst., ergänze diameter f.
conjunctíva, -ae f. die Bindehaut des Auges, das Adjektiv wurde zum Substantiv;
    plica semilunaris conjunctivae, saccus conjunctivae
co(n)néxus, -us m. die Verknüpfung; co(n)nexus intertendineus
constríctor, constrictóris m. der Zusammenzieher als Muskel; musculus constrictor pharyngis
contáctus, -us m. der Kontakt; facies contactus Kontaktfläche
conus, -i m. der Kegel; conus elasticus
cor, cordis n. das Herz
córium, -i n. die Lederhaut, Synonym: dermis

córnea, -ae f. die Hornhaut, ergänze membrana, das Adjektiv wurde zum Substantiv; vertex corneae, limbus corneae, epithelium corneae u. a.

cornu, -us n. das Horn; cornu anterius

coróna, -ae f. der Kranz; corona dentis, corona glandis penis, corona ciliaris

corpus, córporis n. der Körper; corpus ciliare

corpúsculum, -i n. das Körperchen; corpuscula renis

corrugátor, corrugatóris m. der Stirnrunzler als Muskel; musculus corrugator supercilii

cortex, córticis m. die Rinde; cortex cerebri

costa, -ae f. die Rippe; costa vera, costa spuria

coxa, -ae f. die Hüfte

cránium, -i n. der Schädel

cremáster, cremastéris m. der Aufhänger; musculus cremaster

crena, -ae f. die Spalte, Kerbe; crena ani

crista, -ae f. die Leiste, der Kamm; crista galli

crus, cruris n. allgemein der Schenkel; crus cerebri

crypta, -ae f. die Gruft, der unterirdische Gang;
    cryptae tonsillares bezeichnen die blinden Enden der fossulae tonsillares

cúbitus, -i m.; cúbitum, -i n. der Ellenbogen

culmen, cúlminis n. der Gipfelpunkt

cúmulus, -i m. der Haufen; cumulus oophorus

cúneus, -i m. der Keil, keilförmiges Gebilde

cúpula, -ae f. die Kuppe; cupula cochleae, cupula pleurae

curvatúra, -ae f. der Bogen; curvatura ventriculi

cuspis, cuspidis f. die Spitze; cuspis valvae

cutícula, -ae f. das Häutchen; cuticula dentis

cutis, cutis f. die Haut; (= Epidermis + Corium)

cymba, -ae f. der Nachen; cymba conchae ist der obere ausgehöhlte Teil der Ohrmuschelinnenfläche

decídua, -ae f. die Hinfällige, das Adjektiv wurde zum Substantiv, ergänze membrana; decidua parie- **§ 598 d**
talis

declíve, declivis n. der Abhang

decussátio, decussationis f. die Kreuzung in Form eines X; decussatio lemniscorum

dens, dentis m. der Zahn

dentínum, -i n. das Zahnbein; in BNA und JNA substantia eburnea

depréssor, depressóris m. der Herabdrücker als Muskel, musculus depressor anguli oris

dermis, dermis f. die Lederhaut, Syn.: corium

descénsus, -us m. das Herabsteigen; descensus testis

detrúsor, detrusóris m. der Verdränger als Muskel; musculus detrusor vesícae

diámeter, diámetri f. (Ausnahme!) der Durchmesser; diameter obliqua, diameter transversa

diaphrágma, diaphrágmatis n. die Scheidewand, das Zwerchfell;
    diaphragma sellae, diaphragma pelvis, diaphragma urogenitale

diáphysis, diáphysis f. der Schaft der Röhrenknochen

diencéphalon, diencéphali n. das Zwischenhirn

dígitus, -i m. der Finger, die Zehe

dilatátor, dilatatóris m. der Auseinanderzieher als Muskel; musculus dilatator pupillae

dilátor = dilatátor

díploë, díploës f. die Spongiosa des Schädeldaches

discus, -i m. die Scheibe; discus interpubicus

divertículum, -i n. die Abzweigung, Ausbuchtung

dorsum, -i n. der Rücken; auch dorsum linguae, dorsum manus, dorsum nasi, dorsum pedis

dúctulus, -i m. die kleine Leitung, der kleine Gang, das Kanälchen; ductuli alveolares

ductus, -us m. der Gang, Kanal, die Leitung; ductus nasolacrimalis

duodénum, -i n. der Zwölffingerdarm; ein Distributivum (§ 486), das als Substantiv benutzt wird, ergänze intestinum, flexura duodeni

eminéntia, -ae f. die Hervorhebung, Vorwölbung; eminentia arcuata **§ 598 e**

enamélum, -i n. der Zahnschmelz; in BNA und JNA substantia adamantina

encéphalon, encephali n. das Gehirn

endocárdium, -i n. die Innenhaut des Herzens

endolýmpha, -ae f. die Innenlymphe, Flüssigkeit im Ohrlabyrinth

endométrium, -i n. die Schleimhaut der Gebärmutter; Synonym: tunica mucosa uteri endothélium, -i n. einlagige Zellschicht als Innenauskleidung von Gefäßen

epéndyma, ependýmatis n. die Auskleidung der Hirnhöhlen

epicárdium, -i n. die seröse Außenhaut des Herzens Syn.: lamina visceralis pericardii

epicóndylus, -i m. der Fortsatz auf dem Gelenkkopf; epicondylus humeri, epicondylus femoris

epidérmis, epidermidis f. die Oberhaut

epidídymis, epididýmidis f. der Nebenhoden

epiglóttis, epiglóttidis f. der Kehldeckel

epíphysis, epíphysis f. das Endstück langer Knochen

epithálamus, -i m. Abschnitt des Diencephalon, der oberhalb des Thalamus liegt

epithélium, -i n. oberflächliche Zellschicht; epithelium lentis, epithelium corneae

eponýchium, -i n. der Oberhautüberzug der Nagelwurzeloberseite

epoóphoron, epoophori n. der Nebeneierstock

equátor (aequator), equatóris m. der Gleichmacher; equator lentis, equator oculi

eréctor, erectóris m. der Aufrichter als Muskel; musculus erector spinae

esóphagus (oesophagus) -i m. die Speiseröhre

excavátio, excavatiónis f. die Aushöhlung, Ausbuchtung; excavatio rectouterina

exténsor, extensóris m. der Strecker als Muskel; musculus extensor digitorum

extrémitas, extremitátis f. der äußere Umkreis, das Äußerste. Der Ausdruck extremitas wird nur noch für die Enden zugespitzter Organe gebraucht. Die bisher gebräuchlichste Bezeichnung für Gliedmaßen wird damit hinfällig; hierfür ist jetzt der Ausdruck membrum zu benutzen.

§ 598 f fácies, faciéi f. das Gesicht, die äußere Erscheinung, die Fläche; facies contactus dentis

falx, falcis f. die Sichel; falx cerebri, falx inguinalis

fáscia, -ae f. die breit ausgedehnte bindegewebige Hülle auf Muskeln oder deren sehnenartige Fortsetzung

fascículus. -i m. das Bündel von Nerven- oder Muskelfasern; fasciculus gracilis

fastígium, -i n. der Gipfel, Höhepunkt; nucleus fastigii

fáuces, fáucium f. (Plural) der Schlund

femur, fémoris n. der Oberschenkel, Oberschenkelknochen

fenéstra, -ae f. das Fenster; fenestra cochleae, fenestra vestibuli

fibra, -ae f. die Faser

fíbula, -ae f. das Wadenbein

filum, -i n. der Faden; filum durae matris spinalis, filum terminale, fila radicularia

fímbria, -ae f. die Franse; fimbriae (Plural), fimbria ovarica

fissúra, -ae f. die Spalte; fissura horizontalis

flexor, flexóris m. der Beuger als Muskel; musculus flexor carpi radialis

flexúra, -ae f. die Biegung; flexura coli, flexura duodeni, flexura sacralis

flócculus, -i m. die kleine Flocke; flocculus cerebelli

flumen, flúminis n. der Fluß, Strom; flumina pilorum Strich der Haare

fólium, -i n. das Blatt; folia cerebelli

follículus, -i m. der Schlauch, Haarbalg, folliculus lymphaticus der kleine Lymphknoten

fontículus, -i m. das Quellchen, die Fontanelle; fonticulus cranii

forámen, foráminis n. das Loch; foramen obturatum

forceps, fórcipis f. die Zange; forceps minor, forceps major beim corpus callosum

formátio, formatiónis f. die Gestaltung, Bildung; formatio reticularis

fornix, fórnicis m. das Gewölbe; fornix cerebri, fornix conjunctivae

fossa, -ae f. der Graben, die Grube; fossa canina

fóssula, ae f. das Grübchen; fossula fenestrae, fossula petrosa, fossulae tonsillares

fóvea, -ae f. die rundliche Grube; fovea centralis

fovéola, -ae f. das Grübchen; foveolae gastricae

frénulum, -i n. der kleine Zügel, das Bändchen; frenulum linguae, frenulum clitoridis

frons, frontis f. die Stirn

fundus, -i m. der Boden, Grund; fundus uteri

funículus, -i m. der kleine Strang; funiculus spermaticus, funiculi medullae spinalis

§ 598 g gálea, -ae f. die lederne Haube; galea aponeurotica

gallus, -i m. der Hahn; crista galli

gánglion, gánglii n. das Ganglion, die Ansammlung peripherer Nervenzellen; ganglia pelvina

gaster, gastris f. der Magen, Bauch; Synonym: ventriculus

genículum, -i n. das kleine Knie, die kleine Anschwellung; geniculum nervi facialis

genu, genus n. das Knie

gingíva, -ae f. das Zahnfleisch; wird im Plural gingivae gebraucht
gínglymus, -i m. das Scharniergelenk
glabélla, -ae f. die unbehaarte Stelle zwischen den Augenbrauen
glándula, -ae f. die Drüse; glandula parotis
glans, glandis f. die Eichel; glans clitoridis, glans penis
globus, -i m. die Kugel; globus pallidus
glomérulus, -i m. das Knäulchen; glomeruli renis, glomeruli arteriosi cochleae
glomus, glómeris n. der Knäuel; glomus coccygeum
glottis, glóttidis f. der stimmbildende Teil des Kehlkopfes
gomphósis, gomphósis f. die Einkeilung; Befestigung des Zahns im Kiefer
granulátio, granulatiónis f. die Körnelung; granulationes arachnoideales
gubernáculum, -i n. das Leitband des Schiffssteuers; gubernaculum testis Leitband des Hodens
gustus, -us m. der Geschmack; organum gustus
gyrus, -i m. die Windung; gyrus cinguli

habénula, -ae f. das Zügelchen, der Epiphysenstiel (Stiel der Zirbeldrüse)   § 598 h
hallux, hállucis m. die große Zehe
hámulus, -i m. das Häkchen; hamulus ossis hamati
haustrum, -i n. die Ausbuchtung; haustra coli die Ausbuchtungen der Dickdarmwand
helicotréma, helicotrématis n. das Schneckenloch, Verbindung der beiden Treppengänge der
    Schnecke
helix, hélicis f. die Windung (Efeu), die Windung der Ohrmuschel
hemisphérium (hemisphaerium), -i n. die Halbkugel; hemispherium cerebelli
hepar, hépatis n. die Leber
hiátus, -us m. der Spalt, die Öffnung; hiatus semilunaris
hilum, -i n. die Vertiefung an der Oberfläche eines Organs, wo strangförmige Gefäße, Nerven, Gänge
    ein- und austreten; die NA verwenden jetzt hilum statt hilus: hilum pulmónis, hilum renále, hi-
    lum ovárii, hilum liénis (splenicum), hilum núclei dentáti, hilum núclei olivaris caudális
hippocámpus, -i m. vgl. § 94 a; pes hippocampi
hirci, hircórum m. (Plural) die Achselhaare
húmerus, -i m. der Oberarmknochen
humor, humóris m. die Flüssigkeit; humor aquosus, humor vitreus
hymen, hýminis m. das Jungfernhäutchen
hyponýchium, -i n. das Nagelbett
hypóphysis, hypóphysis f. der Hirnanhang
hypothálamus, -i m. der unter dem Thalamus liegende Teil des Zwischenhirns
hypóthenar, hypothénaris n. der Kleinfingerballen

íleum, -i n. der Krummdarm; hiervon ileo = zum Krummdarm gehörend (cf. § 601 i)
ília, ílium n. (Plural) die Weichen; davon leitet sich das Adjektiv ilius ab; os ilium = das Darmbein
    Genitiv ossis ilii; in Wortzusammensetzungen ilio = zum Darmbein gehörend
iliópsoas, iliópsoae m. der Darmbein-Lendenmuskel; musculus iliopsoas
impréssio, impressiónis f. der Eindruck; impressio trigemini; impressiones digitatae (Plural)
incisúra, -ae f. der Einschnitt; incisura fibularis
inclinátio, inclinatiónis f. die Neigung; inclinatio pelvis
incus, incúdis f. der Amboß als Gehörknöchelchen; corpus incudis
index, índicis m. der Zeigefinger
indúsium, -i n. der Schleier; indusium griseum
infundíbulum, -i n. der Trichter; infundibulum hypothalami
ínguen, ínguinis n. die Leistengegend
ínion, ínii n. = äußerster Punkt der Protuberantia occipitalis externa
ínsula, -ae f. die Insel; insula (cerebri)
integuméntum, -i n. die Decke, äußere Haut; integumentum commune
interséctio, intersectiónis f. der Einschnitt, die Zwischenschaltung; intersectio tendinea
intestínum, -i n. die Eingeweide, der Darm; intestinum tenue
intróitus, -us m. der Eingang
intumescéntia, -ae f. die Anschwellung; intumescentia cervicalis
iris, íridis f. die Regenbogenhaut des Auges
íschium, -i n. das Gesäß; os ischii das Sitzbein
isthmus, -i m. die schmale Verbindung; isthmus faucium

§ 598j jejúnum, -i n. der nüchterne Darm, der Leerdarm; das Adjektiv ist zum Substantiv geworden
jugum, -i n. das Joch der Zugtiere; juga alveolaria
junctúra, -ae f. die Verbindung; junctura fibrosa

§ 598l lábium, -i = labrum, -i n. die Lippe; labrum nur in den Ausdrücken labrum acetabulare und labrum
glenoidale
labyrínthus, -i m. das Labyrinth des Ohres
lacértus, -i m. der sehnige Faserzug; lacertus musculi recti lateralis
lacúna, -ae f. die Vertiefung, Lücke; lacuna musculorum, lacuna vasorum
lacus, -us m. der See; lacus lacrimalis
lámina, -ae f. das Blatt
lanúgo, lanúginis f. das Wollhaar
larynx, larýngis m. der Kehlkopf
latus, láteris n. die Seite
lemníscus, -i m. die Schleife
lens, lentis f. die Linse
levátor, levatóris m. der Heber als Muskel; musculus levator anguli oris
lien, liénis m. die Milz
ligaméntum, -i n. das Band; ligamentum inguinale
limbus, -i m. der Saum; limbus corneae
limen, líminis n. der Grenzwall; limen nasi, limen insulae
línea, -ae f. die Linie
lingua, -ae f. die Zunge
língula, -ae f. das Bändchen, Zünglein; lingula mandibulae
liquor, liquóris m. die Flüssigkeit; liquor cerebrospinalis
lóbulus, -i m. das Läppchen; lobulus paracentralis
lobus, -i m. der Lappen; lobus inferior pulmonis
locus, -i m. der Ort; locus ceruleus
lumbus, -i m. die Lende
lúnula, -ae f. das Möndchen; lunula unguis
lympha, -ae f. die Lymphe
lymphonódus, -i m. der Lymphknoten; die durch die JNA eingeführte Bezeichnung kann weiterhin
gebraucht werden, besser ist nodus lymphaticus. Der kleine Lymphknoten heißt jetzt folliculus
lymphaticus, der Ausdruck lymphonodulus entfällt

598m mácula, -ae f. der Fleck; macula sacculi
mala (= bucca), -ae f. die Wange
malléolus, -i m. das Hämmerchen; Knöchel am Fuß; malleolus medialis, malleolus lateralis
málleus, -i m. der Hammer als Gehörknöchelchen; manubrium mallei
mamma, -ae f. die weibliche Brust, die Brustdrüse
mandíbula, -ae f. der Unterkiefer
manúbrium, -i n. der Handgriff; manubrium sterni, manubrium mallei
manus, -us f. die Hand
margo, márginis m. der Rand; margo lambdoideus
massa, -ae f. die Masse, auch der Klumpen; massa lateralis atlantis
masséter, massetéris m. der Kauer als Muskel; musculus masseter der Kaumuskel
mater, matris f. die Umhüllung im Sinne von Gehirnhaut; dura mater encephali, pia mater encephali
matrix, matrícis f. der Mutterboden; matrix unguis das Nagelbett
maxílla, -ae f. der Oberkiefer
meátus, -us m. der Gang; meatus nasi, meatus acusticus
mediastínum, -i n. die trennende Wand (quod per medium stat), was in der Mitte steht. Das Mittelfell ist eine in der Sagittalebene verlaufende, die beiden Pleurasäcke trennende Wand, die sich
vom Brustbein bis zu den Brustwirbelkörpern zieht; ferner mediastinum testis
medúlla, -ae f. das Mark, das Knochenmark; medulla ossium rubra, medulla oblongata das verlän-
gerte Mark, medulla spinalis das Rückenmark
membrána, -ae f. die Membran, zarte Haut, Trennwand; membrana interossea cruris
membrum, -i n. das Glied; membrum superius in BNA extremitas superior, in JNA extremitas thora-
cica; membrum inferius in BNA extremitas inferior, in den JNA extremitas pelvina
meninx, meníngis f. die Hirnhaut
meníscus, -i m. der Halbmond, halbmondförmiger Zwischenknorpel im Kniegelenk; meniscus articularis, menisci tactus im Corium

mentum, -i n. das Kinn

meridiánus, -i m. der Meridian, das Adjektiv wurde zum Substantiv; meridiani bulbi oculi

mesencéphalon, mesencéphali n. das Mittelhirn

mesentérium, -i n. das in der Mitte der Eingeweide Liegende, das Gekröse

mesoappéndix, mesoappendícis f. das Gekröse am Wurmfortsatz. Das Wort tritt an die Stelle von dem Ausdruck mesenteriolum appendicis vermiformis.

mesocólon, mesocóli n. (regelwidrige Betonung auf der vorletzten Silbe ist üblich) die Bauchfellduplikatur, die zum Dickdarm zieht; mesocolon transversum, mesocolon sigmoideum

mesogástrium, -i n. die Bauchfellduplikatur, die zum Magen zieht, die Mittelbauchgegend

mesométrium, -i n. die Bauchfellduplikatur, die zum Uterus zieht

mesonéphros, mesonephri m. (regelwidrige Betonung auf der vorletzten Silbe ist üblich) die im mittleren (zweiten) Entwicklungsstadium gebildete Niere, die Urniere

mesórchium, -i n. die embryonale Bauchfellduplikatur zum Hoden während seiner Entwicklung

mesosálpinx, mesosalpíngis f. die Bauchfellduplikatur, die zum Eileiter zieht

mesotendíneum, -i n. das gekröseähnliche Haftband der Sehen in der Sehnenscheide

mesovárium, -i n. die Bauchfellduplikatur, die zum Eierstock zieht

metacárpus, -i m. die Mittelhand

metatársus, -i m. der Mittelfuß

metathálamus, -i m. die am Hinterrand des Thalamus liegenden Kniehöcker

metencéphalon, metencéphali n. das Hinterhirn

modíolus, -i m. das kleine Hohlmaß, die von der Basis ausgehöhlte Schneckenachse

mons, montis m. der Berg; mons pubis

músculus, -i m. der Muskel

myelencéphalon, myelencéphali n. das Markhirn, Nachhirn

myocárdium, myocárdii n. der Herzmuskel einschl. Reizleitungssystem

myológia, -ae f. die Lehre von den Muskeln

myométrium, -i n. die Muskulatur der Gebärmutterwand; Synonym: tunica muscularis uteri

naris, naris f. das Nasenloch; nares (Plural)

nasus, -i m. die Nase

natis, natis f. die Hinterbacke; nates (Plural) das Gesäß

nervus, -i m. der Nerv

neuroepithélium, -i n. das Sinnesepithel, ein Kunstausdruck für Zellen in der auris interna (crista ampullaris) und im stratum cerebrale der retina

neurohypóphysis, neurohypóphysis f. eine weitere Bezeichnung für lobus posterior der Hypophyse

nódulus, -i m. das Knötchen; nodulus vermis cerebelli

nodus, -i m. der Knoten, die knotenartige Anschwellung; nodus lymphaticus der Lymphknoten, Synonym: lymphonodus

nucha, -ae f. der Nacken; ligamentum nuchae

núcleus, -i m. der Kern, Zellkern; nucleus dentatus

obex, óbicis m. der Riegel

ócciput, occípitis n. der Hinterkopf

óculus, -i m. das Auge

olecránon, olecrani n. der Ellenbogen, Fortsatz der ulna

olfáctus, -us m. der Geruchsinn; organum olfactus

olíva, -ae f. die Olive

oméntum, -i n. das Netz; omentum majus, omentum minus

opérculum, -i n. der Deckel; operculum frontale, operculum temporale

ora, -ae f. der Rand, Saum; ora serrata der retina

orbículus, -i m. der kleine Kreis; orbiculus ciliaris des corpus ciliare

órbita, -ae f. die Augenhöhle

órganum, -i n. das Werk, Werkzeug; organum vestibulocochleare statt bisher statoacusticum

orígo, oríginis f. der Ursprung; nuclei originis

ōs, ōris n. der Mund

ōs, ōssis n. der Knochen

ossículum, -i n. das Knöchelchen; ossicula auditus: stapes, incus, malleus

osteológia, -ae f. die Lehre von den Knochen

óstium, -i n. die Mündung; ostium tympanicum tubae auditivae

ovárium, -i n. der Eierstock

ovum, -i n. das Ei

§ 598 p palátum, -i n. der Gaumen; palatum durum, palatum molle, palatum osseum

pállium, -i n. der Mantel, die Bedeckung, der Hirnmantel

palma, -ae f. die flache Hand, Handfläche; palma manus

pálpebra, -ae f. das Augenlid

páncreas, pancréatis n. die Bauchspeicheldrüse

pannículus, -i m. das unansehnliche Gewebe; panniculus adiposus das Unterhautfettgewebe

papílla, -ae f. warzenähnliche Erhebung; papillae renales

paradídymis, paradidýmidis f. der Beihoden

paramétrium, -i n. das neben dem Uterus liegende Gewebe

parénchyma, parenchýmatis n. das Grundgewebe, Leistungsgewebe von Organen

páries, paríetis m. die Wand

paroóphoron, paroóphori n. der Beieierstock

parótis, parótidis f. die Ohrspeicheldrüse; glandula parotis (Gen. cf. § 347 a)

pars, partis f. der Teil; pars flaccida

patélla, -ae f. die Kniescheibe

pecten, péctinis m. der Grat (mittellateinisch); pecten ossis pubis Kamm des Schambeines

pectus, péctoris n. die Brust

pedículus und pedúnculus, -i m. der Stiel; in den NA wird pediculus nur in der Wendung pediculus arcus vertebrae der columna vertebralis gebraucht; im übrigen heißt es pedunculus

pelvis, pelvis f. das Becken; pelvis major, pelvis minor, pelvis renalis

penicíllus, -i m. der Pinsel, das Büschel; penicilli lienis

penis, penis m. der Schwanz, das männliche Glied

pericárdium, -i n. der Herzbeutel

perichóndrium, -i n. die Knorpelhülle

pericránium, -i n. das äußere Periost des Schädeldaches

perilýmpha, -ae f. die Flüssigkeit, die das häutige Gehörlabyrinth umspült

perimétrium, -i n. der peritoneale Überzug der Gebärmutter = tunica serosa uteri

perimýsium, -i n. die Hülle des Muskelfaserbündels

perinéum (perinaeum), -i n. der Damm, das Mittelfleisch, die Gegend zwischen After und äußerem Geschlechtsteil

periodóntium, -i n. die Wurzelhaut der Zähne

períonyx, periónychos m. der Hautrand um den Nagel

periórbita, -ae f. das die orbita auskleidende Periost

periósteum, -i n. die Knochenhaut, Beinhaut; dieser Ausdruck wurde in den NA durch die JNA offiziell eingeführt

peritendíneum, -i n. die Sehnenhaut; die bindegewebige Hülle, die eine Sehne umgibt

peritonéum (peritonaeum), -i n. das Bauchfell

pes, pedis m. der Fuß; pes hippocampi

petíolus, -i m. der Stiel; petiolus epiglottidis

phalanx, phalángis f. das Finger- oder Zehenglied; phalanx distalis (tertia), phalanx media (secunda), phalanx proximalis (prima)

pharynx, pharýngis m. der Rachen

philtrum, -i n. die Rinne in der Mitte der Oberlippe

pilus, -i m. das einzelne Haar, meist Plural pili gebraucht

placénta, -ae f. der Mutterkuchen, die Nachgeburt

planta, -ae f. die Fußsohle; planta pedis

platýsma, platýsmatis n. der Hautmuskel des Halses

pleura, -ae f. das Brustfell; pleura costalis

plexus, -us m. das Geflecht; plexus brachialis

plica, -ae f. die Falte; plica vocalis

pollex, póllicis m. der Daumen = digitus manus primus

polus, -i m. der Pol; polus anterior lentis

pons, pontis m. die Brücke; rami ad pontem zu der Brücke

poples, póplitis m. die Kniekehle

porta, -ae f. die Tür, Pforte; an Organen die Eintrittsstelle der Gefäße, z. B. porta hepatis, vena portae

pórtio, portiónis f. der Anteil; portio vaginális cervícis

porus, -i m. der Durchgang, die Öffnung; porus acusticus, porus gustatorius, porus sudoriferus

precúneus (praecuneus), -i m. der Vorkeil; ein vor dem Keil liegender Abschnitt der Gehirnoberfläche

prepútium (praeputium), -i n. die Vorhaut; preputium penis, preputium clitoridis

prisma, prísmatis n. prismatischer Kristall; prismata adamantina Hauptbausteine des Zahnschmelzes procéssus, -us m. der Fortsatz; processus mastoideus

projéctio, projectiónis f. das Vorwerfen, die Projektion; tractus nervosi projectionis ein in den JNA geschaffener Ausdruck für die Verlegung eines Sinneseindruckes an eine bestimmte Stelle

prominentia, -ae f. die Hervorragung; prominentia laryngea

promontórium, -i n. der Vorsprung

pronátor, pronatóris m. der Einwärtsdreher; musculus pronator quadratus, musculus pronator teres

prosencéphalon, prosencéphali n. das Vorderhirn

próstata, -ae f. die Vorsteherdrüse

protuberántia, -ae f. die Hervorragung; protuberantia occipitalis, protuberantia mentalis

psoas vgl. § 70; musculus psoas major, musculus psoas minor der größere und kleinere Lendenmuskel

pubes, pubis f. die Scham, Schamgegend, auch Schamhaare; mons pubis

pudéndum, -i n. ein als Substantiv gebrauchtes Gerundivum (§ 541); pudendum femininum die weibliche Scham, Schamgegend. Die dazugehörige Arterie und Vene werden entgegen der lateinischen Grammatik arteria pudenda und vena pudenda genannt.

pulmo, pulmónis m. die Lunge

pulpa, -ae f. das weiche Mark; pulpa dentis, pulpa lienis

pulvínar, pulvináris n. das Kissen; pulvinar ist das caudale Ende des Thalamus im Gehirn

punctum, -i n. der Punkt; punctum lacrimale beim apparatus lacrimalis

pupílla, -ae f. die Pupille, das Sehloch

putámen, putáminis n. die Schale, der äußere Teil des Linsenkernes nucleus lentiformis im Gehirn (telencephalon)

pylórus, -i m. der Pförtner, der Magenausgang, die enge Übergangsstelle zwischen Magen und Darm

pýramis, pyrámidis f. die Pyramide; pyramis medullae oblongatae, pyramides renales

radiátio, radiatiónis f. die Ausstrahlung; radiatio acustica, radiatio corporis callosi, radiatio optica § 598r

rádius, -i m. der Halbmesser des Kreises, die Speiche des Rades, der Unterarmknochen, auch radii lentis

radix, radícis f. die Wurzel; radix dentis

ramus, -i m. der Ast, Zweig; ramus mandibulae, ramus dorsalis

raphe, raphes f. die Naht; wird jetzt wieder wie in den BNA ohne h hinter dem r geschrieben

recéssus, -us m. der Rückgang, die Einbiegung, Vertiefung; recessus subpopliteus

rectum, -i n. der Mastdarm, der Enddarm; das Adjektiv wurde zum Substantiv; ergänze intestinum = der gerade Darm, eine fälschliche Benennung aus der Antike

régio, regiónis f. die Gegend, die Lage: regiones abdominis

ren, renis m. die Niere

rete, retis n. das Netz; rete venosum, rete articulare

retína, -ae f. die Netzhaut des Auges; der Betonung wegen vgl. § 64

retináculum, -i n. das zum Halten dienende Band; retinaculum extensorum

rhombencéphalon, rhombencéphali n. das Rautenhirn, Teil des Gehirns, der die Rautengrube enthält

rima, -ae f. die Spalte; rima glottidis

rivus, -i m. die Bewässerungsrinne, das Bächlein; rivus lacrimalis

rostrum, -i n. der Schnabel; rostrum corporis callosi

rotátor, rotatóris m. der Dreher als Muskel; musculi rotatores

ruga, -ae f. die Falte, Runzel; rugae vaginales

sácculus, -i m. das Säckchen; sacculus laryngis § 598s

saccus, -i m. der Sack; saccus lacrimalis, saccus endolymphaticus, saccus laryngis

sanguis, sánguinis m. (Aussprache § 6) das Blut

scala, -ae f. die Treppe; scala tympani, scála vestibuli

scapha, -ae f. der Nachen; die zwischen helix und anthelix befindliche Furche der auricula

scápula, -ae f. das Schulterblatt

scapus, -i m. der Stock, Schaft; scapus pili

sclera, -ae f. die feste Hülle des Augapfels, die zusammen mit der Hornhaut die tunica fibrosa oculi bildet

scrotum, -i n. der Hodensack

séctio, sectiónis f. der Abschnitt, Schnitt; sectiones telencephali

segméntum, -i n. der Abschnitt; segmenta bronchopulmonalia

sella, -ae f. der Sessel; sella turcica

semicanális, semicanális m. der Halbkanal, die Rinne; semicanalis musculi tensoris tympani, semicanalis tubae auditivae

sensus, -us m. der Sinn, die Empfindung; organa sensuum

séptulum, -i n. die kleine Scheidewand; septula testis

septum, -i n. die Scheidewand; septum nasi

sínciput, sincípitis n. der Vorderkopf

sinus, -us m. die Vertiefung, Bucht, geschlossener Kanal, lufthaltiger Raum, dünnwandiges Gefäß, Bucht:

> sinus analis, sinus aortae, sinus branchiogenicus, sinus caroticus, sinus coelomicus, sinus cervicalis, sinūs lactiferi, sinus obliquus pericardii, sinus prostaticus, sinus renalis, sinus tarsi, sinus transversus pericardii, sinus trunci pulmonalis, sinus tympani, sinus unguis, sinus urogenitalis, sinus valvularum venarum (atrii dextri)

> Weite dünnwandige Vene:

> sinus coronarius, sinus venarum cavarum, sinus venosus (cordis), sinus venosus sclerae

> Lufthaltiger Knochenraum:

> sinus frontalis, sinus maxillaris, sinus sphenoidalis, sinūs paranasales

> Starrer Blutleiter der harten Hirnhaut:

> sinus durae matris

skéleton, -i n. das Skelett; skeleton membri inferioris liberi, skeleton membri superius liberi

spátium, -i n. der Zwischenraum, auch Raum

sphincter, sphinctéris m. der Schnürer als Muskel; musculus sphincter

spina, -ae f. der Dorn, das Rückgrat, die Wirbelsäule; spina nasalis

splanchnológia, -ae f. die Lehre von den Eingeweiden

splénium, -i n. der Wulst; splenium corporis callosi

squama, -ae f. die Schuppe; squama frontalis, squama occipitalis

stapes, stápedis m. der Steigbügel; eines der ossicula auditus

statocónia, statoconiórum (Plur.) n. die Gallertschicht mit eingelagerten Statolithen; membrana statoconiorum

sternum, -i n. das Brustbein

stratum, -i n. das Ausgebreitete, die Decke, das Lager; stratum basale

stria, -ae f. der Streifen; stria vascularis

stroma, strómatis n. das Stützgewebe, Stützgerüst, in dem ein Organ eingebettet ist; stroma iridis

subículum, -i n. die Unterlage; subiculum promontorii

substántia, -ae f. die Substanz, Beschaffenheit, der Bestand

sulcus, -i m. die Furche; sulcus caroticus

supercílium, -i n. die Augenbraue

supinátor, supinatóris m. der Auswärtsdreher als Muskel; musculus supinator

sura, -ae f. die Wade

sustentáculum, -i n. die Stütze; sustentaculum tali

sutúra, -ae f. die Naht

sýmphysis, sýmphysis f. die faserknorplige Verwachsung oder Vereinigung zweier Knochen, symphysis pubica die Schamfuge

synchondrósis, synchondrósis f. die Verbindung zweier Knochen durch Knorpel; synchondrosis sphenopetrosa

syndesmológia, -ae f. die Lehre von den Bändern

syndesmósis, syndesmósis f. die Verbindung zweier Knochen durch dazwischen gelagertes Bindegewebe; syndesmosis tibiofibularis; syndesmosis tympanostapedia

synostósis, synostósis f. die Verbindung zweier getrennt angelegter Knochen durch Knochen

synóvia, -ae f. die Gelenkschmiere

systéma, systématis n. das System, die Gruppe; systema digestorium, systema lymphaticum, systema nervosum autonomicum, systema respiratorium, systema urogenitale

§ 598 t   tactus, -us m. das Befühlen, Betasten; menisci tactus

talus, -i m. das Sprungbein

tarsus, -i m. 1. die Fußwurzel, 2. die bindegewebige Platte des Augenlides

tectum, -i n. das Dach; tectum mesencephali, lamina tecti

tegmen, tégminis n. die Decke; tegmen tympani

tegméntum, -i n. die Decke; tegmentum rhombencephali

tela, -ae f. das Gewebe; tela subcutanea

telencéphalon, telencéphali n. das Endhirn

tempus, témporis n. die Zeit; tempora die Schläfe

tendo, téndinis m. die Sehne; tendo calcaneus (Achillis) Gen.

ténia (taenia), -ae f. das schmale Band; teniae coli

tensor, tensóris m. der Spanner als Muskel; musculus tensor fasciae latae; musculus tensor tympani; musculus tensor veli palatini

tentórium, -i n. das Zelt; tentorium cerebelli

terminátio, terminatiónis f. das Ende; terminationes nervorum liberae

términus, -i m. die Grenze, der Ausdruck

testis, testis m. der Hoden

thálamus, -i m. der Sehhügel

theca, -ae f. das Behältnis; theca folliculi

thenar, thenáris n. der Daumenballen

thorax, thorácis m. der Brustkorb

thymus, -i m. der Thymus

tíbia, -ae f. das Schienbein; tuberositas tibiae

tonsílla, -ae f. die Mandel, mandelförmiger Lappen; tonsilla palatina

tórulus, -i m. die kleine Wulst; toruli tactiles der cutis

torus, -i m. der Wulst; torus levatorius, torus palatinus, torus tubarius

trabécula, -ae f. der kleine Balken; trabecula lienis

trachéa, -ae f. die Luftröhre

tractus, -us m. das Bündel, die Leitungsbahn; tractus corticospinalis

tragus, -i m. der Bock; die vor der Öffnung des äußeren Gehörganges liegende Erhebung

tragi, tragórum m. die Haare im äußeren Ohr

trigónum, -i n. das Dreieck; trigonum vesicae

trochánter, trochantéris m. der Rollhügel des Oberschenkelbeins

tróchlea, -ae f. die Rolle; trochlea tali

truncus, -i m. der Stamm; trunci lumbales

tuba, -ae f. die Trompete, die Tube; tuba auditiva die Ohrtrompete, tuba uterina der Eileiter

tuber, túberis n. der Höcker; tuber calcanei

tubérculum, -i n. der kleine Höcker; tuberculum costae

tuberósitas, tuberositátis f. die Rauhigkeit, die höckerreiche Stelle; tuberositas tibiae

túbulus, -i m. das Röhrchen; tubuli seminiferi contorti

túnica, -ae f. die umkleidende Gewebeschicht; tunica serosa

týmpanum, -i n. die Pauke, Paukenhöhle im Ohr = cavum tympani

ulna, -ae f. die Elle   § 598 u

umbilícus, -i m. der Nabel

umbo, umbónis m. der Buckel, Mittelpunkt des militärischen Schildes; umbo membranae tympani die erkennbare Vorwölbung des Trommelfells

uncus, -i m. der Haken

únguis, únguis m. der Finger- und Zehennagel

úrachus, -i m. der Harngang

uréter, uretéris m. der Harnleiter

uréthra, -ae f. die Harnröhre; urethra masculina, urethra feminina

úterus, -i m. die Gebärmutter

utrículus, -i der kleine Schlauch; utriculus prostaticus

úvula, -ae f. das Zäpfchen; uvula vermis, uvula vesicae urinariae

vagína, -ae f. die Scheide des Schwertes; Scheide für Organe, weibliche Scheide   § 598 v

vallécula, -ae f. das kleine Tal; vallecula cerebelli, vallecula epiglottica

vallum, -i n. der Wall; vallum unguis

valva, -ae f. die Klappe; valva aortae

válvula, -ae f. die kleine Klappe; valvulae anales

vas, vasis n. das Gefäß

velum, -i n. das Segel; velum medullare, velum palatinum

vena, -ae f. die Vene

venter, ventris m. der Bauch

ventrículus, -i m. der Magen (Synonym: gaster), die Kammer; ventriculus cordis, ventriculus sinister, ventriculus quartus, ventriculus laryngis

vénula, -ae f. die kleine Vene

vermis, vermis m. der Wurm; vermis cerebelli

vértebra, -ae f. der Wirbel; corpus vertebrae

vertex, vérticis m. der Scheitel; vertex corneae

vesíca, -ae f. die Blase; vesica fellea die Gallenblase; vesica urinaria die Harnblase

vesícula, -ae f. das Bläschen; vesicula ophthalmica, vesicula seminalis
vestíbulum, -i n. der Vorhof, Vorraum; vestibulum oris, vestibulum nasi
vestígium, -i n. die Spur; ersetzt den Ausdruck rudimentum in den BNA und JNA
vibríssae, vibrissárum f. (Plural) die Nasenhaare
villus, -i m. das zottige Haar; villi synoviales, villi intestinales
vínculum, -i n. das Band, die Fessel; vincula tendinum (Plural); vinculum longum, vinculum breve
visus, -us m. das Sehen
vita, -ae f. das Leben; arbor vitae
vomer, vómeris m. die Pflugschar; Knochen der Nasenscheidewand
vortex, vórticis m. der Wirbel; vortex cordis, vortices pilorum (Plur.)

§ 598 z   zona, -ae f. die Zone, der Gürtel; zona haemorrhoidalis
zónula, -ae f. der kleine Gürtel; zonula ciliaris
zygapóphysis, zygapóphysis f. der Gelenkfortsatz des Wirbels

Adjektiva

§ 599   Die Adjektiva gehören teils der o- und a-Deklination an (maskuline Endung auf -us, feminine auf -a, neutrale -um, vgl. §§ 145–243). Einige wenige haben die männliche Endung
auf -er, vgl. §§ 148–150 asper, bilĭfer, dexter, lacer, lactĭfer, liber, niger, ruber, sacer, sinister, sudorĭfer u. a. Mitunter lautet die Endung auch -ífĕrus; ductus lactífĕrus cóllĭgens,
porus sudorífĕrus.
Den Suffixen der in der Anatomie benutzten Adjektiva kommt mitunter eine andere Bedeutung zu, als in den §§ 152–155 angegeben ist.
Die Nachsilbe -ōsus bedeutet stets reich an …, …haltig, und die Nachsilbe -oideus
(§§ 155, 228) drückt die Ähnlichkeit aus. Die übrigen Suffixe der Adjektive zeigen überwiegend die Zugehörigkeit an.
Griechische Adjektiva sind azýgos, dartos und hemiazýgos.
Andererseits gehören die Adjektiva der i-Deklination an und haben überwiegend das Suffix -ālis oder -āris (§§ 380, 381), das die Zugehörigkeit ausdrückt, sowie -formis (§ 383),
das die Gestalt, Form oder Ähnlichkeit angibt.
Weitere Adjektiva mit zwei Endungen sind auf -ĭlis (§ 365): gracĭlis, mirabĭlis, mobĭlis,
tactĭlis; ferner brevis, commūnis, mollis (§ 364).
Adjektiva mit einer Endung der i-Deklination sind impar und simplex (§§ 386, 390).
Als Partizipialadjektiva (§§ 388, 389) gehören der i-Deklination an:
abdūcens, aberrans, affĕrens, ascendens; comĭtans, communĭcans, defĕrens, descendens,
effĕrens, erĭgens, limĭtans, oppōnens, perfŏrans, permănens, promĭnens, recurrens, re-
ūnĭens u. a.
Adjektiva der konsonantischen Deklination mit einer Endung sind: biceps, triceps, qua-
drĭceps, princeps, teres (§§ 391, 392).

§ 600   Die Adjektiva sind oft aus zwei oder gar drei Wörtern zusammengesetzt. Es gelten die
Grundsätze, wie sie im § 16 angeführt sind. Der Bindevokal -i- findet sich nur einige wenige Male: basivertebrālis, multifĭdus, unipennātus, bilĭfer, lactĭfer, sudorĭfer; ferner ist
mit diesem Bindevokal die Endung -i-formis an den Wortstamm gehängt. Bedeutend häufiger findet sich bei den Adjektiven der Bindevokal -o-.

§ 601 a   abdominális, -is, -e zum Bauch gehörend; pars abdominalis
abdúcens, abducéntis wegführend; nervus abducens
abérrans, aberrántis abirrend; ductuli aberrantes
accessórius, -a, -um hinzukommend; nervus accessorius
acetabuláris, -is, -e zur Pfanne gehörend; labrum acetabulare
acromiális, -is, -e zum Acromion gehörend; angulus acromialis
acromioclaviculáris, -is, -e zum Acromion und Schlüsselbein gehörend; ligamentum acromioclavicu-
lare
acústicus, -a, -um das Hören betreffend; meatus acusticus externus
adamántinus, -a, -um stahlhart, sehr hart; prismata adamantina
adductórius, -a, -um zum Heranführen bestimmt; canalis adductorius

adipósus, -a, -um fettreich; capsula adiposa
adventítius, -a, -um hinzukommend; tunica adventitia
áfferens, afferéntis hintragend, hinführend; vas afferens
affíxus, -a, -um angeheftet; lamina affixa
aggregátus, -a, -um gehäuft, gedrängt; folliculi lymphatici aggregati appendicis vermiformis
aláris, -is, -e zum Flügel gehörend, flügelartig; plicae alares, ligamenta alaria
álbicans, albicántis weißlich; corpus albicans
albugíneus, -a, -um weißlich; tunica albuginea
albus, -a, -um weiß; linea alba
alveoláris, -is, -e zum Alveolus gehörend; arcus alveolaris
ambíguus, -a, -um nach zwei Seiten strebend; nucleus ambiguus
ampulláris, -is, -e zur Ampulla gehörend; nervus ampullaris anterior
amygdaloídeus, -a, -um mandelähnlich; corpus amygdaloideum
anális, -is, -e zum Anus, After gehörend; canalis analis
anastomóticus, -a, -um zur Anastomose gehörend; vas anastomoticum
anatómicus, -a, -um anatomisch; collum anatomicum
anconéus, -a, -um zum Ellenbogen gehörend; musculus anconeus der Knorrenmuskel
anguláris, -is, -e zum Winkel gehörend, winkelig; incisura angularis
anococcygéus, -a, -um zum After und zum Steißbein gehörend; ligamentum anococcygeum
anserínus, -a, -um zu einer Gans gehörend; bursa anserina, die unter dem pes anserinus liegt
antérior, antérior, antérius (vgl. § 440) der vordere, vorn befindlich
anterodorsális, -is, -e vorn und dorsalwärts liegend
anterolaterális, -is, -e vorn und seitlich liegend
anteromediális, -is, -e vorn und in der Mitte liegend
anteroventrális, -is, -e vorn und ventralwärts liegend
antitrágicus, -a, -um zum Antitragus gehörend; musculus antitragicus
antitragohelicínus, -a, -um zum Antitragus und zur Windung gehörend; fissura antitragohelicina
anuláris, -is, -e zum Ringlein gehörend; ligamentum anulare radii
aorticorenális, -is, -e zur Aorta und Niere gehörend; ganglia aorticorenalia
aórticus, -a, -um zur Aorta gehörend; hiatus aorticus
apicális, -is, -e zur Spitze gehörend; bronchus segmentalis apicalis
apicopostérior (vgl. posterior § 440) an der Spitze und hinten gelegen; bronchus segmentalis apicoposterior
aponeuróticus, -a, -um zur Aponeurose gehörend, aponeuroseartig; galea aponeurotica
appendiculáris, -is, -e zum Anhang gehörend; arteria appendicularis
aquósus, -a, -um wasserreich; humor aquosus
arachnoideális, -is, -e zur Arachnoidea gehörend; granulationes arachnoideales
arcuátus, -a, -um bogenförmig; linea arcuata
areoláris, -is, -e zum Höfchen gehörend; plexus venosus areolaris
arteriósus, -a, -um arterienreich, rete arteriosum; arterienähnlich, ductus arteriosus
arteriovenósus, -a, -um zu Arterien und Venen gehörend; anastomosis arteriovenosa
articuláris, -is, -e zum Gelenk gehörend; facies articularis
ary- bedeutet in Wortzusammensetzungen cartilago arytenoidea, Gießbecken- oder Stellknorpel
aryepiglótticus, -a, -um zur cartilago arytenoidea, zu dem Gießbeckenknorpel oder Stellknorpel und zum Kehldeckel gehörend; plicae aryepiglotticae
arytenoídeus, -a, -um gießbeckenähnlich; cartilago arytenoidea der Gießbeckenknorpel
ascéndens, ascendéntis aufsteigend; pars ascendens
asper, áspera, ásperum rauh; linea aspera
atlantoaxiális, -is, -e zum 1. und 2. Halswirbel gehörend; articulatio atlantoaxialis mediana Teil des unteren Kopfgelenkes
atlantooccipitális, -is, -e zum Atlas und Hinterhauptsbein gehörend; articulatio atlantooccipitalis das obere Kopfgelenk
atrioventriculáris, -is, -e zum Vorhof und zum Ventrikel gehörend; septum atrioventriculare
auditívus, -a, -um zum Gehörgang gehörend, zum Hören dienend; tuba auditiva
auriculáris, -is, -e zum Ohr gehörend; ligamenta auricularia
auriculotemporális, -is, -e zum äußeren Gehörgang und zur Schläfengegend gehörend; nervus auriculotemporalis
autonómicus, -a, -um autonom; systema nervosum autonomicum
axilláris, -is, -e zur Achselhöhle gehörend; arteria axillaris
ázygos, ázygos, ázygon (griech.) unpaarig; vena azygos

§ 601 b basális, -is- e zur Basis gehörend; segmentum basale
basiláris, -is, -e zur Basis gehörend; lamina basilaris
basílicus, -a -um königlich; vena basilica
basivertebrális, -is, -e zur Basis und zu den Wirbeln gehörend; venae basivertebrales verbinden die
    plexus venosi vertebrales interni mit den externi
biceps, bicípitis zweiköpfig; musculus biceps brachii
bicipitoradiális, -is, -e zur Bizepssehne und zum Radius gehörend; bursa bicipitoradialis
bifurcátus, -a, -um zweizinkig, zweiästig; ligamentum bifurcatum
bílifer, bilífera, bilíferum Galle führend; ductuli biliferi
biliósus, -a, -um zum Gallensystem gehörend; glandulae mucosae biliosae
bipennátus, -a, -um doppelt gefiedert; musculus bipennatus
bivénter, bivéntris zweibäuchig; lobulus biventer
brachiális, -is, -e zum Oberarm gehörend; musculus brachialis der Armbeuger
brachiocephálicus, -a, -um zum Oberarm und Kopf gehörend; truncus brachiocephalicus
brachioradiális, -is, -e zum Oberarm und zum Radius gehörend; musculus brachioradialis der Ober-
    armspeichenmuskel
brevis, -is, -e kurz; os breve, musculus peronaeus brevis
bronchiális, -is, -e zum Bronchus gehörend; rami bronchiales
bronchoesophagéus, -a, -um zum Bronchus und Oesophagus gehörend; musculus bronchoesopha-
    geus
bronchomediastinális, -is, -e zum Bronchus und Mediastinum gehörend; truncus bronchomediasti-
    nalis
bronchopulmonális, -is, -e zum Bronchus und der Lunge gehörend; nodi lymphatici bronchopulmo-
    nales
buccális, -is, -e zur Wange gehörend; glandulae buccales
buccopharyngéus, -a, -um zur Wange und zum Rachen gehörend; fascia buccopharyngea
bulboídeus, -a, -um zwiebelförmig, zwiebelähnlich; corpuscula bulboidea
bulbospongiósus, -a, -um zum bulbus penis und corpus spongiosum gehörend; musculus bulbospon-
    giosus
bulbourethrális, -is, -e zum Bulbus und zur Harnröhre gehörend; glandula bulbourethralis

§ 601 c calcaneocuboídeus, -a, -um zum Fersen- und Würfelbein gehörend; ligamentum calcaneocuboideum
    plantare
calcaneofibuláris, -is, -e zum Fersen- und Wadenbein gehörend; ligamentum calcaneofibulare
calcaneonaviculáris, -is, -e zum Fersen- und kahnförmigen Bein gehörend; ligamentum calcaneona-
    viculare plantare
calcáneus, -a, -um zum Fersenbein gehörend; tendo calcaneus, Synonym: tendo Achillis (Gen.)
calcarínus, -a, -um zum Sporn gehörend; sulcus calcarinus
callósus, -a, -um schwielenreich; corpus callosum
canínus, -a, -um hundähnlich; dentes canini die Eckzähne
capilláris, -is, -e haarartig; vas capillare
capitátus, -a, -um mit einem Kopf versehen; os capitatum das Kopfbein
capsuláris, -is, -e zur Kapsel gehörend; rami capsulares
cardíacus, -a, -um zum Herzen, zum Magenmund gehörend, dem Herzen benachbart; pars cardiaca
cárneus, -a, -um fleischig
caroticotympánicus, -a, -um zum Karotiskanal und zur Paukenhöhle gehörend; canaliculus carotico-
    tympanicus
caróticus, -a; -um zur Karotis gehörend; vagina carotica
carpéus, -a, -um zur Handwurzel gehörend; ramus carpeus
carpometacarpéus, -a, -um zur Handwurzel und Mittelhand gehörend; articulationes carpometacar-
    peae
cartilagíneus, -a, -um knorpelig; junctura cartilaginea
caudális, -is, -e schwanzwärts, dem hinteren Körperende zu gelegen
caudátus, -a, -um mit einem Schwanz versehen; lobus caudatus
cavernósus, -a, -um reich an Hohlräumen; corpus cavernosum penis
cavus, -a, -um hohl; vena cava superior
cecális (caecalis), -is, -e zum Blinddarm gehörend; plicae cecales
cecus (caecus), -a, -um blindendend; foramen cecum
celíacus (coeliacus), -a, -um zur Bauchhöhle gehörend; plexus celiacus
centrális, -is, -e zum Mittelpunkt gehörend, am Mittelpunkt gelegen (Gegensatz periphericus); sy-
    stema nervosum centrale

centromediánus, -a, -um gebraucht für medialis centralis; nucleus centromedianus

cephálicus, -a, -um wörtlich: zum Kopf gehörend; vena cephalica, die an der radialen Seite des Armes liegende Hautvene

cerato- horn-, angewendet 1. für das große Zungenbeinhorn, 2. für das untere Horn des Schildknorpels

ceratopharyngéus, -a, -um zum großen Zungenbeinhorn und zum Rachen gehörend; pars ceratopharyngea

cerebelláris, -is, -e zum Kleinhirn gehörend; pedunculus cerebellaris superior

cerebellomedulláris, -is, -e zum Kleinhirn und verlängerten Mark gehörend; cisterna cerebellomedullaris

cerebellorubrális, -is, -e zum Kleinhirn und nucleus ruber gehörend; truncus cerebellorubralis

cerebellothalámicus, -a, -um zum Kleinhirn und Thalamus gehörend; tractus cerebellothalamicus

cerebrális, -is, -e zum Hirn, zum Großhirn gehörend

cerebrospinális, -is, -e zum Hirn und Rückenmark gehörend; liquor cerebrospinalis

ceruminósus, -a, -um reich an Ohrenschmalz; glandulae ceruminosae

cervicális, -is, -e zum Hals gehörend; plexus cervicalis

cervicothorácicus, -a, -um zum Hals und Brustkorb gehörend; ganglion cervicothoracicum

chirúrgicus, -a, -um chirurgisch, collum chirurgicum

cholédochus, -a, -um (außer der richtigen Betonung der drittletzten Silbe ist auch die regelwidrige Betonung der vorletzten Silbe üblich) Galle aufnehmend; ductus choledochus

chondro- bezeichnet in Wortzusammensetzungen das kleine Zungenbeinhorn

chondroglóssus, -a, -um zum kleinen Zungenbeinhorn und zur Zunge gehörend; musculus chondroglossus

chondropharyngéus, -a, -um zum kleinen Zungenbeinhorn und Rachen gehörend; pars chondropharyngea; ein Teil des musculus constrictor pharyngis medius

choroídeus, -a, -um dem Chorion ähnlich; glomus choroideum, plexus choroidei, tela choroidea

choroidocapilláris, -is, -e zur Aderhaut und zu den Kapillaren gehörend; lamina choroidocapillaris die in der Aderhaut an Kapillaren reiche Schicht

ciliáris, -is, -e den Wimpern ähnlich, mit wimpernähnlichen Fasern; corpus ciliare; zu diesem gehörige Organe wie zonula ciliaris, musculus ciliaris u. a.

cinéreus, -a, -um grau; tuber cinereum

circuláris, -is, -e kreisförmig; stratum circulare

circumanális, -is, -e um den After liegend; glandulae circumanales

circumfléxus, -a, -um umgebogen; ramus circumflexus

claviculáris, -is, -e zum Schlüsselbein gehörend

clavipectorális, -is, -e zum Schlüsselbein und zur Brust gehörend; fascia clavipectoralis

cleido- bedeutet in Wortzusammensetzungen Schlüsselbein- gleich claviculo-; musculus sternocleidomastoideus

clínicus, -a, -um klinisch; corona clinica (dentis)

clinoídeus, -a, -um ruhebettähnlich; processus clinoideus posterior

coccygéus, -a, -um zum Steißbein gehörend; cornu coccygeum

coccygo- bezieht sich in Wortzusammensetzungen auf os coccygis, das Steißbein

cochleariförmis, -is, -e löffelförmig; processus cochleariformis der Löffelfortsatz

cochleáris, -is, -e zum Hören gehörend; nuclei cochleares

cólicus, -a, -um zum Colon gehörend; impressio colica

collaterális, -is, -e seitlich mit anderen Organen zusammen verlaufend; ligamentum collaterale

cómitans, comitántis begleitend; arteria comitans nervi ischiadici

commissurális, -is, -e zu den Verbindungen, den Commissuren des Zentralnervensystems gehörend; tractus nervosi commissurales

commúnicans, communicántis verbindend; arteria communicans posterior

commúnis, -is, -e gemeinsam; integumentum commune

compáctus, -a, -um zusammengedrängt; substantia compacta

compósitus, -a, -um zusammengesetzt; articulatio composita

conchális, -is, -e zur Muschel gehörend

condyláris, -is, -e höckerig

cónicus, -a, -um kegelförmig; papillae conicae

conjunctivális, -is, -e zur Bindehaut gehörend; arteriae conjunctivales

conjunctivus, -a, -um der Verbindung dienend; tendo conjunctivus Synonym: Falx inguinalis

conoídeus, -a, um kegelförmig

contórtus, -a, -um gewunden, gedreht; tubuli renales contorti

convolútus, -a, -um zusammengerollt; pars convoluta

coraco- bezieht sich in Wortzusammensetzungen auf processus coracoideus, den Rabenschnabelfortsatz

coracoacromiális, -is, -e zum processus coracoideus und zum acromion gehörend; ligamentum coracoacromiale

coracobrachiális, -is, -e zum processus coracoideus und zum Arm gehörend; musculus coracobrachialis der Hakenarmmuskel

coracohumerális, -is, -e zum processus coracoideus und zum Oberarm gehörend; ligamentum coracohumerale

coracoídeus, -a, -um rabenschnabelähnlich, hakenförmig gekrümmt; processus coracoideus der Rabenschnabelfortsatz

córneus, -a, -um hörnern, verhornt; stratum corneum

corniculátus, -a, -um mit einem Hörnchen versehen; tuberculum corniculatum

coronális, -is, -e zum Kranz, Ring gehörend; sutura coronalis

coronárius, -a, -um ringförmig; ligamentum coronarium hepatis

coronoídeus, -a, -um hakenähnlich; processus coronoideus der Hakenfortsatz (irrig auch Kronenfortsatz genannt)

corticális, -is, -e zur Rinde gehörend; substantia corticalis

corticohypothalámicus, -a, -um zur Hirnrinde und zum Hypothalamus gehörend; tractus corticohypothalamici

corticonucleáris, -is, -e zur Hirnrinde und zum Kern gehörend; fibrae corticonucleares

corticopontínus, -a, -um zur Hirnrinde und Brücke gehörend; tractus corticopontinus

corticoreticuláris, -is, -e zur Hirnrinde und zur formatio reticularis gehörend; fibrae corticoreticulares

corticospinális, -is, -e Synonym: pyramidalis

corticothalámicus, -a, -um zur Hirnrinde und zum Thalamus gehörend; fasciculi corticothalamici

costális, -is, -e zur Rippe gehörend; os costale der knöcherne Teil der Rippe

costocervicális, -is, -e zur Rippe und zum Hals gehörend; truncus costocervicalis

costochondrális, -is, -e zum knöchernen und knorpligen Teil der Rippe gehörend; articulationes costochondrales

costoclaviculáris, -is, -e zur Rippe und zum Schlüsselbein gehörend; ligamentum costoclaviculare

costodiaphragmáticus, -a, -um zu den Rippen und zum Zwerchfell gehörend; recessus costodiaphragmaticus

costomediastinális, -is, -e zu den Rippen und zum Mediastinum gehörend; recessus costomediastinalis der recessus pleurales

costotransversárius, -a, -um zur Rippe und zu dem Wirbelquerfortsatz gehörend; ligamentum costotransversarium

costovertebrális, -is, -e zu den Rippen und Wirbeln gehörend; articulationes costovertebrales

costoxiphoídeus, -a, -um zu den Rippen und dem Schwertfortsatz gehörend; ligamenta costoxiphoidea

cotýlicus, -a, -um becherförmig, articulatio spheroidea Synonym: cotylica

craniális, -is, -e kopfwärts gelegen

crassus, -a, -um dick, intestinum crassum der Dickdarm

cremastéricus, -a, -um zum musculus cremaster gehörend; arteria cremasterica

cribrósus, -a, -um siebartig durchlöchert; lamina cribrosa

crico- bedeutet in Wortzusammensetzungen cartilago cricoidea, Ringknorpel

cricoarytenoídeus, -a, -um zum Ring- und Gießbeckenknorpel gehörend; articulatio cricoarytenoidea

cricoesophagéus, -a, -um zum Ringknorpel und zum Oesophagus gehörend; tendo cricoesophageus

cricoídeus, -a, -um ringförmig; cartilago cricoidea

cricopharyngéus, -a, -um zum Ringknorpel und Rachen gehörend; pars cricopharyngea des musculus constrictor pharyngis inferior

cricothyroídeus, -a, -um zum Ring- und Schildknorpel gehörend; articulatio cricothyroidea

cricotracheális, -is, -e zum Ringknorpel und zur Trachea gehörend; ligamentum cricotracheale

cruciátus, -a, -um (= decussatus nach BNA) kreuzförmig; ligamenta cruciata

crucifórmis, -is, -e kreuzförmig; pars cruciformis vaginae fibrosae

cubitális, -is, -e zum Ellenbogen gehörig

cuboideonaviculáris, -is, -e zum os cuboideum und zum os naviculare gehörend; ligamentum cuboideonaviculare dorsale

cuboídeus, -a, -um würfelähnlich, würfelförmig; os cuboideum das Würfelbein

cuneátus, -a, -um keilförmig; nucleus cuneatus

cuneifórmis, -is, -e keilförmig; os cuneiforme das Keilbein des Fußes cuneocuboídeus, -a, -um zum os cuneiforme und os cuboideum gehörend: ligamentum cuneocuboideum plantare

cuneometatarséus, -a, -um zum os cuneiforme und Metatarsus gehörend; ligamenta cuneometatarsea interossea (Plur.)

cuneonaviculáris, -is, -e zum os cuneiforme und os naviculare gehörend; ligamenta cuneonavicularia plantaria (Plur.)

cupuláris, -is, -e zur Kuppel gehörend; cecum cupulare

cutáneus, -a, -um zur Haut gehörend; musculus cutaneus

cylíndricus, -a, -um zylinderförmig, walzenförmig, röhrenförmig; stratum basale Synonym: cylindricum

cýsticus, -a, -um zu einer Blase gehörend; ductus cysticus

dartos, dartos, darton (griech.) fleischig; tunica dartos scroti muskuläre Schicht des Hodensackes   § 601 d

decíduus, -a, -um hinfällig; dentes decidui

déferens, deferéntis herabführend; ductus deferens

deferentiális, -is, -e zum ductus deferens gehörend; plexus deferentialis

deltoídeus, -a, -um deltaförmig, dreieckig; musculus deltoideus

dentális, -is, -e zum Zahn gehörend

dentátus, -a, -um gezähnt; nucleus dentatus

denticulátus, -a, -um klein gezähnt

descéndens, descendéntis herabsteigend; pars descendens

dexter, dextra, dextrum rechts

diaphragmáticus, -a, -um zum Zwerchfell gehörend; facies diaphragmatica

digástricus, -a, -um doppelbäuchig; musculus digastricus

digestórius, -a, -um der Verdauung dienend; apparatus digestorius

digitális, -is, -e zum Finger, zur Zehe gehörend; arteriae digitales

digitátus, -a, -um fingerartig; impressiones digitatae

diplóicus, -a, -um zur Diploe gehörend; venae diploicae

distális, -is, -e an Gliedmaßen der von zwei Punkten dem Rumpf entferntere (zum Unterschied proximalis)

dorsális, -is, -e zum Rücken oder zur Rückseite gehörend

dorsolaterális, -is, -e zum Rücken und zur Seite gehörend, rückwärts und seitwärts

dorsomediális, -is, -e rückwärts und medial gelegen

duodenális, -is, -e zum Duodenum, Zwölffingerdarm gehörend; rami duodenales

duodenojejunális, -is, -e zum Duodenum und jejunum gehörend; flexura duodenojejunalis

duodenomesocólicus, -a, -um zum Duodenum und Mesocolon gehörend⁻

durus, -a, -um hart; dura mater encephali

éfferens, efferéntis herabführend, herausführend; vasa efferentia   § 601 e

ejaculatórius, -a, -um dem Herausschleudern dienend; ductus ejaculatorius

elásticus, -a, -um elastisch; conus elasticus

ellipsoídeus, -a, -um ellipsenähnlich, ellipsenförmig; articulatio ellipsoidea

ellípticus, -a, -um elliptisch; recessus ellipticus

emboliformis, -is, -e pfropfenförmig; nucleus emboliformis

emissárius, -a, -um zum Abzugskanal, Abzugsgraben gehörend; vena emissaria

endolympháticus, -e, -um zur Endolymphe gehörend; ductus endolymphaticus

endothorácicus, -a, -um die Brusthöhle auskleidend; fascia endothoracica

entéricus, -a, -um zum Darm, zu den Eingeweiden gehörend

epicraniális, -is, -e auf dem Schädel liegend; aponeurosis epicranialis Synonym: galea aponeurotica

epicránius, -a, -um auf dem Schädel gelegen; musculus epicranius

epidurális, -is, -e auf der dura mater liegend; cavum epidurale

epigástricus, -a, -um auf dem Bauch oder dem Magen liegend; fossa epigastrica

epiglótticus, -a, -um zum Kehldeckel gehörend; vallecula epiglottica

epiphysiális, -is, -e zur Epiphyse gehörend; linea epiphysialis

epiplóicus, -a, -um zum großen Netz bzw. Bauchfell gehörend; appendices epiploicae, foramen epiploicum

episclerális, -is, -e auf der Sklera liegend; arteriae episclerales

epitheliális, -is, -e zum Epithel gehörend; lamina epithelialis

epitympánicus, -a, -um oberhalb der Paukenhöhle liegend; recessus epitympanicus

equínus, -a, -um pferdartig; cauda equina

érigens, erigéntis aufrichtend; nervi erigentes Synonym: nervi splanchnici pelvini

esophagéus, -a, -um (oesophageus) zur Speiseröhre gehörend; hiatus esophageus
ethmoidális, -is, -e siebähnlich; os ethmoidale das Siebbein
ethmoidomaxilláris, -is, -e zum Siebbein und zum Oberkiefer gehörend; sutura ethmoidomaxillaris
excretórius, -a, -um der Ausscheidung dienend; ductus excretorius
extérnus, -a, -um äußerlich, außen gelegen
extracapsuláris, -is, -e außerhalb der Kapsel; ligamenta extracapsularia

§ 601 f faciális, -is, -e zum Gesicht gehörend; arteria facialis
falcifórmis, -is, -e sichelförmig; margo falciformis
fascioláris, -is, -e zum Band gehörend; gyrus fasciolaris
félleus, -a, -um gallig, zur Galle gehörend; vesica fella
femínus, -a, -um weiblich, ersetzt muliebris
femorális, -is, -e zum Oberschenkel gehörend; arteria femoralis
ferrugíneus, -a, -um eisenfarbig
fetális, -is, -e zur Leibesfrucht gehörend
fibrocartilagíneus, -a, -um faserknorplig; anulus fibrocartilagineus
fibroelásticus, -a, -um faserreich elastisch; membrana fibroelastica laryngis
fibrósus, -a, -um faserreich; anulus fibrosus
fibuláris, -is, -e zum Wadenbein gehörend; arteria fibularis
filifórmis, -is, -e fadenförmig; papillae filiformes
fimbriátus, -a, -um fransenhaltig; plica fimbriata
fláccidus, -a, -um schlaff; pars flaccida
flavus, -a, -um gelb; ligamentum flavum
foliátus, -a, -um blätterartig, beblättert; papillae foliatae
frontális, -is, -e zur Stirn gehörend; stirnwärts
fronto- bedeutet in Wortzusammensetzungen Stirn-
frontoethmoidális, -is, -e zum Stirn- und Siebbein gehörend; sutura frontoethmoidalis
frontolacrimális, -is, -e zum Stirn- und Tränenbein gehörend; sutura frontolacrimalis
frontomaxilláris, -is, -e zum Stirnbein und Oberkiefer gehörend; sutura frontomaxillaris
frontonasális, -is, -e zum Stirnbein und zur Nasenhöhle gehörend; sutura frontonasalis
frontoparietális, -is, -e zur Stirn- und Scheitelgegend gehörend; operculum frontoparietale
frontopontínus, -a, -um zum Stirnhirn und zur Brücke gehörend; tractus frontopontinus
frontozygomáticus, -a, -um zum Stirn- und Jochbein gehörend; sutura frontozygomatica
fundifórmis, -is, -e schleuderförmig; ligamentum fundiforme penis
fungifórmis, -is, -e pilzförmig; papillae fungiformes
fuscus, -a, -um dunkelbraun, schwarzbraun
fusifórmis, -is, -e spindelförmig; musculus fusiformis

§ 601 g gástricus, -a, -um zum Magen gehörend; plicae gastricae
gastrocnémius, -a, -um bauchig; musculus gastrocnemius der bauchige, oberflächlich liegende Wadenmuskel
gastrocólicus, -a, -um zum Magen und Kolon gehörend; ligamentum gastrocolicum
gastroduodenális, -is, -e zum Magen und Duodenum gehörend; arteria gastroduodenalis
gastroepiplóicus, -a, -um zum Magen und großen Netz gehörend; arteria gastroepiploica
gastrolienális, -is, -e zum Magen und zur Milz gehörend; ligamentum gastrolienale
gastropancreáticus, -a, -um zum Magen und zur Bauchspeicheldrüse gehörend; plicae gastropancreaticae
gastrophrénicus, -a, -um zum Magen und Zwerchfell gehörend; ligamentum gastrophrenicum
gelatinósus, -a, -um gallertartig; substantia gelatinosa
geméllus, -a, -um doppelt, einer von Zwillingen; musculus gemellus superior et inferior oberer und unterer Zwillingsmuskel
geniculátus, -a, -um knieartig; corpus geniculatum mediale
genio- bedeutet in Wortzusammensetzungen Kinn-
genioglóssus, -a, -um vom Kinn zur Zunge gehend; musculus genioglossus
geniohyoídeus, -a, -um vom Kinn zum Zungenbein gehend; musculus geniohyoideus
genitális, -is, -e zu den Geschlechtsorganen gehörend; partes genitales externae masculinae
genito- bedeutet in Wortzusammensetzungen Geschlechtsorgane
genitofemorális, -is, -e zu den Geschlechtsorganen und dem Oberschenkel gehörend; nervus genitofemoralis
genitoinguinális, -is, -e zu den Geschlechtsorganen und der Leistengegend gehörend; ligamentum genitoinguinale

germinatívus, -a, -um zum Keimen geeignet; stratum germinativum unguis
gingivális, -is, -e zum Zahnfleisch gehörend; rami gingivales
glanduláris, -is, -e zur Drüse gehörend
gleno- bedeutet in Wortzusammensetzungen Gelenkpfannen-
glenohumerális, -is, -e zur Gelenkpfanne und zum Schultergelenk gehörend; ligamenta glenohume-
　　ralia
glenoidális, -is, -e zur Gelenkpfanne gehörend; cavitas glenoidalis, labrum glenoidale
globósus, -a, -um kugelig; nucleus globosus
glomifórmis, -is, -e knäuelförmig; glandulae glomiformes
glossoepiglótticus, -a, -um zur Zunge und zum Kehldeckel gehörend; plica glossoepiglottica
glossopharyngéus, -a, -um zur Zunge und zum Rachen gehörend; pars glossopharyngea
glutéus, -a, -um (glutaeus) zum Gesäßmuskel gehörend; musculus gluteus maximus der große Gesäß-
　　muskel
grácilis, -is, -e dünn, zart; musculus gracilis
granuláris, -is, -e körnig
granulósus, -a, -um körnerreich; stratum granulosum
gríseus, -a, -um grau; substantia grisea
gustatórius, -a, -um dem Geschmack dienend; caliculus und porus gustatorius

hamátus, -a, -um mit einem Haken versehen; os hamatum das Hakenbein　　　　　　　　§ 601 h
helicínus, -a, -um schneckenförmig gewunden
hemiázygos, -os, -on (griech.) halbunpaarig; vena hemiazygos
hemmorrhoidális (haemorrhoidalis), -is, -e zum Mastdarm oder After gehörend; zona hemorrhoidalis
hepáticus, -a, -um zur Leber gehörend; ductus hepaticus communis
hepatocólicus, -a, -um zur Leber und zum Kolon gehörend; ligamentum hepatocolicum
hepatoduodenális, -is, -e zur Leber und zum Zwölffingerdarm gehörend; ligamentum hepatoduode-
　　nale
hepatogástricus, -a, -um zur Leber und zum Magen gehörend; ligamentum hepatogastricum
hepatopancreáticus, -a, -um zur Leber und zur Bauchspeicheldrüse gehörend; ampulla hepatopan-
　　creatica
hepatorenális, -is, -e zur Leber und zur Niere gehörend; ligamentum hepatorenale
horizontális, -is, -e waagerecht; pars horizontalis duodeni
humerális, -is, -e zum Oberarmknochen gehörend; caput humerale
humeroulnáris, -is, -e zum Oberarmknochen und zur Elle gehörend; articulatio humeroulnaris
hyaloídeus, -a, -um glasartig; canalis hyaloideus
hymenális, -is, -e zum Hymen gehörend; carunculae hymenales
hyo- bezeichnet in Wortzusammensetzungen Verbindungen zum os hyoideum dem Zungenbein
hyoepiglótticus, -a, -um zum Zungenbein und zum Kehldeckel gehörend; ligamentum hyoepiglotti-
　　cum
hyoglóssus, -a, -um zum Zungenbein und zur Zunge gehörend; musculus hyoglossus
hyoídeus, -a, -um dem Schweinsrüssel oder dem kleinen griechischen Buchstaben Ypsilon ähnlich
hypochondríacus, -a, -um zum seitlichen Oberbauch gehörend; regio hypochondriaca
hypogástricus, -a, -um unter bzw. hinter dem Magen liegend; plexus hypogastricus
hypoglóssus, -a, -um unter der Zunge liegend; nervus hypoglossus
hypophysiális, -is, -e zur Hypophyse gehörend; fossa hypophysialis
hypothalámicus, -a, -um unter dem Sehhügel liegend; sulcus hypothalamicus

ileo- bedeutet in Wortzusammensetzungen zum Krummdarm gehörend　　　　　　　　§ 601 i
ileocecális, -is, -e (ileocaecalis) zum Krumm- und Blinddarm gehörend; valva ileocecalis, ostium
　　ileocecale
ileocólicus, -a, -um zum Krummdarm und Kolon gehörend; arteria ileocolica, vena ileocolica
ilíacus, -a, -um zum Darmbein gehörend; crista iliaca der Darmbeinkamm, spina iliaca der Darm-
　　beinstachel, musculus iliacus
ilio- bedeutet in Wortzusammensetzungen zum Darmbein gehörend
iliococcygéus, -a, -um zum Darm- und Steißbein gehörend; musculus iliococcygeus
iliocostális, -is, -e zum Darmbein und zu den Rippen gehörend; musculus iliocostalis
iliofemorális, -is, -e zum Darmbein und zum Oberschenkel gehörend; ligamentum iliofemorale
iliohypogástricus, -a, -um zum Darmbein und zur unteren Bauchgegend gehörend; nervus iliohypo-
　　gastricus
ilioinguinális, -is, -e zum Darmbein und der Leistengegend gehörend; nervus ilioinguinalis
iliolumbális, -is, -e zum Darmbein und zur Lende gehörend; ligamentum iliolumbale

iliopectíneus, -a, -um zum Darmbein und zum Kamm des Schambeins gehörend; bursa iliopectinea
iliotibiális, -is, -e zum Darmbein und zum Schienbein gehörend; tractus iliotibialis
ílius, -a, -um siehe § 598 i unter ilia
ímpar, ímparis § 390 ungleich; plexus thyroideus impar
imus, ima, imum § 440 zu unterst; arteria thyroidea ima
incértus, -a, -um ungewiß; regio incerta
incisális, -is, -e zum Einschnitt gehörend; margo incisalis
incisívus, -a, -um zum Schneiden geeignet; dentes incisivi
incudomalleáris, -is, -e zum Amboß und Hammer gehörend; articulatio incudomallearis
incudostapédius, -a, -um zum Amboß und Steigbügel gehörend; articulatio incudostapedia
inférior, inférior, inférius § 440 der untere, weiter unten gelegen
inferolaterális, -is, -e unten und seitlich gelegen; facies inferolateralis
inferomediális, -is, -e unten und zur Mitte hin gelegen; margo inferomedialis
infraclaviculáris, -is, -e unterhalb des Schlüsselbeines liegend
infraglenoidális, -is, -e unterhalb der Gelenkpfanne liegend
infraglótticus, -a, -um unterhalb des Stimmapparates liegend
infrahyoídeus, -a, -um unterhalb des Zungenbeines liegend
infralobáris, -is, -e unterhalb des Lappens liegend
infraorbitális, -is, -e unterhalb der Augenhöhle liegend
infrapalpebrális, -is, -e unterhalb des Augenlides liegend
infrapatelláris, -is, -e unterhalb der Kniescheibe liegend
infrascapuláris, -is, -e unterhalb des Schulterblattes liegend
infrasegmentális, -is, -e unterhalb des Segmentes liegend
infraspinátus, -a, -um unterhalb der spina scapulae gelegen; fossa infraspinata, musculus infraspina-
    tus der Untergrätenmuskel
infrasternális, -is, -e unterhalb des Brustbeines liegend; angulus infrasternalis
infratemporális, -is, -e unterhalb der Schläfe liegend; fossa infratemporalis
infratrochleáris, -is, -e unterhalb der Rolle liegend; nervus infratrochlearis
infundibuláris, -is, -e zum Trichter gehörend; pars infundibularis
inguinális, -is, -e zur Leistengegend gehörend; anulus inguinalis superficialis
interalveoláris, -is, -e zwischen den Zahnhöhlen liegend; septa interalveolaria
interarytenoídeus, -a, -um zwischen den Gießbeckenknorpeln liegend
interatriális, -is, -e zwischen den Vorhöfen liegend
intercalátus, -a, -um dazwischengeschaltet; nucleus intercalatus
intercapitális, -is, -e zwischen den Köpfen liegend; venae intercapitales
intercarpéus, -a, -um zwischen den Knochenreihen der Handwurzel liegend
intercartilagíneus, -a, -um zwischen den Knorpeln liegend; pars intercartilaginea
intercavernósus, -a, -um zwischen den sinus cavernosi liegend
interclaviculáris, -is, -e zwischen den Schlüsselbeinen liegend
intercondyláris, -is, -e zwischen den Gelenkfortsätzen liegend
intercostális, -is, -e zwischen den Rippen liegend
intercostobrachiális, -is, -e zwischen Rippen und Oberarm befindlich
intercrurális, -is, -e zwischen den Pfeilern liegend
intercuneifórmis, -is, -e zwischen den Keilbeinen des Fußes liegend
interfasciculáris, -is, -e zwischen den fasciculi liegend
interfoveoláris, -is, -e zwischen den Grübchen liegend
interganglionáris, -is, -e zwischen den Ganglien liegend
interglobuláris, -is, -e zwischen Kügelchen liegend
interlobáris, -is, -e zwischen Läppchen liegend
intermaxilláris, -is, -e zwischen den Oberkiefern liegend
intermediolaterális, -is, -e nucleus intermediolateralis
intermediomediális, -is, -e nucleus intermediomedialis
intermédius, -a, -um in der Mitte zwischen zwei anderen liegend; sulcus intermedius posterior
intermembranáceus, -a, -um zwischen den Membranen, Häuten liegend; pars intermembranacea
intermesentéricus, -a, -um zwischen den Mesenterien liegend
intermetacarpéus, -a, -um zwischen den Knochen der Mittelhand liegend
intermetatarséus, -a, -um zwischen den Knochen des Mittelfußes liegend
intermusculáris, -is, -e zwischen Muskeln liegend
internasális, -is, -e zwischen den ossa nasalia liegend; sutura internasalis
intérnus, -a, -um innerlich, im Innern
interósseus, -a,- um zwischen Knochen liegend; musculi interossei die Zwischenknochenmuskeln

interparietális, -is, -e zwischen dem oberen und unteren lobus parietalis des Gehirns liegend, zwischen den beiden ossa parietalia liegend; os interparietale das Inkabein zwischen den beiden ossa parietalia

interpedunculáris, -is, -e zwischen den Hirnstielen liegend; fossa interpeduncularis

interphalangéus, -a, -um zwischen den Finger- oder Zehengliedern liegend

interpúbicus, -a, -um zwischen den Schambeinen liegend; discus interpubicus

interradiculáris, -is, -e zwischen den Nervenwurzeln liegend

intersegmentális, -is, -e zwischen den Segmenten liegend

intersigmoídeus, -a, -um zwischen den Blättern des mesocolon sigmoideum liegend

interspinális, -is, -e zwischen den processus spinosi der Wirbel liegend

interstitiális, -is, -e im Zwischenraum liegend

intertarséus, -a, -um zwischen den Knochen der Fußwurzel liegend

intertendíneus, -a, -um zwischen Sehnen liegend

interthalámicus, -a, -um zwischen den beiden Sehhügeln liegend

intertrágicus, -a, -um zwischen dem tragus und antitragus liegend

intertransversárius, -a, -um zwischen den processus transversi der Wirbel liegend

intertrochantéricus, -a, -um zwischen den Rollhügeln des Oberschenkels liegend

intertuberculáris, -is, -e zwischen den beiden Höckern des Oberarmknochens liegend

interuretéricus, -a, -um zwischen den Harnleitern liegend

intervaginális, -is, -e zwischen den Scheiden liegend

intervenósus, -a, -um zwischen den Venen liegend

interventriculáris, -is, -e zwischen den Kammern liegend

intervertebrális, -is, -e zwischen den Wirbeln liegend

intestinális, -is, -e zum Darm gehörend

íntimus, -a, -um (§ 440) der innerste

intraarticuláris, -is, -e innerhalb des Gelenks liegend

intracapsuláris, -is, -e innerhalb der Kapsel liegend

intrajuguláris, -is, -e innerhalb des foramen jugulare liegend

intralamináris, -is, -e innerhalb der lamina liegend

intralobáris, -is, -e innerhalb eines Lappens liegend

intraoccipitális, -is, -e innerhalb des Hinterhauptbeines liegend

intrasegmentális, -is, -e innerhalb eines Segmentes liegend

intratendíneus, -a, -um innerhalb einer Sehne liegend

irídicus, -a, -um zur Regenbogenhaut gehörend

iridocorneális, -is, -e zur Iris und Hornhaut gehörend

ischiádicus, -a, -um zum Sitzbein gehörend

ischiocavernósus, -a, -um zum Sitzbein und zum corpus cavernosum gehörend; musculus ischiocavernosus

ischiofemorális, -is, -e zum Sitzbein und zum Oberschenkel gehörend; ligamentum ischiofemorale

ischiorectális, -is, -e zum Gesäß und zum Mastdarm gehörend; fossa ischiorectalis

jejunális, -is, -e zum Leerdarm gehörend § 601j

juguláris, -is, -e zur vorderen Seite des Halses und zur Drosselgrube gehörend

jugulodigástricus, -a, -um zweibäuchig und zur vena jugularis gehörend; nodus lymphaticus jugulodigastricus

juguloomohyoídeus, -a, -um zum musculus omohyoideus und zur vena jugularis gehörend; nodus lymphaticus juguloomohyoideus

labiális, -is, -e zur Lippe gehörend § 6011

labyrínthicus, -a, -um zum Labyrinth gehörend

lacer(us), lácera, lácerum zerrissen; foramen lacerum

lacrimális, -is, -e zu den Tränen und den Tränenorganen gehörend; os lacrimale das Tränenbein

lacrimoconchális, -is, -e zum os lacrimale und der concha nasalis gehörend; sutura lacrimoconchalis

lacrimomaxilláris, -is, -e zum os lacrimale und zum Oberkiefer gehörend; sutura lacrimomaxillaris

láctifer, lactífera, lactíferum milchführend

lacunáris, -is, -e zur Lücke gehörend

lambdoídeus, -a, -um lambdaähnlich, zweischenklig

lamellósus, -a, -um plättchenreich

laryngéus, -a, -um zum Kehlkopf gehörend

laryngopharyngéus, -a, -um zum Kehlkopf und zum Rachen gehörend; rami laryngopharyngei

laterális, -is, -e seitlich

latus, lata, latum; látior; latíssimus breit, breiter, sehr breit; musculus latissimus dorsi
lenticuláris, -is, -e zur Linse gehörend
lentifórmis, -is, -e linsenförmig
levatórius, -a, -um zum Heber, musculus levator, gehörend
liber, líbera, líberum frei
lienális, -is, -e zur Milz gehörend
lienorenális, -is, -e zur Milz und Niere gehörend; ligamentum lienorenale Synonym: ligamentum phrenicolienale
límitans, limitántis begrenzend
linguális, -is, -e zur Zunge gehörend
linguláris, -is, -e zur lingula (pulmonis sinistri) gehörend
linguofaciális, -is, -e zur Zunge und zum Gesicht gehörend; truncus linguofacialis
lobális, -is, -e Syn. lobaris; gemma lobalis
lobáris, -is, -e zum Lappen gehörend
longitudinális, -is, -e längs gerichtet
longus, longa, longum; longíssimus (§§ 432, 433) lang, sehr lang
lúcidus, -a, -um glänzend, hellschimmernd
lumbális, -is, -e zur Lende gehörend
lumbocostális, -is, -e zur Lende und zur Rippe gehörend; ligamentum lumbocostale
lumbosacrális, -is, -e zur Lende und zum Kreuzbein gehörend; junctura lumbosacralis
lumbricális, -is, -e regenwurmähnlich; musculi lumbricales
lunátus, -a, -um halbmondförmig gekrümmt; os lunatum das Mondbein
lúteus, -a, -um gelb
lympháticus, -a, -um zur Lymphe gehörend

§ 601 m maculáris, -is, -e zum Fleck gehörend
magnus, magna, magnum; major, major, majus; máximus, máxima, máximum (§ 439) groß, größer, sehr groß
malleáris, -is, -e zum Hammer gehörend
malleoláris, -is, -e zum Knöchel gehörend
mamilláris, -is, -e zur Brustwarze gehörend, brustwarzenähnlich
mamillotegmentális, -is, -e zum corpus mamillare und zum tegmentum gehörend; fasciculus mamillo-tegmentalis
mamillothalámicus, -a, -um zum corpus mamillare und zum Thalamus gehörend; tractus mamillo-thalamicus
mammárius, -a, -um zur Brust, zur weiblichen Brust gehörend; Synonym: mammalis
mandibuláris, -is, -e zum Unterkiefer gehörend
manubriosternális, -is, -e zum Handgriff und zum Körper des Brustbeins gehörend; Synchondrosis manubriosternalis
marginális, -is, -e zum Rand gehörend
masculínus, -a, -um männlich, ersetzt virilis
massetéricus, -a, -um zum Masseter, Kaumuskel gehörend
mastoídeus, -a, -um brustwarzenförmig; processus mastoideus
maxilláris, -is, -e zum Oberkiefer gehörend; sinus maxillaris
máximus s. magnus
mediális, -is, -e nach der Mittelebene des Körpers zu gelegen
mediánus, -a, -um in der Mitte gelegen; nervus medianus
mediastinális, -is, -e zum Mediastinum, zum Mittelfell gehörend
mediocarpéus, -a, -um zur Mittelhandwurzel gehörend; articulatio mediocarpea
medioclaviculáris, -is, -e Synonym: mamillaris; linea mamillaris = linea medioclavicularis
médius, -a, -um in der Mitte gelegen, mittlere
medulláris, -is, -e zur Medulla, zum Mark gehörend
membranáceus, -a, -um häutig, zur Membran gehörend
meningéus, -a, -um zur Hirnhaut gehörend
meniscofemorális, -is, -e zum Meniskus und zum Oberschenkel gehörend; ligamentum meniscofe-morale
mentális, -is, -e zum Kinn gehörend
mentolabiális, -is, -e zum Kinn und zur Lippe gehörend; sulcus mentolabialis
meridionális, -is, -e wie ein Meridian verlaufend
mesencephálicus, -a, -um zum Mittelhirn gehörend
mesentéricus, -a, -um zum Gekröse gehörend

mesiális, -is, -e zur Mitte gehörend; facies mesialis (dentis)
mesocólicus, -a, -um zum Gekröse des Dickdarms gehörend
mesonéphricus, -a, -um zur Urniere gehörend
mesováricus, -a, -um zum Mesovarium gehörend
metacarpális, -is, -e ⎫
metacarpéus, -a, -um ⎭ zur Mittelhand gehörend; ossa metacarpalia die Mittelhandknochen
metacarpophalangéus, -a, -um zur Mittelhand und zum Fingerglied gehörend; articulationes meta-
    carpophalangeae
metatarsális, -is, -e ⎫
metatarséus, -a, -um ⎭ zum Mittelfuß gehörend; os metatarsale der Mittelfußknochen
metatarsophalangéus, -a, -um zum Mittelfuß und zum Zehenglied gehörend; articulationes metatar-
    sophalangeae
metópicus, -a, -um Synonym: frontalis; sutura frontalis = sutura metopica
mínimus s. parvus
minor, minor, minus s. parvus
mirábilis, -is, -e wunderbar
mitrális, -is, -e einer Bischofshaube (Mitra) ähnlich
móbilis, -is, -e beweglich
moláris, -is, -e zum Mahlen gehörend
moleculáris, -is, -e fein verteilt; stratum moleculare
mollis, -is, -e weich
motórius, -a, -um der Bewegung dienend
mucósus, -a, -um schleimreich
multífidus, -a, -um vielgefiedert, vielfach gespalten; musculus multifidus
musculáris, -is, -e zum Muskel gehörend
musculocutáneus, -a, -um zum Muskel und der Haut gehörend
musculophrénicus, -a, -um zum Muskel und Zwerchfell gehörend; arteria musculophrenica
musculotubárius, -a, -um zum Muskel und zur Tube gehörend; canalis musculotubarius, bestehend
    aus 2 Halbkanälen, dem semicanalis musculi tensoris tympani und dem semicanalis tubae auditi-
    vae
myentéricus, -a, -um zur Muskulatur des Darmes gehörend
mylo- bedeutet in Wortzusammensetzungen Unterkiefer – wie mandibulo-
mylohyoídeus, -a, -um den Unterkiefer mit dem Zungenbein verbindend; musculus mylohyoideus
mylopharyngéus, -a, -um zum Unterkiefer und Rachen gehörend; pars mylopharyngea

nasális, -is, -e zur Nase gehörend; ossa nasalia die Nasenbeine §601n
nasociliáris, -is, -e zur pars nasalis und pars ciliaris gehörend; nervus nasociliaris, der Teile der Nase
    und des Augapfels innerviert
nasofrontális, -is, -e zur Nase und zur Stirn gehörend
nasolabiális, -is, -e zur Nase und zur Lippe gehörend
nasolacrimális, -is, -e zur Nasenhöhle und zu den Tränenorganen gehörend
nasomaxilláris, -is, -e zur Nasenhöhle und zum Oberkiefer gehörend
nasopalatínus, -a, -um zur Nasenhöhle und zum Gaumen gehörend
nasopharyngéus, -a, -um zur Nasenhöhle und zum Rachen gehörend
naviculáris, -is, -e kahnförmig; os naviculare das Kahnbein
nervósus, -a, -um nervenreich
neuroepitheliális, -is, -e zum Neuroepithelium gehörend; stratum neuroepitheliale
niger, nigra, nigrum schwarz; substantia nigra
nudus, -a, -um nackt; area nuda
nutrícius, -a, um der Ernährung dienend; foramen nutricium

oblíquus, -a, -um schräg, schief; musculus obliquus externus abdominis §601o
oblongátus, -a, -um verlängert; medulla oblongata
oblóngus, -a, -um länglich
obturatórius, -a, -um zum Verstopfen dienend; musculus obturatorius der Hüftlochmuskel
obturátus, -a, -um verstopft; foramen obturatum
occipitális, -is, -e zum Hinterkopf gehörend; os occipitale das Hinterhauptsbein
occipitofrontális, -is, -e zum Hinterkopf und der Stirn gehörend oder gerichtet; musculus occipito-
    frontalis bestehend aus 2 Muskelbäuchen venter occipitalis und venter frontalis
occipitomastoídeus, -a, -um zum os occipitale, dem Hinterhauptsbein, und zum processus mastoi-
    deus, dem Warzenfortsatz, gehörend; sutura occipitomastoidea

occipitopontínus, -a, -um den lobus occipitalis und die nuclei pontis verbindend; tractus occipitopontinus
occipitotemporális, -is, -e zum Occipital- und zum Schläfenhirn gehörend; gyrus occipitotemporalis
occlusiális, -is, -e zum Verschluß gehörend; facies occlusialis (dentis) die Kaufläche
occúltus, -a, -um verborgen
octávus, -a, -um der achte; nervus octavus, Synonym: nervus vestibulocochlearis
oculomotórius, -a, -um zu den das Auge bewegenden Muskeln gehörend; nervus oculomotorius
olfactórius, -a, -um dem Riechen dienend; regio olfactoria
oliváris, -is, -e zur Olive gehörend
olivocerebelláris, -is, -e zur Olive und zum Kleinhirn gehörend; tractus olivocerebellaris
omentális, -is, -e zum Netz gehörend
omo- bedeutet in Wortzusammensetzungen Schulterblatt-
omoclaviculáris, -is, -e zum Schulterblatt und zum Schlüsselbein gehörend; trigonum omoclavicu-
   lare Synonym: fossa supraclavicularis major
omohyoídeus, -a, -um vom Schulterblatt zum Zungenbein ziehend; musculus omohyoideus der
   Schulterzungenbeinmuskel
ontogenéticus, -a, -um zur Keimentwicklung des Einzelwesens gehörend
oóphorus, -a, -um eitragend
ophthálmicus, -a, -um zu dem Auge gehörend
oppónens, opponéntis gegenüberstellend; musculus opponens der Gegensteller
ópticus, -a, -um zum Sehen gehörend; nervus opticus
orális, -is, -e zum Mund gehörend
orbiculáris, -is, -e kreisförmig, ringförmig; musculus orbicularis der Ringmuskel
orbitális, -is, -e zur Augenhöhle gehörend
ósseus, -a, -um knöchern
óticus, -a, -um zum Ohr gehörend
ovális, is, -e zum Ei gehörend, eiförmig, oval
ováricus, -a, -um zum Eierstock gehörend

§ 601 p palatínus, -a, -um zum Gaumen gehörend; os palatinum das Gaumenbein
palatoethmoidális, -is, -e zum Gaumen und Siebbein gehörend; sutura palatoethmoidalis
palatoglóssus, -a, -um zum Gaumen und zur Zunge gehörend; arcus palatoglossus
palatomaxilláris, -is, -e zum Gaumenbein und zum Oberkiefer gehörend; sutura palatomaxillaris
palatopharyngéus, -a, -um zum Gaumen und zum Rachen gehörend; arcus palatopharyngeus
palatovaginális, -is, -e zum Gaumenbein und processus vaginalis gehörend; sulcus palatovaginalis
pállidus, -a, -um blaßblau, blaß; globus pallidus
palmáris, -is, -e zur Handfläche gehörend
palmátus, -a, -um palmenblättrig; plicae palmatae, ein palmenblättriges Faltensystem der Schleimhaut auf der Vorder- und Hinterwand der cervix uteri
palpebrális, -is, -e zum Augenlid gehörend
palpebronasális, -is, -e zum Augenlid und zur Nase gehörend; plica palpebronasalis
pampinifórmis, -is, -e rankenförmig
pancreaticoduodenális, -is, -e zum Pankreas und zum Duodenum gehörend; arteria pancreaticoduodenalis
pancreaticolienális, -is, -e zum Pankreas und zur Milz gehörend; nodi lymphatici pancreaticolienales
pancreáticus, -a, -um zum Pankreas, zur Bauchspeicheldrüse gehörend
papilláris, -is, -e warzenartig
paraaórticus, -a, -um neben der Aorta liegend
paracentrális, -is, -e neben, unter der Zentralwindung des Hirns liegend
paracólicus, -a, -um neben dem Kolon liegend
paraduodenális, -is, -e neben dem Duodenum, dem Zwölffingerdarm liegend
parahippocampális, -is, -e neben dem Hippocampus liegend
paramastoídeus, -a, -um neben dem Warzenfortsatz des Schläfenbeines liegend
paramesonéphricus, -a, -um neben der Urniere liegend
paranasális, -is, -e neben der Nasenhöhle liegend
parasternális, -is, -e neben dem Brustbein befindlich; truncus parasternalis
parasympáthicus, -a, -um parasympathisch; pars parasympathica
parathyroídeus, -a, -um neben der Schilddrüse liegend
paraumbilicális, -is, -e neben dem Nabel liegend
paraurethrális, -is, -e neben der Harnröhre liegend
paraventriculáris, -is, -e neben der Kammer liegend

parietális, -is, -e zur Wand gehörend; os parietale das Scheitelbein

parieto- bezieht sich in Wortzusammensetzungen auf os parietale, Scheitelbein oder auf lobus parietalis, Scheitellappen

parietomastoídeus, -a, -um zum Scheitelbein und processus mastoideus gehörend; sutura parietomastoidea

parietooccipitális, -is, -e zur Scheitel- und Occipitalgegend gehörend

parietopontínus, -a, -um Scheitellappen und nuclei pontis verbindend

parotideomasseléricus, -a, -um der Ohrspeicheldrüse und dem Kaumuskel angehörend; regio parotideomasseterica

parotidéus, -a, -um zur Parotis, zur Ohrspeicheldrüse gehörend

parvus, parva, parvum; minor, minor, minus; minimus, minima, minimum § 439 klein, kleiner, sehr klein

patelláris, -is, -e zur Kniescheibe gehörend

pectinátus, -a, -um einem Kamm, einer Leiste ähnlich; musculi pectinati

pectineális, -is, -e zum Schambein gehörend; ligamentum pectineale

pectíneus, -a, -um zum Kamm, zur Leiste gehörend; musculus pectineus der Kammuskel; linea pectinea

pectorális, -is, -e zur Brust gehörend; musculus pectoralis major der große Brustmuskel

pedunculáris, -is, -e zum Stiel gehörend; ansa peduncularis

pellúcidus, -a, -um durchsichtig; septum pellucidum

pelvínus, -a, -um zur pelvis, zum Becken gehörend

pérforans, perforántis durchbohrend; arteriae perforantes

perforátus, -a, -um durchbohrt

periarteriális, -is, -e um die Arterie herum liegend

pericardiacophrénicus, -a, -um zum Herzbeutel und Zwerchfell gehörend; arteria pericardiacophrenica

pericardíacus, -a, -um zum Herzbeutel gehörend

perichoroídeus, -a, -um um die choroidea, die Aderhaut herum gelegen; spatium perichoroideum

perilympháticus, -a, -um mit Perilymphe gefüllt

perineális, -is, -e zum Damm gehörend; regio perinealis

periphéricus, -a, -um zu den äußeren Teilen gehörend (Gegensatz centralis); systema nervosum periphericum

perivasculáris, -is, -e um das Gefäß herum liegend

periventriculáris, -is, -e um die Kammer herum liegend

pérmanens, permanéntis, bleibend; dentes permanentes

peroneális, -is, -e (peronaealis) zum Wadenbein gehörend; trochlea peronealis Synonym: fibularis

peronéus, -a, -um zum Wadenbein gehörend; musculus peroneus longus, Synonym fibularis

perpendiculáris, -is, -e senkrecht; lamina perpendicularis

petro- bezieht sich in Wortzusammensetzungen auf pars petrosa ossis temporalis

petrooccipitális, -is, -e zur pars petrosa und zum os occipitale gehörend; fissura petrooccipitalis

petrosquamósus, -a, -um zur pars petrosa und zur pars squamosa gehörend; fissura petrosquamosa

petrósus, -a, -um steinig, felsig; pars petrosa

petrotympánicus, -a, -um zur pars petrosa und pars tympanica gehörend; fissura petrotympanica

pharyngéus, -a, -um zum pharynx, zum Rachen, zum Schlund gehörend

pharyngobasiláris, -is, -e zum Rachen und zur Schädelbasis gehörend; fascia pharyngobasilaris, durch die der ganze Schlauch des Schlundes an der Schädelbasis aufgehängt ist

phrenicoabdominális, -is, -e, zum Zwerchfell und Bauch gehörend; rami phrenicoabdominales

phrenicocólicus, -a, -um zum Zwerchfell und zum Kolon gehörend; ligamentum phrenicocolicum

phrenicolienális, -is, -e zum Zwerchfell und zur Milz gehörend; ligamentum phrenicolienale

phrenicopleurális, -is, -e zum Zwerch- und Brustfell gehörend; fascia phrenicopleuralis

phrénicus, -a, -um zum Zwerchfell gehörend; nervus phrenicus

pineális, -is, -e pinienzapfenähnlich; corpus pineale die Zirbeldrüse

piriförmis, -is, -e birnenförmig; musculus piriformis

pisiförmis, -is, -e erbsenförmig; os pisiforme das Erbsenbein

pisohamátus, -a, -um zum Erbsenbein und zum Haken des Hakenbeines gehörend; ligamentum pisohamatum

pisometacarpéus, -a, -um zum Erbsenbein und Mittelhandknochen gehörend; ligamentum pisometacarpeum

pituitárius, -a, -um schleimhaltig; glandula pituitaria Synonym: hypophysis

pius, -a, -um fein, zart; pia mater encephali

plantáris, -is, -e zur Fußsohle gehörend; nervus plantaris medialis planus, -a, -um eben, flach; os planum

pleurális, -is, -e zum Brustfell gehörend

pleuroesophagéus, -a, -um zum Brustfell und zur Speiseröhre gehörend; musculus pleuroesophageus

pneumáticus, -a, -um lufthaltig; os pneumaticum

poplíteus, -a, -um zur Kniekehle gehörend; musculus popliteus

postcentrális, -is, -e hinter der Zentralfurche des Hirns liegend; sulcus postcentralis; gyrus postcentralis

postérior, postérior, postérius (§ 440) der hintere, hintergelegene

posterolaterális, -is, -e hinten und seitlich gelegen

posteromediális, -is, -e hinten und zur Mitte hin gelegen; nucleus posteromedialis

precentrális (praecentralis), -is, -e vor der Zentralfurche des Hirns liegend

premoláris (praemolaris), is, -e vor den Mahlzähnen liegend

preoccipitális (praeoccipitalis), -is, -e zum Hinterhauptslappen gelegen; incisura preoccipitalis

prepatellaris (praepatellaris), -is, -e vor der Kniescheibe liegend

preputiális (praeputialis), is, -e zur Vorhaut gehörend

prepylóricus (praepyloricus), -a, -um vor dem Magenpförtner liegend

presacrális (praesacralis), -is, -e vor dem Kreuzbein liegend; nervus presacralis

pretectális (praetectalis), -is, -e vor dem Dach des Mittelhirns liegend

pretracheális (praetrachealis), is, -e vor der Luftröhre liegend

prevertebrális (praevertebralis), -is, -e vor der Wirbelsäule liegend

primárius, -a, -um hauptsächlich, wichtig, erstrangig

primus, -a, -um der erste

princeps, príncipis der erste, wichtigste

principális, -is, -e der erste, wichtigste

procérus, -a, -um schlank; musculus procerus

profúndus, -a, -um tief; arteria profunda femoris

próminens, prominéntis vorragend

próprius, -a, -um eigen

prostáticus, -a, -um zur Prostata, zur Vorsteherdrüse gehörend

proximális, -is, -e an Gliedmaßen der von zwei Punkten dem Rumpf nähere zum Unterschied distalis

pterygo- bedeutet in Wortzusammensetzungen flügelartig, zum processus pterygoideus ossis sphenoidalis gehörend

pterygoídeus, -a, -um flügelförmig; precessus pterygoideus

pterygomandibulári, -is, -e zum processus pterygoideus des Keilbeins und zum Unterkiefer gehörend; raphe pterygomandibularis

pterygomaxillári, -is, -e zum processus pterygoideus des Keilbeins und zum Oberkiefer gehörend; fissura pterygomaxillaris

pterygopalatínus, -a, -um zum processus pterygoideus des Keilbeins und zum Gaumenbein gehörend; fossa pterygopalatina

pterygopharyngéus, -a, -um zum processus pterygoideus des Keilbeins und zum Rachen gehörend; pars pterygopharyngea

pterygospinális, -is, -e ⎫ zum processus pterygoideus und zur spina ossis sphenoidalis gehörend;
pterygospinósus, -a,- um ⎬ ligamentum pterygospinale; foramen pterygospinale; processus pterygospinosus

púbicus, -a, -um zur Schamgegend gehörend

pubo- bedeutet in Wortzusammensetzungen os pubis, Schambein

pubococcygéus, -a, -um zum Scham- und Steißbein gehörend; musculus pubococcygeus

pubofemorális, -is, -e zum Schambein und zum Oberschenkelbein gehörend; ligamentum pubofemorale

puboprostáticus, -a, -um zum Schambein und der Prostata gehörend; ligamentum puboprostaticum

puborectális, -is, -e zum Schambein und rectum gehörend; musculus puborectalis

pubovaginális, -is, -e zum Schambein und zur Scheide gehörend; musculus pubovaginalis

pubovesicális, -is, -e zum Schambein und zur Harnblase gehörend; ligamentum pubovesicale

pudendális, -is, -e zur Schamgegend gehörend

pudéndus, -a, -um zur Schamgegend gehörend; die Schamgegend (meist falscher Gebrauch des Gerundivum, z. B. vena pudenda)

pulmonális, -is, -e zur Lunge gehörend

pulpósus, -a, -um pulpareich, weich; nucleus pulposus

pupilláris, -is, -e zur Pupille gehörend; margo pupillaris

pylóricus, -a, -um zum Magenausgang gehörend

pyramidális, -is, -e zur Pyramide gehörend; pyramidenförmig; musculus pyramidalis

---

quadranguláris, is, -e vierwinklig, viereckig § 601 q
quadrátus, -a, -um rechteckig, viereckig; musculus quadratus plantae
quádriceps, quadricípitis (vgl. § 392) vierköpfig; musculus quadriceps femoris

radiális, -is, -e zum Radius des Unterarmes gehörend; arteria radialis § 601 r
radiátus, -a, -um mit Strahlen versehen, strahlenförmig; corona radiata
radiculáris, -is, -e zur Wurzel gehörend; fila radicularia
radiocarpéus, -a, -um zum Radius und zur Handwurzel gehörend; articulatio radiocarpea
radioulnáris, -is, -e zum Radius und zur Elle gehörend; articulatio radioulnaris proximalis
rectális, -is, -e zum rectum, zum Mastdarm gehörend; arteria rectalis media
rectococcygéus, -a, -um zum Mastdarm und zum Steißbein gehörend; musculus rectococcygeus
rectourethrális, -is, -e zum Mastdarm und zur Harnröhre gehörend; musculus rectourethralis
rectouterínus, -a, -um vom Mastdarm zur Gebärmutter ziehend; musculi rectouterini
rectovaginális, -is, -e zum rectum und zur vagina gehörend; septum rectovaginale
rectovesicális, -is, -e zum rectum und zur vesica urinaria gehörend; musculus rectovesicalis
rectus, -a, -um gerade; musculus rectus abdominis
recúrrens, recurréntis zurücklaufend, zurückverlaufend; nervus laryngeus recurrens
refléxus, -a, -um umgebogen
renális, -is, -e zur Niere gehörend; arteria renalis
respiratórius, -a, -um der Atmung dienend
reticuláris, -is, -e zum Netz gehörend, netzartig
reticulospinális, -is, -e zur formatio reticularis und zum Rückenmark gehörend; tractus reticulospina-
    lis
retroauriculáris, -is, -e hinter dem Ohr liegend
retrocecális (retrocaecalis) -is, -e hinter dem Blinddarm liegend
retroduodenális, -is, -e hinter dem Duodenum liegend
retrofléxus, -a, -um zurückgebogen
retrohyoídeus, -a, -um hinter dem Zungenbein liegend
retrolentifórmis, -is, -e hinter dem nucleus lentiformis liegend
retromandibuláris, -is, -e hinter dem Unterkiefer liegend
retroperitoneális, -is, -e hinter dem Bauchfell liegend
retropúbicus, -a, -um hinter dem Schambein liegend
reúniens, reuniéntis verbindend, vereinigend
rhinális, -is, -e zum Geruch gehörend; sulcus rhinalis
rhomboídeus, -a, -um rautenförmig; musculi rhomboidei die Rautenmuskeln
risórius, -a, -um dem Lachen dienend; musculus risorius der Lachmuskel
rotúndus, -a, -um rund; foramen rotundum
ruber, rubra, rubrum rot; nucleus ruber
rubro- bezieht sich in Wortzusammensetzungen auf nucleus ruber
rubroreticuláris, -is, -e zum nucleus ruber und zur formatio reticularis gehörend; fasciculi rubroreti-
    culares
rubrospinális, -is, -e zum nucleus ruber und zum Rückenmark gehörend

saccifórmis, -is, -e sackförmig; recessus sacciformis § 601 s
sacculáris, -is, -e zum Säckchen gehörend
sacer, sacra, sacrum heilig; os sacrum das Kreuzbein
sacrális, -is, -e zum os sacrum, zum Kreuzbein gehörend
sacro- bedeutet in Wortzusammensetzungen os sacrum, Kreuzbein
sacrococcygéus, -a, -um zum Kreuz- und Steißbein gehörend; ligamentum sacrococcygeum
sacroilíacus, -a, -um zum Kreuz- und Darmbein gehörend; ligamenta sacroiliaca
sacropelvínus, -a, -um zur Kreuzbeinfläche des Darmbeins gehörend; facies sacropelvina
sacrospinális, -is, -e zum Kreuzbein und zur spina ischiadica gehörend; ligamentum sacrospinale
sacrotuberális, -is, -e zum Kreuzbein und zum tuber ischiadicum gehörend; ligamentum sacrotube-
    rale
sagittális, -is, -e zum Pfeil gehörend; die Richtung des abgeschossenen Pfeiles besitzend, zur Pfeil-
    achse gehörend; sutura sagittalis
salivatórius, -a, -um zum Speichel gehörend
salpingo- bedeutet in Wortzusammensetzungen Tube- wie tuba-
salpingopalatínus, -a, -um zur tuba auditiva und zum Gaumen gehörend; plica salpingopalatina
salpingopharyngéus, -a, -um zur tuba auditiva und zum Rachen gehörend; plica salpingopharyngea
sanguíneus, -a, -um blutig, aus Blut bestehend

saphénus, -a, -um verborgen (sprachl. Ableitung ungewiß); vena saphena magna, nervus saphenus

sartórius, -a, -um zum Schneidersitz dienlich; musculus sartorius; anat. unrichtige Bezeichnung, da nicht er, sondern die oberen Adduktoren beim Schneidersitz besonders beansprucht werden (Waldeyer)

scalénus, -a, -um schief, ungleichseitig; musculus scalenus anterior der vordere Rippenhalter

scaphoídeus, -a, -um kahnförmig; os scaphoideum war in BNA und JNA os naviculare manus

scapuláris, -is, -e zum Schulterblatt gehörend

scrotális, -is, -e zum Hodensack gehörend

sebáceus, -a, -um talghaltig; glandulae sebaceae

secundárius, -a, -um zweitrangig

secúndus, -a, -um der zweite

segmentális, -is, -e zum Segment, Abschnitt gehörend

selláris, -is, -e zum Sessel gehörend; zur sella ossis sphenoidalis gehörend

semicirculáris, -is, -e halbkreisförmig; canales semicirculares ossei

semilunáris, -is, -e halbmondförmig

semimembranósus, -a, -um halbmembranhaltig; halbhäutig; musculus semimembranosus

seminális, -is, -e zum Samen gehörend; vesicula seminalis

semispinális, -is, -e halb zu den Dornfortsätzen der Wirbel gehörend; musculus semispinalis der Halbdornmuskel

semitendinósus, -a, -um halbsehnig; musculus semitendinosus

sensórius, -a, -um der Sinnesempfindung dienend; nucleus sensorius, radix sensoria

septális, -is, -e zur Scheidewand gehörend

septomarginális, -is, -e zur Scheidewand und zum Rand gehörend; trabecula septomarginalis

seromucósus, -a, -um reich an dünn- und dickflüssigem Sekret

serósus, -a, -um dünnflüssig

serótinus, -a, -um spätauftretend; dens serotinus

serrátus, -a, -um gesägt, gezähnt; musculus serratus der Sägemuskel

sesamoídeus, -a, -um sesamschotenfruchtähnlich; ossa sesamoidea

sigmoídeus, -a, -um sigmaförmig; colon sigmoideum und die es versorgenden arteriae sigmoideae und venae sigmoideae

simplex, símplicis (§ 386) einfach

singuláris, -is, -e einzeln, vereinzelt

siníster, sinístra, sinístrum links

sinuatriális, -is, -e zum Sinus und Vorhof gehörend; nodus sinuatrialis

sóleus, -a, -um sandalenähnlich, fischschollenähnlich; musculus soleus der Schollenmuskel

solitárius, -a, -um alleinstehend, abgesondert

spermáticus, -a, -um zum Samen, zum Samenstrang gehörend

spheno- bedeutet in Wortzusammensetzungen os sphenoidale, Keilbein

sphenoethmoidális, -is, -e zum Keil- und Siebbein gehörend; sutura sphenoethmoidalis

sphenofrontális, -is, -e zum Keil- und zum Stirnbein gehörend; sutura sphenofrontalis

sphenoidális, -is, -e keilförmig; os sphenoidale das Keilbein

sphenomandibuláris, -is, -e zum Keilbein und dem Unterkiefer gehörend; ligamentum sphenomandibulare

sphenomaxilláris, -is, -e zum Keilbein und zum Oberkiefer gehörend; sutura sphenomaxillaris

sphenooccipitális, -is, -e zum Keilbein und zum Hinterhauptsbein gehörend; synchondrosis spheno-occipitalis

sphenopalatínus, -a, -um zum Keilbein und zum Gaumen gehörend; arteria sphenopalatina

sphenoparietális, -is, -e zum os sphenoidale und os parietale gehörend; sutura sphenoparietalis

sphenopetrósus, -a, -um zum Keilbein und zur pars petrosa gehörend; synchondrosis sphenopetrosa

sphenosquamósus, -a, -um zum os sphenoidale und zur pars squamosa des os temporale gehörend; sutura sphenosquamosa

sphenozygomáticus, -a, -um zum Keil- und Jochbein gehörend; sutura sphenozygomatica

sphéricus, -a, -um (sphaericus) kugelrund

spheroídeus, -a, -um (sphaeroideus) kugelartig, rund; articulatio spheroidea

spinális, -is, -e zum Dorn, Dornfortsatz, Rückgrat, Rückenmark gehörend; musculus spinalis der Dornmuskel

spinocerebelláris, -is, -e zum Rückenmark und zum Kleinhirn gehörend; tractus spinocerebellaris

spinósus = spinális

spinotectális, -is, -e zum Rückenmark und Mittelhirndach gehörend; tractus spinotectalis

spinothalámicus, -a, -um zum Rückenmark und zum Thalamus gehörend; tractus spinothalamicus

spirális, -is, -e schneckenförmig gewunden

splánchnicus, -a, -um zu den Eingeweiden gehörend
splénius, -a, -um zur Schönheitsbinde geeignet; musculus splenius der Riemenmuskel
spongiósus, -a, -um schwammig; pars spongiosa
spúrius, -a, -um falsch, unecht; costae spuriae
squamo- bezieht sich in Wortzusammensetzungen auf pars squamosa ossis temporalis
squamosomastoídeus, -a, -um zur pars squamosa und zum processus mastoideus gehörend; sutura
    squamosomastoidea
squamósus, -a, -um schuppenreich
stapédius, -a, -um zum Steigbügel gehörend; musculus stapedius der Steigbügelmuskel
stellátus, -a, -um sternförmig; venae stellatae
sternális, -is, -e zum Brustbein gehörend
sternoclaviculáris, -is, -e zum Brust- und Schlüsselbein gehörend; ligamentum sternoclaviculare
sternocleidomastoídeus, -a, -um zum Brust-, Schlüsselbein und dem Warzenfortsatz gehörend; mus-
    culus sternocleidomastoideus der Kopfwender
sternocostális, -is, -e zum Brustbein und zur Rippe gehörend; ligamentum sternocostale
sternohyoídeus, -a, -um zum Brust- und Zungenbein gehörend; musculus sternohyoideus
sternopericardíacus, -a, -um zum Brustbein und Herzbeutel gehörend; ligamenta sternopericardiaca
sternothyroídeus, -a, -um zum Brustbein und Schildknorpel gehörend; musculus sternothyroideus
striátus, -a, -um gestreift; corpus striatum, vena striata
stylo- bezieht sich in Wortzusammensetzungen auf processus styloideus ossis temporalis
styloglóssus, -a, -um zum Griffelfortsatz und zur Zunge gehörend; musculus styloglossus
stylohyoídeus, -a, -um zum Griffelfortsatz und zum Zungenbein gehörend; musculus stylohyoideus
    Griffelzungenbeinmuskel
styloídeus, -a, -um griffelförmig; processus styloideus
stylomandibuláris, -is, -e zum Griffelfortsatz und Unterkiefer gehörend; ligamentum stylomandibu-
    lare
stylomastoídeus, -a, -um zum Griffel- und Warzenfortsatz gehörend; arteria stylomastoidea
stylopharyngéus, -a, -um zum Griffelfortsatz und Rachen gehörend; musculus stylopharyngeus
subacromiális, -is, -e unter dem Akromion liegend; bursa subacromialis
subapicális, -is, -e unter der Spitze liegend
subarachnoideális, -is, -e unter der Arachnoidea liegend
subarcuátus, -a, -um unter einem Bogengang liegend
subcallósus, -a, -um unter dem Balken des Endhirns liegend
subclávius, -a, -um unter dem Schlüsselbein liegend; musculus subclavius der Unterschlüsselbein-
    muskel
subcostális, -is, -e unter der Rippe liegend
subcutáneus, -a, -um unter der Haut liegend
subdeltoídeus, -a, -um unter dem musculus deltoideus liegend
subfasciális, -is, -e unter einer Muskelfaszie liegend
subhepáticus, -a, -um unter der Leber liegend
sublentifórmis, -is, -e unter dem Linsenkern liegend
sublinguális, -is, -e unter der Zunge liegend
submandibuláris, -is, -e unter dem Unterkiefer liegend
submentális, -is, -e unter dem Kinn liegend
submucósus, -a, -um unter der tunica mucosa, der Schleimhaut, liegend; tela submucosa
submusculáris, -is, -e unter dem Muskel liegend
suboccipitális, -is, -e unter dem Hinterhauptsbein liegend
subparietális, -is, -e unter dem Scheitelbein liegend
subperitoneális, -is, -e unter dem Bauchfell liegend
subphrénicus, -a, -um unter dem Zwerchfell liegend
subpoplíteus, -a, -um unter dem musculus popliteus liegend
subpúbicus, -a, -um unter dem Schambein liegend
subscapuláris, -is, -e unter dem Schulterblatt liegend; musculus subscapularis der Unterschulterblatt-
    muskel
subserósus, -a, -um unter der tunica serosa liegend; tela subserosa
subsupérior (vgl. superior § 440) Synonym: subapicális; bronchus segmentalis subapicalis oder subsu-
    perior
subtaláris, -is, -e unter dem Sprungbein liegend
subtendíneus, -a, -um unter der Sehne liegend
subthalámicus, -a, -um unter dem Sehhügel liegend
sudoríferus (sudorifer), sudorifera, sudoriferum schweißbringend; glandulae sudoriferae

superciliáris, -is, -e zur Augenbraue gehörend
superficiális, -is, -e an der Oberfläche liegend
supérior, supérior, supérius (§ 440) der obere, weiter oben gelegen
superolaterális, -is, -e oben und seitlich gelegen; facies superolateralis cerebri
superomediális, -is, -e nach oben und zur Mitte hin gelegen
suprachoroídeus, -a, -um über der Choroidea liegend
supraclaviculáris, -is, -e über dem Schlüsselbein liegend
supracondyláris, -is, -e über dem Gelenkfortsatz liegend
supraduodenális, -is, -e über dem Duodenum liegend
supraglenoidális, -is, -e über der Gelenkpfanne liegend
suprahyoídeus, -a, -um oberhalb des Zungenbeines liegend
supraopticohypophysiális, -is, -e von der Gegend oberhalb des Sehbündels zur Hypophyse ziehend;
    tractus supraopticohypophysiális
supraópticus, -a, -um oberhalb des Sehbündels (tractus opticus) liegend
supraorbitális, -is, -e über den Augenhöhlen liegend
suprapatelláris, -is, -e über der Kniescheibe liegend; bursa suprapatellaris
suprapineális, -is, -e oberhalb des corpus pineale liegend
suprapleurális, -is, -e auf dem Rippenfell liegend
suprarenális, -is, -e über der Niere liegend
suprascapuláris, -is, -e über dem Schulterblatt liegend
supraspinális, -is, -e auf den Dornen der Wirbelsäule, den processus spinosi liegend
supraspinátus, -a, -um über dem Grat des Schulterblattes liegend; musculus supraspinatus der Ober-
    grätenmuskel, fossa supraspinata
suprasternális, -is, -e über dem Brustbein liegend
supratonsilláris, -is, -e oberhalb der Mandel liegend
supratrágicus, -a, -um über dem Bock der Ohrmuschel liegend
supratrochleáris, -is, -e über der Rolle liegend
supravaginális, -is, -e über der Scheide liegend
supraventriculáris, -is, -e oberhalb der Herzkammer liegend
supravesicalis, -is, -e über der Harnblase liegend
suprémus, -a, -um (§ 440) der höchste
surális, -is, -e zur Wade gehörend
suspensórius, -a, -um dem Aufhänger dienend; musculus suspensorius duodeni
symphysiális, -is, -e zur Schamfuge gehörend; facies symphysialis
synoviális, -is, -e zur Gelenkschmiere gehörend

§ 601 t táctilis, -is, -e zum Gefühlssinn gehörend; toruli tactiles
taláris, -is, -e zum Sprungbein gehörend
talocalcaneonaviculáris, -is, -e zum Sprung-, Fersen- und Kahnbein gehörend; articulatio talocalca-
    neonavicularis
talocalcáneus, -a, -um zum Sprung- und Fersenbein gehörend; ligamentum talocalcaneum
talocrurális, -is, -e zum Sprungbein und Unterschenkel gehörend; articulatio talocruralis das obere
    Sprunggelenk
talofibuláris, -is, -e zum Sprung- und Wadenbein gehörend; ligamentum talofibulare anterius
talonaviculáris, -is, -e zum Sprung- und Kahnbein gehörend; ligamentum talonaviculare
tarsális, -is, -e zum Augenlid gehörend
tarséus, -a, -um zur Fußwurzel gehörend
tarsometatarséus, -a, -um zur Fußwurzel und zum Mittelfuß gehörend; articulationes tarsometatar-
    seae
tectórius, -a, -um dem Bedecken dienlich; membrana tectoria
tectospinális, -is, -e zum Mittelhirndach und Rückenmark gehörend; tractus tectospinalis
tegmentális, -is, -e zur Decke gehörend; tractus tegmentalis centralis
temporális, -is, -e zur Schläfe gehörend; os temporale das Schläfenbein
temporomandibuláris, -is, -e zum Schläfenbein und zum Unterkiefer gehörend; articulatio temporo-
    mandibularis das Kiefergelenk
temporoparietális, -is, -e zum Schläfen- und Scheitelbein gehörend; musculus temporoparietalis der
    Schläfenscheitelmuskel, ein Teil des musculus epicranius
temporopontínus, -a, -um Verbindung zwischen den Schläfenlappen und den nuclei pontis; tractus
    temporopontinus
temporozygomáticus, -a, -um zum Schläfen- und Jochbein gehörend; sutura temporozygomatica
tendíneus, -a, -um sehnig

tensus, -a, -um gespannt; pars tensa

teres, téretis länglich rund, rund gedreht; musculus teres major der große runde Armmuskel

terminális, -is, -e zum Ende gehörend, am Ende liegend

tértius, -a, -um der dritte

testiculáris, -is, -e zum Hoden gehörend

thalamocorticális, -is, -e zum Thalamus und zur Hirnrinde gehörend; fasciculi thalamocorticales

thalamostriátus, -a, -um vom Sehhügel und vom Streifenkörper (corpus striatum) kommend; vena thalamostriata

thorácicus, -a, -um zum Brustkorb gehörend

thoracoacromiális, -is, -e zum Thorax und Akromion gehörend; arteria thoracoacromialis

thoracodorsális, -is, -e zum Thorax und Rücken gehörend; arteria thoracodorsalis, die zur seitlichen Brustwand führt

thoracoepigástricus, -a, -um zum Thorax, Brustkorb und zur Grenze von Bauch und Brust gehörend; venae thoracoepigastricae

thoracolumbális, -is, -e zum Brustkorb und zur Lende gehörend; fascia thoracolumbalis

thýmicus, -a, -um zum Thymus gehörend

thyro- bedeutet in Wortzusammensetzungen cartilago thyroidea, Schildknorpel, oder glandula thyroidea, Schilddrüse

thyroarytenoídeus, -a, -um zum Schild- und Stellknorpel gehörend; musculus thyroarytenoideus

thyrocervicális, -is, -e zur Schilddrüse und zum Hals gehörend; truncus thyrocervicalis

thyroepiglótticus, -a, -um zum Schildknorpel und zum Kehldeckel gehörend; ligamentum thyroepiglotticum

thyroglóssus, -a, -um zur Schilddrüse und zur Zunge gehörend; ductus thyroglossus

thyrohyoídeus, -a, -um zum Schildknorpel und zum Zungenbein gehörend; musculus thyrohyoideus

thyroídeus, -a, -um schildförmig; glandula thyroidea, cartilago thyroidea Schildknorpel

thyropharyngéus, -a, -um zum Schildknorpel und zum Rachen gehörend; pars thyropharyngea

tibiális, -is, -e zum Schienbein gehörend; musculus tibialis anterior

tibiocalcáneus, -a, -um zum Schien- und Fersenbein gehörend; pars tibiocalcanea

tibiofibuláris, -is, -e zum Schien- und Wadenbein gehörend; articulatio tibiofibularis

tibionaviculáris, -is, -e zum Schien- und Kahnbein gehörend; pars tibionavicularis

tibiotaláris, -is, -e zum Schien- und Sprungbein gehörend; pars tibiotalaris

tonsilláris, -is, -e zur Mandel gehörend

tracheális, -is, -e zur Luftröhre gehörend

tracheobronchiális, -is, -e zur Luftröhre und zum Bronchus gehörend

trágicus, -a, -um zum tragus, zum Bock der Ohrmuschel gehörend

transversalis, -is, -e meist zum processus transversus oder zum musculus transversus gehörend

transversárius, -a, -um zum Querfortsatz gehörend; foramen transversarium

transversospinális,, -is, -e zu den Quer- und Dornfortsätzen der Wirbel gehörend; musculus transversospinalis

transvérsus, -a, -um querverlaufend; musculus transversus abdominis

trapézius, -a, -um trapezförmig; os trapezium war in BNA und JNA os multangulum majus

trapezoídeus, -a, -um kleintrapezförmig, trapezähnlich; os trapezoideum war in BNA und JNA os multangulum minus

trianguláris, -is, -e dreieckig

triceps, tricípitis (§ 392) dreiköpfig; musculus triceps surae

tricuspidális, -is, -e mit drei Spitzen versehen; valva tricuspidalis

trigeminális, -is, -e zum nervus trigeminus gehörend; ganglion trigeminale

trigéminus, -a, -um in drei Teile zerlegt; nervus trigeminus

trigónus, -a, -um dreieckig

tríquetrus, -a, -um dreieckig; os triquetrum das dreieckige Bein

tritíceus, -a, -um weizenkornähnlich

trochantéricus, -a, -um zum Trochanter, zum Rollhügel gehörend

trochleáris, -is, -e zur Trochlea, zur Rolle gehörend

trochoídeus, -a, -um radförmig; articulatio trochoidea

tubárius, -a, -um zur Tube gehörend

tuberális, -is, -e zum Höcker gehörend

túrcicus,, -a, -um türkisch; sella turcica

tympánicus, -a, -um zum Tympanum, zur Trommel (Paukenhöhle) gehörend

tympano- bedeutet in Wortzusammensetzungen pars tympanica ossis temporalis oder cavum tympani die Paukenhöhle des Ohres

tympanomastoídeus, -a, -um zur pars tympanica und zum processus mastoideus gehörend; fissura tympanomastoidea

tympanosquamósus, -a, -um zur pars tympanica und pars squamosa gehörend; fissura tympanosquamosa

tympanostapédius, -a, -um zur Paukenhöhle und zum Steigbügel gehörend; syndesmosis tympanostapedia

§ 601 u   ulnáris, -is, -e zur Elle gehörend; nervus ulnaris

ulnocarpéus, -a, -um zur Elle und zur Handwurzel gehörend; ligamentum ulnocarpeum palmare

umbilicális, -is, -e zum Nabel gehörend

uncinátus, -a, -um mit einem Haken versehen

unipennátus, -a, -um einfach gefiedert; musculus unipennatus

uretéricus, -a, -um zum Harnleiter gehörend

urethrális, -is, -e zur Harnröhre gehörend

urinárius, -a, -um zum Harn gehörend; vesica urinaria, órgana urinaria

urogenitális, -is, -e zu den Harn- und Geschlechtsorganen gehörend

uropoéticus, -a, -um harnerzeugend

uterínus, -a, -um zur Gebärmutter gehörend

uterovaginális, -is, -e zum Uterus und der Vagina gehörend; plexus uterovaginalis

utriculáris, -is, -e zum utriculus des Ohrlabyrinthes gehörend; nervus utricularis

utriculoampulláris, -is, -e zum utriculus und zur Ampulle des Ohrlabyrinths gehörend; nervus utriculoampullaris

utriculosacculáris, -is, -e zum utriculus und sacculus des Ohrlabyrinths gehörend; ductus utriculosaccularis

§ 601 v   vagális, -is, -e zum Vagus gehörend

vaginális, -is, -e zur Scheide gehörend

vagus, -a, -um weit umherschweifend; nervus vagus

vallátus, -a, -um mit einem Wall versehen; papillae vallatae

vasculáris, -is, -e zum Gefäß gehörend

vasculósus, -a, -um gefäßreich

vastus, -a, -um ungeheuer groß, plump; musculus vastus medialis

venósus, -a, -um venenreich, venenähnlich; ductus venosus

ventrális, -is, -e bauchwärts, zum Bauch gehörend

ventromediális, -is, -e bauchwärts und zur Mitte hin gelegen; nucleus ventromedialis

vermifórmis, -is, -e wurmförmig; appendix vermiformis

vertebrális, -is, -e zum Wirbel gehörend

verticális, -is, -e senkrecht

verus, -a, -um echt; costae verae

vesicális, -is, -e zur Blase gehörend

vesicouterínus, -a, -um zur Harnblase und zur Gebärmutter gehörend; excavatio vesicouterina

vesiculósus, -a, -um blasenreich, bläschenreich

vestibuláris, -is, -e zum vestibulum, zum Vorhof oder zu den nuclei vestibulares gehörend

vestibulocochleáris, -is, -e zum Vorhof und zur Schnecke gehörend; organum vestibulocochleare, das bisher organum statoacusticum hieß

vestibulospinális, -is, -e zu den nuclei vestibulares und zum Rückenmark gehörend; tractus vestibulospinalis

villósus, -a, -um zottenreich, zottig

viscerális, -is, -e zu den Eingeweiden gehörend

vítreus, -a, -um gläsern, glasartig; membrana vitrea

vocális, -is, -e zur Stimme gehörend; musculus vocalis der Stimmbandmuskel

vomeronasális, -is, -e zum vomer, dem Pflugscharbein und der Nasenhöhle gehörend; organum vomeronasale

vomerovaginális, -is, -e zum vomer und zum knöchernen Vaginalfortsatz gehörend; canalis vomerovaginalis

vorticósus, -a, -um wirbelreich, strudelartig; venae vorticosae

§ 601 x   xiphoídeus, -a, -um schwertförmig

xiphosternális, -is, -e zum processus xiphoideus und sternum gehörend; synchondrosis xiphosternalis

§ 601 z   zonális, -is, -e zum Gürtel gehörend, gürtelförmig

zonuláris, -is, -e zur zonula ciliaris gehörend, zum Haftbändchen der Linse gehörend

zygapophyseális, -is, -e zu den kleinen Wirbelgelenken gehörend; juncturae zygapophyseales

zygomaticofaciális, -is, -e zum Jochbein und zum Gesicht gehörend; foramen zygomaticofaciale

zygomaticomaxilláris, -is, -e zum Jochbein und zum Oberkiefer gehörend; sutura zygomaticomaxillaris

zygomaticoorbitális, -is, -e zum Jochbein und zur Augenhöhle gehörend; foramen zygomaticoorbitale

zygomaticotemporális, -is, -e zum Jochbein und zur Schläfe gehörend; foramen zygomaticotemporale

zygomáticus, -a, -um zum Jochbein gehörend; os zygomaticum das Jochbein, musculus zygomaticus major der große Jochbeinmuskel

7.3. Lateinische Ausdrücke der Nomina anatomica veterinaria

Die veterinär-anatomischen Bezeichnungen (die Tierbezeichnungen finden sich unter Verzeichnis der Abkürzungen) lehnen sich eng in Aufbau sowie in der Auswahl der Vokabeln und deren Zusammensetzung zum anatomischen Ausdruck an die human-medizinischen Nomĭna anatomĭca an. Hierdurch wird die vergleichende Anatomie vorteilhaft erleichtert. Eine gesonderte, sehr umfangreiche Aufstellung, die hier nur erwähnt werden soll, enthält die anatomischen Bezeichnungen der Vögel Nomĭna anatomĭca avĭum (s. Literatur). **§ 602**

Os lacrimále: Sínus lacrimális (bo, auch su, ov, cap), Apertúra sínus lacrimális: Sínus frontális rostrális laterális (su), Sínus frontális laterális (ov, cap), Sínus maxilláris caudális (eq). **§ 602a**

Scápula: Acrómion: Procéssus suprahamátus (fe). Húmerus: Epicóndylus mediális: Forámen supracondyláre (fe). **§ 602b**

Junctúrae mémbri pelvíni: Ligaméntum sacrotuberále (ca), Ligaméntum sacrospinotuberále (Un). **§ 602c**

Músculi dórsi: Músculus rhomboídĕus cápitis (Car, su). Músculus mémbri pelvéni: Músculus abdúctor crúris craniális (fe). Músculus abdúctor crúris caudális (Car). **§ 602d**

Búrsae et Vagínae synoviáles: Búrsa subcutánĕa praescapuláris (eq), Búrsa subtendínĕa músculi térĕtis majóris (su). Vagína téndinis músculi flexóris cárpi ulnáris (Car), Búrsa subtendínĕa músculi extensóris dígiti commúnis (Ru, eq), Búrsa subtendínĕa músculi extensóris dígĭti laterális mánŭs (Ru, eq), Vagína distális téndinum músculi extensóris dígĭti commúnis (Ru), Búrsa infrapatelláris proximális (eq), Vagína téndinis músculi peronéi tértĭi (Ru), Vagína téndinis músculi tibiális caudális (ca). **§ 603**

Apparátus digestórĭus: Cávitas óris: Túnica mucósa óris: Papílla zygomátĭca (Car). Glándŭlae oris: Glándulae buccáles intermédiae (Ru), Glándula paracarunculáris (cap, eq). Língua: Tórus línguae (Ru), Fóssa línguae (bo), Papíllae lenticuláres (Ru), Papíllae tonsilláres (su), Cartilágo dórsi línguae (eq). Fáuces: Tonsílla véli palatíni (su, eq), Tonsílla paraëpiglóttĭca (fe, su, ov, cap), Súlcus tonsilláris (su). Phárynx: Septum pharýngis (Ru), Límen pharýngooesophagéum (Car). Oesóphagus: Músculus pléuro-oesophagéus (ca). Ventrícŭlus: Tórus pylórĭcus (su, Ru). Proventrículus (Vormagen): Saccus caecus ventriculi (eq), Divertículum ventrículi (su), Átrĭum ventrículi (Ru). Omásum (Blättermagen) und Abomásum (Labmagen): Márgo plicátus (eq), Papíllae unguiculifórmes (Ru). **§ 604**

Duodénum: Ampúlla duodéni (eq). Cólon: Cólon ascéndens: Cólon crássum (eq), Ánsa proximális cóli (Ru), Ánsa spirális cóli (Ru, su), Ánsa distális coli (Ru, su). Cólon descéndens: Cólon ténŭe (eq). Canális anális: Zóna columnáris áni (Car, su), Glándulae circumanáles (Car), Sínus paranális (Car). Hépar: Impréssio caecális (eq).

Apparátus respiratórĭus: Cávitas nási: Súlcus aláris (Ru), Divertículum nási (eq), Plíca oblíqua (ca), Plicae parallélae (ca), Séptum cónchae dorsális (eq), Pars rostrális (eq), Pars caudális (eq), Cóncha nasális ventrális: Séptum cónchae ventrális (eq), Pars rostrális (eq), Pars caudális (eq), Pars dorsális (bo), Pars ventrális (bo). Sínŭs paranasáles: Recéssus maxilláris (Car), Apertúra maxillopalatína **§ 605**

(Ru), Apertúra conchomaxilláris (eq), Sínus lacrimális (su, Ru), Apertúra frontomaxilláris (eq), Sínus sphenopalatínus (eq). Násus extérnus: Plánum nasále (Car), Plánum rostrále (su), Plánum nasolabiále (bo), Plánum nasále (ov). Brónchus principális: Brónchus tracheális (su, Ru).

§ 606 Apparátus urogenitális: Uréter: Glándulae uretéricae (eq). Pénis: Flexúra sigmoídĕa pénis (su, Ru), Glans pénis: Procéssus dorsális glándis (eq), Pars lónga glándis (ca), Búlbus glándis (ca), Fóssa glándis (eq), Sínus urethrális (eq). Praepútium: Pars extérna (eq), Pars intérna (eq), Divertículum praeputiále (su). Ovárium: Fossa ovárii (eq). Úterus: Procéssus vaginális peritonā͞ei (ca). Uréthra feminína: Divertículum suburethrále (su, Ru). Oméntum május, Epíplŏon: Bursa supraomentális (Ru), Plíca caecocólica (eq).

§ 607 Artériae, Vénae und Systéma lympháticum weisen bei den verschiedenen Tierarten vielfältige Unterschiede auf, die in den Nomina anatomica veterinaria nachgesehen werden müssen.

§ 608 Systéma nervósum ist in den Nomina anatomica veterinaria teilweise durch Zeichnungen und Skizzen erläutert.

§ 609 Órgăna sénsŭum, nämlich Órgănum vísus, Órgănum vestibulo-cochleáre, Órgănum olfáctūs und Órgănum gústūs, weisen bei den einzelnen Tierarten in den Bezeichnungen und Vokabeln keine wesentlichen Unterschiede auf.

§ 610 Vom Integuméntum commúne weisen Píli, Tóri, Órgănum digitále bei den einzelnen Tierarten Besonderheiten auf.
Cútis: Plícae transvérsae cólli (ov), Appendíces cólli (su, cap, ov), Sínus infraorbitális (ov), Sínus inguinális (ov), Sínus interdigitális (ov). Glándulae cútis: Gll. circumoráles (fe), Gll. pláni nasális (ov), Gl. mentális (su), Gl. cornuális (cap), Gll. tóri (eq). Píli: Bárba (cap), Píli carpáles (fe).

§ 611 Erwähnenswert sind noch folgende Vokabeln:
acropodĭum, -i n. die Fußspitze
autopodĭum, -i n. der Vorder- oder Hinterfuß
basipodĭum, -i n. die Fußwurzel
ceratohyoídĕum, -i n. knorpeliger Teil des Os hyoideum
cirr(h)us, -i m. die Haarlocke, die Franse; ~ cápitis, ~ caudae, ~ metacarpalis, ~ metatarsalis
cotȳla, -ae f. die Höhlung, der Napf
diastĕma, diastémătis n. die Lückenbildung im Tiergebiß
ethmoturbinālĭa, ethmoturbinalium n. Muschelknöpfe, -beine; ŏs ethmoidále
jŭba, -ae f. die Mähne; collum, pili
metapodĭum, -i n. der Mittelfuß
mŏla, -ae f. der Mahlstein
omphălos, -i m. der Nabel
palĕar, paleáris n. die Wamme der Rinder; collum, cutis (bo)
pĕtra, -ae f. der Fels; ŏs temporále, pars petrŏsa
pterygōma, pterygomătis n. der Flügel; ŏs pterygoídĕum
rhinos, -i m. die Nase; rhinencephălon, rhinarĭum splanchnocranĭum, -i n. der Eingeweideschädel
ubĕr, ubĕris n. das Euter
zeugopodĭum, -i n. der Unterarm, der Unterschenkel

7.4. Lateinische Ausdrücke der Nomina cytologica et histologica

§ 612 Ihr Aufbau ähnelt dem der anatomischen Termini. Ihre Vielfalt beruht auf Wortzusammenstellungen, wobei Ausdrücke sich wiederholen wie ástēr Stern; blastus Bildungszelle; carȳŏn Kern; centrum Mittelpunkt; chondrus Knorpel; chrōma Farbe; cilĭum Wimper; cȳtos Zelle; fibra Faser; fibrilla Fäserchen; filamentum Fädchen; ganglĭon Nervenknoten; glandŭla Drüse; genĕsis Entstehung; glia Kitt, Stützgewebe des Nervensystems; lamella Blättchen; lemma Scheide, Hülle; mĕrus Teil; nēma Faden; nuclĕus Kern; phāsis zeitlicher Abschnitt; phĭlus Freund; phŏrus Träger; plasma Flüssigkeit; poēsis Bildung; sōma Körperchen; thelĭum Behälter, Zellschicht.

Außer den im § 596 genannten Präfixen (Vorsilben) werden oft als erster Wortteil ge- § 613
braucht: angĭo- *Gefäß-*; endo- *innen-*; erўthro- *rot-*, *auf die roten Blutkörperchen bezogen*;
hēmo- (haemo-) *Blut-*; hetĕro- *verschieden-*; leuco- *weiß-*, *auf die weißen Blutkörperchen bezogen*; lipo-, *Fett-*; lympho- *lymph-*, *auf Lymphzellen bezogen*; macro- *groß-*; micro- *klein-*;
melano- *schwarz-*, *auf schwarze Pigmentzellen bezogen*; myĕlo- *Mark-*; mўo- *Muskel-*; neuro-
Nerven-; odonto- *Zahnbein-*; ostĕo- *Knochen-*; proto- *erst-*; pseudo- *unecht-*.

acrosōma, acrosomātis n. Schicht am Kopf des Spermiums   § 614
adenomĕrus, -i m. teilungsfähige Drüseneinheit
aggregatĭo, aggregatiōnis f. die Vereinigung, Verklebung
agranulocўtus, -i m. die ungekörnte (nicht granulierte) weiße Blutzelle
argyrophilocўtus, -i m. siehe argentoaffinocytus
ameloblastus, -i m. die Schmelzbildungszelle
amitōsis, amitōsis f. die direkte Kern- und Zellteilung
amphiaster, amphiastĕris m. Tochterstern der Mitose; Syn.: diaster
anaphāsis, anaphāsis f. Stadium der Tochtersterne
angioarchitectonĭce, angioarchitectonĭces f. die räumliche Verteilung der Blutgefäße, z. B. in der
   Großhirnrinde
argentoaffinocўtus oder argyrophilocytus -i m. die mit Silbersalzen darstellbare Zelle
ästĕr, astĕris m. der Stern; ~ filialis Tochterstern der Mitose; Syn.: diäster
astrocўtus, -i m. die sternförmige Gliazelle
autosōma, autosomātis n. das Chromosom, das in beiden Geschlechtern übereinstimmt; das Autosom
axolemma, axolemmātis n. die Grenzmembran des Achsenzylinders (axon)
axōn, axōnis n. der Achsenzylinder der Nervenfaser; Syn.: neurītum
axonēma, axonemātis n. der Achsenfaden; Syn.: filamentum axiäle
axoplasma, axoplasmātis n. das Zytoplasma des Achsenzylinders (axon)

basophĭlus, -i m. basophile Zelle, basische Farbstoffe liebende Zelle oder Interzellularsubstanz   § 615
calcificatĭo, calcificatiōnis f. die Verkalkung
caryokinēsis, caryokinēsis f. die indirekte Kernteilung (mit Sichtbarwerden der Chromosomen)
carўon, -i n. der Kern; Syn.: nuclĕus
caryoplasma, caryoplasmātis n. das Kernplasma
caryothēca, -ae f. die Kernmembran
caveŏla, -ae f. die kleine Höhle
centriŏlum, -i n. das Zentralkörperchen, Zentrosom; Syn.: centrosōma
centromĕrus, -i m. der Zentralteil des Chromosoms; Syn.: kinetochōrus
centrosōma, centrosomātis n. das Zentralkörperchen
chondriōma, chondriomātis n. die Gesamtheit der Mitochondrien der Zelle
chondroblastus, -i m. die Knorpelbildungszelle
chondrocўtus, -i m. die Knorpelzelle
chondrohistogenēsis, chondrohistogenēsis f. die Knorpelentwicklung
chromaffinoblastus -i m. die Vorstufe der chromaffinen Zelle
chromaffinocўtus, -i m. die chromaffine Zelle
chromatīnum, -i n. das Gefärbte, Chromosomenteile, die auch im Interphasekern basisch anfärbbar
   sind
chromatophōrus, -i m. der Farbträger, Bindegewebszelle mit zahlreichen eingelagerten Pigmentkörn-
   chen
chromomĕrus, -i m. der gefärbte Anteil des Chromosoms, Syn. Heterochromatin
chromonēma, chromonemātis n. der gefärbte Faden, die Chromosomenarme beidseits des Zentromerus
chromosōma, chromosomātis n. der gefärbte Körper, das Chromosom
chylomicrōnum, -i n. das Neutralfetttröpfchen im Blutplasma bei Hyperlipämie

colloídum, -i n. das Kolloid, der leimähnliche Stoff   § 616
colostrum, -i n. die Vormilch
columella, -ae f. die kleine Säule; ~ cellularis
concretĭo, concretiōnis f. die Zusammenballung, die Verdichtung; ~ prostatĭca
crescentĭa, -ae f. das Wachstum
cytocentrum, -i n. das Bewegungszentrum der Zelle, das Zentralkörperchen
cytolemma, cytolemmātis n. die Zellhaut im Sinn der äußeren dreischichtigen Membran

cytologĭa, -ae f. die Zellenlehre
cytoplasma, cytoplasmătis n. das Zytoplasma, der Zelleib
cytopodĭum, -i n. das Zellfüßchen
cỹtos, -i m. die Zelle; Syn.: cỹtus
cytotrabecŭla, -ae f. das Zellbälkchen

§ 617 dendrĭtum, -i n. nahe dem Zelleib sich verzweigender Fortsatz der Nervenzelle, der Dendrit
dendrocỹtus, -i m. die baumartig verzweigte Zelle des Epithels
dendroplasma, dendroplasmătis n. das Protoplasma des Dendriten
densĭtas, densitātis f. die Dichte, Verdichtung
desmosōma, desmosomătis n. der Haftkörper; Syn.: macŭla adhērens
diakinēsis, diakinēsis f. die heftige Bewegung der Prophase
diaster, diastĕris m. der Doppelstern; Syn.: aster filiālis
diplomicrotubŭlus, -i m. das ultrastrukturelle Doppelröhrchen
diplonēma, diplonemătis n. der Doppelfaden; zytologisch: geteiltes Zentriol

§ 618 endocrinocỹtus, -i m. die hormonbereitende Zelle; ~ gastrĭcus, ~ interstitiālis
endomitōsis, endomitōsis f. die innere indirekte Kernteilung
endomysĭum, -i n. feinfaseriges, lockeres Bindegewebe im Innern eines Muskelfaserbündels
endoneurĭum, -i n. das zwischen Nervenfasern liegende Bindegewebe
endoplasma, endoplasmătis n. das Binnenplasma, das innen liegende Zytoplasma
endostĕum, -i n. (sprich end-ostĕum) die innere Knochenhaut
endotheliocỹtus, -i m. die Endothelzelle
ependymocỹtus, -i m. die Ependymzelle
epidermocỹtus, -i m. die Epidermiszelle
epimysĭum, -i n. das den Muskel umhüllende Bindegewebe
epinephrocỹtus, -i m. die Zelle des Nebennierenmarks
epitheliocỹtus, -i m. die Epithelzelle
epithelioidocỹtus, -i m. die epithelähnliche Zelle
erythroblastus, -i m. die kernhaltige Vorstufe der roten Blutzellen
erythrocytopoēsis, erythrocytopoēsis f. die Bildung roter Blutkörperchen
erythrocỹtus, -i n. das rote Blutkörperchen
euchromatīnum, -i n. im Interphasekern nicht färbbare Chromosomenteile
excrescentĭa, -ae f. der Auswuchs, das Hervorwachsen
exoplasma, exoplasmătis n. die Außenschicht des Zellplasmas

§ 619 ferritīnum, -i n. das Ferritin, Ablagerungsform des Eisens im Körper
fibrilla, -ae f. das Fäserchen, die Fasereinheit der Histologie
fibroblastus, -i m. die faserbildende, auch fibrozytenbildende Zelle
fibrocỹtus, -i m. die Bindegewebszelle
fixatĭo, fixatiōnis f. die Verfestigung, die Anheftung
flagellum, -i n. die Geißel; Syn.: cauda
fūsus, -i m. die Spindel; ~ centrālis, ~ metaphasĭcus, ~ neurotendinĕus, ~ neuromusculāris,
     ~ enamēli

§ 620 gemmŭla, -ae f. das Knöspchen; gemmula dendritĭca das Endknöpfchen
germen, germĭnis n. der Keim; ~ dentāle
glandulocỹtus, -i m. die Drüsenzelle
gliocỹtus, -i m. die Gliazelle
gliofilamentum, -i n. die Gliafaser
glioplasma, glioplasmătis n. das Zytoplasma der Gliazelle
glycocălyx, glycocalỹcis f. aus Glycoproteiden bestehende äußere Hüllschicht der Zellen
glycogēnum, -i n. das Glycogen; granŭlum glycogĕni
gonosōma, gonosomătis n. das Geschlechtschromosom, Syn.: heterosoma
granulocytopoēsis, granulocytopoēsis f. die Bildung granulierter weißer Blutzellen
granulocỹtus, -i m. die granulierte, weiße Blutzelle, der Granulozyt
gravidĭtas, graviditātis f. die Schwangerschaft; corpus lutĕum graviditātis

§ 621 hemidesmosōma, hemidesmosomătis n. die Hälfte einer Zellverklammerung
hemoconĭum (haemoconĭum), -i n. das Blutstäubchen, kleinste Partikel im Blut
hemocytoblastus (haemo-), -i m. die Blutstammzelle, die gemeinsame Vorstufe aller Blutzellen

hemocytopoēsis (haemo-), hemocytopoēsis f. die Blutzellbildung
hemocȳtus (haemo-), -i m. die Blutzelle
hemosiderīnum, -i n. das eisenhaltige Abbauprodukt des Hämoglobins
hemosiderophōrus, -i m. der Hämosiderinträger
hepaticocȳtus, -i m. die Leberzelle
heterochromatīnum, -i n. im Interphasekern färbbare Chromosomenteile
heterosōma, heterosōmātis n. das Geschlechtschromosom
histiocȳtus, -i m. (obs.); jetzt macrophagocȳtus stabĭlis
histologĭa, -ae f. die Gewebelehre; ~ generālis, ~ speciālis
hyalomĕrus, -i m. der strukturlose Teil des Blutblättchens
hyaloplasma, hyaloplasmātis n. das homogene Grundplasma
hydroxyapatītus, -i m. der Apatit; crystallum hydroxyapatiti

interstitiocȳtus, -i m. die Zwischenraumzelle; ~ ovarii   § 622

karyokinēsis, karȳŏn, karyoplasma, karyothēca siehe c
kinetocilĭum, -i n. das Wimperhaar, die Zilie; Syn.: cilĭum

lacrimocȳtus, -i m. die Zelle der Tränendrüse   § 623
lactocȳtus, -i m. die Zelle der Brustdrüse
leptonēma, leptonemātis n. der feine Faden der Mitose
leucocȳtus, -i m. die weiße Blutzelle
lipes, lipĭdis n. das Fett; gutta lipidis
lipochromophōrus, -i m. die Fettzelle
lipochrōmum, -i n. der gelbe Fettstoff; granŭlum lipochromi
lipocȳtus, -i m. die Fettzelle; ~ multivesiculāris, ~ perisinusoídĕus
lipofuscīnum, -i n. das bräunliche lipoidhaltige Abnutzungspigment; granŭlum lipofuscini
luteocȳtus, -i m. die Gelbkörperzelle
lymphoblastus, -i m. die Stammzelle der Lymphozyten
lymphocȳtus, -i m. der Lymphozyt; lymphocytus magnus, ~ medĭus, ~ parvus, ~ thymĭcus
lysosōma, lysosomātis n. die Organelle des intrazellulären Schadstoffabbaus

macrocȳtus, -i m. das große rote Blutkörperchen; Syn.: megalocȳtus   § 624
macrophagocȳtus, -i phagozytierende Zelle mit im Zelleib sichtbaren phagozytierten Teilchen; ~ sta-
    bilis, ~ nomadicus
manĭca, -ae f. der Handschuh; ~ lamellāris terminālis
megakaryoblastus, -i m. die myeloblastenähnliche Vorstufe der Knochenmarksriesenzellen
megakaryocytopoēsis, megakaryocytopoēsis f. die Bildung von Knochenmarksriesenzellen
megakaryocȳtus, -i m. die Knochenmarksriesenzelle
megalocȳtus siehe macrocȳtus
meiōsis, meiōsis f. die Teilung mit Verminderung der Chromosomenzahl, die Reduktionsteilung
melanīnum, -i n. das dunkle, stickstoffhaltige Pigment; granŭlum melanīni
melanocȳtus, -i m. die schwarze Pigmentzelle; ~ pili, ~ sclerae
melanophōrus, -i m. der Melaninträger
melanosōma, melanosomātis n. das dunkel pigmentierte Körperchen; Syn.: granŭlum melanīni
mesangiocȳtus, -i m. die Zelle des Mesangiums
mesangĭum, -i n. das interstitielle Gewebe zwischen den Kapillarschlingen im Glomerulus der Niere
mesaxon, mesaxōnis n. die gekröseähnliche Einfaltung der Zellmembran der Neurolemmozyten am
    Beginn der konzentrischen Myelinlamellen (Begriff aus der Ultrastruktur)

mesotheliocȳtus, -i m. die Mesothelzelle   § 625
mesothelĭum, -i n. das Mesothel, die epithelähnlichen Abkömmlinge des Mesenchyms
metamyelocȳtus, -i m. die Zwischenstufe zwischen rundkernigen und reifen segmentkernigen Granu-
    lozyten; Syn.: granulocȳtus juvenīlis; ~ neutrophilĭcus, ~ eosinophilĭcus, ~ basophilĭcus
metaphāsis, metaphāsis f. Mitosephase mit Monaster
metaphȳsis, metaphȳsis f. die Epiphysenfuge, die zwischen Epiphyse und Diaphyse des Röhrenkno-
    chens gelegene Wachstumszone
microcȳtus, -i m. das zu kleine rote Blutkörperchen
microfibrilla, -ae f. das ultrastrukturelle Fäserchen
microglia, -ae f. die kleine Gliazelle
micropapilla, -ae f. die ultrastrukturelle Papille
microtubŭlus, -i m. das ultrastrukturelle Röhrchen; ~ fusālis, ~ chromosomatĭcus, ~ continuŭus

microvillus, -i m. die ultrastrukturelle Zotte der Zelloberfläche; microvillus filamentiformis

mitochondrĭon, -i n. das Fadenkörnchen, Zellorganelle im Zytoplasma; Syn.: mitochondrĭium

mitōsis, mitōsis f. die indirekte Zellteilung; ~ cellulāris, ~ multipolāris

§ 626 monaster, monastĕris m. der Einstern, Mutterstern; Anordnung der Chromosomen in der Äquato-
rialebene

monoblastus, -i m. die Stammzelle der Monozyten

monocytopoēsis, monocytopoēsis f. die Bildung der Monozyten

monocȳtus, -i m. der Monozyt

mucigēnum, -i n. das Schleimbildende; granŭlum mucigēni

mucocȳtus, -i m. die schleimbereitende Drüsenzelle; ~ caliciformis

myelinum, -i n. Mark der Nervenfaser im Neurolemmozyt; stratum myelini, lamella myelini, incisura myelini

myeloblastus, -i m. die erste Vorstufe der Granulozyten im Knochenmark

myelocȳtus, -i m. der Knochenmarksgranulozyt mit rundem Kern und spezifischer Granulierung;
~ neutrophilĭcus, ~ eosinophilĭcus, ~ basophilĭcus

§ 627 myoblastus, -i m. die Muskelbildungszelle

myocȳtus, -i m. die Muskelzelle; ~ nodālis, ~ epithelioídĕus, ~ nonstriātus, ~ villi, ~ condūcens
cardiācus

myoepitheliocȳtus, -i m. die Myoepithelzelle; ~ fusiformis, ~ stellātus

myoepithelĭum, -i n. kontraktiles Epithel in Drüsenendstücken

myofibra, -ae f. die Muskelfaser; ~ alba, ~ rubra, ~ intrafusālis, ~ cardiāca, ~ condūcens purkin-
jiensis

myofibrilla, -ae f. die Myofibrille

myofilamentum -i n. das ultrastrukturelle Myofilament; ~ crassum, ~ tenŭe

myopigmentocȳtus, -i m. die pigmentierte Muskelzelle; ~ iridĭcus

myosatellitocȳtus, -i m. die Begleitzelle der Muskelzelle

myotūbus, -i m. die röhrenförmige Zwischenstufe in der Entwicklung der Muskelfaser

§ 628 nephrōnum, -i n. kleinste funktionelle Baueinheit der Niere; ~ corticāle, ~ juxtamedulläre, pars proximālis tubŭli nephrōni, pars distālis tubŭli nephrōni

neurĭtum, -i n. der lange Nervenzellfortsatz; Syn.: axon

neurocȳtus, -i m. die Nervenzelle; Syn.: neurōnum; neurocytus horizontālis, ~ bipolāris, ~ amacrĭ-
nus, ~ ganglionāris, ~ intrapineālis

neurofibra, -ae f. die Nervenfaser; ~ myelināta, ~ nonmyelināta, ~ radiālis, ~ spirālis, fascicŭlus
spirālis externus neurofibrārum, ~ gustatorĭa, ~ perivasculāris, ~ affĕrens, ~ effĕrens, ~ autono-
mĭca

neurofilamentum, -i n. das ultrastrukturelle Fädchen in der Nervenzelle

neuroglĭa, -ae f. spezifisches Stützgewebe des Nervensystems

neurohypophȳsis, neurohypophȳsis f. der zum Zwischenhirn gehörende Anteil des unteren Hirnan-
hanges; Syn.: lobus posterĭor; vas capillāre ~

neurolemma, neurolemmātis n. der äußere Teil der Schwannschen Zelle

neurolemmocȳtus, -i m. die Schwannsche Zelle

neuromelanocȳtus, -i m. die Pigmentzelle des Nervengewebes

neurōnum, -i n. die Nervenzelle mit allen Fortsätzen; ~ unipolāre, ~ bipolāre, ~ multipolāre longi-
axonĭcum, ~ multipolare breviaxonĭcum, ~ secretorĭum, ~ pigmentōsum, organellae neuroni

nexus, -ūs m. die Verbindung

§ 629 nongranulocȳtus, -i m. die nicht gekörnte Zelle; ~ glomĕris sustentans

norepinephrocȳtus, -i m. die Noradrenalin bildende Markzelle der Nebenniere

normocȳtus, -i m. das normale rote Blutkörperchen

nucleolonēma, nucleolonemātis n. der Faden des Kernkörperchens

nucleŏlus, -i m. das Kernkörperchen; ~ principālis, ~ accessorĭus, ~ composĭtus

nucleoplasma, nucleoplasmātis n. das Kernplasma; Syn.: Caryoplasma, Karyoplasma

§ 630 odontoblastus, -i m. der Zahnbeinbildner

odontogenĕsis, odontogenĕsis f. die Zahnbildung

oligodendrocȳtus, -i m. die Gliazelle mit wenigen Fortsätzen

organella, -ae f. das Zellwerkzeug; organellae cytoplasmĭcae, organellae neurōni

ossificatĭo, ossificatiōnis f. die Verknöcherung; ~ perichondriālis, ~ endochondriālis, zona ossificatiōnis, centrum ossificatiōnis
osteoblastus, -i m. die Knochenbildungszelle
osteoclastus, -i m. die Knochenabbauzelle
osteocȳtus, -i m. die Knochenzelle
osteogenĕsis, osteogenĕsis f. die Knochenbildung; ~ membranacĕa, ~ cartilaginĕa
osteōnum, -i n. die Baueinheit des lamellären Knochens; lamella osteōni, ~ primarŭm/secundarĭum
ovocȳtus, -i m. die reifende Eizelle; ~ primarĭus/secundarĭus
ovogenĕsis, ovogenĕsis f. die Eireifung
ovogonĭum, -i n. das Urei

pachynēma, pachynemătis n. der dicke Faden in der Meiose   § 631
paracortex, paracortĭcis m. das neben der Rinde Liegende; Syn.: zona thymodependens
paraganglĭon, -i n. morphologisch von Ganglien unterscheidbare Organe, die Adrenalin sezernieren;
   ~ sympathĭcum, ~ aortĭcum
parathyrocȳtus, -i m. die Zelle der Nebenschilddrüse
penicilli, -ōrum m. (Plural) die "Pinselarterien" der Milz
pericarȳon, pericarȳōnis n. das den Kern Umgebende, der Zelleib der Nervenzelle; ~ cellulārum
pericȳtus, -i m. die umgebende Zelle der Kapillaren
peroxysōma, peroxysomătis n. das Peroxydase tragende Körperchen
phagocȳtus, -i m. der Phagozyt; ~ alveolāris
phagolysosōma, phagolysosomătis n. Verschmelzung eines Lysosoms mit einem Phagosom
phagosōma, phagosomătis n. das Bläschen mit zellfremden Inhalt
photoreceptor, photoreceptōris m. der Lichtempfänger
pigmentocȳtus, -i m. die Pigmentzelle
pinealocȳtus, -i m. die Zirbelzelle
pituitocȳtus, -i m. die Zelle des Hypophysenhinterlappens

plasmoblastus, -i m. die Vorstufe der Plasmazelle   § 632
plasmocytopoēsis, plasmocytopoēsis f. die Bildung der Plasmazellen
plasmocȳtus, -i m. die Plasmazelle
plasmolemma, plasmolemmătis n. die Zellmembran; Syn.: cytolemma; ~ erythrocȳti
podocȳtus, -i m. die Fußzelle der Bowmannschen Kapsel
polocȳtus, -i m. die Polzelle; ~ primarĭus/secundarĭus
polyribosōma, polyribosomătis n. das Gebilde aus zahlreichen Ribosomen; Syn.: polysōma
polysōma, polysomătis n. Syn.: polyribosōma

predentīnum, -i n. die Vorstufe des Dentins   § 633
premelanosōma, premelanosomătis n. die Vorstufe des Melanosoms
proerythroblastus -i m. die hämoglobinfreie Vorstufe des roten Blutkörperchens
prometaphāsis, prometaphāsis f. der Zustand unmittelbar vor der Metaphase
promyelocȳtus, -i m. die Zwischenstufe zwischen Myeloblast und Myelozyt; ~ neutrophilĭcus,
   ~ eosinophilĭcus, ~ basophilĭcus
prophāsis, prophāsis f. Mitosephase mit Sichtbarwerden der Chromosomen
proteīnum, -i n. der erste, der wichtigste Stoff, der einfache Eiweißkörper; granŭlum proteīni
protofibrilla, -ae f. die ultrastrukturelle Fasereinheit von Bindegewebsfasern
protoplasma, protoplasmătis n. der Urstoff, Lebensstoff; Syn.: cytoplasma
pulpocȳtus, -i m. die Pulpazelle

relictum, -i n. der Rest, das Überbleibsel; ~ fusi, ~ epitheliāle   § 634
resorptĭo, resorptiōnis f. die Stoffaufnahme; linĕa resorptiōnis
reticulocȳtus, -i m. nicht ausgereifter Erythrozyt, Retikulozyt
ribosōma, ribosomătis n. das Ribonukleinsäuren enthaltende Körperchen

sarcolemma, sarcolemmătis n. Umhüllung der quergestreiften Muskelfaser   § 635
sarcoplasma, sarcoplasmătis n. das Zytoplasma der Muskelzelle
satelles, satellĭtis m. der Begleiter, Trabant; ~ chromosomālis, ~ nucleāris
sebocȳtus, -i m. die den Talg bereitende Zelle
semilūna, -ae f. der Halbmond; ~ serōsa
serocȳtus, -i m. die seröse Drüsenzelle
spermatidĭum, -i n. die dem Spermium unmittelbar vorausgehende Zelle

spermatocȳtus, -i m. die dem Spermatidium unmittelbar vorausgehende Zelle; ~ primarĭus/secundarĭus

spermatogenēsis, spermatogenēsis f. die Samenreifung

spermatogonĭum, -i n. die Ursamenzelle

spermatozōon, -i n. der Samenfaden; Syn.: spermĭum

spherŭla, -ae f. das Kügelchen; ~ centromĕri, ~ terminālis bacilli

spinŭla, -ae f. das Dörnchen; ~ dendritĭca

splanchnologĭa, -ae f. die Eingeweidelehre

spongiocȳtus, -i m. die Zelle mit schwammiger Struktur

§ 636 squamocȳtus, -i m. die Schuppenzelle des Haarmarks; ~ polygonālis

stereocilĭum, -i n. starrer Zellfortsatz, Sekretfortsatz

striatūra, -ae f. der kleine Streifen; ~ basālis

striomyohistogenēsis, striomyohistogenēsis f. die Bildung der quergestreiften Muskelfasern

synapsis, synapsis f. übertragendes Endorgan einer Nervenzelle; ~ interneuronālis, ~ nonvesiculāris (Syn.: electricālis), synapsis axodendritĭca, ~ axosomatĭca, ~ axoaxonalis, ~ dendrodendritĭca, ~ invagināta, ~ somatodendritĭca, ~ axovasculāris

synovicȳtus, -i m. die Synovialzelle; ~ phagocytĭcus, ~ secretorĭus

synthēsis, synthēsis f. die Zusammensetzung; periŏdus synthesis (Gen.)

§ 637 telodendron, -i n. das Endbäumchen

telomĕrus, -i m. der Endabschnitt

telophāsis, telophāsis f. die Abschlußphase der Mitose

textus, -ūs m. das Gewebe; Syn.: histos; ~ cartilaginĕus, ~ connectīvus, ~ epitheliālis, ~ musculāris nonstriātus, ~ musculāris striātus (Syn.: skeletālis), ~ musculāris striātus cardiăcus, ~ nervōsus, ~ reticulāris, ~ ossĕus, ~ osteogenĭcus, ~ osteoídĕus

thecoluteocȳtus, -i m. die Thekaluteinzelle

thrombocȳtus, -i m. das Blutplättchen

thrombocytopoēsis, thrombocytopoēsis f. die Bildung der Blutplättchen

tonofibrilla, -ae f. das Spannungsfäserchen, die Tonofibrille

tonofilamentum, -i n. das ultrastrukturelle Spannungsfädchen

triăs, triădis f. die Dreiheit, Dreizahl; Plural triădes; ~ hepatĭca

triplomicrotubŭlus, -i m. das dreifache ultrastrukturelle Röhrchen im Basalkörper der Zilie und des Zentriols; ~ corpuscŭli basālis

§ 638 vacuŏla, -ae f. der kleine Hohlraum; ~ autophagĭca, ~ heterophagĭca, ~ secretorĭa, ~ granulomĕri

varicosĭtas, varicosĭtātis f. die Schlängelung; axonĭca

§ 639 zygonēma, zygonemătis n. der Doppelfaden der Mitose

zymogēnum, -i n. das Proenzym; granŭlum zymogēni

7.4.1 Zusätzliche veterinär-medizinische Termini

§ 640 Tunĭca vasculōsa bulbi

Tapētum lucĭdum (Car, Ru, eq, s. Abkürzungsverzeichnis)

Tapētum fibrōsum (Ru, eq); Tapētum cellulōsum (Car)

§ 641 Iris

Granŭla iridĭca (Ru, eq)

§ 642 Orgăna ocŭli accessorĭa

Palpĕbra tertĭa; Syn.: Membrāna nictĭtans (Car, Un)

§ 643 Tuba auditīva

Diverticŭlum tubae auditīvae (eq)

§ 644 Cor

Endocardĭum

Cartilāgo cordis (Car, su, eq)

Os cordis (Ru, eq)

Cavĭtas ōris   § 645
Palātum
  Palātum durum
    Stratum cavernōsum (Car, Un)
Lingŭa
Papilla conĭca (Ru)
Papilla marginālis (Car, su)
Tonsilla linguālis
  Papilla tonsillāris (su)

Pharynx   § 646
Fauces
Tonsilla veli palatini (Car, Un)
Tonsilla para-epiglottĭca (fe, su, ov, cap)
  Sulcus tonsillāris (su)

Ventricŭlŭs; Syn.: Gaster   § 647
Pars nonglandulāris (Un)
  Papillae rumĭnis (Ru)
  Cellŭlae reticŭli (Ru)
  Cristae reticŭli (Ru)
  Papillae unguiculiformes (Ru)
  Laminae omāsi (Ru)
  Papillae omāsi (Ru)
  Epithelĭum squamōsum stratificātum cornificātum (Ru)

Intestīnum crassum   § 648
Colon
  Noduli; Syn.: Follicŭli; lymphatĭci aggregāti (Car, Un)

Canālis anālis   § 649
Sinus paranālis (Car)ˇ
Glandŭla sinŭs paranālis (Car)
    Glandŭla apocrīna (Car)
    Glandŭla sebacĕa (fe)
Glandŭla circumanālis (ca)

Hepar   § 650
Lobŭlus hepatĭcus
  Vena occlŭdens (ca)

Vesīca fellĕa; Syn.: biliāris   § 651
Fundus, Corpus
  Glandŭlae tunĭcae mucōsae (Car, Un)

Cavĭtas nasi   § 652
Vestibŭlum nasi
  Glandŭla nasālis laterālis (Car, su, ov, cap, eq)

Ren   § 653
Medulla renālis
    Crista renālis (Car, su, ov, cap, eq)
Vasa sanguinĕa renalĭa
Vena capsulāris (fe)
Pelvis renālis
Tunĭca mucōsa
  Glandŭla pelvis renālis (eq)
    Glandulocȳtus mucōsus (eq)

Urēter   § 654
Tunĭca mucōsa
  Glandŭla ureterĭca (eq)

§ 655 Vesicŭla; Syn.: Glandŭla; Vesicŭla seminālis (Homo, eq)
          Syn.: Glandŭla vesiculāris (su, Ru);
        Lobŭlus glandulāris (Ru, su)

§ 656 Penis
        Cutis glandis
          Spina glandis (fe et alii)
        Corpus cavernōsum penis
          Os penis (Car)

§ 657 Ovarĭum
        Fossa ovarĭi (eq)
        Utĕrus
        Tunĭca mucōsa; Syn.: Endometrĭum;
          Caruncŭla (Ru)
        Cornu uterīnum (Car, Un)
          Stratum musculāre circulare
          Stratum vasculāre
          Stratum musculāre longitudināle
        Vagīna
        Epithelĭum squamōsum stratificātum cornescens (Car)

§ 658 Adenohypophȳsis; Syn.: Lobus anterĭor;
        Pars medĭa
          Conus (su, Ru)

§ 659 Dermis; Syn.: Corĭum;
        Torŭlus tactĭlis (Car)

§ 660 Pili
        Pilus tactĭlis (Car, Un)
          Sinus sanguinĕus follicŭli (Car, Un)

§ 661 Unguicŭla (Car)

§ 662 Ungŭla (Un)
        Epidermis
          Epidermis tubulāris
            Tubŭlus epidermālis
                Epidermis suprapapillāris
                Epidermis peripapillāris
          Epidermis lamellāta
            Lamella epidermālis primarĭa; Syn.: cornĕa;
            Lamella epidermālis secundarĭa (eq)
          Epidermis limbi; Syn.: Perioplum;
        Dermis; Syn.: Corĭum;
          Dermis papillāris
            Papilla dermālis
          Dermis lamellāta
            Lamella dermālis primarĭa
            Lamella dermālis secundarĭa (eq)

§ 663 Cornu (Ru)
        Epidermis
          Tubŭlus epidermālis
          Epidermis intertubulāris
          Epicéras
        Dermis; Syn.: Corĭum;
          Papilla dermālis

Mamma   § 664
Sinus lactĭfer
  Pars glandulāris (Ru, eq)
  Pars papillāris (Ru, eq)
Papilla mammae
  Ductus papillāris (Ru, eq)

7.5.   Lateinische Ausdrücke der Nomĭna embryologĭca

In Nomĭna embryologĭca finden sich auch wiederkehrende Prä- und Suffixe (Vor- und § 665
Nachsilben) sowie sich wiederholende Wortzusammensetzungen. Hierauf wird bereits in
den §§ 596, 612 und 613 hingewiesen. Folgende Wörter seien noch zusätzlich genannt:
amnĭon *durchsichtige Fruchthülle*; ankўlo- *krumm-*; blasto- *zum Keim gehörend*; blastŭla *der
kleine Keim, die Keimblase*; blastus *die Bildungszelle*; branchĭo- *zu den Kiemen, zu den
Schlundbögen gehörend*; cěrěbello- *zum Kleinhirn gehörend*; chŏrĭo- *die Zottenhaut des Embryos betreffend*; gamēto- *geschlechts-*; gamētus *die reife Geschlechtszelle*; gamĭa *die Befruchtung*; glīa *die Stützzelle*; gonāda *die Keimdrüse*; kinēsis *die Bewegung*; měsŏ- *zwischen, dazwischen liegend*; morphŏ- *zur Gestalt gehörend*; ōŏn *das Ei*; ōŏ- *zum Ei gehörend*; ōvum *das Ei*;
ōvŏ- *zum Ei gehörend*; părĭtas *die Reihenfolge der Geburten*; -phĭlus, -philĭcus *-liebend*; -phŏ-
bus *-scheuend*; -ploídĕa *die Ausbildung des Chromosomensatzes*, euploídĕa *normaler Chromosomensatz*, diploídĕa *doppelter Chromosomensatz*, triploídĕa *dreifacher Chromosomensatz*, tetraploídĕa *vierfacher Chromosomensatz*, polyploídĕa *vielfacher Chromosomensatz*; pŏsĭtĭo *die
Lage*; pregnantĭa *die Schwangerschaft*; sperma *der Same*; tŏmus *der Schnitt, abgeschnittener
Teil, Abschnitt*; tŏpĭa *die Lage*.

absorptĭo, absorptiōnis f. das völlige Aufsaugen   § 666
adnexus, adnexūs m. der Anhang
affixĭo, affixiōnis f. die Befestigung, Einbettung
allantochorĭon, -i n. die Harnsack-Zottenhaut des Embryos
allantŏis (cutis) f. der Harnsack des Embryos
allosōma, allosomătis n. das Autosom des haploiden Chromosomensatzes
amenorrhōēa, -ae f. das Fehlen der Monatsblutung
amnioblastus, -i m. die Amnionbildungszelle Syn.: cellula amniogenica
amniogenēsis, amniogenēsis f. die Bildung der Schafhaut
amnĭon, amnĭi n. die Schafhaut, die durchsichtige Fruchthülle
amplexus, -ūs m. die Umarmung
androgenēsis, androgenēsis f. die Entwicklung ohne mütterlichen Kernanteil
aneuploídĕa, -ae f. der Zustand mit abnormen Chromosomensatz
angioblastus, -i m. die Bildungszelle der Gefäßwand
anoestrus, -i m. der Zustand ohne Brunst
archentĕron, -i n. der Urdarm
autogamĭa, -ae f. die Selbstbefruchtung zwischen den Kernen zweier Schwesterkeimzellen

bivalentĭa, -ae f. die Zweiwertigkeit des Chromosoms   § 667
blastēma, blastemătis n. das undifferenzierte Bildungsgewebe
blastocōēlĭa, -ae f. die Keimhöhle, die Blastozystenhöhle
blastocystis, blastocystis f. die Keimblase, die Blastozyste der Säuger
blastomĕrus, -i m. die Furchungszelle
blastopŏrus, -i m. der Urmund
blastŭla, -ae f. der kleine Keim, die Keimblase
branchiogenēsis, branchiogenēsis f. die Kiemen-, Schlundbogenbildung
branchiomerismus, -i m. die Abfolge gleichartig gebauter Kiemen- oder Schlundbögen

campus, -i m. das Feld; ~ unguis   § 668
cardioglīa, -ae f. die Stützzelle des Herzens
cavitatĭo, cavitatiōnis f. die Höhlenbildung
chondrificatĭo, chondrificatiōnis f. die Verknorpelung

chondrocranĭum, -i n. das knorpelige Primordialkranium
chordagenĕsis, chordagenĕsis f. die Bildung der Rückensaite
chordamesoderma, chordamesodermătis n. das Urdarmdach aus Rückensaite und Mesodermflügeln
circulatĭo, circulatiōnis f. der Kreislauf
climacter, climactēris m. die kritische Zeit, die Wechseljahre
cloāca, -ae f. der Abzugskanal, die Kloake

§ 668 a   coeloblastŭla, -ae f. die Hohlform der Blastula
coelōma, coelomătis n. die primitive Leibeshöhle
coïtus, -ūs m. die geschlechtliche Vereinigung
complexus, -ūs m. die Umschließung, die umschriebene Stelle
conceptĭo, conceptiōnis f. die Empfängnis
conceptus, -ūs m. der Embryo mit seinen Hüllen
conjugatĭo, conjugatiōnis f. die Verbindung
convergentĭa, -ae f. das Zusammenlaufen, die Konvergenz
cŏpŭla, -ae f. das Verbindungsstück, der Hypobranchialhöcker
copulatĭo, copulatiōnis f. die geschlechtliche Vereinigung
cornificatĭo, cornificatiōnis f. die Verknorpelung
crista, -ae f. die Leiste; ~ mammarĭa die Milchleiste, ~ neurālis die Ganglienleiste
cursus, -ūs m. der Ablauf
cytogenĕsis, cytogenĕsis f. die Zellbildung
cytotrophoblastus, -i m. die innere Epithelschicht des Trophoblasten und später der Plazentarzotten

§ 669   defectĭo, defectiōnis f. das Fehlen
definitĭo, definitiōnis f. die Abgrenzung
delaminatĭo, delaminatiōnis f. das Abspalten einer Schicht
dermatomus, -i m. außengelegener Teil des Dermomyotoms (Dermatomyotoms), aus dem das Co-
     rium entsteht
dermomyotomus (dermatomyotomus), -i m. das Dermomyotom (Dermatomyotom) des Ursegments,
     aus dessen innen gelegenen Myotom die Rumpfmuskulatur entsteht
desmocranĭum, -i n. die erste bindegewebige Anlage des Schädels
desquamātĭo, desquamatiōnis f. die Abschilferung
deuteroplasma, deuteroplasmătis n. das zweite, andere Plasma, das Nahrungsplasma
differenziātĭo, differentiātĭo, differentiatiōnis f. die Differenzierung
diploídĕa, -ae f. der Zustand des doppelten Chromosomensatzes
discoblastŭla, -ae f. die Scheibenform der Blastula
distālis, -, -e embryologisch hintenliegend
distributĭo, distributiōnis f. die Verteilung
dysfunctĭo, dysfunctiōnis f. die Fehlfunktion
dysmorphĭa, -ae f. die Mißgestalt

§ 670   ectomēninx, ectomeningis f. die außen liegende Hirnrückenmarkshaut
ectomesoderma, ectomesodermătis n. die im Kopfbereich auftretende Vermischung von Ectoderm
     und Mesoderm, da hier wegen Fehlens der Somiten das Mesenchym von (ectodermalen) Neural-
     leistenzellen und von den vorderen (mesodermalen) Somiten gebildet wird; Textus cristae neuralis
elongātĭo, elongatiōnis f. die Verlängerung
embolĭa, -ae f. das Hineinpfropfen
embryoblastus, -i m. der Embryonalknoten; besser: massa cellulāris interĭor oder interna
embryogenĕsis, embryogenĕsis f. die Bildung des Embryos
endoblastus, -i m. das innere Keimblatt; Syn.: endoderma
endoderma, endodermătis n. das innere Keimblatt s. endoblastus
endomēninx, endomeningis f. die innen liegende Hirnrückenmarkshaut
endothelioblastus, -i m. die Endothelbildungszelle
entypĭa, -ae f. die innere Lage des Embryoblasten
epamnĭon, -i n. der durch einen Amnionnabelgang mit der Amnionhöhle verbundene Raum, die Ek-
     toplazentarhöhle
ependymoblastus, -i m. die Ependymbildungszelle
epiblastus, -i m. die darüberliegende Zellbildungsschicht
epibolĭa, -ae f. das Darüberschieben
epoophŏron, epoophoróntis n. das auf dem Eierstock liegende Organ, der Nebeneierstock; ductus
     epoophorontis

euploídĕa, -ae f. der Zustand mit normalem Verhalten des Chromosomensatzes
evolūtĭo, evolutiōnis f. die Entwicklung
extensĭo, extensiōnis f. die Anschwellung

fecundatĭo, fecundatiōnis f. die Fruchtbarkeit, die Befruchtung der Eizelle § 671
fertilizātĭo, fertilizatiōnis f. die Befruchtung
fissĭo, fissiōnis f. die Spaltung, die Teilung
flagellum, -i n. die Geißel Syn.: cauda
fragmentātĭo, fragmentatiōnis f. die Zertrümmerung

gametocȳtus, -i m. die Geschlechtszelle § 672
gametogenĕsis, gametogenĕsis f. die Bildung der Geschlechtszellen oder Gameten
gamētus, -i m. die reife Geschlechtszelle
gastrŭla, -ae f. die Becherlarve, der Urdarm
gastrulātĭo, gastrulatiōnis f. die Bildung der dreiblättrigen Keimscheibe, die Gastrulation
gemmātĭo, gemmatiōnis f. die Knospung, das Ausknospen
gestātĭo, gestatiōnis f. die Tragzeit
glioblastus, -i m. die Gliabildungszelle
gonāda, -ae f. die Keimdrüse, die Gonade
gonocȳtus, -i m. die Geschlechtszelle
gonosōma, gonosomătis n. das Geschlechtskörperchen
gynogenĕsis, gynogenĕsis f. die Entwicklung ohne väterlichen Kernanteil

haploídĕa, -ae f. der Kern mit halbem Chromosomensatz § 673
heterogamĭa, -ae f. die Verschmelzung verschiedenartiger Geschlechtszellen
heteroploídĕa, -ae f. der Zustand mit verschiedenem Chromosomensatz im Kern
histogenĕsis, histogenĕsis f. die Gewebebildung
hypoblastus, -i m. die darunter liegende Zellbildungsschicht

immigratĭo, immigratiōnis f. die Einwanderung § 674
implantatĭo, implantatiōnis f. die Einbettung des Eies; obsolet: nidatio
impregnātĭo, impregnatiōnis f. die Befruchtung
inductĭo, inductiōnis f. die Anregung, die Induktion
ingressĭo, ingressiōnis f. das Eintreten
inseminātĭo, inseminatiōnis f. die Besamung
invaginātĭo, invaginatiōnis f. die Einstülpung
involucrum, -i n. die Hülle
involutĭo, involutiōnis f. die Rückbildung
isogamĭa, -ae f. die Verschmelzung einander gleicher Geschlechtszellen

labĭa, -ae f. die Lippe; labia blastporālis § 675
labĭum, -i n. die Lippe; periŏdus labĭi fissi
lipoblastus, -i m. die Vorstufe der Fettzelle

macromĕrus, -i m. die große Furchungszelle § 676
maturātĭo, maturatiōnis f. die Reifung
menarche, menarchae f. die erste Monatsblutung
menopausa, -ae f. das Aufhören der Monatsblutung
mesenchȳma, mesenchymătis n. das vom mittleren Keimblatt herstammende Füllgewebe, das embryonale Bindegewebe
mesendoderma, mesendodermătis n. das Mesendoderm
mesentĕron, -i n. der Mitteldarm
mesoblastus, -i m. die dazwischen liegende Zellbildungsschicht
mesocardĭum, -i n. das Herzgekröse; mesocardia (Plural)
mesoderma, mesodermătis n. das mittlere Keimblatt
mesoduodēnum, -i n. das embryonale Mesenterium des Zwölffingerdarms
meso-esophagēum, -i n. das embryonale Mesenterium der Speiseröhre; meso-esophageum dorsale, meso-esophageum ventrale
meso-ilĕum, -i n. das embryonale Mesenterium des Krummdarms
mesojejūnum, -i n. das embryonale Mesenterium des Leerdarms
mesomĕrus, -i m. die Furchungszelle mittlerer Größe
mesorectum, -i n. das embryonale Mesenterium des Mastdarms

§ 676a metamerismus, -i m. die Gliederung in hintereinander liegende gleiche Abschnitte
metanephros, -i m. die Nachniere, die zuletzt gebildete Niere
metentĕron, -i n. der Hinterdarm
metŏēstrus, -i m. die Zeit unmittelbar nach der Brunst
micromĕrus, -i m. die kleine Furchungszelle
micropȳlum, i n. die kleine Öffnung der Eihülle für das Eindringen des Samenfadens
monospermĭa, -ae f. die Befruchtung durch einen einzigen Samenfaden; dispermĭa durch 2, trispermĭa durch 3, polyspermĭa durch zahlreiche Samenfäden
morphogenĕsis, morphogenĕsis f. die Gestaltbildung
morŭla, -ae f. die Maulbeerform des Keimes
multiparĭtas, multiparitātis f. die Mehrfachgeburt
myelinizātio, myelinizātionis f. die Markscheidenbildung; myelinizātio glioblasti
myogenĕsis, myogenĕsis f. die Muskelentstehung
myotubŭlus, -i m. das ultrastrukturelle Röhrchen in Muskelzellen

§ 677 neocortex, neocortĭcis m. stammesgeschichtlich jüngster Teil der Großhirnrinde
neonātus, -i m. der Neugeborene
neotaenĭa, -ae f. die Geschlechtsreife im Larvenstadium
nephrostŏma, nephrostomātis n. die Mündung des Vornierenkanälchens
nephrotŏmus, -i m. das Entstehungsgebiet der primären Harnorgane
neurectoderma, neurectodermātis n. der Abschnitt des äußeren Keimblattes, von dem das Nervengewebe und das Gliagewebe gebildet werden; Epithelium tubi neuralis
neuroblastus, -i m. die embryonale Vorstufe der Nervenzelle
neurocranĭum, -i n. der Hirnschädel
neurogenĕsis, neurogenĕsis f. die Bildung des Nervensystems
neurolemmoblastus, -i m. die Bildungszelle des Neurolemms
neuropŏrus, -i m. die kraniale und kaudale Öffnung des Nervenrohrs
neurŭla, -ae f. der Keim im Stadium der Neuralplatte
neurulātio, neurulatiōnis f. die Bildung der Neurula, die Anlage des Zentralnervensystems
notochorda, -ae f. die Rückensaite
nulliparĭtas, nulliparitātis f. der Zustand ohne Geburt

§ 678 oestrus, -i m. die Brunst, die Liebesraserei
omphalopleura, -ae f. die Wand der Nabelblase
organogenĕsis, organogenĕsis f. die Bildung der Organe
orientātĭo, orientatiōnis f. die Ortsbestimmung
osteocranĭum, -i n. der knöcherne Schädel
oviparĭtas, oviparitātis f. das Legen von Eiern
ovipositĭo, ovipositiōnis f. die Eiablage
ovolemma, ovolemmātis n. die Eihülle
ovonuclĕus, -i m. der Eikern
ovoplasma, ovoplasmātis n. das Plasma des Eies
ovotidĭum, -i n. das Ei; besser: ovum
ovoviviparĭtas, ovoviviparitātis f. die Ablage bereits embryonierter Eier
ovulātĭo, ovulatiōnias f. der Follikelsprung, der Eisprung

§ 679 paedogenĕsis, paedogenĕsis f. die Fortpflanzung einer Jugendform
paleocortex, paleocortĭcis m. phylogenetisch ältester Teil des cortex cérebri; Syn.: palāēocortex
parĭtas, paritātis f. die Reihenfolge der Geburten
parthogenĕsis, parthogenĕsis f. die Jungfernzeugung, Fortpflanzung durch unbefruchtete Eier
partim teilweise
parturitĭo, parturitiōnis f. der gesamte Ablauf des Geburtsvorganges
penetrātĭo, penetratiōnis f. das Eindringen, das Durchbrechen
periderma, peridermātis n. die oberflächlichen platten Zellen der Epidermisanlage
phénomĕnon, -i n. die Erscheinungsform; Syn.: phaenómĕnon; phénomĕna nuclearĭa
placentōnum, -i n. die Bau- und Arbeitseinheit des Mutterkuchens
placŏda, -ae f. der runde (Sinnes)Fleck, die Plakode
plerumque meistens
plicātĭo, plicatiōnis f. die Faltung
ploídĕa, -ae f. die Ausbildung des Chromosomensatzes, die Ploidie

polyembryonĭa, -ae f. die Bildung zahlreicher Keimanlagen

polyploídĕa, -ae f. der Zustand des Kerns mit vielfachem Chromosomensatz
precartilāgo, precartilagĭnis f. der Vorknorpel
pregnantĭa, -ae f. die Schwangerschaft; Syn.: gravidĭtas
primiparĭtas, primiparitātis f. die Erstgeburt
primordĭum, -i n. die erste Anlage
prisma, prismătis n. die Säule mit eckigem Querschnitt
proamnĭon, -i n. die Vorstufe der Schafhaut
processificātĭo, processificatiōnis f. die Bildung von Fortsätzen
progressus, -ūs m. das Vorwärtsschreiten; modi et cursus progressus
pronuclĕus, -i m. der Vorkern
pro-ōestrus, -i m. die Zeit unmittelbar vor der Brunst
proximālis, –, proximāle, embryologisch: vorn liegend
pseudopregnantĭa, -ae f. die Scheinschwangerschaft

radicŭla, -ae f. die kleine Wurzel; radicŭla affixĭva

§ 680

reproductĭo, reproductiōnis f. die Zeugung
rhombomĕrus, -i m. die Rhombomere des Rautenhirns beim Embryo

sclerotŏmus, -i m. das Sklerotom des Ursegmentes, der den Wirbel bildende Abschnitt

§ 681

septum, -i n. die Scheidewand
somatoplasma, somatoplasmătis n. Plasma der Körperzelle; besser: plasma somatĭcum
somatopleura, -ae f. das parietale Blatt des lateralen Mesoderms
somĭtus, -i m. das Ursegment
spermiogenĕsis, spermiogenesis f. die Samenzellreifung
spongioblastus, -i m. die ersten Stützzellen des Nervengewebes
stereoblastŭla, -ae f. die räumlich angeordnete Blastula
sternĕbrae, -ārum f. die das Brustbein bildenden Knochenkerne
stomatodēum, -i n. die Mundbucht
stratificātĭo, stratificatiōnis f. die Schichtenbildung, die Bildung der Keimblätter
strobilātĭo, strobilatiōnis f. die Bildung von Verbuckelungen
superfecundātĭo, superfecundatiōnis f. die Überbefruchtung, die Befruchtung von zwei Eizellen desselben weiblichen Zyklus
superfetātĭo, superfetatiōnis f. die Befruchtung von zwei oder mehr Eizellen verschiedener Zyklen, das Dazukommen einer neuen Schwangerschaft zu einer bereits bestehenden
syncytiotrophoblastus, -i m. die äußere Epithelschicht des Trophoblasten und später der Plazentarzotten

tetraploídĕa, -ae f. der Zustand des Kerns mit vierfachem Chromosomensatz

§ 682

triploídĕa, -ae f. der Zustand des Kerns mit dreifachem Chromosomensatz
trophoblastus, -i m. die ernährende Außenwand der Keimblase
trophospongĭum, -i n. das Schwammwerk des Trophoblasten

urentĕron, -i n. der Schwanzdarm

§ 683

vellus, vellĕris n. die behaarte Haut
viscerocranĭum -i n. der Gesichtsschädel
viviparĭtas, viviparitātis f. das Gebären lebender Junger

zygōta, -ae f. die befruchtete Eizelle

7.5.1. Dysmorphia (Mißgestaltung)

Darunter werden errōres reproductiōnis (Irrungen der Zeugung) und defectiōnes (Fehlen § 684
und Fehlleistungen) verschiedener Genese aufgeführt: Defectĭo congenitālis *angeborenes
Fehlen*; defectio genetĭca *vererbtes Fehlen*; defectio chromosomālis *chromosombedingtes
Fehlen*; defectio gametogenetĭca *Fehler bei der Bildung der Geschlechtszellen*; defectio fertili-
zationālis *Fehlleistung bei der Befruchtung*; defectio implantatiōnis *Fehlleistung bei der Einbettung des Eies*; defectio membranārum fetalĭum *Fehlen der zur Leibesfrucht gehörenden flä-
chenhaften Haut*; defectio chorionĭca *Fehlen der Zottenhaut des Embryos*; defectio funicŭli

umbilicālis *Fehlen des Nabelstranges*; defectio embryogenĕsis *Fehler bei der Bildung des Embryos*; embrỹo defectus *unvollständiger Embryo*; gemĭni conjuncti *verbundene, zusammengewachsene Zwillinge*. Es schließen sich Nomĭna teratologĭca generalĭa et specialĭa (allgemeine und spezielle teratologische Benennungen) an, ebenfalls Nomĭna dysfunctiōnis (Bezeichnungen von Fehlfunktionen). Status abnormālis (regelwidriger Zustand) besonders ausgedrückt durch deficentĭa, deficientĭa (Mangel) und abundantĭa, redundantĭa (Überfluß) wird aufgeführt. Durch Benennungen werden ferner belegt: abnormalĭtas inductiōnis, Regelwidrigkeit der Anregung (wie impedimentum Behinderung, z. B. Phenylketonuria); abnormalĭtas orgăni, Regelwidrigkeit eines Organs; abnormalĭtas textūs, Regelwidrigkeit des Gewebes. Schließlich werden unter causa teratogenĭca (Mißbildungsursache) Gründe und Möglichkeiten der Mißbildungen definiert.

8. Lateinische botanische Bezeichnungen

8.1. Botanische Nomenklatur

§ 685 Die wissenschaftlichen Pflanzennamen und die Fachausdrücke für die Kategorien der systematischen Gruppen sind seit altersher überwiegend griechische, lateinische oder latinisierte Wörter.

Um eine international einheitliche Regelung der Namensgebung und Rangstufen zu erreichen, wurde der International Code of Botanical Nomenclature geschaffen. Er gliedert sich in Grundsätze, Regeln und Empfehlungen.

Das Pflanzenreich, regnum vegetabĭle, besitzt folgende Kategorien:

1. *Das Reich* regnum
2. *Das Unterreich* subregnum
3. *Die Abteilung* divisĭo. Empfehlung mit dem Suffix -phỹta und bei Pilzen -mycōta
4. *Die Unterabteilung* subdivisĭo. Empfehlung mit dem Suffix -phytina und bei Pilzen -mycotĭna
5. *Die Klasse* classis. Empfehlung mit folgendem Suffix: bei den Algen -phycĕae, bei den Pilzen -mycētes, bei den Gefäßpflanzen -opsĭda
6. *Die Unterklasse* subclassis. Empfehlung mit folgendem Suffix: bei den Algen -phycĭdae, bei den Pilzen -mycetĭdae, bei den Gefäßpflanzen -idae
7. *Die Ordnung* ordo. Der Name wird entweder von charakteristischen Merkmalen abgeleitet (beschreibender Name) oder vom Namen einer eingeschlossenen Familie, im letzteren Fall erhält er das Suffix -āles
8. *Die Unterordnung* subordo. Der Name wird entsprechend dem der Ordnung mit dem Suffix -inĕae gebildet.
9. *Die Familie* familĭa. Das Suffix -acĕae wird an den Stamm des Namens einer in der Familie eingeschlossenen Gattung angefügt. Der Name einer Familie ist damit ein substantivisch gebrauchtes Adjektiv im Plural.

   Eine Ausnahme machen die besonders in Europa eingebürgerten Familienbezeichnungen Palmae (Arecacĕae), Graminĕae (Poacĕae), Crucifĕrae (Brassicacĕae), Leguminōsae (Fabacĕae), Guttifĕrae (Clusiacĕae), Umbellifĕrae (Apiacĕae), Labiātae (Lamiacĕae) und Composĭtae (Asteracĕae). Der wahlweise Gebrauch dieser Namen ist zulässig. Werden die Papilionacĕae als eine von den übrigen Leguminōsae verschiedene Familie angesehen, so kann der Name Papilionacĕae weiter gebraucht werden.

10. *Die Unterfamilie* subfamilĭa mit dem Suffix -oídĕae
11. *Die Tribus* tribus mit dem Suffix -ĕae
12. *Die Untertribus* subtribus mit dem Suffix -īnae
13. *Die Gattung* genus

14. *Die Untergattung* subgĕnus
15. *Die Sektion* sectĭo
16. *Die Art* specĭes
17. *Die Unterart* subspecĭes
18. *Die Varietät* variĕtas
19. *Die Form* forma

Weitere zusätzliche Rangstufen können eingeschaltet oder hinzugefügt werden.

In der Botanik wird eine Pflanze binär durch den Gattungsnamen und das Epitheton spe- § 686
cificum gekennzeichnet, was zusammen den Artnamen ergibt.

Der botanische Gattungsname ist ein Substantiv im Singular oder ein Wort, das als sol- § 686a
ches Substantiv behandelt wird. Substantivisch gebrauchte Adjektive sollen aber vermieden werden. Der Name muß aus einem Wort bestehen. Neue Namen sollen möglichst mit
lateinischen Endungen versehen sein. Gattungsnamen, die von Personen abgeleitet sind,
sollen eine weibliche Form bekommen, gleichgültig ob sie Männern oder Frauen gewidmet sind.
Endet der Personenname auf -a, so wird die Endung -aea gebildet, sonst wird der Buchstabe a an den Endvokal gehängt, ebenso an die Endsilbe -er (Collaea nach Colla; Ottoa
nach Otto; Sloanea nach Sloane; Kernera nach Kerner). Geht der Personenname sonst auf
einen Konsonanten aus, so wird der Gattungsname durch Anhängen von -ia gebildet. Von
latinisierten Personennamen wird der Gattungsname gestaltet, indem die Endung -us fort-
fällt, bevor nach den obigen Verfahren die Bildung vorgenommen wird.

Zum größten Teil sind die Gattungsnamen der griechischen oder lateinischen Sprache § 686b
entnommen. Bei anderer Herkunft werden sie wie lateinische Namen behandelt. Betont
werden muß, daß aus dem Altertum überlieferte Namen heute eine völlig andere Bedeutung haben können. Selbst Linné hat wahllos Gattungsnamen vertauscht. Der Gattungsname kann männliches, weibliches oder sächliches Geschlecht haben. Ein griechisches
oder lateinisches Wort, das als Gattungsname gebraucht wird, behält in der Regel sein
klassisches Geschlecht.
Abweichend kann auch der übliche Gebrauch beibehalten werden. Dem historischen botanischen Brauchtum gemäß werden als Feminina behandelt: Adonis, Orchis, Stachys,
Diospyros, Strychnos. Das Wort Hemerocallis, das von Linné als Maskulinum behandelt
und in klassischen lateinischen und griechischen Schriften mit neutralem Geschlecht benutzt wird, soll als Femininum behandelt werden, damit dieser Name im Geschlecht mit
allen anderen auf -is endenden Gattungsnamen übereinstimmt. Gattungsnamen, die als
moderne Wortschöpfungen aus griechischen oder lateinischen Wörtern zusammengesetzt
sind, erhalten das Geschlecht des Endwortes. Als Beispiele für Wortzusammensetzungen
sind im Internationalen Code aufgeführt: Andropogon, das von Linné als Neutrum benutzt wurde, sollte wie alle modernen Zusammensetzungen auf -pogon als Maskulinum
behandelt werden, z. B. Centropogon. Cymbopogon, Bystropogon. Ebenfalls Maskulina
sollten alle modernen Zusammensetzungen sein, die auf -codon, -myces, -odon, -panex,
-stemon enden. Gattungsnamen, die auf das Endwort -mecon (Mohn) auslaufen, sollten
ohne Rücksicht darauf Feminina sein, daß frühere Botaniker die Namen Dendromecon
und Hesperomecon als Neutra behandelt haben. Moderne Wortzusammensetzungen, die
auf -achne, -chlamys, -daphne, -osma enden, sollen Feminina sein. Die Gattungsnamen
Aceras, Aegiceras, Xanthoceras sollten als Neutra verwendet werden, da sie auf das griechische Neutrum -ceras enden, gleichgültig ob frühere Botaniker diese Wörter als Feminina benutzt haben. Alle modernen Wortzusammensetzungen, die auf -dendron, -nema,
-stigma, -stoma enden, sollen Neutra sein. Entgegen dem klassischen Gebrauch wurden
Namen, die auf -anthos, -anthus, -cheilos, -chilus enden, nicht als Neutra behandelt; fast
ausnahmslos werden sie in der Botanik als Maskulina benutzt. Namen, die auf -gaster enden und nach klassischem Vorbild Feminina sein müßten, wurden als Maskulina verwendet. In diesen Fällen soll nach botanischem Brauch weiter fortgefahren werden. Beispiele

für zusammengesetzte Gattungsnamen, bei denen die Endung des letzten Wortes so verändert wurde, daß auch das Geschlecht davon betroffen wird, sind Gattungsnamen mit der Endung -carpos oder -carpus. So sind Maskulina Hymenocarpus, Dipterocarpus. Wird die Endung des Gattungsnamens jedoch in -carpa oder -carpaea verändert, werden sie zu Feminina (Callicarpa, Polycarpaea).

Bei der Endung -carpon, -carpum oder -carpium handelt es sich um Neutra (Polycarpon, Ormocarpum, Pisocarpium).

Werden als Gattungsnamen beliebig gebildete Worte oder einheimische Pflanzenbezeichnungen gewählt, so erhalten sie das Geschlecht, das der Autor ihnen gegeben hat. Wenn der ursprüngliche Autor dies unterlassen hat, kann der nächste Autor die Auswahl treffen. Zwei Autoren gaben in den Jahren 1760 und 1763 für Manihot kein Geschlecht an. Im Jahre 1766 wurde von einem dritten Autor die Art Manihot gossypiifolia aufgestellt. Damit wurde Manihot Femininum.

§ 686 c   Die bei der Veröffentlichung eines Namens gebrauchte Schreibweise muß beibehalten werden, abgesehen von der Berichtigung von Schreib- oder Druckfehlern. Bei den Gattungsnamen, die von Linné stammen, wird seine Schreibweise nach 1753/54 angewandt (Thuja, nicht Thuya). Von verschiedenen Schreibweisen nach dem Stichjahr wird die philologisch richtigere angenommen (Agrostemma, nicht Agrostema). Ist dies kein Kriterium, so wird der Gattungsname in der gebräuchlicheren Form verwandt (Rhododendron, nicht Rhododendrum). Kann auf diese Weise keine Entscheidung getroffen werden, so wird die Schreibung gewählt, die den Empfehlungen des Internationalen Code entspricht.

§ 687   Die Epitheta specifica werden im allgemeinen klein geschrieben. Wo sie reine Adjektive sind, ist dies ohne weiteres verständlich. Auf dem Internationalen Botanikerkongreß 1950 wurde aber die Kleinschreibung aller Artnamen empfohlen. Lediglich die Großschreibung derjenigen Epitheta wird noch gestattet, die von Eigennamen abgeleitet oder frühere Gattungsnamen sind. Ist das Epitheton ein rein lateinisches Adjektiv, so richtet es sich im Genus nach dem Gattungsnamen, wie wir es im Lateinischen gewohnt sind, daß sich das Adjektiv im Genus nach dem Substantiv richtet, zu dem es gehört.

Nun brauchen aber durchaus nicht Gattungsname und Epitheton eine substantivisch-adjektivische Einheit zu bilden. Das Epitheton kann ein Substantiv sein. Derartige Artnamen (also Gattungsname + Epitheton) sind aus der historischen botanischen Namensgebung entstanden, meist durch Aufteilungen von Gattungen, Neueinordnungen und anderweitige notwendige Umstellungen. Beispiele solcher Art wären: Aesculus hippocastanum; Commiphora opibalsamum; Croton eluteria; Pistacia lentiscus; Theobroma cacao; Punica granatum; Jambosa caryophyllus; Pimpinella anisum; Aethusa cynapium; Fraxinus ornus; Exogonium purga; Solanum dulcamara; Nicotiana tabacum; Achillea millefolium; Artemisia absinthium; Aconitum napellus; Anemone pulsatilla; Anamirta cocculus; Elettaria cardamomum; Erythroxylum coca; Acacia catechu; Trigonella foenumgraecum; Cinnamomum cassia.

§ 688   Abgeleitete Epitheta von männlichen oder weiblichen Personen, Ländern und Örtlichkeiten werden als Substantiv im Genitiv oder als Adjektiv gebildet. Künftig soll aber vermieden werden, daß zur Bezeichnung zweier verschiedener Arten von derselben Gattung sowohl die Genitivform als auch das von demselben Wort abgeleitete Adjektiv gebraucht wird, z. B. Lysimachia hemsleyi Franch. (1895) und Lysimachia hemsleyana Maxim. (1891). Endet der männliche Personenname auf einen Vokal, (außer -a), so wird zur Bildung der Genitivform der Buchstabe i angehängt; endet er aber auf a, so wird die Endung ae gebildet. Endet er auf einen Konsonanten, so werden die Buchstaben ii angehängt; an die Endung -er aber nur i. Liegt der Personenname bereits in griechischer oder lateinischer Form vor, so sollte der passende lateinische Genitiv gebraucht werden, z. B. alexandri (von Alexander), francisci (von Franciscus), augusti (von Augustus), linnaei (von Linnaeus), hectoris (von Hector).

Die von dem Namen eines Mannes abgeleiteten adjektivischen Epitheta werden in entsprechender Weise gebildet (Geranium robertianum, Verbena hassleriana).
Entsprechendes gilt für die von Frauennamen abgeleiteten Epitheta. Substantivische Namen erhalten die Endung des Femininums, z. B Cypripedium hookerae, Scabiosa olgae, Omphalodes luciliae, Rosa beatricis.
Von geographischen Namen abgeleitete Epitheta sollen vorzugsweise in adjektivischer Form gebildet werden und erhalten die Endung -ensis, -(a)nus, -inus oder -icus, z. B. Rubus quebecensis (von Quebec), Ostrya virginiana (von Virginia), Hieracium florentinum (von Florenz), Polygŏnum pennsylvanĭcum (von Pennsylvania).
Die Schreibweise neuer Epitheta soll sich nach der ursprünglichen Schreibung der Wörter richten, von denen sie abgeleitet sind, und mit dem angenommenen Verfahren des Lateins und der Latinisierung übereinstimmen, z. B. silvestris (nicht sylvestris); sinensis (nicht chinensis).
So müssen auch die von Linné gebrauchten Symbole, die bei ihm einen Teil der Epitheta ausmachen, durch Wörter ausgedrückt werden. Scandix pecten ♀ L. muß ausgeschrieben werden als Scandix pecten-veneris, Veronica anagallis ▽ L. als Veronica anagallis-aquatica.

8.2. Morphologische Terminologie

arbor *Baum*; frutex *Strauch*; suffrŭtex *Ḥalbstrauch* wie Solānum dulcamāra; herba annŭa §689 *einjähriges Kraut*; herba biennis *zweijähriges Kraut*; herba perennis *ausdauerndes Kraut*.

cormus *Stamm*; truncus *Holzstamm*; caulis *Stengel*; culmus *Halm* wie bei Poacěae. §690
caulis kann der Richtung nach sein: ascendens *aufsteigend* wie bei Malva vulgāris; dichotŏmus *gabelästig* wie bei Silēne; fluĭtans *im fließenden Wasser* (Scirpus), natans *im stehenden Wasser schwimmend* (Trapa); prostrātus *niederliegend* wie bei Veronĭca und Thymus serpyllum; ramōsus *ästig* wie bei Bromus ramōsus; reptans *kriechend* wie bei Potentilla reptans; scandens *kletternd* wie bei Vitis und Heděra; simplex *einfach* wie bei Linarĭa; squamōsus *sparrig* wie bei Juncus; strictus *aufrecht* wie bei Verbascum; volubĭlis *windend* wie bei Humŭlus. caulis kann nach Oberfläche und Querschnitt sein: rugōsus *runzelig* wie bei Rapistrum; striātus *gestreift* wie bei Linarĭa; sulcātus *längsfurchig* wie bei Pastanāca satīva; těres *stielrund*.

Metamorphosen des Stammes: rhizōma *der Wurzelstock* (Acŏrus calǎmus); bulbus *die* §691 *Zwiebel* (Allĭum); sarmentum *der Schößling* (Fragarĭa); stolo *der Ausläufer* (Rubus); tuber *die Knolle* (Orchis), turĭo *der Sproß* (Kiefer).

Folĭum *Blatt*; bractěae Deckblätter (Tilĭa); involūcrum *Blüten-* oder *Kelchhülle* (Apia- §692 cěae); ochrěa *Blatt-tute, Manschette* (Polygŏnum); spatha *Blütenscheide* (Calla).

Bei folĭum wird unterschieden lamĭna *Blattspreite, -fläche*; basis *Blattgrund*; petiŏlus *Blatt-* §693 *stiel*; vagīna *Blattscheide*; ligŭla *Blatthäutchen, -züngelchen* (Poacěae); nervi *Blattrippen*; venae *Blattadern*.

Blattform: folĭum acuminātum *Blatt mit zugespitztem Ende* (Carpĭnus); fol. cuneātum *keil-* §694 *förmiges Blatt* (Aescŭlus); fol. lanceolātum *lanzettliches Blatt* (Ligustrum); fol. obovātum *verkehrteiförmiges Blatt* (Arctostaphўlos); fol. ovātum *eiförmiges Blatt* (Fagus); fol. renātum *nierenförmiges Blatt* (Asǎrum); fol. rhomboíděum *rautenförmiges Blatt* (Trapa); fol. rotundum *rundes Blatt* (Drosěra); fol. sagittātum *pfeilförmiges Blatt* (Rumex); fol. spatulātum *spatelförmiges Blatt* (Digitālis); fol. triangŭlum *dreieckiges Blatt* (Atrĭplex).

Blattrand: folĭum dentātum *gezähntes Blatt* (Urtĭca urens); fol. integerrĭmum *ganzrandiges* §695 *Blatt* (Syringa); fol. lobātum *gelapptes Blatt* (Malva silvestris); fol. palmadifĭdum *handspal-* *tiges Blatt* (Hellebŏrus); fol. palmāti partītum *handteiliges Blatt* (Aconītum napellus); fol. pinnātum *gefiedertes Blatt* (Robinĭa); fol. bipinnātum *doppelt gefiedertes Blatt* (Mimōsa);

fol. tripinnātum *dreifach gefiedertes Blatt* (Umbellifĕrae); fol. serrātum *gesägtes Blatt* (Rosa); fol. ternātum *dreizähliges Blatt* (Menyanthes).

§ 696 Anheftung und Stellung des Blattes: folĭum petiolātum *gestieltes Blatt* ; fol. sessĭle *sitzendes Blatt* ; fol. amplexicaule *stengelumfassendes Blatt* (Papāver somnifĕrum); fol. peltātum *schildstieliges Blatt* (Tropaēŏlum); fol. perfoliātum *durchwachsenes Blatt* (Lonicēra); folĭa alterna *wechselständige Blätter* (Symphȳtum); folĭa fasciculāta *büschelige Blätter* (Larix); folĭa opposĭta *gegenständige Blätter* (Labiātae); folĭa verticillāta *wirtelständige Blätter* (Galĭum).

§ 697 Konsistenz und Farbe des Blattes: folĭum acerōsum *nadeliges Blatt* ; fol. coriacĕum *lederartiges Blatt* (Buxus); fol. foliacĕum *laubartiges Blatt* ; fol. scariōsum *trockenhäutiges, dünnes Blatt* ; fol. succulentum *fleischig-saftiges Blatt* (Sedum); fol. virĭde *grünes Blatt* ; fol. glaucum *blaugrünes Blatt* ; fol. canum *graues Blatt* ; fol. opācum *glanzloses Blatt* ; fol. splendens *glänzendes Blatt.*

Bekleidung des Pflanzenkörpers

§ 698 Bekleidung mit Haaren: arachnŏídĕus *spinnwebig*; ciliātus *bewimpert* (Scirpus); floccōsus *flockig durch abwischbaren Filz* (Tragopōgon); glaber *kahl* (Herniarĭa glabra); hirsūtus *steifhaarig* (Herniarĭa hirsūta); hirtus *kurzhaarig* (Inŭla hirta); hispĭdus *borstenhaarig* (Myosōtis hispĭda); holosericĕus *sammethaarig* (Salix holosericĕa); lanātus *wollig* (Digitālis lanāta); lēvis, laevis *glatt* ; stellātim pilōsus *sternhaarig* ; pubescens *flaumhaarig* (Ranuncŭlus acer); scaber *rauh* (Rubus scaber); sericĕus *seidenhaarig* (Potentilla anserīna); tomentōsus *weichhaarig* (Verbascum phlomoīdes); urens *brennhaarig* (Urtĭca urens).

§ 699 Andere Behaftungen: aculeātus *stachelig* (Cardŭus); alātus *geflügelt* (Scrophularĭa alāta); aristātus *begrannt* (Hordĕum); caudātus *geschwänzt* (Amarantus caudātus); cirr(h)ĭfer *rankentragend* (Pisum, Vicĭa); cirr(h)ōsus *rankig* (Clemātis); cristātus *kammartig gezähnt* (Melampȳrum cristātum); glandulōsus *drüsenstielig* (Drosēra); glochidiātus *widerhakig* (Lappa officinālis); rostrātus *geschnäbelt* (Carex rostrāta); spinōsus *dornig* (Prunus spinōsa); squamātus *schuppig* (Tussilāgo).

Flos *die Blüte*, inflorescentĭa *der Blütenstand*

§ 700 Peduncŭlus *Blütenstiel* ; flos pedunculātus *gestielte Blüte* ; flos sessĭlis *sitzende Blüte* ; flos terminālis *endständige Blüte* ; flos axillāris *blattwinkelständige Blüte* (Viŏla tricŏlor); flos basilāris *grundständige Blüte* (Viŏla odorāta); flos verticillātus *wirtelige Blüte*. Einen *Blütenscheinwirtel*, verticillastrum, haben die Lamiacĕae.

§ 701 Zentripetale, botrytische Infloreszenzen: spica *Ähre* (Plantāgo, Verbēna), racēmus *Traube* (Ribes, Brassicacĕae): laxus *locker*; densus, confertus *gedrängt* ; elongātus *verlängert* ; abbreviātus *verkürzt* ; unilaterālis *einseitig*. Umbella *Dolde*: simplex *einfach* (Primŭla); composĭta *zusammengesetzt* (Apiacĕae); radĭans *strahlend* (Heraclĕum sphondylĭum). Capitŭlum *Köpfchen* (Scabiōsa, Trifolĭum); amentum *Kätzchen* (Quercus, Corȳlus); spadix *Kolben* (Calla); panicŭla *Rispe* (Poacĕae, Alisma plantāgo); cymbus *Doldenrispe.*

§ 702 Zentrifugale, zymöse Infloreszenzen: cyma *Trugdolde* (Sambūcus); bostryx *Schraubel* (Juncacĕae); drepanĭum *Sichel* ; cicĭnus *Wickel* (Iridacĕae, Myosōtis); rhipidĭum *Fächel.*

§ 703 *Blütenkreise*: thalămus *Blütenboden*, calyx *Kelch*, corolla *Blumenkrone*, stamen *Staubblatt*, pistillum *Stempel.*

§ 704 Insertĭo *Einfügung der Blütenteile*: insertĭo epigynĭca *oberständige Einfügung* (Vaccinĭum); insertĭo hypogynĭca *unterständige Einfügung* (Ranuncŭlus); insertĭo perigynĭca *mittelständige Einfügung* (Prunus cerăsus).

§ 705 Flos hermaphrodītus *zwittrige Blüte*, flos diclīnus *eingeschlechtliche* Blüte, flos masculīnus *männliche Blüte*, flos feminīnus *weibliche Blüte* ; planta monoīca *einhäusig* (Corȳlus), planta dioīca *zweihäusig* (Cannăbis). Flos kann der Konsistenz nach sein: corollīnus *kronblattartig*; foliacĕus *blattartig*; herbacĕus *krautartig*; scariōsus *trockenhäutig.*

Calyx *Kelch*, corolla *Blumenkrone*, sepăla *Kelchblätter*, petăla *Blumenblätter*, calyx chorise- § 706
pălus *getrenntblättriger Kelch*, corolla choripetăla *getrenntblättrige Krone*; calyx campanulā-
tus *glockenförmiger Kelch* (Hyoscyămus); calyx turbinātus *kreiselförmiger Kelch*; corolla bi-
labiāta *zweilippige Krone* (Labiātae); corolla globōsa *kugelige Krone* (Vaccinĭum); corolla
infundibuliformis *trichterförmige Krone* (Gentiāna); corolla lingulāta *zungenförmige Krone*
(Composĭtae); corolla papilionacĕa *schmetterlingsförmige Krone* mit vexillum *Fahne*, alae
Flügel, carīna *Kiel*; corolla personāta *maskierte Krone* (Antirrhīnum); corolla tubulōsa *röh-
rige Krone* (Composĭtae); corolla urceolāta *krugförmige Krone* (Erīca).

Corolla kann der Farbe nach sein: alba, candĭda *weiß*; albĭda *weißlich*; nigra, atra *schwarz*; § 707
nigrĭcans *schwärzlich*; incāna, canescens *grau*; cinerĕa *aschgrau*; pallĭda *blaß*; fusca *braun*;
ferruginĕa *braunrot*; lutĕa, citrīna, flava *gelb*; aurĕa *goldgelb*; ochroleuca *gelbweiß*; lutescens, flavescens *gelblich*; aurantiăca *orangerot*; virĭdis *grün*; glauca *blaugrün*; virescens
grünlich; caerulĕa *blau*; caesĭa *bläulich*; violacĕa *violett*; rubra, sanguinĕa *rot*; incarnāta
fleischrot; purpurĕa *purpurrot*.

Aestivatĭo *Knospenlage* kann bei Kelch und Krone sein: aestivatĭo contorta *gedrehte Kno-* § 708
spenlage (Gentiāna); aestivatĭo imbricāta *dachziegelige Knospenlage* (Sedum); aestivatĭo
valvāta *klappige Knospenlage* (Mimōsa).

Androcōeum: stamen *Staubgefäß, Staubblatt*; filamentum *Staubfaden*; anthēra *Staubbeu-* § 709
tel; staminodĭum *beutelloses, verkümmertes Staubgefäß* (Rosmarīnus, Salvĭa); pollinarĭa
Pollenmassen (Orchis); anthēra intīna *innere*/extīna *äußere Haut des Staubbeutels*; stamĭna
thalămo inserta *Staubgefäße der Blütenachse eingefügt*; stamĭna calўci inserta *Staubgefäße
der Kelchröhre eingefügt*; stamĭna corollae inserta *Staubgefäße der Krone eingefügt*. Stamĭna
aequalĭa *gleichlange Staubgefäße*; stamĭna didynăma *zweimächtige Staubgefäße* (Lamiacĕae); stamĭna tetradynăma *viermächtige Staubgefäße* (Brassicacĕae); stamĭna libĕra *freie
Staubgefäße ohne Verwachsung*; stamĭna monadelpha *einbrüdrige Staubgefäße* (Malva); stamĭna diadelpha *in zwei Bündel verwachsene Staubgefäße* (Fumarĭa, Fabacĕae); stamĭna po-
lyadelpha *in mehreren Bündeln verwachsene Staubgefäße* (Citrus aurantiŭm).

Anthērae: anthēra accrēta *angewachsener Staubbeutel,* auch continŭa *weiterführend* genannt § 710
(z. B. Pisum); anthēra mobĭlis *beweglicher Staubbeutel* (Brassicacĕae); anthērae connātae
verwachsene Staubbeutel (Composĭtae, Cucurbĭta pepo). Locŭla *Fächer der Anthere*: locŭla
opposĭta *gegenüberstehende Fächer*; locŭla apposĭta *nebenstehende Fächer*; locŭla introrsa
einwärtsgerichtete/extrorsa *auswärtsgerichtete Fächer*; locŭla discrēta *getrennte Fächer* (Salvĭa). Dehiscentĭa anthērae *Aufspringen des Staubbeutels*: anthēra longitudinalĭter dehiscens
der Länge nach aufspringend; anthēra poris dehiscens *Staubbeutel in Löchern aufspringend*
(Vaccinĭum myrtillus); anthēra valvis dehiscens *Staubbeutel in Klappen aufspringend* (Laurus nobĭlis); anthēra transversim dehiscens *Staubbeutel der Quere nach aufspringend* (Alchemilla), *Anhängsel des Staubbeutels*: anthēra bicornis *zweihörniger Staubbeutel* (Ericacĕae);
anthēra caudāta *geschwänzter Staubbeutel* (Nerĭum oleander).

Gynaecēum: pistillum *Stempel*; carpellum *Frucht-* oder *Karpellblatt*; ovarĭum *Fruchtkno-* § 711
ten; stigma *Narbe*; stigma sessĭle *sitzende Narbe* (Sambūcus); ovŭla *Samenanlagen*; placenta *Samenleiste*; placenta parietālis *wandständige Samenleiste*; placenta centrālis *Zentral-
samenleiste auf einem Säulchen* columella (Dianthus); ovarĭum infĕrum *unterständiger
Fruchtknoten*; ovarĭum supĕrum *oberständiger Fruchtknoten*, die uniloculāre *einfächerig*
oder pluriloculāre *mehrfächerig* sein können; stylus terminālis *endständiger Griffel*; stylus
curvātus *gekrümmter Griffel* (Pimpinella); stylus spirālis *gerollter Griffel* (Genista); stylus
excrescens *auswachsender Griffel* (Clemātis, Pulsatilla).

Stigma: stigma capitātum *kopfförmige Narbe*; stigma clavātum *keulenförmige Narbe* (Viŏla § 712
tricŏlor); stigma filiforme *fädliche Narbe* (Luzŭla); stigma peltātum *schildförmige Narbe*
(Papāver); stigma penicillātum *pinselige Narbe*; stigma petalŏidĕum *blattartige Narbe* (Iris);
stigma plumōsum *federartige Narbe*.

§ 713 fructus, carpos *Frucht*

pericarpĭum *Fruchtschale*; epicarpĭum *äußere*/mesocarpĭum mittlere/endocarpĭum *innere Fruchthaut*; dissepimentum *Längsscheidewand*; septum *Querscheidewand* (Raphănus); drupa *Steinfrucht* (Juglans, Prunus); bacca *Beere* (Ribes, Vitis); caryopsis *Schalfrucht* (Gramĭnĕae); acene (Kunstwort) *Achäne* (Composĭtae); nux *Nuß* (Corȳlus) teils mit cupŭla *Becherhülle* (Quercus); follicŭlus *Balgfrucht* (Ranunculacĕae); capsŭla *Kapsel* mit valvae *Klappen* (Liliacĕae, Aescŭlus); legūmen *Hülse* (Pisum, Phaseŏlus); silĭqua *Schote* (Brassicacĕae); conus *Zapfen* (Nadelhölzer).

§ 714 *Samenanlage*: funicŭlus *Nabelstrang*; hilum *Nabel*; integumentum *Eihaut*; chalāza *Hagelfleck, Knospengrund*; raphe *Nabelstreifen*; nucellus *Eikern*; micropȳle *Eimund*; embrȳo *Keim*; cotylēdo *Keimblatt, Samenlappen*; cotylēdŏnes epigāēae *erste Blätter über der Erde*; cotylēdŏnes hypogāēae *unterirdische Entwicklung der Keimblätter*.

§ 715 *Embryoformen*: embrȳo curvātus *gekrümmter Keim* (Trigonella); embrȳo planus *flacher Keim* (Prunus amygdălus); embrȳo plicātus *gefalteter Keim* (Sināpis); embrȳo rectus *gerader Keim* (Prunus amygdălus); embrȳo spirālis *aufgerollter Keim* (Humŭlus).

§ 716 *Form und Aussehen des Samens*: semen discoīdĕum *scheibenförmiger Samen* (Strychnos); semen globōsum *kugeliger Samen* (Colchĭcum); semen lēve *glatter Samen* (Myristĭca); semen nitĭdum *glänzender Samen* (Linum); semen opācum *matter, glanzloser Samen* (Cydonĭa); semen orbiculāre *kreisrunder Samen* (Strychnos); semen ovātum *eiförmiger Samen* (Cydonĭa); semen pulverulentum *bestäubter Samen* (Prunus amygdălus); semen reniforme *nierenförmiger Samen* (Hyoscyămus); semen scrobiculātum *feingrubiger Samen* (Papāver); semen sericĕum *seidenhaariger Samen* (Strychnos); semen tetragōnum *vierkantiger Samen* (Trigonella).

9. Zoologische Nomenklatur

§ 717 Um eine international einheitliche Regelung der Namensgebung für die Familien-, Gattungs- und Artgruppe zu erreichen, wurden die „Internationalen Regeln für die Zoologische Nomenklatur" geschaffen, die durch den International Trust for Zoological Nomenclature veröffentlicht werden.

In der zoologischen Systematik wird das Tierreich, regnum animāle, in nachfolgende Kategorien, die nach Bedarf noch untergliedert werden können, eingeteilt:

1. *der Stamm* phȳlum mit dem *Unterstamm* subphȳlum
2. *die Klasse* classis mit der *Überklasse* superclassis und der *Unterklasse* subclassis
3. *die Ordnung* ordo mit der *Überordnung* superordo und der *Unterordnung* subordo
4. *die Familie* familĭa mit der *Überfamilie* superfamilĭa und der *Unterfamilie* subfamilĭa
5. *die Tribus* tribus
6. *die Gattung* genus mit der *Untergattung* subgĕnus
7. *die Art* specĭes mit der *Unterart* subspecĭes

Die „Internationalen Regeln" gelten für die Kategorien subspecĭes, specĭes, subgĕnus, genus, tribus, subfamilĭa, familĭa, superfamilĭa und alle erforderlichen Zwischenkategorien.

§ 718 Die in den höheren Kategorien oberhalb der Überfamilie gebrauchten Wörter sind Adjektiva, teils auch Substantiva. Sich wiederholende Suffixe sind -zōa *-tiere*; -pŏda und -pedĭa *-füßler*; -tricha *-behaarte* oder *-bewimperte*; -(o)phŏra und -(i)fĕra *-träger*; -oīda und -oídĕa *-artige*; -sporidĭa *-sporen*; -ciliāta *-bewimperte*; -spongĭa *-schwammige*; -morpha *-gestaltige*; -glossa *-züngler*; -branchĭa *-kiemer*; -donta *-zähner*. Weitere Neutralformen im Plural nach der o-Deklination auf -a sind die Endungen -ta und -āta, -īna, -acĕa, -orĕa, -da, -ĭa, -ĕa, -a und nach der dritten Deklination die Endungen -antĭa, -entĭa, -ālĭa, -ārĭa. Man denke sich oft das Wort zōa oder animalĭa ergänzt.

Verstreut finden sich maskuline und feminine Endungen sowohl nach der a- und o-Deklination -i, -ĭi, -ini, -ĕi, -ae, -ĕae als auch nach der dritten Deklination -es, -ones, -ines, -(i)formes, -cipĭtes, -antes, -entes, -ides.

In der Überklasse der Fische, pisces, treten die maskulinen Endungen verstärkt auf. Bei der Klasse der Vögel, aves, kommen bisher keine neutralen Formen vor. Wir finden hier viele Substantiva und ferner Adjektiva mit dem Suffix -formes als Bezeichnung.

Die zoologischen Familiennamen werden gebildet durch Anfügung der Endung -īdae an den Stamm des Namens von derjenigen Gattung, die als Typus dient. Bei Unterfamilien wird in gleicher Weise an den typischen Gattungsnamen die Endung -inae angehängt. Die Bezeichnungen für die Familien und Unterfamilien sind also Substantiva im Nominativ Plural der a-Deklination. Hierin zeigt sich Übereinstimmung mit der Botanik, trotz eines anderslautenden Suffixes. §719

Zur fehlerlosen Form des Familiennamens ist wesentlich, daß der Wortstamm richtig aufgefunden wird. Bei den Gattungsnamen, die aus dem Griechischen stammen, ist dies nicht immer einfach.

Die „Internationalen Regeln" geben im Anhang D „Empfehlungen zur Bildung der Namen" Hinweise und Beispiele für die Ermittlung des Wortstammes und die Bildung der Familiennamen, so leiten sich ab Salpingidae von salpinx, Somatidae von soma, Hepatidae von hepar, Gastridae von gaster.

Die „Internationalen Regeln" empfehlen, die Endung -oídĕa für Namen von Überfamilien und -īni für Namen von Tribus zu verwenden. Im ersten Fall handelt es sich um ein Neutrum Plural der o-Deklination, im zweiten Fall um ein Maskulinum Plural der o-Deklination.

Die „Internationalen Regeln" geben eine Anzahl von Vorschriften und Emfehlungen für die Bildung der Gattungsnamen. §720

Der Gattungsname besteht aus einem einzigen Wort, das einfach oder zusammengesetzt sein kann. Er wird mit großem Anfangsbuchstaben geschrieben und als Substantiv im Nominativ Singular angewandt (Canis).

Gattungsnamen können griechische oder lateinische Substantiva sein, auch zusammengesetzte griechische oder lateinische Wörter, ferner von derartigen Vokabeln Ableitungen, die eine Verkleinerung, Ähnlichkeit, einen Vergleich oder Besitz ausdrücken; weiterhin mythologische Namen und im Altertum gebrauchte Personennamen.

Ein Gattungsname, der aus einem griechischen oder lateinischen Wort besteht oder darauf endet, erhält das für das betreffende Wort in den maßgebenden griechischen oder lateinischen Wörterbüchern angegebene Geschlecht, sofern die Nomenklaturkommission nicht anderweitig entscheidet.

Ein Wort griechischer oder nichtklassischer Herkunft wird für die Belange der zoologischen Nomenklatur als latinisiert gewertet, sofern es in lateinischen Buchstaben geschrieben ist, auch wenn die Endung nicht latinisiert ist.

Neuzeitlichen Personennamen wird die Endung -ius, -ia, -ium angefügt, wenn sie auf einen Konsonanten auslaufen. Endet der Personenname auf -a, so wird die Endung -ia angefügt, bei den übrigen Vokalen -us, -a oder -um.

Auch für die Bildung der Artnamen geben die „Internationalen Regeln" Vorschriften und Empfehlungen. Der Name einer Art besteht aus zwei Wörtern (Binomen) und der einer Unterart aus drei Wörtern (Trinomen); stets ist das erste Wort der Gattungsname, das zweite Wort der Artname und das dritte, falls es gebraucht ist, der Unterartname. §721

Soll zusätzlich der Name einer Untergattung mit angegeben werden, so wird er in runden Klammern zwischen Gattungs- und Artnamen eingefügt. Ein Name der Artgruppe muß ein einfaches Wort aus mehr als einem Buchstaben oder ein zusammengesetztes Wort sein, und er muß sein oder behandelt sein wie

a) ein Adjektiv im Nominativ Singular, das im Geschlecht mit dem Gattungsnamen übereinstimmt (z. B. Felis marmorata), oder

b) ein Substantiv im Nominativ Singular, das dem Gattungsnamen als Apposition zugeordnet ist (z. B. Felis leo),
oder

c) ein Substantiv im Genitiv (z. B. rosae, sturionis, thermopylarum, galliae, sanctipauli, sanctaehelenae, cuvieri, merianae, smithorum), oder

d) ein als Substantiv gebrauchtes Adjektiv, das von dem Artnamen eines Lebewesens hergeleitet ist, zu dem das fragliche Tier in Beziehung steht (z. B. Lernaea lusci).

Ist der Artname ein nach einem modernen Personennamen gebildetes Substantiv, so soll er auf -i enden, wenn der Personenname sich auf einen Mann bezieht, auf -orum, wenn es sich um mehrere Männer oder um Männer und Frauen zugleich handelt, auf -ae, wenn es derjenige einer Frau ist und auf -arum, wenn es sich um mehrere Frauen handelt. Ein solcher Name kann auch durch Anfügen der adjektivischen Endungen -iānus, -iāna, -iānum gebildet werden.

Alle Artnamen werden klein geschrieben, auch wenn sie von Personen- oder Ländernamen abgeleitet werden.

§ 722 Der zoologische Name muß lateinisch oder latinisiert sein oder er muß, sofern es sich um eine willkürliche Buchstabenkombination handelt, derart gebildet sein, daß er wie ein lateinisches Wort behandelt werden kann, Die Buchstaben j, k, w und y können benutzt werden.

Zur korrekten Transkription und Latinisierung griechischer Wörter, zur Latinisierung von geographischen Namen und von Eigennamen können Anhang B und C der „Internationalen Regeln" zu Rate gezogen werden. Zur Bildung der Namen sind im Anhang D Empfehlungen gegeben.

10. Wortneubildungen

§ 723 Die ständige Weiterentwicklung der Naturwissenschaften und der Medizin hat auch die Erarbeitung neuer Begriffe zur Folge, zu deren Bezeichnung sich lateinische Ausdrücke oder latinisierte Wörter eignen.

Die Wortbildungslehre zeigt nun, wie aus vorhandenen Wörtern durch Ableitung oder Zusammensetzung neue entstehen können, die bislang im naturwissenschaftlichen und medizinschen Latein nicht gebraucht wurden.

In diesem Rahmen soll eine Beschränkung auf Substantive und Adjektive erfolgen.

10.1. Bildung von Substantiven

10.1.1. *Aus vorhandenen Substantiven, an deren Wortstamm Suffixe gehängt werden*

§ 724 Das Suffix -ārĭum bezeichnet einen Ansammlungsort: columba § 55 – columbārĭum *Taubenschlag*, pomum § 107 – pomārĭum *Obstgarten*.

§ 725 Das Suffix -ētum an den Wortstamm von Pflanzen gehängt, bezeichnet deren gehäuftes Vorkommen: quercus § 412 – quercētum *Eichenwald*, vinum § 107 – vinētum *Weingarten*, arbor § 259 – arborētum *Baumschule*, myrtus § 89 – myrtētum *Myrtengebüsch*.

§ 726 Das Suffix -īna an den Wortstamm von Berufsbezeichnungen gehängt, bezeichnet die entsprechende Lehre oder den Ort der beruflichen Tätigkeit: medĭcus § 83 – medicīna § 35.

Das Suffix -īum an den Wortstamm von Berufsbezeichnungen gehängt, ergibt abstrakte **§ 727** Begriffe, wie sie im Deutschen durch die Endungen -schaft oder -tum gekennzeichnet sind, oder die Bezeichnung einer Gesamtheit: collega § 32 – collegĭum *Kollegenschaft.*

Suffixe für Verkleinerungsformen vgl. § 597. **§ 728**

10.1.2.   *Aus vorhandenen Adjektiven, an deren Wortstamm Suffixe gehängt werden*

Von Adjektiven werden abstrakte Bezeichnungen abgeleitet, wie sie im Deutschen durch **§ 729** die Endungen -heit und -keit gekennzeichnet sind. Solche Suffixe, die an den Wortstamm gehängt werden, sind -itas § 287; -itudo und -tudo § 262; -ia, -itia §§ 30, 37, 42, 47, 61, 66; -ities § 420.
Suffix -itas: utilis § 365 – utilĭtas § 287, cupidus § 157 – cupidĭtas § 287
Suffix -itūdo und -tūdo: fortis § 364 – fortitūdo § 262, pulcher § 150 – pulchritūdo § 262
Suffix -itĭes: durus § 172 – duritĭes § 420, canus § 164 – canitĭes § 420
Suffix -ĭa, -tĭa und -itĭa: eminens § 388b – eminentĭa § 66a; miser § 149 – miserĭa § 30a; notus § 158 – notitĭa § 30

10.1.3.   *Aus vorhandenen Verben*

Durch Anhängen an den Verbalstamm bezeichnen die Suffixe -or § 252, -ium §§ 106, 108, **§ 730** 126, 128 einen Zustand.
Suffix -or: pudĕo § 549 – pudor § 252, amo § 549 – amor
Suffix -īum: indico § 549 – indicĭum § 126, gaudeo – gaudĭum § 106

Durch Anhängen an den Supinstamm (Partizip Perfekt Passiv = dritte Stammform § 549) **§ 731** bezeichnen die Suffixe -tor und -sor eine handelnde Person, aber auch ein Organ, Gerät oder Werkzeug, vgl. § 253.

Durch Anhängen an den Supinstamm (Partizip Perfekt Passiv = dritte Stammform § 549) **§ 732** bezeichnen die Suffixe -tio und -sio durch die Tätigkeit Hervorgebrachtes, etwa analog deutschen Wörtern mit der Endung -ung: consumptus § 549 – consumptĭo § 267; mixtus § 549 – mixtĭo § 266a; infectus § 549 – infectĭo § 267b; oratus § 549 – oratĭo § 265; compressus § 549 – compressĭo § 269; divisus § 549 – divisĭo § 268

Durch Anhängen der Suffixe -tus und -sus, Genitiv -tūs und -sūs, an den Supinstamm **§ 733** (Partizip Perfekt Passiv = dritte Stammform § 549) entstehen Substantive der u-Deklination analog der deutschen Wortbildung gegangen – der Gang; gelaufen – der Lauf. Es ist streng darauf zu achten, daß die Partizipien mit der Endung -us, -a, -um der a- und o-Deklination, die abgeleiteten Substantive aber der u-Deklination angehören: tractus, tracta, tractum gezogen § 549 – tractus, tractūs der Zugstrang § 407; tactus, tacta, tactum berührt § 549 – tactus, tactūs das Betasten § 407; auditus, audita, auditum gehört § 549 – audĭtus, audītūs das Gehör § 408a; habĭtus, habĭta, habĭtum gehabt § 549 – habĭtus, habĭtūs die äußere Körperbeschaffenheit § 409; secessus, secessa, secessum sich abgesondert § 549 – secessus, secessūs das Fortgehen § 410a.

Durch Anhängen an den Supinstamm (Partizip Perfekt Passiv = dritte Stammform § 549) **§ 734** bezeichnen die Suffixe -tūra und -sūra das Ergebnis der Tätigkeit: mixtus § 549 – mixtūra § 40; receptus § 549 – receptūra § 40; signātus § 549 – signatūra § 40; ebenso fissūra, flexūra § 64.

§ 735 Die Suffixe -men, -mentum, -ŭlum, -bŭlum, -cŭlum, -crum und -trum bezeichnen Mittel und Werkzeuge im Sinne des Verbums oder auch den Ort der Handlung: volumen § 305, alimentum § 107b, experimentum § 107b, cingulum § 128a, infundibulum § 128a, operculum § 128a, vehiculum § 110a, involucrum § 119a, rostrum § 123, claustrum § 127. Vergleiche auch § 597.

10.2. Bildung von Adjektiven

10.2.1. Ableitungen von Verben

§ 736 Die Suffixe -bundus und -cundus verstärken meist die Bedeutung des Partizip des Präsens: moribundus § 219; furibundus § 219; iracundus § 157

§ 737 Das Suffix -ĭdus drückt eine Eigenschaft aus, die zum Verbum in Beziehung steht: calĭdus § 167

§ 738 Die Suffixe -ĭlis und -bĭlis drücken eine Möglichkeit oder Fähigkeit aus, meist passiv im Sinne der deutschen Endung -lich: facĭlis § 365; mobilis § 365, solubĭlis § 376

§ 739 Die Suffixe -ax und -ulus drücken eine meist negative Neigung aus; fallax § 386, capax § 386; garrulus § 208

10.2.2. Ableitungen von Substantiven

§ 740 Das Suffix -ĕus bezeichnet die stoffliche Eigenschaft wie die deutsche Endung -ern, -en: vgl. §§ 152, 163, 164c, 175, 197, 212, 227

§ 741 Die Suffixe -ius, -icus, -icius, -nus, -ivus, -arius bezeichnen die Zugehörigkeit: vgl. §§ 152ff.

§ 742 Die Suffixe -ensis, -ālis oder -āris bezeichnen die Zugehörigkeit und sind besonders im naturwissenschaftlich-medizinischen Latein stark vertreten: vgl. § 371 und §§ 367, 368, 369, 374, 380, 381.

§ 743 Die Suffixe -ōsus und -lentus bedeuten eine Fülle wie die deutsche Endung -ös, vgl. §§ 152, 161, 174, 185, 196, 204, 211, 226.

§ 744 Die Suffixe -ātus, -ĭtus, -ūtus bedeuten eine Ausstattung, vgl. §§ 152, 178, 188, 203, 205, 206, 216, 236.

§ 745 Die Suffixe -ānus und -īnus bezeichnen die Zugehörigkeit zu einem Ort oder Land, ferner die Herkunft von einem Gegenstand, vgl. §§ 152, 159, 165, 169, 171, 193, 209, 221, 223.

§ 746 Die Suffixe -oideus, -formis, -oides, die besonders zahlreich in den Naturwissenschaften und in der Medizin gebraucht werden und auch bei Wortneuschöpfungen angewendet werden können, finden sich in den §§ 199, 228, 363, 367a, 382, 383, 394–399.

10.2.3. Ableitungen von anderen Adjektiven

§ 747 Die Suffixe -ŭlus, -ŏlus, -ĕllus, -culus können Diminutivformen (Verkleinerungen) bezeichnen.

10.3. Wortzusammensetzungen

Im Fall von Wortzusammensetzungen wird in der Regel der Bindevokal o nach § 16 Ziff. **§ 748**
2–4 verwendet, da es sich bei Neuschöpfungen um Kunstwörter handelt.
Bei Wortzusammensetzungen wird vom Wortstamm ausgegangen. Dieser wird aus dem
Genitiv, dessen Endung abgestrichen ist, gefunden. Bei griechischen Wörtern ist diese
Verfahrensweise der Stammauffindung nicht immer anwendbar. Es kann eine Kette gebildet werden, deren Schema mithin wäre: Wortstamm-o-Wortstamm-o-Wortstamm-o-End-
wort. Das Endwort bleibt dabei unverändert. Ein Beispiel aus dem Gebiet der Medizin
wäre sternocleidomastoideus.

In der Pflanzensoziologie werden die Pflanzengesellschaften konventionell lateinisch als **§ 749**
systematische Einheiten mit Rangstufen gekennzeichnet. Jeder Rang ist aus der Endung
erkennbar, die an den Wortstamm des Gattungsnamens der für diese Gesellschaft charakteristischen Pflanze angehängt wird.

Klasse	-etĕa	Assoziation	-ētum
Ordnung	-etalĭa	Subassoziation	-etōsum
Verband	-ĭon	Fazies	-ōsum

Genügt für die Kennzeichnung der Gesellschaft ein Gattungsname nicht, so dürfen für
die Assoziation oder eine höhere Rangstufe zwei Gattungsnamen genommen werden.
Die beiden Gattungsnamen werden zusammengekoppelt:
Wortstamm des ersten Gattungsnamens – Bindevokal – Gattungsname der wichtigeren
Pflanze als Wortstamm – charakteristische Endung der Rangstufe.
Der Bindevokal ist stets ŏ, ausgenommen, wenn das erste Wort der lateinischen 3. Dekli-
nation oder der griechischen i-Deklination angehört; in diesen Fällen wird ĭ als Bindevo-
kal genommen.
Sollte ein Artname erforderlich sein, da der Gattungsname allein nicht zur Kennzeich-
nung ausreicht, wird das Epitheton kleingeschrieben im Genitiv beigefügt.
Beispiel nach Passarge (9):
Klasse: Geranĭo-Fraxinetĕa, *staudenreiche Edellaubwälder*
Ordnung: Alno-Fraxinetalĭa, *Erlen-Eschenwälder*
Verband: Alnĭon glutinōso-incānae (= Genitiv), *Erlen-Eschen-Auenwälder*
Assoziation: Alnētum incānae (= Genitiv), *montaner Grauerlen-Auenwald*; Alno-Ulmētum,
subkontinentaler Erlen-Eschenwald

Wortneubildungen können durch Zusammensetzung mit allen Präpositionen **§ 750**
(§§ 442–472) und den in den § 238–243a aufgeführten Präfixen erfolgen (z.B. indicatĭo –
contraindicatĭo). Pharmăcon, Arzneistoff; pro-pharmacon ist ein Stoff, der nach Applika-
tion erst im Körper zum Wirkstoff umgewandelt wird. Aus neugebildeten Adjektiven können auch neue Substantive, in der Regel Neutra auf -um, entstehen. Wird ein Processus
transversus krankhaft zu einem Processus megatransversus, so kann man von einem Me-
gatransversum sprechen. Die entsprechenden Plurale lauten dann Processūs megatrans-
versi und Megatransversa.

11. Lateinische akademische Bezeichnungen

Im akademischen Sprachgebrauch werden lateinische Bezeichnungen meist abgekürzt be- **§ 751**
nutzt. Deshalb treten bei der Aussprache und mündlichen Wiedergabe Unsicherheiten
auf. Zum sprachlichen Verständnis und zu einer korrekten Anwendung werden Promo-
tionsgrade, Bewertungen und allgemein vorkommende lateinische Ausdrücke in Kurz-
und Langform gegenübergestellt.

§ 752 11.1.　　　Doktor eines Wissenschaftszweiges (Promotion A)

Dr. agr.	doctor agriculturārum, auch agronomīae
Dr. jur.	doctor jūris
Dr. med.	doctor medicīnae
Dr. med. dent.	doctor medicīnae dentarīae
Dr. med. vet.	doctor medicīnae veterinarīae
Dr. rer. mil.	doctor rerum militarīum
Dr. paed.	doctor paedagogĭcae, auch paedagogĭae
Dr. phil.	doctor philosophĭae
Dr. rer. nat.	doctor rerum naturalīum
Dr. oec.	doctor oeconomīae, auch rerum oeconomicārum
Dr. rer. pol.	doctor rerum politicārum
Dr. rer. silv.	doctor rerum silvaticārum, auch silvestrīum
Dr. theol.	doctor theologĭae
Dr.-Ing.	Doktor-Ingenieur

§ 753 11.2.　　　Doktor der Wissenschaften (Promotion B)

Dr. sc. agr.	doctor scientĭae agriculturārum
Dr. sc. jur.	doctor scientĭae jūris
Dr. sc. med.	doctor scientĭae medicīnae
Dr. sc. med. vet.	doctor scientĭae medicīnae veterinarīae
Dr. sc. mil.	doctor scientĭae militarīum
Dr. sc. paed.	doctor scientĭae paedagogĭcae
Dr. sc. phil.	doctor scientĭae philosophĭae
Dr. sc. nat.	doctor scientĭae naturalīum, auch naturālis
Dr. sc. oec.	doctor scientĭae oeconomīae
Dr. sc. pol.	doctor scientĭae politicārum
Dr. sc. silv.	doctor scientĭae silvaticārum
Dr. sc. theol.	doctor scientĭae theologĭae
Dr. sc. techn.	doctor scientĭae technicārum

Mitunter ist das Wort rerum zu ergänzen

§ 754 11.3.　　　Bewertungen

summa cum laude	ausgezeichnet
magna cum laude	sehr gut
cum laude	gut
rite	genügend
non súffĭcit	nicht genügend

§ 755 11.4.　　　Sonstige Ausdrücke

cand. med., phil. usw.	candidātus medicīnae, philosophĭae usw.
Dr. h. c.	doctor honōris causa
Dr. h. c. mult.	doctor honōris causa múltĭplex
Dres. h. c.	doctōres (Plural) – mehrere Personen – honōris causa

Dr. med. habil.	doctor medicīnae habilitātus (muß stets in Verbindung mit der Fachrichtung genannt werden)
facultas docendi	Lehrbefähigung
em.	emérītus (männlich), emérĭta (weiblich), meist in Verbindung mit dem Titel Professor
rector magnífĭcens	Anrede an den Rektor, im Schriftverkehr Magnifizenz
rectōres magnificéntes	Anrede an mehrere Rektoren
spectabĭlis	Anrede und Anschrift an den Dekan
spectabĭles	Anrede an mehrere Dekane
dies academĭcus	akademischer Feiertag
aud. max.	auditōrĭum maxĭmum
mensa	Speisetisch, Speiseraum
s. t.	sine tempŏre, pünktlich
c. t.	cum tempŏre, 15 min nach der Zeitangabe
pag.	pagĭna

Index der Vokabeln

1. Lateinische Vokabeln

Die Zahlen hinter den Vokabeln geben die Paragraphen an. In alphabetischer Reihenfolge haben alle Vokabeln Aufnahme gefunden, die sämtlich klein geschrieben sind. Bei der Schreibweise ist zu beachten, daß mitunter ae = e, c = k, i = j sein kann. Auf Betonungszeichen wurde verzichtet. Substantiva der ersten, zweiten und fünften Deklination sind im Nominativ aufgeführt. Bei denen der dritten Deklination ist der Genitiv hinzugefügt und bei denen der vierten die Genitivendung -us. Bei den Adjektiven nach der o- und a- Deklination ist die maskuline Form ausgeschrieben, der die feminine und neutrale Endung hinzugefügt sind. Die Adjektive nach der dritten Deklination sind im Nominativ vollständig wiedergegeben, sofern die Endungen verschieden sind. Die Adjektive mit zwei Endungen sind nur in der maskulinen Form ausgeschrieben, auf die feminine Form ist durch einen Strich hingewiesen, anschließend folgt der Endungsbuchstabe -e der neutralen Form. Adjektive mit einer Endung sind im Nominativ und der Genitivendung aufgeführt. Beim Komparativ wird die maskuline und neutrale Form angegeben. Vom Superlativ ist meist nur die maskuline Form zu finden. Verben werden im Infinitiv genannt.

A

a, ab, abs 462
a- 238
abbreviatus, a, um 236, 701
abdomen, abdominis 305, 598 a, r, 601 o, r
abdominalis, –, e 380, 601 a, t
abducens, abducentis 388 b, 599, 601 a
abductor, abdoctoris 253 b, 598 a, 602 d
aberrans, aberrantis 389 a, 599, 601 a
aberratio, aberrationis 266
abesse 462, 549
abies, abietis 285
abire 512 c, 549
ablatio, ablationis 266
abnormalis, –, e 367, 684
abnormalitas, abnormalitatis 287, 684
abomasum 123, 604
abortivus, a, um 591 d
abortus, -us 408 a
abrasio, abrasionis 269
abrotanoides, -is 396
abrotanum 122 a
abruptus, a, um 206
abscessus, -us 410 a
absinthium 122, 568, 568 e, 583, 687
absolutus, a, um 188, 522 a, 581 a
absorbens, absorbentis 584, 584 b
absorptio, absorptionis 267 e, 551 b, 666

abundantia 37 a, 684
abusus, -us 410 á
acacia 51, 579, 687
acceleratio, accelerationis 266
acceptor, acceptoris 253 a
accessio, accessionis 268
accessorius, a, um 218 b 601 a, 629, 642
accipere 253 a, 549
accipiter, accipitris 254
accretio, accretionis 267
accretus, a, um 206, 710
acene 713
acer, aceris 295, 698
acer, acris, acre 359, 360, 425, 435
aceras 686 b
acerosus, a, um 196, 697
acerrimus 435
acervulus 95
acetabularis, –, e 381, 598 l, 601 a
acetabulum 128 a, 597, 598 a
acetas, acetatis 274 a, 555 d, 555 g, 581
acetasphthalas 584 a
acetico-tartaricus, a, um 582 d
aceticus, a, um 187 a, 550 a, 550 h, 550 i, 552 b, 555
acetonum 552
acetosellus, a, um 202
acetosus, a, um 196
acetum 109 a, 541
acetylatus-phthalysatus, a, um 584 a
acetyl(o)salicylicus, a, um 550 a, 555
achillea 49, 687

achilles, achillis 598 t, 601 c
achylia 72 a
acicularis, –, e 369
acidosis, acidosis 340, 340 a
acidum 110 a, 548, 550 a, 551, 555, 582 d, 583 c, d, f, 589 b
acidus, a, um 181
acies 420
acinus 95 b
acipenser, acipenseris 254
acne 69
aconitum 121 a, 578, 687, 695
acorus 88 c, 691
acrior, acrius 425
acritas, acritatis 287
acriter 481
acromialis, – e 380, 601 a
acromioclavicularis, –, e 601 a
acromion 135 a, 598 a, 601 c, 602 b
acropodium 611
acrosoma, acrosomatis 614
actio, actionis 265
activatus, a, um 581
aculeatus, a, um 216, 699
acumen, acuminis 305
acuminatus, a, um 236, 694
acus, -us 412
acusticus, a, um 230, 598 m, p, r, 601 a
acutifolius, a, um 191 c, 563 b
acutus, a, um 234
ad- 241
ad 2, 442, 542, 568 d, 579 b, 581, 586, 589 a, 589 b, 589 c, 598 a
adamantinus, a, um 222, 598 e, p, 601 a
addendum 541

addere 512b, 515, 533, 541, 549
adductor, adductoris 253b, 595, 598a
adductorius, a, um 601a
adenohypophysis, adenohypophysis 598a, 658
adenomerus 614
adeps, adipis 251, 270, 279, 579, 579a, 583c
adhaerens, -entis 388b, 617
adhaesio, adhaesionis 269, 598a
adhaesivus, a, um 190
adhesio = adhaesio
adhibere 515, 549
adicere 515, 548, 549
adipinicus, a, um 550h
adipositas, adipositatis 288
adiposus, a, um 226, 598p, 601a
aditus, us 14, 409, 598a
adminiculum 597, 598a
admirabilis, –, e 370
admiscere 515, 549
admovere 515, 549
adnectere 521, 527, 549
adnexus, -us 410, 666
adolfactorius, a, um 218b
adonis, adonidis 347, 568a, 568e, 686b
adsorbens, -entis 581, 584
adspergere = conspergere
adstare 531, 549
adstringens, -entis 388b, 592
adstringere 542, 549
adsurgens, -entis 388b
adulter 97
adulterinus, a, um 193
adultus, a, um 206, 216a
aduncus, a, um 191b
adustus, a, um 206
adventitius, a, um 218, 601a
adversalis, – e 368
adversus, a, um 423, 470
aedes, aedium 333
aedeticus = edeticus
aedificium 106
aeger, a, um 150
aegiceras 686b
aeglefinus 90a
aegrestis, –, e 372
aegrotus, a, um 158a
aequalis, –, e 367, 379, 586, 589a, 709
aequare 253a, 512, 549
aequator, aequatoris 253a
aequor, aequoris 296
aequus, a, um 166
aer, aeris 336
aerophorus, a, um 183
aerugo, aeruginis 263b
aes, aeris 303
aesculus 687, 694, 713

aestas, aestatis 289
aestivalis, -e 368
aestivatio, aestivationis 266, 708
aestivus, a, um 165, 191a
aetas, aetatis 289
aethanolicus, a, um und aethanolum siehe bei e
aether, aetheris und aethereus, a, um siehe bei e
aetheroleum 580, 580a, 580b, 589a
aethionema 353
aethusa 49, 687
aethylium = ethylium
afferens, -entis 388c, 599, 601a, 628
affinis, –, e 15, 364a
affixio, affixionis 268, 666
affixus, a, um 235, 601a
aganophyllus, a, um 191b
agar 579
agaricinicus, a, um 550a
agathophyllus, a, um 191b
agavoides, is 396
ager 98
agger, aggeris 254, 598a
agglomeratus, a, um 205
aggregatio, aggregationis 267e, 614
aggregatus, a, um 205, 236, 601a, 648
agitans, agitantis 389b
agitare 525, 541, 549
agnatus, a, um 205
agoraphobia 72a
agranulocytus 614
agrarius, a, um 191c
agrestis, –, e 372
agricola 32, 147
agricultura 752, 753
agrimonia 51, 568a
agronomia 752
agropyrum 121a
agrostemma 686c
agrostideus, a, um 199a
agrostioides, is 396
agrostis 347a
agyrophilocytus 614
ailanthus 89b
akrodynia 72a
ala 63, 598a, 706
alacritas, alacritatis 287
alaris, –, e 369, 601a, 605
alatus, a, um 205, 699
alauda 54
albellus, a, um 164a
albescens, entis 388b
albicans- antis 389b, 601a
albidus, a, um 164b, 707
albugineus, a, um 601a

albugo, albuginis 263b
albulus, a, um 164c
albumen, albuminis 305
albuminatus, a, um 188
albus 164, 550g, 560a, 563a, 568d, 570, 579, 579a, 581a, 583d, 583g, 598a, 601a, 627, 707
alcedo, alcedinis 262a
alchemilla 50, 568a, 710
alcis, alcis 322
alcohol, alcoholis 356, 552a, 581, 581e, 583c, 583f, 589b
alcoholisatus, a, um 188
algor, algoris 252
alienus, a, um 193
alimentarius, a, um 218a
alimentum 107b, 735
aliquid 528
alisma 353, 701
alius, alia, aliud 151
alkanna 50, 572a
allantochorion 666
allantois 666
allatus, a, um 549, 586
allergosis, allergosis 340a
allium 122, 691
allo- 243a
alloplectus, a, um 206
allosoma, allosomatis 666
almus, a, um 191
alnetum 749
alnion 749
alnoides, is 396
alno-fraxinetalia 749
alno-ulmetum 749
alnus 89
aloe 69, 143, 579, 583
aloeticus, a, um 187
aloides, is 396
alopecia 72a
alopecuroides, is 396
alpestris, –, e 372
alter, altera, alterum 151, 462
alternans, antis 389a
alternus, a, um 696
althaea 49, 561, 572, 572b, 582c
altilis, –, e 365
altus, a, um 177
alumen, aluminis 305, 551, 551b
aluminium 114, 550d, 550e, 551b, 555d, 581, 581c, 582d, 582e, 583c
aluta 35
alutaceus, a, um 197
alveolaris, –, e 128, 381, 598d, j, 601a, 631
alveolus 95, 598a
alveus 598a

amabilis, –, e 370
amacrinus, a, um 628
amare 508, 509, 510, 511, 514, 515, 517, 531, 540, 541, 542, 543, 549, 730
amarellus, a, um 202
amarus, a, um 172, 189, 568 c, 571, 575 a, 583, 591 d
ambages, ambagum 332
ambiguus, a, um 195, 601 a
ambra 53
ameloblastus 614
amenorrhoea 666
amentum 11, 119 a, 701
americanus, a, um 171
amica 28
amicus 80
aminoaceticus, a, um 550 a
aminophenazonum 117, 552
aminosalicylas 274 a, 555 e
aminosalicylicus, a, um 550 i
amitosis, amitosis 614
ammi, ammeos 563 b
ammonia 42, 582 d
ammoniatus, a, um 188, 581 e
ammonium 110, 550 d, 550 e, 550 f, 555 a, 555 c, 582 d
amnioblastus 666
amniogenesis, amniogenesis 665, 666
amnion 135 a, 666
amoeba 54
amoenus, a, um 168
amor, amoris 730
amotio, amotionis 267
amphi- 242
amphiarthrosis, amphiarthrosis 339
amphiaster, amphiasteris 614
amphibius, a, um 208 a
amplectus, a, um 206
amplexicaulis, –, e 696
amplexus, -us 410, 666
amplus, a um 166, 191
ampulla 41, 65 b, 581, 598 a, 604
ampullaris, –, e 381, 601 a
amputatio, amputationis 267
amygdala 52, 67 a, 143, 575 a, 582, 715, 716
amygdalinus, a, um 222
amygdaloideus, a, um 228, 601 a
amygdalus 89 c, 715, 716
amylaceus, a, um 186, 197, 552 a, 581, 586
amylum 110 a, 579
an- 238
ana 2, 242, 461 a, 589 a
ana- 242
anabolicus, a, um 591
anacardium 122, 140

anaemia 72 a
anaestheticus, a, um 581 a, 591
analepticus, a, um 591
analgeticus, a, um 187, 591
analis, –, e 380, 598 s, 598 v, 601 a, 604, 649
analysis, analysis 2, 338, 468, 553
anamirta 50, 687
anaphasis, anaphasis 614
anaphrodisiacus, a, um 591 d
anas, anatis 124, 285
anastomosis, anastomosis 339, 598 a, 601 a
anastomoticus, a, um 230, 601 a
anatomia 72
anatomicus, a, um 15, 594, 595, 601 a, 602, 607
anceps, ancipitis 392
anchyglosis, anchyglosis 340
ancilla 29
anconeus, a, um 229, 601 a
andira 49
androcoeum 709
androgenesis, androgenesis 666
andropogon 686 b
anemone 687
anethum 121 a, 563 a
aneuploidea 666
aneurysma, aneurysmatis 352
anfractosus, a, um 196
angelica 52, 572, 580
angina 59
angio- 613
angioarchitectonice 614
angioblastus 666
angioma, angiomatis 352
angioticus, a, um 187, 591
angostura 49
anguilla 55
anguinus, a, um 209
anguis, anguis 321
angularis, –, e 381, 601 a
angulus 95, 598 a, d, l, 601 a, i
angustifolius, a, um 191 c, 563 b
angustus, a, um 177
anhidrosis, anhidrosis 340
anhydricus, a, um 187, 274 a, 555 g
anima 31
animal, animalis 316, 318
animalis, –, e 367, 717
animus 81
anisatus, a, um 188
anisum 121 a, 563, 563 a, 563 b, 580, 582 e, 589 b, 687
ankylo- 665
ankylostoma, -stomatis 352
annulus = anulus
annus 82, 451, 454
annuus, a, um 165, 195, 689

anococcygeus, a, um 601 a
anoestrus 666
anorexia 72 a
anorexicus, a, um 591
ansa 63, 598 a, 601 p, 604
anser, anseris 251, 254
anserinus, a, um 221, 568 a, 601 a, 698
antacidus, a, um 591 d
ante 241, 443, 538
antea 484
antebrachium 128, 598 a
anterior, anterius 440, 598 a, c, p, 601 a, t
anterodorsalis, –, e 601 a
anterolateralis, –, e 16, 380, 601 a
anteromedialis, –, e 601 a
anteroventralis, –, e 601 a
anteversio, anteversionis 269
anthelix, anthelicis 280, 598 a, s
anthelminticus, a, um 187, 580, 591
anthemis, anthemidis 560 b
anthera 45, 709, 710
anthonomus 90 a
anti- 242
antiallergicus, a, um 591
antiarthriticus, a, um 591
antiasthmaticus, a, um 591
antibioticus, a, um 591
anticoagulans, antis 592
anticonvulsivus, a, um 591 d
antidepressivus, a, um 591 d
antidiabeticus, a, um 591
antidiarrhoicus, a, um 591
antidotum 125 a, 593
ant(i)emeticus, a, um 591
antiepilepticus, a, um 591
antifebrilis, –, e 592
antifibrinolyticus, a, um 591
antihaemorrhoidalis, –, e 592
ant(i)hidroticus, a, um 591
antihistaminicus, a, um 591
antihypertensivus, a, um 591 d
antihyperthyreoticus, a, um 591
antihypertonicus, a, um 591
antihypothyreoticus, a, um 591
antihypotonicus, a, um 591
antimycoticus, a, um 591 a
antineuralgicus, a, um 591 a
antiparasiticus, a, um 591 a
antipertussicus, a, um 591 a
antiphlogisticus, a, um 187, 591 a
antipyreticus, a, um 591 a
antiquus, a, um 156
antirheumaticus, a, um 187, 591 a
antispasmodicus, a, um 187, 591 a

antistomium 124
antitetanicus, a, um 591a
antithromboticus, a, um 591a
antitragicus, a, um 230, 601a
antitragohelicinus 601a
antitragus 94a, 598a, 601i
antitussicus, a, um 591a
antivaricosus, a, um 591d
antivenericus, a, um 591a
antrum 127, 442, 598a
anularis, –, e 369, 381, 601a
anulatus, a, um 205
anulus 95, 598a, 601f, i
anus 94, 598a, e, 604
anus, -us 411
aorta 65b, 598a, b, s, v
aorticorenalis, –, e 601a
aorticus, a, um 230, 601a, 631
aortitis, aortitidis 341
aper 98
aperitivus, a, um 190, 578c
apertura 64, 598a, 602a 605
apertus, a, um 178a, 203
apex, apicis 271, 598a
aphonia 72a
aphrodisiacus, a, um 591d
aphthae 138a
aphyllus, a, um 191b
apicalis, –, e 368, 380, 601a
apicoposterior, apicoposterius 601a
apiculatus, a, um 205
apis, apis 322
apium 122, 701
apivorus, a, um 210
apo- 242
apocrinus, a, um 222, 649
apocynoides, is 396
aponeurosis, aponeurosis 339, 598a, 601e
aponeuroticus, a, um 598g, 601a, 601e
apophysis, apophysis 339a, 598a
apoplexia 72a
apostema, apostematis 352
apparatus, -us 408, 598a, 598p, 601d, 604, 606
appendicitis, appendicitidis 341
appendicularis, –, e 601a
appendix, appendicis 281, 598a, 598m, 601a, e, v, 610
appositus, a, um 206a, 710
aptus, a, um 158
apud 444
apus 91a
aqua 4, 33, 141, 143, 442, 541c, 542, 548, 589a, c
aquaeductus, -us 408a, 598a
aquaticus, a, um 201, 688
aqueductus = aquaeductus
aqueus, a, um 227

aquila 57
aquilegioides, is 396
aquosus, a, um 185, 196, 581e, 583c, 583d, 583f, 598h, 601a
arabicus, a, um 176, 187, 579, 579a, 581f
arachis, arachidis 347, 582
arachnoidealis, –, e 598f, 601a
arachnoideus, a, um 199, 598a, 601s, 698
araneus 91
araucaroides, is 396
arbitrium 106
arbor, arboris 251, 259, 471, 598a, 598v, 689, 725
arborescens, entis 388b
arboretum 725
arboreus, a, um 197, 212, 560a
arbustus, a, um 203
arcanus, a, um 107a, 171, 591d
archenteron, -i 666
archiater 98
architectonice 69
arctos 133
arcuatus, a, um 178, 598e, 601a
arcus, -us 405, 598a, 598p, 601a, 601p
ardea 56
ardens, -entis 388a
ardor, ardoris 252
arduus, a, um 173
area 37, 598a, 601n
areca 49, 575
arena 35
arenarius, a, um 191c
arenosus, a, um 196
areola 67a, 598a
areolaris, –, e 381, 601a
argentinus, a, um 164a
argentoaffinocytus 614
argentum 111, 113, 519, 548, 550d, 550e, 555a, 555d
argilla 41
argillaceus, a, um 164c
arhythmia 72
aridus, a, um 192
aries, arietis 274
arillus 86a
arioideus, a, um 199
aristatus, a, um 205, 699
arnica 52, 560, 583, 583b
aromaticus, a, um 187, 201, 559a, 578c
arrector, arrectoris 253b, 598a
arrhythmia = arhythmia 72a
arrogantia 30
ars, artis 326, 458, 540, 585
arsenicosus, a, um 185a, 550c, 551
arsenum 111, 551, 555h

artefactus, a, um 178a
artemisia 51, 568a, 687
arteria 15, 66, 598a, 598c, p, 601a, c, d, e, 601f, g, i, m, p, r, s, t, 607
arteriitis, arteriitidis 341
arteriola 67a, 598a
arteriosus, a, um 226, 598c, g, 601a
arteriovenosus, a, um 226, 601a
arthritis, arthritidis 341
arthrodia 66
arthrodynia 72a
arthropathia 72a
articularis, –, e 381, 598c, m, r, 601a
articulatio, articulationis 267, 598a, 601a, c, e, h, i, m, r, s, t
articulus 95
artificialis, –, e 367, 579
artocarpus 89b
artus, us 407
arundinaceus, a, um 197
arundo, arundinis 262a
arvensis, –, e 371, 580a
arx, arcis 326
ary- 601a
aryepiglotticus, a, um 601a
arytenoideus, a, um 228, 601a
arythmia 72a
asa 48
asarum 122a, 572a, 574, 694
ascendens, entis 388b, 599, 601a, 604, 690
ascites 71
ascorbicus, a, um 187a, 550a, 555
asellus 84, 90b, 582
asepalus, a, um 191c
asepsis, asepsis 340
asepticus, a, um 584, 584a, 584b
asiaticus, a, um 176
asina, asinus 76
aspectus, -us 408a
asper, a, um 149, 425, 435, 599, 601a
aspergillus 92a
asperior, asperius 425
asperitas, asperitatis 287
asperrimus 435
asperugo 542
asperula 52, 568a
asphyxia 72a
aspidiodes, is 399
asplenoides 399
associatio, associationis 598a
astacus 91, 91a
astare 512, 549
aster, asteris 612, 614, 617
asthenia 72a
asthma, asthmatis 352

astrocytus 614
ataracticus, a, um 230, 591a
ater, a, um 150, 707
athenae, athenarum 141
atlantoaxialis, -, e 601a
atlantooccipitalis, -, e 601a
atlas, atlantis 275, 327, 598a, m
atrialis, -, e 380
atricapillus, a, um 208
atrioventricularis, -, e 601a
atrium 128, 598a, s
atropa 52
atrophicans, -antis 389b
atropinum 115, 552, 555a, 555d, 589c
attentus, a, um 158a
auctoritas, auctoritatis 287
aucuparius, a, um 191c
audax, acis 386
audire 509, 510, 511, 514, 517, 534, 540, 541, 542, 543, 549, 733
auditivus, a, um 598o, s, t, 601a, m, s, 643
auditus, us 408a, 598a, 598o, s, 733
aufugere 512b, 549
aura 58
aurantiacus, a, um 164c, 707
aurantium 122, 560a, 561a, 563, 571, 580, 582c, 583, 709
auratus, a, um 164a
aureus, a, um 164c, 707
auricula 67, 598a, c, s
auricularis, -, e 381, 601a
auriculotemporalis, -, e 601a
auris, auris 322, 333, 598a
aurosus, a, um 164a
aurum 113, 379, 466, 550d, 581d
autem 477
auto- 243a
autogamia 66
autonomicus, a, um 230, 598s, 601a, 628
autophagicus, a, um 637
autopodium 616
autosoma, autosomatis 614
autumnalis, -, e 367
autumnus 82a
auxilium 106, 474
avena 49
aversus, a, um 207
avicularis, -, e 369, 568c
avis, avis, 312, 598a, c, 602, 718
axialis, -e 380, 614
axilla 65a, 598a
axillaris, -, e 369, 381, 601a, 700
axis, axis 321, 598a
axoaxonalis, -, e 636

axodendriticus, a, um 636
axolemma, axolemmatis 614
axon, axonis 614, 628
axonema, axonematis 614
axonicus, a, um 638
axoplasma, axoplasmatis 614
axosomaticus, a, um 636
axovascularis, -, e 636
azygos 237a, 599, 601a

B

bacca 44, 713
baccatus, a, um 205
bacillaris, -, e 369
bacillus 84, 92a, 515, 581, 635
bael 355
balaena 54
balanitis, balanitidis 341
balneotherapeuticum 593
balneum 108, 468
balsamicus, a, um 201
balsamum 110a, 579
baptisia 51
barba 63, 598b, 610
barbarus, a, um 160
barbatus, a, um 205, 216
barbitalum 117, 556a, 589b
bardana 52, 572a
barium 114, 550a, 550e, 555a, 555d
basalis, -, e 368, 380, 598s, 601b, c, 636, 637
basilaris, -, e 369, 601b, 700
basilicus, a, um 201, 601b
basipodium 611
basis, basis 339, 598b, 693
basivertebralis, -, e 600, 601b
basophilus, basophilicus 615, 625, 626, 633
batrachiodes, is 399
beatus, a, um 158a
bechicus, a, um 187
belladonna 50, 561, 561b, 572a, 581b, 583, 589a
bellum 105, 443, 450, 470
bellus, a, um 191
benedictus, a, um 203, 568
beneficium 106
benevolentior, benevolentius 430
benevolentissimus 437
benevolus, a, um 430, 437
benignus, a, um 159
bentonitum 579
benzenum (benzolum) 552
benzinum 115, 552, 581, 581a
benzoas, benzoatis 555b
benzoatus, a, um 188
benzoe 69, 143, 579, 583

benzoicus, a, um 187a, 550i, 552b, 555
benzylicus, a, um 552a
benzylium 552b
berberis, berberidis 347, 347a, 563a
bergamotta 50
berolinensis, -, e 363, 589d
berus 90
beta 44
betula 52, 561, 561b
betulinus, a, um 182
bi- 243
bicarbonicus, a, um 187a, 550c
biceps, bicipitis 392, 598a, 599, 601b
bichloratus, a, um 188a, 550g
bichromicus, a, um 550c
bicipitalis, -, e 380
bicipitoradialis, -, e 601b
bicornis, -, e 710
bicuspidalis, -, e 380
biennis, -, e 689
biennium 106, 461
bifidus, a, um 167
bifurcatio, bifurcationis 266, 598b
bifurcatus, a, um 236, 601b
bifurcus, a, um 217
bigeminus, a, um 222
biiodatus, a, um 550g
bilabiatus, a, um 706
biliaris, -, e 651
bilifer, fera, ferum 599, 600, 601b
biliosus, a, um 226, 601b
bilis, bilis 322
bipennatus (bipinnatus), a, um 236, 601b, 695
bipennis, -, e 364a
bipolaris, -, e 628
bis 495
bis- 243
bismuthum 555a, 555d, 589a
bismutum 113, 550d, 550e, 589a
bisulfuricus, a, um 187a, 550c
bisulfurosus, a, um 185a, 550c
bivalentia 37a, 667
biventer, -tris 601b
blandus, a, um 192
blastema, blastematis 667
blasto- 665
blastocoelia 667
blastocystis, blastocystis 667
blastomerus 667
blastoporalis, -, e 675
blastoporus 667
blastula 665, 667
blastus 612, 665
blepharitis, blepharitidis 341

blepharon 135a
boldo 355, 561c
boletus 10, 92a
bolus 79, 84, 579
bolus 84
bombinator, bombinatoris 253a
bombus 90
bombus 92
bombyx, bombycis 354a, 584a
bonus, a, um 147, 159, 439
borago, boraginis 263a
borax, boracis 271
boraxatus, a, um 188
borealis, –, e 367
boreas 70
boricus, a, um 187a, 550c, 551a, 555, 582d, 583c, 583f
borrago = borago
borum 111
bos, bovis 328
bostryx, bostrycis 281 702
boswelia 51
botaurus 90a
botulus 83
brachialis, –, e 368, 380, 598p, 601b
brachiocephalicus, a, um 601b
brachioradialis, –, e 601b
brachium 128, 598a, b, 601b
brachy- 243a
brachycephalus 95b
bractea 47, 692
brady- 243a
branchio- 665
branchiogenesis, branchiogenesis 667
branchiogenicus, a, um 598s
branchiomerismus 667
brassica 52, 701, 709, 710, 713
bregma, bregmatis 341
breviaxonicus, a, um 628
brevis, –, e 364, 598v, 599, 601b
britannicus, a, um 176
bromatus, a, um 188a, 550c, 550e, 550h, 550i
bromicus, a, um 550c
bromidus, a, um 181a, 555c
bromum 111
bronchialis, –, e 380, 601b
bronchiolus 598b
bronchitis, bronchitidis 341
bronchoesophageus, a, um 601b
bronchomediastinalis, –, e 601b
bronchopulmonalis, –, e 598s, 601b
bronchus 94, 598b, 601a, 605
bruma 33, 471
brumalis, –, e 368
bruxellae, bruxellarum 141
bryonia 51

bubo, bubonis 257, 354
bubonulus 92
bucca 63, 598b
buccalis, –, e 380, 601b, 604
buccinator, buccinatoris 253b, 598b
bucco 355, 361c
buccopharyngeus, a, um 601b
bufo, bufonis 257
bulboideus, a, um 228, 601b
bulbospongiosus, a, um 601b
bulbosus, a, um 196
bulbourethralis, –, e 601b
bulbulosus, a, um 196
bulbus 84, 598b, c, m, 601b, 606, 640, 691
bulla 63, 598b
bullosus, a, um 196, 226
bursa 15, 33, 63, 568a, 598b, 601a, b, i, s, 603, 606
bursitis, bursitidis 341
butyraceus, a, um 197
butyrosus, a, um 196
butyrum 110a
buxus 542, 697
bystropogon 686b

C

cacao 355, 579, 687
cacumen, cacuminis 305
cadaver, cadaveris 294
cadmium 114
cae = ce, coe = ce
caecalis, –, e 380, 601c
caecus, a, um 166, 217, 598c, 601c, 604
caedes, caedes 322a
caelebs, -libis 391
caelestris, –, e 372
caelum 105
caeruleus, a, um 164c, 707
caesius, a, um 164b, 707
caespes, caespitis 274
calabar 355, 575a
calamitas, calamitatis 287
calamitus, a, um 215
calamus 88c, 95b, 574, 580, 583, 691
calcanearis, –, e 381
calcaneocuboideus, a, um 601c
calcaneofibularis, –, e 601c
calcaneonavicularis, –, e 601c
calcaneus 95a, 598c, t, 601c
calcar, calcaris 316, 319, 598a, c
calcareus, a, um 197
calcaria 550f, 551
calcarinus, a, um 221, 601c
calcatrippa 50, 560a
calceus 81

calcificatio, calcificationis 615
calcinosis, calcinosis 340
calcium 2, 114, 550d, 550f, 551b, 555a, b, c, e, 589a
celendula 52, 560a
caliciformis, –, e 626
caliculus 598c, 601g
calidus, a, um 167, 737
calisaya 579a
calix, calicis 271, 595, 598c
callicarpa 686b
callositas, callositatis 288
callosus, a, um 196, 226, 598f, r, s, 601c
callum 127
calluna 49, 568
callus 92
calomel, calomellis 327a, 550g, 555c
calor, caloris 252
calostemma 353
calthoides, is 396
calvaria 66, 598c
calvus, a, um 191
calx, calcis 326, 598c
calx, calcis 326
calycinus, a, um 193
calyculus 95
calyptra 46
calystegiodes, is 399
calyx, calycis 271, 469, 560a, 703, 706, 709
camelia 51
camelus 90a
camera 67a, 598c
campanulatus, a, um 706
campester, campestris 360
camphora 43, 579a, 580, 581a, 582e, 583d
camphoratus, a, um 188, 205, 581c, 582e
campus 668
canaliculus 95, 598c, 601c
canalis, canalis 321, 598c, 601a, h, m, s, 604, 649
cancellatus, a, um 205
cancelli 139
cancer 98
candelaris, –, e 369
candens, -entis 388a
candicans, -antis 398b
candidus, a, um 164b, 707
canescens, -entis 387, 707
caniater, -atra, -atrum 150
caninus, a, um 193, 598f, 601c
canis, canis 323, 720
canities 420, 729
cannabinus, a, um 209
cannabis, cannabis 338, 563a, 568a, 705
canniodes, is 396

cervicalis, –, e 380, 598a, i, s, 601c
cervices, cervicum 332
cervicothoracicus, a, um 601c
cervinus, a, um 182
cervix, cervicis 281, 598c, p, 601p
cervus 90
cessatio, cessationis 265
cetaceum 110, 579a
ceterus, a, um 160
cetylicus, a, um 552a, 581
cetylium 552b
chaenostoma 353
chalaza 46, 714
chalybs, chalybis 348
chamomilla 50, 560, 560a, 560b, 580, 581b
charta 39, 586
chelae 138
chelidonium 122, 568a, 568e
chemotherapeuticum 593
chenopodium 122, 568a, 580
chiasma, chiasmatis 351, 598c
china 48, 559, 559a, 581b, 583, 583b
chinensis = sinensis 688
chininum 115
chirurgia 72
chirurgicus, a, um 601c, 584a, 584b
chirurgus 82a, 565
chloasma, chloasmatis 352
chloralum 274a, 552, 589c
chloramphenicolum 556, 589c
chloratus, a, um 188a, 550c, e, f, g, h, i, 582b, 583e, 589a, 589c
chloricus, a, um 187a, 550c
chloridus, a, um 181a, 555c, 589a, 589c
chloroformium 116, 552
chloroquinum 555e
chlorosis, chlorosis 340
choana 67a, 598c
cholagogus, a, um 180, 578c, 591d
cholangitis, cholangitidis 341
choledochus, a, um 601c
cholera 62
cholestrolum 552
chondrificatio, chondrificationis 668
chondrioma, chondriomatis 615
chondritis, chondritidis 341
chondro- 601c
chondroblastus 615
chondrocranium 668
chondrocytus 615
chondroglossus, a, um 601c

chondrohistogenesis, chondrohistogenesis 615
chondropharyngeus, a, um 601c
chondrus 88, 612
chorda 63, 584, 584a, 598c
chordagenesis, chordagenesis 668
chordamesoderma, chordamesodermatis 668
chorditis, chorditidis 341
chorio- 665
chorion 135a
chorionicus, a, um 684
choripetalus, a, um 706
chorisepalus, a, um 706
choroideus (= chorioideus) 228, 598c, 601c, s
choroidocapillaris, –, e 601c
chroma, chromatis 612
chromaffinoblastus 615
chromaffinocytus 615
chromas, chromatis 274a
chromatinum 615
chromatophorus 615
chromicus, a, um 187a, 550c, 551
chromium 114, 550c, 551, 581d
chromomerus 615
chromonema, chromonematis 615
chromosoma, chromosomatis 615
chromosomalis, –, e 684
chromosomaticus, a, um 625
chrysaetus 90a
chrysanthemum 122a, 560a
chrysarobinum 115
chrysolophus 90a
chylomicronum 615
chylus 94, 598c
chymus 94
cibus 80
cicatrix, cicatricis 281
cichorium 122
cicinus 87, 702
ciconia 56
ciliaris, –, e 381, 598c, o, z, 601c, n, z
ciliatus, a, um 205, 698
cilium 128, 598c, 612, 622
cimex, cimicis 271
cimicifuga 52, 574a
cina 48, 560
cinchona 49, 559, 559c
cinerariifolius, a, um 191c, 560a
cinereus, a, um 164c, 583a, 601c, 707
cingulum 128a, 597, 598c, g, 735

cinis, cinis 277
cinnabaris, cinnabaris 338
cinnamomum 121a, 559, 580, 583, 687
circa 445
circularis, –, e 381, 601c, 657
circulatio, circulationis 668
circulus 95, 598c
circum 445
circum- 241
circumanalis, –, e 380, 601c, 604, 649
circumferentia 598c
circumflexus, a, um 235, 601c
cirr(h)ifer, -fera, -ferum 699
cirrhosis, cirrhosis 340
cirr(h)osus, a, um 196, 699
cirr(h)us 611
cis 446
cisterna 65b, 598c, 601e
citerior, us 440
cito 480
citra 446
citras, citratis 274a, 555b, 555f
citricus, a, um 187a, 550f, 550h, 550i, 555, 580, 581f, 589b
citrinus, a, um 164a, 707
citronella 580
citrus 89, 571, 709
civis, civis 321
civitas, civitatis 287
clades, cladis 322a
cladus 82
clamor, clamoris 252
clarus, a, um 160
classis, classis 322, 685, 717
claudere 512b, 549
claudus, a, um 167
claustrum 127, 598c, 735
clava 33
clavatus, a, um 205, 712
clavicula 67, 598c
clavicularis, –, e 381, 601c
clavipectoralis, –, e 601c
clavis, clavis 312
clavus 92
cleido- 601c
clematideus, a, um 199a
climacter, climacteris 668
clinicus, a, um 601c
clinoideus, a, um 228, 601c
clitoris, clitoridis 344, 598c, f, g, p
clivus 94, 598c
cloaca 64, 668
clunis, clunis 322, 598c
cnicus 88
coagulum 126a
coca 48, 687
cocainum 115, 552

coccineus, a, um 164c
coccionella 41
cocculus 687
coccygeus, a, um 229, 230, 598g, 601c
coccygo- 601c
coccyx, coccygis 354a, 598c
cochlea 56, 66a, 598c, f, g
cochlear, cochlearis 319
cochleariformis, -, e 383, 601c
cochlearis, -, e 381, 601c
codeinum 552, 555e, 589b
coe + cae = ce
coeliacus, a, um 231, 601c
coeloblastula 668a
coeloma, coelomatis 668a
coelomicus, a, um 598s
coenobium 124
coeruleus = caeruleus 164c
coeundi (coire) 540
coffea 51
coffeinum 115, 552, 556, 589b
cogitatio, cogitationis 265
cognitio, cognitionis 265
cohors, cohortis 326
coire siehe coeundi 540
coitus, -us 409, 668a
cola 48, 575a
colare 531, 549
colatorium 110
colchicum 122a, 575, 716
coleonema, coleonematis 353
colica 62
colicus, a, um 230, 601c
colitis, colitidis 341
colla 33
collagenum 584, 584a
collateralis, -, e 380, 601c
collega 32, 727
collegium 727
collemplastrum 109b
colliculus 95, 598c
collinsonia 51
collis, collis 321
collodium 110
colloidalis, -, e 374, 379, 581d, 582b, 582e
colloidum 616
colloquium 106
collum 127, 598c, 601a, c, 610
collyrium 110
colocynthis, colocynthidis 347, 563
coloeus 90a
colombo 355, 572a
colon 135a, 598c, f, h, t, 601s, 604, 648
colophonium 110
color, coloris 251, 252, 512c, 514, 528
colorare 512, 549

colostrum 127b, 616
colpos 132
columba 55, 724
columbarium 724
columella 46, 65, 616, 711
columna 36, 598c, p
columnaris, -, e 604
coma 63
coma, comatis 352
combustio, combustionis 5, 267, 447
comes, comitis 274
comitans, -antis 389b, 599, 601c
commilito, commilitonis 257
commiphora 687
commissura 64, 598c
commissuralis, -, e 380, 601c
commodus, a, um 157
commotio, commotionis 267
communicare 542, 549, 599, 601c
communis, -, e 364a, 579b, 580b, 598i, 599, 601c, h 603, 610
compactus, a, um 234, 601c
complexus, a, um 235
complexus, -us 410a, 668a
componere 546, 549
compos, -potis 391
compositus, a, um 2, 188b, 206a, 234, 546, 549, 582c, 582e, 583, 583b, 583d, 589b 601c, 629, 685, 701, 706, 710, 713
compressio, compressionis 269, 732
compressor, compressoris 253a
compressus, a, um 179, 549, 555b, 581, 582a, 732
comprimere 544, 549
con- 241
conamen, conaminis 305
conatus, -us 408
concentratus, a, um 188, 551a, 582d, 582e
conceptio, conceptionis 668a
conceptus, -us 668a
concha 33, 598c, 601l, 605
conchalis, -, e 380, 601c
conchomaxillaris, -, e 605
concisus, a, um 189
concoctio, concoctionis 267
concomitans, -antis 389b
concors, -cordis 392
concrescere 512b, 549
concretio, concretionis 616
condensus, a, um 166
condicio, condicionis 264
conditio, conditionis 266
condyloma, condylomatis 352

conducens, -entis 627
condurango 355, 559c
condylaris, -, e 381, 601c
condyloideus, a, um 228
condylus 95b, 598c
confectio, confectionis 266
conferre 15, 533, 549
confertus, a, um 701
confessio, confessionis 268
confluens, -entis 388c, 598c
congelatio, congelationis 266
congenitalis, -, e 367
congressus, -us 410a
conicus, a, um 230, 601c, 645
coniugalis, -, e 367
conium 121a, 568a
coniunx, coniungis 283
coniuratio, coniurationis 265
conjugatio, -tionis 668a
conjugatus, a, um 236, 598c
conjunctiva 64, 598c, f
conjunctivalis, -, e 380, 601c
conjunctivitis, conjunctivitidis 341
conjunctivus, a, um 601c
connatus, a, um 205, 710
connectivus, a, um 637
co(n)nexus, a, um 235, 598c
conoideus, a, um 228, 601c
conquassare 515, 519, 525, 538, 540, 549
consensus, -us 410a
conservare 540, 541, 549, 589a
consilium 106
consolida 52
conspectus, -us 408a
conspergere 521, 549, 582a
constare 512, 549
constipatio, constipationis 267
constituens, constituentis 388c, 589a
constitutio, constitutionis 265
constrictio, constrictionis 267
constrictor, constrictoris 253b, 598c, 601c
consuetudo, consuetudinis 262
consul, consulis 256
consumere 512b, 538, 549, 732
consumptio, consumptionis 267, 732
contactus, -us 408a, 598c, f
contactus, a, um 234
contagiosus, a, um 226
contagium 126
contentus, a, um 158a
continere 514, 519, 520, 526, 549
continuus, a, um 173, 195, 625, 710
contortus, a, um 206, 234, 598t, 601c, 708

contra 2, 447, 579
contra- 241
contraceptivum 591d
contractus, a, um 234
contraindicatio, contraindicationis 750
contusio, contusionis 269
contusus, a, um 189
conus 86, 94, 598c, 601e, 658, 713
convallaria 51, 560a, 568a
convallariodes, is 399
conventus, -us 405a
convergentia 37a, 668a
convertere 549
convexus, a, um 235
convictus, -us 405a
conviva 32
convolutus, a, um 234, 601c
copaiva 49, 579
copia 30a
copula 668a
copulatio, copulationis 668a
coquere 549
cor, cordis 267c, 309, 327a, 598a, c, s, v, 644
coraco- 601c
coracoacromialis, -, e 601c
coracobrachialis, -, e 601c
coracohumeralis, -, e 601c
coracoideus, a, um 228, 601c
corallium 124
coram 463
corax, coracis 271
coriaceus, a, um 197, 697
coriandrum 121a, 563a
corium 128, 339, 598c, d, 659, 662, 663, 669
cormus 86, 689
cornea 66a, 598c, e, l, v, 662
cornealis, -, e 380
cornescens, -entis 657
corneus, a, um 227, 601c
corniculatus, a, um 601c
corniculum 128a
cornificatio, cornificationis 668a
cornificatus, a, um 647
cornix, cornicis 281
cornu, -us 414ff, 462, 595, 598c, 601c, 657, 663
cornucopiodes, is 399
cornutus, a, um 188b
corolla 46, 703, 706, 707, 709
corollinus, a, um 193, 705
corona 35, 598c, 601c, r
coronalis, -, e 380, 601c
coronarius, a, um 218a, 598s, 601c
coronoideus, a, um 228, 601c
corpus, corporis 299, 542, 598c,

i, o, r, s, v, 601a, b, c, g, i, m, p, s, 620, 651, 656
corpusculum 128a, 598c, 601b, 637
corrigens, corrigentis 388c, 542, 592
corrigere 542, 549
corrosivus, a, um 181a, 190, 550g
corrugator, corrugatoris 253b, 598c
cortex, corticis 15, 271, 559, 559a, 559b, 559c, 572b, 598c
corticalis, -, e 380, 601c, 628
corticohypothalamicus, a, um 601c
corticonuclearis, -, e 601c
corticopontinus, a, um 601c
corticoreticularis, -, e 601c
corticospinalis, -, e 598t, 601c
corticothalamicus, a, um 601c
corvus 90, 90a
corylus 89c, 701, 705, 713
costa 63, 598c, t, 601s, v
costalis, -, e 380, 598p, 601c
costocervicalis, -, e 601c
costochondralis, -, e 601c
costoclavicularis, -, e 601c
costodiaphragmaticus, a, um 601c
costomediastinalis, -, e 601c
costotransversarius, a, um 601c
costovertebralis, -, e 601c
costoxiphoideus, a, um 601c
cotinus 89c
coto 355, 559c
coturnix, coturnicis 281
cotyla 611
cotyledon, cotyledonis 354, 714
cotylicus, a, um 230, 598a, 601c
coxa 63, 598c
coxitis, coxitidis 341
cramboides, is 396
crampus 92
cranialis, -, e 380, 601c, 602d
cranium 128, 598c, b, f
cras 484
crassitudo, crassitudinis 262
crassus, a, um 166, 601c, 604, 627, 648
crataegus 89a, 560a, 561b, 563a
cremaster, cremasteris 336, 595, 598c
cremastericus, a, um 601c
cremor, cremoris 252
crena 63, 598c
crepitatio, crepitationis 267
crescentia 616
cresolicus, a, um 187
cresolum 552

creta 33
cribrosus, a, um 601c
cribrum 127
cricetus 90a
crico- 601c
cricoarytenoideus, a, um 601c
cricoesophageus, a, um 601c
cricoideus, a, um 228, 601c
cricopharyngeus, a, um 601c
cricothyroideus, a, um 601c
cricotrachealis, -, e 601c
crinalis, -, e 367, 368
crinis, crinis 321
crisis, crisis 338
crispus, a, um 191, 561a
crista 63, 598c, g, 601i, 647, 653, 668a
cristallinus, a, um 182, 221, 222
cristallisatus, a, um 188
cristatus, a, um 216, 699
criterium 126
crocodilus 90a
crocus 88, 576
croton, crotonis 354b, 687
cruciatus, a, um 236, 601c
cruciformis, -, e 16, 383, 601c
crudus, a, um 180, 553, 582b
cruor, cruoris 252
cruralis, -, e 380
crus, cruris 302, 598c, m, 602d
crusta 33
crux, crucis 280
crypta 63, 598c
crypto- 243a
crystallinus 222
crystallus (crystallum) 82a, 621
cubeba 49, 563
cubile, cubilis 317
cubitalis, -, e 380, 601c
cubitus (cubitum) 95b, 598c
cuboideonavicularis, -, e 601c
cuboideus, a, um 228, 601c
cubus 94
cuculus 90a
cucurbita 52, 575a, 710
cucurbitulum 126a
cui, cuius 11, 500
culex, culicis 271
culmen, culminis 304, 598c
culpa 27
culter 98
cultus, a, um 206
cum (Konjunktion) 478, 524
cum (Präsposition) 464, 544, 560a, 561b, 563a, 568c, 572a, 583c, 583e, 754, 755
cumenum 552
cumulus 95, 598c
cuneatus, a, um 236, 601c, 694
cuneiformis, -, e 383, 601c
cuneocuboideus, a, um 601c

detergens, -entis 388b
deterior, deterius 440
deterrimus, a, um 440
detrusor, detrusoris 598d
deuteroplasma, deuteroplasmatis 669
dexamethasonium 556
dexter, a, um 150, 598a, s, 599, 601d
dextrinum 115, 581a
di- 243
dia- 242
diabetes 71
diabeticus, a, um 187
diachylon 237a
diadelphus, a, um 709
diadematus, a, um 216
diaeta 59
diaeteticus, a, um 591a
diaethylbarbituricus, a, um 187a
diagnosis, diagnosis 337, 338
diagnosticus, a, um 591a
diakinesis, diakinesis 617
dialysatus, a, um 188
diameter 100, 598c, d
diametros 134
dianthoideus, a, um 199
diaphoresis, diaphoresis 340
diaphoreticus, a, um 187, 578c
diaphragma, diaphragmatis 351, 598d
diaphragmaticus, a, um 230, 601d
diaphysis, diaphysis 339a, 598d
diarthrosis, diarthrosis 339
diastema, diastematis 611
diaster, diasteris 617
diastole 69
dichotomus, a, um 191c, 690
dichromicus, a, um 187a, 550c
diclinus, a, um 193, 705
dicranoides, is 396
didynamus, a, um 709
diencephalon 135a, 598d
dies 417, 468, 470, 755
difficilis, -, e 365, 438
difficillimus 438
diffusus, a, um 179
digastricus, a, um 601d
digerere 533, 549
digestorius, a, um 218b, 598a, s, 601d, 604
digitalis, -, e 368, 561, 561b, 583a, 583b, 601d, 610, 694, 698
digitatus, a, um 236, 598i, 601d
digitus 95b, 598d, e, p, 603
dignus, a, um 159

dihydrogen(o)phosphas 274a, 555b, 555g
dihydrogenphosphoricus, a, um 550c
dilatatio, dilatationis 267
dilatator, dilatatoris 253b, 598d
dilator = dilatator
diligens, -entis 387
diligentia 30
dilutus, a, um 181a, 188b, 551a, 555c, 582d, 582e
dimethylaminophenyldimethyl-pyrazolonum 552
dimeticonum 583d
dinitrogenium 551
dioicus, a, um 191a, 705
diospyros 686b
dioxidatus, a, um 551, 582b
dioxidus, a, um 555h, 582b
diphosphas, diphosphatis 555e
diploe 69, 598d
diploicus, a, um 230, 601d
diploidea 665, 669
diplomicrotubulus 617
diplonema, diplonematis 617
dipterocarpus 686b
directio, directionis 266, 542
dis- 243a
disciplina 28
discipulus 81
discissio, discissionis 269
discoblastula 669
discoideus, a, um 199, 716
discretus, a, um 206, 710
discus 82, 598d, 601i
dispensare 514, 549
dispermia 676a
dispersio, dispersionis 268
dispersus, a, um 582b
dissecans, -antis 389b
disseminatus, a, um 236
dissepimentum 119a, 713
dissimilis, -, e 365, 438
dissimillimus 438
dissolvere 512b, 549
distalis, -, e 380, 598p, 601d, 603, 604, 628, 669
distentio, distentionis 267
distortio, distortionis 267
distributio, distributionis 267e, 669
dithranolum 583d
diu 484
diuresis, diuresis 340
diureticus, a, um 187, 201, 578c, 591a
diurnus, a, um 165
diutius 484, 544
diverticulum 128a, 597, 598d, 605, 606, 643

dives, -itis 391
dividere 533, 549, 586, 589a–c, 732
divisio, divisionis 268, 685, 732
diviter 481
divitiae 138
divulsio, divulsionis 269
djamboe 355, 561c
docere 540, 549, 755
doctor, doctoris 752, 753, 755
doctus, a, um 158
dodeka- 243
dogma, dogmatis 350
dolabra 28, 59
dolichocephalus 16, 95b
dolor, doloris 252
dolus 80, 469
domare 543, 549
domesticus, a, um 201, 214
domus, -us 77, 412, 413, 468
donare 253a, 549
donator, donatoris 253a
donec 478a, 547
dorsalis, -, e 380, 598r, 601c, d, 605, 606, 676
dorsolateralis, -, e 601d
dorsomedialis, -, e 601d
dorsum 127, 598d, 601l, 602d, 604
dosis, dosis 338, 379, 468, 586, 589b
drachma 34
draco, draconis 257, 573
dracunculus 88c
drepanium 702
dromas, dromadis 354a
drosera 52, 568b, 694, 699
drupa 44, 713
dubiosus, a, um 161
ducere 512b, 521, 549
ductulus 95, 598d, 601a, b
ductus, -us 598a, d, 601a, c, d, e, h, t, u, v, 664
dulcamara 49, 576a, 687, 689
dulcamarus, a, um 194
dulcedo, dulcedinis 262a
dulcis, -, e 364, 571
dumetum 107a
duo, duae 486, 488
duodenalis, -, e 380, 601d
duodenojejunalis, -, e 601d
duodenomesocolicus, a, um 601d
duodenum 127a, 598d, f, 601h, s, 604
duplex, -icis 386, 494
durities 420, 729
durus, a, um 172, 283, 582a, 598f, m, p, s, 601d, e, 645, 729

dynia 72
dys- 243 a
dysbasia 72 a
dysfunctio, dysfunctionis 267 e,
    669, 684
dyskinesia 72 a
dysmorphia 669, 684
dysphagia 72 a
dysphrenia 72 a
dyspnoe 69
dystrophia 72 a
dysuria 72 a

E

e = ae; e = oe
e, ex 466, 542
e-, ex- 241
ea 499
ebullire 512 c, 542, 549
ebulus 88 c, 572 a
ebur, eboris 301
eburneatio, eburneationis 267 a
eburneus, a, um 227, 598 d
eccrinus, a, um 222
echinacea 51
echiodes, is 399
ectomeninx, ectomeningis 670
ectomesoderma, ectomesoder-
    matis 670
edentatus, a, um 216
edeticus, a, um 550 i
editio, editionis 265
edulis, -, e 373
effector, effectoris 253 a
efferens, -entis 388 c, 599, 601 e,
    628
effervescens 581 f
efficere 253 a, 512 b, 515, 521,
    549
egestus, a, um 234
egregius, a, um 156
egustus, -us 408 a
eikosa- 243
ejaculatio, ejaculationis 267 a
ejaculatorius, a, um 218 b,
    601 e
ekto- 242
ektro- 242
ektropium 126
ekzema, ekzematis 352
elaeagnus 89 b
elaeosaccharum 581 a
elaphus 91 a
elasticus, a, um 187, 201, 598 c,
    601 e
elettaria 687
electricalis, -, e 636
electrolyticus, a, um 581 d
electuarium 110

electus, a, um 188 b
elegans, -antis 389 b
elementum 107 b
elemi 355, 573
elephas, elephantis 275, 327
elixir, elixiris 356
ellipsoideus, a, um 199, 228,
    601 e
ellipticus, a, um 230, 601 e
elongatio, elongationis 267 e,
    670
elongatus, a, um 701
eluteria 687
em- 242
emaciatio, emaciationis 267 a
emansio, emansionis 269
embolia 670
emboliformis, -, e 383, 601 e
embolus 93
embryo, embryonis 257, 714,
    715
embryoblastus 670
embryogenesis, embryogene-
    sis 670
embryologicus, a, um 187,
    594
emendare 541, 544, 549
emeritus, a, um 158 a, 755
emeroideus, a, um 199
emesis, emesis 340 b
emeticus, a, um 591 a
emetinum 555 a
eminens, -entis 388 c, 729
eminentia 66 a, 598 e, 729
emissarium 128
emissarius, a, um 218 a, 601 e
emittere 512 b, 549
emolliens, -entis 388 d, 578 c
emotio, emotionis 267 a
empiricus 83
emplastrum 109 b, 581 a, 583 d
empyema, empyematis 352
empyema, empyematis 352
emulsificans, -antis 389 b, 581,
    583 d, 583 f
emulsio, emulsionis 268, 579 b,
    581 a
en- 242
ena- 243
enamelum 127 a, 598 e
enarthrosis, enarthrosis 339
encephalicus, a, um 230
encephalon 135 a, 598 a, e, m
    601 d, p
encrasicolus 91 a
endemius, a, um 191 c
endo- 242, 596, 613
endoblastus 670
endocarditis, endocarditidis 341
endocardium 128, 598 e, 644
endocarpium 120, 713
endochondr(i)alis, -, e 630

endocrinocytus 614, 618
endoderma, endodermatis 670
endolympha 65 b, 598 e
endolymphaticus, a, um 598 s,
    601 e
endomeninx, endomeningis 670
endometrium 128, 598 e, 657
endomitosis, endomitosis 618
endomysium 618
endoneurium 128, 618
endoplasma, endoplasmatis 618
endosteum 618
endothelioblastus 670
endotheliocytus 618
endothelium 128, 598 e
endothoracicus, a, um 230,
    601 e
enormis, -, e 373
ensis, ensis 321
entericus, a, um 230, 601 e
enteritis, enteritidis 341
entero- 243 a
ento- 242
entypia 670
enucleatio, enucleationis 267 a
enuresis, enuresis 340
eo ipso 499
eosinophilicus, a, um 625, 626,
    633
epamnion 670
ependyma, ependymatis 351,
    598 e
ependymoblastus 670
ependymocytus 618
ephedra 52, 568 b
ephelis, ephelidis 346
ephemerus, a, um 194
epi- 242, 596
epiblastus 670
epibolia 670
epicardium 128, 598 e
epicarpium 120, 713
epiceras 663
epicondylus 598 e, 602 b
epicranialis, -, e 601 e
epicranius, a, um 218, 601 e, t
epidermalis, -, e 662, 663
epidermis, epidermidis 345,
    598 c, e, 662, 663
epidermocytus 618
epididymis, epididymidis 345,
    598 e
epiduralis, -, e 380, 601 e
epigastricus, a, um 230, 601 e
epigastrium 128
epigeus (= epigaeus), a, um 13,
    200, 714
epiglotticus, a, um 230, 598 v,
    601 e
epiglottis, epiglottidis 342,
    598 e, p

epigynicus, a, um 704
epilepsia 72a
epilobium 542
epimysium 618
epinephrocytus 618
epineurium 128
epiphysialis, –, e 380, 601e
epihysis, epiphysis 339a, 598e
epiploicus, a, um 230, 601e
epiploon 135a, 606
episcleralis, –, e 601e
epistropheus 131
epithalamus 598e
epithelialis, –, e 601e, 634, 637
epitheliocytus 618
epithelioideus, a, um 627
epithelioidocytus 618
epithelium 128, 598c, e, 647, 657, 677
epitheton 135, 686, 687, 688
epithympanicus, a, um 601e
eponychium 128, 598e
epophoron 598e
epops, epopis 348
epulae, epularum 138
epulis, epulidis 346
equa 76
equator = aequator 253a, 598e
equinus, a, um 221, 598c, 601e
equisetum 121a, 568b, 568e
equus 76
erector, erectoris 253b, 598e
erectus, a, um 206
ergo 474
ergometrinum 555a
ericoides, is 396
erigens, -entis 599, 601e
erinaceus 91
eriodictyon, eriodictyonis 354b, 561a
erithacus 91a
erosio, erosionis 251, 269
erostris, –, e 373
error, erroris 684
eruca 49, 575a
eructatio, eructationis 267a
eryngiodes, is 399
erythema, erythematis 352
erythematodes, is 399a
erythro- 613
erythroblastus 618
erythrocytopoesis, erythrocyto-poesis 618
erythrocytus 618, 632
erythroxylon 122a, 687
esculentus, a, um 177, 204
eserinum 115
esophagus (oesophagus), eso-phageus, a, um 598e, 601e
esox, esocis 271

esse 513, 523, 539, 541, 545, 546, 547, 549
essentia 4, 5, 43
esuries 420
et 455, 477, 478, 542, 552, 581, 581a, 583d, 603
etacrynicus, a, um 550a, 555
ethacridinum 555e
ethanolicus, a, um 581e
ethanolum 107a, 464, 552a, 581a
ethanum 552a
ethenum 552a
ether, etheris 336, 552a, 581a
ethereus, a, um 186, 552a, 582e, 583a
ethmoidalis, –, e 380, 598b, 601e
ethmoidomaxillaris, –, e 601e
ethylium 552b
etiam 428, 477, 478
eu- 243a
eucalyptus 89b, 561a, 580
euchromatinum 618
eugenolum 552
eupatorium 122
euphorbia 51
euphorbiodes, is 399
euphrasia 51, 568b
euphrasiodes, is 399
euploidea 665, 670
evaporare 519, 549
eventratio, eventrationis 267a
eventus, -us 405a
evolutio, evolutionis 267e, 670
evulsio, evulsionis 269
ex = e
exacerbatio, exacerbationis 267a
examaratus, a, um 188
exanthema, exanthematis 352
exarticulatio, exarticulationis 267a
excavatio, excavationis 267a, 598e, 601v
excedere 521, 549
excelsus, a, um 207
excorticatus, a, um 188
excrescens, -entis 711
excrescentia 37a, 618
excretorius, a, um 601e
excretum 127a
exemplum 11, 105
exenteratio, exenterationis 267a
exercitatio, exercitationis 265

exercitus, -us 406
exfoliatio, exfoliationis 267a
exhalare 512, 519, 549
exiguus, a, um 173
exitus, -us 14, 409, 442
exo- 242
exogonium 122, 687
exoleatus, a, um 188
exoticus, a, um 201
expectorans, -antis 389b, 592
expectorare 542, 549
expectoratio, expectorationis 267a
expellere 527, 549
experimentum 107b, 735
expers, -pertis 392, 528
explere 520, 549
exploratorius, a, um 180
expressus, a, um 189
exprimere 521, 553, 549
exsiccans, -antis 389a
exsiccatus, a, um 188, 274a, 555b
exta 140
extensio, extensionis 670
extensor, extensoris 253b, 598e, r, 603
extensorius, a, um 218b
extensus, a, um 207, 470
externus, a, um 2, 168, 591d, 598i, 601a, b, e, g, o, 605, 628
extinus, a, um 709
extra 448
extra- 241
extracapsularis, –, e 601e
extractio, extractionis 267a, 455
extractum 109b, 581b, 589a
extractus, a, um 188b
extremitas, extremitatis 288, 598e, m
extrorsus, a, um 207, 710
exulceratio, exulcerationis 267a

F

faba 33, 709
fabella 65
faber 98
fabiana 49
fabula 31
facialis, –, e 380a, 598g, 601f
facies 420, 598c, f, 601a, c, d, i, m, o, s
facilis, –, e 365, 438, 738
facillimus 438
factitius, a, um 180, 579

facultas, facultatis 251, 289, 540, 755
faex, faecis 282, 444, 581c
fagus 89, 694
falciformis, –, e 383, 601f
falco, falconis 257
fallax, -acis 386, 739
falsus, a, um 158, 480
falx, falcis 326, 598f, 601c
fama 27
fames, famis 322a
familia 30a, 685, 717
famulus 83
farfara 52, 560a, 561
farina 40
fascia 66, 598f, t, 601b, c, e, p, t
fasciculatus, a, um 696
fasciculus 95, 598f, 601c, r, t, 628
fasciolaris, –, e 381, 601f
fascis, fascis 321
fastidium 126
fastigium 128, 598f
fauces, faucium 333, 598f, i, 646
faustus, a, um 158
faux, faucis 333, 604
favus 92
febrilis 377, 592
febris, febris 312
fecundatio, fecundationis 267e, 671
fel, fellis 327a
felis, felis 322, 721
felix, felicis 386
felleus, a, um 227, 598v, 601f, 651
femininus, a, um 169, 598p, u, 601f, 606, 705
femoralis, –, e 380a, 601f
femur, femoris 251, 301, 598e, f, 601p, q
fenestra 29, 598f
ferratus, a, um 188
ferritinum 619
ferrosum 113, 274a, 555a, 555b
ferruginare 542, 549
ferrugineus, a, um 164c, 601f, 707
ferrugo, ferruginis 263b
ferrum 113, 544, 550d, 550f, 555a, 582d
fertilis, –, e 365
fertilizatio, fertilizationis 671
fertilizationalis, –, e 684
fervefacere 515, 544, 549
fetalis, –, e 380a, 601f
fetus, -us 407
fibra 33, 63, 598f, 601c, 612

fibrilla 65a, 612, 619
fibrinolyticus, a, um 591a
fibrinus, a, um 182, 561
fibroblastus 619
fibrocartilagineus, a, um 601f
fibrocartilago 16
fibrocytus 619
fibroelasticus, a, um 601f
fibrosus, a, um 226, 598j, s, 601c, f, 640
fibula 67, 597, 598f
fibularis, –, e 381, 598i, 601f, p
ficariodes, is 399
ficus 89
fides 421
fieri 522, 528, 549, 586, 589, 589b
figura 28
filamentiformis, –, e 625
filamentum 119a, 125a, 612, 614, 709
filaria 56
filia 30a, 76
filialis, –, e 614, 617
filiformis, –, e 383, 601f, 712
filius 76
filix, filicis 280
filtrare 515, 531, 549
filum 107, 541, 584, 584a, 598f, 601r
fimbria 66, 598f
fimbriatus, a, um 601f
fines, finium 331, 442, 461
finis, finis 321, 452
firmus, a, um 156
fissio, fissionis 671
fissura 64, 598f, 601a, p, t, 734
fissus, a, um 675
fistula 38, 62
fixatio, fixationis 267e, 619
flabellum 105, 123
flaccidus, a, um 219, 598p, 601f
flagellum 107b, 619, 671
flamma 33
flammeus, a, um 212
flavedo, flavedinis 262a, 571, 582c
flavescens, -entis 387, 707
flavus, a, um 164, 180, 528, 551, 579a, 581a, 583d, f, g, 601f, 707
flexor, flexoris 253b, 598f, 603
flexura 64, 598d, f, 601d, 606, 734
flexus, -us 410
floccosus, a, um 196, 698
flocculus 95, 598f

flora 33
floridus, a, um 192
flos, floris 251, 277, 445, 469, 560, 560a, 560b, 561b, 580, 700, 705
fluidus, a, um 181, 581b
fluitans, -antis 389b, 542, 690
fluitare 542, 549
flumen, fluminis 304, 598f
fluor, fluoris 252
fluoratus, a, um 550c, 550i
fluviatilis, –, e 365
focus 92
foeniculum 122a, 563, 563b, 580, 582c, 583a, 589a
foenum, foenum-graecum, foenugraecum 107, 575, 687
foetidus, a, um 192
foetor, foetoris 253a
foliaceus, a, um 197, 697, 705
foliatus, a, um 178, 205, 584, 584a, 601f
folium 108, 120, 128, 143, 147, 561, 561a, 561b, 561c, 598f, 692–697
folliculitis, folliculitidis 341
folliculus 87, 95, 562, 598f, l, t, 601a, 648, 660, 713
fomentatio, fomentationis 267a
fomentum 105
fomes, fomitis 274
fons, fontis 325
fonticulus 95, 598f
foramen, foraminis 305, 598f, 601c, e, i, l, n, o, p, r, t, z, 602b
forceps, forcipis 270, 598f
forma 33, 685
formaldehydum 581c, 582d
formatio, formationis 266, 598f, 601c, r
formica 54
formicatio, formicationis 267a
formicicus, a, um 187a, 550a
forminosus, a, um 226
formula 38, 589d
fornicatus, a, um 236
fornix, fornicis 271, 598f
fortis, –, e 364, 379, 729
fortitudo, fortitudinis 262, 729
fortuna 28
fossa 33, 598f, 601e, h, i, o, p, s, 604, 606, 657
fossula 67, 598c, f
fovea 66a, 598f
foveola 67a, 598f
fractura 59

fractus, a, um 178a
fragrans, -antis 389
fragaria 51, 561a, 691
fragariodes, is 399
fragmentatio, fragmentationis 671
fragmentum 105
frangula 52, 559, 579b, 581b
frater, fratris 254, 327
fraxinetalis, –, e 749
fraxinus 89c, 561a, 687
fremitus, -us 409
frenulum 128a, 598f
frenum 127
frequens, -entis 387, 425, 432
frequenter 481
frequentior, frequentius 425
frequentissimus 432
frictio, frictionis 266
frigidus, a, um 167
frigus, frigoris 299
frondosus, a, um 226
frons, frondis 326
frons, frontis 326, 598f
frontalis, –, e 380a, 598o, s, 601f, o, 602a
fronto- 601f
frontoethmoidalis, –, e 601f
frontolacrimalis, –, e 601f
frontomaxillaris, –, e 601f, 605
frontonasalis, –, e 601f
frontoparietalis, –, e 601f
frontopontinus, a, um 601f
frontozygomaticus, a, um 601f
fructosum 464, 552a, 581c
fructus, -us 143, 401, 401a, 403, 407, 469, 563, 563a, 563b, 713
frugilegus, a, um 208
frustum 107
frutex, fruticis 271, 689
fruticosus, a, um 196, 561a
fucus 564
fuga 27
fulgur, fuluris 300
fuligo, fuliginis 263
fulmen, fulminis 304
fumalis, –, e 374
fumans, -antis 389
fumaria 51, 568b, 709
fumariodes, is 399
fumigatio, fumigationis 266
fumus 82
functio, functionis 266
funda 58
fundiformis, –, e 383, 601f
fundus 94, 598f, 651
fungiformis, –, e 383, 601f
fungus 86, 565
funiculitis, -tidis 341

funiculus 87, 95, 598f, 714
funus, funeris 298
fur, furis 255
furfur, furfuris 251, 255
furfuralum 552
furibundus, a, um 219, 736
furor, furoris 252, 540
furosemidum 556
furunculus 93
fusalis, –, e 625
fuscus, a, um 164, 601f, 707
fusiformis, –, e 383, 601f, 627
fusus 619, 634
fusus, a, um 181a, 189
futurus, a, um 194

G

gadus 90
galactosum 581c
galanga 50, 574
galea 598g, 601a, e
galega 49, 568b
galeopsis, galeopsidis 347, 568b
galeritus, a, um 216a
galiodes, is 399
galla 48
gallicus, a, um 2, 176, 187, 187a, 552b, 582e
gallina 54
gallinago, gallinaginis 263a
gallus 94, 598c, g
gameto- 665
gametocytus 672
gametogenesis, gametogenesis 672
gametogeneticus, a, um 684
gametus 672
gamia 665
ganglion 135a, 598g, 601a, c, t, 612
ganglionaris, –, e 628
gangliosus, a, um 226
garcinia 51
gardeniodes, is 399
gargarisma, gargarismatis 350, 593
garrulitas, garrulitatis 287
garrulus, a, um 208, 739
gaster, gastris 251, 260, 598g, v, 647
gasterosteus 91
gastricus, a, um 230, 598a, f, 601g, 614, 618
gastritis, gastritidis 341
gastrocnemialis, –, e 380a
gastrocnemius, a, um 601g
gastrocolicus, a, um 601g

gastroduodenalis, –, e 601g
gastroepiploicus, a, um 601g
gastrolienalis, –, e 601g
gastropancreaticus, a, um 601g
gastrophrenicus, a, um 601g
gastrula 672
gastrulatio, gastrulationis 672
gaudere 730
gaudium 106, 730
gaultheria 51
gecinus 90a
gelatina 40, 579a, 581c
gelatinosus, a, um 185, 581, 601g
gelatum 109a, 581c
gelidium 122
gelsemium 122, 574a
gelu, -us 416
gemellus, a, um 232, 601g
gemma 33, 566, 6011
gemmatio, gemmationis 267e, 672
gemmula 38, 620
gener 97
generalis, –, e 380a, 621
genesis, genesis 339a, 612
geneticus, a, um 684
geniculatus, a, um 236, 601g
geniculum 128a, 598g
genio- 601g
genioglossus, a, um 601g
geniohyoideus, a, um 601g
genista 50, 711
genistoides, is 396
genitalis, –, e 380a, 601g
genito- 601g
genitofemoralis, –, e 380a, 601g
genitoinguinalis, –, e 380a, 601g
gens, gentis 326
gentiana 5, 49, 572, 572b, 583a, 706, 708
genu, -us 416, 595, 598g
genuinus, a, um 193
genus, generis 298, 685, 717
geometricus, a, um 201
geraniodes, is 399
geranio-fraxinetea 749
geranium 122, 568b, 688
geratoides, is 396
geriatria 72a
geriatricus, a, um 591b
germanicus, a, um 176, 187, 578c, 589d
germen, germinis 304, 620
germinativus, a, um 237, 601g
gestatio, gestationis 672
gibbus, a, um 166
giganteus, a, um 13, 200, 213

gingiva 64, 598g
gingivalis, –, e 380a, 601g
gingivitis, gingivitidis 341, 447
ginglymus 95b, 598g
ginkgo, ginkgonis 356
giraffa 55
glabella 65, 598g
glaber, a, um 150, 698
glacialis, –, e 374, 550 ·
glacies 420
gladius 81
glandarius, a, um 208a
glandula 15, 38, 567, 598g, p,
    601b, c, g, p, s, t, 604, 606,
    610, 612, 649, 651, 652, 653,
    654, 655
glandularis, –, e 381, 598a,
    601g, 655, 664
glandulocytus 620, 653
glandulosus, a, um 196, 699
glans, glandis 326, 598c, g, 606,
    656
glarea 37
glaucidium 124
glaucus, a, um 164, 697, 707
glaukoma, glaukomatis 352
gleno- 601g
glenohumeralis, –, e 601g
glenoidalis, –, e 380a, 598c, l,
    601g
glia 612, 665
glioblastus 672, 676a
gliocytus 620
gliofilamentum 620
glioplasma, glioplasmatis 620
globosus, a, um 174, 601g, 706,
    716
globulus 83, 581b
globus 94, 598g, 601p
glochidiatus, a, um 205, 699
glomeratus, a, um 216
glomerulosus, a, um 226
glomerulum 128a
glomerulus 87, 598g
glomiformis, –, e 383, 601g
glomus, glomeris 298, 598g,
    601c, 629
gloria 30a
glossoepiglotticus, a, um 601g
glossopharyngeus, a, um 229,
    601g
glotticus 230
glottis, glottidis 342, 598g, r
gluconas 274a, 555e, 555f
gluconicus, a, um 550f
glucosum 552a, 581c
glutaeus, a, um 229, 601g
gluten, glutinis 306
gluteus = glutaeus
glutinoso-incanae 749
glycerinatus, a, um 188

glycerolum (glycerinum) 115,
    550f, 552, 555f, 581c, 582e,
    583d
glycocalyx, glycocalycis 620
glycogenum 620
glycyrrhiza 50, 572b, 581b,
    589a
gnaphaliodes, is 399
gomphosis, gomphosis 339,
    598g
gonada 665, 672
gonocytus 672
gonosoma, gonosomatis 672
gossypium 110, 122, 559a, 584,
    584b
gracilis, –, e 365, 438, 598f,
    599, 601g
gracillimus 438
graecus, a, um 191
gramen, graminis 304, 574a
gramma, grammatis 350, 587
granatum 121a, 687
grandis, –, e 364
granularis, –, e 381, 601g
granulatio, granulationis 598g,
    601a
granulatus, a, um 188, 581
granulocytopoesis, granulocyto-
    poesis 620
granulocytus 620, 625
granuloma, granulomatis 352
granulomerus 638
granulosus, a, um 226, 601g
granulum 110a, 128a, 620, 623,
    624, 625, 633, 639, 641
granum 464
gratiola 52, 568b
gratis 483
gratus, a, um 158
gravedo, gravedinis 262a
graveolens, -entis 388c
graviditas, graviditatis 288, 620,
    679a
gravidus, a, um 219
gravior, gravius 425, 427, 428
gravis, –, e 362, 364, 425, 432
gravissimus 432
gravitas, gravitatis 287
graviter 481
grex, gregis 271, 272
grindelia 51, 568b
griseus, a, um 164c, 598i,
    601g
grossulariodes, is 399
grossus, a, um 180
grus, gruis 328
gryps, grypis 348
guajacum 122a, 570, 573
gubernaculum 128a, 597, 598g
gummi 355, 579, 579a, 581f
gummosus, a, um 185

gustatorius, a, um 218b, 598c,
    p, 601g, 628
gustus, us 407, 598g, 609
gutta 33, 542, 548, 623
guttur, gutturis 300
gymnocladus 89a
gynaeceum 711
gynaecologicus, a, um 187,
    578c, 591b
gynogenesis, gynogenesis 672
gyrus 94, 598c, g, 601f, o, p

H

habenula 67, 598h
habere 512a, 538, 549, 733
habilitatus 755
habitus, -us 409, 733
haec 497
haem = hem
haematoma, haematomatis
    352
haematopinus 90a
haemo, haemato (hemo, he-
    mato) 613
haemoconium 621
haemocytoblastus 621
haemocytopoesis 621
haemocytus 621
haemophthalmus 92a
haemorrhoidalis, –, e 380a,
    598z, 601h
haemosiderinum 621
haemosiderophorus 621
haemostypticus, a, um 591b
hagenia 51
hallex, hallicis 271
hallux, hallucis 271, 598h
hamamelis, hamamelidis 347,
    559a, 561a
hamatus, a, um 236, 598h,
    601h
hamulus 95, 598h
hancornia 51
haploidea 673
hasta 27
haustorium 120
haustrum 127, 598h
hebephrenia 72a
hebes, hebitis 391
hebetudo, hebetudinis 262
hedera 52, 561a, 568b, 690
hekto- 243
heleniodes, is 399
helenium 122, 574a
helianthemum 122a
helianthus 88b, 582
helichrysoides, is 396
helichrysum 121a
helicinus, a, um 222, 601h

---

helicotrema, helicotrematis 351, 598h
heliosperma 353
heliotropiodes, is 399
helix, helicis 280, 386, 598h, s
helleborus 88c, 574a, 695
helmins, helminthis 354a
helminthiasis, helminthiasis 340b
helveticus, a, um 176
hemerocallis 686b
hemi- 243
hemiazygos 237a, 599, 601h
hemidesmosoma, -somatis 621
hemihydricus, a, um 555e
hemikrania 72a
hemisphaerium 128, 598h
hen- 243
hepar, hepatis 301, 319, 354, 598h, p, 601c, 604, 650
heparinum 581d
hepatica 52
hepaticocytus 621
hepaticus, a, um 187, 201, 591b, 601h, 637, 650
hepatitis, hepatitidis 341
hepatocolicus, a, um 601h
hepatoduodenalis, -, e 601h
hepatogastricus, a, um 601h
hepatopancreaticus, a, um 601h
hepatorenalis, -, e 601h
hepta- 243
herba 23, 25, 33, 143, 147, 464, 568, 568a, 568b, 568c, 568d, 568e, 572a, 689
herbaceus, a, um 197, 705
hereditarius, a, um 218a
hermaphroditus, a, um 206, 705
hernia 61
herniaria 51, 568b, 698
herpes, herpetis 354
hesperomecon 686b
hetero- 243, 613
heterochromatinum 615, 621
heterogamia 673
heterophagicus, a, um 638
heteroploidea 673
heterosoma, -somatis 621
hevea 49
hexa- 243
hiatus, -us 408, 598h, 601a, e
hibernus, a, um 165
hibridus, a, um 192
hic, haec, hoc 442, 497
hiemalis, -, e 368
hiems, hiemis 251, 290a
hieraciodes, is 399
hilum 119, 598h, 714
hilus 598h
hippocampus 94a, 598a, h, p

hippocastanum 575, 687
hippoglossus 581d, 582
hippopotamus 16, 91a
hippotigris, -tigridis 344
hippus 92
hirci 139, 598h
hirsutus, a, um 203, 698
hirtus, a, um 203, 698
hirudo, hirudinis 261, 262a, 579b
hirundo, hirundinis 262a
hispanicus, a, um 176
hispidus, a, um 192, 698
hister 98
histiocytus 621
histogenesis, histogenesis 673
histologia 621
histologicus, a, um 594
histos 132, 637
hoc 442, 497
holo- 243a
holocrinus, a, um 222
holosericeus, a, um 197, 698
homatropinum 555a
homo- 243a
homo, hominis 257, 655
homoeo- 243a
honor, honoris 252, 473, 754
hora 33, 445, 465
hordeolum 126a
hordeum 122, 699
horizontalis, -, e 368, 380a, 598f, 601h, 628
hormonum 125a
hortensis, -, e 371
hortus 82, 147, 151, 441, 443–452, 454, 457, 458, 470
hostilis, -, e 366
hostis, hostis 321, 447
huic, huius 497
humanus, a, um 159, 582b
humeralis, -, e 380a, 601h
humeroulnaris, -, e 601h
humerus 95b, 598c, e, h, 602b
humi 77
humidus, a, um 167, 544
humilis, -, e 365, 438
humillimus 438
humor, humoris 252, 598h, 601a
humus 77, 79
hyaena 54
hyalinus, a, um 193
hyaloideus, a, um 228, 601h
hyalomerus 621
hyaloplasma, -plasmatis 621
hydrargyrum 114, 181a, 464, 550d, 550g, 551, 555a, 555c, 583d, 583f

hydras, hydratis 274a, 589c
hydrastis, hydrastis 338, 347a, 574
hydratus, a, um 188, 589c
hydricus, a, um 551b
hydro- 243a
hydrobromidum 181a, 582b
hydrochloricus, a, um 187a, 550a, 555, 589c
hydrochloridum 181a, 555g, 589c
hydrogenatus, a, um 188, 582
hydrogen(o)carbonas 274a, 555b, 555f
hydrogencarbonicus, a, um 550c, 550i
hydrogenium 181a, 551a, 555i
hydrogen(o)phosphas 274a, 555b, 555e, 555g
hydrogensulfuricus, a, um 550c
hydrogensulfurosus, a, um 550c
hydroiodidum 181a
hydrops, hydropis 348
hydroxidatus (hydroxydatus) 355, 551b, 581c, 582d
hydroxidus (hydroxydus) 181a, 555j
hydroxyapatitus 621
hydroxyethylcellulosum 581f
hygro- 243a
hymen, hymenis 258, 598h
hymenalis, -, e 380a, 601h
hymenocarpus 686b
hyo- 601h
hyoepiglotticus, a, um 601h
hyoglossus, a, um 601h
hyoideus, a, um 228, 601h
hyoscyamus 88c, 561, 561b, 706, 716
hyper- 240, 242
hyperemesis, hyperemesis 340b
hypericum 121a, 560a, 568b
hypertonicus, a, um 187
hypnoticus, a, um 187, 591b
hypo- 240, 242, 596
hypoblastus 673
hypochondriacus, a, um 231, 601h
hypochondrium 128
hypochylia 72a
hypogastricus, a, um 230, 601h
hypogastrium 128
hypogeus (hypogaeus), a, um 200, 714
hypoglondrium 126
hypoglossus, a, um 601h
hypogynicus, a, um 704
hyponychium 128, 598h
hypophosphorosus, a, um 185a, 550c

hypophysialis, –, e 601h
hypophysis, hypophysis 339a, 598h, 601p
hyposmia 72a
hypothalamicus, a, um 230, 601h
hypothalamus 95b, 598h, i
hypothenar, hypothenaris 319, 598h
hyssopus 88a, 568b

I

icterus 93
ictus, -us 407
id 499, 514
idaeus, a, um 200, 561a, 582c
idio- 243a
idoneus, a, um 163
iecur, iecoris 301
ignatia 51
ignavia 30a
ignis, ignis 321
ignotus, a, um 158
ile, ilis 317
ileo- 601i
ileocecalis, –, e 601i
ileocolicus, a, um 601i
ileum 128a, 598i
ileus, a, um 227, 598a
ilia, ilium 335, 598i
iliacus, a, um 231, 601i
ilio- 601i
iliococcygeus, a, um 601i
iliocostalis, –, e 601i
iliofemoralis, –, e 601i
iliohypogastricus, a, um 601i
ilioinguinalis, –, e 601i
iliolumbalis, –, e 601i
iliopectineus, a, um 601i
iliopsoas 598i
iliotibialis, –, e 601i
ilius, a, um 598i, 601i
ille, illa, illud 498
illicium 122
illusio, illusionis 269
illustris, –, e 364a
imago, imaginis 263a
imbecillus, a, um 162
imber, imbris 314
imbrex, imbricis 280
imbricatus, a, um 205, 708
immaturus, a, um 172, 563, 563a
immemor, -moris 391
immigratio, immigrationis 267e, 674
imminens, -entis 388c
immobilis, –, e 365

immortalis, –, e 367
immunsuppresivus, a, um 591d
impar, imparis 390, 599, 601i
impedimentum 107b,684
imperatoria 51, 574a
imperfectus, a, um 178a
imperitus, a, um 158a
impertire 522, 549
impetigo, impetiginis 263
impetus, -us 406
impiger, a, um 150
implantatio, implantationis 267e, 674, 684
implicitus, a, um 158a
impraegnatus, a, um 584, 584b
impregnatio, impregnationis 267e, 674
impressio, impressionis 269, 598i, 601c, d, 604
impulsus, -us 410a
impurus, a, um 160
imus 440, 601i
in 470, 534, 541, 548, 581, 586
in- 238, 241
incanus, a, um 164a, 707, 749
incarceratio, incarcerationis 267b
incarnatus, a, um 164a, 707
incertus, a, um 15, 158, 601i
incisalis, –, e 601i
incisio, incisionis 268
incisivi 139
incisivus, a, um 237, 601i
incisura 64, 598i, 601a, p, 626
inclinatio, inclinationis 267b, 598i
inclinatus, a, um 178
inclusio, inclusionis 268
inclusus, a, um 207
incola 32
incommodus, a, um 157
incrementum 125a
incretum 127a
incudomallearis, –, e 601i
incudostapedius, a, um 601i
incus, incudis 284, 598i, o
index, indicis 271, 598i
indicare 512, 542, 549, 730
indicatio, indicationis 267b, 750
indicium 126, 730
indicus, a, um 176, 568a
indignus, a, um 159
individuum 108
indoctus, a, um 158
indoles, indolis 322a

inductio, inductionis 267e, 674, 684
indusium 108, 598i
industria 30a
inedia 61
inertia 61
infans, infantis 326
infaustus, a, um 158
infectio, infectionis 267b, 732
infectiosus, a, um 226
inferior, inferius 440, 598l, m, r, s, 601c, g, i
inferolateralis, –, e 601i
inferomedialis, –, e 601i
inferus, a, um 194, 711
inficere 512b, 549, 732
infimus 440
infirmitas, infirmitatis 287
infirmus, a, um 156
inflammatio, inflammationis 267b
inflorescentia 700
influenza 60
infra 449
infra- 241, 596
infraclavicularis, –, e 601i
infraglenoidalis, –, e 601i
infraglotticus, a, um 601i
infrahyoideus, a, um 601i
infralobaris, –, e 601i
infraorbitalis, –, e 601i, 610
infrapalpebralis, –, e 601i
infrapatellaris, –, e 601i, 603
infrascapularis, –, e 601i
infrasegmentalis, –, e 601i
infraspinatus, a, um 601i
infrasternalis, –, e 601i
infratemporalis, –, e 601i
infratrochlearis, –, e 601i
infundere 515, 549
infundibilis, –, e 581, 581d
infundibularis, –, e 601i
infundibuliformis, –, e 706
infundibulum 128a, 597, 598i, 735
infusio, infusionis 464, 581d
infusum 2, 109a, 581d, 589b, 589c
ingeniosus, a, um 161
ingens, -entis 387
ingestus, a, um 234
ingressio, ingressionis 268, 674
inguen, inguinis 306, 598i
inguinalis, –, e 380a, 598f, l, 601c, i, 610
inhalatio, inhalationis 267b
inhibitio, inhibitionis 266
inimicitiae 138
inion 135a, 598i

initium 108
injectabilis, –, e 581, 581 d, 582
injectio, injectionis 267 b, 379, 581 d, 582 b
inopia 30 a
inops, inopis 392
inositolum 552
insanabilis, –, e 365
insania 61
inscriptio, inscriptionis 266
inseminatio, inseminationis 267 e, 674
insertio, insertionis 266, 704
insertus, a, um 206, 709
insidiae 138
insipidus, a, um 192
insiticius, a, um 191 c
insitus, a, um 206 a
inspectio, inspectionis 266
inspersorius, a, um 180
inspiratio, inspirationis 267 b
inspissatio, inspissationis 266
inspissatus, a, um 188
instar 475
insula 31, 598 i, l
insulinum 581 d
integer, a, um; integerrimus 150, 435, 695
integumentum 119 a, 598 i, 601 c, 610, 714
intemperantia 30
intentio, intentionis 267 b, 454
inter 450
inter- 241, 596
interalveolaris, –, e 601 i
interarytenoideus, a, um 601 i
interatrialis, –, e 380 a, 601 i
intercalatus, a, um 601 i
intercapitalis, –, e 380 a, 601 i
intercarpeus, a, um 601 i
intercartilagineus, a, um 601 i
intercavernosus, a, um 226, 601 i
interclavicularis, –, e 601 i
intercondylaris, –, e 601 i
intercostalis, –, e 601 i
intercostobrachialis, –, e 601 i
intercruralis, –, e 601 i
intercuneiformis, –, e 383, 601 i
interdum 484, 525
interfascicularis, –, e 601 i
interfoveolaris, –, e 601 i
interganglionaris, –, e 601 i
interglobularis, –, e 601 i

interior, interius 440, 670
interitus, -us 406
interlobaris, –, e 601 i
intermaxillaris, –, e 601 i
intermediolateralis, –, e 601 i
intermediomedialis, –, e 601 i
intermedius, a, um 166 a, 191 c, 601 i, 604
intermembranaceus, a, um 601 i
intermesentericus, a, um 601 i
intermetacarpeus, a, um 601 i
intermetatarseus, a, um 601 i
intermittens, -entis 388 b
intermuscularis, –, e 601 i
internasalis, –, e 601 i
internationalis, –, e 367
interneuronalis, –, e 636
internus, a, um 168, 591 d, 601 b, i, 606, 670
interosseus, a, um 227, 598 m, 601 c, i
interparietalis, –, e 601 i
interpeduncularis, –, e 601 i
interphalangeus, a, um 229, 598 a, 601 i
interpubicus, a, um 598 d, 601 i
interradicularis, –, e 601 i
interscapularis, –, e 381
intersectio, intersectionis 267 b, 598 i
intersegmentalis, –, e 601 i
intersigmoideus, a, um 601 i
interspinalis, –, e 601 i
interstitialis, –, e 601 i
interstitiocytus 622
interstitium 128
intertarseus, a, um 229, 601 i
intertendineus, a, um 598 c, 601 i
interthalamicus, a, um 230, 598 a, 601 i
intertragicus, a, um 230, 601 i
intertransversarius, a, um 601 i
intertrigo, intertriginis 263
intertrochantericus, a, um 601 i
intertubercularis, –, e 381, 601 i
intertubularis, –, e 663
interuretericus, a, um 601 i
intervaginalis, –, e 601 i
intervallum 107 b
intervenosus, a, um 601 i
interventricularis, –, e 381, 601 i
intervertebralis, –, e 601 i
intestinalis, –, e 380 a, 601 i, 614, 618
intestinum 127 a, 598 c, d, i, r, v, 601 c, 648
intestinus, a, um 169
intimus, a, um 440, 601 i
intinus, a, um 709

intra 451
intra- 241, 596
intraalveolaris, –, e 381
intraarticularis, –, e 381, 601 i
intracapsularis, –, e 601 i
intrafusalis, –, e 627
intrajugularis, –, e 381, 601 i
intralaminaris, –, e 601 i
intralobaris, –, e 601 i
intraoccipitalis, –, e 601 i
intrapelvinus, a, um 221
intrapinealis, –, e 628
intrasegmentalis, –, e 601 i
intratendineus, a, um 601 i
intrepidus, a, um 157
intro- 241
introitus, -us 409, 598 i
intromissio, intromissionis 269
introrsus, a, um 207, 710
intumescentia 598 i
invaginatio, invaginationis 267 e, 674
invaginatus, a, um 636
invasio, invasionis 268
inversio, inversionis 269
inversus, a, um 166, 582 d
involucrum 119 a, 692, 735
involutio, involutionis 267 e, 674
iochroma, iochromatis 353
iodatus, a, um 188 a, 550 c, 550 h, 550 i
iodicus, a, um 187 a, 550 c
iodidus, a, um 181 a, 555 c
iodoformium 116, 583 e
iodum 111, 527, 582 e
ionogenus, a, um 180, 581
ipecacuanha 50, 572, 572 b, 583 a, 583 b, 589 b
ipse, ipsa, ipsum 498, 499
ira 27, 453
iracundus, a, um 157, 736
iridicus, a, um 230, 601 i, 627, 641
iridiodes, is 399
iridocornealis, –, e 601 i
iris, iridis 344, 347, 574, 598 i, s, 641, 712
iritis, iritidis 341
irlandicus, a, um 569
is, ea, id 499
isatideus, a, um 199 a
ischiadicus, a, um 230, 601 c, i, s
ischiocavernosus, a, um 601 i
ischiofemoralis, –, e 601 i
ischiorectalis, –, e 601 i
ischium 128, 598 i
islandicus, a, um 176, 187, 569
iso- 243 a
isoamylium 552 b

isogamia 674
isoniazidum 556
iste, ista, istud 499
isthmicus, a, um 230
isthmus 94, 598i
ita 484, 525, 528
iter, itineris 294
iterare 519, 549, 586
iucundus, a, um 157
ius, iuris 251, 302, 447
iustitia 30
iuvans, -antis 389, 466, 542
iuvare 542, 549
iuvenis, iuvenis 323, 366
iuxta 241, 452
iva 48, 568b

J

jaborandi 561a
jalapa 52, 573, 578
jambosa 49, 687
jatrorrhiza = iatrorrhiza 50
jecur (iecur), jecoris 2, 301,
    581a, 582, 583e
jejunalis, -, e 380a, 601j
jejunitas, jejunitatis 288
jejunitis, jejunitidis 341
jejunus, a, um 220, 598j
jod = iod
juba 33, 611
jubatus, a, um 216
juglans, juglandis 326, 561, 713
jugularis, -, e 381, 601j
jugulodigastricus, a, um 601j
juguloomohyoideus, a, um 601j
jugulum 128a
jugum 127, 598j
junctura 64, 598j, 601e, l, z,
    602c
juniperus 89c, 563, 563b, 570,
    580a
jus (ius), juris 302, 447, 752/53
juvenilis, -, e 366, 625
juvenis, juvenis 323, 366
juventus, juventutis 290
juxtamedullaris, -, e 628

K

kalendae 138
kali 355, 551b
kalinus, a, um 182, 582b
kalium 15, 114, 181a, 355,
    550b, 550c, 550d, 550h,
    555a, 555b, 555c, 555f, 555j
kaolinum 579b
kata- 242
kawa-kawa 355, 574a

keratitis, keratitidis 341
keratoma, keratomatis 352
kerriodes, is 399
kickxia 51
kilo- 243
kinesis, kinesis 665
kinetochorus 615
kinetocilium 622
kinetosis, kinetosis 340a
klysma, klysmatis 352
kolpitis, kolpitidis 341
koso 355, 560a

L

labialis, -, e 368, 6011
labiatus, a, um 205
labium + labia 124, 5981, 675
labor, laboris 252
labrum 123, 5981, 601a, g
labyrinthicus, a, um 230, 6011
labyrinthus 94a, 5981
lac, lactis 309, 327a, 552a,
    582b
lacca 39, 573
lacer, lacera, lacerum 149, 599,
    6011
lacerta 55
lacertus 94a, 5981
lacinia 66
laciniatus, a, um 236
lacrima 38
lacrimalis, -, e 380a, 598a, c, l,
    p, r, s, 6011, 602a, 605
lacrimoconchalis, -, e 6011
lacrimocytus 623
lacrimomaxillaris, -, e 6011
lactas, lactatis 274a, 555b,
    555e, 555g, 581f
lactatio, lactationis 267b
lacticus, a, um 187a, 550a,
    550f, 555, 555g, 583c
lactifer (lactiferus), a, um 16,
    149, 598s, 599, 600, 6011, 664
lactocytus 623
lactosum 552a, 581e
lactuca 49
lacuna 64, 5981
lacunaris, -, e 381a, 6011
lacus, -us 401, 405, 5981
laesio, laesionis 269
laesus, a, um 235
laetitia 30
laetus, a, um 158
laevis (lēvis), -, e 364, 698, 716
laevulosum 552a, 581e
laevus, a, um 166, 462
lagena 35
lallatio, lallationis 267b
lambdoides, is 397

lambdoideus, a, um 228, 598m,
    6011
lamella 65, 612, 626, 630, 662
lamellaris, -, e 624
lamellatus, a, um 662
lamellosus, a, um 226, 6011
lamina 47, 598e, l, t, 601a, b, c,
    e, i, p, 647, 693
laminaria 51
lamium 122, 560a, 709
lana 33, 579a, 579b, 581, 581e,
    583c, 583f, 589b
lanatus, a, um 205, 561b, 698
lanceolatus, a, um 205, 568c,
    694
languor, languoris 252
lanius 91a
lanolinum 109a, 581e
lanugo, lanuginis 263b, 584,
    584b, 5981
lapideus, a, um 197
lapis, lapidis 273
lapsus, -us 410
laqueus 95a
laricinus, a, um 579b
larix, laricis 271, 565, 696
laryngeus, a, um 229, 598p,
    6011, r
laryngitis, laryngitidis 341
laryngologicus, a, um 591b
laryngopharyngeus, a, um 6011
larynx, laryngis 251, 272, 327,
    598c, l, s, v, 601f
lascivus, a, um 237
laserpitiodes, is 399
lassitudo, lassitudinis 262
later, lateris 254
lateralis, -, e 380a, 5981, m
    6011, 602a, 603, 652
latro, latronis 257
latus, lateris 251, 298, 5981, t
latus, a, um 166, 6011
laurus 89, 561a, 563, 582, 710
laus, laudis 251, 284, 464, 754
lavendula 52, 560, 580a
laxans, laxantis 2, 389, 542,
    578c, 592
laxare 542, 549
laxus, a, um 191, 701
lectularius, a, um 208a
lectus 82
ledum 121
legere 508−511, 514, 515, 517,
    533, 540−543, 549
legumen, leguminis 305, 713
lemma, lemmatis 351, 612
lemniscus 94a, 598d, l
leniens, -entis 387, 583e, 583f
lenis, -, e 364
lens, lentis 326, 598e, l, p, r
lenticulae 138a

lenticularis, –, e 6011, 604
lentiformis, –, e 383, 598p, 6011, r
lentigo, lentiginis 263
lentiscus 687
lentus, a, um 203
leo, leonis 257, 721
leontopodiodes, is 399
lepra 58
leptomeninx, leptomeningis 283
leptonema, leptonematis 623
lepus, leporis 277
letalis, –, e 367
lethargia 72a
leuco- 613
leucocytus 623
levare 253a, 549
levator, levatoris 253a, 253b, 595, 5981
levatorius, a, um 218b, 598t, . 6011
lĕvis, –, e 181a, 274a, 364, 555c, 555f, 555h, 589a
lēvis = laevis
levisticum 122a, 572
levitas, levitatis 287
lex, legis 251, 283, 451, 585
liber 98
liber, a, um 149, 598s, t, 599, 6011, 709
liberare 538, 549
liberatus, a, um 188, 549
liberi 97, 139
libido, libidinis 262a
licere 512a, 538, 549
lichen, lichenis 258, 569
lien, lienis 258, 598h, l, p, t
lienalis, –, e 380a, 6011
lienorenalis, –, e 6011
ligamentum 15, 127b, 5981, n, 601a, b, c, e, f, g, h, i, l, m, p, s, t, u, 602c
lignum 102, 107, 570, 578c, 584, 584a
ligula 693
lilium 122, 713
limbus 86, 598c, l, 662
limen, liminis 304, 5981, 604
limes, limitis 274
limitans, -antis 389b, 599, 6011
linaria 51, 568c, 690
linariodęs, is 399
linctus, -us 409
linea 37, 598a, l, 601a, e, m, p, 634
lingua 4, 27, 598a, d, f, l, 604, 645
lingualis, –, e 380a, 6011, 645
lingula 67, 5981
lingularis, –, e 381a, 6011
lingulatus, a, um 706

linguofacialis, –, e 6011
linimentum 109b, 581e
linum 121, 575, 582, 584, 584a, 716
lipes, lipidis 623
lipo- 613
lipoblastus 675
lipochromophorus 623
lipochromum 623
lipocytus 623
lipofuscinum 623
lippitudo, lippitudinis 262
liquamen, liquaminis 305
liquefactus, a, um 188b
liquescere 512b, 528, 535, 549
liquidus, a, um 181, 239, 579b
liquiritia 5, 51, 572, 572b, 581b, 589a
liquor, liquoris 252, 528, 547, 550c, 5981, 601c
lithanthrax, lithanthracis 354, 579b, 582e, 583e, 589b
lithargyrum 110a, 551
lithium 114, 550d, 550h, 555f
littera 31, 454
litus, litoris 299
lividus, a, um 164b
livius, a, um 164b
livor, livoris 252
lobalis, –, e 6011
lobaris, –, e 381a, 6011
lobatus, a, um 695
lobelia 51, 568
lobelinum 555a
lobeliodes, is 399
lobulus 95, 5981, 601b, 650, 655
lobus 94, 598a, l, n, 601c, i, o, p, 628, 658
lochia 61
loculum 710
locus 94, 129, 5981
lomariodes, is 399
longe 434
longiaxonicus, a, um 628
longitudinalis, –, e 380a, 6011, 657, 710
longitudo, longitudinis 251, 262
longus, a, um 2, 166, 598a, v, 6011, p, 606
lorum 107
lotio, lotionis 4, 266a, 581e
lotus, a, um 188b
lubrificans, -antis 389b
lucanus 90a
lucidus, a, um 219, 6011, 640
lucius 91
ludus 80
lullula 57
lumbago, lumbaginis 263a

lumbalis, –, e 380a, 598t, 6011
lumbocostalis, –, e 16, 6011
lumbosacralis, –, e 6011
lumbricalis, –, e 380a, 6011
lumbricoides, is 396
lumbus 94, 5981
lumen, luminis 304
luna 33
lunariodes, is 399
lunatus, a, um 178, 236, 6011
lunula 5981
lupulus 89c, 567, 576b
lupus 90, 92
luscinia 56, 91a
lusus, -us 410
luteocytus 623
lutescens, -entis 387, 707
luteus, a, um 164c, 429, 436, 6011, 620, 707
lutra 53
lux, lucis 282, 544
luxatio, luxationis 267b
lychnideus, a, um 199a
lyciodes, is 399
lycopodiodes, is 399
lycopodium 122, 578b
lympha 63, 5981
lymphaceus, a, um 227
lymphaticus, a, um 94a, 95, 230, 598f, l, n, s, 601a, b, j, l, p, 607, 648
lympho- 613
lymphoblastus 623
lymphocytus 623
lymphoglandula 95
lymphonodulus 95, 5981
lymphonodus 94a, 5981, n
lynx, lyncis 271
lypressinum 581e ·
lysimachiodes, is 399
lysosoma, lysosomatis 623
lyssa 58
lyurus 90a

M

macer, a, um 150
macerare 531, 549, 581f
maceratio, macerationis 266a
machina 31
macies 420
macis, macidis 347
macro- (makro-) 243a, 613
macrocytus 624
macrogolum 582a, 583e
macromerus 676
macrophagocytus 621, 624
macula 38, 597, 598m, 617
macularis, –, e 381a, 601m
maculatus, a, um 205

mercurius 85
meridianus, a, um 165, 598 m
meridies 417
meridionalis, –, e 367, 380 b, 601 m
merocrinus, a, um 222
merula 57
merus 612
mesangiocytus 624
mesangium 624
mesaxon 624
mesencephalicus, a, um 601 m
mesencephalon 135, 598 m, t
mesenchyma, mesenchymatis 676
mesendoderma, -dermatis 676
mesentericus, a, um 230, 601 m
mesenteriolum (mesoappendix) 598 m
mesenterium 128, 598 m
mesenteron 676
mesialis, –, e 601 m
meso- 242, 596, 665
mesoappendix, -dicis 598 m
mesoblastus 676
mesocardium 676
mesocarpium 120, 713
mesocolicus, a, um 601 m
mesocolon 598 m, 601 i
mesoderma, mesodermatis 676
mesoduodenum 676
meso-esophageum 676
mesogastrium 128, 598 m
meso-ileum 676
mesojejunum 676
mesomerus 676
mesometrium 598 m
mesonephricus, a, um 230, 601 m
mesonephros 132, 598 m
mesorchium 598 m
mesorectum 676
mesosalpinx, -pingis 598 m
mesotendineum 128, 598 m
mesotenon, -nontis 354
mesotheliocytus 625
mesothelium 128, 625
mesovarium 598 m
mesovaricus, a, um 601 m
messis, messis 322
meta- 242, 596
metabisulfurosus, a, um 185 a, 550 c
metacarpalis, –, e 380 b, 601 m
metacarpeus, a, um 229, 601 m
metacarpophalangeus, a, um 601 m
metacarpus 94 a, 598 m
metallicus, a, um 201
metamerismus 676 a
metamyelocytus 625

metanephros 676 a
metaphasis, metaphasis 339, 625
metaphysis, metaphysis 339 a, 625
metapodium 611
metatarsalis, –, e 380 b, 601 m
metatarseus, a, um 229, 601 m
metatarsophalangeus, a, um 601 m
metatarsus 94 a, 598 m, 601 c
metathalamus 598 m
metencephalon 135, 598 m
metenteron 676 a
meteorismus 92 a
methalkonium 582 d
methioninum 552
methylium 552 b
metoestrus 676 a
metopicus, a, um 601 m
metritis, metritidis 341
metus, -us 405
mexicanus, a, um 171
mezereum 121 a, 559 a
micro- (mikro-) 243 a, 613
microcytus 625
microfibrilla 625
microglia 625
micromerus 676 a
micropapilla 625
micropylum 676 a, 714
microtubulus 625
microvillus 625
mictio, mictionis 267 b
migrans, -antis 389
mikro = micro
milia, milium 486, 487, 490
milium 122, 126
mille, milia 486, 487, 490
millefolium 122, 560 a, 568 c, 687
milvus 90
minae 138
minimus 439, 601 m
minister 98, 454
minium 110
minor, minus 439, 598 f, o, p, 601 m, t
minutim 483
miosis, miosis 340
mioticus, a, um 591 b
mirabilis, –, e 365, 370, 599, 601 m
miracidium 124
mirus, a, um 194
miscere 506, 520, 532, 538, 549, 586, 589 a, 589 b, 734
miser, a, um 149, 729
miseria 30 a, 729
misericordia 30 a
missio, missionis 269

mitella 60
mitigatio, mitigationis 267 b
mitis, –, e 364, 550 g
mitochondrium 625
mitosis, mitosis 625
mitra 58
mitralis, –, e 380 b, 601 m
mitratus, a, um 216
mixtio, mixtionis 266 a, 732
mixtum 109
mixtura 40, 541, 546, 547, 734
mixtus, a, um 188 b, 506, 549, 584 b, 732, 734
mobilis, –, e 365, 599, 601 m, 710, 738
modificatio, modificationis 267 b
modiolus 95, 598 m
modulus 95
modus 82, 448, 459
mola 611
molaris, –, e 601 m
molecularis, –, e 381 a, 601 m
moles, molis 322 a
molimen, moliminis 305
molimina, moliminum 334
mollescere 512 b, 549
mollis, –, e 364, 379, 582 a, 583 e, 598 p, 599, 601 m
molluscum 125 a
molluscus, a, um 208
monadelphus, a, um 709
monaster, monasteris 626
monedula 57
monere 543, 549
mono- 243
monoblastus 626
monocytopoesis, monocytopoesis 626
monocytus 625
monohydricus, a, um 274 a, 555 b, 555 g
monoicus, a, um 191 a, 705
monooleinicus, a, um 187 a
monospermia 676 a
monostearas, -stearatis 555 f
monostearinicus, a, um 187 a
monostomum 124 a
mons, montis 325, 456, 460, 470, 475, 598 m, p
montanus, a, um 147
monticulus 95
morbus 74, 82
moribundus, a, um 219, 736
morphinum 115, 552
morpho- 665
morphogenesis, morphogenesis 339 a, 676 a
mors, mortis 326, 455
mortalis, –, e 367
morula 676 a

neurogenesis, neurogenesis 677
neuroglia 628
neurohypophysis, neurohypophysis 598n, 628
neurolemma, neurolemmatis
  351
neurolemmoblastus 677
neurolemmocytus 628
neurolepticus, a, um 591b
neuromelanocytus 628
neuronum 628, 630
neuroporus 677
neurula 677
neurulatio, neurulationis 677
neuter, a, um 151
neutralisare 515, 549
neutrophilicus, a, um 625, 626,
  633
neve 518, 519
nexus, -us 410, 628
niaoulum 580a
nicolum 114
nicotiana 49, 687
nicotinicus, a, um 187, 550a,
  550i, 552b
nictitans, -antis 389b, 642
nidatio, nidationis 674
nidus, a, um 94
nigella 50, 575a
niger, a, um 147, 150, 561a,
  563, 575, 599, 601n, 707
nigricans, -antis 389b, 542, 707
nigricare 542, 549
nihil 484, 522
nihilum 110a
niloticus, a, um 214
nisus, a, um 216a
nitens, -entis 388a
nitidus, a, um 192, 716
nitras, nitratis 274a, 555b,
  555d
nitratus, a, um 188
nitricus, a, um 187a, 519, 548,
  550a, 550b, 550e, 550h, 555
nitris, nitritis 274a, 555b, 555g
nitrogenium 112
nitrosus, a, um 185a, 550c,
  550i, 552b
nix, nivis 283
nobilis, -, e 365, 710
noctiflorus, a, um 194
noctu 483
noctua 56
nocturnus, a, um 165
nodalis, -, e 627
nodosus, a, um 226
nodulus 95, 598n, 648
nodus 94, 94a, 598l, n, 601b, j,
  p, s
nolle 535, 549
nomadicus, a, um 624

nomen, nominis 251, 304, 541,
  544, 594, 595, 602, 607, 612,
  665
non 478, 484, 518, 548, 581,
  584a, 754
nona- 243
nonae 138
nonglandularis, -, e 647
nongranulocytus 629
nonmyelinatus, a, um 628
nonstriatus, a, um 627, 637
nonvesicularis, -, e 636
norepinephrocytus 629
normalis 368
normocytus 629
nosoconium 126
nota 27
notitia 30, 729
notochorda 677
notus, a, um 158, 729
novem 486
novus, a, um 15, 156
nox, noctis 326, 472
noxa 58
noxius, a, um 166a
nubecula 67
nubes, nubis 322a
nucellus 86a, 714
nucha 63, 598n
nuchalis-, e 380b
nucista 50
nuclearis, -, e 381a, 635
nucleolonema, nucleolonematis
  629
nucleolus 629
nucleoplasma, nucleoplasmatis
  629
nucleus 95a, 598f, h, n, o, p,
  601a, c, d, e, g, i, o, p, r, s, t,
  v, 612, 615
nudus, a, um 167, 192, 601n
nulliparitas, nulliparitatis 677
nullus, a, um 151
numerus 83, 468
nuptiae 138
nurus, -us 411
nutare 542, 549
nutricius, a, um 218, 601n
nutriens, -ientis 388d, 592
nutrimentum 107b
nutritius, a, um 218
nux, nucis 280, 563a, 713

O

ob 453
ob- 241
obducere 521, 549
obductus, a, um 188b, 206,
  549, 583

obesitas, obesitatis 288
obex, obicis 271, 598o
obliquus, a, um 166, 598d, s,
  601o, 605
obliterans, -antis 389b
obliteratio, obliterationis 267c
oblongatus, a, um 598m, p,
  601o
oblongus, a, um 166, 601o
obovatus, a, um 694
observatio, observationis 266a
obsoletus, a, um 178a
obstetricius, a, um 218
obstetrix, obstetricis 281
obstipatio, obstipationis 267c
obturator, obturatoris 253a
obturatorius, a, um 601o
obturatus, a, um 236, 598f,
  601o
obtusus, a, um 179
occasio, occasionis 268, 540
occasus, -us 410, 471
occidentalis, -, e 367
occipitalis, -, e 380b, 598c, i,
  p, s, 601o, p
occipitofrontalis, -, e 601o
occipitomastoideus, a, um
  601o
occipitopontinus, a, um 601o
occipitotemporalis, -, e 601o
occiput, occipitis 307, 598o
occludens, -entis 388b, 650
occlusialis, -, e 601o
occlusio, occlusionis 269
occultus, a, um 234, 601o
ochrea 47, 692
ochroleucus, a, um 164a, 707
ocreatus, a, um 216
octa- 243
octavus, a, um 486, 601o
octo 486
oculentum 109b, 582, 589c
oculoguttae 41, 138a, 582
oculomotorius, a, um 218b,
  601o
oculus 95, 442, 453, 598a, b, e,
  m, o, s, 642
ocymoides, is 396
odonto- 613
odontoblastus 630
odontogenesis, odontogenesis
  630
odor, odoris 252, 519
odoratus, a, um 188, 205, 700
oeconomia 752, 753
oedema, oedematis 352
oesophageus, a, um 229, 598e,
  601e
oesophagus (vgl. 598e) 95b,
  598e
oestrus 92, 678

P

pabulum 106a
pachy- 243a
pachymeninx, pachymeningis 283
pachynema, pachynematis 631
paedagogia 752
paedagogicus, a, um 752, 753
paedicatio, paedicationis 267c
paedogenesis, paedogenesis 679
paeonia 51, 560a, 575a
pagina 38, 755
pagus 80
pala 27
palaeo- 243a
palaeocortex, palaeocorticis 679
palaquium 122
palatinus, a, um 221, 598t, v, 601p, 604, 646
palatoethmoidalis, -, e 601p
palatoglossus, a, um 601p
palatomaxillaris, -, e 601p
palatopharyngeus, a, um 601p
palatovaginalis, -, e 601p
palatum 127a, 598p, 645
palea 37
palear, palearis 611
pallidus, a, um 164b, 598g, 601p, 707
pallium 124, 598p
pallor, palloris 252
palma 63, 598p
palmadifidus, a, um 695
palmaris, -, e 381a, 601p, u
palmatus, a, um 216, 601p, 695
palpebra 67a, 598p, 642
palpebralis, -, e 380b, 601p
palpebronasalis, -, e 601p
palpitatio, palpitationis 267c
palumbus 90b
palus 80
palus, paludis 284
paluster, -, e 360
pampiniformis, -, e 383, 601p
pampinus 82a
pan- 243a
panaritium 126
pancreas, pancreatis 251, 308, 598p
pancreaticoduodenalis, -, e 601p
pancreaticolienalis, -, e 601p
pancreaticus, a, um 230, 601p
panicula 47, 701
panis, panis 321
panniculus 598p
pannus 92
pantothenas, pantothenatis 274a, 555e

pantothenicus, a, um 550f
papaver, papaveris 295, 563a, 575, 696, 712, 716
papaverinum 555g, 589c
papilio, papilionis 257
papilionaceus, a, um 706
papilla 36, 65a, 598i, p, 601c, f, v, 604, 645, 647, 662, 663, 664
papillaris, -, e 381a, 601p, 662, 664
pappus 86
papula 62
par, paris 390
para- 242, 596
paraaorticus, a, um 601p
paracaruncularis, -, e 604
paracentralis, -, e 598l, 601p
paracolicus, a, um 230, 601p
paracolpium 128
paracortex, paracorticis 631
paracystium 128
paradidymis, paradidymidis 345, 598p
paraduodenalis, -, e 601p
paraepiglotticus, a, um 604, 646
paraffinum 379, 581a, 582a
paraganglion 631
parahippocampalis, -, e 601p
parallelus, a, um 166, 605
paramaecium 124
paramastoideus 601p
paramesonephricus, a, um 601p
parametrium 128, 598p
paranalis, -, e 604, 649
paranasalis, -, e 598s, 601p, 605
paraoxonum 583c
paraproctium 128
parare 514, 531, 541, 544, 546, 549
parasternalis, -, e 601p
parasympathicolyticus, a, um 591b
parasympathicomimeticus, a, um 591b
parasympathicus, a, um 230, 601p
parathyrocytus 631
parathyroideus 601p
paratus, a, um 188, 549
paraumbilicalis, -, e 601p
paraurethralis, -, e 601p
paraventricularis, -, e 601p
pardus 90
parenchyma 350, 598p
parenchymatosus, a, um 226
parentes, parentum 327, 330
paries, parietis 251, 274, 595, 598p
parietalis, -, e 368, 598d, 601i, p, s, 711

parieto- 601p
parietomastoideus, a, um 601p
parietooccipitalis, -, e 601p
parietopontinus, a, um 601p
paritas, paritatis 288, 665, 679
paronychium 128
paroophoron 135a, 598p
parotideomassetericus, a, um 601p
parotideus, a, um 229, 601p
parotis, parotidis 342, 347a, 598g, p
parotitis, parotitidis 341
pars, partis 2, 326, 379, 461a, 462, 542, 548, 586, 589a, 598p, 601a, c, d, f, g, h, i, m, n, p, s, t, 605, 606, 628, 647, 658, 664
partes, partium 333, 379
parthogenesis, parthogenesis 679
particeps, -cipis 391
partim 483, 679
partitus, a, um 695
parturitio, parturitionis 267e, 679
partus, -us 407, 451
parulis, parulidis 346
parureterius, a, um 218
parus 90
parvus, a, um 166, 439, 601p, 623
passiflora 49, 568c
passio, passionis 268
pasta 39, 379, 582a
pastillus 84
pastor, pastoris 253, 568a
patagium 124, 140
patella 65, 598p
patellaris, -, e 381a, 601p
pater, patris 252, 254, 327, 468
pati 542, 549
patientia 30
patria 30a
paucus, a, um 156, 548
pauper, pauperis 391
pavimentum 107b
pavor, pavoris 252
pax, pacis 282
pecten, pectinis 258, 598p, 688
pectinatus, a, um 236, 601p
pectinealis, -, e 601p
pectineus, a, um 227, 601p
pectoralis, -, e 367, 423, 578c, 601p
pectus, pectoris 59, 299, 598p
pecu, -us 416
pecunia 30a
pediculus 91a, 598p
peduncularis, -, e 381a, 601p
pedunculatus, a, um 700

pedunculus (pediculus) 87, 95, 598 p, 601 c, 700
peior, peius 439
pelecanus 90 a
pellionellus, a, um 208
pellucidus, a, um 167, 539, 601 p
peltatus, a, um 205, 696, 712
pelvinus, a, um 221, 598 g, m, 601 e, p, 602 c, 602 d
pelvis, pelvis 311, 598 d, i, p, 653
penetratio, penetrationis 267 e, 679
penicillatus, a, um 205, 712
penicillus 94 a, 598 p, 631
penis, penis 321, 598 b, c, g, p, 601 b, c, g, 606, 656
pennatus, a, um 178, 695
penta- 243
pentaerythritylum 583 c
pepsinum 115
per 454
per- 239, 241, 551 a, 555 c, 555 i, 579 a, 582 a
perca 53
perchloridus, a, um 181 a, 555 c
perdix, perdicis 281
peregrinus, a, um 209
perennis, -, e 14, 364 a, 689
perfectus, a, um 178 a
perflatus, -us 408
perfoliatus, a, um 696
perforans, -antis 389 b, 599, 601 p
perforatio, perforationis 267 c
perforatus, a, um 178, 601 p
peri- 242, 596
periarterialis, -, e 601 p
pericardiacophrenicus, a, um 601 p
pericardiacus, a, um 231, 601 p
pericarditis, pericarditidis 341
pericardium 128, 598 e, p, s
pericarpium 110, 120, 571, 713
pericaryon, pericaryonis 631
perichondrialis, -, e 630
perichondrium 128, 598 p
perichoroideus, a, um 601 p
pericranium 128, 598 p
periculosus, a, um 174
pericytus 631
periderma, peridermatis 679
peridinium 124
perigynicus, a, um 704
perilympha 598 p
perilymphaticus, a, um 601 p
perimetrium 128, 598 p
perimysium 128, 598 p
perinealis, -, e 380 b, 601 p
perineum 127 a, 598 p

perineurium 128
periodontium 128, 598 p
periodus 79, 636, 675
perionyx, perionychis 598 p
perioplum 662
periorbita 598 p
periosteum 598 p
peripapillaris-, e 662
periphericus, a, um 230, 601 p
perisinusoideus, a, um 623
peritendineum 128 a, 598 p
peritoneum 127 a, 598 p, 606
peritus, a, um 158 a
perivascularis, -, e 601 p, 628
periventricularis, -, e 601 p
perliquidus, a, um 181, 239, 579 a, 582 a
permanens, -entis 388 c, 599, 601 p
permanganas, permanganatis 274 a, 555 f
permanganicus, a, um 187 a, 550 h
pernicies 420
perniciosus, a, um 226
pernio, pernionis 264, 447
peronaeus, a, um (peroneus) 229, 601 b, p, 603
perone 69
peronealis, -, e 601 p
peroralis, -, e 582 a
peroxidatus, a, um 551 a
peroxidus, a, um 181 a, 555 i
peroxysoma, peroxysomatis 631
perpellere 538, 549
perpendicularis, -, e 601 p
perpetuus, a, um, 184
persica 52
persicariodes, is 399
personatus, a, um 706
peruvianus, a, um 171, 579
pes, pedis 251, 273, 454, 582, 598 d, h, p
pessimus 439
pestilentia 61
pestis, pestis 322
petaloideus, a, um 199, 712
petalum 120 a, 706
petiolatus, a, um 205, 696
petiolus 87, 95, 597, 598 p, 693
petro- 601 p
petroleum 116
petrooccipitalis, -, e 601 p
petroselinum 121 a, 563 a, 572 a, 580 a
petrosquamosus, a, um 601 p
petrosus, a, um 174, 598 f, 601 p, s, 611
petrotympanicus, a, um 601 p
phaceliodes, is 399

phaenomenon (phenomenon) 135, 679
phagocyticus, a, um 636
phagocytus 631
phagolysoma, phagolysomatis 631
phagosoma, phagosomatis 631
phalanx, phalangis 283, 327, 598 p
phallicus, a, um 230
phallus 94
phanerophlebius 16
pharmacia 72
pharmacon 750
pharmacopoea 40
pharyngeus, a, um 601 p
pharyngitis, pharyngitidis 341
pharyngobasilaris, -, e 16, 601 p
pharyngooesophageus, a, um 604
pharynx, pharyngis 272, 327, 598 c, p, 601 c, p, 604, 646
phaseolus 88 c, 469, 563 a, 713
phasianus 90 a
phasis, phasis 339, 612
phellandrium 122, 563 a
phenacetinum 115, 589 b
phenazonum 589 c
phenolatus, a, um 188
phenolphthaleinum 115
phenolum 115, 552
phenylium 552 b
-philicus, a, um 665
philosophia 71
philtrum 127, 598 p
philus 80, 612, 615
phlebitis, phlebitidis 341
phlegma, phlegmatis 352
-phobia 72
-phobus, a, um 665
phoca 53
phoenicopterus 91 a
phoenicurus 90 a
phorus 612
phosphas, phosphatis 274 a, 555 b, 555 e, 555 g, 589 b
phosphis, phosphitis 274 a
phosphoricus, a, um 187 a, 550 a, 550 c, 550 d, 550 f, 550 h, 550 i, 555, 589 b
phosphorosus, a, um 185 a, 550 c
phosphorus 85, 544
photoreceptor, photoreceptoris 631
phrenes, phrenum 332
phrenicoabdominalis, -, e 601 p
phrenicocolicus, a, um 601 p
phrenicolienalis, -, e 601 l, p

phrenicopleuralis, -, e 601 p
phrenicus, a, um 601 p
phryniodes, is 399
phthirus 91
phthisis 340
phylum 107, 717
physiologicus, a, um 187
physostigminum 115
phyteuma, phyteumatis 353
phytolacca 50
pica 53, 58
picea 51
pictus, a, um 216 a
picus 90 a
pigmentocytus 631
pigmentosus, a, um 628
pigmentum 127 b
piissimus, a, um 436
pilidium 124
pilocarpinum 115, 181 a
pilosus, a, um 196, 698
pilula 43, 582 a, 589 c
pilus 94, 598 a, b, f, p, s, v, 610, 624, 660
pimenta 50, 563 a
pimpinella 50, 572, 687, 711
pinealis, -, e 601 p, s
pinealocytus 631
pinguiculus, a, um 233
pinguis, -, e 364 a
pinnatus, a, um 178, 695
pinoides, -is 396
pinus 89, 147, 412, 413, 573, 578 a, 580 a
piper, piperis 295, 563, 563 a
piperitus, a, um 203, 561, 561 b, 580 a, 582 e, 583 a, 589 a
piriformis, -, e 383, 598 a, 601 p
piscidia 51, 559 a
piscis, piscis 321, 718
pisiformis, -, e 383, 601 p
pisocarpium 686 b
pisohamatus, a, um 601 p
pisometacarpeus, a, um 601 p
pistacia 51, 687
pistillum 109 b, 703, 711
pistiodes, is 399
pituita 59
pituitarius, a, um 601 p
pituitocytus 631
pius, a, um 217, 283, 436, 598 m, 601 p
pix, picis 280, 579 b, 582 e, 583 c, 583 d, 583 e, 589 b
placenta 36, 46, 65 b, 598 p, 711
placentonum 679
placoda 679
plaga 58
plane 484
planta 33, 705
planta 63, 598 p, 601 q

plantago, plantaginis 263 a, 561 a, 568 c, 701
plantaris, -, e 381 a, 601 c, p
planus, a, um 193, 601 p, 605, 610, 715
plasma, plasmatis 350, 612
plasmoblastus 632
plasmocytopoesis, -poesis 632
plasmocytus 632
plasmolemma, plasmolemmatis 632
platinum 113
platysma, platysmatis 351, 598 p
plax, placis 282, 582 a
plebs, plebis 251, 278
plenus, a, um 168
plerumque 483, 679
pleura 63, 598 c, p
pleuralis, -, e 380 b, 601 c, p
pleuritis, pleuritidis 341
pleuroesophageus, a, um 601 p, 604
plexus, -us 410, 598 p, 601 a, b, c, d, h, u
plica 63, 598 c, p, 601 c, f, g, p, s, 605, 606, 610
plicatio, plicationis 267 e, 679
plicatus, a, um 205, 236, 604, 715
ploidea 665, 679
plumbago, plumbaginis 263 a
plumbum 113, 550 d, 550 i, 551, 583 d
plumosus, a, um 185, 196, 712
plurilocularis, -, e 711
plurimum 439
plus, pluris 439
pneumaticus, a, um 601 p
pneumonia 72 a
podarium 124
podocytus 632
podophyllum 121 a
poesis, poesis 338, 612
poeta 32
poliosis, poliosis 340
pollakis- 243 a
pollex, pollicis 271, 598 a, p
pollinaria (Plural) 709
polocytus 632
polus 94, 598 p
poly- 243
polyadelphus, a, um 709
polyamidicus, a, um 584 a
polycarpaea 686 b
polycarpon 686 b
polyembryonia 679 a
polyestericus, a, um 584 a
polyethylatus, a, um 188
polyethylenglycolum 582 a, 583 e

polygala 52, 568 c
polygonalis, -, e 636
polygonum 122 a, 568 c, 688, 692
polyploidea 665, 679 a
polypodium 122, 574 a
polyporus 88 c
polyribosoma, -somatis 632
polysoma, polysomatis 632
polyspermia 676 a
pomarium 724
pomatus, a, um 188 a
pomum 107, 724
ponderosus, a, um 185, 274 a, 555 b, 555 f, 579
pondus, ponderis 298
pons, pontis 325, 598 p, 601 o, p
pontinus, a, um 221
poples, poplitis 274, 598 p
popliteus, a, um 227, 601 p, s
populus 9, 89 c, 566
populus 9, 81
porcellus 90 b
porta 27, 598 p
portio, portionis 267 c, 598 p
porus 94, 598 p, 601 g, 710
positio, positionis 267 e, 665
positus, -us 409
posse 513, 538, 549
possessio, possessionis 268
post 455
post- 241, 596
postcentralis, -, e 380 b, 601 p
postea 484
posterior, posterius 440, 598 c, n, 601 c, i, p, 628
posterolateralis, -, e 380 b, 601 p
posteromedialis, -, e 601 p
postis, postis 321
postremus 440
potamobius 91
potare 253, 549
potator, potatoris 253
potens, -entis 387
potentia 30, 540
potentilla 50, 690, 698
potestas, potestatis 289
potio, potionis 266 a
potomania 72 a
potus, -us 407
prae (cf. pre) 467
prae- (cf. pre-) 241, 596
praebere 512, 514, 520, 549
praeceptio, praeceptionis 266 a
praeceptum 107 b, 540
praecipitare 512, 549
praecipitatus, a, um 188, 550 g, 582 e, 583 d
praecox, praecocis 386
praecuneus 95 a, 598 p

praemium 106
praeparatus, a, um 188
praeputium 128, 598 p, 606
praescapularis, -, e 603
praescribere 546, 549
praescriptio, praescriptionis 267 c, 585, 587, 589 a
praesidium 106
praeter 456
praeternaturalis, -, e 380 b
pratensis, -, e 371
pratum 107
pre (cf. prae) 596
precartilago, precartilaginis 679 a
precentralis, -, e 601 p
preces, precum 332
prednisolonum 552, 589 b
predentinum 633
pregnantia 37 a, 679 a
premelanosoma, -somatis 633
premolaris, -, e 601 p
preoccipitalis, -, e 601 p
prepatellaris, -, e 601 p
preperitonealis, -, e 380 b
preputialis, -, e 380 b, 601 p, 606
preputium 128, 598 p
prepyloricus, a, um 230, 601 p
presacralis, -, e 601 p
pretectalis, -, e 601 p
pretrachealis, -, e 601 p
prevertebralis, -, e 601 p
primarius, a, um 218 a, 601 p, 630, 632, 635, 662
primiparitas, primiparitatis 679 a
primordium 108, 128, 679 a
primula 52, 469, 560 a, 572 a, 572 b, 701
primus, a, um 440, 445, 454, 486, 598 p, 601 p
princeps, principis 270, 391, 599, 601 p
principalis, -, e 601 p, 605, 629
prior, prius 440, 462
prisma, prismatis 350, 598 p, 601 a, 679 a
pro 2, 468, 553, 581 a, 586
pro- 241, 596
proamnion 679 a
proboscideus, a, um 199 a
procerus, a, um 224, 601 p
processificatio, processificatio-nis 267 e, 679 a
processus, -us 410 a, 598 p, 601 c, i, m, o, p, s, t, x, 602 b, 606, 750
proctos 132
procumbens, -entis 388 b, 549
procumbere 542, 549

proerythroblastus 633
profundus, a, um 167, 601 p
progressus, -us 679 a
projectio, projectionis 266 a, 598 p
proktitis, proktitidis 341
prolapsus, -us 410 a
prometaphasis, -phasis 633
prominens, -entis 388 c, 599, 601 p
prominentia 66 a, 598 p
promontorium 598 p, s
promptus, a, um 158
promunturium = promontorium
promyelocytus 633
pronator, pronatoris 253 b, 595, 598 p
pronephros 132
pronucleus 679 a
pro-oestrus 679 a
propanolum 582 a
prope 457
pro-pharmacon 750
prophasis 633
propior, propius 440
propodium 124
proportio, proportionis 266 a
proprius, a, um 156, 586, 601 p
propylenglycolum 556, 589 c
propylium 552 b
propyphenazonum 589 b
pros- 242
prosencephalon 135 a, 598 p
prosper, a, um 149
prostata 67 a, 598 p
prostaticus, a, um 230, 598 s, u, 601 p, 616
prostatitis, prostatitidis 341
prostratus, a, um 205, 690
proteinicus, a, um 187, 550 e
proteinum 633
proteus 131
proto- 613
protofibrilla 633
protoplasma = cytoplasma 633
protrusio, protrusionis 269
protuberantia 66 a, 598 i, p
proventriculus 95, 604
provocatorius, a, um 591 d
proximalis, -, e 380 b, 601 d, p, r, 603, 604, 628, 679 a
proximus, a, um 440, 470
prudens, -entis 387
pruina 35
prunifolius, a, um 191 c, 559 a
prunus 89, 560 a, 699, 704, 713, 715, 716
prurigo, pruriginis 263
pruritus, -us 408 a, 447
psalterium 124
pseudo- 243 a, 613

pseudocarpus 563, 563 a
pseudopregnantia 679 a
psoas 70, 595, 598 p
psyllium 122, 575 a
ptarmicoides, is 396
ptarmus 92
pterygium 126
pterygo- 596, 601 p, 611
pterygoideus, a, um 228, 601 p, 611
pterygomandibularis, -, e 601 p
pterygomaxillaris, -, e 601 p
pterygopalatinus, a, um 601 p
pterygopharyngeus, a, um 601 p
pterygospinalis, -, e 601 p
pterygospinosus, a, um 601 p
ptosis, ptosis 340
ptychosperma, ptychospermatis 353
pubes, puberis 391
pubes, pubis, 322 a, 598 m, p
pubescens, -entis 387, 698
pubicus, a, um 230, 598 s, 601 p
publicus, a, um 463, 465
pubo- 601 p
pubococcygeus, a, um 601 p
pubofemoralis, -, e 601 p
puboprostaticus, a, um 601 p
poborectalis, -, e 601 p
pubovaginalis, -, e 601 p
pubovesicalis, -, e 601 p
pudendalis, -, e 380 b, 601 p
pudendus, a, um 541, 549, 598 p, 601 p
pudere 541, 549, 730
pudor, pudoris 252, 730
puella 29
puer 97, 366
puerilis, -, e 366
pueritia 37, 462
puerpera 62
puerperium 126
pugna 27
pulcher, a, um 150, 425, 435, 480, 729
pulcherrimus, a, um 435
pulchrior, pulchrius 425
pulchritudo, pulchritudinis 262, 729
pulegiodes 399
pulex, pulicis 271
pulmo, pulmonis 251, 257, 598 a, h, l, p, 6011
pulmonalis, -, e 380 b, 598 s, 601 p
pulmonaria 51, 568 c
pulmonariodes, is 399
pulpa 33, 39, 598 p
pulpitis, pulpitidis 341
pulpocytus 633
pulposus, a, um 226, 601 p

salicylas,   salicylatis 274a,
    555b, 555g
salicylatus, a, um 188
salicylicus, a, um 187a, 550a,
    550i, 552b, 555, 583c, 583d
saliva 64
salivaris, –, e 381b
salivatio, salivationis 267d
salivatorius, a, um 218b, 601s
salix, salicis 280, 542, 559a,
    698
salmo, salmonis 257
salpingitis, salpingitidis 341
salpingo- 601s
salpingopalatinus, a, um 601s
salpingopharyngeus,   a,   um
    601s
salpinx, salpingis 283
salsus, a, um 166
salus, salutis 251, 285
salvatella 65
salvia 143, 561, 561b, 580b,
    581b, 709, 710
salvus, a, um 166
sambucus 89a, 560, 702, 711
sanatio, sanationis 267d, 457a
sanctus, a, um 158
sandaraca 573
sanguinaria 51
sanguineus, a, um 164c, 601s,
    653, 660, 707
sanguis,   sanguinis 251,   269,
    276, 582b, 598s
sanies 420
sanitas, sanitatis 287
santalum 122a, 570, 580b
sanus, a, um 168
saphenus, a, um 601s
sapiens, -entis 384, 387
sapientia 30
sapo, saponis 257, 582b
saponaria 51, 572
saponatus, a, um 188, 582e
sapor, saporis 252, 542
sarcolemma,   sarcolemmatis
    351, 635
sarcoma, sarcomatis 352
sarcoplasma, -plasmatis 635
sarmentum 691
sarothamnus 88b, 568d
sarsaparilla 50, 572a
sartorius, a, um 218b, 601s
sassafras 355, 559c, 570
satelles, satellitis 635
satietas, satietatis 287
satis 483, 589b, 589c
sativus, a, um 191a, 690
saturare 515, 519, 525, 540, 549
saturatio, saturationis 266a
satureja 49, 568d
saturninus, a, um 221

saxifraga 542
saxum 107, 465
scaber, a, um 150, 698
scabies 2, 420
scabiosa 688, 701
scala 138a, 598s
scalenus, a, um 220, 601s
scalpellum 107b
scammonia 51, 572a, 573
scandens, -entis 388a, 690
scapha 63, 598s
scaphoideus, a, um 601s
scapula 67, 598a, s, 601i, 602b
scapularis, –, e 381b, 601s
scapus 86, 94, 598s
scariosus, a, um 196, 697, 705
scatula 43, 586
sceletum 128b
scientia 37a, 753
scilla 48
scirpus 544, 690, 698
scirrhus 92
sciurus 90a
sclera 63, 598s, 624
sclerotomus 681
scoparius, a, um 191c, 568d
scopolaminum 181a, 582b
scorpiodes, is 399
scotiaptex 124
scribere 253, 549
scriptor, scriptoris 253
scrobiculatus, a, um 205, 716
scrophulariodes, is 399
scrotalis, –, e 380c, 601s
scrotum 127, 598s, 601d
scutellariodes, is 399
scutellaroides, is 396
scutellum 123
scutum 105
sebaceus, a, um 175, 601s, 649
sebocytus 635
sebum 109
secale, secalis 317
secedere 512b, 549, 733
secessus, -us 410a, 733
secretorius, a, um 628, 636, 638
secretum 127a
sectio, sectionis 266a, 598s, 685
secundae 138a
secundarius, a, um 601s, 630,
    632, 635, 662
secundum 458
secundus, a, um 157, 423, 470
secundus,   a,   um 454,   486,
    598p, 601s
securis, securis 312
sed 477, 478
sedativus,   a,   um 190,   578c,
    591d
sedes, sedis 323
sedile, sedilis 317

sedimentum 107b, 515, 548
sedulus, a, um 156
segmentalis, –, e 380c, 601a, s
segmentum 107b, 127b, 598s,
    601b
selectio, selectionis 266a
sella 63, 598d, s, 601t
sellaris, –, e 381b, 601s
semel 495
semen, seminis 304, 469, 563a,
    575, 575a, 716
sementis, sementis 322
semi- 243
semicanalis,   semicanalis 321,
    598s, 601m
semicircularis, –, e 381b, 601s
semilunaris, –, e 381b, 598c, h,
    601s
semiluna 635
semimembranosus, a, um 226,
    601s
seminalis,   –, e 380c, 598c, v,
    601s, 655
seminifer, a, um 149, 598t
semiovalis, –, e 598c
semispinalis, –, e 601s
semitendinosus,   a,   um 226,
    601s
semper 484, 542
senectus, senectutis 290, 442
senega 52, 582c
senex, senis 276, 366
senilis, –, e 366
senilitas, senilitatis 288
senium 126
senna 2, 48, 561, 561b, 562,
    563b
sensitivus, a, um 237
sensorium 124, 126
sensorius, a, um 218b, 601s
sensus, -us 410, 598s, 609
sententia 30
sepalum 120a, 706
separare 541, 549
sepia 56
seponere 525, 533, 544, 549
septalis, –, e 380c, 601s
septem 486
septomarginalis, –, e 601s
septulum 598s
septum 119, 598s, 601a, i, p, r,
    604, 605, 681, 713
sericatus, a, um 216
sericeus, a, um 197, 698, 716
series 420
sermo, sermonis 257
serocytus 635
seromucosus, a, um 601s
serosus, a, um 226, 598p, t,
    601s, 635
serotinus, a, um 170, 601s

spiralis, –, e 601s, 604, 628, 711, 715
spirituosus, a, um 185, 401a
spiritus, -us 2, 401a, 409, 447, 548, 552a, 582e, 583c, 583e, 589a, 589b
spissus, a, um 189, 581b, 589a
splanchnicus, a, um 230, 601e, s
splanchnologia 598s, 635
splen, splenis 258
splendens, -entis 387, 697
splendidus, a, um 167
splenicus, a, um 598h
splenium 128, 598s
splenius, a, um 218, 601s
spondylitis, spondylitidis 341
spongia 37
spongioblastus 681
spongiocytus 635
spongiosus, a, um 174, 598c, 601b, s
sponte 483
sprattus 90
spurius, a, um 218, 598c, 601s
sputum 125
squama 63, 598s
squamatus, a, um 205, 236, 699
squamo- 601s
squamocytus 636
squamosomastoideus, a, um 601s
squamosus, a, um 226, 601p, s, t, 647, 657
squarrosus, a, um 196, 690
stabilis, –, e 365, 621, 624
stachys 686b
stamen, staminis 304, 703, 709
stamineus, a, um 197, 561a
staminodium 120, 709
stamium 120
stannum 113, 550d, 550i, 551
stapedius, a, um 218, 601s
stapeliodes, is 399
stapes, stapedis 273, 598o, s
staphyloma, staphylomatis 352
statim 483
statio, stationis 265, 586
statoacusticus, a, um 230, 598o, 601v
statoconia, statoconiorum 140, 598s
statua 30a
statura 35
status, -us 407
stearas, stearatis 274a, 555f
stearinicus, a, um 550a
stearylicus, a, um 552a, 581
stella 33
stellaris, –, e 369
stellatus, a, um 178, 563a, 601s, 627, 698

stereoblastula 681
stereocilium 636
sterilis, –, e 365
sterilisare 531, 549
sterilitas, sterilitatis 288
sternalis, –, e 380c, 601s
sternatio, sternationis 267d
sternebrae, -arum 681
sternoclavicularis, –, e 601s
sternocleidomastoideus, a, um 16, 601s, 748
sternocostalis, –, e 601s
sternohyoideus, a, um 601s
sternopericardiacus, a, um 601s
sternothyroideus, a, um 601s
sternum 127, 598m, s, 601x
sternumentum 125a
stertor, stertoris 253a
stibium 112, 550d
stigma, stigmatis 350, 576, 711, 712
stillicidium 126
stimulans, -antis 592
stipes, stipitis 274, 576a
stipula 47
stoechas, stoechados 354b, 560a
stolo, stolonis 257, 691
stoma, stomatis 350
stomachicus, a, um 187, 578c, 591c
stomachus 95b
stomatitis, stomatitidis 341
stomatodeum 681
stomatologicus, a, um 591c
strages, stragis 322a
stratificatio, stratificationis 267e, 681
stratificatus, a, um 647, 657
stratum 127, 598n, s, 601c, g, m, n, 626, 645, 657
strenuus, a, um 173
strepitus, -us 409
stria 63, 598s
striatura 636
striatus, a, um 178, 601c, s, 637, 690
strictus, a, um 206, 690
stridor, stridoris 252
striomyohistogenesis, -genesis 636
strix, strigis 124, 283
strobilatio, strobilationis 267e, 681
strobilus 87
strobulus 87, 576b
stroma, stromatis 350, 598s
strontium 114
strophanthus 89b, 575
structura 35
struma 58
strumitis, strumitidis 341

strutheus 91
strychnos 88, 133, 575, 583a, 686b, 716
studiosus, a, um 161
studium 106
stultus, a, um 158
stupor, stuporis 252
stuprum 125
sturio, sturionis 257
sturnus 90
stylo- 601s
styloglossus, a, um 601s
stylohyoideus, a, um 601s
styloideus, a, um 228, 601s
stylomandibularis, –, e 601s
stylomastoideus, a, um 601s
stylopharyngeus, a, um 601s
stylus 84, 86, 711
styrax 579b
sub 471
sub- 239, 241, 596
subacromialis, –, e 601s
subapicalis, –, e 380c, 601s
subarachnoidealis, –, e 601s
subarcuatus, a, um 236, 601s
subcallosus, a, um 226, 598a, 601s
subcarbonas, subcarbonatis 274a, 555b, 555d, 555f
subcarbonicus, a, um 550e, 550h
subclassis, subclassis 685, 717
subclavius, a, um 218, 601s
subcostalis, –, e 601s
subcutaneus, a, um 227, 598t, 601s, 603
subdeltoideus, a, um 601s
subdivisio, subdivisionis 685
subduralis, –, e 380c
suber, suberis 294
subfamilia 685, 717
subfascialis, –, e 601s
subgallas, subgallatis 274a, 555d
subgallicus, a, um 550e
subgenus, subgeneris 685, 717
subhepaticus, a, um 601s
subiculum 597, 598s
subinvolutio, subinvolutionis 267d
subito 480
subitus, a, um 177
sublentiformis, –, e 601s
sublimare 512, 549
sublimatus, a, um 188, 549, 582e
sublimis, –, e 364a
sublingualis, –, e 598c, 601s
subliquidus, a, um 181, 239, 579a, 582a, 583e
submandibularis, –, e 601s
submentalis, –, e 601s
submucosus, a, um 226, 601s
submuscularis, –, e 601s

---

tachy- 243a
tactilis, -, e 598t, 599, 601t, 659, 660
tactus, -us 407, 598m, t, 733
taedium 126
taenia 56, 66
taeniasis, taeniasis 340b
taeter, a, um 150
talaris, -, e 381b, 601t
talcum 115, 379, 556, 579b
talis, -, e 367, 374, 379, 501, 586, 589b
talocalcaneonavicularis, -, e 601t
talocalcaneus, a, um 601t
talocruralis, -, e 601t
talofibularis, -, e 601t
talonavicularis, -, e 601t
talpa 53
talus 94, 598s, t
tamarindus 89b
tamen 477
tanacetum 121a, 568d
tangere 535, 538, 542, 549, 733
tannicus, a, um 187a, 550a, 582d, 583c
tantus, a, um 177, 501
tantus – quantus 501
tapetum 123, 640
taraxacum 122a, 464, 572a
tardus, a, um 208
tarenti 77
tarsalis, -, e 380c, 601t
tarseus, a, um 601t
tarsometatarseus, a, um 601t
tarsus 94, 598s, t
tartaricus, a, um 187a, 550a, 550h, 555
tartarus 85
tartras, tartratis 555b, 555g, 581
taurus 82, 582
taxis, taxis 338
taxodiodes, is 399
taxus 89
technicus, a, um 187, 553, 753
tectorius, a, um 218b, 601t
tectospinalis, -, e 601t
tectum 107, 598t
tectus, a, um 188b
tegmen, tegminis 304, 598t
tegmentalis, -, e 380c, 601t
tegmentum 119a, 127b, 598t
tela 39, 584, 584b, 598t, 601c, s
telecephalon 135a, 598p, s, t
telephiodes, is 399
tellus, telluris 251, 291
telo- 243a
telodendron 637
telomerus 637
telophasis, telophasis 637

telum 105
temperantia 30
temperare 515, 549
tempestas, tempestatis 289
templum 105
tempora, temporum 334
temporalis, -, e 380c, 598o, 601p, s, t
temporarius, a, um 208a
temporomandibularis, -, e 601t
temporoparietalis, -, e 601t
temporopontinus, a, um 601t
temporozygomaticus, a, um 601t
tempus, temporis 251, 292, 299, 442, 457a, 462, 466, 598t, 755
tenax, -acis 386
tendineus, a, um 227, 598c, i, 601t
tendo, tendinis 257, 598t, v, 601c, 603
tendovaginitis, tendovaginitidis 341
tenebrae 138
tener, a, um 149
tenia = taenia 598t
tenon, tenontis 354
tensio, tensionis 269
tensor, tensoris 253b, 598s, t, 601m
tensus, a, um 235, 601t
tentamen, tentaminis 305
tentorium 598t
tenuis, -, e 364a, 598i, 604, 627
tepalum 120a
ter 495
teratologicus, a, um 230, 684
terebinthina 43, 579b, 580b
terebinthinatus, a, um 188
terebra 62
teres, teretis 391, 598p, 599, 601t, 603, 690
tergum 107, 455
tergus, tergoris 299
terminalis, -, e 368, 380c, 598f, 601t, 624, 635, 700, 711
terminatio, terminationis 266a, 598t
terminus 83, 542, 598t
ternatus, a, um 236, 695
terra 33, 459, 579b
terrestris, -, e 372, 568b
tertius, a, um 465, 486, 598p, 601t, 603, 642
testa 44
testicularis, -, e 381b, 601t
testiculus 95
testimonium 106
testis, testis 331, 598d, g, m, s, t
testudo, testudinis 262

tetra- 243
tetraboricus, a, um 550i
tetrachloratus, a, um 581
tetradynamus, a, um 709
tetragonus, a, um 127a, 716
tetranitricus, a, um 583c
tetrao, tetraonis 257
tetraploidea 665
teucriodes, is 399
teucrium 122
textus, -us 407, 637
thalamicus, a, um 230
thalamocorticalis, -, e 601t
thalamostriatus, a, um 601t
thalamus 95b, 598t, 703, 709
thallus 86
theatrum 105
theca 33, 63, 598t
thecoluteocytus 637
thelium 612
thenar, thenaris 319, 598t
theobroma 687
therapeuticum 593
therapia 72
thermae 138a, 141
thesiodes, is 399
thiocyanatus, a, um 550e
thiomersalum 589c
thiosulfas, thiosulfatis 274a, 555g
thiosulfuricus, a, um 185a, 187a, 550c, 550i
thoracicus, a, um 230, 598m, 601t
thoracoacromialis, -, e 601t
thoracodorsalis, -, e 601t
thoracoepigastricus, a, um 601t
thoracolumbalis, -, e 601t
thorax, thoracis 354, 598c, t
thrombocytopoesis, thrombocy-topoesis 637
thrombocytus 637
thrombolyticus, a, um 591c
thrombus 92
thuja 48, 577, 686c
thymicus, a, um 230, 601t, 623
thymodependens, -entis 631
thymolepticus, a, um 591c
thymolum 115, 581a
thymus (bot.) 88, 561, 568, 568e, 580b, 582c, 690
thymus (med.) 94, 598t
thyro- 601t
thyroarytenoideus, a, um 601t
thyrocervicalis, -, e 601t
thyroepiglotticus, a, um 601t
thyroglossus, a, um 601t
thyrohyoideus, a, um 601t
thyroideus, a, um 228, 601i, t
thyropharyngeus, a, um 601t
tibia 66, 598t

tibiale, tibialis 317
tibialis, –, e 380c, 601t, 603
tibiocalcaneus, a, um, 601t
tibiofibularis, –, e 598s, 601t
tibionavicularis, –, e 601t
tibiotalaris, –, e 601t
tigris, tigridis 344
tilia 51, 560, 560b, 692
timor, timoris 252, 473
tinctor, tinctoris 253, 572
tinctorius, a, um 191c
tinctura 2, 40, 143, 552a, 583, 583a, 583b, 589a
tinea 56, 61
tinnunculus 91a
titanium 114, 551
titubatio, titubationis 267d
tolbutamidum 556
toluenum 552
tolutanus, a, um 579
tomentosus, a, um 196, 698
-tomia 72
tomus 665
tonco 355, 575a
-tonia 72
tonicus, a, um 591c
tonofibrilla 637
tonofilamentum 637
tonsilla 65a, 598t, 604, 645, 646
tonsillaris, –, e 381b, 598c, f, 601t, 604, 645, 646
tonus 92
tophus 92
topia 37a, 665
tormen, torminis 304
tormentilla 50, 574
tormentum 105
tormina, torminum 334
torpor, torporis 252
torquis, torquis 321
torrens, -entis 325
torsio, torsionis 269
tortus, a, um 166, 584, 584a
torulus 598t, 601t, 659
torus 94, 598t, 604, 610
tostus, a, um 188b, 575a
tot – quot 501
totus, a, um 151, 177
toxicodendron 135, 561a
trabecula 67, 598t, 601s
trabs, trabis 278
trachea 13, 64, 598b, c, t, 601c
trachealis, –, e 380c, 601t, 605
tracheobronchialis, –, e 601t
tractus, -us 15, 407, 598a, p, t, 601c, f, i, m, o, r, s, t, v, 733
tragacantha 41, 579b
tragi, -orum 139, 598t
tragicus, a, um 230, 601t
tragus 94, 598t

trahere 512b, 521, 549, 733
tranquillus, a, um 162
trans 460
trans- 241
transfusio, transfusionis 269
transire 522, 549
transitivus, a, um 237
transpositio, transpositionis 267d
transversalis, –, e 601t
transversarius, a, um 218a, 601t
transversim 483, 710
transversospinalis, –, e 601t
transversus, a, um 179, 598d, m, s, 601i, t, 610, 710, 750
trapa 542, 690, 694
trapezius, a, um 218, 601t
trapezoideus, a, um 228, 601t
trauma, traumatis 350
tremens, -entis 388a
tremor, tremoris 252
tres, tria 486, 488
tri- 243
triangularis, –, e 381b, 601t
triangulus, a, um 128a, 694
trias, triadis 284, 637
tribasicus, a, um 187, 550c
tribromphenolicus, a, um 550e
tribus, -us 401, 412, 685, 717
tributum 105
triceps, tricipitis 392, 599, 601t
trichiasis, trichiasis 340b
trichinosis, trichinosis 340
trichloraceticus, a, um 550a, 555
trichloratus, a, um 581d
tricho- 243a
tricolor, tricoloris 392, 568, 700, 712
tricuspidalis, –, e 380c, 601t
trifolium 122, 561, 701
trigeminalis, –, e 601t
trigeminus, a, um 222, 598i, 601t
triglycerida (Plur. neutr.) 583c
trigonella 687, 715, 716
trigonus, a, um 127a, 598t, 601o, t
trilobus, a, um 561b
trinitricus, a, um 582e
trioxidatus, a, um 551
trioxidus, a, um 555h
tripennatus(-pinnatus) 695
triplex, triplicis 386, 494
triploidea 665
triplomicrotubulus 637
triquetrus, a, um 224, 601t
trisilicas, trisilicatis 274a, 555f
trismus 92
trispermia 676a
tristis, –, e 364
triticeus, a, um 227, 601t

triticum 122a, 542, 579
trituratio, triturationis 266a, 583c
trivialis, –, e 368
trochanter 336, 598t
trochantericus, a, um 230, 601t
trochiscus 84
trochlea 66a, 598t, 601p
trochlearis, –, e 381b, 601t
trochoideus, a, um 228, 601t
trolliodes, is 399
trometamolum 583c
trophoblastus 682
trophospongium 682
tropidonotus 90a
truncus 86, 94, 598s, t, 601b, c, l, p, 690
tuba 63, 283, 598o, s, t, 601a, m, s, 643
tubarius, a, um 218a, 598t, 601t
tuber, tuberis 251, 292, 294, 578, 598t, 601c, s, 691
tuberalis, –, e 380c, 601t
tuberculostaticus, a, um 591c
tuberculum 128a, 598t, 601c
tuberositas, tuberositatis 288, 598t
tuberosus, a, um 196, 226
tubularis, –, e 662
tubulosus, a, um 196, 706
tubulus 598t, 601c, 628, 662, 663
tubus 86, 94, 677
tum 478
tumidus, a, um 219
tumor, tumoris 252
tumultus, -us 405a
tumulus 81
tunica 31, 67a, 598e, m, p, s, t, 601a, c, d, s, 604, 640, 651, 653, 654, 657
turbare 512, 519, 549
turbinatus 236, 706
turbo, turbinis 257
turcicus, a, um 176, 598s, 601t
turdus 90
turio, turionis 257, 578a, 691
turris, turris 312
tus, turis 302
tussicularis, –, e 374, 423, 578c
tussiculatio, tussiculationis 267d
tussis, tussis 312
tutus, a, um 158
tylosis, tylosis 340
tympanicus, a, um 230, 598a, c, o, 601p, t
tympanites 71
tympano- 601t
tympanomastoideus, a, um 601t

tympanosquamosus, a, um 601t
tympanostapedius, a, um 598s, 601t
tympanum 128b, 598s, t, u, 601m
typhus 92
typographus 91a
typus 80

U

uber, uberis 294, 611
ulceratio, ulcerationis 267d
ulcerosus, a, um 226
ulcus, ulceris 298
ullus, a, um 151
ulmiodes, is 399
ulna 63, 598o, u
ulnaris, –, e 381b, 601u, 603
ulnocarpeus, a, um 601u
ulterior, ulterius 440
ultimus, a, um 440
ultra 461
umbella 46, 701
umbellaris, –, e 369
umbellatus, a, um 205
umbilicalis, –, e 380c, 601u
umbilicus 10, 94a, 598u
umbo, umbonis 257, 598u
umbra 33
uncia 34
uncinatus, a, um 236, 601u
unctio, unctionis 267d
uncus 94, 598u
unda 27
undecylenas, undecylenatis 555g
undecylenicus, a, um 550a, 555
unguentum 2, 6, 109b, 447, 581e, 583c, 583d, 583e, 583f, 589b
unguicula 38, 661
unguiculiformis, –, e 604, 647
unguis 321, 598l, m, s, u, v, 601g, 668
ungula 62, 662
uni- 243
unilateralis, –, e 368, 701
unilocularis, –, e 711
unipennatus, a, um 236, 600, 601u
unipolaris, –, e 628
universalis, –, e 368
unus, a, um 151, 486, 548
upupa 57
urachus 95b, 598u
uragoga 13, 49
urbicus, a, um 214
urbs, urbis 326
urceolatus, a, um 706

urea 42
uredo, uredinis 262a
urens, -entis 388a, 695, 698
urenteron 683
ureter, ureteris 336, 598u, 606, 654
uretericus, a, um 230, 601u, 606, 654
urethra 64, 598u, 606
urethralis, –, e 380c, 601u, 606
urethritis, urethritidis 341
urina 64
urinarius, a, um 218a, 598u, v, 601r, u
urogenitalis, –, e 598s, 601u, 606
urologicus, a, um 187, 578c, 591c
urophobia 72a
uropoeticus, a, um 230, 601u
ursus 82, 90, 561, 561b
urtica 52, 568d, 695, 698
urticaria 61
usque 442
ustus, a, um 188b, 550f, 551
usus, -us 2, 410, 442, 468, 538, 568d, 574, 586
ut 478a, 478b, 524, 525, 527, 528, 538
uter, a, um 151
uterinus, a, um 221, 591d, 598t, 601u, 657
uterotonicus, a, um 591c
uterovaginalis, –, e 601u
uterque, utraque, utrumque 151
uterus 95b, 598c, e, f, m, p, u, 601p, 606, 657
utilis, –, e 365, 729
utilitas, utilitatis 287, 729
utriculariodes, is 399
utricularis, –, e 601u
utriculoampullaris, –, e 16, 601u
utriculosaccularis, –, e 601u
utriculus 95, 598u, 601u
uva 1, 33, 561, 561b
uvula 67, 598u
uxor, uxoris 259

V

vacca 53
vaccina 59
vacciniodes, is 399
vacuola 35, 638
vacuus, a, um 173, 225
vagalis, –, e 380c, 601v
vagina 15, 35, 45, 598v, 601c, r, 603, 657, 693
vaginalis, –, e 380c, 581c, 592, 598p, r, 601p, v, 606

vagus, a, um 217, 601v
valens, -entis 387
valeriana 2, 49, 143, 552a, 572, 572b, 580b, 581b, 583a, 583b, 589a
valetudo, valetudinis 262
vallatus, a, um 236, 601v
vallecula 67, 598v, 601e
vallis, vallis 322, 472
vallum 105, 598v
valva 598c, v, 601i, t, 710, 713
valvaris, –, e 369
valvatus, a, um 708
valvula 67, 598s, v
vanellus 90b
vanilla 50, 563a
vanillinum 552
vapor, vaporis 252
variatio, variationis 267e
varicositas, varicositatis 638
varietas, varietatis 15, 287, 685
variolae 138a
varius, a, um 166a, 191c
varix, varicis 251, 271, 280
vas, vasis 328, 598l, v, 601a, c, e, 628, 653
vascularis, –, e 381b, 598s, 601v, 657
vasculosus, a, um 226, 601v, 640
vaselinum 109a, 583g
vasoconstringens, -entis 592
vasodilatans, -antis 592
vastus, a, um 234, 601v
vates, vatis 323
vectigal, vectigalis 318
vegetabilis, –, e 370, 685
vegetans, vegetantis 389b
vehemens, -entis 387
vehiculum 110a, 589a, 735
vel 477, 478
vellus, velleris 298, 683
velum 123, 598t, v, 604, 646
vena 15, 63, 598p, s, v, 601a, b, c, d, e, h, i, j, p, s, t, v, 607, 650, 653, 693
venalis, –, e 367, 379
venenum 107a
veneta 579b
venetiae, venetiarum 141
venia 30a, 540
venire 442, 462, 549
venosus, a, um 226, 598r, s, 601a, b, v
venter, ventris 325, 598v, 601o
ventralis, –, e 380c, 601v, 605
ventriculus 95, 598c, g, v, 604, 647
ventromedialis, –, e 601v
ventus 82
venula 67, 598v

2. Deutsche Bezeichnungen

Die deutschen Bezeichnungen sind in alphabetischer Reihenfolge aufgeführt. Zusammengesetzte Wendungen (z. B. zeitliche Unregelmäßigkeit der Herztätigkeit) sind unter dem wesentlichen Stichwort (hier: Herztätigkeit) zu finden.

A

Aal 55
aasblumenähnlich 399
Abblätterung 267a
Abend 77, 97, 101
abendländisch 367
aber 477
abfallend 225
abführen 190, 388c, 389, 542, 549, 578c, 592
Abgabe, abgeben 105, 522, 549
abgebrochen 206
abgesondert 166a, 601s, 733
abgewendet 207
Abgrenzung 267e, 669
Abhang 93, 94, 317, 598d
abirrend 389a, 601a
Abkapselung 266, 267
Abkochung 109b, 581a
Abkürzung eines Krankheitsverlaufs 591d
Ablauf 410, 668a
Ableitung 266
Ablösung 266, 267
Abmagerung 267a
Abmessung 267b
Abnehmen, das 267
Abnutzungspigment, bräunliches lipoidhaltiges 623
aborale Fläche des Tierkörpers 124
Abschabung 269
abscheidend 222
Abschilferung 267e, 669
Abschneiden, das 267
Abschnitt 107b, 127b, 380c, 598s, 601s
Abschnitt, zeitlicher 612
Abschürfung 269
Absetzung eines Gliedes im Gelenk 267a
absolut 188b, 581a
absondern 541, 549
absondern, sich 512b, 549
absondernd 208a, 222
Absonderung 127a, 266a
Absorption 551b
Abspalten einer Schicht 267e, 669
Abspannung 269
Abstammung 265
absteigend 388b
Abszess 352

Abteilung (systemat. Einheit) 268, 322, 685
Abtragung 266
Abtreibungsmittel 591d
abtrennend, Abtrennung 72, 389b
abwärts- 242
Abwandlung 267b
abwechselnd 389a
Abweichung 266
Abzehrung 322a
Abzieher 253b, 598a
Abzugsgraben 218a, 601e
Abzugskanal 128, 218a, 318, 601e, 668
Abzweigung 128a, 598d
-acetat 550h, 550i, 555g
Acetylsalicylsäure 550a
Achse 94, 321, 380, 598a
Achselhaare 139, 598h, 601a
Achselhöhle 65a, 381, 598a
Achsenfaden 614
Achsenzylinder 614
Achsenzylinder, Grenzmembran des 614
Achsenzylinder, Zytoplasma des 614
achtfach 243
acht, sich in ~ nehmen 532, 549
Acker, Ackerbau 28, 98
Acromion 380, 601a
Aderhaut 228, 598c, 601c
Aderlaß 269
-adipat 550h
Adler 57
Adoniskraut 568a, 568e
Äcker, auf ~ wachsend 191c, 372
Ähnlichkeit, ähnlich, ähnlichste 262, 365, 394, 438
Ähre 44, 701
älter, älteste (sehr alt) 439
Äquator (Equator) 253a
ästig 690
Äthanol s. Ethanol 107a, 409, 464, 552a, 581a
Äther s. Ether 336, 552a, 581a
ätherhaltig, ätherisch (s. auch e) 186, 580, 580a, 580b
Äthylalkohol s. Ethanol
ätzend 190, 201
Ätzkali 355

äußerlich, äußerster 168, 288, 591d
After 94, 380, 380a, 598a, 601a, 601c, 601h
Agar 579
Agaricinsäure 550a
agavenähnlich 396
Ahorn 295
Akazie 51
akeleiähnlich 396
Akne 69
akut 234
Alant 122, 574a
Alaun 305, 551
Alkanna 50, 572a
Alkohol 356, 581
alkoholhaltig, alkoholisch 185
alle 364
allein 151
alleinstehend 166a, 601s
Allergie 591
allgemein 368, 380a
Almasilat 550e
aloeähnlich 396
aloehaltig 187
Aloepflanze, -saft, -tinktur 69, 143, 579, 583
als (nach einem Komparativ) 427
alt 156, 243a, 391, 439
Alterserkrankungen 72, 591b
Altersschwäche 126
Aluminium, -salze 114, 550d, 550e, 551, 551b
Aluminiumacetattartratlösung, -salbe 555d, 581, 582d, 583c
Aluminiumhydroxidgel, -suspension 581c, 582e
Amber 53
Amboß 284, 598i
Ameise 54
Ameisenlaufen 267a
Ameisensäure, ameisensauer 187a, 550a
amerikanisch 171
Amidoquecksilber(II)-chlorid 550g
Aminoessigsäure 550a
Aminophenazon 117, 552
Ammi-Visnaga 563b
Ammoniak, -lösung 42, 110, 582d
ammoniakhaltig 188
Ammoniakliniment 581e

Blasentang 564

Blasen treiben (sieden) 512c, 542, 549

Blasen- und Nierentee 578c

blaß 164b, 601p, 707

blaßgelb 164a

Blastozysten der Säuger 667

Blastozystenhöhle 667

Blastula, Hohlform der 668a

Blastula, räumlich angeordnete 681

Blastula, Scheibenform der 669

Blatt 108, 120, 561, 561a, 561b, 561c, 598f, 598l, 692, 693, 694, 695, 696, 697

blattartig 197, 199, 601f, 705, 712

Blattern 138a

blattlos 191b

Blattnerv 86, 693

Blattscheide 45, 693

Blattspreite 47, 693

Blattstiel 87, 693

Blatt-tute, Blattmanschette 47, 692

blattwinkelständig 369, 700

blau, blaugrau, blaugrün, blauschillernd 164, 164b, 164c, 697, 707

Blei und Bleiverbindungen 41, 110, 110a, 113, 550i, 551

Blei betreffend 221

bleibend 388c, 601p

bleich 164b

Bleichsucht 340

bleifarbig 164b

Bleiglätte 110a

Blei(II)-orthoplumbat 110

Blei(II)-oxid 110a, 551

Bleipflastersalbe 583d

Bleiweiß 41

blind 166, 217

Blinddarm 380, 598c, 601c

blindendend 217, 598c, 601c

Blinzeln, das 92

Blitz 300, 304

Blödsinn 61

blühend im Frühling, ~ im Sommer 368

Blüte 277, 445, 469, 560, 560a, 560b, 700, 705

Blütenboden 95b, 703

Blütenhülle 691

blütenreich 192

Blütenscheide 44, 692

Blütenscheinwirtel 700

Blütenstände 700, 701, 702

Blütenstiel 87, 700

Blütenteile, Einfügung der 704

Blumenblatt 120a, 706

Blumenkelch 271

Blumenkrone 46, 703, 706, 707

blumenrohrähnlich 396

Blut, Blutkonserve 72, 252, 276, 582b, 598s, 613

Blutader 63

Blut, Anstieg saurer Bestandteile im ~ 340, 340a

Blutdruck betreffend 187, 591, 591d

Blutegel 262a, 579b

Bluterguß 92a, 352

Blutfleckenkrankheit 62

Blutflüssigkeit ohne Faserstoff 127, 612

Blutgefäße, räumliche Verteilung 614

blutgerinnungshemmend 591a

blutig 164c, 601s

Blutkörperchen, Bildung roter ~ 618

Blutkörperchen, hämoglobinfreie Vorstufe 633

Blutkörperchen, rotes ~ 618

Blutkörperchen, rotes großes 624

Blutkörperchen, rotes zu kleines 625

Blutkörperchen, rotes normales 629

Blutleiter, starrer der harten Hirnhaut 598s

Blutpfropf 92

Blutplättchen 637

Blutplättchen, Bildung der 637

Blutplättchen, strukturloser Teil 621

Blutplasma 350

Blutplasma, Neutralfetttröpfchen im ~ 615

blutreinigend 187

blutrot 164c

Blutstäubchen 621

Blutstammzelle 621

Bluttrinker 90a

Blutübertragung 269

-blutung 72

blutungsstillend 591b

Blutzellbildung 621

Blutzelle 621

Blutzelle, ungekörnte, nicht granulierte weiße ~ 614

Blutzelle, Bildung weißer granulierter 620

Blutzelle, Vorstufe der roten 618

Blutzelle, weiße 623

Blutzelle, weiße granulierte 620

Bock 94, 230, 598t, 601t

bocksdornähnlich 399

Bockshornsamen 575

Boden 77, 94, 107b, 127, 598f

Bodensatz 107b

bodenständig 191c

Böhnchen 65

Börse 33

bösartig 168

Bogen 35, 405, 598a, 598c

bogenförmig gekrümmt 178, 601a

Bogengang 236, 601s

Bohne 33, 88c

Bohnenhülsen 563a

Bohnenkraut 49, 568d

Bohrer 62

Boldoblätter 561c

Bor, Borat, Borsäure, borsauer 111, 187a, 550a, 550c, 550i, 551a

Borax, boraxhaltig 188, 271, 550i

Boretsch 263a

Borkenbildung, schmutzig-krustenähnliche 61

Borkenkäfer 91a

Borsäurelösung 582d

Borsäuresalbe 583c

borstenhaarig 192, 698

Bosweliabaum 51

Bote 454

Bowmannsche Kapsel, Fußzelle der ~ 632

Brand 262a

brandig 206

Brandsalbe 447

Brandschär 93

Bratspieß 416

Brauch 410

braun, braunrot 164, 164c, 601f, 707

Braunstein 551

braunwurzähnlich 399

brausend 183, 581f

Brechmittel 591a

Brechnuß, -tinktur 88, 133, 575, 583a

Brechweinstein 550h

Brechwurzel, -tinktur 49, 50, 572, 583a

Brei 252

breiförmig 375

breit 166, 601l

brennend 388a

Brennessel 49, 568d

brennhaarig 698

Brennpunkt 92

britisch 176

Brocken 107

Brom 111

-bromat 550c

Brombeere 88, 561a

bromhaltig, bromwasserstoffsauer 188a

Darminhalt des Neugeborenen 128
Darmkollern, das 92
Darmlymphe 94, 598c
Darmmuskulatur 230
Darüberschieben, das 670
dauernd 184, 388c
Daumen 271, 598p
Daumenballen 319, 598t
dazu- 242
dazwischen liegend 665
Deckblatt 47, 692
Decke 127b, 304, 380c, 598i, 598s, 598t, 601t
Deckel 128a, 381a, 598o
Deckklappe 271
degenkrautähnlich 399
Dekahydrat 555g
deltaähnlich, ~ förmig 228, 396, 397, 601d
Dendrit 617
dennoch 477
Dentin, Vorstufe des 633
Depressionen 591d
der, die, das (relativ) 500, 514
der da, die da, das da 498, 514
der eine- der andere 151
derjenige, diejenige, dasjenige 499
Dermatomyotom (Dermomyotom) 669
Desinfektionsmittel 592
destilliert 188, 581
deutlich 484
deutsch 176, 578c
Dextrin 115, 581a
Diabetes betreffend 187, 591
Diätmittel 591a
Diagnostischer Rückschluß aus helfenden Mitteln 466, 542
dialysiert 188
Dichromat 550c
dicht 166, 191
Dichter 32
dick 166, 601c
dick- 243a
Dickdarm 135a, 598c, 601c, 601m
Dickdarmentzündung 341
Dicke 262
dickflüssig 181, 239, 579a, 582a
dickhäutig 196
Dieb 93, 255
Diener 83, 98
dieser, diese, dieses 497
diesseits 440, 446
diethylbarbitursauer 187a
Differenzierung 669
digerieren 533, 549
Digitalis-Blatt 561, 561b

Dihydrogenphosphat 550i, 555g
Dikaliumhydrogenphosphat 550h
Dill 121a, 563a
Dinatriumhydrogenphosphat 550i
Dinatriumtetraborat 550i
dispensieren 514, 549
dispers 582b
Distel 88c, 322
Distickstoffoxid 551, 555h
Disulfit 550c
Dithranolsalbe 583d
Djambublätter 561c
Dörnchen 635
Dohle 57, 90a
Doktor der Wissenschaften 753
Doktor eines Wissenschaftszweiges 752
Dolde 46, 701
doldenartig 205, 369
Doldenrispe 701
doppelbäuchig 601d
Doppelfaden 617
doppelköpfig 392
Doppelröhrchen, ultrastrukturelles 617
Doppelstern 617
doppelt 222, 232, 243, 386, 494, 601g
doppeltchlorhaltig 188a
doppeltdestilliert 188
doppeltkohlensauer 187a
doppeltschwefelsauer 187a
doppeltschwefligsauer 185a
doppelt sublimiert 188
Dorf 80
Dorn 63, 178, 380c, 598s, 601s
Dornfortsatz 380c, 601s
dornig 174, 699
Dornmuskel 601s
dorsalwärts 601a
Dorsch 84, 90
Dosis 586
Dost, -kraut, -öl 122a, 568c, 580a
dotterblumenähnlich 396
Drache 257
Drachenblut 573
Dragees 583
Dreher 253b, 598r
Drehung 269
dreibasisch 187
Dreieck 127a, 128a, 598t
dreieckig 220, 224, 228, 381b, 396, 397, 601d, 601t, 694
dreiecksähnlich 397
dreifach 222, 243, 386, 494
dreifarbig 392, 568
Dreiheit 637

dreiköpfig 392, 601t
dreilappig 561b
dreimal 495
dreimal vorhanden 222
dreizählig 695
Dreizahl 284, 637
Drogenmischung 578c
drohend 388c
Drohung 138
Dromedar 354a
Drossel 90
Drosselgrube 128a, 381
Druck 269
Drüse 38, 381, 567, 598g, 601g, 612
Drüsenbläschen 95b
Drüseneinheit, teilungsfähige 614
Drüsenendstück 95, 95b, 627
drüsenreich 196
drüsenstielig 699
Drüsenzelle 620
Drüsenzelle, schleimbildende 626
Drüsenzelle, seröse 635
dünn 150, 364a, 365, 601g, 697
Dünndarm 220
dünnflüssig 181, 226, 239, 579a, 582a, 601s
dürfen 538, 549
dürr 192
duftend, stark ~ 388c
Dumpfen-Tonmacher 253a
dunkelfarbig 164c
durch 241, 242, 454
durchbohrend, durchbohrt 178, 389b, 601p
Durchbruch 267e, 679
Durchfall 591
Durchfluß, Durchgang 71, 94, 598p
durchlöchert, siebartig 601c
Durchlöcherung 267c
Durchmesser 100, 134, 598c, 598d
durchscheinend 193
durchsichtig 167, 539, 601p
durchwachsen 696
Durst 311

E

eben 166, 601p
Eber 98
Eberesche 89
Eberraute 122a
eberrautenähnlich 396
Eberwurzel 49, 572a
Echinazee 51
echt 172, 193, 601v

Flaum, embryonaler 263 b
flaumhaarig 387, 698
Flechte 92, 258, 354, 569
Fleck 38, 381 a, 598 m, 601 m
Fleck, weißer 263 b
fleckenreich 211, 226
Fleisch 261
fleischig 204, 237 a, 601 c, 601 d
fleischig-saftig 697
Fleischkammer, sich in der ~
aufhaltend 208 a
fleischrot 164 a, 707
Fleiß 30 a
fleißig 150, 156
Fliege 53
Fliege, spanische 344
fliegenähnlich 399
Fließen, das 352
Flocke, kleine 95, 598 f
flockig 196, 698
Floh 271
flohknöterichähnlich 399
Flohsamen 122, 575 a
Flucht 27
flüchtig 365
Flügel, -flügel 63, 126, 462,
596, 598 a, 601 a, 611, 706
flügelförmig 228, 601 p
flüssig 181, 239, 581 b
flüssig werden 512 b, 528, 549
Flüssigkeit 252, 598 h, 598 l
Flüssigkeit im Ohrlabyrinth
65 b, 598 e, 598 p
Flüssigkeitsanschwellung 352
Flug 408
Flughaut der Fledermäuse 124
Fluorid, fluorwasserstoffsauer
550 c, 550 i
Fluß 252, 304, 598 f
Flußkrebs 91 a
Flußpferd 91 a
Flut 304
fluten 542, 549
flutend 389 b, 690
folgend nach- 242
Follikelsprung 678
Fontanelle 95, 598 f
Form 33, 685
formabweichend 389 a
Formaldehyd 581 c, 582 d
Formel 38
Fortgehen, das 410 a, 733
fortlaufend 195
Fortpflanzung einer Jugendform
679
Fortpflanzung durch unbefruch-
tete Eier 679
Fortsätze, Bildung von ~ 267 e,
679 a
Fortsatz 410 a, 598 e, 598 p
Fortsatz der Ulna 135 a, 598 o

Fowlersche Lösung 550 c
Franse, bandartiger Besatz 66,
598 f, 611
fransenhaltig 601 f
Franzbranntwein 582 e
französisch 176, 582 e
Frau 260
Frau, alte 411
Frauenleiden betreffend 187,
591 b
Frauenmantel, -kraut 50, 568 a
Frauentee 578 c
frei 149, 601 l, 709
frei von 392
freiwillig 483
fremd 193, 209
Freude 30, 106
Freund, Freundin 28, 80, 612,
615, 665
Freundschaft 30
Friede 282
frisch 387, 571
Fröhlichkeit 287
frömmste 436
Fröschleingeschwulst 62
froh 158
fromm 436
Frosch 53
froschkrautähnlich 399
Frostbeule 264, 447
Frucht 401, 407, 469, 563,
563 a, 563 b, 713
fruchtbar 365
Fruchtbarkeit 267 e, 671
Fruchtbecher 38
Fruchtblatt 711
Fruchthülle, durchsichtige 665,
666
Fruchtknoten 711
Fruchtschale 110, 120, 262 a,
571, 713
Fruchtschicht, äußere, innere,
mittlere 120, 262 a, 713
Fructose 581 c
Fructoseinfusionslösung 464
Früchte des Anacardium-
baumes 122, 140
Früchte sammelnd 208
Frühe, in der ~ geschehend
193
früher, frühere 440
Frühling 294
frühzeitig 386
Fuchs 322 a
fuchsschwanzartig 396
Fühlen, das 410
führen 512 b, 521, 549
Führer 270
füllhornähnlich 399
fünffach 243
fünfmal 495

für 468, 568 d, 574, 581
Funktion 266
Funktionslosigkeit, schlagartige
72 a
Furche 94, 598 s
Furche der Ohrmuschel 63,
598 s
Furcht 252, 405, 473
Furchungszelle 667
Furchungszelle, große 676
Furchungszelle, kleine 676 a
Furchungszelle, mittlerer Größe
676
Fuß 273, 454, 598 p
Fuß, Keilbein des ~ 383, 601 c
Fußblatt 121 a
Fußknöchel 95, 598 m
Fußsohle 63, 381 a, 598 p,
601 p
Fußspitze 611
Fußwurzel 94, 598 t, 611
Fußwurzel, Knochen der ~ 229
Futter 106 a

G

gabelästig 191 c, 690
Gabelung 266, 598 b
gabelzahnmoosähnlich 396
Gänsefingerkraut 568 a
Gänsefuß, -kraut 122
Galactose 581 c
Galgant, -wurzelstock 50, 574
Gallapfel 48
Gallat 550 e, 555 d
Galle 227, 322, 327 a, 601 b,
601 f
Galle treibend 180, 578 c, 591 d
Gallenblase 598 v
Gallenwegentzündung 341
gallereich, zum Gallensystem
gehörend 226, 601 b
gallertartig 196, 601 g
Gallertschicht mit Statolithen
140, 598 s
gallig 227, 601 f
Gamander 122
gamanderähnlich 399
Gambirstrauch 51
Gameten 672
Gang 408, 598 d, 733
Gang, kleiner 95, 598 d, 598 m
Gang, unterirdischer 63, 598 c
ganglienreich 226
Ganglion 135 a, 598 g, 601 i,
612, 631
Gans 221, 254, 601 a
ganz 151, 177, 243 a, 364
ganzrandig 695
gardeniaähnlich 399

Gemetzel 322a
Gemisch 109
gemischt 188b
Gemse 57
Gemüse 298
Gemüse, benutzt als ~ 197
Gemüt 31, 81
Gemütserregung, starke 267a
Genauigkeit 30
geneigt 178
geneigt zur Erde 205
genommen 234
Genosse 257
genügen 527, 549, 754
genügend, nicht genügend 480, 483, 527, 754
genug 483, 589b, 589c
geöffnet 178a
gepfropft 206a
gerade 178a, 206, 601r, 715
geradlinig 227
geräumig 174, 386
Geräusch 287, 409
geraspelt 188
geraubt 234
gerbsauer, Gerbsäure, -lösung, -salbe 187a, 550a, 582d, 583c
Gerechtigkeit 30
gereinigt 188, 579b, 580b, 581, 581c, 582d, 582e, 584
gering 156
geringelt 205
geringwertiger 440
geringwertigste, sehr geringwertig 440
Gerinnsel 126a
gerinnungshemmend 592
Germer, -wurzelstock 121a, 574
geröstet 188b
gerollt 601s, 711
Gerste 122
Gerstenkorn 126a
Geruch 252, 519, 601r
Geruchssinn 408, 598o
Geruchsvermögen, Herabsetzung des ~ 72a
Gerücht 27
gesägt 178, 601s, 695
Gesäß 128, 333, 598c, 598i, 598n
Gesäßmuskel 229, 601g
Geschäft 106
geschält 188, 572b
geschehen 522, 528, 549, 586, 589b, 589c
Geschlecht 298, 326
Geschlechtschromosom 620, 621, 672
Geschlechtshöcker 230

Geschlechtskörperchen 620, 672
Geschlechtskrankheiten, Mittel gegen ~ 591a
Geschlechtsorgan 380a, 601g
Geschlechtsreife im Larvenstadium 677
Geschlechtstrieb hemmend, steigernd 591d
Geschlechtsverkehr 540
Geschlechtszelle 665, 672
Geschlechtszellen, Bildung der ~ 672
Geschlechtszellen, Verschmelzung gleicher ~ 674
Geschlechtszellen, Verschmelzung verschiedenartiger ~ 673
Geschmack 218b, 252, 407, 592, 598g, 601g
geschmacklos 192
geschmückt 216
geschnäbelt 205, 699
geschnitten 189
Geschrei 252
geschwänzt 205, 699, 710
geschwätzig 208
geschwollen 219
Geschwür 267d, 298
Geschwürbildung 267a
Geschwulst 92, 125a, 252
Gesellschaft 405a
Gesetz 283, 451
Gesicht 303, 380a, 420, 598f, 601f
Gesichtsschädel 683
gespalten 167
gespannt 235, 601t
gespitzt, fein ~ 205
Gespräch 106
Gestade 299
Gestalt 33, 665
Gestaltbildung 339a, 676a
Gestaltung 598f
Gestank 253a
gestattet sein 512a, 549
gestielt 205, 696, 700
gestört 235
gestreift 178, 601s, 690
gesund 166, 168
Gesundheit 262, 287
Getränk 407
getränkt 584
Getreide liefernd 368
Getreiderost 263
getrennt 206, 710
getrenntblättrig 706
getrocknet 188
gewähren 512a, 514, 520, 549
Gewalt 289, 315
Gewand 31

gewaschen 188b
Gewebe 39, 132, 350, 407, 598p, 598t, 637
Gewebebildung 673
Gewebelehre 621
Gewebeschicht, umkleidende 67a, 598t
Gewebe, interstitielles 624
Geweihbaum 89a
Gewicht 298
gewichtig 185
gewöhnlich 156, 364a, 368, 369
Gewölbe 271, 598f
gewölbeartig, gewölbt 166, 235, 236
Gewohnheit 262
Gewürzsummach, -wurzelrinde 354b, 559a
gewunden 196, 234, 236, 601c
gezähnt 178, 236, 368, 601d, 601s, 695
gezähnt, kammartig ~ 699
gezuckert 188
Gießbach 325
gießbeckenähnlich 228, 601a
Gießbeckenknorpel 601a, 601i
Gift 107a, 129
Giftsummach, -blatt 135, 561a
gigantisch 213
Ginster 50
ginsterähnlich 396
Gipfel 128, 598f
Gifelpunkt 304, 598c
Gips 550f
Giraffe 55
gitterförmig 205
glänzend 164b, 167, 192, 212, 219, 387, 388a, 601l, 697, 716
gläsern 175, 601v
glanzlos 191, 697, 716
Glas 127, 470
glasartig 175, 228, 601h, 601v
glatt 364, 698, 716
Glaubersalz 550i
gleich 243a, 367, 390, 461a, 586, 589a
gleichartig 367
gleichen 253a, 512, 549
gleichförmig 367
Gleichgewicht 230, 407
Gleichgültigkeit, geistige 352
gleichlang 709
gleichlaufend 166
gleichmachen 253a, 512, 549
Gleichmacher 253a, 598e
gleichmäßig 166
gleichschenklig 397
gleichwie 475
gleitendmachen 389b
Gliabildungszelle 672
Gliafaser 620

Halbkugel 128, 598h
halbmembranhaltig 226, 601s
Halbmesser des Kreises 598r
Halbmond 94a, 598m, 635
halbmondförmig 236, 381b, 397, 601l, 601s
halbsehnig 226, 601s
Halbstrauch 271, 689
halbunpaarig 237a, 601h
Halfterbinde 125a
Halm 690
Hals 127, 281, 332, 380, 598c, 601c
Hals, Vorderseite des ~ 381
Halsentzündung 59
Halsring 321
Halsschlagader 342, 598c
Halswirbel, erster 275, 598a, 601a
Halswirbel, zweiter 131, 598a, 601a
Hamamelispflanze, -rinde, -blatt 347, 559a, 561a
Hammel 366, 377
Hammer 83, 95a, 381a, 598m, 601m
Hamster 90a
Hand 412, 442, 586, 598m
Hand, flache 63, 598p
handelsüblich 367
Handfläche 63, 319, 381a, 598p, 601p
Handgriff 128, 598m
Handpauke 128b
Handschuh 624
handspaltig 695
Handwerker 98
Handwurzel 94, 598c, 601c
Hanf, -frucht, -kraut 338, 563a, 568a
Harn 64, 218a, 601u
Harn bereitend 230, 601u
Harnausscheidung 340
Harnbeschwerde 72a
Harnblase 598v
Harndrang, nervöse Angst vor ~ 72a
Harngang 95b, 598u
Harnlassen 267b
Harnleiter 218, 230, 336, 598u, 601i, 601u
Harnorgane, Entstehungsgebiet der primären ~ 677
Harnröhre 64, 380c, 598u, 601b, 601u
Harnröhrenentzündung 341
Harnruhr 71
Harnstoff 42, 115
harntreibend 187, 201, 578c, 591a

Harnwege betreffend 187, 578c, 591c
hart 172, 222, 582a, 601a, 601d
Hartfett 579
Harz 35, 573
Hase 277
Hasel 89c
Haselmaus 90a
Haselwurz, -wurzel, -wurzelstock 122a, 572a, 574
Haube 46, 598g
Haufen 95, 598c
Hauhechel, -wurzel 347, 572
Hauptast der Luftröhre 94
hauptsächlich 218a, 601p
Hauptschlagader 65b, 230, 598a, 601a
Haus 77, 214, 333, 412, 468
Hausgerät 328
Haustier 214
Haut 67a, 127, 128, 135a, 227, 312, 339, 351, 598a, 598c, 598d, 598m, 601s
Haut, behaarte 298, 683
Haut, gehörend zur 187, 227, 601c
Hautausschlag, ausgebreiteter 352
Hautausschlag mit Pustelbildung 263
Hautausschlag, mottenfraßähnlicher 61
Hautausschlag der Neugeborenen 280
Hautdefekt 269
Hautentzündung 341
Hauterkrankung, allergische 352
Hautfalte 126
Hautfinne 69
Hautfollikel, Entzündung der ~ 341
Hautgeschwulst 352
Hautgrieß 126
Hautheilmittel 591a
Hautmuskel des Halses 351, 598p
Hautrand um den Nagel 598p
hautreinigend 388b
Hautschwiele 288
Hautstelle, blutunterlaufene 267d, 269
Hautstelle, scharfumgrenzte ~ mit Pigmentschwund 263
Hautvene am Handrücken 65
Hebamme 281
heben 253a, 549
Heber 218b, 253a, 253b, 598l, 601l
Hecht 91, 271
Heer 406
Hefe 282, 581c

heftend 190
heftig 360, 387
Heidekraut 49, 568a
heidekrautähnlich 396
heidelbeerähnlich 399
Heidelbeere, -blatt, -frucht 88b, 561a, 563a
Heil 285
Heilanzeige, Heilaufgabe 267b
Heilbutt(leber)öl 581d, 582
heilig 150, 158, 601s
heilkräftig 203, 367, 368
Heilkraut 35
Heilmittel 126, 447, 466, 593
Heilung 267d, 457a
heimisch 201
Heiserkeit 262a, 288
helfen 466, 542, 549
helfend 389, 466
heliotropähnlich 399
hell 219, 364a
helmartig 199a
helmkrautähnlich 396, 399
Hemmung 252, 266
Hemosiderinträger 621
Henkel 63, 598a
Heparin zur Injektion 581d
herab von 241, 242, 465
Herabdrücken, das 269
Herabdrücker 253b
herabführend 388c, 601d, 601e
herablassen 512b, 549
Herabsteigen, das 410a, 598d, 601d
heranbewegen 515, 549
Heranführen, bestimmt zum 601a
Heranführer 253b, 598a
herangewachsen 206
Herannahen, das 268
Heraufbeförderung von Auswurf aus den Lungen 267a
heraus- 241
herausführend 388c, 601e
herauslassen 512b, 549
Herausreißen, das 269
Herausschleudern, das 218b, 601e
heraustragend 388c
Herbst 82a
herbstlich 367
Herbstzeitlose, -samen 122a, 575
Herd 92
Herde 272
Herrschaft 107
herrschen 548, 549
Herstellung der richtigen Lage 338
herum 241, 242, 596, 601p
hervor- 241, 242

Hervorhebung 598e
hervorragend 388c
Hervorragung 66a, 598c, 598p
Hervorragung, fleischige 67
hervorrufen 515, 549
Hervorwachsen, das 618
Herz 66, 128, 231, 327a, 598c, e, 601c
Herz, Stützzelle des ~ 668
Herzbeutel 128, 231, 598p, 601p
Herzbeutelentzündung 341
Herzgekröse 676
Herzinnenhautentzündung 341
Herzklopfen 267c
Herzmittel 591d
Herzmuskulatur 128, 341, 598m
Herzohr 598a
Herztätigkeit, zeitliche Unregelmäßigkeit der ~ 72a
Heu 107
Heveabaum 49
Hexenschuß 263a
Hieb 58
hierzu 442
Hilfe 106, 279, 474
Hilfsmittel 126, 289
Himbeere, -blatt, sirup 88, 561a, 582c
Himmel 105
himmelblau 372
Himmelsgewölbe 94
himmlisch 372
hinaus- 241
hindurch 241, 242, 454
hinein 241, 470
hineingießen 515, 549
Hineinpfropfen, das 670
hinfällig 225, 598d, 601d
hinführend 388c, 601a
hingewandt nach der Körpermitte 380b
hinkend 167
hinsichtlich 457a
hinten gebogen, nach ~ ~ 178
hinten liegend (embryol.) 669
hinter 241, 242, 455, 596, 601a, 601p, 601r
Hinterbacke 322, 598c, 598n
Hinterdarm 676a
hintere (örtlich) 440, 601p
Hinterfuß 611
Hinterhalt 138
Hinterhaupt 380b
Hinterhauptsbein 601a, 601i, 601o, 601s
Hinterhirn 135a, 598m
Hinterkopf 307, 598o, 601o
Hinterkopf, vorspringende Stelle am ~ 135a
hintragend 388c, 601a

hinüber- 241, 242
hinzielend 389
hin(zu) 241, 242
hinzufügen 512b, 515, 533, 549
hinzukommend 218b, 601a
Hirnanhang 339a, 598h
Hirnhaut 229, 283, 327, 598m, 601m
Hirnhaut, zarte 283
Hirnhaut- und Rückenmarkshüllen-Entzündung 341
Hirnmantel 598p
Hirnrückenmarkshaut, nach außen liegende 670
Hirnrückenmarkshaut nach innen liegende 670
Hirnsand 95
Hirnschädel 677
Hirnschlag 72a
Hirnstiele 601i
Hirsch 90, 91a
Hirsch, gehörig zum ~ 182
Hirschkäfer 90a
Hirse 122
Hirt 253
Hirtentäschelkraut 568a
Histaminwirkung 591
Hitze 252
Hobelspanbinde 59
Hochblatt 47
hochdispers 551
Hoden 95, 304, 321, 331, 345, 381b, 598t, 601t
Hoden, rudimentäres Organ am ~ 345
Hodenentzündung 341
Hodensack 127, 380c, 598s, 601s
höchste 440, 464, 601s
Höcker 128a, 226, 294, 380c, 598t, 601t
höckerig 381, 601c
Höhepunkt 128, 598f
höher gelegen 440
Höhle 127, 405, 442, 598a, 598s, 615
Höhlenbildung 668
höhlenreich 226
Höhlung 127, 287, 598c, 611
Höllenstein 550e, 555d
hören 508, 509, 510, 511, 514, 515, 517, 534, 540, 541, 542, 543, 549, 601a, 601c, 733
Hören betreffend 230, 381, 601a
Hörnchen 128a, 601c
Hof 67a, 381, 598a, 601a
Hoffmannstropfen 582e
Hoffnung 421
hohl 166, 601c
Hohlfuß 63
Hohlhand 63

Hohlmaß 95, 598m
Hohlraum 36, 63, 127, 287, 598c, 601c
Hohlraum, kleiner 35, 638
Hohlzahn, -kraut 347, 568b
Hohlziegel 280
Holunder, -blüte 89a, 560
Holz 102, 107, 570, 578c, 584
Holzstamm 86, 690
Holztauber 90b
Holzteer 579b
holzteerhaltig 185
Honig 327a
Honig erzeugend 214
Honigsaft 319
honigsüß 234
Honigwabe 92
Hopfen, -drüse, -zapfen 89c, 567, 576b
Hormon 125a
Horn 414, 416, 598c
Hornbläser 253b
hornförmig 188b
Horngeschwulst 352
Hornhaut 66a, 380, 598c
Hornhaut, krankhafte, mit Blutgefäßen durchsetzte ~ 92
Hornhautentzündung des Auges 341
hornkrautähnlich 399
hübsch 191
Hüfte 63, 598c
Hüftgelenkentzündung 341
Hüftlochmuskel 601o
Hügel 81, 94, 95, 321, 598c
Hügel an der Seitenkammer des Gehirns (Sehhügel) 95b, 598t
Hühnerauge 92
Hülle 63, 67a, 351, 612, 674
Hülle des Augapfels 63, 598s
Hülle, bindegewebige ~, die eine Sehne umgibt 128a, 598f, 598p
Hülle auf Muskeln 66, 598f
Hülle des Muskelbündels 128, 598p
Hülle eines peripheren Nerven 128
Hüllkelch 119a, 692
Hülsenfrucht 305, 713
Hüsteln 267d
hüten, sich ~ 532, 549
Huf 321
Huflattich, -blüte, -blatt 52, 560a, 561
Huhn 54
Hummel 90
Hund 323
hundähnlich 601c
hundertfach 243, 494
hundertmal 495

hundsgemein 193
Hundspetersilie 49
hundswürgerähnlich 396
Hunger 61, 322a
Hurerei 125
Husten 312
Husten betreffend, bewirkend 187, 374, 578c, 591a
Hustentee 423, 578c
Hyäne 54
Hydrastisrhizom 574
Hydrat 274a
hydriert 188, 582
Hydrobromid 181a
Hydrochlorid 181a
Hydrogencarbonat 187a, 550c, 550i, 555f
hydrogenchlorwasserstoffsauer 188a
hydrogenkohlensauer 187a
Hydrogenphosphat 555e, 555g
hydrogenschwefelsauer 187a
Hydrogensulfat 550c
Hydrogensulfit 550c
Hydroiodid 181a
Hydroxide 551b, 555j
Hydroxyethylcelluloseschleim 581f
Hyperazidität 591d
Hypobronchialhöcker 668a
Hypophosphit 550c

I

idäisch 200
Igel 91
Ignatiusbohne 51
Iltis 54
immer 484
Immunreaktion 591d
imprägniert 584b
in 242, 470, 481
in Gegenwart von 463
indisch 176, 568a
Induktion 267e, 674
Infektionskrankheit, epidemisch akute 60
Infloreszenzen 700, 701, 702
Infusion, ~präparate 581, 581d
Ingwer, -rhizom 295, 574
Inhalt 305
Injektion, Injektabilien 581, 581d, 582
Inkabein 601i
innen 241, 242, 243a, 596, 613
innen liegend 168
Innenhaut des Herzens 128, 598e
Innenlymphe 65b, 598e
Innenwand des Herzens 128

innere, innerste 440, 601i
innerhalb 241, 242, 451, 596
innerlich 168, 169, 591d, 601i
Insekt, fertig ausgebildetes 263a
Insektenblüten 560a
Insel 31, 598i
Insulin-Injektionslösung 581d
international 367
Interphasekern 615, 618, 621
Invertzuckerlösung 582d
Iod 111
Iodat 550c
Iodid 181a, 550c, 550g, 550h, 550i, 555c
Iodoform 116
Iodoformsalbe 583e
iodsauer 187a, 550c
Iodspiritus 582e
iodwasserstoffsauer 188a
ionogen 180, 581
Ipecacuanhawurzel 572b
irgendeiner 151
Iriszittern 92
irländisch 569
Irresein 108
Irrung 684
isländisch 176, 569
Isoamylnitrit 552b
Isthmus 230
Iva 48, 568b

J

Jaborandiblätter 561a
jährlich 165
jähzornig 157
Jahr 82, 451, 454, 461, 470
Jahr, das ganze ~ hindurch beständig 364a
Jalape, -harz, -knolle 52, 122, 573, 578
Jasmin 122
je 461a, 589a
jeder, alle 364
jeder, jede, jedes (von beiden) 151
jener, jene, jenes 498
jenseitig (örtlich) 440
jenseits 460, 461
Joch 127, 598j
Jochbein 230, 601z
Jod siehe Iod
Johannisbeere, -blatt 356, 561a
johannisbeerstrauchähnlich 399
Johannisbrotbaum, -frucht 51, 563a
Johanniskraut, -blüte, -kraut 121a, 560a, 568b

Jucken 408a, 447
Juckflechte 263
Jüngling 323, 366
jugendlich 366
Jugendirresein 72a
Jugendzeit 290
Jungfernhäutchen 258, 380a, 598h
Jungfernzeugung 679
Jungfrau 263

K

Kadmium s. Cadmium
Kälte 252, 299, 416
Kältegefühl 252
käsig 226
Kätzchen (bot.) 119a, 701
Kaffeebaum 51
kahl 150, 191, 698
Kahn 63
Kahnbein 601n, 601s
kahnförmig 228, 381a, 601c, 601n, 601s
Kakao, -fett, -öl (-butter) 579, 579a
Kalabarbohne 575a
kalbsartig 209
kalihaltig 182, 582b
Kalilauge 355
Kaliseife 582b
Kalium und Kaliumverbindungen 114, 181a, 550b, 550d, 550h, 551b, 555c, 555f, 555j
Kalk 42, 326, 551
Kalkablagerung, verbreitete 340
Kalkboden, gedeihend auf ~ 197
Kalmus, -rhizom, -öl, -tinktur 88c, 574, 580, 583
Kalomel (s. Calomel) 327a, 550g, 555c
kalt 167
Kalzium s. Calcium
Kamel 90a
Kamelia 51
Kamille, -blüte, -öl, -extrakt 50, 51, 560, 560a, b, 580, 581b
Kamm 227, 258, 598c, 598p, 601p
Kamm bei Vögeln 63
Kamm tragend 216
kammähnlich 236
Kammbein 227
Kammer 67a, 95, 381, 598c, 598v, 601i
Kammuskel 601p
Kampf 27
Kampfer (s. auch C), -baum, -öl 43, 52, 579a, 580, 581a

Knochen, Endstück langer ~ 339a, 598e
Knochen, Lehre von den ~ 37a
Knochenabbauzelle 630
Knochenbildung 630
Knochenbildungszelle 630
Knochenbruch 59
Knochenentzündung 341
Knochenhaft 340
Knochenhaut 128, 598p
Knochenhaut, innere 618
Knochenkerne, Brustbein bildende ~ 681
Knochenmark 36, 65b, 598m
Knochenmarksriesenzelle 624
Knochenmarksriesenzelle, Bildung von ~ 624
Knochenmarksriesenzelle, myeloplastenähnliche Vorstufe der ~ 624
Knochenraum, lufthaltiger 598s
Knochenschwiele 92
Knochenverbindung ohne Gelenk 339
Knochenvorsprung 339a, 598a
Knochenzelle 630
knochig 175
Knöchel 95b, 228, 381a, 381b, 598c, 598m, 601m
Knöchelchen 128a, 598o
knöchern 175, 601o
Knötchen 93, 95, 598n
Knöterich, -kraut 122a, 568c
Knolle 294, 578, 691
knollig 196
Knorpel 263a, 598c, 601i, 612
Knorpelbildungszelle 615
Knorpelentwicklung 615
Knorpelentzündung 341
Knorpelhaut 128, 598p
knorpelig 227, 601c
knorpelreich 226
Knorpelzelle 615
Knorrenmuskel 601a
Knospe 33, 566
Knospe, kleine 38, 95, 620
Knospendecke 119a
Knospengrund 46, 714
Knospenlage 266, 708
Knospung 267e, 672
Knoten 94, 598n
Knoten, entzündlicher 92
knotig 226
kochen 533, 549
kochen, sprudeln 512c, 542, 549
Kochenille 41
Kochsalz 550i
König 272, 462
königlich 156, 201, 601b
Königskerze, -blüte 121a, 560

können 513, 538, 549
Köpfchen 120a, 380a, 598c, 701
Körnchen 110a, 128a, 464
Körnelung 266, 598g
körnerreich 226, 601g
körnig 381, 601g
Körper 299, 350, 598c
körper- 243a, 612
Körper, Mittelebene des ~ 380b
Körperbeschaffenheit, äußere 409, 733
Körperchen 128a, 598c, 612
Körperchen, dunkel pigmentiertes 624
Körperchen, das Peroxydase trägt 631
Körperzelle, Plasma der ~ 681
Kohl 52
Kohle (und medizinische) 93, 257, 581
Kohlendioxid 551, 555h
Kohlensäurediamid 115
kohlensauer 187a, 550c
Kohlenstoff 112, 550c
Kohorte 326, 717
Kokastrauch 48, 122a
Kokkelskörnerpflanze 50
Kolabaum, -samen 48, 575a
Kolben 281, 701
Kolik 62
Kollagen, ~fäden 584, 584a
Kollege, ~in 32
Kollegenschaft 727
Kollodium 110
Kolloid, das 616
kolloid 374, 582e
Kolombopflanze, -wurzel 50, 572a
Kolophonium 110
Koloquinte, -frucht 347, 563
Koma 352
kommen 462, 549
Kondurango 559c
konservierend, konserviert 549, 589a
Konsul 256
Kontakt 408a, 598c
Konvergenz 37a, 668a
konzentriert 188, 551a, 582d, 582e
Kopaia, Kopaivabalsam 49, 579
Kopf 307, 472, 598c, 601b, 601c, 601i
kopfähnlich 199
Kopfbein 601c
kopfförmig 205, 712
Kopfgelenk 601a
Kopfhaar 598c

Kopfschlagader 230, 342, 598c, 601c
kopfüber gestürzt 188
Kopfverband 58
kopfwärts gelegen 380, 601c
Kopfwender 601s
Koriander, -frucht 121a, 563a
Kork 294
Kornblume, -blüte 88c, 560a
Kosobaum, -blüte 51, 560a
Kostanordnung 59
Kotorinde 559c
kräftig 364, 387
kräftigend 389b, 591c, 592
Krähe 281
Krätze 420
Kraft 301, 315, 461
kraftlos 156
Kraftlosigkeit 72a
Kralle 38, 321
Krampf 92, 267
Krampfader 271, 280, 591d
krampflösend 187, 591a, 591c, 591d
Kranich 328
krank 150, 158a
Krankenhaus 126
Krankheit 74, 82
Krankheit erkennend 591a
Kranz 35, 218a, 380, 598c, 601c
Krappwurzel 572
krappähnlich 399
kraus 191
Krauseminzblätter 561a
Kraut 23, 33, 147, 151, 464, 568, 568a, 568b, 568c, 568d, 568e, 689
krautartig 197, 705
Krebs 98, 352
Kreide 33
Kreis 82, 95, 321, 598c, 598o
kreiselförmig 236, 706
kreisförmig 381, 601c, 601o, 716
Kreislauf 668
kresolhaltig 187
kresseähnlich 399
Kreuz 280
kreuzähnlich 152
Kreuzbein 380c, 601s
Kreuzblume, -kraut 52, 568c
Kreuzdorn, -frucht 89, 563a
kreuzförmig 152, 236, 383, 601c
Kreuzung 266, 351, 598c, 598d
Kreuzungen, stammend aus ~ 192
Kribbeln 267a
kriechen 542, 549
kriechend 388a, 389, 690

Leibesfrucht 380a, 407, 601f
Leibesfrucht, ungeborene 257
Leibeshöhle, primitive 668a
Leibschmerzen 304, 334
Leibschneiden 62
Leichenbegängnis 298
Leichnam 294
leicht 181a, 364, 365, 438, 555f, 555h
Leichtigkeit 287
Leiden 268
Leim 33, 40, 306, 579a
leimähnlicher Stoff 616
Lein, -samen, -öl, -faden 121, 575, 582, 584, 584a
Leine 128a
Leinkraut 51, 568c
leinkrautähnlich 399
Leiste 63, 227, 598c, 601p, 668a
leistenähnlich 236
Leistengegend 306, 354, 380a, 598c, 601i
Leistengegend, Entzündung der ~ 354
Leitband 128a, 598g
Leitende 128a
Leiter, die 354
Leitung 95, 407
Leitung für Flüssigkeiten 598a
Leitungsbahn 407, 598d, 598t
Lende 94, 380a, 598l, 601l
Lendenmuskel 70, 598p
Leopard 90
Lerche 54, 57
lesen 508, 509, 510, 511, 514, 515, 517, 533, 540, 541, 542, 543, 549
letzte, der (zeitlich, örtlich) 440
leuchtend 388a
Licht 282, 304
Lichtbrechung 266a
Lichtempfänger 631
lichtnelkenartig 199a
lichtrot 164
Lidentzündung 341
Lidranderkrankung 262
lieb 160
lieben 508, 509, 510, 511, 514, 515, 517, 531, 540, 541, 542, 543, 549
-liebend 665
liebend, Sonne ~ 369
Liebesraserei 678
lieblich 168, 370
Liebstöckel, -wurzel 122a, 572
Lied 304
liegend, innerhalb des foramen jugulare ~ 381
liegend, unter der tunica serosa ~ 226

liegend, zwischen den tubercula des humerus ~ 381
liegend, zwischen den sinus cavernosi ~ 226
Lilie 122
Linde, -blüte 51, 560, 560b
Linderung 267b
Linie 37, 598l
Liniment 109b, 581e
links 150, 166, 462, 601s
Linse 326, 598l, 601l
Linsenfleck 138a, 263
linsenförmig 383, 601l
Linsenkern, der äußere Teil des ~ 598p
Lippe 598l, 601l, 675
lippenartig, lippig 205, 368
List 80, 469
Lithium und -salze 114, 550h, 555f
Lob 284, 464
Lobelie, -kraut 51, 568
lobelienähnlich 399
Loch 94, 305, 598f, 710
locker 191, 701
löcherreich 226
Löffel 319
löffelartig 383, 601c
Löffelfortsatz 601c
lösen 512b, 533, 542, 544, 548, 549
löslich 376
Lösung 266a, 514, 544, 546, 548, 555g, 582d
Löwe 257
Löwenschwanz 88a
Löwenzahn, -kraut, -wurzel 122a, 464, 572a
Lohn 106
Lorbeerbaum, -blatt, -frucht, -öl 89, 561a, 563, 582
Lot, zwei 34
Lotion 581e
Luchs 271
Lücke 64, 381a, 598l, 601l
lügnerisch 158
Luft 336
lufthaltig 598s, 601p
Luftröhre 64, 380c, 598b, 598t, 601t
Luftzug 408
Lumpen 92
Lunge 257, 380b, 598p, 601b, 601p
Lungenbläschen 95
Lungenentzündung 72a
Lungenkraut 51, 568c
lungenkrautähnlich 399
lymphatisch 230
Lymphe 63, 227, 598l, 601l, 613

Lymphknötchen 95, 598f
Lymphknoten 94a, 598l, 598n
Lymphozyten, Stammzelle der ~ 623
Lymphzelle 623
Lypressin-Injektionslösung 581e
Lysosom 631

M

Macht 30
Macrogel, -salbe 582a, 583d
Madenwurm 338, 354a, 447
mächtig 387, 391
Mädchen 29
Mädesüß 49
Mähne 33, 611
Mähne, versehen mit einer ~ 216
Männchen 277
männlich 169, 366, 601m, 705
Mäßigkeit 30
Mäuschen 95
Magd 29
Magen 95b, 230, 260, 598g, 589v, 601g
Magen betreffend 94, 578c, 601h
Magen, sich auf dem ~ befindend 230, 601e
Magenausgang 94a, 598p, 601p
Magengrube 128
Magenheilmittel 591c
Magenmund 66, 231, 601c
Magenpförtner 230
Magensaft, Fehlen des ~ 72a
Magenschleimhautentzündung 341
Magensekretion, verminderte 72a
Magentee 578c
mager 150
Magerkeit 420
Magnesia, brausendes ~ citrat 42, 551, 581f
Magnesium und ~ verbindungen 114, 181a, 550e, 550h, 551, 551a, 555c, 555f, 555h, 555i
Mahlen, gehörend zum ~ 601m
Mahlstein 611
Mahlzeit 27, 138, 472
mahnen 543, 549
Maiglöckchen, -blüte, -kraut 51, 560a, 568a
maiglöckchenähnlich 399
Mais, -griffel, -stärke 347, 576, 579

Mond 33
Mondbein 6011
mondförmig 236
mondförmig gekrümmt 178
Monohydrat 555g
monoölsauer 187a
monostearinsauer 187a
Monozyt 626
Monozyt, Bildung des ~ 626
Monozyt, Stammzelle des ~ 626
Moos, irländisch ~, isländisch ~ 569
Mord 322a
morgen 484
morgendlich 165, 193
morgenländisch 367
Morphin 115
Moschus 84
moschushaltig 188
moschushyazinthenähnlich 399
Moschusschafgarbenkraut 568b
Motte 56, 61
Mücke 271
Mühe 31
Mündung 128, 598o
müßig 161
Müßiggang 265
Muldenblatt 598a
Mull 39, 584, 584b
Mund 303, 350, 380b, 598o, 601o
Mundhöhle, dunkler Belag der ~ 263
Mundkrankheit, Mittel gegen ~ 591c
Mundschleimhautentzündung 341
Mundsegel bei Muscheln 123
Murmeln, leises 267b
Mus 39
Muschel 33, 598c, 601c
muschelförmig 380
Muschelknöpfe, -beine 611
Muskat, -samen, -öl(fett) 50, 52, 575a
Muskatblüte, -arillus 347
Muskel 95, 381a, 595, 596, 598m, 601i, 601m, 613
Muskel, der das Brust- und Schlüsselbein mit dem Warzenfortsatz verbindet 601s
Muskel, Lehre von den ~ 37a
Muskel, zu dem das Auge bewegenden ~ gehörend 218b, 601o
Muskel, zweiköpfiger 380
Muskelbildungszelle 627
Muskelbündel 95, 598f
Muskelentstehung 676a
Muskelentzündung 341

Muskelfaser 95, 351, 598f, 627
Muskelfaser, Bildung der quergestreiften ~ 636
Muskelfaser, Faserhülle der ~ 128, 351, 635
Muskelfaserbündel 128, 598p, 618
Muskelfibrille 627
Muskelschmerz 352
Muskelzelle 627, 635, 676
Muskelzelle, Begleitzelle der ~ 627
Muskelzelle, pigmentierte 627
Muskelzelle, röhrenförmige 627
Muskelzelle, Zytoplasma der ~ 635
Muskulatur der Gebärmutterwand 128, 598m
Muster 80
Mutter 220, 260, 327
Mutterboden (med.) 598m
Mutterkuchen 65b, 598p
Mutterkuchen, Bau- und Arbeitseinheit des 679
Muttermal 92
Mutternahrung 127b
Mutterstern 626
Muttertier 281
Myelin, ~ lamellen 624, 626
Myeloblast 626, 633
Myelozyt 626, 633
Myoepithelzelle 627
Myofilament, ultrastrukturelles 627
Myokard, Erkrankung des ~ 341
Myokard kräftigend 187, 591d
Myrrhe, -tinktur 48, 579b, 583a
Myrte 89
Myrtengebüsch 725

N

Nabel 94a, 119, 257, 380c, 598u, 601u, 611, 714
Nabelblase, Wand der ~ 678
Nabelstrang 87, 714
Nabelstreifen 69, 714
nach 241, 242, 455, 596
Nachen 63, 598c, 598s
Nachgeburt 65b, 138a, 598p
nachher 484
Nachhirn 135a
Nachkommenschaft 82
Nachniere 676a
Nachschrift zur Rezepturvorschrift 267d, 585, 586
Nacht 326, 472
Nachteule 56
Nachtigall 56

Nachtrag 541
nachts 483
nachts blühend 194
Nacken 63, 281, 332, 380b, 598n
nackt 167, 192, 601n
Nadel 412
nadelig 196, 697
nadelspitz 369
nächster 440
nächtlich 165
näher 440
nähere, der von zwei Punkten dem Rumpf ~ 380b
Näh- und Unterbindungsmaterial 584a, 584b
nährend 191
Nagel 92, 128, 321, 354
Nagelbett, Nagelwurzel 128, 598c, e, h, m
nagend 388a
nahe 457
Nahrung 107b
Nahrungsmittel 107b
Nahrungsplasma 669
Naht 64, 69, 598r, 598s
Nahtmaterial, chirurgisches 584a, 584b
Name 304
Napf 611
Narbe 281, 350, 576, 711, 712
Narbengewebe, schrumpfendes 340
Narkose (äther, ether) 581a
Nase 94, 333, 380b, 380c, 596, 598n, 601n, 611
Nasenbein 601n
Nasenhaare 138a, 598v
Nasenheilkunde 187, 591c
Nasenhöhlenöffnung, hintere 67a, 598c
Nasenkatarrh 341
Nasenloch 333, 598n
Nasenmuschel 63, 598c
Nasennebenhöhle, Entzündung einer ~ 341
Nasensalbe 583e
Nasentropfen 581f
Nasenwandscheideknochen 254, 598v
Nashorn 354a
Natrium und Natriumverbindungen 114, 181a, 550c, 550i, 551a, 551b, 555c, 555g, 555j, 581f, 582d, 583e
Natriumchlorid-Injektionslösung 581f
Natriumchloridsalbe mit Carbamid 583e
Natriumlactatlösung 581f
natriumhaltig 188

Reibung 266
Reich, Unterreich (Systemat. Einheit) 685, 717
reich 391
reichblättrig 191 b
Reichtum 138
reif 172
Reif (meteorologisch) 35
Reife 287, 457
Reifung 267 e, 676
Reihe 257, 420
Reihengruppe 326
Reiher 56
rein 160, 172, 553
Reinigung 267 c
Reinlichkeit 420
Reis, -stärke 49, 579
Reis (Zweig) 87
Reise 294
Reiz 262 a, 591 d
Reizempfänger 253 a
reizend 192
Reizmittel 591 d, 592
Reseda 49
resorbierbar 541, 584, 584 a, 584 b
Resorcinol 115
Rest 138, 634
Retikulozyt 634
Rettung 106, 285
Rezeptur 40
Rezeptvorschrift 267 c
Rhabarber, -wurzel, -extrakt, -tinktur 121, 572, 572 b, 581 b, 583 a
Rheuma lindernd 187, 591 a
rheumaähnlich 399 a
Rhodos 77
Ribosom 632, 634
Richtung 264, 266
Richtung des abgeschossenen Pfeiles besitzend 380 c
riechen 218 b, 520, 549, 601 o
Riechen, dem ~ dienend 218 b, 601 o
Riechhirn 135 a, 218 b
Riedgras, die Segge 280
Riegel 271, 598 o
Riemenmuskel 601 s
riesengroß 213
riesig 200
Rind 82
Rinde 33, 380, 559, 559 a, 559 b, 559 c, 598 c, 601 c
Rinderfußöl 582
Ring 94, 95, 381, 598 a, 601 a, 601 c
Ringelblume, -blüte 52, 560 a
ringförmig 218 a, 228, 369, 601 c, 601 o
Ringknorpel 601 c

Ringmuskel 601 c
ringsherum 242, 445
Rinne 94, 321, 598 c, 598 s
Rinne in der Mitte der Oberlippe 127, 598 p
Rippe 63, 380, 598 c, 601 c, 601 i, 601 s
rippenfarnähnlich 399
Rippenhalter 601 s
Rispe 47, 701
Riß 59
Rittersporn, -blüte 50, 560 a
Ritze 63
Rizinusstrauch, -öl 89 c, 582, 582 b
Röhrchen, dreifaches ultrastruk- turelles ~ 637
Röhrchen, ultrastrukturelles 625, 676 a
Röhre 38, 94, 321, 598 c, 598 t
Röhrenknochen, Schaft der ~ 339 a, 598 d
röhrig 706
römisch 159, 560 a, 560 b
Röte 252
Röteln 62
röten 519, 549
rötlich 387
Rötung, diffuse der Haut 352
Roggen 317
roh 160, 180, 553, 582 b
Rohr 95 b
Rohrdommel 90 a
Rolle 66 a, 333, 381 b, 598 t, 601 i, 601 t
Rollhügel 230, 601 t
Rollhügel des Oberschenkel- beins 336, 598 t
Rom 462
Rose, -blüte, -öl 48, 560 a, 580 b
rosendufthaltig 188
rosenrot 164 c
Rosmarin, -blatt, -öl 88 a, 561, 580 b
Roßkastaniensamen 575
rot 150, 551, 570, 601 r, 613, 707
rot machen 540, 549
Rotalgenart 88
Rotkehlchen 91 a
rotköpfig 164
Rotschwanz 90 a
Rozelle 50
Rübe 44, 86
Rückbildung 267 e, 674
Rückbildung, mangelhafte 267 d
Rücken 107, 127, 299, 380, 455, 598 d, 601 d
Rückenmark 598 m, 601 s
Rückenmarksentzündung 341
Rückensaite 677

Rückensaite, Bildung der ~ 668
Rückfall 410 a
Rückgang 410 a, 598 r
Rückgrat 63, 380 c, 598 s, 601 s
Rückschluß, diagnostischer 466
Rückseite 380, 601 d
Rücksicht 266 a
Rückstand 126
rückwärts- 241, 242
rückwärts liegend 169; 380
Rülpsen, das 267 a, 407
rüsselartig 199 a
Ruhe 285
ruhig 162
ruhigstellend bei Erregungen 591 b
Ruhm 30 a
Ruhrkraut, -blüte 354 b, 560 a
ruhrkrautähnlich 399
Rumpf 94
rund 167, 601 r, 601 s, 601 t, 694
Runzel 63, 598 r
runzelig 196, 690
Ruprechtskraut, -kraut 568 b
Ruß 263
russisch 176

S

Sabadilla, -samen 50, 575
Saccharin-Natrium 582 b
Saccharose 582 b
Sache 421, 422
Sack 94, 598 s
sackförmig 383, 601 s
Sadebaum, -kraut, -spitzen 49, 568 d, 577
Säckchen 95, 381 b, 598 s, 601 s
Säge 33
Sägemuskel 601 s
Sägespäne 350
Sägetang 564
Sänger 323
sättigen 515, 519, 525, 540, 549
Sättigung 266 a
säuerlich 202
Säufer 253
Säulchen 46, 65, 616
Säule 36, 598 c
Säule mit eckigem Querschnitt 679 a
Säure 110 a, 550 a, 555
Safran, -griffel 88, 576
Saft 84, 252
saftig 204, 237 a
Saite 63
Salamander 55
Salbe 109 b, 447, 583 c, 583 d, 583 e, 583 f

Spierblumen, -blüte 560a
Spieß 27
Spindel 619
spindelförmig 383, 601f
Spinne 91
spinnenähnlich 199
spinnwebig 698
Spiritus 107a, 582e, 583c
spitz 360
spitz- 243a
spitzblättrig 191c
spitzdornig 191b
Spitze 271, 284, 305, 380, 380c, 577, 598a, 598c, 601a
Spitzen, versehen mit drei ~ 380c
sptzenständig 368
spitzklettenähnlich 399
Spitzmaus 271
Spitzwegerich, -blatt, -kraut 263a, 561a, 568c
Sporn 221, 316, 319, 348, 598c, 601c
Sprache 27
Spreu 37
Spritzloch bei Haien 124a
Sproß 257, 578a, 691
Sprotte 90
sprudeln, kochen 512c, 542, 549
Sprungbein 94, 381b, 598t, 601s, 601t
Sprunggelenk 601t
Spur 128, 598v
Staat 465
Stab 33, 95a
Stachel 348
stachelbeerähnlich 399
Stachelbeere 356
stachlig 174, 216, 699
Stadt 214, 326
Stäbchen 84, 92a, 515, 581
stäbchenförmig 369
stählern 222
Stärke 110a, 301, 579
stärkehaltig 186, 197
Stärkekapseln 581, 586
stärkend 389b, 592
Stahl 348
stahlhart 222, 601a
Stamm 86, 94, 326, 598t, 690, 691
Stamm (systemat. Einheit) 107, 717
Standbild 30a
Standort 265
Star 90
Star, grüner 352
stark 364
starr machen 547, 549
Station 265, 586

stattlich 388c
Statur 35
Staubbeutel 45, 709, 710
Staubblatt, -gefäß 120, 304, 703, 709
staubblattartig 197
Staubfaden 119a, 709
Stearinsäure, Stearat 274a, 550a, 555f
Stearylalkohol 552a, 581
Stechapfel, -blatt, -kraut, -samen 49, 122, 561, 561b, 568d, 575a
stechen 542, 549
stechend- 243a
Stegreif, aus dem ~ 466
stehend, am Ende (Gipfel) 368
steifhaarig 192, 203, 698
Steifheit 252
Steigbügel 218, 273, 598s, 601s
Steigbügelmuskel 601s
Steigerung, vorübergehende ~ von Krankheitserscheinungen 267a
steil 173
Stein 33, 273
Steinadler 90a
Steine bewohnend 197
steinern 197
Steinfrucht 44, 713
Steinklee, -kraut 88a, 568
Steinkohle 354
Steinkohlenteer, -spiritus, -salbe 579b, 582e, 583c, 583d, 583e
Steinmistel 100
Steißbein 229, 354, 598c, 601a, 601c
Stelle 94
Stelle, höckerreiche 288, 598t
Stelle, unbehaarte ~ zwischen den Augenbrauen 65, 598g
Stellknorpel 601a, 601t
Stellung, zurückgebogene 288
stemmend, sich 216a
Stempel (bot.) 109b, 703, 711
Stengel 274, 321, 576a, 690
stengelumfassend 696
Sterben, im ~ liegend 219
sterblich 367
steril 365, 584, 584a, 584b
sterilisieren 531, 549
Stern 33, 612, 614
Sternanis 122, 563a
sternartig 369
sternförmig, mit Sternen besetzt 178, 601s
sternhaarig 698
Steuerruder 128a
Stich 127
Stichling 91
Stickstoff 112, 555h

Stiefmütterchenkraut 568
Stiel 95, 381a, 598p, 601p
stielrund 391, 690
Stier 82
Stift 84
Stimmapparat 342, 601i
Stimmbänder, Entzündung der ~ 341
Stimmbandmuskel 601v
Stimmbruch 267b
Stimme 282, 601v
Stimme, mit lachender ~ 208
Stimmlosigkeit 72a
stinkend 192, 208a
Stirn 326, 380a, 598f, 601f
Stirnrunzler 253b, 598c
Stock 94, 598s
Stockrosenblüten 560a
Stör 254, 257
Störung 269
Stoff, ~ aufnahme 37, 267e, 420, 634
Storch 56
Storchschnabel 122
storchschnabelähnlich 399
Stoß 407
strahlend 389b, 701
strahlenförmig, mit Strahlen versehen 236, 601r
strahlig 368, 389b
Strang 63, 95, 584, 598c, 598f
Strauch 271, 689
strauchartig 196, 203
straußgrasartig 199a, 396
Straußvogel 91
Strecker 253b, 598e
Streckmuskel 218b
Streifen 63, 66, 598s
Streifen, kleiner 636
streng 173
Streupuder 582a
Strick 312
strickgrasähnlich 399
Strömung 304, 598f
Strohblume 121a
strohblumenähnlich 396
Strontium 114
Strophanthus 89b, 575
strudelartig 226
strudelreich 226, 601v
Strumpf 317
Stückchen 107
stückweise, in Stücken 483
stürzen 512, 549
Stütze 128a, 598a, 598s
stützend, sich ~ 216a
Stützgerüst 350, 598s
Stützgewebe 350, 598s, 612, 628
Stützzelle 612, 665
Stuhl 317

Tröpfeln, das 126
trollblumenähnlich 399
Trometamol 583 c
Trommel 128 b, 230, 598 t, 601 t
Trommelsucht 71
Trompete 63, 283, 598 t
Tropfen 33
Trophoblast 668 a, 681, 682
trüben 512, 519, 549
trügerisch 386
Trugdolde 350, 702
Trugschluß, mathematischer 71
Trunksucht 72 a
Tube 63, 218 a, 598 t, 601 t
Tuberkuloseheilmittel 591 c
Tür 27, 598 p
Türflügel 63
türkisch 176, 601 t
Tüte 39, 586
Tugend 290
Turm 312
Turmfalk 91 a
Typ, untergeordneter 81
Typhus 92

U

Übel 125
Übelkeit 61
über 240, 241, 242, 459, 465, 472, 596, 601 s
Überbefruchtung 681
Überbleibsel 107 b, 138, 634
überchromsauer 187 a
Überdruß 126
Übereinstimmung 410 a
Überfluß 37 a, 684
Übergabe 265
Übergangsstelle, enge ~ zwischen Magen und Darm 94 a, 598 p
übergehen, übergehen in 512 c, 522, 549
über hinweg 460
überlebend 391
Überlegung 266 a
übermangansauer 187 a, 550 c
übermütig 156, 480
Überrest 127 b
Übersicht, zusammenfassende 338
überziehen 521, 549, 583
überzogen 188 b, 206
Überzug 351, 598 p
übrig 160
Übung 265
üppig 365
Uhrzeit 445.
Uhu 257
ulmenähnlich 399

um, um herum 241, 242, 596
Umarmung 410, 666
Umdreher 131
Umdrehung 269
umfangreich 166
umfassend 206, 235, 368
umflochten 206, 235
umgeben mit einem Wall 236
umgebogen 235, 601 c, 601 r
umgekehrt 166
umherschweifend, weit ~ 217, 601 v
Umhüllung (med. anat.) 260, 598 m
Umhüllung eines Nervenfaserbündels 128
Umkehrung 269
Umkreis, äußerer 288, 598 c, 598 e
umkristallisiert 188
Umlauf 82
umrühren 525, 541, 549
Umschlag 105
Umschließung, umschriebene Stelle 668 a
umschütteln 525, 541, 549
Umschweifen, das 332
Umsicht 30
umsonst 483
Umstülpung 269
Umweg 332
Umwendung eines Augenlides 126
umwunden 206
un- 238, 241, 242
unabhängig 230
unähnlich 365, 438
unansehnlich 392
unbekannt 158
unbelebt 470
unbequem 157
unberührt 150
unbestimmt 195
unbeweglich 365
und, und nicht 477
Undecylensäure, Undecylenat 550 a, 555 g
unecht 193, 218, 601 s, 613
uneingedenk 391
unentgeltlich 483
unerfahren 158 a
unerschrocken 157
Unfall 58
unfruchtbar 365
Unfruchtbarkeit 288
ungebildet 158
ungeheuer 234, 387
ungeheuer groß 234, 373, 601 v
ungeschnäbelt 373
ungewiß 601 i
ungleich 390, 601 i

ungleichseitig 220, 601 s
Unglück 30 a, 423, 470
Unglücksfall 287
ungünstig 158
Unheil bringend 215
unheilbar 365
Unmäßigkeit 30
unmittelbar anliegend 234
unmodern 178 a
unpaarig 237 a, 601 a
unreif 172
unrein 160
Unruhe 262, 405 a
unsicher 158
unsterblich 367
untätig 391
Untätigkeit 30 a, 61, 265
unten, weiter ~ gelegen 440, 601 i
unter 240, 241, 242, 471, 596, 601 s
Unterarm 380 c, 598 r, 611
Unterbauchgegend 128
unterbrechend 388 b
Unterbrechung 269
untere, der, weiter unten gelegen 440, 601 i
Untergang 406
Untergang der Gestirne 471
Untergrätenmuskel 601 i
Untergrund 339, 598 b
unterhalb 241, 242, 449, 596
Unterhaltung 106
Unterhautfettgewebe 598 p
unterirdisch 200, 714
Unterkiefer 67, 381 a, 598 m, 601 m, 601 s
Unterlage 598 s
Unterlippe der Insekten 124
unterphophorigsauer 185 a, 550 c
Unterschenkel 611
Unterschlüsselbeinmuskel 601 s
Unterschulterblattmuskel 601 s
unterste, zu unterst 440
unterständig 194, 704, 711
unterstützend 389, 389 a, 629
untersuchen 521, 527, 549
Untersuchung 266
ununterbrochen 173
unverwirrt machend 230, 591 a
unvollkommen 178 a
unwürdig 159
unzerteilt 150
unzweckmäßig 157
Uranfang 128
Urbild 80
Urdarm 666, 672
Urdarmdach 668
Urei 630
Urmund 667

Verzerrung 267
Viburnumrinde 559 a
Vieh 416
viel, viele 177, 439
vielbrüderig 709
vieleckig 233
vielfach 243, 386
vielfach gespalten 217
vielgefiedert 219, 601 m
vielgestaltig 367 a
vielwinklig 233
viereckig 127 a, 236, 381 a, 601 q
vierfach 494
vierfüßig 392
vierkantig 716
vierköpfig 601 q
viermächtig 709
viermal 495
Viertel, akademisches 464, 755
vierwinkelig 381 a, 601 q
violett 164 c, 707
Viper 57
virushemmend 591 c
Vitamin C 550 a
völlig 188 b
Vogel 322, 598 a
Vogelfang, dienend dem ~ 191 c
Vogelflügel, Mittelteil des ~ 63
Vogelfutter, als ~ dienend 369
Volk 81, 265
Volksmenge 129, 278
voll 168
vollkommen 178 a
von 241, 242, 462
vor-, vorne- 241, 242, 443, 453,
  467, 468, 596, 601 p
voraus- 241, 242
vorbei 456
vorbereiten 514, 531, 541, 544,
  549
Vorbote 58
Vorderarm 128, 598 a
vordere 440, 601 a
Vorderfuß 611
Vorderhirn 135 a, 598 p
Vorderkopf 307, 351, 598 s
Vorfall 410 a
Vorgang 410 a
Vorgefühl 58
Vorhaben, das 267 b
Vorhaut 128, 380 b, 598 p
Vorhaut, Schmiere der ~ 352
vorher 241, 242, 484
Vorhof 128 a, 380, 380 a, 381,
  598 a, 598 v, 601 a, 601 i
Vorkeil 95 a, 598 p
Vorkern 679 a
Vorknorpel 679 a
Vormagen 95
Vormilch 127 b, 616
vormittags blühend 193

vorn befindlich 601 a
vorn und dorsalwärts liegend
  601 a
vorn und seitlich liegend 16, 380,
  601 a
vorn und in der Mitte liegend
  601 a
vorn und ventralwärts liegend
  601 a
vorn liegend (embryol.) 679 a
Vorniere 132
Vornierenkanälchen, Mündung
  des ~ 677
Vorplattz 128 a
vorragend 388 c, 601 p
Vorraum 128 a, 598 v
Vorrichtung 408, 598 a
vorschreiben 546, 547, 549
Vorschrift 107 b, 266 a, 589
vorsichtig 158
Vorsichtsmaßnahme 266 a
Vorsitz 106
Vorsprung 66 a, 598 p
Vorsteherdrüse 67 a, 230, 598 p,
  601 p
vortrefflich 156
Vortreibung 269
vorübergehend 388 b
Vorwärtsschreiten, das 679 a
Vorwerfen, das 266 a, 598 p
Vorwölbung 66 a, 598 e, 598 u
Vorwölbung am Augapfel 352

W

waagerecht 368, 380 a, 601 h
Wacholder, -frucht, -holz, -öl
  89 c, 563, 563 b, 570, 580 a
Wachs 33, 579 a
Wachs, bestehend aus ~ 186
Wachs, versehen mit ~ 188
wachsam 391
wachsartig 197
wachsend auf Äckern 360, 371,
  372
wachsend auf den Alpen 372
wachsend auf der Erde 372
wachsend im Garten 371
wachsend auf Schutt 368
wachsend auf Sümpfen 360
wachsend im Walde 360, 372
wachsend auf Wiesen 371
Wachssalbe 109 a
Wachstum 616
Wachtel 281
wacker 173
Wade 63, 380 c, 598 s
Wadenbein 67, 69, 229, 381,
  598 f
Wadenmuskel 380 a, 601 g

Wächter 273
Wärme 252
wäßrig 185, 196
Wagen 405
-wahn 72
Wahnsinn 72 a, 108
wahr 172
Wahrsager 323
wahrscheinlich 365
waidartig 199 a
Wald 33, 466, 470
Wald, im ~ wachsend 360
Waldkauz 124
Waldmeister, -kraut 51, 52, 568 a
waldrebenartig 199 a
Wal 54
Wall 105, 598 v, 601 v
Walnuß, -blatt 326, 561
Walrat 110, 579 a
walzenförmig 230
Wamme der Rinder 611
Wand 274, 598 p, 601 p
Wand, trennende 127 a, 598 m
wandernd 389
wandständig 368, 711
Wange 63, 381 a, 598 m, 601 b
Wangenmuskel 253 b
Wanze 271
Wanzenkraut 52
warm 167
Warze 35, 36
warzenartig 381 a, 601 p
Waschung 266 a
Wasser 33, 227, 581
Wasser, aus ~ bestehend 227
Wasserbehälter 652, 598 c
Wasserdost 122
Wasserfenchel,   -frucht 122,
  563 a
wasserfrei 187
wasserhaltig 188, 243 a, 583 c,
  583 d
Wasserleitung 408 a, 598 a
wasserliebend 201
wasserreich 601 a
wasserschlauchähnlich 399
Wasserstoffperoxid 112, 181 a,
  551 a, 555 i
Wassersucht 348
Watte 110, 263 b, 584, 584 a,
  584 b
Wechseljahre 126, 668
wechselständig 696
Weckmittel 591
weder – noch 478
Weg 33, 294
weg- 241, 242
wegen 453, 473, 474
Wegerich, -blatt, -kraut 263 a,
  561 a, 568 c
wegführend 388 b, 601 a

wurmartig 369
wurmförmig 383, 601 v
Wurmfortsatzentzün-
dung 341
Wurmkrankheit 340 b
Wurmsamenöl 580
wurmwidrig 187, 591
Wurst 83
Wurzel 281, 381 b, 464, 572,
572 a, 572 b, 598 r, 601 r
Wurzelhaut der Zähne 128,
598 p
Wurzelstock 349, 350, 574, 574 a,
691
Wutanfall 252
wuterfüllt 219
Wutkrankheit 58, 420

Y

Yohimberinde 559 c
ypsilonähnlich 228
Ysop, -kraut 88 a, 568 b

Z

zäh 203, 386
zähmen 543, 549
Zähneknirschen 252
Zäpfchen, -masse 67, 110, 581 f,
582 e, 598 u
Zahl 83, 468
Zahn 95, 180, 236, 325, 380,
591 d, 598 d, 601 d
zahnarm 216
Zahnbein 127 a, 598 d, 613
Zahnbeinbildungszelle 630
Zahnbildung 630
Zahnen, das 267
Zahnfach 95
Zahnfleisch 64, 380 a, 598 g,
601 g
Zahnfleischentzündung 341,
447
Zahnfleischgeschwür 346
Zahngeschwür 346
Zahnheilmittel 591 d
zahnlos 216
Zahnmarkentzündung 341
Zahnschmelz 127 a, 598 e, 598 p
zamiaähnlich 399
Zange 270, 598 f
Zangenbock 124
Zapfen 86, 87, 257, 576 b, 713
zart 149, 217, 364 a, 601 g,
601 p
Zaunrübe 51
Zebra 344
Zehe 95 b, 598 d, 601 d

Zehe, große 271, 598 h
Zehenglied 229, 283, 327, 598 p,
601 i
Zehennagel 598 u
zehnfach 243, 494
zehnlinig 216
zehnmal 495
zehrwurzelähnlich 199
Zeichen 105, 106
Zeigefinger 271, 598 i
zeigen 514, 549
Zeit 299, 442, 457 a, 462, 466,
598 t
Zeit, kritische 668
Zeitalter 289
Zeitlosensamen 575
Zeitraum von zwei Jahren
106
Zellbälkchen 616
Zellbildung 668 a
Zellbildungsschicht, darüberlie-
gende 670
Zellbildungsschicht, darunter-
liegende 673
Zellbildungsschicht, dazwi-
schenliegende 676
Zelle 38, 63, 598 c, 612
Zelle, basophile 615
Zelle, Bewegungszentrum der
~ 616
Zelle der Brustdrüse 623
Zelle, faserbildende, fibrozyten-
bildende 619
Zelle, Gesamtheit der Körnchen
der ~ 615
Zelle, hormonbereitende 618
Zelle des Hypophysenhinterlap-
pens 631
Zelle mit einem einzigen
Kern 626
Zelle, nicht gekörnte 629
Zelle des Mesangiums 624
Zelle der Nebenschilddrüse
631
Zelle, phagozytierend 624
Zelle mit Silbersalzen darstell-
bare ~ 614
Zelle mit schwammiger Struk-
tur 635
Zelle der Tränendrüse 623
Zelle, talgbereitende 635
Zelle, die umgebende ~ der Ka-
pillaren 631
Zelleib 616, 631
Zellen, Lehre von den ~ 37 a,
616
Zellen, Hüllschicht aus Glyco-
proteiden der ~ 620
zellenförmig 399
Zellfortsatz 617, 636
Zellfüßchen 616

Zellhaut 616
Zellkern 598 n, 612, 615
Zellkolonie 124
Zellorganelle 625
Zellplasma, Außenschicht des
~ 618
Zellschicht, oberflächliche 128,
598 e, 612
Zellstoff 584 a
Zellstoffverbandwatte 584 a
Zellteilung, indirekte, ~, di-
rekte 614, 625
zelluläre Auskleidung der Ge-
fäße und serösen Höhlen
128, 598 e
Zellulose 584
Zellverklammerung, Hälfte einer
~ 621
Zellwerkzeug 630
Zellwolle 584 a
Zelt 598 t
Zement des Zahnes 127, 598 c
Zentralkörperchen 615
Zentriol, geteiltes 617
Zentromerus 615
Zentrosom 615
zer- 241, 242, 243 a
zerlegt in drei Teile 222, 601 t
Zerlegung 338
Zerreißung 269
zerrissen 149, 6011
zerstören 508, 509, 510, 511,
514, 515, 517, 532, 540, 541,
542, 543, 548, 549
zerstoßen 189
zerstreut 179
Zerstreuung der Farben 268
Zertrümmerung 671
Zeugung 267 e, 680, 684
Zichorie 122
Ziege 53
Ziegel 280
Ziegelstein 254
ziehen 512 b, 521, 549, 733
ziehend, vom Mastdarm zur Ge-
bärmutter ~ 221, 601 r
Zierde 299
Zilie 622
Zimbel 106 a
Zimizifugawurzelstock 574 a
Zimtbaum, -rinde, -öl, -tink-
tur 51, 121 a, 559, 580, 583
Zink und ~salze 113, 550 d,
550 i, 555 a, 555 c, 555 g
Zinkoxid und ~zubereitungen
(~gelatine, ~lotion, ~öl,
~paste, ~salbe) 582 a, 583 e
Zinn und ~verbindungen 113,
550 i, 551
Zinnober 338, 550 g
Zipfel 66

Sachindex

Die Zahlenangaben beziehen sich auf die Paragraphen, die Bezeichnung A meint die Einleitung *Geschichtliche Entwicklung.*

Literaturhinweise

1. Barkmann, J.J., J.Moravec und S.Rauschert: Code der pflanzensoziologischen Nomenklatur. Vegetatio **32** (1976), 131–185
2. Becher, I., A.Lindner und P.Schulze: Lateinisch-griechischer Wortschatz in der Medizin. Berlin 1986
3. Bögel, Th.: Lehrbuch des klassischen Lateins. Halle/Saale 1955
4. Faller, A.: Die Fachwörter der Anatomie, Histologie und Embryologie, ihre Ableitung und Aussprache. Begründet von H.Triepel, fortgeführt von H.Stieve und anschließend von R.Herrlinger. 29. Aufl. München 1978
5. Genaust, H.: Etymologisches Wörterbuch der botanischen Pflanzennamen. Basel 1976
6. Gozmany, L., H.Steinmann und E.Szily: Vocabularium nominum animalium Europae septem linguis redactum. Bd. I u. II, Budapest 1979
7. Hentschel, E. und G.Wagner: Tiernamen und zoologische Fachwörter. Jena 1976
8. Imbesi, A.: Index plantarum quae in omnium populorum pharmacopoeis sund adhuc receptae. Messina 1964
9. Passarge, H.: Übersicht über mitteleuropäische Gefäßpflanzengesellschaften. Feddes Repertorium **89** (1978), 133–195
10. Schneider, I.: Lingua Latina medicinalis. Lateinisches Lehrbuch für Mediziner. Halle/Saale 1970
11. Schubert, R., und G. Wagner: Pflanzennamen und botanische Fachwörter. 6. Aufl. Radebeul 1975
12. Schulze, P.: Anatomische Bezeichnungen deutsch-lateinisch, lateinisch-deutsch. 2.Aufl. Leipzig 1981
13. Stearn, W.T.: Botanical Latin. 3. Aufl. London 1983
14. Walde, A. und I.B. Hofmann: Lateinisches etymologisches Wörterbuch. Heidelberg 1938
15. Werner, Cl.F.: Wortelemente lateinisch-griechischer Fachausdrücke in den biologischen Wissenschaften. 3. Aufl. Halle/Saale 1968
16. Zander, R.: Handwörterbuch der Pflanzennamen, bearbeitet von F. Encke, G. Buchheim und S. Seybold. 11. Aufl. Stuttgart 1979
17. Zepernick, B.: Die Arzneipflanzen in den deutschsprachigen Pharmakopöen der Gegenwart. Wildenowia 7 (1975), 591–653; 8 (1978), 369–374
18. Zepernick, B. et alii: Lexikon der offizinellen Arzneipflanzen (AB-DDR, DAB, HAB, ÖAB, Ph. Eur., Ph. Helv.) Berlin (West) 1983
19. International Classification of Diseases. Manuel of the international statistical classification of diseases, injuries and causes of death, Geneva 1967 ff.
20. International Code of Botanical Nomenclature. Utrecht 1983 (Regnum vegetabile Vol. 111 ff.)
21. Internationale Regeln für die zoologische Nomenklatur, bearb. von O. Kraus 2. Aufl. Frankfurt/Main 1970 ff
    – Bericht über Änderungen, gültig ab 1. 1. 1973,
    erstattet von O. Kraus, Senckenbergiana biologica 54 (1973), 219–225
22. Nomina Anatomica, Nomina Histologica, Nomina Embryologica. Excerpta Medica. Amsterdam – Oxford 1977
23. Nomina Anatomica Veterinaria. 2. Aufl. Vienna 1977
24. Synonym-Verzeichnis zu den Arzneibüchern (Ph. Eur., DAB, HAB, ÖAB, Ph. Helv.). Stuttgart und Frankfurt/Main 1980